हिंदी स्वच्छंदतावादी काव्य

हिंदी स्वच्छंदतावादी काव्य

प्रेमशंकर

वाणी प्रकाशन

प्रकाशन के उत्कृष्टतम 62 वर्ष

सजिल्द पहला संस्करण : 2002
सजिल्द दूसरा संस्करण : 2025

vaniprakashan.com

वाणी प्रकाशन

4695, 21-ए, दरियागंज, नयी दिल्ली-110 002

फ़ोन : + 91 11 23273167, 23275710

शाखाएँ

अशोक राजपथ, पटना-800 004, बिहार

कॉफ़ी हाउस कैम्पस, महात्मा गांधी मार्ग, प्रयागराज-211 001, उत्तर प्रदेश

महात्मा गांधी अन्तरराष्ट्रीय हिन्दी विश्वविद्यालय, वर्धा-442 001, महाराष्ट्र

sales@vaniprakashan.in
vaniprakashan@gmail.com

Hindi Swachchhandatavadi Kavya
by Prem Shankar

ISBN : 978-93-5229-560-9
Criticism

मूल्य : ₹ 725

जी.एस. ऑफ़सेट, दिल्ली-110 095 में मुद्रित

वाणी प्रकाशन का लोगो मक़बूल फ़िदा हुसैन की कूची से

अनुक्रम

मान्य कवि अग्रज
डॉ. शिवमंगल सिंह जी 'सुमन'
को सादर

स्वच्छंदतावाद : परिवर्तित समय में

जिसे हिंदी में छायावाद कहा जाता है, उसकी कथा कम रोचक नहीं। किसी ने व्यंग्य कर दिया कि फ्रेम भर है, उसमें चित्र नहीं, एक व्यक्तित्वविहीन वायवी रचना के लिए इस शब्द का उपयोग किया गया। पर छायावाद जिस रचनाशीलता के लिए प्रयुक्त होता है, वह एक अपूर्ण नाम है, और मेरा विचार उसके साथ पूरा न्याय नहीं करता। कहानी फिर दुहराई गई जब कवियों के न चाहने पर भी 'प्रयोगवाद' नाम चल पड़ा। आरंभ में छायावाद को पूर्ण सहानुभूति नहीं मिली और उस पर विदेशी छाया तक देखी गई। पर क्रमशः उसका स्वतंत्र व्यक्तित्व निर्मित हुआ और दो दशकों के मूल वृत्त में ही उसने स्वयं को रचना-स्तर पर प्रतिष्ठित किया। स्वच्छंदतावाद शब्द का प्रयोग 'रोमांटिसिज़्म' के समीपी रूप में किया जाता है, पर दोनों की परिस्थितियों में अंतर है। भारतीय परिवेश व्यक्ति-स्वायत्तता, मानवीय दृष्टि, प्रेम-सौंदर्य संसार के साथ कतिपय मूल्य चिंताएँ हिंदी स्वच्छंदतावाद को स्वतंत्र व्यक्तित्व देती हैं। इसमें वैयक्तिक अनुभूतियों का प्रकाशन प्रस्थान के रूप में तो है, पर उसकी व्यापक ध्वनियाँ भी हैं, सांस्कृतिक दृष्टि और उदार मानवीयता के रूप में। खंड-खंड दृष्टि सही नहीं होती और स्वच्छंदतावाद को समग्रता में देखना उपयोगी होगा।

स्वच्छंदतावाद के एक अंश को हिंदी प्रगतिवाद ने तो स्वीकार किया, पर आधुनिकतावाद ने उस पर तीखे आक्रमण किए। स्वच्छंदतावाद की अपनी सीमाएँ हैं, पर उसकी भूमिका ऐतिहासिक है और उसमें प्रसाद, निराला, पंत, महादेवी जैसे समर्थ हस्ताक्षर हैं। निराला का व्यक्तित्व ऐसा कि उसमें प्रगति-प्रयोग की सम्मिलित भूमि देखी जा सकती है। मूल वृत्त के पूर्ण हो जाने के अनंतर उसके शेषकण माखनलाल चतुर्वेदी तक में देखे जा सकते हैं। स्वच्छंदतावाद पर विचार करते हुए नई युवा पीढ़ी मेरे सामने रही है और मैंने प्रयत्न किया है कि उनसे एक संवाद स्थापित हो सके। नई कविता के दौर में स्वच्छंदतावाद से साक्षात्कार एक चुनौती जैसा है। गुरुवर आचार्य नंददुलारे वाजपेयी की स्मृति को सादर प्रणाम, जो छायावाद के साथ-साथ चले, पर मुझे अपने ढंग से सोचने-विचारने की स्वतंत्रता दी।

विश्वविद्यालय परिसर **प्रेमशंकर**
सागर 470003

अध्याय एक

स्वच्छंदतावाद की यात्रा

हिंदी में स्वच्छंदतावाद शब्द का प्रयोग प्रायः 'रोमांटिसिज़्म' के अर्थ में होता है और छायावाद युग के हिंदी स्वच्छंदतावादी काव्य को यूरोपीय रोमांटिसिज़्म, विशेषतया अंग्रेजी रोमांटिक कविता के समानांतर रख कर देखा जाता है। पर दोनों आंदोलनों में पर्याप्त अंतर है, क्योंकि उनके निर्माण में विभिन्न युगों और भूमियों की शक्तियाँ सक्रिय रही हैं। अंग्रेजी की रूमानी कविता का सीधा प्रभाव हिंदी के स्वच्छंदतावादी काव्य पर पड़ना इसलिए सहज हुआ, क्योंकि भारत अंग्रेजी साहित्य के निकट सम्पर्क में आया। किंतु एक महत्त्वपूर्ण रचना आंदोलन को केवल पश्चिम का अनुकरण अथवा अनुमोदन मान लेना हिंदी स्वच्छंदतावादी काव्य के इतिहास को ही नकार देना होगा। आरंभ में पश्चिमी चिंतन और रचना के प्रभाव मौजूद थे, पर धीरे-धीरे छायावाद अथवा स्वच्छंदतावादी काव्य ने अपना स्वतंत्र व्यक्तित्व निर्मित किया।

कई ऐसे तत्त्व हैं जिनके आधार पर अंग्रेजी और हिंदी स्वच्छंदतावादी काव्य में समानताएँ तलाशी जा सकती हैं। जहाँ तक मानव व्यक्तित्व की स्वतंत्रता का प्रश्न है, दोनों काव्य-आंदोलन मनुष्य को सर्वोपरि मानते हैं और आध्यात्मिक संकेतों के बावजूद ईश्वर से अधिक महत्त्व मनुष्य को मिलता है। इस मुद्दे पर मार्क्स ने गेटे को शेक्सपियर से भी बड़ा माना है, क्योंकि वह मनुष्य को अधिक अहमियत देता है। स्वच्छंदतावाद में मानव-व्यक्तित्व की स्वतंत्रता उसे व्यक्तिवाद से भी जोड़ती है, जहाँ मनुष्य अपने लिए एक बंधनविहीन समाज की माँग करता है। यूरोप में स्वच्छंदतावाद एक काव्य आंदोलन मात्र न होकर, एक संपूर्ण वैचारिक जीवन-आंदोलन है, इसलिए उसने अपने को एक उदार मानवीय जीवन-दर्शन के रूप में प्रतिष्ठित करना चाहा। यह मानवीयता आदर्शों-कल्पनाओं पर आधारित है और उसमें कवियों-रचनाकारों की अपनी-अपनी दृष्टियाँ भी सक्रिय रही हैं। इसी प्रकार, यूरोप के विभिन्न देशों—जर्मनी, फ्रांस, इंग्लैंड—के स्वच्छंदतावादी आंदोलनों की अपनी जातिगत विशेषताएँ हैं।

स्वच्छंदतावाद : रोमांटिसिज़्म

हिंदी के स्वच्छंदतावादी काव्य को समझने के लिए और इसके साथ न्याय कर सकने के लिए सबसे पहले रोमांटिसिज़्म की पृष्ठभूमि से गुजरना होगा। यूरोप, विशेषतया अंग्रेजी रूमानी कविता के प्रमुख हस्ताक्षरों पर भी दृष्टि डालनी होगी। यह स्वीकार करते हुए भी कि अंग्रेजी रूमानी कविता और हिंदी स्वच्छंदतावादी काव्य की बनावट में अंतर है, इससे इंकार नहीं किया जा सकता कि कई रूमानी कवियों ने आरंभ में छायावाद को प्रभावित किया। जब अंग्रेजी राज्य भारत में पुख्ता हो गया, तब एक विजेता के नाते अंग्रेज अपनी सभ्यता-संस्कृति और साहित्य का धीरे-धीरे चतुराई से यहाँ आयात करने लगे जो भारतीय मानस में प्रवेश का एक होशियार प्रयत्न था। मैकाले द्वारा अंग्रेजी पढ़ाकर बाबुओं की लम्बी जमात खड़ी करने की तरकीब के बाद प्रभाव और बढ़ता दिखाई देता है। अंग्रेजी शिक्षा के प्रचार से भारत पाश्चात्य विचारणा, विशेषतया अंग्रेजी साहित्य, के संपर्क में आया और क्योंकि अंग्रेज एक विजेता के रूप में यहाँ आए थे, इसलिए अनजाने ही हमने एक मानसिक पराजय का अनुभव किया। हमारे पास पुरानी संस्कृति की धरोहर थी, पर हम उसका ठीक उपयोग नहीं कर पाए। हाँ, एक लाभ यह हुआ कि इस एकपक्षीय व्यापार में देश ने आधुनिकता के आरंभिक संस्पर्श प्राप्त किए। एक विजित राष्ट्र होने के कारण पर्याप्त समय तक यह पराजित मनोवृत्ति बनी रही और हम अपने साहित्य को पाश्चात्य, विशेषतया अंग्रेजी साहित्य, के समानांतर देखने के अभ्यस्त होते गए। यह एक प्रकार का सांस्कृतिक पराभव है और पराजित राष्ट्रों के जीवन में इस प्रकार के दुर्बल क्षणों का आना स्वाभाविक है। कालिदास जैसे विराट् कवि के लिए भी शेक्सपियर अथवा मिल्टन की समानांतरता में बातें की जाती थीं और इसी क्रम में जब 19वीं शती में हिंदी का आधुनिक काव्य आरंभ हुआ तो यह कहा गया कि जिस प्रकार यूरोप में एक पुनर्जागरण काल (रेनेसाँ युग : चौदहवीं शती के अंत से आरंभ) आया था, उसी प्रकार का समय यहाँ भी उपस्थित है। लेकिन इन दोनों जागरण कालों में केवल शताब्दियों का अंतर ही नहीं था, वरन् उनके सामाजिक परिवेश भी भिन्न थे। इस भ्रम का दुष्परिणाम यह हुआ कि जब भारत में सामाजिक पुनरुत्थान की चेष्टाएँ आरंभ हुईं तो यह कहा गया कि देश में राष्ट्रीय भावना का बीजारोपण ही न हुआ होता, यदि भारतीय मनीषा पाश्चात्य चिंतन के संपर्क में न आई होती। जबकि स्थिति एक दूसरी दिशा का भी संकेत करती है। रामकृष्ण परमहंस, विवेकानंद, दयानंद, अवनींद्रनाथ, रवींद्र, तिलक, गांधी में देसी व्यक्तित्व का विशेष आग्रह तो है ही, श्रीमती एनी बेसेंट जैसी विदेशी महिला ने भी भारतीय नवजागरण में महत्त्वपूर्ण योग दिया। इस दिशा में संकेत करना इसलिए आवश्यक था क्योंकि जब हिंदी साहित्य में आधुनिक युग की आरंभिक रेखाओं का प्रवेश हुआ और भारतेंदु में उस बालारुण के दर्शन हुए तक तब तो गनीमत थी, पर छायावाद युग के काव्य को लगभग अंग्रेजी रोमांटिसिज़्म

का अनुकरण मानकर संबोधित किया गया।

हिंदी में 'स्वच्छंदतावाद' शब्द का प्रयोग 'रोमांटिसिज़्म' के समानार्थी रूप में होता आया है और आचार्य रामचंद्र शुक्ल ने काव्य की नई धारा का विवेचन करते हुए इसी अर्थ में इसका उल्लेख किया। हिंदी साहित्य के इतिहास में वे श्रीधर पाठक में स्वच्छंदतावाद का प्रथम आभास पाते हैं और उन्हें उसका सच्चा प्रवर्तक ठहराते हुए, कोष्ठक में अंग्रेजी में 'रोमांटिसिज़्म' शब्द का व्यवहार भी करते हैं। इतना ही नहीं, इस संदर्भ में शुक्ल जी यह खेद भी व्यक्त करते हैं कि सच्ची और स्वाभाविक स्वच्छंदता का यह मार्ग हमारे काव्यक्षेत्र के बीच न चल पाया।[1] इस संबंध में यह जान लेना आवश्यक है कि जब तक यूरोप में रोमांटिसिज़्म एक विशेष प्रकार की जीवन-दृष्टि के लिए प्रयुक्त नहीं किया जाने लगा, तब तक वह अनेकार्थी शब्द था और उससे कई ध्वनियाँ निकाली जाती थीं, जो कभी-कभी विरोधी आशय तक व्यक्त करती थीं। जैसे रोमांटिक शब्द को बौद्धिकता के विपरीत मानकर अतिरिक्त भावुक के रूप में प्रयुक्त किया गया। बार्जन ने 'क्लासिक, रोमांटिक एंड माडर्न' में रोमांटिक शब्द के विभिन्न प्रयोगों की लंबी सूची दी है। पर धीरे-धीरे जब रोमांटिसिज़्म ने एक विचार-आंदोलन और फिर रचना का रूप ग्रहण किया, तब उसकी व्याप्ति कम हो गई और वह एक निश्चित अर्थ का वाहक बना। हिंदी में स्वच्छंदतावाद शब्द रोमांटिसिज़्म के पर्याय रूप में प्रयुक्त तो होता आया है, किंतु दोनों के स्वरूप में काफी अंतर है। पश्चिम में रोमांटिसिज़्म किसी साहित्य-आंदोलन, विशेषतया काव्य तक सीमित नहीं रहा। पर हिंदी में स्वच्छंदतावाद का पूर्ण उत्कर्ष काव्य में ही हुआ, यद्यपि नाटक, उपन्यास, कहानियों को भी उसने प्रभावित किया और यहाँ तक कि आचार्य नंददुलारे वाजपेयी को स्वच्छंदतावादी समीक्षक भी घोषित किया गया।

पश्चिम में रोमांटिसिज़्म के जन्म की पृष्ठभूमि में व्यापक आंदोलन विद्यमान हैं जिन्होंने समस्त जीवन दृष्टि को प्रभावित किया। मध्य युग के विनाश पर निर्मित नई संस्कृति को सशक्त अभिव्यक्ति देने वाली विचारधारा के रूप में उसे स्वीकार किया जाता है। चौदहवीं से सत्रहवीं शताब्दी तक यूरोप में जो रेनेसाँ अथवा पुनर्जागरण युग आया, वह उदार सांस्कृतिक आंदोलन था जिसे हम आधुनिक युग की महत्त्वपूर्ण पृष्ठभूमि कहते हैं। विज्ञान और उद्योग के क्षेत्र में कई क्रांतियाँ हुईं, जिन्होंने जीवन-दृष्टि को निर्विवाद रूप से प्रभावित किया और एक नए मानववाद का उदय हुआ। साहित्य के क्षेत्र में इतालवी कवि दाँते ने प्राचीन रोमन भाषा के स्थान पर नई इतालवी भाषा का उपयोग किया (14वीं शताब्दी)। गैलिलियो (1564-1642 ई.), न्यूटन (1642-1727 ई.) के वैज्ञानिक अनुसंधानों ने सोचने की नई दिशाएँ दीं। गैलिलियो ने कोपर्निकस की तरह घोषित किया कि पृथ्वी सूर्य की परिक्रमा करती है और न्यूटन ने गणित के सहारे प्रकृति का 'सार्वभौम गुरुत्वाकर्षण' सिद्धांत दिया जिससे धार्मिक कट्टरता को भारी धक्का लगा। 1497 ई. में वास्कोडिगामा ने नई दुनिया खोजकर पूर्व और

पश्चिम को एक दूसरे के निकट ला दिया। पुनर्जागरण काल में ही शेक्सपियर (1564-1616 ई.) के महान् नाटक रचे गए और धर्म के क्षेत्र में इंग्लैंड ने 'मॉडल पार्लियामेंट' के दर्शन पुनर्जागरण काल के आरंभ में कर लिए थे तथा सोलहवीं शती तक सामंतवाद बिखरने लगा था। भारत में औरंगजेब तक यह मुगल साम्राज्य (1526-1707 ई.) का युग था, जिसकी नींव 1526 ई. में बाबर ने डाली थी। अकबर ने अपने राज्यकाल (1556-1605 ई.) में ईसाई मिशनरियों को अपना धर्म कार्य करने की स्वीकृति दी। कहने का तात्पर्य यह कि यूरोप का पुनर्जागरण आधुनिक युग का शुभारंभ है और हम जिस यूरोपीय स्वच्छंदतावाद की चर्चा करते हैं, उसकी पृष्ठभूमि में वह विद्यमान है। इसकी मूल प्रवृत्तियों को समझे बिना यूरोपीय रोमांटिसिज़्म के साथ न्याय नहीं किया जा सकता। पुनर्जागरण ने नई मानव सभ्यता को जन्माया और उसे एक नई जीवन दृष्टि से संपन्न किया, नहीं तो आधुनिक युग का सूत्रपात ही कठिन था।

फ्रांसीसी क्रांति

पुनर्जागरण काल जाते-जाते यूरोप को आधुनिक प्रजातंत्र की कल्पना देता गया, जिसने युगों से चले आते निरंकुश राजतंत्रों को ललकारा और मानव-व्यक्तित्व की स्वतंत्र सत्ता को प्रतिष्ठित किया। यों तो रोमांटिसिज़्म अथवा स्वच्छंदतावाद को व्याप्ति देते हुए कुछ समीक्षक शेक्सपियर तक में रूमानी प्रवृत्तियाँ पा लेते हैं, पर इसे अतिरिक्त अर्थ-विस्तार का उदाहरण कहा जायगा और तब तो प्रेम, इंसानियत की रूमानी दृष्टियाँ आदि से अंत तक प्रसरित दिखाई देंगी। जब रोमांटीसिज़्म का प्रयोग हम एक रचना-आंदोलन के रूप में करते हैं तब हमें स्वयं को उसकी मूल प्रवृत्तियों और मुख्य आशय तक सीमित रखना होगा। पुनर्जागरण काल के अंतिम क्षणों में जिस नए मानववाद की स्थापना हो गई थी, वह भी पश्चिम में स्वच्छंदतावाद लाने के लिए पर्याप्त था, पर इतिहासकार स्वीकार करते हैं कि 18 वीं शती के अंत में जो फ्रांसीसी क्रांति हुई, उसने रोमांटिसिज़्म के आंदोलन को गति दी। यहाँ यह संकेत कर देना आवश्यक है कि स्वयं फ्रांसीसी क्रांति के विषय में इतिहासकारों की पृथक्-पृथक् व्याख्याएँ हैं, किंतु अधिकांश ने स्वच्छंदतावाद के उदय में उसके योगदान को स्वीकारा है।

फ्रांसीसी क्रांति को पाश्चात्य रोमांटिसिज़्म का प्रस्थान-बिंदु स्वीकारा जाता है। संभव है इस क्रांति के मूल में 1776 ई. की उस अमरीकी क्रांति की भी प्रेरणा हो, जब अमरीकी जनता ने अपने ही पूर्वजों की जन्मभूमि ब्रिटेन से स्वतंत्र होने की घोषणा की थी। पर फ्रांसीसी क्रांति, जिसका आरंभ 1789 ई. में हुआ, वाल्तेयर और रूसो के विचारों को लेकर आगे बढ़ी। वास्तव में धीरे-धीरे समस्त यूरोप में प्रजातंत्र अथवा लोकतंत्र की विचारधारा प्रबल हो रही थी और एक बौद्धिक क्रांति जोर पकड़ती

जा रही थी। वाल्तेयर ने अपनी रचनाओं के द्वारा अन्याय का विरोध किया और इसके लिए उसे अनेक यातनाएँ भी सहनी पड़ीं। उसने सरकार (जो राजतंत्र की थी) और चर्च का विरोध करते हुए कहा कि इन दोनों के अधिकारी ही यह निर्णय करते रहे हैं कि समाज के लिए अच्छा-बुरा क्या है, पर इससे मनुष्य के विकास और प्रगति में रुकावटें पैदा होती हैं। उसकी पुस्तक 'लेटर्स ऑन दि इंग्लिश' की प्रति जब निंदनीय कहकर भस्म कर डाली गई तो फ्रांस में वाल्तेयर की रचनाओं की माँग और बढ़ गई। इसी प्रकार, रूसो का स्वयं का जीवन यद्यपि संघर्षमय था, पर राज्य की उत्पत्ति के विषय में सामाजिक अनुबंध (दि सोशल कॉण्ट्रैक्ट) पर विचार करते हुए उसने अपने सामयिक परिवेश के प्रति तीव्र असंतोष व्यक्त किया। उसका विचार था कि अपनी आदिम अवस्था में मनुष्य वर्तमान की अपेक्षा कहीं अधिक संतुष्ट रहा होगा, क्योंकि वह शोषणमुक्त था। उसका बहुउद्धृत वाक्य, 'मनुष्य स्वतंत्र जन्मा है, किंतु हर जगह वह जंजीरों में जकड़ा है' रूसो की प्रसिद्ध पुस्तक 'दि सोशल कॉण्ट्रैक्ट' के आरंभ में है, जिसने फ्रांस में क्रांति का बीजारोपण किया। रूसो ने 'स्वतंत्रता, समानता और बंधुत्व' का जो नारा लगाया वह फ्रांसीसी क्रांति का आप्त वाक्य बन गया। उसने कहा कि समाज में व्यवस्था बनाए रखने के लिए शासन और जनता के बीच एक समझौता हुआ, जिसके अनुसार आधुनिक राज्य (स्टेट) की नींव पड़ी। इस प्रकार, शासक और उसके अधिकारी केवल जनता का प्रतिनिधित्व करते हैं और यदि वे व्यर्थ की बाधा बनते हैं तो जनता को पूरा अधिकार है कि वह इन्हें उलट दे। यह क्रांति विद्रोह के लिए खुला आवाहन था। यहाँ यह संकेत कर देना भी आवश्यक है कि वाल्तेयर ने अपने विचारों में तर्क को अधिक प्रश्रय दिया जबकि रूसो अधिक भावना प्रधान है, जो रोमांटिसिज़्म का एक प्रमुख उपादान भी है। रूसो मानव-व्यक्तित्व को स्वतंत्र कराने का स्वप्न देखता है और फ्रांस की क्रांति उसे साकार करने की दिशा में एक प्रयोग है। इस प्रकार 1789 ई. की फ्रांसीसी क्रांति, जिसे 'प्रजातंत्र की जननी' कहकर भी संबोधित किया जाता है अपनी पृष्ठभूमि में वैचारिक क्रांति की परंपरा लिए हुए है और इसीलिए उसका प्रभाव केवल राजनीतिक न होकर संपूर्ण इतिहास, जीवन, संस्कृति, साहित्य और कला आदि पर है।

फ्रांसीसी क्रांति को समापन प्राप्त करते हुए कई चरणों से गुजरना पड़ा और उसने कई तरह के मोड़ लिए, जिसके कारण साहित्य में भी आरोह-अवरोह के क्षण आते रहे। जब हम 1789 ई. के फ्रांस पर दृष्टि डालते हैं तो हमें ज्ञात होता है कि उसकी स्थिति यूरोप के अन्य देशों की तुलना में काफी बिगड़ी हुई थी। वहाँ रोमन कैथोलिक पादरी (ऐस्टोट्स) तथा सामंत (ऐस्टेट) दो ऐसे वर्ग थे, जिन्हें अनेक प्रकार के विशेषाधिकार प्राप्त थे। मसलन, वे कर मुक्त थे और उनके पास बड़ी-बड़ी जायदादें थीं। इसी प्रकार सामंत, जिसमें राजदरबार से संबद्ध व्यक्ति और सैनिक अधिकारी भी सम्मिलित थे, एक विलासी जीवन बिता रहे थे। इस विशिष्ट वर्ग की

तुलना में फ्रांस की अधिकांश जनता, जिसमें छोटे किसान और तमाम पेशों के अन्य साधारण लोग थे, यातना का जीवन व्यतीत कर रही थी। वह करों के बोझ से दबी जा रही थी और दलित-शोषित वर्ग बार-बार महसूस करता था कि वह बस विशिष्ट वर्ग के लिए साधन जुटाने भर के लिए जन्मा है। किसानों की स्थिति कितनी दयनीय थी, इसका अनुमान इसी से लगाया जा सकता है कि वे अपनी उपज का केवल पाँचवाँ भाग ही अपने लिए बचा पाते थे। फ्रांस में दमन और शोषण का यह चक्र चलता ही रहता, यदि मध्यवर्ग ने वहाँ की क्रांति में मुख्य भूमिका न निभाई होती। आरंभ में यह मध्यवर्ग, जिसमें बुद्धिजीवियों की संख्या पर्याप्त थी, एक समझौतावादी मध्यम मार्ग लेकर चल रहा था कि फ्रांस का राजा लुई सोलहवाँ (राज्यकाल 1754-1793 ई.) किसी प्रकार अपनी निरंकुशता कम कर दे और विशेषाधिकार-सम्पन्न विशिष्ट वर्ग को अनुशासित कर दिया जाए। पर धीरे-धीरे जब महँगाई का बोझ मध्यवर्ग पर भी पड़ने लगा तब उसने अभिजात वर्ग के विरुद्ध विद्रोह कर दिया, और इसी मध्यवर्ग के बुद्धिजीवियों ने फ्रांसीसी क्रांति का नेतृत्व किया। वे चाहते थे कि हर फ्रांसीसी को अपने विचार निर्भीकता से व्यक्त करने की स्वतंत्रता हो और वह किसी प्रतिनिधिसभा के द्वारा अपनी बात कह सके। समाज में प्रगति करने की सबको समान सुविधाएँ मिलें और मनुष्य-मनुष्य में कोई फर्क न किया जाए।

फ्रांसीसी क्रांति का प्रथम चरण 1789 से 1791 ई. तक माना जा सकता है, जब मध्यवर्ग ने स्थिति में सुधार लाने की चेष्टा की और जिसे 'ऐस्ताते जैनराल' कहा जाता था, उसे राष्ट्रीय असेंबली का नाम दे दिया गया। 20 जून, 1789 ई. फ्रांसीसी क्रांति के शुभारंभ का क्षण है, जब 'टेनिस के मैदान की शपथ' के जरिए फ्रांसीसी राजतंत्र को सीमित कर दिया गया। 21 अगस्त, 1789 ई. को राष्ट्रीय असेंबली ने मानव-अधिकारों की घोषणा की। पर लुई भीतर-ही-भीतर षड्यंत्र करता रहा और जून 1791 ई. में लुई और उसकी पत्नी मारी आन्त्वानैत जब फ्रांस से बाहर भागने की कोशिश कर रहे थे, तब उन्हें पकड़ लिया गया। इस बीच किसानों और यहाँ तक कि महिलाओं ने भी क्रांति में भाग लिया। इस प्रकार, 14 जुलाई 1789 ई. को पेरिस की एक क्रुद्ध भीड़ ने राजा के सैनिकों पर जो आक्रमण किया था, वही फ्रांस का स्वाधीनता दिवस बना। क्रांति के दूसरे दौर में फ्रांस का मध्यवर्ग पूर्ण रूप से क्रांति का नेतृत्व कर रहा था और राष्ट्रीय कन्वेंशन (1792-1795 ई.) ने फ्रांस को गणराज्य घोषित कर दिया। इस बीच लुई सोलहवें को प्राणदंड दे दिया गया। यूरोप के राजतंत्र ने स्वयं पर संकट आते देखकर फ्रांस पर आक्रमण किया, पर फ्रांस की विजय हुई। क्रांति में एक नया मोड़ तब आया नवंबर, 1799 ई. में नेपोलियन बोनापार्ट ने, जो उस समय एक सैनिक जनरल था, फ्रांस की राजसत्ता पर अधिकार करने का प्रयत्न किया। इसके बाद फ्रांस की क्रांति थोड़ी दिग्भ्रमित हो गई। पूरे

यूरोप पर अधिकार करने की महत्त्वाकांक्षा में नेपोलियन 1813 ई. में रूस, आस्ट्रिया और प्रशा से बुरी तरह पराजित हुआ। उसने एक बार निर्वासन से भाग कर पुनः आक्रमण किया, पर 1915 ई. के वाटरलू युद्ध में पुनः पराजित हुआ और सेंट हेलेना द्वीप में कैद रहकर 1921 ई. में चल बसा।

इस प्रकार फ्रांस की जो क्रांति 1789 ई. में आरंभ हुई थी, अनेक मोड़ों से गुजरी, पर उसने मानव इतिहास को इस सीमा तक आंदोलित किया कि सारा यूरोप उससे प्रभावित हुआ। इस क्रांति ने अनेक क्षेत्रों में परिवर्तन किया, जिससे यूरोप एक नई दिशा में सोचने के लिए बाध्य हुआ। जब फ्रांसीसी क्रांति को प्रजातंत्र अथवा लोकतंत्र की जननी का गौरव दिया जाता है, तब इतिहासकारों का आशय स्पष्ट है कि यहाँ से राजतंत्र के निरंकुश शासन का अंत होता है और जनता शासन पर अपना दबाव डालना आरंभ कर देती है। इसके बाद संसदीय परंपरा तथा राष्ट्रीय असेंबली की शुरुआत होती है, जिसमें जनता के प्रतिनिधि देश का शासन चलाते हैं। लोकतंत्रीय भावना के साथ-साथ फ्रांस की क्रांति ने राष्ट्रीय भावना का विकास किया, जो राजतंत्र के समय में राजाओं के विलासी जीवन के कारण दमित हो गई थी। जनता का शासन प्राप्त कर हर देश ने अपने-अपने राष्ट्रीय व्यक्तित्व का निर्माण किया और यूरोप के लगभग सभी देशों में एक राष्ट्रीय संस्कृति के विकास की प्रक्रिया आरंभ हुई। 1800 ई. के आस-पास ग्रेट ब्रिटेन में, विशेषरूप से, लोकतंत्रीय प्रणाली मजबूत हुई और पार्लियामेंट अथवा संसद को व्यापक अधिकार मिले। अमरीका में प्रजातांत्रिक भावनाएँ 1776 ई. की अमरीकी क्रांति से ही शुरू हो चुकी थीं, पर फ्रांसीसी क्रांति से उन्हें और बल मिला। फ्रांसीसी क्रांति का सर्वाधिक योगदान यह है कि उसने मानव-व्यक्तित्व को एक बार फिर उसके पूरे सामर्थ्य में खड़ा किया, जो अब तक राजतंत्र और उसके प्रश्रय में पलने वाली सामंतवादी व्यवस्था के कारण दब गया था। मार्क्सवादी इसे व्यक्तिवाद का उद्घोष कहते हैं। यह भी कितना आश्चर्यजनक है कि जो मानव सृष्टि का केंद्र बिंदु है, उसके बड़े समूह पर दो-चार निरंकुश शासक यह फतवा देते हुए शासन करते थे कि राजा पृथ्वी पर ईश्वर का दूत अथवा प्रतिनिधि है (दैवी अधिकार का सिद्धांत अथवा डिवाइन राइट थियरी) पर विडंबना यह है कि जब राजतंत्र को नियंत्रित करके जनता का शासन लाने की चेष्टा की गई, तब इतिहास में कई बार यह दुर्घटना हुई कि सैनिक तानाशाह ने सत्ता हथिया ली और जनता एक शासक के स्थान पर दूसरे की मोहताज हो गई। दो उदाहरण पर्याप्त होंगे। ग्रेट ब्रिटेन के सम्राट चार्ल्स प्रथम को 1649 ई. में अपनी निरंकुशता के कारण प्राण गँवाना पड़ा और 1688 ई. में शानदार क्रांति अथवा रक्तहीन क्रांति (ग्लोरियस रिवोल्यूशन अथवा ब्लडलेस रिवोल्यूशन) के द्वारा जेम्स द्वितीय को भी सिंहासन से हटा दिया गया। 1649 ई. और 1688 ई. के अंतराल में, 1649 ई. में चार्ल्स प्रथम को प्राणदंड दिए जाने के उपरांत एक महत्त्वाकांक्षी नेता क्रामवेल

गणराज्य (कामनवेल्थ) के नाम पर ब्रिटेन का सैनिक तानाशाह बना। दूसरा दृष्टांत स्वयं फ्रांसीसी क्रांति का है, जिसकी शुरुआत 1789 ई. में जनता के शासन के उच्च उद्देश्य को लेकर हुई थी, पर दस ही वर्ष बाद 1799 ई. में नेपोलियन बोनापार्ट अपनी महत्त्वाकांक्षाओं को लेकर फ्रांस का नरपति बन गया। उसके कारनामों से फ्रांस स्वतंत्रता, समानता और बंधुत्व के अपने उच्च लक्ष्य से गुमराह हो गया। इस प्रकार, फ्रांस की क्रांति से जनता के शासन की जो लोकतंत्रीय प्रणाली आरंभ हुई, उसे आरंभ में अनेक संघर्षों से गुजरना पड़ा। पर धीरे-धीरे लोकतंत्र की जड़ें मजबूत होती गईं।

फ्रांस की क्रांति से हमें कई ऐसे शब्द मिले जो आगे चल कर राजनीति के शब्दकोष में महत्त्वपूर्ण स्थान तो पा ही गये, उन्होंने एक ऐसी विचारधारा का सूत्रपात किया, जिससे स्वतंत्र चिंतन की प्रक्रिया बलवती हुई। फ्रांस के राष्ट्रीय कन्वेंशन (1792-1795 ई.) में दो राजनीतिक दल थे, जिरोदिस्त और जैकोबिन। जिरोदिस्त दायीं ओर बैठते थे, इसलिए वे दक्षिणपंथी कहलाए और जैकोबिन बायीं ओर बैठते थे, इसलिए वे वामपंथी कहलाए। संयोग की बात है कि दायीं ओर बैठने वाले जिरोदिस्त पुरातनपंथी थे और राजा के शासन में सुधार धीरे-धीरे करना चाहते थे। जबकि बायीं ओर के जैकोबिन आमूल परिवर्तन के पक्ष में थे। आज भी दक्षिणपंथी से आशय व्यवस्था के पक्षधरों से है और वामपंथी क्रांतिकारी परिवर्तन के समर्थक माने जाते हैं। डॉ. श्रीमती शोभाशंकर ने अपनी पुस्तक आधुनिक भारतीय समाजवादी चिंतन में इसकी चर्चा की है। प्रतिक्रियावादी (रिऐक्शनरी) का प्रयोग भी हमें कट्टरपंथियों और रूढ़िवादियों के अर्थ में फ्रांसीसी क्रांति के दौरान प्रथम बार देखने को मिलता है, जो आज की राजनीति में बहुप्रचलित है। पता नहीं साम्यवाद ने लाल रंग को क्रांति का प्रतीक कैसे स्वीकार किया, पर यह सच है कि फ्रांस की क्रांति के दौर में एक प्रभावशाली नेता दाँते, जो आमूल परिवर्तन का प्रबल समर्थक था, सिर पर लाल कपड़ा लपेट कर पेरिस की गलियों में घूमता था। उसे वह क्रांति का प्रतीक मानता था, यद्यपि फ्रांस के ही उग्रपंथियों ने उसे स्वीकार नहीं किया और उसे प्राणदंड दिया। फ्रांसीसी क्रांति में दबी-पिसी जनता के लिए सर्वहारा (प्रोलेतेरिएत) का व्यापक प्रयोग हुआ जो साम्यवादी शब्दकोष का महत्त्वपूर्ण शब्द है। वर्ग-संघर्ष में शोषित वर्ग मुख्य भूमिका निभाता है और अंत में सर्वहारा के अधिनायकतंत्र की स्थापना होती है। इस प्रकार, फ्रांस की क्रांति ने राजनीति को नया मुहावरा दिया।

फ्रांसीसी क्रांति के व्यापक प्रभाव स्पष्ट हैं, यद्यपि उसकी व्याख्याएँ अलग-अलग प्रकार से की गई हैं, विशेषतया उसके प्रयोजन को लेकर। इतना जाहिर है कि फ्रांस की क्रांति ने मानव-व्यक्तित्व की मुक्ति का जो स्वप्न देखा, उसमें सबसे प्रमुख भूमिका का निर्वाह मध्यवर्ग ने किया, और सामंतवादी व्यवस्था के तोड़ने में इस वर्ग का योगदान असंदिग्ध है। मार्क्सवादी विचारधारा में फ्रांसीसी क्रांति को सामंतवाद युग के अंत और पूँजीवाद युग के सूत्रपात के रूप में देखा जाता है। कम्युनिस्ट पार्टी

के घोषणापत्र में मार्क्स-एंगेल्स की टिप्पणी है, 'फ्रांसीसी क्रांति ने पूँजीवादी संपत्ति के हक में सामंतवादी संपत्ति को नष्ट कर दिया'।[2] इसी प्रकार, स्वतंत्रता, समानता और बंधुत्व की व्याख्या में भी विचारकों में पर्याप्त मतभेद है, पर मूलरूप में स्वतंत्रता से आशय है—विचार, अभिव्यक्ति, धर्म, संपत्ति की स्वतंत्रता और शासन में जनता की साझेदारी से ही इस प्रकार की स्थिति संभव है। समानता से फ्रांसीसियों का आशय कानून के संबंध में पक्षपात समाप्त करना था, जिससे विशिष्ट वर्ग के विशेषाधिकार न रहें और बंधुत्व में सारे संसार के मनुष्यों से जुड़ने का एक सदाशयतापूर्ण भाव था। ये ऐसे खूबसूरत नारे थे कि लगभग समस्त यूरोप की जनता को इन्होंने अपनी ओर आकृष्ट किया और पश्चिम में एक नए युग का उदय हुआ। यद्यपि, व्यक्ति और अधिनायकतंत्र के बीच संघर्ष फिर भी चलता रहा, पर फ्रांसीसी क्रांति ने संभावनाओं के जो द्वार खोले थे, उनसे शक्ति पाकर जनता की आज़ादी का काफिला बढ़ता ही गया।

क्लासिकल एवं नवक्लासिकल युग

ऐसी पृष्ठभूमि में पाश्चात्य स्वच्छंदतावाद का उदय होता है और इसीलिए यह ध्यान रखना होगा कि रोमांटिसिज़्म सर्वप्रथम एक विचारधारा है, जिसका प्रकाशन साहित्य और कला के विभिन्न क्षेत्रों में क्रमशः होता गया। किंतु पाश्चात्य स्वच्छंदतावाद अथवा रोमांटिसिज़्म पर दृष्टि डालने के पूर्व उसकी साहित्यिक पृष्ठभूमि, अंग्रेजी साहित्य से गुजरना अच्छा होगा। साहित्यिक आंदोलनों के जन्म का क्षण आकस्मिक नहीं हुआ करता क्योंकि इतिहास और समाज के दबावों में कुछ प्रवृत्तियाँ भीतर-ही-भीतर सक्रिय रहती हैं। यद्यपि हम उनसे तब साक्षात् कर पाते हैं जब एक प्रकार से उनका विस्फोट होता है, पर वास्तविक स्थिति यह है कि पिछली परंपरा में भी इन नई प्रवृत्तियों को संघर्ष करते देखा जा सकता है। साहित्य में इस प्रकार की टोलीवाली दौड़ (रिलेरेस) के कई उदाहरण खोजे जा सकते हैं, जब कोई साहित्य-आंदोलन जाते-जाते आने वाली नई रचनाओं का आरंभिक संकेत कर गया हो।

साहित्य में रोमांटिसिज़्म का व्यवहार 'क्लासिसिज़्म' के विरोधी अर्थ में भी प्रयुक्त होता रहा है और इन दोनों पर तुलनात्मक दृष्टि से विचार किया गया है। क्लासिसिज़्म के लिए हिंदी में कभी-कभी शास्त्रवाद अथवा अभिजातवाद का प्रयोग किया जाता है। पर ये अनुवाद क्लासिसिज़्म को संपूर्ण रूप से ध्वनित नहीं कर पाते। टॉयनबी ने ग्रीक सभ्यता और हेलेनिज़्म में भी अंतर किया है।[3] यूनानी (ग्रीक) और रोमन सभ्यताएँ जब अपने शीर्ष पर थीं, तब जिन श्रेष्ठतम ग्रंथों की रचना हुई, उन्हें प्रायः 'क्लासिक' कहकर संबोधित किया जाता था और इसीलिए क्लासिक्स से प्राचीन, प्रौढ़, शाश्वत साहित्य का बोध पर्याप्त समय तक होता रहा। यदि यूनानी साहित्य का आरंभ होमर से माना जाए तो ईसा से कई शती पूर्व से क्लासिकी साहित्य शुरू

हो जाता है। विद्वानों ने संपूर्ण क्लासिकल युग को कई भागों में विभाजित करके देखा है—(1) होमर से अलेक्जैंडर की मृत्यु तक : होमर युग, (2) 323 ई. पू. से 100 ई. तक : अलेक्जैंडर युग, (3) 100 ई. से 529 ई. तक : उत्तर अलेक्जैंडर युग, तथा (4) 529 ई. से कांस्टैंटीनोपुल के पराभव तक। क्लासिकी साहित्य के आधार पर जो आलोचनाशास्त्र प्राचीन युग में निर्मित हुआ उसमें प्लेटो, अरस्तू, होरेस, लांजाइनस जैसे महत्त्वपूर्ण हस्ताक्षर हुए, उनके आधार पर क्लासिकी साहित्य की कुछ विशेषताएँ उभर कर सामने आईं और आगे भी उनका आग्रह किया गया। क्लासिकी साहित्य अपनी समस्त सौंदर्यवादी दृष्टि के बावजूद बौद्धिकता और किसी सीमा तक तर्क का आग्रही था तथा उसमें कला के एक उद्देश्य विशेष को स्वीकारा गया। अरस्तू ने समय, स्थान और क्रिया व्यापार (टाइम, प्लेस, ऐक्शन) की अन्विति का आग्रह किया, जो संकेत करता है कि वह रचनाओं को नियमबद्ध करना चाहता था। क्लासिकी साहित्य में संगठन, अनुपात अथवा संतुलन का आग्रह इस सीमा तक किया गया कि कहीं-कहीं रचनाओं के लिए गणित जैसे निर्देश दिए गए। रचनाकारों से क्लासिकी पद्धति एक ऐसे आत्मानुशासन की माँग करती है, जिसमें उसे नियमों की रेखाओं के भीतर चलने की विवशता हो जाती है। क्लासिकी साहित्य में रूप अथवा 'फार्म' का जो आग्रह है, वह उसका संघटक तत्त्व है, जिसकी सहायता से रचना और कृति में अन्विति लाई जाती है। क्लासिकल दृष्टि में रूप की जो रेखाएँ निश्चित कर दी गईं और उनसे जो जीवन-दृष्टि निर्मित हुई, उसका एक संपूर्ण इतिहास बना तथा आगे चलकर उसे परंपरा का पर्याय भी स्वीकार किया जाने लगा।

क्लासिकी विचारधारा के निर्माण में यूनान, रोम की जीवन-दृष्टि, सभ्यता-संस्कृति, साहित्य, कला आदि का सम्मिलित योग था और यह बात इस तथ्य से प्रमाणित हो जाती है कि साहित्य-रचना के साथ-साथ मूर्तियों और चित्रों की रेखाएँ भी निश्चित करने का प्रयत्न किया गया। क्लासिकल युग का अंत होने पर जब यूनान, रोम की सभ्यताएँ यूरोप के अन्य देशों में फैलने लगीं, तब वे अपना प्रभाव भी स्थापित करती गईं। अंग्रेजी साहित्य की क्लासिकी पृष्ठभूमि का विवेचन करते हुए जे. ए. के. थॉमसन ने लिखा है कि यूनानी और रोमन सभ्यता की विराटता का प्रमाण यह है कि अस्तंगत हो जाने के बाद भी वह यूरोपीय साहित्य को भीतर-भीतर मथती रही और रचनाकार उन ऊँचाइयों पर जाना अपने जीवन का स्वप्न मानते रहे, जिन तक यूनानी अथवा रोमन कृती पहुँचे थे। क्लासिसिज़्म और रोमांटिसिज़्म पर तुलनात्मक दृष्टि डालने से स्पष्ट हो जाता है कि इन दोनों का उदय सर्वप्रथम विचारधारा के रूप में हुआ और धीरे-धीरे अभिव्यक्ति के विभिन्न माध्यमों पर उनका प्रभाव पड़ा तथा उन्हें एक आंदोलन के रूप में देखा जाने लगा। क्लासिकी रचनाओं के आधार पर यूरोप के समीक्षाशास्त्र में एक नया शब्द प्रचलित हुआ—क्लासिक, जिसका प्रयोग प्रौढ़ कालजयी कृतियों के लिए किया जाता था, जिनके निर्माण में परंपरा का योग भी रहा हो।

इस दृष्टि से युगों का प्रतिनिधित्व करने वाली श्रेष्ठ कृतियाँ 'क्लासिक्स' के अंतर्गत परिगणित की जाती हैं। आर. ए. स्कॉट जेम्स जैसे समीक्षक प्राचीन क्लासिक्स और क्लासिसिज़्म को एक ही वस्तु नहीं स्वीकार करते।[4] किसी हद तक उनकी मान्यता ठीक है, विशेषतया आधुनिक युग के बदले हुए संदर्भों में। यदि क्लासिक केवल यूनान और रोम की प्राचीन रचनाओं को प्रतिमान मानकर रची गई कृति है तब तो यह भी संभावना है कि एक बिंदु पर आकर क्लासिक्स का अंत ही हो जाए। पर मेरा विचार है कि 'क्लासिक' शब्द का प्रयोग उन श्रेष्ठ कृतियों के लिए सदैव होता रहेगा, जो अपने किसी वैशिष्ट्य के कारण रचना के क्षेत्र में अमरत्व प्राप्त करती हैं। इस दृष्टि से 'बिहारी सतसई' भी एक क्लासिक के रूप में स्वीकृत की जानी चाहिए और स्वच्छंदतावादी कृति 'कामायनी' भी, क्योंकि ये कृतियाँ अपने-अपने युग का प्रतिनिधित्व करती हैं और उनमें उस समय की प्रवृत्तियाँ सर्वाधिक अन्वित रूप में समाहित हैं। रोमांटिसिज़्म के विरोध में जाने वाले टी. एस. इलियट ने वर्जिल सोसायटी में दिए गए अपने भाषण 'ह्वाट इज़ ए क्लासिक ?' में क्लासिक की विशेषताओं पर प्रकाश डालते हुए लिखा है कि क्लासिक और रोमांटिक के पुराने झगड़ों को मैं साहित्यिक-राजनीति का मामला मानता हूँ, जिनमें आज अधिक सार्थकता नहीं रह गई है। इलियट की दृष्टि में 'प्रौढ़ता' किसी क्लासिक की सर्वप्रमुख विशेषता मानी जा सकती है। जब कोई सभ्यता अपने शीर्ष पर पहुँच जाती है तब उसमें ऐसी कृतियाँ जन्म लेती हैं, जिन्हें हम सार्वजनीन क्लासिक (यूनिवर्सल क्लासिक) कह सकते हैं। पर इसके अतिरिक्त भी रचनाएँ होती हैं जो अपने-अपने समय का प्रतिनिधित्व करती हैं। शेक्सपियर अथवा वर्जिल ने हमें प्रथम कोटि के क्लासिक दिए। इलियट 'क्लासिक' से भाव, विचार, शिल्प सभी क्षेत्रों में प्रौढ़ता की माँग करता है।[5] इस प्रकार, क्लासिकी आंदोलन को भी अर्थ-व्याप्ति मिलती गई है।

रोमांटिसिज़्म को क्लासिकी दृष्टि के विरोध में रखकर देखने की चेष्टा का एक अन्य कारण भी है। यूरोप में यूनान, रोम की सभ्यता-संस्कृति से प्रेरित क्लासिकल युग को बीते अरसा हो चुका था और यह माना जाने लगा था कि जब मध्ययुग का उदय हुआ, तब क्लासिकी साहित्य पृष्ठभूमि में चला गया। मध्ययुग को दो भागों में बाँट कर देखा जाता है—पूर्वमध्ययुग : 500-1000 ई. तथा उत्तरमध्ययुग : 1000-1500 ई. तक। पर पुनर्जागरण काल (रेनेसाँ युग : पंद्रहवीं-सोलहवीं शती) में एक बार साहित्य ने फिर से क्लासिकल युग पर दृष्टि डाली और नए ढंग से उसका उपयोग करना चाहा। यूरोपीय रोमांटिसिज़्म अथवा रूमानी आंदोलन के पूर्ववर्ती नवक्लासिसिज़्म के विषय में यह भी कहा जाता है कि स्वच्छंदतावादी आंदोलन इसकी प्रतिक्रिया में विकसित हुआ। नवक्लासिकवाद पर दृष्टि डालना इसलिए उपयोगी है, क्योंकि जब आधुनिकतावादी आंदोलन पश्चिम में आरंभ होने लगा और उन्नीसवीं शती जाते-जाते रोमांटिसिज़्म का प्रबल विरोध करती गई, तब एक बार फिर नई

क्लासिकी विचारधारा को, बदले रूप में समर्थन देने की कोशिश की गई। इस प्रकार, रूमानी आंदोलन के ठीक पहले, पुनर्जागरण युग की प्रशस्त पृष्ठभूमि पर तैरता हुआ नवक्लासिकी आंदोलन है और इसके बाद भी क्लासिकी ढंग को नए रूप में पाने की चेष्टा है। नवक्लासिकल युग और नए आधुनिकतावादी आंदोलनों के बीच यूरोप का रूमानी आंदोलन संस्थित है।

नवक्लासिकल नाम से ही स्पष्ट है कि यह प्राचीन क्लासिकी दृष्टि को पुनः प्राप्त करने का प्रयत्न है। 'नव' के द्वारा रचनाकार पुरानी परंपरा को नए संदर्भों के अनुकूल नया विन्यास देना चाहते हैं और यह नवीनीकरण अथवा पुनर्व्याख्या का प्रयत्न है। जैसा कि संकेत किया जा चुका है कि तेरहवीं ई. शताब्दी का अंत होते-होते यूरोप में ऐसे रेनेसाँ अथवा पुनर्जागरण युग का सूत्रपात हुआ, जिसे हम मध्ययुग के पटाक्षेप के अनंतर आधुनिक युग का प्रवेशद्वार कह सकते हैं। चौदहवीं से सत्रहवीं शती तक नए ज्ञान-विज्ञान की जो नई लहर आई, उसने यूनान और रोम के प्राचीन साहित्य को नए आलोक में देखने की दृष्टि दी। यह सच है कि यदि यूरोप में पुनर्जागरण काल न आया होता तो रचना आंदोलन का आविर्भाव न हो पाता। पुनर्जागरण काल ने पेत्रार्क, शेक्सपियर जैसे रचनाकार हमें दिए। माइकेल एंजेलो और रॉफेल जैसे चित्रकार आए और अभिव्यक्ति के हर क्षेत्र में नए कीर्तिमानों पर पहुँचा गया। इस प्रकार, पुनर्जागरण काल ने क्लासिकी दृष्टि की पुनर्व्याख्या के लिए रास्ता साफ किया जो एक व्यापक आंदोलन की तरह आया था, पर नवक्लासिकी दृष्टि ने उसे नियंत्रित करके रचनाओं में बाँधने की चेष्टा की।

नवक्लासिकी अभिव्यक्तियों को पुनःस्थापन युग अथवा 'रेस्टोरेशन एज' से संबद्ध कर देखने के कारण अंग्रेजी साहित्य में उसे विशेष महत्त्व दिया जाता है, यद्यपि इस प्रकार की प्रवृत्तियाँ फ्रांस में पहले ही आरंभ हो चुकी थीं। प्राचीन क्लासिकी रचनाओं के आधार पर नई कृतियों के लिए एक नए समीक्षाशास्त्र के निर्माण की प्रक्रिया शुरू हो चली थी, जिसमें व्यवस्था, तर्क, औचित्य, प्रतिबंधित भावना, अनुशासन आदि के आग्रह थे। काव्य में शब्दचयन और बिंबों को परंपरा से प्राप्त करने की चेष्टा की गई। फ्रांस के मैलहर्व (1555-1628 ई.) ने रचना में जिन नवक्लासिकी तत्त्वों का आग्रह किया, उसका परिणाम यह हुआ कि आधुनिक गद्य के विकास में पर्याप्त सहायता मिली और सच्चाई यह है कि नवक्लासिकी का यह महत्त्वपूर्ण प्रदेय है। फ्रांस में बॉयलो (1636-1711 ई.) ने बार-बार कतिपय नियमों के पालन का आग्रह किया और संयम, नियंत्रण के आधार पर रचनाओं की माँग की। शास्त्रीय नियमों के पालन का आग्रह करने की एक सीमा बनानी होगी, नहीं तो रचना की स्वतंत्र सत्ता ही विलीन हो जाएगी, इस ओर बॉयलो ने कम ध्यान दिया। ब्रिटेन नवक्लासिकी युग से गुजरता हुआ इतिहास के अपेक्षाकृत शांत क्षणों का लाभ पा जाता है, क्योंकि 1558 ई. से 1603 ई. तक एलिजाबेथ युग का समय था। इंग्लैंड

में फ्रांसीसी नवक्लासिकी विचारों के साथ-साथ होरेस, वर्जिल का भी प्रभाव पड़ा और इस बात का आग्रह किया जाने लगा कि रचनाओं में अराजकता की स्थिति न रहे; उन्हें एक निश्चित स्वरूप और आकार दिया जाए। यह अवश्य है कि इन सारे कलात्मक प्रयत्नों में मनुष्य को रचना का केंद्र-बिंदु माना गया, जो पुनर्जागरण युग की देन है और उसे प्राचीन क्लासिकी विचारणा से पृथक् अस्तित्व देती है। समीक्षकों का विचार है कि नवक्लासिकी युग से जिस बौद्धिक आग्रह को प्रश्रय मिला, उससे आधुनिक गद्य के निर्माण में सहायता मिली और साहित्य में किसी सीमा तक यथार्थवादी प्रवृत्तियों का प्रवेश हुआ। उपदेशात्मक प्रवृत्तियाँ भी बढ़ने लगीं, इसमें संदेह नहीं, किंतु नवक्लासिकी चिंतन का मुख्य आशय पुराने क्लासिकी साहित्य के सहारे आधुनिक साहित्य के लिए नए प्रतिमान प्राप्त करना था।

अठारहवीं शती के रेस्टोरेशन युग को नवक्लासिक युग माना जाता है। अंग्रेजी साहित्य में नवक्लासिकी प्रवृत्तियों को कई भागों में विभाजित करके देखा जाता है और यद्यपि 17 वीं-18 वीं शती में उन्हें पूर्ण विकास मिला, पर उनका उदय 1660 ई. में स्टुअर्ट राजाओं की वापसी से माना गया है। (1) पुनःस्थापन युग अथवा रेस्टोरेशन एज (1660-1700 ई.), (2) आगस्टन युग (1700-1750 ई.), तथा (3) जॉन्सन युग (1750-1798 ई.)। पुनःस्थापन युग के प्रथम चरण में अंग्रेजी साहित्य पर व्यापक फ्रांसीसी प्रभाव पड़ा जिसके फलस्वरूप ब्रिटेन में भी नवक्लासिकी प्रवृत्तियों को शक्ति मिली। एक प्रकार की उपयोगितावादी दृष्टि (जिसका समर्थन जॉन स्टुअर्ट मिल में मिलता है) पल्लवित होने लगी और गद्यविधा को आगे बढ़ने का अवसर मिला। मिल्टन ने पैराडाइज़ लॉस्ट, पैराडाइज़ गेंड से अमरता प्राप्त की। ड्राइडन नवक्लासिकी युग के पुनःस्थापन काल की एक महत्त्वपूर्ण देन है और पोप का नाम उन्हीं के साथ लिया जाता है। पोप में रूमानी प्रवृत्ति के आरंभिक संकेत भी मिलते हैं। ड्राइडन आधुनिक अंग्रेजी आलोचना के जनक कहकर संबोधित किए जाते हैं यद्यपि उन्हें हम एक द्वंद्व की स्थिति से गुजरते हुए भी देख सकते हैं। एक ओर ड्राइडन क्लासिकी परंपरा में गहरी रुचि रखते हैं, दूसरी ओर उन्हें अपने युग के दबावों और उसकी आवश्यकताओं का भी एहसास है। 'ऑफ ड्रामेटिक पोयजी' में वे संकलनत्रय का आग्रह करते हैं पर एक दूसरे स्थान पर व्यंग्य करते हैं कि रद्दी लेखक प्रायः निर्मम आलोचक बनने की कोशिश करते हैं। उन्होंने व्यर्थ के शब्दजाल की भर्त्सना की और साहित्य का एक निश्चित प्रयोजन स्वीकार किया। नवक्लासिकी युग के दूसरे चरण, आगस्टन युग में, नवक्लासिकी प्रवृत्तियाँ अपनी प्रयोगकालीन अवस्था को पार कर, अभिव्यक्ति की प्रौढ़ता पर पहुँची और हम कह सकते हैं कि अंग्रेजी साहित्य ने फ्रांसीसी प्रभाव से मुक्त होकर अपने स्वतंत्र जातीय व्यक्तित्व का निर्माण किया और वह अधिक आत्मविश्वास के साथ आगे बढ़ा। इस समय गद्य की विशेष उन्नति हुई और स्विफ्ट की व्यंग्यपूर्ण रचनाएँ सामने आईं। नवक्लासिकी युग के तीसरे और

अंतिम चरण में डॉ. सैमुअल जॉन्सन का प्रभाव समस्त साहित्य पर छाया रहा, इसीलिए उनके नाम पर इसका नामकरण किया गया है। जॉन्सन को क्लासिकी परंपरा की अंतिम कड़ी भी कहा जा सकता है, क्योंकि उसी के बाद स्वच्छंदतावादी रूमानी प्रवृत्तियाँ जोर पकड़ने लगीं।[6] जॉन्सन, जिन्हें 'अंग्रेजी साहित्य का ग्रैण्ड चम' कहकर भी संबोधित किया गया है, ड्राइडन, पोप और बुअलो की परंपरा को ही ठीक मानते हैं। विलियम के विमसाट जूनियर तथा क्लींथ ब्रुक्स ने साहित्य-समीक्षा के संक्षिप्त इतिहास में जॉन्सन को 'देसी क्लासिकी पद्धति' का रचनाकार कहा है जिनमें उनकी आलोचनात्मक और तार्किक प्रतिभा गद्य के माध्यम से अधिक व्यक्त हुई है।[7] डॉ. जॉन्सन के व्यक्तित्व में कवि, कथाकार, कोश निर्माता, आलोचक का अद्भुत समन्वित रूप है और उन्होंने अपने युग को जिस दूरी तक प्रभावित किया, हिंदी में उसकी तुलना आचार्य महावीरप्रसाद द्विवेदी के नेतृत्व से की जा सकती है। इस प्रकार, अंग्रेजी नवक्लासिकी परंपरा में ड्राइडन, पोप, जॉन्सन आदि ने क्लासिकी विचारों की पुनःप्रतिष्ठा का यत्न किया।

नवक्लासिकी विचारणा एक प्रकार से प्राचीन क्लासिकी परंपरा को नए परिवेश में देखने और उसे प्रतिपादित करने की चेष्टा है। जाहिर है कि इसमें परंपरा का समर्थन होगा और विद्रोही प्रवृत्तियों के लिए कम अवसर होगा क्योंकि नवक्लासिकी विचारणा साहित्य को, पिछले नियमों में साधारण परिवर्तन के साथ, बाँधना चाहती है। जिस वस्तुपरक दृष्टि का आग्रह बार-बार नवक्लासिकी आलोचनाओं में किया गया, उसके नियम और प्रतिमान प्राचीन क्लासिकी साहित्य से प्राप्त किए गए हैं और विचारणीय है कि वे आधुनिक युग के लिए कितने उपयोगी हो सकते हैं ? नियमबद्धता के कारण गद्य के क्षेत्र में तो नई विधाएँ जन्मीं, जिन्होंने अपने समय और समाज को बिंबित करने की चेष्टा भी की, पर काव्य के क्षेत्र में प्रतिबंधों के कारण एक अनुर्वर भूमि ही नज़र आती है और श्रेष्ठ कवियों के लिए अंग्रेजी साहित्य को स्वच्छंदतावादी आंदोलन की प्रतीक्षा करनी पड़ी।

यूरोपीय रोमांटिक आंदोलन

ऐसी पृष्ठभूमि पर रोमांटिसिज़्म अथवा स्वच्छंदतावाद का उदय होता है। इसके पूर्व यूरोप नवजागरण युग से गुज़र कर आधुनिक युग में प्रवेश कर चुका था, और फ्रांस की क्रांति ने मानव-व्यक्तित्व को एक नई दिशा दी थी। प्रायः यूरोपीय स्वच्छंदतावाद की चर्चा करते हुए दो भूलें कर दी जाती हैं। एक तो यह कि मानों यूरोपीय स्वंच्छदतावाद केवल अंग्रेजी साहित्य, विशेषतया काव्य तक सीमित था और दूसरी यह कि जैसे उसका जन्म क्लासिकी विचारणा के विरोध में हुआ। जिस सांस्कृतिक-साहित्यिक और किसी सीमा तक राजनीतिक पृष्ठभूमि की ओर संकेत किया गया है, वह स्वयं इन दोनों भ्रांतियों को तोड़ती है। क्लासिसिज़्म की तरह रोमांटिसिज़्म भी एक

विचार-आंदोलन है और उसे निश्चित वैचारिक क्रांति के रूप में स्वीकार करना चाहिए। जैसे क्लासिकी विचारणा प्राचीन यूनानी-रोमन सभ्यता का बोध कराती है, उसी तरह रूमानी आंदोलन मानव-व्यक्तित्व के आधुनिक विद्रोह के एक चरण का संकेत करता है। साहित्यिक पृष्ठभूमि के माध्यम से नवक्लासिकी आंदोलन पर दृष्टि डालने का प्रयोजन यही था कि हम जान सकें कि यूरोप अथवा संपूर्ण पश्चिम का रूमानी आंदोलन बहुत पहले के क्लासिकी साहित्य के विरुद्ध विद्रोह न होकर, निकट पूर्ववर्ती नवक्लासिकी विचारधारा के विरुद्ध एक प्रतिक्रिया रूप में देखा जाए तो अधिक उचित होगा। यह यथार्थवाद और स्वच्छंदतावाद के बीच में कहीं संस्थित है। फ्रांसीसी क्रांति ने जो वैचारिक ज्वार उत्पन्न किया था और जिसमें नए मानववाद की संभावनाएँ थीं, उसके आधार पर जो रूमानी आंदोलन यूरोप में जन्मा, उसने यदि नवक्लासिकी विचारधारा की रचनाओं को परंपरा और रूढ़ियों की पुनःप्रतिष्ठा के षड्यंत्र रूप में भी देखा हो, तो इसे स्वाभाविक मानना चाहिए। रचनाएँ समाज-निरपेक्ष नहीं होतीं और रचनाकार के स्वतंत्र व्यक्तित्व के बावजूद यह स्वीकार करना होगा कि समय के जो दबाव रचनाओं के निर्माण में महत्त्वपूर्ण भूमिका बनते हैं उन्हें नजरअंदाज़ कर जाना संभव नहीं। यूरोप में फ्रांसीसी क्रांति ने व्यक्ति की आज़ादी का जो वातावरण जन्माया था और राजतंत्र को जिन चुनौतियों का सामना करना पड़ रहा था, उनमें रोमांटिसिज़्म अथवा स्वच्छंदतावाद का जन्म एक स्वाभाविक घटना है।

यूरोपीय स्वच्छंदतावाद एक वैचारिक आंदोलन के रूप में जन्मा इसलिए उसका प्रभाव व्यापक है और उसकी प्रक्रिया की शुरुआत इतिहास और राजनीति से माननी चाहिए। राजतंत्र के स्थान पर जनता के स्वरों को अहमियत देने की माँग की जाने लगी और मानव-व्यक्तित्व ने अनुभव किया कि उसकी आशाओं-आकांक्षाओं की पूर्ति ऐसे ही वातावरण में हो सकती है, जब उसके निर्वाचित प्रतिनिधियों के हाथों में सत्ता सौंप दी जाए। फ्रांस की क्रांति इसी दिशा की ओर बढ़ रही थी, पर नेपोलियन बोनापार्ट के गुमराह हो जाने से कुछ समय के लिए उसकी गति मंद पड़ गई पर जनता ने पुनः स्वयं को प्रभावी बनाने की चेष्टा की। स्वच्छंदतावाद के प्रस्थानबिंदु रूप में हम मानव-मन की इस आकांक्षा को ले सकते हैं कि उसके स्वप्नों की पूर्ति होनी चाहिए और इसके लिए एक नए वातावरण का निर्माण करना ज़रूरी है। इतिहासकार उसे वैयक्तिक विद्रोह अथवा व्यक्ति का विद्रोह कहते आए हैं। जब एक बार व्यक्ति को समाज की महत्त्वपूर्ण इकाई स्वीकार कर लिया गया, तब उसकी निर्बंध अभिव्यक्ति के द्वार खुल गए और उसने स्वयं को इतिहास, संस्कृति, साहित्य, कला सभी क्षेत्रों में समान रूप से व्यक्त करना चाहा। अठारहवीं शताब्दी के जाते-जाते हमें स्वच्छंदतावादी विचारधारा की अभिव्यक्ति के लक्षण साहित्य में दिखाई देने लगते हैं। फ्रांस में विक्टर ह्यूगो ने स्वच्छंदतावाद को 'साहित्य में उदारतावाद' (लिबरलिज़्म इन लिटरेचर) कहकर संबोधित किया। उसका आशय है कि रचनाकार को नियमों

की जकड़ से मुक्त होना चाहिए और वह स्वतंत्र भूमि पर स्वयं की अधिक सार्थक अभिव्यक्ति दे सकता है। इसके पूर्व कि हम यूरोपीय स्वच्छंदतावाद को परिभाषित कर, क्लासिकी पद्धति से उसकी तुलना के सूत्रों की तलाश करें, हम यूरोप, विशेषतया अंग्रेजी साहित्य में उसके विकास की रेखाओं को देखना चाहेंगे।

स्वच्छंदतावाद को यूरोप में दो मुख्य स्तरों पर संघर्ष करना पड़ा; चर्च अथवा धर्म और राजतंत्र अथवा तानाशाही। चर्च का शासन यूरोप में एक समय तक इतना कठोर था कि कैथोलिक राजाओं को अपने राज्याभिषेक तक की स्वीकृति पोप से प्राप्त करनी पड़ती थी। इस प्रकार की कट्टरता को स्वच्छंदतावादी चिंतन ने ललकारा और इसका आरंभ एक उदार धार्मिक पंथ की तलाश से हुआ, जिसे प्रोटेस्टेण्ट मत के उदय में पहले ही देखा जा सकता है। ईश्वर की सत्ता में एक प्रकार का संशय स्वच्छंदतावादी दृष्टि में हमें पहली बार अभिव्यक्ति पाता दिखाई देता है। अनेक प्रकार के प्रश्न चिह्न इस विराट सत्ता को लेकर खड़े किए गए और रचनाकारों ने उनके बीच से अपना रास्ता बनाने की कोशिश की। धर्म के बंधन ढीले हुए बिना व्यक्ति को जिस सँकरी नैतिकता का निर्वाह करना पड़ता था, उसमें उसकी अभिलाषाओं की तृप्ति संभव नहीं थी। यूरोपीय स्वच्छंदतावाद ने जिस नई नैतिकता को पाना चाहा, उसके लिए सर्वप्रथम प्राचीन रूढ़ियों से विद्रोह करना अनिवार्य था। चर्च और धर्म के ही क्रम में स्वच्छंदतावाद ने राजनीतिक स्तर पर यह अनुभव किया कि राजाओं की निरंकुशता को प्रतिबंधित करना आवश्यक है, अन्यथा अभिव्यक्ति की स्वतंत्रता प्राप्त नहीं हो सकती। धर्म और राजनीति दोनों में ही उदारतावाद की माँग की गई, ताकि मानव-व्यक्तित्व अपनी इच्छाओं की पूर्ति कर सके और उसका संपूर्ण विकास हो सके।

यूरोपीय स्वच्छंदतावाद इतना व्यापक था कि उसने अभिव्यक्ति के सभी माध्यमों को प्रभावित किया, यद्यपि काव्य में वह अपने शीर्ष पर पहुँचा हुआ दिखाई देता है। संगीत में नई धुनें निकाली गईं और जर्मन संगीतकार वेग्नर, ब्रेह्मस तथा फ्रेंच संगीतकार बिजै, गूनोद ने नए प्रयोग किए। फ्रांस में प्रसिद्ध कलाकार देलाक्रवा को स्वच्छंदतावादी चित्रकला का आरंभकर्ता स्वीकार किया जाता है। कला और साहित्य में यूरोप यहाँ तक कि अमरीका तक को स्वच्छंदतावाद ने प्रभावित किया और इस सन्दर्भ में रूसी गीतलेखक चाहकोवस्की तथा कवि पुश्किन का नाम भी लिया जाता है। यद्यपि यह स्वीकार करना होगा कि जब यूरोप में रूमानी-स्वच्छंदतावादी आंदोलन चल रहा था, उस समय रूसी काव्य इतिहासकारों की दृष्टि में अपने स्वर्णयुग में था, किंतु आश्चर्यजनक है कि उसमें रूमानी तेवरों के लिए अधिक स्थान न था, बल्कि एक औपचारिक नियमावली रचना के लिए अपेक्षित थी।[8] इस प्रकार, रूसी साहित्य को यूरोप के स्वच्छंदतावादी आंदोलन से जोड़ना संगत नहीं है। यूरोप में फ्रांस, जर्मनी और ब्रिटेन में विशेष रूप से स्वच्छंदतावादी युग की कल्पना की गई।

साहित्य के इतिहास में प्रायः ऐसा होता है कि आनेवाली रचनाप्रवृत्ति की पूर्वसूचना कुछ विशिष्ट लेखकों की कृतियों में मिल जाती है, जो स्वयं तो उस आंदोलन की मुख्य धारा में प्रवाहित नहीं होते, पर जाते-जाते वे आगामी दिशा का संकेत कर जाते हैं।

जर्मनी और फ्रांस में स्वच्छंदतावादी प्रवृत्तियों का विकास इंग्लैंड से पहले आरंभ हुआ। कुछ लोग तो श्रेष्ठ जर्मन साहित्यकार गेटे (1749-1832 ई.) में भी स्वच्छंदतावादी प्रवृत्तियाँ खोजने की चेष्टा करते हैं और इसके लिए उसके आरंभिक उपन्यास, 'सॉरोज ऑफ वर्थर' की दुःखांत प्रेम कथा का उदाहरण देते हैं। यौवन के आरंभ में गेटे में स्वाभाविक रूमानी भावनाएँ रही होंगी, पर उसने प्रौढ़ता के बिंदु पर पहुँचकर स्वच्छंदतावाद को रोग और क्लासिकी प्रवृत्ति को स्वास्थ्य कहा (रोमांटिसिज़्म इज़ डिज़ीज़, क्लासिसिज़्म इज़ हेल्थ)। पर वास्तव में यदि हम गेटे की रचनाओं के भीतर से गुजरने की चेष्टा करें तो पायेंगे कि स्वयं उसके समक्ष एक द्वंद्व उपस्थित है। 'फॉउस्ट' जैसी प्रौढ़तम कृतियों में भी आंतरिक भावना और बाह्य जगत् का यह संघर्ष समाप्त नहीं हुआ है। नगरद्वार के दृश्य में वैग्नर से बात करते हुए फॉउस्ट इस आंतरिक द्वंद्व के विषय में कहता है :

तुम जानते हो सिर्फ़ एक मन का ज्वार
ओह, दूसरा मत खोजो!
मेरे वक्ष में बसती हैं दो आत्माएँ
और हर एक भगा देती है अपना भाई।[9]

गेटे अपनी अंतिम कृतियों में निश्चित ही क्लासिकी भूमि पर पहुँचने का प्रयत्न करता है, यद्यपि भावना के क्षेत्र में अब भी उसमें रूमानी संवेदन विद्यमान है। जर्मनी के रूमानी लेखकों को पीढ़ियों के अंतर की दृष्टि से दो भागों में विभाजित किया जाता है। पूर्ववर्ती रोमांटिक और युवक रोमांटिक (हाई, यंगर रोमांटिक)। प्रसिद्ध जर्मन कवि शिलर, जो गेटे का घनिष्ठ मित्र था और जिसके निधन पर महाकवि ने कहा था कि 'मेरा आधा अस्तित्व ही चला गया', 1805 ई. में संसार से विदा हो चुका था। गेटे के फॉउस्ट का प्रथम खंड 1808 ई. में प्रकाशित हुआ। लगभग इसी के दो-चार वर्ष बाद जर्मन क्लासिकी युग का अंत हो जाता है और जर्मन स्वच्छंदतावाद का उदय होता है। श्लेगिल बन्धुओं, फ्रेडरिक (1759-1805 ई.) तथा ऑगस्ट विल्हेम (1767-1845 ई.) को जर्मन स्वच्छंदतावाद का आरंभकर्ता कहा जाता है, जिन्होंने शेक्सपियर के जर्मन अनुवाद भी किए हैं और उन्होंने संस्कृत का भी अध्ययन किया था।[10] फ्रेडरिक श्लेगिल ने स्वच्छंदतावादी काव्य को प्रगतिशील सार्वदेशिक कहा। इन श्लेगिल बंधुओं के पूर्व जर्मनी के ही विंकेलमन (1717-1768 ई.) क्लासिकी और रूमानी पद्धति के बीच एक मध्यमार्ग की तलाश अवश्य कर रहे थे, पर वे मूलतः क्लासिकी प्रणाली के समर्थक हैं। श्लेगिल बंधुओं ने क्लासिसिज़्म और

रोमांटिसिज़्म का विरोधी अर्थों में प्रयोग किया और एक अन्य जर्मन लेसिंग ने क्लासिकी कला को चुनौती दी।

जर्मन स्वच्छंदतावाद की प्रमुख विशेषता उसकी देसी उपज है, जिसके पीछे राष्ट्रीय आकांक्षाएँ सक्रिय दिखाई देती हैं। एक अन्य विशेषता, जो स्वच्छंदतावाद के इतिहास में जर्मनी की विशिष्टता प्रकाशित करती है, वह उसका वैविध्यपूर्ण रूप है। यूरोप के अन्य देशों में स्वच्छंदतावादी प्रवृत्तियाँ साहित्य में अधिक जागरूक और सक्रिय रहीं पर जर्मनी में उन्होंने साहित्य की विभिन्न विधाओं के अतिरिक्त अभिव्यक्ति के अन्य माध्यमों को भी प्रभावित किया, यहाँ तक कि दर्शन के क्षेत्र में भी स्वच्छंदतावादी प्रवृत्तियाँ प्रवेश कर गईं। यद्यपि जर्मन स्वच्छंदतावाद 1813 ई. के आस-पास प्रशा और आस्ट्रिया की विजय के कारण लड़खड़ाने लगा, पर उसका स्थान विशिष्ट तो है ही।

फ्रांस में 1760 से 1820 ई. तक, पूर्व-स्वच्छंदतावाद युग और 1820 से 1850 ई. तक, मुख्य-स्वच्छंदतावाद युग माना जाता है। प्रथम युग का आरंभ रूसो से स्वीकारा गया है जो उचित ही है, क्योंकि वही संपूर्ण स्वच्छंदतावाद की पृष्ठभूमि में विद्यमान है। स्वच्छंदतावाद के प्रथम चरण में एक ओर वैचारिक आंदोलनों का जोर था, तो दूसरी ओर फ्रांस राजनीतिक विप्लव से गुजर रहा था। यह कम प्रशंसनीय नहीं कि राजनीतिक उत्थान-पतन के इस आंदोलन-भरे दौर में भी फ्रांस की प्रतिक्रियाएँ अपनी सृजनशीलता को अभिव्यक्ति दे रही थीं, यद्यपि फ्रांसीसी क्रांति के कारण उनकी प्रगति धीमी है। राजतंत्र और लोकतंत्र में जो संघर्ष फ्रांस में चल रहा था उसका प्रभाव साहित्य पर यह पड़ा कि नवक्लासिकी प्रवृत्तियाँ पर्याप्त समय तक चलती रहीं। जिस फ्रांस ने स्वच्छंदतावादी विचारणा को जन्म दिया और जिससे सारा यूरोप प्रभावित हुआ, वही क्रांति के कारण रूमानी रचनाओं की दौड़ में जर्मनी और इंग्लैंड से थोड़ा पिछड़ गया। जब नेपोलियन ने स्वयं को फ्रांस का सम्राट घोषित किया, तब फिर एक प्रकार का अधिनायकतंत्र लौट आया जो लुई सोलहवें के समय में विद्यमान था। प्राचीन-नवीन के बीच जो साहित्यिक संघर्ष फ्रांस में भीतर-ही-भीतर चलता रहा, उसका मुख्य कारण राजनीतिक कहा जाएगा। एक ओर राजमुकुट के समर्थक, राष्ट्रवादी कैथोलिक थे, दूसरी ओर उदारपंथी रचनाकार। सृजनशील प्रतिभाएँ यह अनुभव करने लगी थीं कि उन्हें अभिव्यक्ति की स्वतंत्रता मिलनी चाहिए, किंतु अपनी-अपनी राजनीतिक प्रतिबद्धताओं के कारण उनके एकमत होने में कठिनाई थी। पर धीरे-धीरे स्वच्छंदतावाद ने स्वयं को प्रतिष्ठित किया। राजनीतिक प्रतिबद्धता का प्रमाण यह है कि उन्नीसवीं शताब्दी के आरंभ में 'रॉयलिस्ट रोमांटिक्स' और 'लिबरल रोमांटिक्स' का विभाजन मौजूद था।

विक्टर ह्यूगो (1802-1885 ई.) को यह श्रेय दिया जाता है कि उसने फ्रांसीसी स्वच्छंदतावाद के दक्षिणपंथी और वामपंथी विचारों को एक-दूसरे के निकट लाने का

प्रयत्न किया। ह्यूगो रूसो से प्रभावित था और चौदह वर्ष की अवस्था में उसने एक दुःखांत नाटक लिख डाला था। बीस वर्ष में उसका प्रथम काव्यसंकलन प्रकाश में आ गया।[11] आरंभ में वह राजतंत्र का समर्थक था, पर धीरे-धीरे उदार लोकतंत्र का पक्षधर बन गया। उसने लगभग बीस वर्षों तक कविता, नाटक, उपन्यास के क्षेत्र में काम किया और फ्रांसीसी स्वच्छंदतावाद का नेतृत्व किया। उसकी प्रजातांत्रिक आस्था का प्रमाण यह है कि वह प्रजातांत्रिक दल का एक महत्त्वपूर्ण नेता था और नेपोलियन तृतीय का विरोध करने के कारण उसे देश से निष्कासित होना पड़ा। यद्यपि ह्यूगो की ख्याति एक उपन्यासकार के रूप में अधिक है पर फ्रांस में वह कवि रूप में सम्मानित है। वह अपने पूर्ववर्ती फ्रांसीसी रचनाकार शातोब्रिआँ से भी प्रभावित था और 'क्रॉमवेल' में उसने स्पष्ट घोषणा की थी कि लेखक को स्वतंत्रता मिलनी चाहिए। उसने काव्य के क्षेत्र में महत्त्वपूर्ण स्थापना की कि कवि विशिष्ट प्रातिभ-ज्ञान से सम्पन्न होता है और उसे भावना की स्वतंत्रता रहनी चाहिए। उसने राजनीति तथा इतिहास से स्वयं को संबद्ध रखते हुए भी अपनी कविताओं में कल्पना का प्रचुर परिचय दिया, यद्यपि भाषा के क्षेत्र में उसके क्लासिकी संस्पर्श बने रहे पर उसने गीतिकाव्य में नए हस्ताक्षर किए और उसे 'फ्रांसीसी गायक' कहकर संबोधित किया जाता है। उसका समग्र मूल्यांकन करते हुए एस. कज़ामियाँ ने 'फ्रेंच साहित्य के इतिहास' में लिखा है कि 'उसमें कल्पना का वेग, करुणा की शक्ति और दृष्टि का चमत्कार था। उसकी प्रतिभा घनिष्ठ रूप में मानवीयता से जुड़ी हुई थी और वह जीवन के सुख-दुख को अच्छी तरह समझता था।[12] उसके सृजन की सीमाएँ हो सकती हैं, पर फ्रांसीसी स्वच्छंदतावाद का सूत्रधार तो वह है ही और उसने कविता, उपन्यास, नाटक सभी क्षेत्रों में उसे व्यक्त किया।

ह्यूगो के अतिरिक्त फ्रांसीसी स्वच्छंदतावादी आंदोलन में काव्य के क्षेत्र में लैमर्तीन, विग्नी, म्यूजेत आदि नाम गिनाए जाते हैं। फ्रांसीसी स्वच्छंदतावादी काव्य ने रूमानी मुद्रा को अभिव्यक्ति देने के लिए संवेदन, कल्पना तथा भावावेग का आश्रय लिया और स्वयं को जर्मनी, इंग्लैंड, इटली और स्पेन की नई प्रवृत्तियों से दूर नहीं रखा। उपन्यास के क्षेत्र में विक्टर ह्यूगो लैमर्तीन, विग्नी, म्यूजेत के अतिरिक्त स्टेण्डहल और बालज़ाक को भी स्वच्छंदतावाद से जोड़ लिया जाता है, यद्यपि बालज़ाक प्रकृतवादी है। फ्रांस में स्वच्छंदतावादी विचारणा ने समीक्षा को भी प्रभावित किया और उन्नीसवीं शती की रचनाओं की परीक्षा का वह मुख्य निकष है। चार्ल्स औगुस्ताँ सेण्ट ब्यूव (1804 से 1869 ई.) मुख्य रूप से समीक्षक था और प्रकृति विज्ञान में उसकी रुचि थी, जिसका उपयोग उसने समीक्षा-क्षेत्र में करना चाहा। सेण्ट ब्यूव का विचार है कि रचनाकार अपनी अभिव्यक्ति के लिए स्वतंत्र तो है, पर उसे विवेक के साथ सृजन में अग्रसर होना चाहिए। उसने स्पष्ट कहा कि रचना को समझने के लिए रचनाकार के परिवेश को भी जानना होगा और इसे हम स्वच्छंदतावादी समीक्षा का

मुख्य बिंदु कह सकते हैं क्योंकि रचना को भीतर से जानना ही स्वच्छंदतावादी विचारकों के अनुसार उचित समीक्षा है। उसका आग्रह था कि रचना में प्रवेश करने के पूर्व रचनाकार को जानो क्योंकि इन दोनों में इतना अधिक पार्थक्य नहीं है, जितना कि प्रायः किसी भ्रम के कारण मान लिया जाता है। इस प्रकार सेण्ट ब्यूव ने स्वच्छंदतावादी समीक्षा को गति दी, यद्यपि क्लासिकी परंपरा के लिए भी उसके मन में आदर का भाव है और इसीलिए वह अपने विचारों में विद्रोही नहीं बन सका।

फ्रांस में काव्य, नाटक, उपन्यास, समीक्षा आदि साहित्यिक विधाओं के अतिरिक्त स्वच्छंदतावादी आंदोलन ने इतिहास, धर्म, राजनीति, दर्शन आदि के संबंध में विचार करने वाले लेखकों को भी प्रभावित किया। इतिहास केवल घटनाओं अथवा व्यक्तियों का समूह नहीं है, उसे मार्क्सवादी समाजशास्त्रीय ढंग से व्याख्यायित करते हैं, पर फ्रांस के इतिहासकारों ने जीवन की जटिलताओं में जाकर इतिहास को देखने की चेष्टा की। इस संदर्भ में माइकलेत (1798-1874 ई.) का नाम विशेष रूप से उल्लेखनीय है, जिसने संपूर्ण इतिहास पर नई दृष्टि से विचार किया और उसके लिए इतिहास एक प्रकार का पुनरुत्थान (रिसरेक्शन) है। देश के राजनीतिक विप्लव के कारण फ्रांस में स्वच्छंदतावादी आंदोलन इंग्लैंड की तुलना में कुछ देर से सक्रिय हुआ और उसके रचनाकारों की संख्या भी सीमित है, पर यह याद रखना होगा कि फ्रांस ही स्वच्छंदतावादी विचारों का उत्स है और चिंतन के क्षेत्र में अग्रणी रहा है। उसमें प्रेरणा, प्रातिभ-ज्ञान, कल्पना, सौंदर्यानुभूति आदि के प्रबल आग्रह हैं, जिन्हें स्वच्छंदतावाद के मूल उपादानों में स्वीकार किया जाता है।

जहाँ तक साहित्य का संबंध है, इंग्लैंड में स्वच्छंदतावादी प्रवृत्तियों का संपूर्ण विकास हुआ और उसने एक प्रबल आंदोलन का रूप ग्रहण किया। कुछ समीक्षक शेक्सपियर में भी स्वच्छंदतावादी प्रवृत्तियों को खोजना चाहते हैं, पर यह इस आंदोलन को अतिरिक्त विस्तार में ले जाना होगा। केवल यत्र-तत्र पाई गई रूमानी भावनाओं विशेषतया सॉनेटों की प्रेम भावना के आधार पर अंग्रेजी स्वच्छंदतावाद का आरंभ शेक्सपियर से नहीं माना जा सकता। कहा जाता है कि वे अंग्रेजी साहित्य के स्वर्ण युग की उपज हैं और परंपरा से गहरे रूप में जुड़े हैं। साहित्य के इतिहासकार शेक्सपियर और संपूर्ण स्वच्छंदतावाद युग के मध्य नवक्लासिकी परंपरा के साथ 'भावना का काव्य युग' (दि पोयट्री ऑफ सेंटीमेंट) की कल्पना करते हैं। अंग्रेजी साहित्य का स्वच्छंदतावाद युग दो खंडों में विभाजित करके देखा जा सकता है; पूर्व स्वच्छंदतावाद युग (1770-1798 ई.) और स्वच्छंदतावाद युग (1798-1832 ई.)। यदि अंग्रेजी स्वच्छंदतावाद युग की सामाजिक पृष्ठभूमि का संकेत किया जाए तो ज्ञात होगा कि इंग्लैंड भी राजतंत्र और प्रजातंत्र का एक संघर्ष देख रहा था, जिसमें स्टुअर्ट राजाओं के समय में जनता शासन पर दबाव डाल रही थी और संसद को अधिकाधिक शक्तिशाली बनाने के लिए यत्नशील थी। एक मध्यवर्ग का उदय हो रहा था जो

स्वयं को राजनीति में अधिक महत्त्वपूर्ण भूमिका के लिए तैयार करना चाहता था। जो लोग एलिज़ाबेथ युग में ही स्वच्छंदतावादी प्रवृत्तियाँ खोजने लगते हैं, वे इंग्लैंड के साहित्यिक आंदोलनों में उसी समय से मध्यवर्ग की सक्रियता की ओर संकेत करते हैं। अठारहवीं शती का अंत होते-होते इंग्लैंड में उदार धार्मिक प्रवृत्तियाँ विजयी हो रही थीं और यह वैयक्तिक स्वतंत्रता के लिए अच्छी शुरुआत थी। पुनर्जागरण ने नए ज्ञान-विज्ञान के सहारे प्राचीनतम परंपरा को नए ढंग से समझने की दृष्टि दी और समाज में क्रांतिकारी विचारों के लिए गुंजायश पैदा हुई। यद्यपि यह भी सच है कि इंग्लैंड के लोगों को अपने उदार विचारों को प्रतिष्ठित करने के लिए बराबर संघर्ष करना पड़ा। क्रॉमवेल जैसे सैनिक शासक से उन्हें आशाएँ थीं, पर जब वह निरंकुश हो गया तो जनता ने राजतंत्र का पुनः स्वागत किया। पर धीरे-धीरे इंग्लैंड का मध्यवर्ग स्वयं को सुदृढ़ करता गया और साहित्य में उसकी स्वतंत्र भावनाओं को संपूर्ण अभिव्यक्ति का अवसर मिला। यहाँ स्वच्छंदतावादी प्रवृत्तियों के विकास का अधिक अवसर इसलिए भी था, क्योंकि फ्रांस की तुलना में यहाँ वातावरण कम आंदोलित था।

अंग्रेजी की पूर्व रोमांटिक कविता

पूर्व-स्वच्छंदतावाद युग लगभग तीन दशकों तक का है और यह माना जाता है कि यह अंग्रेजी स्वच्छंदतावाद की मुख्य धारा का पूर्वाभास है, जिनमें सबसे प्रमुख नाम बर्न्स और ब्लेक के हैं। बर्न्स की तुलना में ब्लेक अधिक महत्त्वपूर्ण स्थान पाता है। और उसने स्वयं को सैद्धांतिक विवेचन में नहीं लगाया और प्रेरणा तथा सहजात वृत्तियों को लेकर काव्य में अग्रसर हुआ। ब्लेक किसी काव्य-आंदोलन का सूत्रधार न होने के कारण धार से अलग हटा हुआ भी दिखाई देता है और अपनी मौलिकता के कारण एकाकी तक मालूम पड़ता है। काव्य में वह उस ख्याति को नहीं पा सका, जिसके योग्य उसमें प्रतिभा थी और वह किसी सीमा तक व्यक्तिवादी कहा जा सकता है, क्योंकि प्रवाह से हटकर वह अपने रचनाकर्म में लगा रहा। अगर वह काव्य-आंदोलन का हिस्सा बनकर बहा होता तो निश्चित ही उसे और यश मिलता। पर अपने जिस एकाकी अभियान पर वह चला, उसने उसे थोड़ा रहस्योन्मुख कर दिया और वह प्रतीकों की भाषा का कायल हो गया। वह परंपराओं को नहीं स्वीकारता, तर्क से नहीं चलता और अछूती दिशाओं से प्रतीक खोजना चाहता है। इसीलिए अनेक अवसरों पर उसे समझना आसान नहीं होता। शुरू-शुरू में ब्लेक गीतात्मक रचनाओं में भी आध्यात्मीकरण की प्रवृत्ति दिखाता है, जिसे हम रहस्यवाद के नए रूप में स्वीकार कर सकते हैं। स्वच्छंदतावादी काव्य में आध्यात्मिक तत्त्वों का प्रवेश ब्लेक को वैशिष्ट्य देता है। 'सांग्स ऑफ इन्नोसेंस' अथवा 'सांग्स ऑफ एक्सपीरियंस' (अबोधता का गीत, अनुभव का गीत) में कवि की रहस्योन्मुखता स्पष्ट है। कहा जाता है कि ब्लेक

'आध्यात्मिक विद्रोह' का समर्थक था, पर प्रायः वह अपनी बात प्रतीकों के माध्यम से कहता है और मिथकीय जगत् से इसकी प्रेरणा पाता है, जिसमें अलौकिक तत्त्व (सुपरनेचुरल एलीमेंट) भी प्रवेश पा गए हैं। पूर्व-स्वच्छंदतावाद के मूल प्रवाह से हटकर भी उसने रूमानी काव्य में जिस आध्यात्मिक तत्त्व का प्रवेश कराया, उसके लिए वह स्मरण किया जाता है। पर मूलतः वह विद्रोह का युग था और आध्यात्मिकता के लिए वहाँ गुंजायश कम थी, इसलिए उसका स्वर लगभग अनजाना ही रह गया।

वर्ड्स्वर्थ और लिरिकल बैलेड्स

वर्ड्स्वर्थ (1770-1850 ई.) को यह श्रेय दिया जाता है कि उसने अंग्रेजी स्वच्छंदतावाद युग का प्रवर्तन किया और प्रथम बार सच्ची रूमानी भावनाएँ रचनाओं में व्यंजित हुईं। वर्ड्स्वर्थ आरंभ में ही रूसो के क्रांतिकारी विचारों से प्रभावित हो गया था, और उसकी कविताओं में एक नए मानववाद की जो भावना मिलती है, उसके दो मुख्य प्रेरणास्रोत कहे जा सकते हैं; रूसो की विचारधारा और प्रकृति-प्रेम। जब फ्रांस की क्रांति (1789 ई.) उदित हुई तब वह उन रचनाकारों में था, जिन्होंने उसे अपनी सराहना दी और उसे एक मुक्ति पर्व के रूप में देखा। वर्ड्स्वर्थ की आरंभिक कविताओं पर इसका व्यापक प्रभाव है और प्रकृति तथा मानव को साथ-साथ लेकर चलने की प्रक्रिया में वह एक बेजोड़ कवि है। इसके पूर्व ऐसा माना जाता था कि प्रकृति में रमना एक प्रकार की संन्यासी वृत्ति है, पलायनवाद है, पर प्रकृति को 'मनुष्य का शिक्षक' स्वीकार करके उसे सर्वोच्च स्थान देते हुए भी, वर्ड्स्वर्थ ने उसका उपयोग मानव-जीवन को अधिक आनंदमय बनाने के लिए करना चाहा, और इसे उसकी महान् काव्यसिद्धि कहा जाएगा। प्रकृति के संभार को उसने आत्मीय दृष्टि से, अत्यंत निकटता से देखकर, उससे एक तादात्म्य स्थापित किया इसलिए उसकी कविताएँ अपने समय की सर्वाधिक प्रामाणिक प्रकृति-दृश्यावलियों में गिनी जाती हैं। वर्ड्स्वर्थ अपने सामाजिक परिवेश से असंतुष्ट दिखाई देता है। अपने समय के लंदन (1802 ई.) के विषय में वह कहता है—"हममें से जो सर्वाधिक धनवान है वह सबसे अच्छा है और अब प्रकृति अथवा पुस्तक की कोई प्रतिष्ठा नहीं रह गई है। सादा जीवन, उच्च विचार अब गायब हो चुके हैं...।" इसी प्रकार की एक अन्य कविता में वह मिल्टन को संबोधित करते हुए कहता है कि "आकर देखो, तुम्हारा इंग्लैंड कितना बदल गया है, यहाँ सब कुछ जैसे जड़ स्थावर हो गया है।"

वर्ड्स्वर्थ जो आरंभ में फ्रांसीसी क्रांति से इतना अभिभूत था कि उसने उसके स्वागत में विजयगान लिखे और उसे अपनी भावात्मक निष्ठा दी, उसमें एक द्वंद्व तब उपस्थित हुआ जब नेपोलियन साम्राज्यवादी हो गया। इस समय कवि एक विचित्र मानसिक संघर्ष से गुजरा : एक ओर प्रजातंत्र की जन्मभूमि के प्रति उसकी भावनाएँ थीं, दूसरी ओर देश के राजमुकुट के प्रति उसकी निष्ठा का प्रश्न था। उसने फ्रांस

के जन-आंदोलन को जब पथभ्रष्ट होते देखा तब उसने कई कविताओं में अपने आंतरिक द्वंद्व को व्यक्त किया। 'ओड टु ड्यूटी' में वह कर्तव्य को ईश्वर की आवाज़ की कठोर बेटी, (स्टर्न डॉटर ऑफ वॉयस ऑफ गॉड) कहकर संबोधित करता है और कहता है कि ''यदि कोई व्यक्ति अपनी समस्त आस्थाएँ कर्तव्य को अर्पित कर दे तथा जीवन के किसी मोड़ पर लड़खड़ाने लगे, तो कर्तव्य की देवी को ही राह दिखानी होगी।'' फ्रांस की क्रांति को एक सैनिक तानाशाह की महत्त्वाकांक्षाओं के कारण दिग्भ्रमित होने की बात का उल्लेख न करते हुए वर्ड्स्वर्थ अपने अंतःसंघर्ष को दर्दभरी वाणी देता है। ज़ाहिर है कि वह अपनी राष्ट्रीयता में राजमुकुट का समर्थन करता है और क्रांति को इस प्रकार अँधेरी गलियों में भटकता देखकर दुःखी है। पर वर्ड्स्वर्थ राष्ट्रीयता के आवेश में इस सीमा तक उद्वेलित नहीं हुआ कि उच्चतर मानवीय आशय से उसके संबंध टूट जाएँ। इसीलिए उसके संपूर्ण सृजन में एक मानवीय आध्यात्मिकता विद्यमान है, जहाँ प्रकृति ही देवता है और जिसका उपयोग कवि मानव जीवन को बेहतर बनाने के लिए करना चाहता है। वसंत के आरंभ में लिखित (रिटेन इन अर्ली स्प्रिंग) कविता में प्रकृति और मानव का असामंजस्य चित्रित हुआ है। वर्ड्स्वर्थ मानता है कि प्रकृति बड़ी सुंदर है, किंतु मनुष्य इतना लड़खड़ाया हुआ क्यों है ? वह कहता है कि प्रकृति ने अपने सुंदर क्रिया-कलापों से मानव-आत्मा को संबद्ध करना चाहा है, पर मनुष्य ने मनुष्य को क्या बना डाला है ? कविता की अंतिम पंक्तियों में कवि इसकी पुनरावृत्ति करता है कि ''क्या मेरे अनुताप का यह कारण नहीं है कि मनुष्य ने मनुष्य को क्या बना दिया है... ?'' वर्ड्स्वर्थ की एक लंबी कविता 'रथ' अथवा प्रकृति के प्रभाव (ऑर इन्फ्लुएंसेज़ ऑफ नेचर) में वह भारतीय रक्त (इंडियन ब्लड) की भी बात करता है। एक कवि के रूप में वर्ड्स्वर्थ को ब्रैडले जैसे समीक्षक अंग्रेजी के सर्वाधिक मौलिक कवियों में परिगणित करते हैं। उनका कथन है कि ''वर्ड्स्वर्थ से महान् कवि हुए हैं, पर इतना अधिक मौलिक कोई नहीं। उसने नई चीजों पर दृष्टि डाली या चीजों को नए तरीके से देखा।''[13]

वर्ड्स्वर्थ और उसका मित्र सैमुअल टेलर कॉलरिज आरंभ में साथ-साथ सहयोगी रचनाकार के रूप में आए और 1798 ई. में प्रकाशित 'लिरिकल बैलेड्स' उनका सम्मिलित प्रयास है, जिसमें कॉलरिज ने 'दि टाइम ऑफ एन्शियंट मैरिनर' कविता द्वारा मुख्य सहयोग दिया। 'लिरिकल बैलेड्स' का प्रकाशन अंग्रेजी स्वच्छंदतावाद की एक ऐतिहासिक घटना है और इसके द्वितीय संस्करण की भूमिका को स्वच्छंदतावाद का घोषणापत्र (मैनिफेस्टो ऑफ रोमांटिसिज़्म) माना गया है। यह स्वीकार किया जाता है कि 1800 ई. में प्रकाशित द्वितीय संस्करण की भूमिका में रचनाकार की स्वतंत्रता का जो आवाहन किया गया, वह अंग्रेजी साहित्य के इतिहास की उल्लेखनीय घटना है। वर्ड्स्वर्थ ने इसके माध्यम से कई महत्त्वपूर्ण स्थापनाएँ कीं और इसमें संदेह नहीं कि स्वच्छंदतावादी आंदोलन को इन विचारों ने प्रभावित किया। उसकी मुख्य साहित्यिक

मान्यताएँ संक्षेप में इस प्रकार कही जा सकती हैं; सर्वप्रथम उसने काव्य के उद्देश्य पर प्रकाश डालते हुए कहा कि कवि अधिक संवेदनशील और उदार आत्मा का प्राणी होता है। मानव-भावों के भीतर प्रवेश करने की उसमें अद्भुत सामर्थ्य होती है और वह परोक्ष को लगभग प्रत्यक्ष के समान ग्रहण करने की शक्ति रखता है। कवि वास्तव में एक मनुष्य ही है और मनुष्यों से ही अपनी बात कहना चाहता है। इसलिए वह चाहेगा कि जिन व्यक्तियों की भावनाओं को वह अभिव्यक्ति देने का यत्न करता है, उनमें और उसकी स्वयं की अनुभूतियों में निकटता रहे, एक प्रकार का साम्य स्थापित हो। इस संदर्भ में वर्ड्स्वर्थ ने प्रकृति और मानव के संबंधों पर विचार कर उन दोनों की समीपता पर ज़ोर दिया। प्रायः कहा जाता है कि वर्ड्स्वर्थ का प्रकृति-प्रेम रूसो के इस दर्शन से प्रभावित था कि 'प्रकृति की ओर चलो' (रिटर्न टु नेचर), किंतु इसे कवि वर्ड्स्वर्थ के अपने व्यक्तित्व की विशेषता के रूप में स्वीकार करना होगा, अन्यथा अन्य रचनाकार भी इस दिशा में इतनी दूर तक जाते। वर्ड्स्वर्थ की मान्यता है कि मानव और प्रकृति में पर्याप्त निकटता है और मनुष्य के मन पर प्रकृति के सर्वोत्तम गुणों का बिंब पड़ता है। कवि सहज आनंद के साथ प्रकृति से तादात्म्य स्थापित करता है और उसे व्यंजित करता है। कवि और वैज्ञानिक पर प्रकृति के संदर्भ में एक तुलनात्मक दृष्टि डालते हुए वर्ड्स्वर्थ कवि के सत्य को अधिक सामाजिक भूमिका का बताता है। इस अवसर पर उसने कवि को अत्यंत श्रेष्ठ स्थान पर स्वीकारा है; वह कहता है : "कविता ज्ञान का आदि भी है और अंत भी, वह मानव मन के समान अमर है।"

वर्ड्स्वर्थ ने काव्य को स्वच्छंदतावाद के आधुनिक संदर्भों में परिभाषित करने का जो यत्न किया, वह भी विचारणीय है, क्योंकि उसे एक महत्त्वपूर्ण व्याख्या के रूप में स्वीकारा जाता है। वह कविता को 'सशक्त भावनाओं की सहज अभिव्यक्ति' मानता है और मानव की आत्मा आनंदित करने को कवि-कर्म के रूप में स्वीकारता है। वह भावना का प्रश्न उठाता है। वर्ड्स्वर्थ अपनी इस बात की व्याख्या स्वयं करता है ताकि कोई भ्रांति न रहे। कविता को जब वह 'मानव और प्रकृति का प्रतिबिंब' कहकर परिभाषित करता है, तब उसका संपूर्ण कवि-व्यक्तित्व भी जैसे व्याख्यायित हो जाता है। वर्ड्स्वर्थ काव्य को सहजता और सरलता की ओर ले जाने का पक्षपाती है और ऐसा लगता है कि उस प्रकृति-प्रेमी को बराबर एहसास है कि कविता धीरे-धीरे मानव जीवन से दूर हटती जा रही है। आदर्शवाद, यथार्थवाद और स्वच्छंदतावाद की मिलन भूमि पर खड़ा हुआ वर्ड्स्वर्थ कविकर्म को ईमानदारी के साथ ग्रहण करता है और बार-बार कहता है कि कवि का दायित्व गहन है। वह कहता है कि कवि केवल कवि-बंधुओं के लिए ही नहीं लिखता (जो आक्षेप कभी-कभी नए काव्य पर किया जाता है), वह जनसाधारण के लिए लिखता है और इसलिए उसे मीनारी ऊँचाइयों से नीचे आना होगा, और इस प्रकार बात करनी होगी कि अन्य लोग भी उसे समझ

सकें, उसे सराह सकें। वर्ड्स्वर्थ निरंतर यत्नशील था कि काव्य और मानव एक-दूसरे के निकट आएँ और वह इसी दिशा में सोचता है। क्लींथ ब्रुक्स ने वर्ड्स्वर्थ के काव्य में सादगी और सहजता को प्रमुख उपादानों के रूप में स्वीकार किया है। स्वच्छंदतावादी वातावरण निर्मित करने के लिए सृजन में सामंती, कृत्रिम, औपचारिक परिवेश को तोड़ना जरूरी था और यह काम वर्ड्स्वर्थ ने 'लिरिकल बैलेड्स' के द्वारा किया यद्यपि उसे इस अर्थ में पूर्ण विद्रोही नहीं कहा जा सकता, जैसा रूमानी कवियों की अगली पीढ़ी में दिखाई देता है।

काव्य के लिए नई भूमियों का आग्रह करने के साथ वर्ड्स्वर्थ ने भाषा और कविता के अन्य उपादानों पर भी विचार किया। उसने गद्य-पद्य की भाषा के कृत्रिम विभाजन को स्वीकार नहीं किया और यह मान्यता प्रचारित की कि इन दोनों में कोई विशेष पार्थक्य नहीं है। पद्य जिसे वह छंदोबद्ध रचना कहता है, और गद्य दोनों का प्रेरणा स्रोत यदि मानव हो तो फिर उसमें व्यर्थ के अंतराल का प्रश्न कहाँ उठता है ? गद्य-पद्य को निकट लाने की चेष्टा के मूल में वर्ड्स्वर्थ का एक प्रयोजन स्पष्ट था कि काव्य को अधिकाधिक सामाजिक और ग्राह्य बनाया जाए ताकि वह केवल संभ्रांत पाठकों तक सीमित न रहे। इसीलिए उसने बोलचाल की सहज भाषा का आग्रह किया। श्रेष्ठ इतालवी कवि दाँते को भी श्रेय दिया जाता है कि उसने लैटिन के स्थान पर यूरोप में लोक-भाषा (वर्नाक्यूलर) का मार्ग प्रशस्त किया। वर्ड्स्वर्थ ने क्लासिकी युग की अभिजात भाषा को स्वीकार नहीं किया, और शब्द-भंडार को लोक-जीवन से प्राप्त करने की आवश्यकता पर बल दिया। उसने कुछ कविताओं के उद्धरण देकर प्रमाणित किया कि मध्यवर्ग और निम्नवर्ग की रोजमर्रा की बोल-चाल वाली भाषा काव्य में प्रयुक्त की जा सकती है तथा उससे काव्यानंद में किसी प्रकार की बाधा उपस्थित नहीं होती। उसने अपने पाठकों को सीधे संबोधित करते हुए 'लिरिकल बैलेड्स' की भूमिका में कहा कि सहज, अकृत्रिम जनभाषा के प्रयोग के आग्रह से भ्रांति हो सकती है कि मैं काव्य को बहुत नीचे ले जाना चाहता हूँ, पर ऐसा नहीं है। वह ऐसी काव्यभाषा पर जोर देता है जो मानवों की सहज भाषा हो और उसका अनुकरण (इमिटेशन) काव्य में हो। वह कहता है कि सामान्य और गँवार (लो एंड रस्टिक) लोगों की भाषा काव्यात्मक हो सकती है, बशर्ते कवि अपने विवेक से उसका उपयोग कर सकने की क्षमता रखता हो। वर्ड्स्वर्थ का तर्क है कि अभिजात वर्ग की भाषा का क्षेत्र सीमित होता है और उसका स्वरूप कृत्रिम हुआ करता है; किंतु जनसाधारण सहज भाव से स्वयं को अभिव्यक्ति देते हैं, इसलिए उसमें स्थायी तत्त्व अधिक होते हैं और वह दार्शनिक भाषा तक कही जा सकती है। पर उसका यह भी कहना है कि कल्पना की सहायता से इस भाषा को सजाया-सँवारा जा सकता है। कहा जा सकता है कि एक बार यह मान लेने पर कि "श्रेष्ठ काव्य बलवती भावनाओं का स्वजात परिप्लावन है" (दि स्पॉण्टेनियस ओवरफ्लो ऑफ पावरफुल

फीलिंग्स), वर्ड्स्वर्थ ने उसकी अभिव्यक्ति के लिए उचित माध्यम की खोज की और भाषा के प्रश्न पर गंभीरता से विचार किया। इससे स्वच्छंदतावाद को भाषा की नई राशि खोजने में सहायता मिली, क्योंकि यदि नई भावनाएँ पुरानी ही शब्दावली में व्यक्त की जातीं, तो काव्य अपने संपूर्ण प्रभाव-स्थापन में सफल नहीं हो सकता था।

पद्य और गद्य की भाषा में साम्य स्थापित करने और जनजीवन की शब्दावली से उसे पाने का आग्रह करते हुए वर्ड्स्वर्थ ने काव्य के माध्यम छंद पर भी विचार किया। उसके अनुसार छंद के क्षेत्र में अराजक स्थिति बहुत अच्छी नहीं कही जा सकती और उसे व्यवस्थित होना चाहिए। छंद के कुछ नियम होते हैं, जो वास्तव में भाषा के प्रश्न से जुड़े हुए हैं और काव्य जिस आनंद को तीव्रता प्रदान करना चाहता है, उसमें भाषा-छंद महत्त्वपूर्ण सहयोगी होते हैं। यहाँ वर्ड्स्वर्थ के विषय में कहा जा सकता है कि भावना और भाषा के क्षेत्र में वह जिस सीमा तक स्वच्छंदतावादी दृष्टिकोण अपनाता है, उतना छंद के संबंध में नहीं। वह यह घोषणा भी करता है कि करुण भावनाएँ जिनमें दुःख का अंश अधिक होता है, वे गद्य की तुलना में छंदबद्ध रचना अथवा लयात्मक पद्य में अधिक प्रामाणिक हो सकती हैं। भाषा को छंदबद्ध करने का उसका आग्रह काव्य में संगीतात्मक लय लाने के लिए भी दिखाई देता है और 'सॉलिटरी रीपर' जैसी कविताएँ प्रमाणित करती हैं कि शब्दसंयोजन की सहायता से वह काव्य में संगीत-ध्वनि का प्रभाव उत्पन्न करना चाहता है। बार-बार छंदबद्ध भाषा के प्रति उसका आग्रह है और संभवतः इसीलिए उसने 'ओड' अथवा संबोधगीत जैसे माध्यम को अपनाया ताकि वह भाषा की सहजता के साथ, उसमें लयात्मकता का प्रवेश करा सके। आगे चलकर जब मुक्तछंद की परंपरा ने ज़ोर पकड़ा तब वर्ड्स्वर्थ की कई स्थापनाओं को चुनौती का सामना करना पड़ा, पर यह निर्विवाद है कि 'लिरिकल बैलेड्स' की भूमिका में वर्ड्स्वर्थ स्वच्छंदतावादी काव्य-प्रवृत्तियों के लिए द्वार उन्मुक्त करने का सफल यत्न करता है। भाषा के क्षेत्र में उसने क्लासिक परंपरा का बहिष्कार किया और काव्य को मानव-जीवन के निकट लाने की दिशा में यह निश्चित ही एक महत्त्वपूर्ण कदम था। भाषा के प्रश्न को वर्ड्स्वर्थ ने इतना महत्त्व दिया कि 'भूमिका' में एक परिशिष्ट जोड़ते हुए, पुनः कृत्रिम भाषा का विरोध किया। उसने कहा कि कुछ कवियों ने ऐसी भाषा में बातें कीं, जिनका मनुष्य की यथार्थ भाषा से संस्पर्श नहीं था, यह विकृत भाषा है। काव्य की सहज भाषा से इस प्रकार जनसामान्य से दूर जा पड़ना साहित्य के विकास के लिए अच्छा नहीं हुआ। काव्य के सहज विकास का उल्लेख करते हुए वर्ड्स्वर्थ कहता है कि आरंभ में काव्यभाषा अपने सहज, अकृत्रिम रूप में ही जन्मी थी, पर परवर्ती कवियों ने उसे पांडित्य बोझिल कर दिया। उसका आशय स्पष्ट है कि काव्य की सहज परंपरा से जुड़ा जाए।

वर्ड्स्वर्थ की रचनाओं में उसके विचारों की महत्ता है, क्योंकि यहाँ नए काव्य की पार्थक्य रेखाएँ स्पष्ट की गई हैं और इसीलिए वर्ड्स्वर्थ को स्वच्छंदतावादी युग

का सूत्रधार माना जाता है। वास्तव में उसका ऐतिहासिक महत्त्व यह है कि उसने स्वच्छंदतावादी प्रवृत्तियों के लिए वातावरण निर्मित किया, जिससे कवियों की अगली पीढ़ी स्वयं को अधिक निर्भीक भाव से अभिव्यक्ति दे सकी। वर्ड्स्वर्थ ने सामान्य-से सामान्य वस्तु को काव्योपयोगी मानकर काव्य के लिए नई संभावनाओं के द्वार खोले। इसे मैं 'काव्य में प्रजातंत्रीकरण' कहकर संबोधित करना चाहूँगा। उसने काव्य को कल्पनाशृंगों से नीचे उतारकर सहज सामान्य भूमि पर आने का आवाहन किया और यह उसका निश्चित सार्थक प्रदेय है। इससे कवि के अहंकार के टूटने की प्रक्रिया भी आरंभ हुई क्योंकि वह केवल 'पंडिताई' के सहारे काव्य की यात्रा नहीं कर सकता था, उसे जीवन की व्यापक भूमि पर संचरित होना था। इसीलिए कुछ समीक्षक इसे वर्ड्स्वर्थ की यथार्थवादी दृष्टि समझ बैठते हैं, पर वह अपने विचारों और काव्य में सदैव आध्यात्मिक बना रहा, तथा उसकी दृष्टि स्पष्टतया आदर्शवादी है। वह मानव और प्रकृति को एक-दूसरे के निकट लाने में मनोवैज्ञानिक स्तर पर पहुँचता है, क्योंकि वस्तुओं, दृश्यों, घटनाओं के भीतर झाँक सकने की उसमें अद्भुत क्षमता है। वह प्रकृति और मानव पर विचार करता हुआ अनेक बार चिंतनशील भूमियों पर पहुँचता है और यह उसके काव्य में नए ढंग की आध्यात्मिकता है, जिसे स्वच्छंदतावाद की एक प्रमुख प्रवृत्ति स्वीकारा गया है। इस प्रकार, वर्ड्स्वर्थ हमें अंग्रेजी स्वच्छंदतावाद युग में प्रवेश कराता है।

कॉलरिज तथा अन्य रचनाकार

सैमुअल बटलर कॉलरिज (1772-1834 ई.) आरंभ में वर्ड्स्वर्थ का सहयात्री, सहयोगी कवि था और 'लिरिकल बैलेड्स' में उसके योग का उल्लेख हो चुका है, पर क्रमशः वह स्वतंत्र भूमियों पर पहुँचा। समीक्षक स्वीकार करते हैं कि जहाँ तक काव्य में मनोवैज्ञानिक और दार्शनिक तत्त्व के प्रवेश का प्रश्न है, कॉलरिज वर्ड्स्वर्थ से आगे निकल गया है। कॉलरिज युवावस्था के प्रथम चरण में ही जर्मनी गए थे और हरबर्ट रीड तथा अन्य कई समीक्षकों का विचार है कि उसके स्वच्छंदतावादी विचारों पर जर्मन लेखक शेलिंग का प्रभाव है।[14] आधुनिक मनोविज्ञान में चेतन (कांशस) और अचेतन (अनकांशस) का प्रयोग मानव-व्यक्तित्व के विश्लेषण में किया जाता है और फ्रॉयड ने कवि-व्यक्तित्व के विश्लेषण में उनका उपयोग किया है। कॉलरिज ने अपने प्रसिद्ध ग्रंथ 'बायोग्रोफिया लिटरेरिया' (1817 ई. में प्रकाशित) में इन दोनों शब्दों का प्रयोग करते हुए लिखा है कि प्रत्येक कलाकृति में अंतर और बाह्य का मिलाप होता है। जो इन दोनों चेतन और अचेतन को मिला देता है, वह प्रतिभावान है, 'जीनियस' है और इसलिए उसे इन दोनों में भाग लेना होगा। यह काव्य में मनोविज्ञान की शुरुआत है।

प्रायः आक्षेप किया जाता है कॉलरिज के कवि-व्यक्तित्व पर उसका दार्शनिक

हावी हो जाना चाहता है, इसीलिए उसे काव्य-सर्जना के साथ अपने विचारों को इतने विस्तार से प्रस्तुत करना पड़ा। किंतु वास्तविक स्थिति ऐसी नहीं है। संभवतः इस भ्रांति का कारण स्वयं कॉलरिज की यह मान्यता है कि श्रेष्ठ कवि को यदि स्पष्ट रूप से नहीं, तो सांकेतिक रूप से एक गंभीर तत्त्वज्ञानी (मेटाफिजिशियन) होना चाहिए। 'बायोग्राफिया लिटरेरिया' में उसका बहुउद्धृत वाक्य है; कोई व्यक्ति उस समय तक महान् कवि नहीं है, जब तक वह एक गंभीर दार्शनिक न हो।[15] कॉलरिज जर्मन दार्शनिकों से प्रभावित था और स्वयं उसका सबंध अनुभवातीत दर्शन (ट्रांसेंडेंटल फिलासफी) से जोड़ा जाता है, पर स्वच्छंदतावाद के संदर्भ में हमारा मुख्य प्रयोजन उसकी काव्य साहित्य-संबंधी मान्यताएँ हैं और इस विषय में विचार करते समय हमें यह देखना होगा कि क्या उसके दार्शनिक व्यक्तित्व ने उसके कवि को दमित अथवा आच्छादित तो नहीं कर दिया है। यदि दर्शन, प्रमुखतः एक बौद्धिक व्यापार है और स्वच्छंदतावाद युग का काव्य मुख्यतया भाव जगत् से संबद्ध है तो कॉलरिज ने चेष्टा की कि वह अपनी कविताओं में इन दोनों का एक संतुलन स्थापित कर सके। पर आलोचक रूप में वह दार्शनिक अधिक है।

कॉलरिज कवि और काव्य की व्याख्या करते हुए कवि को मानव की आत्मा को गतिशील बनाने वाला सर्जक बताता है और काव्य को परिभाषित करने को वह एक कठिन कार्य मानता है। कविता के बहिरंग और अंतरंग पक्षों पर उसने अलग-अलग दृष्टि डाली और कहा कि छंद किसी काव्य का बहिरंग है, जो अंतरंग की तुलना में गौण है। पर अंतरंग में काव्य की विषय-वस्तु और उसका उद्देश्य प्रधान होते हैं। उसके अनुसार, काव्य में जब तक संपूर्ण रचना-अवयव का संघटन (ऑरगेनिक फॉर्म) या आंतरिक संगति नहीं आएगी, तब तक उसे सफल नहीं कहा जा सकता। कविता और वैज्ञानिक सत्य में कॉलरिज ने अंतर करते हुए कहा कि विज्ञान सत्यान्वेषी है, पर काव्य का मुख्य प्रयोजन आनंद है। काव्य के लिए वह छंद को अनिवार्य शर्त भले न माने, पर बार-बार उसका आग्रह है कि उसे एक संघटित इकाई के रूप में प्रस्तुत होना चाहिए और मानव को आनंदानुभूति कराना उसके लिए एक आवश्यक उपादान हो। कॉलरिज ने वर्ड्स्वर्थ की मान्यताओं को समर्थन दिया, पर कहीं उसने अनुभव किया कि संभवतः उसके कविमित्र की विचारधारा अतिवादी दिशाओं की ओर जा सकती है और उसमें एक संतुलन लाना ज़रूरी है।

जैसा कि संकेत किया जा चुका है कॉलरिज यह जानता था कि काव्य की एक संपूर्ण सृजन-प्रक्रिया होती है, जो पर्याप्त संश्लिष्ट है। यदि किसी कृति को खंड-खंड कर निर्मित किया जाए और उसमें कोई अन्विति न लाई जा सके, तो उसे असफल कहा जाएगा। समीक्षा करते हुए भी ध्यान रखना होगा कि कृति विभिन्न उपादानों का उपयोग करके, क्या उन्हें एक समापन-स्थिति में ला सकी है ? अर्थात् रचनाकार ने अपने व्यक्तित्व, जिसे निश्चित ही सृजनात्मक (क्रिएटिव) होना चाहिए, के द्वारा

कृति को संयोजित कर सकने में सफलता पाई है ? कॉलरिज कहता है कि श्रेष्ठ काव्य के विभिन्न अवयव एक-दूसरे को सहारा देते हैं, छंदों की सहायता से एक सामंजस्य स्थापित करते हैं और उनमें एक आनुपातिक सौंदर्य रहता है। यदि काव्य में कोई एक तत्त्व प्रमुखता प्राप्त करता है तो संभव है वह साधारण पाठक को एक क्षण के लिए प्रवाहित कर ले जाए, पर श्रेष्ठ काव्य की संज्ञा उसे नहीं मिल सकती। रीड ने कॉलरिज पर विचार करते हुए उसे यह श्रेय दिया है कि स्वच्छंदतावाद युग में उसने काव्य को एक सामंजस्यपूर्ण इकाई के रूप में देखने का सफल प्रयत्न किया। मैं समझता हूँ इस प्रकार की मान्यता से स्वच्छंदतावादी रचना और समीक्षा दोनों के लिए मार्ग अग्रसर हुआ। कवियों ने यह जाना कि काव्य के लिए अलग-अलग खंडों, अवयवों की अनिवार्यता नहीं है जिसका आग्रह क्लासिकी पद्धति में किया जाता रहा है। इस प्रकार कवि-व्यक्तित्व और उसकी प्रतिभा को प्रकाशित होने का संपूर्ण अवसर मिला। शास्त्र के टूटने की यह आरंभिक प्रक्रिया थी, जिसमें, कॉलरिज का योगदान असंदिग्ध है। इसी प्रकार, नए समीक्षा-प्रतिमानों की नींव पड़ी, क्योंकि काव्य की बहिरंग परीक्षा के साथ-साथ अंतरंग विश्लेषण की माँग की जाने लगी और रचना को एक संपूर्ण इकाई के रूप में देखने को बल मिला। कविता अपने संदर्भों से पहचानी जाने लगी, बाह्य उपादानों से नहीं। काव्य-चिंतन को कॉलरिज का यह एक महत्त्वपूर्ण प्रदेय है।

कॉलरिज ने कल्पना तत्त्व का विवेचन किया जो स्वच्छंदतावादी काव्य का सर्वाधिक चर्चित तत्त्व है। उसने काव्य को मनोवैज्ञानिक आधार दिया, इसका संकेत किया जा चुका है और इसी क्रम में वह कल्पना को अनिवार्यतः जीवंत (एसेंशियली वाइटल) मानते हुए कहता है कि इसका उद्‌गम अचेतन में है।[16] कॉलरिज कल्पना को तीन खंडों में देखता है–(1) मुख्य कल्पना (प्रायमरी इमेजिनेशन) जो समस्त मानवीय प्रत्यक्ष ज्ञान की जीवंत शक्ति तथा मुख्य स्रोत है, (2) गौण कल्पना (सेकेंडरी इमेजिनेशन), यह मूल की प्रतिध्वनि होती है यद्यपि मात्रा और क्रियाप्रणाली में भिन्न होती है, तथा (3) तीसरी 'फैंसी' अथवा मनोराज्य की स्थिति है, जो देशकाल के बंधन से मुक्त एक स्मृति व्यापार है। इसे अनुभव की प्रक्रिया संशोधित करती है जिसे हम 'वरण' अथवा 'चयन' शब्द से व्यंजित करते हैं। कल्पना को व्याख्यायित करके कॉलरिज ने निश्चित रूप से स्वच्छंदतावाद के सबसे प्रभावी तत्त्व को गति दी। उसकी मान्यता है कि कल्पना मन और वस्तु का अंतर समाप्त कर देती है। इसी प्रकार, उसने प्रतिभा-तत्त्व (जीनियस) का कई बार उल्लेख करके यह संकेत किया कि काव्य-रचना में केवल बने-बनाए नुस्खों से महत्तर ऊँचाइयों पर नहीं जाया जा सकता और यह कार्य प्रतिभा द्वारा ही संभव है। भाषा को उसने रचनाकार का चश्मा कहा और बताया कि वह शब्दों को भीतर से पकड़ता है, तथा स्वयं बाहर रहता है। भाषा में यदि चित्रात्मकता और बिंब अथवा मूर्ति-निर्माण की क्षमताएँ हों

तो वह काव्य के लिए अधिकाधिक उपयोगी होगी। छंद के विषय में भी उसने पर्याप्त मौलिक विचार प्रस्तुत किए। कॉलरिज की मान्यता है कि छंद काव्य का आच्छादन है जिसके बिना कविता अपूर्ण रह जाती है। पर काव्य और उसके बाह्य आच्छादन, छंद में एक ऐसा रसायन होगा जो उसमें रंग-स्थापना कर सके। यहाँ फिर वह रचना को संपूर्ण इकाई रूप में देखना चाहता है।

कॉलरिज की दार्शनिक मान्यताओं के आधार पर विकसित होने वाली साहित्यिक विचारधारा पर आरंभ में कांट और शेलिंग के जो प्रभाव थे, धीरे-धीरे वह उनसे मुक्त हुआ। एक कवि-रूप में उसका स्वतंत्र व्यक्तित्व अधिक स्पष्ट होकर सामने आया और कुछ समीक्षकों की तो यह धारणा है कि कॉलरिज अपनी कविता तथा समीक्षा दोनों को एक-दूसरे का पूरक मानकर चलता है। काव्य के क्षेत्र में वह आरंभ में पूर्ववर्ती परंपरा से पूर्ण मुक्त नहीं हो सका, पर वर्ड्स्वर्थ का साथ उसके लिए बड़ा प्रेरणादायक सिद्ध हुआ। दार्शनिक मनोवैज्ञानिक प्रवृत्तियों के कारण कॉलरिज अपनी कविताओं में दार्शनीकरण करने की चेष्टा करता है, यहाँ तक कि जीवन के दुर्भाग्य को भी इसी रूप में प्रस्तुत करता है। अपने संबोधगीत (ओड) 'निराशा' (डिजेक्शन) में वह वैयक्तिक पीड़ाओं का दार्शनीकरण करते हुए देखा जा सकता है । पर कॉलरिज को बराबर यह एहसास था कि अपने नितांत वैयक्तिक जीवन-प्रसंगों के सहारे वह दूर तक यात्रा नहीं कर सकता और कथ्य के चुक जाने अथवा स्वयं को दुहराने का खतरा हो सकता है। इसीलिए उसने शेक्सपियर जैसे कवियों की वस्तून्मुखी दृष्टि को सराहा और स्वयं को नई-नई जीवन-स्थितियों से जोड़ने की कोशिश की। 'डिजेक्शन' संबोधगीत को यदि ध्यान से देखा जाए तो हमें ज्ञात होगा कि कवि स्वयं इस दुहरी भूमि से गुजरा है और सचेष्ट है कि वह अधिक खुली बयार में आए। स्वच्छंदतावादी काव्य में वैयक्तिक जीवन-प्रसंगों के उपयोग की जो परिपाटी क्रमशः बलवत्तर होती गई, उसका पूर्वाभास कॉलरिज में मौजूद है। पर यह ध्यान रखना होगा कि वह केवल एक कवि नहीं, जागरूक समीक्षक भी है और उसमें इतनी क्षमता है कि वह अपना आंतरिक विश्लेषण भी कर सके। इसलिए वह स्वयं की भावनाओं का पागुर करके संतुष्ट नहीं हो जाता तथा क्रमशः बृहत्तर जीवन-संदर्भों को अपनी भाव-पूँजी बनाने के लिए यत्नशील है। कॉलरिज के विचारों का विवेचन करते हुए कहा गया था कि वह चेतन-अचेतन तथा अंतरंग-बहिरंग के मिलन का पक्षपाती है। 'निराशा' नामक संबोधगीत में उसका उल्लेख हुआ है—'मैं बाहरी रूपों से जीतने की आशा नहीं करता जिसके निर्झर, आवेग और जीवन भीतर वास करते हैं।' यह काव्य की आत्मपरकता है।

कॉलरिज अपनी दो कविताओं 'द राइम ऑफ दि एंशियंट मेरिनर' तथा 'कुबला ख़ाँ' में अधिक व्यापक भूमि पर जाता है और वे कवि की मनःसृष्टि अथवा काव्य-स्वप्न अधिक हैं। 'एंशियंट मेरिनर' में संक्षिप्त कथा का माध्यम अपनाया गया है, जिसमें

एक पुराना नाविक विवाह के प्रीतिभोज में एक व्यक्ति को अपनी समुद्रयात्रा का वृत्तांत सुनाता है। ऊपर से देखने पर कथा परीलोक जैसी मालूम पड़ती है, पर यहाँ कॉलरिज एक उदार मानवीयता से परचालित है और उसने काव्य को एक मनःसृष्टि अथवा 'विज़न' के रूप में प्रयुक्त किया है। काव्य के अंत में एंशियंट मेरिनर जो किसी सीमा तक स्वयं कवि ही है, व्यथा में भरकर कहता है—'मेरी आत्मा लंबे समुद्रों की यात्रा करती रही है। वह इतनी एकाकी थी कि वहाँ ईश्वर भी दुर्लभ था...।' कॉलरिज अपनी वैयक्तिक पीड़ा का संकेत तो करता है, पर वह स्वयं को मानवता की प्रवाहमान धार से जोड़ता है और मंगलकामनाएँ करते हुए कहता है—'उसकी प्रार्थना सर्वोत्तम है, जो हर छोटी-बड़ी चीज को प्यार करता है। क्योंकि जिस प्यारे ईश्वर ने हम सबको बनाया है, वह सभी को प्यार देता है...।' इसे हम कवि की सदाशयता अथवा उच्च मानवीय कामना कहना चाहेंगे, जो अधिकांश स्वच्छंदतावादी कवियों में देखी जा सकती है। इससे काव्य में नव-आध्यात्मीकरण की प्रक्रिया विकसित हुई और यह संकेत भी मिला कि कवि अपने वर्तमान से संतुष्ट नहीं है, वह अपने मन के अनुकूल जगत् निर्मित करना चाहता है। कॉलरिज की काव्य-प्रतिभा को और अधिक आयाम मिले होते यदि वह बौद्धिक चिंतन और दार्शनिक क्षेत्रों में कम गया होता, किंतु जहाँ पर वह अपनी संपूर्ण प्रतिभा के साथ उतरा है, वहाँ वह सर्वोपरि है, इसमें संदेह नहीं।

इस युग के अन्य रचनाकारों में साउदे (1774-1843 ई.), स्कॉट (1771-1832 ई.) के नाम मुख्य रूप से लिए जाते हैं। साउदे वर्ड्स्वर्थ, कॉलरिज जैसी प्रतिभा लेकर नहीं जन्मा था, इसलिए वह इनके समान यशस्वी नहीं हो सका। उसने लंबी कविताओं के क्षेत्र में कई प्रयोग किए, जिन्हें हम परिश्रमसाध्य कृतियाँ कहना चाहेंगे। वह पिछले युग से इतना प्रभावित है कि उसके काव्य में विद्रोह का क्षण नहीं आ पाता और स्वच्छंदतावाद के पूर्ण उन्मेष से वह वंचित रह जाता है। साउदे की राष्ट्रीय भावना का स्वरूप उग्र है इसलिए भी वह क्रांति की नई भावनाओं से नहीं जुड़ पाया और उसका काव्य कई असंगतियों का शिकार हुआ। वाल्टर स्कॉट उपन्यासकार के रूप में ख्यात है, पर आरंभ में उसने कविताओं के माध्यम से रूमानी भावनाओं का प्रकाशन किया था। उसके व्यक्तित्व पर स्कॉटलैंड के परिवेश का प्रभाव स्वाभाविक है और उसने मध्ययुगीन कथानकों से भी प्रेरणा ली। स्कॉट काव्य के क्षेत्र में कोई महत्त्वपूर्ण कार्य इसलिए नहीं कर पाया, क्योंकि वह विचारों में इतना गतिशील नहीं था कि वह नए परिवर्तन से आसानी के साथ जुड़ जाता इसलिए इतिहास से विपुल सामग्री लेकर उसने उपन्यासों में एक रूमानी जगत् निर्मित करने में सफलता पाई। लगभग दो दशकों तक वह उपन्यास-जगत् के शीर्ष पर विद्यमान रहा तथा उसने मध्ययुगीन परिवेश को अपनी कल्पना से रंगकर एक नया रूप दिया। स्कॉट इतिहास के साथ बड़ी आज़ादी लेता है और उसका विचार है कि घटनाएँ तिथियाँ अथवा पात्र उसके

लिए साधन मात्र हैं, जिनमें वह तबदीलियाँ इसलिए कर सकता है, ताकि वह मनचाहा वातावरण निर्मित कर सके। स्वच्छंदतावादी उपन्यासों के क्षेत्र में स्कॉट बेजोड़ है, क्योंकि उसने एक रास्ता दिखाया कि परंपरा से सामग्री लेकर नए ढंग से उसका उपयोग किस प्रकार किया जा सकता है। स्कॉट ने अपनी कृतियों में स्वच्छंदतावाद और जीवन के यथार्थ को साथ-साथ लेकर चलने की कोशिश की तथा रूमानी भावनाओं की एक नई दिशा का संकेत किया। वह सर्वश्रेष्ठ रोमांस लेखकों में तो है ही।

स्वच्छंदतावाद के इन नामों के अतिरिक्त अन्य लेखक भी थे, जो रूमानी भावनाओं के साथ रचना के क्षेत्र में आ रहे थे और इस प्रकार एक वातावरण निर्मित हो गया था। पर स्वच्छंदतावाद का प्रथम चरण अपने सामाजिक परिवेश के कारण उस विद्रोही भूमि पर नहीं पहुँच सका जिसके लिए अगली पीढ़ी को श्रेय दिया जाता है। इसके अनेक कारण हो सकते हैं, पर मुख्य कारण स्वयं इंग्लैंड का राजनीतिक परिवेश था, जिसमें पूर्ण विप्लव संभव नहीं था। साहित्य एक दूसरे दौर से गुज़रा था, और उससे एकदम नाता तोड़ लेने में भी कुछ समय लगा। पर स्वच्छंदतावाद के पहले दौर में अंग्रेजी साहित्य काव्य, समीक्षा, उपन्यास लगभग सभी भूमियों पर रूमानी प्रवृत्तियों का प्रकाशन करने लगा और यह मानना होगा कि उसने आगे आनेवाली पीढ़ी के लिए प्रशस्त भूमिका निर्मित कर दी, जिसने विद्रोही कवियों का कार्य अधिक सरल बना दिया। यदि स्वच्छंदतावाद के प्रथम चरण की प्रतिभाओं, विशेषतया वर्ड्स्वर्थ, कॉलरिज ने काव्य की नई भूमि न तैयार की होती तो कवियों की अगली नई पीढ़ी को वह काम करना पड़ता और उनकी शक्तियों का अपव्यय होता। स्वच्छंदतावाद के प्रथम चरण में ही उसे वर्ड्स्वर्थ, कॉलरिज के सशक्त स्वर मिले।

द्वितीय चरण

स्वच्छंदतावाद युग ने जब अपने द्वितीय चरण में प्रवेश किया तब उसे बॉयरन, शेली, कीट्स जैसी प्रतिभाएँ मिलीं, जिन्होंने स्वच्छंदतावादी काव्य को उसके सर्वोच्च शिखर पर पहुँचा दिया। स्वच्छंदतावाद के इस प्रवाह के समय औद्योगिक क्रांति के व्यापक प्रभाव चिंतनधारा को बदल रहे थे और विक्टोरियन युग का पहला दौर शुरू था। वैज्ञानिक अनुसंधानों ने नए सत्य उद्घाटित कर दिए थे और धर्म को अपने निरंकुश शासन के लिए गुंजायश न थी। आस्तिकता के होते हुए भी, ईश्वर की सत्ता में संदेह प्रकट किया जाने लगा था, जबकि कॉलरिज के नैतिक आग्रह धर्मनिरपेक्ष कहे जाएँगे। मानव-व्यक्तित्व की मुक्ति का जो स्वप्न अठारहवीं शताब्दी के अंत में देखा गया था, वह अब धर्म, राजनीति, कई क्षेत्रों में साकार हो रहा था और इन परिस्थितियों में रचनाकार स्वयं को अधिक आज़ाद अनुभव कर सकता था। मूल्यों की तलाश का क्रम जारी था, और मौलिकता, सृजनशीलता, प्रतिभा, कल्पना आदि के जो शब्द स्वच्छंदतावादी शब्दकोष में प्रमुखता प्राप्त करते हैं, वे केवल काव्य तक सीमित नहीं

हैं। मानना होगा कि प्रथम चरण के कवियों की तुलना में शेली, कीट्स, बॉयरन की बृहत्त्रयी अधिक विद्रोही भूमिका से अपने काव्य का आरंभ करती है। कारण स्पष्ट है : वर्ड्स्वर्थ, कॉलरिज आदि ने अपनी प्रतिभा का उपयोग साहित्य-चिंतन और काव्य-रचना में करते हुए, परंपरा पर भी निगाह रक्खी, पर कवियों की यह दूसरी पीढ़ी कभी-कभी प्राचीन साहित्य का आस्वाद लेते हुए भी, लगभग मूर्तिभंजक मुद्रा में है। यही कारण है कि अपने जीवन में इन कवियों ने आज़ादी की माँग की, क्योंकि वे पिछली नैतिकता से संतुष्ट नहीं थे। व्यक्ति-मन का जो विद्रोह इस समय उमड़ा उसे मानसिक अराजकता तक की संज्ञा दी जाती है, पर प्रमुख स्वच्छंदतावादी कवि अपने-अपने ढंग से मानवीयता को बहुत गहरे जाकर काव्य में पाना और बिंबित करना चाह रहे थे। शेली को जब नास्तिकता के समर्थन में ऑक्सफोर्ड छोड़ना पड़ा, तब भी वह एक मानवीयता से परिचालित था, यद्यपि उसमें विद्रोह अधिक प्रखर था। बॉयरन को वैयक्तिक जीवन में ज्यादा आज़ादी के चक्कर में देश छोड़ना पड़ा और कीट्स ने फैनी ब्रॉन को लिखे गए अपने पत्रों में निर्बंध भावनाएँ व्यक्त कीं। वैयक्तिक स्तर पर जिस स्वतंत्रता की इच्छा स्वच्छंदतावादी कवियों में दिखाई देती है, उसकी कोई सार्थकता न होती, यदि ये कवि उसे मूल्यों से जोड़ने में समर्थ न होते। अपने काव्य में उन्होंने जिस उद्दाम आवेग का परिचय दिया है, वह व्यक्ति को सामाजिक बंधनों से मुक्त कराने का एक उपक्रम ही कहा जाएगा। इसीलिए जब मार्क्सवादी समाजशास्त्रीय पद्धति के आधार पर अंग्रेजी स्वच्छंदतावादी काव्य को पकड़ने की कोशिश की जाती है, तो कॉडवेल जैसे समीक्षक को भी शेली की मानवीयता स्वीकार करने के लिए बाध्य होना पड़ता है यद्यपि उसके लिए यह काव्य बुर्जुआ है। स्वच्छंदतावाद ने मानव को अपने सृजन का मुख्य आधार बनाकर अपनी यात्रा आरंभ की और उसे बॉयरन, शेली, कीट्स जैसी प्रतिभाएँ एक साथ प्राप्त हो गईं। जहाँ तक माध्यम का प्रश्न है, यह स्वच्छंदतावादी कवियों के लिए निश्चित ही द्वितीय स्थान पर है और यही वह महत्त्वपूर्ण रेखा है जो उन्हें क्लासिकी विचारणा से पृथक् करती है। रूमानी कवियों के लिए रूप अथवा फार्म का प्रश्न गौण है और वे यह मानते हैं कि सच्ची भावना अपना उचित माध्यम स्वयं प्राप्त कर लेती है।

बॉयरन

बॉयरन अंग्रेजी स्वच्छंदतावाद के तीन प्रमुख कवियों में सबसे पहले जन्मा और सबसे अंत में उसने विदा ली। (1788-1824 ई.)। उसकी तुलना में शेली (1792-1822 ई.), कीट्स (1795-1821 ई.) उससे बाद में आए और पहले ही चले गए। बॉयरन की जीवनी उसकी स्वच्छंदतावादी वृत्तियों के कुछ उपयोगी सूत्र हमें देती है, जिन्होंने उसकी रचनाओं को प्रभावित किया। लॉर्ड परिवार में जन्म लेकर भी वह इस दृष्टि से अभागा था कि तीन वर्ष की अवस्था में ही उसने अपने पिता को खो दिया और माँ से

उसे कभी स्नेह नहीं मिला। इसके कारण जीवन के आरंभ से ही बॉयरन कई मनोग्रंथियों को पालता रहा होगा, जिसने उसे कई प्रकार की रिक्तताएँ दीं, जिन्हें वह भरना चाहता था। यदि इस कवि का मनोविश्लेषण उसकी जीवन-रेखाओं के आधार पर किया जाए तो इस निष्कर्ष पर भी पहुँचा जा सकता है कि आरंभिक जीवन की असामान्य स्थितियों ने उसमें कुछ अभाव भर दिए थे, जिनकी क्षतिपूर्ति के लिए वह इतना अनियंत्रित हो गया था कि अपनी इच्छाओं को अबाधित रखना चाहता था। बॉयरन के जीवन में घटनाओं के क्रम ने कुछ ऐसा रूप धारण किया कि जीते जी ही उसे लगभग प्रतीक बना दिया गया—उद्दाम भावावेश और क्रियाकलापों का। पर इससे उसके काव्य का आस्वाद लेने में कोई बाधा न पड़नी चाहिए; न पक्ष में, न विपक्ष में। अपनी नैतिक आज़ादी के कारण जब 1816 ई. में उसे इंग्लैंड छोड़ना पड़ा, तब उसके काव्य में अवसाद की मात्रा बढ़ गई। ऐसा लगता है कि ग्रीस के स्वतंत्रता संग्राम में लँगड़े होते हुए भी उसने जो सक्रिय भाग लिया, वह उसके उद्दाम आवेग का एक और प्रमाण है। मनोवैज्ञानिकों के लिए बॉयरन का जीवन एक रोचक अध्ययन का विषय हो सकता है, विशेषतया यदि उसके काव्य और अन्य लेखन (पत्रों की आत्मस्वीकृतियाँ आदि) को भी साथ ले लिया जाए...।

बॉयरन का कवि-व्यक्तित्व कभी-कभी विचित्र अंतर्विरोधों से बना दिखाई देता है। एक ओर उसका अहम् है कि वह अभिजातजन्मा है, सुरूप है और उसे विधाता ने प्रतिभा दी है; पर दूसरी ओर वह विनम्र भाव से जीवन-प्रवाह से भी जुड़ना चाहता है, वह भी इस सीमा तक कि उसे अनैतिक आचरण का लांछन लगता है। इसी प्रकार, एक ओर वह अपनी जन्मभूमि का मोह छोड़ सकता है, दूसरी ओर ग्रीस की आज़ादी में कूद पड़ता है। ऊपर-ऊपर देखने पर, इसी कारण बॉयरन को पकड़ पाने में कठिनाई होती है, पर यदि रचनाओं के भीतर से हम उसे पाने की ईमानदार कोशिश करें तो हमें कवि की जिस अवसाद भावना (रोमांटिक मेलन्कली) के संकेत मिलते हैं, उसके पीछे यह पीड़ा भी हो सकती है कि उसे ठीक नहीं समझा गया। 'चाइल्ड हेराल्ड' उसकी सशक्त कविता है। बॉयरन के प्रसिद्ध काव्य 'डॉन जुऑन' के विषय में प्रायः कहा जाता है कि इस चरित्र के माध्यम से कवि स्वयं अपने व्यक्तित्व को प्रक्षेपित करना चाहता है, पर यह अर्द्धसत्य है। इसीलिए बॉयरन की तरह उसका चरित्र डॉन जुऑन भी गलतफ़हमी का शिकार हुआ। हम समझते हैं कि डॉन जुऑन आकर्षक है और आज़ादी चाहता है, पर इस काव्य में जो रूमानी पीड़ा विद्यमान है, उसकी ओर समीक्षकों का ध्यान कम जाता है। उसकी व्यंग्योक्तियों के पीछे स्वयं रचनाकार का जो आशय है, उसे वे पहचान नहीं पाते। इसके लिए डॉन जुऑन की कुछ पंक्तियों पर दृष्टि डालना उचित होगा जहाँ उसका अंतःसंघर्ष व्यंजित हुआ है :

मैं संयत हूँ, पर मैंने कभी नहीं दिखाए मिज़ाज,
मैं हूँ विनयी, पर थोड़े आश्वासन के साथ,

मैं परिवर्तनशील, पर किसी तरह हमेशा वही,
धीर, किंतु नहीं सहनशीलता से आकृष्ट,
प्रसन्न, पर कभी-कभी रिरियाने लायक,
शांत, पर कभी-कभी हर्क्यूलिस फ्यूरेंस की तरह :
यों मैं सोचता हूँ, एक ही खाल
बिना कवच के है : भीतर दो या तीन...।

बॉयरन के काव्य में जो स्वतंत्र इच्छा प्रकाशित होती है, उसके कारण वह अपने जीवन काल में यूरोप के पाठकों में सर्वाधिक लोकप्रिय स्वच्छंदतावादी कवि था। पाठकों का साधारणीकरण उसके साथ सरलता से हो जाता है, क्योंकि वह सहज, अकृत्रिम ढंग से अपनी बात कहना चाहता है। दार्शनिकता के विषय में उसे कोई मुग़ालता नहीं और इस दृष्टि से वह अपने पूर्ववर्ती कवियों, वर्ड्स्वर्थ तथा कॉलरिज से भिन्न भूमि पर स्थित है। उसे हम एक प्रकार का निर्भय कवि कह सकते हैं, जो कला-शिल्प की दिशा में बहुत सजग होकर काव्य-रचना में अग्रसर नहीं होता। उसकी कला में तराश और अलंकरण की तलाश करने वाले निराश हो सकते हैं, पर भावना के उद्दाम आवेग से उसने अपने काव्य में एक अद्‌भुत शक्ति जनमायी और इस प्रकार क्षतिपूर्ति कर ली। उसके काव्य के साथ यात्रा करते हुए कभी-कभी ऐसा अनुभव होता है कि बॉयरन में अतिरिक्त ऊर्जा है और वह तेज चलना चाहता है, इसीलिए अंतरावलोकन अथवा मुद्राओं के लिए वहाँ गुंजायश कम है। इसकी जगह उसमें अपेक्षाकृत अधिक मांसल सौंदर्यानुभूति की प्रमुखता है जो उसके काव्य को वैशिष्ट्य देती है। अपने पूर्ववर्ती स्वच्छंदतावादी कवियों की तरह बॉयरन ने साहित्यिक चिंतन की दिशा में रुचि नहीं ली, पर उसके जो पत्र प्रकाशित हुए हैं, वे उसकी विचारधारा का संकेत करते हैं। उदाहरण के लिए, उसने पूर्वज कवियों और समकालीन रचनाओं पर संक्षिप्त, पर बुद्धिमत्तापूर्ण टिप्पणियाँ कीं; उसने जर्मन कवि गेटे को सराहा और उससे प्रभावित भी हुआ।

प्रायः कहा जाता है कि बॉयरन पिछली काव्य-परंपरा से विद्रोह करके अपने सृजन को रूपायित नहीं करता और इस दृष्टि से उसमें कुछ क्लासिकी तत्त्व भी देखे जा सकते हैं। यह बात उसके आरंभिक काव्य के विषय में किसी सीमा तक सच हो सकती है, पर जिस प्रकार उसकी रचनाओं का विकास हुआ, उसमें संयत-अनुशासित क्लासिकी पद्धति के लिए अधिक अवसर नहीं था। आगे चलकर जब बॉयरन के काव्य में व्यंग्य का तत्त्व प्रवेश करने लगा, तब स्वच्छंदतावाद को जैसे एक नया आयाम मिला। पर यहाँ यह जान लेना जरूरी है कि व्यंग्य उसके काव्य का मुख्य आशय नहीं है, वह एक प्रकार से कवि के लिए पलायन है और किसी सीमा तक यथार्थ से संपृक्त होने की चेष्टा भी। जैसा कहा जा चुका है इस व्यंग्य के पीछे कोई गहरी पीड़ा काम कर रही है, जिसे पहचान लेना बॉयरन के काव्य-तल

से परिचित हो जाना है। उसके अभिजात संस्कारों के कारण उसमें क्लासिकी तत्त्व खोजना और भी भूल होगी, क्योंकि बॉयरन जैसा अनियंत्रित व्यक्ति अपनी ही बनाई सीमाओं को तोड़ सकता है, जीवन और काव्य दोनों ही क्षेत्रों में। शिल्प-भाषा के क्षेत्र में बॉयरन नई सरणियों का निर्माता होने का दावा नहीं कर सकता। शायद उसके पास इतना धैर्य नहीं था और उसे एक उत्तेजनशील कवि भी कहा जा सकता है, पर काव्य को अनुभूतियों की विविध दिशाओं में ले जाने की दृष्टि से वह अधिक साहस का परिचय देता है, जिनमें हल्के-फुल्के व्यंग्य की बात कही जा चुकी है। मुझे लगता है कि बॉयरन का अहम् उसे अतिरिक्त आत्मविश्वासी और यहाँ तक कि दुस्साहसी बनाता है और वह स्वयं को निस्संकोच अभिव्यक्ति देता है। संभव है, इस प्रक्रिया में कुछ पंक्तियाँ साधारण प्रतीत हों, किंतु उनका आवेग प्रशंसनीय है और कुल मिलाकर कविता अपने समन्वित प्रभाव में सफल होती है। वहाँ शब्दों की तराश, बिंबों का वैभव, प्रतीकों-उपमाओं का संभार कम हो सकता है, पर जिसे हम 'अनुभूति का ताप' कहते हैं और जो स्वच्छंदतावादी काव्य का मूलाधार है, वह अपनी पूरी शक्ति के साथ देखा जा सकता है। एक गीत-कविता की आरंभिक और अंतिम पंक्तियाँ इसे प्रमाणित कर सकेंगी :

हम चुपके से मिले
और मौनभाव से मैं दुःखी हूँ
कि तुम्हारा हृदय भूल सकता है
तुम्हारी आत्मा छल सकती है... !
यदि मैं तुम्हें मिल सकूँ
लंबे वर्षों बाद
तो मैं तुम्हारा स्वागत कैसे करूँ ?
मौनता और आँसुओं से...।

इस प्रकार की पंक्तियाँ बॉयरन के कवि-व्यक्तित्व के कुछ पक्ष सामने लाती हैं और कई भ्रांतियाँ टूटती हैं। वह प्रेम के व्यापार में केवल मांसाहारी नहीं था, अन्यथा ऐसी विषादपूर्ण पंक्तियाँ निर्मित न हो पातीं। वह अपनी बात निर्भीकता से, सादगी के साथ कह सकता था और प्रभाव स्थापित कर सकता था। बॉयरन ने स्वच्छंदतावादी काव्य को एक प्रकार से कुंठामुक्त करने का प्रयत्न किया और व्यर्थ के अनेक बंधन जो जीवन और काव्य की गति रोकते हैं तथा सहज अभिव्यक्ति में बाधा बनते हैं, उनका विरोध इस सीमा तक किया कि कहीं-कहीं संतुलन लड़खड़ा गया। पर बॉयरन संपूर्ण स्वच्छंदतावादी काव्य में सर्वाधिक पौरुषवान भावनाओं का कवि भी स्वीकार किया जा सकता है। उसने यह संकेत भी किए कि स्वच्छंदतावाद केवल कोमल भावना और कल्पना का काव्य नहीं है, उसे अधिक विस्तृत आकाश दिया जा सकता है।

शेली

स्वच्छंदतावादी कवियों में पी. बी. शेली (1792-1822 ई.) में चिंतन और काव्य का सुंदर संयोग है। उसने वर्ड्स्वर्थ, कॉलरिज की तरह सिद्धांतों का प्रतिपादन करने का तार्किक प्रयत्न तो नहीं किया, पर उसमें भावात्मक चिंतन की विलक्षण क्षमता थी। ऑक्सफोर्ड में जब वह विद्यार्थी था, तभी 'नास्तिकता' के समर्थन में लेख लिखने के लिए उसे विश्वविद्यालय छोड़ना पड़ा। आरंभ में वह गॉडविन से बहुत प्रभावित हुआ और उसका चिंतन स्वयं इसका साक्ष्य है, पर धीरे-धीरे वह 'मुक्त प्रेमदर्शन' का व्याख्याता हो गया। कुछ समीक्षक, जिनमें टी. एस. इलियट भी एक हैं, शेली के चिंतन-पक्ष को उलझा हुआ कहते हैं। इस आक्षेप का कारण यह भ्रांति है कि शेली मानो कोई दार्शनिक हो। यह सच है कि उसकी राजनीतिक प्रतिबद्धताएँ काव्य में मौजूद हैं, पर वह कवि पहले है, राजनीतिक चिंतक बाद में। यदि उसकी राजनीतिक विचारधारा ने उसके काव्य को क्षति पहुँचाई होती तो शायद वह दोनों न हो पाता न कवि, न चिंतक ! काव्य में दर्शन चिंतन के प्रवेश की प्रक्रिया को जो लोग नहीं समझते, वे ही इस प्रकार के आक्षेप करते हैं कि कवि में किसी सुनियोजित दर्शन का अभाव है। दर्शन-चिंतन तो काव्य के बौद्धिक पक्ष हैं और जब कवि उनका उपयोग करता है तो पहले उन्हें भावात्मक स्थिति में ले आता है। शेली जैसा कल्पनाशील कवि मानवता के लिए सदाशयता के भाव से परिचालित होकर चिंतन करता है और उसे जहाँ-तहाँ प्रस्तुत भी करता है। उसके काव्य की यात्रा करने के पूर्व हम उसके इस वैचारिक जगत् से साक्षात् करना चाहेंगे।

शेली का प्रसिद्ध निबंध 'काव्य के समर्थन में' (इन डिफेंस ऑफ पोयट्री) मरणोपरांत प्रकाशन है, जिसमें काव्य-संबंधी उसका चिंतन द्रष्टव्य है। शेली बुद्धि (रीज़न) और कल्पना (इमेजिनेशन) में अंतर करते हुए काव्य को मुख्यतया कल्पना का क्रिया-व्यापार मानता है, इस प्रकार, कॉलरिज की कल्पना-संबंधी मान्यता को विकास देता है। वह कवि को उच्च आसन पर प्रतिष्ठित करता है और उसे ऋषि जैसे दायित्व का वाहक मानता है; 'कवि द्रष्टा है, नियामक है और वर्तमान के साथ उसे भविष्य की भी पहचान होती है।' शेली ने काव्य को परिभाषित करने में तर्क की अपेक्षा भावना का अधिक आश्रय लिया और अपना मंतव्य स्पष्ट करने के लिए प्रतीकों, बिंबों तथा दृष्टांतों का उपयोग किया। उसके अनुसार काव्य इस रूप में जीवन का ही बिंब है, क्योंकि इसका कार्य चिरंतन सत्य को व्यक्त करना है, इसीलिए काव्य सार्वजनीन, सार्वकालिक होता है और उसका अनुवाद संभव नहीं। इसके लिए वह एक काव्यात्मक दृष्टांत देता है कि गुलाब की गंध, उसके रूप-रंग को जानने के लिए उसे किसी पात्र में डाल देना अकलमंदी नहीं, उसी प्रकार, काव्य का आस्वाद अनुवाद के माध्यम से पा सकना कठिन है। वह काव्य का प्रमुख उपादान आनंद

को स्वीकार करता है, और मानता है कि श्रेष्ठ कवियों की रचनाएँ आह्लाद देती आई हैं। शेली स्वच्छंदतावादी काव्य-चिंतन में एक नया सूत्र जोड़ता है : वर्ड्स्वर्थ ने तो केवल प्रकृति को शिक्षक स्वीकारा था, पर शेली कवि को नैतिक दायित्व से बाँधना चाहता है। उसका विचार है कि काव्य संसार के आवृत्त सौंदर्य पर से आच्छादन हटाता है और इस प्रकार वह उदार है, इसीलिए शेली दुनिया को बदलने का स्वप्न लेकर काव्य-रचना में प्रयुक्त हुआ और जीवन के जो तीस वर्ष उसे मिले थे, उनमें चिंतन और काव्य को एक ही बिंदु पर ले आने में सचेष्ट रहा।

कवि और काव्य के संबंध में शेली के विचारों को मुक्त मन की तरंग कहना अधिक उपयुक्त होगा। जब वह काव्य की 'दिव्य शक्ति' की बात करता है, तब कवि पर शायद आवश्यकता से अधिक भार डालता है। क्योंकि कवि-कर्म और सुधारक की दिशाओं का मिलन आसान नहीं होता, बल्कि एक से दूसरे को क्षति पहुँचने का खतरा भी रहता है। शेली नहीं मानता कि श्रेष्ठ काव्य आयाससिद्ध हो सकता है और यह प्रतिभा तथा सहजता की स्वीकृति है, जिसे स्वच्छंदतावादी काव्य बार-बार प्रमाणित करता आया है। प्लेटो की तरह वह प्रेरणा के क्षणों का महत्त्व स्वीकारता है और उसकी धारणा है कि पृथ्वी पर जो कुछ सर्वश्रेष्ठ है, काव्य उसे बाँधना चाहता है। इतना ही नहीं, काव्य प्रत्येक वस्तु को सौंदर्यमंडित करता है। मेरा विचार है कि यहाँ शेली काव्य में कल्पना-तत्त्व के महत्त्व को स्वीकृति दे रहा है, साथ ही वह स्वच्छंदतावादी काव्य के प्रस्थान-बिंदु आत्मपरकता (सब्जेक्टिविटी) का भी संकेत कर रहा है। वस्तु-सत्य को कवि पहले अपने आंतरिक सत्य में बदलता है और तब काव्य-रचना में अग्रसर होता है और इस प्रकार कवि-मानस में आकर पार्थिव सत्य को एक दूसरा रूप मिल जाता है। कवि को शेली ने इतने विशेषणों से अलंकृत किया कि उसे देवदूत तक बना डाला। उसकी दृष्टि में कवि सर्वोपरि, परम सुधी और अक्षय कीर्तिमान् है और निश्चित ही शेली का प्रयोजन यहाँ उसकी राजनीतिक प्रतिबद्धता पर आधारित मानवीयता से संबद्ध है। वह किसी दल-विशेष से जुड़ा हुआ नहीं था, उसके विचार क्रांतिकारी अथवा 'रेडिकल' कहे जाएँगे। वह शुद्ध काव्य का विरोधी है और इसीलिए काव्य के शिल्पतंत्र की ओर उसने अधिक ध्यान नहीं दिया, पर स्वच्छंदतावादी काव्य को वह सहज सोद्देश्य मानवीय रचना की प्रेरणा देता गया, इसमें संदेह नहीं।

शेली का काव्य एक प्रकार से उसके मानवीय चिंतन का पोषक है, क्योंकि वह अपने विचारों को बराबर काव्योपयोगी बनाने के लिए प्रयत्न करता दिखाई देता है। दुनिया को बदलने के लिए उसका मंसूबा उसे मुक्त प्रेमदर्शन को प्रतिपादित करने पर बाध्य करता है, जिसे वह कविताओं के माध्यम से व्यक्त करता है। कभी-कभी ऐसा लगता है कि शेली अपने जीवन के निश्चित क्षणों को जानता है और वह कविताओं में चीखते-चिल्लाते हुए दिखाई देता है। मृत्यु मानों उसका पीछा कर रही है और

वह जल्दी-जल्दी अपनी बात कह लेना चाहता है। इसका एक उत्कृष्ट उदाहरण प्रोमेथियस अन्बाउंड (बंधनमुक्त प्रोमेथियस) है, जिसे स्वयं शेली ने 'गीतिनाट्य' कहा है। 'प्रोमेथियस अन्बाउंड की पंक्तियाँ हैं :

पहले स्वर्ग और पृथ्वी थे
और प्रकाश तथा प्यार, फिर शैतान, जिसके सिंहासन से
गिर पड़ा समय, एक ईर्ष्यालु छाया : और इस तरह
पृथ्वी की आदिम आत्माओं पर हो गया उसका अधिकार

और तब प्रोमेथियस ने
दी बुद्धि, जो है बृहस्पति (जुपिटर की शक्ति)
और इस नियम से कि 'मनुष्य आज़ाद रहे'
उसे विस्तृत स्वर्ग के राज्य का दे दिया परिधान...

स्पष्ट है कि यहाँ प्रोमेथियस एक प्रतीक बनकर आया है जो मनुष्यता को भय-संशय से मुक्त कराना चाहता है। प्रोमेथियस में शेली मौजूद है, इससे इंकार नहीं किया जा सकता, क्योंकि उसका चिंतन इसकी पुष्टि करता है। फ्रांसीसी क्रांति के संदर्भ में रूसो के जिस मानव-मुक्ति सिद्धांत की चर्चा की जा चुकी है, उसकी इससे सशक्त काव्यात्मक अभिव्यक्ति और क्या हो सकती है ? एक आश्चर्यजनक तथ्य यह है कि जीवन-संघर्षों से गुजरते हुए भी शेली के काव्य में उत्कट आशावादिता है और इसकी प्रेरणा उसे मानव जीवन में गहरी आस्था से मिली है। उसके संपूर्ण चिंतन और काव्य का केंद्र बिंदु मानव है और स्वच्छंदतावादी कवियों में मनुष्य की सबसे अधिक चिंता उसी ने की है। जो समीक्षक अपने ढंग से समय को बदलना चाहते हैं, उन्हें शेली का काव्य दिवास्वप्न और काल्पनिक या वायवी प्रतीत होता है, पर इसके पीछे यदि कवि की सच्चाई-ईमानदारी देखी जाय, तो उसे मानवता का संरक्षक कवि भी कहा जा सकता है। जब शेली पार्थिव भूमियों से असंतुष्ट होकर कल्पना की सहायता से ऊपर उठता है तब यह उसका पलायनवाद नहीं, वरन् उसकी सदाशयता है। काव्य में धर्मनिरपेक्ष आध्यात्मिकता को प्रश्रय देने वालों में शेली सदैव स्मरणीय रहेगा। वर्ड्स्वर्थ स्वयं को प्रकृति से बाँध देता है, पर शेली अपनी काव्यगत ऊँचाइयों में सबका समाहार करता हुआ, समस्त दृष्टि मानव पर केंद्रित करता है। उसने अपनी उदार मानवीयता को इतना विस्तृत आकाश दिया कि उसे किसी वाद की सीमा में कैद करने में समीक्षकों को बाधा पड़ी। शेली बतौर व्यवसाय लिखने के विरुद्ध था और अपने एक मित्र को लिखे गए पत्र में उसने कहा था कि मैं अपने काव्य को सार्थकता प्रदान करना चाहता हूँ : और वह है मानव को आनंदित करना, प्रेम की ऊँचाइयों पर ले जाना।

शेली के काव्य पर आक्षेप किया जाता है कि वह वस्तुनिरपेक्ष है, उसमें केवल

व्यक्ति-सत्य के माध्यम से सब कुछ प्रक्षेपित हुआ है। यह स्वच्छंदतावादी काव्य का मुख्य यात्रारंभ है कि बाहर के सत्य को कवि पहले आत्मसात् कर लेता है और फिर उसे प्रकाशित करता है। कुछ समीक्षकों ने जीवनीसूत्रों के आधार पर उसका मनोविश्लेषण करते हुए उसमें दृष्टिभ्रम (हैलूसिनेशन) देखा और उसे न्यूरॉटिक तक कहना चाहा, पर रचना में इन तत्त्वों से ऊपर उठकर निर्माण कर सकने की क्षमता कितनी है, यह मुख्य विचारणीय प्रश्न है। आत्ममोही (आत्मकेंद्रित नहीं) व्यक्तित्व के बावजूद शेली उन्नयन की भूमि पर अपने काव्य को प्रतिष्ठित कर सका इसमें संदेह नहीं। उसे जैसा आत्मपरक व्यक्तित्व मिला था, उसमें उसने इसका सर्वोत्तम उपयोग करने की कोशिश की और सर्वमान्य है कि उसने स्वच्छंदतावादी काव्य की गीतात्मक संभावनाओं को शीर्ष पर पहुँचा दिया। उसके संपूर्ण व्यक्तित्व को ही गीतात्मक अथवा लयात्मक कहकर संबोधित किया जा सकता है। यहाँ उसकी कल्पना को खुला आकाश मिलता है और वह नक्षत्रलोक तक की यात्रा कर आता है। एक सहज संवेदनशील कवि के रूप में शेली ने स्वच्छंदतावादी काव्य को श्रेष्ठ गीत दिए और आगे आने वाले टेनिसन आदि कवियों को भी प्रभावित किया। गीतकाव्य में जिस गहन अनुभूति की अपेक्षा होती है, वह शेली में प्रभूत थी और इसीलिए वह इस क्षेत्र में इतना सक्षम है। आध्यात्मिक चिंतनशीलता, सहज मानवीय संवेदन, कल्पनाशीलता आदि के द्वारा शेली ने स्वच्छंदतावाद को नई दिशाएँ दीं। उसे हम विज़न, मसीही आदर्शवाद अथवा दिवास्वप्न का कवि भी कह सकते हैं। 'ओड टु द वेस्टविण्ड' कविता में वह पश्चिमी पवन से निवेदन करता है कि तुम जैसे पुरानी पत्तियों को झाड़कर फेंक देते हो, वैसे ही जीर्ण, मृत विचारों को समाप्त कर दो और मेरे नए विचारों को सारे संसार में फैला दो, ताकि लोग जाग सकें :

भविष्यवाणी के एक तूर्यनाद ! ओ पवन,
यदि शीत आ रहा है, तो क्या वसंत बहुत पीछे होगा ?

कीट्स

स्वच्छंदतावादी कवियों में जॉन कीट्स (1795-1821 ई.) बाद में आया और पहले चला गया, पर इस अल्पायु में उसने जो काव्य हमें दिया, उसके आधार पर कहा जा सकता है कि वह सर्वाधिक संभावनावान् कवियों में था, यदि उसे जीवन के कुछ क्षण और मिले होते तो वह महत्तम ऊँचाइयों पर भी जा सकता था। वह काव्य की उत्कृष्ट प्रतिभा लेकर जन्मा था और उसने सीधे-सीधे स्वयं को काव्य-सृष्टि में नियोजित किया, जो संवेदन के प्रति उसके आत्मविश्वास का प्रमाण है। उसने काव्य की सैद्धांतिक चर्चाओं में उलझने की कोशिश नहीं की और उसे जितनी छोटी आयु मिली थी, उसे देखते हुए यह अच्छा ही हुआ, अन्यथा यह भी संभव था कि उसकी प्रतिभा बिखर जाती और वह इतनी काव्य पंक्तियाँ हमें न दे पाता। कीट्स के काव्य

को समझने के लिए समीक्षक आग्रह करते हैं कि फेनी ब्रॉन को लिखे गए उसके पत्रों से भी गुजरा जाए, क्योकि वे साधारण प्रेम-पत्र नहीं हैं। इनमें कवि जीवन के विषय में अपनी प्रतिक्रियाएँ अनेक स्थलों पर व्यक्त करता है। कीट्स के प्रणयपत्र और काव्य एक-दूसरे के पूरक कहे जा सकते हैं।

कीट्स मूलतः एक सौंदर्यवादी कवि है, पर उसने सौंदर्यशास्त्र के सिद्धांतों के प्रतिपादन में समय का अपव्यय नहीं किया। उसमें दर्शन का आग्रह नहीं दिखाई देता और सौंदर्य को चरम सत्य के रूप में प्रतिपादित करने के लिए वह काव्य का माध्यम ही स्वीकार करता है। पर यदि वह काव्य को अपनी विचारणा की अभिव्यक्ति का साधन मात्र बनाकर छोड़ देता, तो स्वयं काव्य के लड़खड़ा जाने का खतरा था। इस कार्य में विकसित संवेदन शक्ति ने उसकी सहायता की और वह अपने समय की आधुनिक प्रवृत्तियों से आसानी से जुड़ गया। उसे औपचारिक शिक्षा के अवसर यद्यपि कम मिले थे, पर उसने सर्वश्रेष्ठ रचनाकारों के साथ स्वयं को संतरित होने दिया और इस प्रकार क्षतिपूर्ति कर ली। वह स्वच्छंदतावाद का एक जिज्ञासु कवि है, जो अपनी जिज्ञासा को विभिन्न भूमियों में जाने देता है, प्रकृति, मानव, दर्शन, विज्ञान सभी में। यदि उसके वैचारिक दृष्टिकोण को अधिक विकसित होने का अवसर मिला होता तो उसकी बौद्धिक प्रतिभा और स्पष्ट हो सकी होती, पर कीट्स के काव्य में जो चिंतन पक्ष मौजूद है, वह केवल भावावेश-परिचालित नहीं है, वरन् कई स्थलों पर बौद्धिक है। वह काव्य में उसे कहने में संकोच नहीं करता, जिसे प्रायः गद्य के लिए ही उपयुक्त माना जाता है। पर मुख्य प्रश्न यह है कि आखिर कीट्स के लिए ऐसा सहज संभव कैसे हो सका ? उत्तर है कि वह तीव्र अनुभूति लेकर अपनी यात्रा का आरंभ करता है और वैचारिक पक्ष को भी इसमें सम्मिलित कर लेता है। इसे उसके इंद्रिय-बोध अथवा ऐंद्रियता से जोड़ दिया जाता है। दृश्य, स्थितियाँ, व्यक्ति कीट्स के लिए संवेद्य बन कर ही काव्य में समाहित हो सकते हैं, अन्यथा नहीं। इसलिए कभी-कभी वह संकेत से अपनी बात कहना चाहता है और बिंबों का सहारा लेता है। कीट्स का इंद्रियबोध गोचर सत्य को काव्य में बाँधना चाहता है और यहाँ वह शेली से पृथक् व्यक्तित्व रखता है। उसमें कोई भ्रांति नहीं है, उसके स्वप्न स्पष्ट हैं, इसलिए वह अपनी बात स्पष्टता से कह सकता है। कीट्स बराबर इस चेष्टा में रहा कि वह अपने अहम् का सार्वजनीकरण कर सके, इसलिए अन्य स्वच्छंदतावादी कवियों की तुलना में वह अधिक वस्तुपरक कहा जाता है।

कीट्स मध्यमवर्गीय मनोवृत्ति का कवि कहा जा सकता है, क्योंकि वह उस परिवेश में जन्मा था। पर वह विद्रोही वृत्ति की ओर नहीं जाता, उसे उसका विरोधाभास भी कहा जा सकता है। आश्चर्यजनक है कि वह मध्ययुग की यात्रा करता है और यूनानी परिवेश को जानना चाहता है। सामग्री के लिए वह प्राचीन क्लासिकी परंपरा की ओर जाता है और अपनी कई रचनाओं में वह मध्ययुगीन परिवेश से पाई गई

संपत्ति का उपयोग करता है, पर वह इतना प्रतिभावान् है कि उन सबको नई व्याख्या दे सकता है। 'दि ईव ऑफ सेण्ट एग्नीज़' उसकी लंबी कविताओं में है, जिसमें कवि सफल प्रेम का चित्रण एक कथा के माध्यम से करना चाहता है। इसकी आरंभिक पंक्तियों का वातावरण मध्ययुगीन परिवेश से बहुत दूर प्रतीत नहीं होता और नायिका 'मेडलीन' परंपराओं को स्वीकारती भी है, पर जब वह भावनाओं के ज्वार से गुजरती है, तब उसका स्वच्छंदतावादी रूप स्पष्ट हो जाता है। कीट्स की कविताओं का अनुवाद सरल कार्य नहीं है, पर मैडलीन की मनःस्थिति का चित्रण इस प्रकार है :

इस झक से भरी थी विचार-डूबी मैडलीन
संगीत, दर्द में ईश्वर जैसी उत्कंठा
उसने शायद ही कुछ सुना : कुवाँरी,
दिव्य नज़रें पृथ्वी पर टिकीं, देख रही थीं पास से गुज़रती
बहुतेरी भीड़, उसने कुछ सुना नहीं...

यहाँ कवि का उद्देश्य ऐसा वातावरण निर्मित करना है, जहाँ वह मैडलीन को भीड़ में भी अकेला दिखाना चाहता है, क्योंकि वह अपनी दुनिया में खोई हुई है। इस नायिका को कीट्स वैयक्तिक भूमि से ऊपर उठा कर उसे एक व्यापक मंच पर खड़ा करता है और प्राचीन कथाओं का उसके लिए यही उपयोग है। कीट्स की गणना शिल्पी कवियों में की जाती है, जिन्होंने भाषा को सजाने-सँवारने की चेष्टा की। वह ऐसे काव्य का निर्माता है जिसे अनुवाद में लाने पर भाषा का शृंगार टूट जाता है, जैसे वह रंग तथा ध्वनि का प्रभाव स्थापित करना चाहता है और किसी अन्य भाषा में उसे ले आना कठिन है। कीट्स सहज प्रेरणा के सहारे काव्य-यात्रा करने वालों में नहीं है, वह सावधान है। इसीलिए यद्यपि वह छब्बीस वर्ष के पहले ही चला गया, पर उसे प्रौढ़ कवियों में स्वीकारा जाता है। काव्य की प्रौढ़ता का अवस्था से अधिक संबंध नहीं होता, क्योंकि यह प्रश्न रचना में व्यक्तित्व से जुड़ा हुआ है। काव्यभाषा के क्षेत्र में कीट्स ने जो ऊँचाई प्राप्त की, वह उसे अंग्रेजी स्वच्छंदतावादी कवियों में विशेष स्थान देती है और उसे जानने के लिए समझदारी की जरूरत पड़ती है, सब उसके काव्य का आस्वाद नहीं ले सकते। उसका बिंब-निर्माण हमसे यह माँग करता है कि हम उसके पूरे परिवेश को समझें क्योंकि कवि जो कुछ व्यंजित करना चाहता है, उसका बहुतेरा अंश नेपथ्य में है, पीछे है और यदि उसे जानने का यत्न न किया गया तो मूल आशय हाथ में नहीं आएगा। कीट्स की कविताएँ हमें रोकती हैं, ठहरने के लिए बाध्य करती हैं और उनमें ऐसे स्थायी काव्य-तत्त्व हैं जो उसे जीवित रखने में समर्थ हैं। कीट्स उन कवियों में है, जिन्हें गंभीरतापूर्वक लिया गया है।

कीट्स अपनी लंबी कविताओं में अधिक संग्रथन नहीं ला सका और कहीं-कहीं उनमें तुकमोह भी है, पर अपने संबोधगीतों (ओड) में वह पूरे सजग व्यक्तित्व के

साथ आता है। यहाँ विचारों के साथ उसकी मनःस्थिति के संकेत मिलते हैं। कीट्स एक अनुभूति-खंड को एक गीत में निश्शेष करना चाहता है और काव्य में यह एकाग्रता लाना कठिन होता है; स्वच्छंदतावादी काव्य में तो और भी कठिन। उन्हें किसी सीमा तक स्वयं में संपूर्ण कविता कहा जा सकता है और यहाँ कवि अपनी सृजनशीलता का अधिक सजग उपयोग करना चाहता है ताकि अपनी कविताओं में बिखराव न आने दे। ये संबोध गीत कवि की विभिन्न मनःस्थितियों का संकेत करते हैं, पर वे उसकी इस क्षमता का परिचय भी देते हैं कि वह तटस्थ हो सकता है, और बिना असंगता के श्रेष्ठ काव्य जन्मा ही कहाँ है ? अनेक स्थलों पर कीट्स वैयक्तिक सुख-दुख से ऊपर उठ कर काव्य-सृष्टि करना चाहता है और चिंतनशीलता का परिचय देता है। 'यश के विषय में' (ऑन फ़ेम) कविता में वह कहता है :

यश एक मनमौजी लड़की की तरह अब भी होगा चंचल
उनके लिए जो बहुत घुटने टेककर करते हैं प्रणय याचना...
उसे दो अपना सर्वोत्तम नमन और ले लो विदा
और तब यदि वह चाहेगी, तो आएगी तुम्हारे पीछे।

ऐसी काव्य-पंक्तियाँ बिना तटस्थता के नहीं लिखी जा सकती थीं और कवि का आत्मविश्वास देखिए कि वह इतनी छोटी अवस्था में चला गया जब बहुत से रचनाकार लिखना आरंभ करते हैं, पर यश की देवी उसके पीछे-पीछे चली। कीट्स की गणना उन कवियों में की जाती है, जिन्हें स्वच्छंदतावादी सीमाओं में बांध सकना कठिन है और हम कह सकते हैं कि अपनी प्रतिभा से उसने अल्पायु में ही आनेवाले काव्य का पूर्वाभास दे दिया। जब स्वच्छंदतावाद के विरुद्ध आधुनिकतावादी आंदोलन चला तो शिल्प के क्षेत्र में टी. एस. इलियट जैसे कवि-समीक्षक ने कीट्स की प्रशंसा की। यह प्रमाणित करता है कि कीट्स स्वच्छंदतावाद के सबसे संभावनावान् कवियों में था। 27 फरवरी, 1818 ई. को जॉन टेलर को लिखे गए अपने पत्र में कीट्स ने काव्य के विषय में अपना दृष्टिकोण रखा था, इसके कुछ अंश यहाँ उद्धृत करना उपादेय होगा। कीट्स कहता है : "काव्य में मेरे पास कम स्वतः सिद्ध प्रमाण हैं और आप देखेंगे कि मैं केंद्र से कितना दूर हूँ। प्रथम, मैं सोचता हूँ कि काव्य को सुंदर अतिरेक से चमत्कृत करना चाहिए, विलक्षणता से नहीं। इसे पाठक को, उसके अपने सर्वोच्च विचारों को लिपिबद्ध करने की तरह प्रभावित करना चाहिए और स्मृति की तरह लगना चाहिए। दूसरे, इसके सौंदर्य के संस्पर्श अधूरे न होने चाहिए, ताकि पाठक संतुष्ट होने के बजाय स्तब्ध हो जाए। उत्थान, प्रगति, बिंब-विन्यास सब सूर्य की तरह उस तक सहज रूप में आएँ, उस पर प्रकाशित हों और उस तक संजीदगी के साथ आएँ, यद्यपि अपनी उत्कृष्टता में वे पाठक को आभा के वैभव में छोड़ दें। किंतु लिखने की अपेक्षा यह सोचना सरल है कि कविता को क्या होना चाहिए, और इससे मैं दूसरे सिद्धांत पर हूँ कि यदि काव्य उतनी

स्वाभाविकता से नहीं आता, जैसे वृक्ष में पत्ते आते हैं, तो बेहतर होता कि वह आता ही नहीं...।"

नव स्वच्छंदतावाद

अंग्रेजी स्वच्छंदतावादी आंदोलन व्यापक है और साहित्य की सभी विधाओं पर उसका प्रभाव है। काव्य के क्षेत्र में इन प्रमुख कवियों के अतिरिक्त अन्य कवि हैं, जिन्हें अर्द्ध-स्वच्छंदतावादी कहा जा सकता है, जैसे रोजर्स, मूर आदि। निबंधकारों में लेंब, हण्ट, हैजलिट आदि की प्रवृत्तियाँ स्वच्छंदतावादी हैं। समीक्षा के क्षेत्र में स्वच्छंदतावादी प्रतिमानों की स्थापना का प्रयत्न गंभीरता से हुआ। स्वच्छंदतावाद के संदर्भ में आरंभ में ही कहा जा चुका है कि वैचारिक भूमि से उठनेवाला आंदोलन था, इसलिए इसका प्रसार रचना की सभी दिशाओं में हुआ। हमारा संबंध स्वच्छंदतावादी काव्य से है, इसलिए हमने उसी के प्रवाह और वह भी मुख्य रूप से अंग्रेजी साहित्य को देखने की चेष्टा की। स्वच्छंदतावाद की सर्वोत्तम प्रतिभाओं को अकालकवलित होने का दुर्भाग्य मिला। बॉयरन, शेली, कीट्स छब्बीस-छत्तीस वर्ष के भीतर ही चले गए और इस प्रकार, अंग्रेजी का मूल रूमानी काव्य अपना सर्वोत्तम उत्कर्ष तीसरे दशक में प्राप्त कर लेता है (1798-1832 ई.)। 1832 ई. में वाल्टर स्कॉट की मृत्यु हो जाती है। किंतु यदि हम अंग्रेजी साहित्य के इतिहास के अगले पृष्ठों पर दृष्टि डालें तो ज्ञात होगा कि स्वच्छंदतावादी भावनाएँ उन्नीसवीं शती के सातवें दशक (1870 ई. तक) के अंत तक जीवित रहीं। विज्ञान के भौतिकवादी दृष्टिकोण ने लेखकों को प्रभावित किया और उनके भाव-बोध में भी परिवर्तन हुए, पर वे रूमानी अंदाज से पूर्ण मुक्त नहीं हो पाए।

स्वच्छंदतावादी आंदोलन अपने शीर्ष पर पहुँचने के बाद, निश्चित ही वर्ड्स्वर्थ, कॉलरिज, बॉयरन, शेली, कीट्स जैसी प्रतिभाएँ तत्काल नहीं पा सका, इसलिए नई जमीन नहीं तलाशी जा सकी। विक्टोरिया के शासन काल में ब्रिटिश साम्राज्य स्थिर हुआ तथा घर के भीतर भी राजनीतिक लोकतंत्र पुष्ट बना। इसलिए रूमानी रुझान के बावजूद उसमें अपनी पूर्ववर्ती काव्य परंपरा का विरोध नहीं है, बल्कि उसके स्थान पर एक संतुलन, व्यवस्था की तलाश है। उसमें बौद्धिक, यथार्थवादी आग्रह भी हैं, अन्यथा सामयिकता से जुड़ पाना संभव नहीं था। काव्य के क्षेत्र में अभिजात और मध्यवर्ग का भी प्रवेश हुआ जिससे भावना-क्षेत्र में परिवर्तन होना स्वाभाविक था। इधर गद्य की नई विधाएँ आ रही थीं, जो काव्य के वर्चस्व को चुनौती देना चाहती थीं और सिंहासन पर स्थायी रूप से उसके बैठने को उचित नहीं मानती थीं। टेनिसन, ब्राउनिंग अथवा मैथ्यू आर्नाल्ड में रूमानी प्रवृत्तियाँ अब भी विद्यमान थीं, पर उनका स्वरूप बदल गया था। सच तो यह है कि आधुनिकतावादियों का आंदोलन आने तक स्वच्छंदतावाद किसी न किसी रूप में चलता रहा, यद्यपि उस पर बहुतेरे नए

प्रभाव थे। कार्ल मार्क्स (1818-1883 ई.) और फ्रेडरिक एंगेल्स (1820-1895 ई.) के विचारों का यथार्थवादी प्रभाव साहित्य पर पड़ने लगा और स्वच्छंदतावाद का चल पाना यूरोप में कठिन हो गया। पर स्वयं रूस में पुश्किन (1799-1837 ई.) में स्वच्छंदतावादी तत्त्व मौजूद हैं।[17] विभिन्न दबावों के बावजूद स्वच्छंदतावादी प्रवृत्तियाँ जीवित रहीं, यह उसकी जीवनी-शक्ति का भी लक्षण है। मैथ्यू आर्नाल्ड (1822-1888 ई.) जिनमें आलोचक-कवि का सम्मिलित व्यक्तित्व है, सांस्कृतिक संदर्भों को अधिक समय देते हैं, इसलिए उनके कुछ नैतिक आग्रह भी हैं। पर जब वह प्रभावस्थापन की बात कहते हैं तो स्वच्छंदतावाद को परोक्ष स्वीकृति देते हैं। काव्य के क्षेत्र में स्वच्छंदतावाद के शेष कण विक्टोरियन युग (1837-1901 ई.) में दिखाई देते हैं, यद्यपि परिवेश के कारण उनमें बदलाव आया। कवि बुद्धि और भावना दोनों को साथ लेकर चलने का प्रयत्न करते दिखाई देते हैं। यहाँ रूप को सँवारने की सजग चेष्टा है और केवल आत्माभिव्यक्ति से कवि संतुष्ट नहीं होना चाहते। इस समय स्वच्छंदतावादी वृत्तियों के विविध रूप दिखाई देते हैं। टेनिसन, दाँते ग्रेबीथ, रोजेटी, विलियम मॉरिस, क्रिस्टिना रोजेटी, रॉबर्ट ब्राउनिंग आदि पर स्वच्छंदतावाद का प्रभाव अलग-अलग ढंग से पड़ा और विलियम मॉरिस जैसे कवि आगे चलकर समाजवादी यथार्थवाद से जुड़े।

समीक्षकों का एक वर्ग यह मानने से इंकार करता है कि यूरोप में स्वच्छंदतावाद का फातिहा पढ़ दिया गया और उसे मृत घोषित कर दिया गया। इसके विपरीत वे यह मानकर चलते हैं कि विक्टोरिया युग में जो स्वच्छंदतावादी तत्त्व काम कर रहे थे उन्हें आगे चलकर नए रूप में लाने की चेष्टा की गई। संवेदनशील कवि मशीनीकरण से आजिज आ गए और उन्होंने इस मान्यता में सच्चाई देखी कि सभ्यता के विकास के साथ काव्य का हनन होता है। संभव है नव-स्वच्छंदतावाद शब्द नव-क्लासिकवाद की तर्ज पर चला हो, पर यदि हम ऑस्कर वाइल्ड की रचनाओं और स्विनबर्न (1837-1909 ई.) के काव्य से गुजरें तो हम पाएँगे कि उसमें मूल स्वच्छंदतावाद की प्रतिध्वनियाँ सुनाई पड़ती हैं। एक प्रकार से वह फ्रांसीसी अंग्रेजो स्वच्छंदतावादी प्रवृत्तियों तथा विक्टोरिया युग के प्रभावों को एक साथ अपनाता है। वह विक्टर ह्यूगो, बॉदलेयर की प्रशंसा करता है और स्वयं को अंग्रेजी स्वच्छंदतावादी कवियों की परंपरा में लाना चाहता है। वह गीतसृष्टि और बैलेड् में रुचि रखता है। इसी प्रकार यीट्स (1865-1939 ई.) की रहस्योन्मुख प्रवृत्तियाँ बौद्धिक होते हुए भी स्वच्छंदतावाद से जोड़ी जाती हैं, यद्यपि यह अतिरिक्त विस्तार का दोष है। कहने का तात्पर्य यह कि फ्रांस की राज्यक्रांति के दस वर्षों के भीतर ही, 1798 ई. में वर्ड्स्वर्थ, कॉलरिज के लिरिकल बैलेड्स के साथ स्वच्छंदतावाद की घोषणा होती है। बॉयरन, शेली, कीट्स में यह काव्य-आंदोलन अपने शीर्ष पर पहुँचता है। विक्टोरिया युग में उसके शेष कण दिखाई देते हैं और जाते-जाते वह स्विनबर्न हमें दे जाता है, जो बीसवीं शताब्दी के प्रथम दशक तक जीवित रहा।

स्वच्छंदतावाद का विरोध

बीसवीं शताब्दी में पाश्चात्य स्वच्छंदतावादी प्रवृत्तियाँ, जिनमें यदि हम अमरीका के पो, ह्विटमैन, लॉगफेलो आदि को भी सम्मिलित कर लें, कई चुनौतियों का सामना एक साथ करती हैं। समीक्षकों का एक वर्ग है जो क्लासिकी और रूमानी काव्य-आंदोलनों पर तुलनात्मक दृष्टि डालता है तथा क्लासिकी पद्धति को समर्थन देता है। काव्य में भले ही क्लासिकी आंदोलन बीसवीं शताब्दी में संभव न हो, पर उसकी प्रवृत्तियों को उत्कृष्ट प्रमाणित कर स्वच्छंदतावाद का विरोध तो किया ही जा सकता है। ह्यूम इन दोनों पर तुलनात्मक दृष्टि डालते हुए स्वीकार करता है कि क्लासिकल और रूमानी प्रवृत्तियों का चक्र चलता रहता है और एक के बाद दूसरी आती-जाती हैं।[18] वास्तव में इन दोनों का संबंध दो जीवन-दृष्टियों से है—एक समृद्ध परंपरा से जुड़ी है, दूसरी विद्रोह से। एक में रूप का आग्रह कुछ अधिक है तो दूसरी अनुभूति का सहारा लेकर चलती है। स्वच्छंदतावाद आंतरिकता को अधिक प्रश्रय देता है। पर क्लासिकी पद्धति वस्तुओं को उनके तटस्थ रूप में देखना चाहती है। क्लासिकी विचारणा में रूप की रेखाएँ निश्चित कर दी गईं, पर स्वच्छंदतावाद सहजात वृत्तियों का आश्रय लेकर चलता है, वह प्रयोगी है। उसमें आदर्शीकरण की प्रवृत्ति भावनामयता से जुड़ी हुई है, जबकि क्लासिकी पद्धति नैतिकता से भी टूटी नहीं है। वह अनुशासन चाहती है, और स्वच्छंदतावाद को यह स्वीकार नहीं, वह विद्रोही चेतना का काव्य है पर स्थिति यह भी है कि अगला काव्य, भावना के क्षेत्र में कुछ स्वच्छंदतावादी प्रवृत्तियों को स्वीकारता हुआ, शिल्प में क्लासिकी पद्धति पर जोर देना चाहता है। ह्यूम, टी. एस. इलियट, रिल्के इसका आग्रह करते हैं। स्वच्छंदतावाद और क्लासिकी पद्धति को एक-दूसरे के विरोध में रखकर देखना अधिक संगत नहीं, वह एक अकादमिक प्रश्न है।

स्वच्छंदतावाद को सबसे अधिक प्रहार वैज्ञानिक भौतिकवादी मान्यताओं के क्रमिक विकास के कारण झेलने पड़े। कल्पना-जगत् को अस्वीकार कर, एक यथार्थवादी धरातल का निर्माण करने की चेष्टा की गई। मार्क्स ने फ्रांस की राज्यक्रांति की समाजशास्त्रीय व्याख्या में उसे पूँजीवाद का उदय कहा और घोषणा की कि आधुनिक काव्य पूँजीवादी काव्य है।[19] इसे लेकर कॉडवेल जैसे समीक्षकों ने स्वच्छंदतावाद पर आक्षेप किए। पर यहाँ इतना संकेत करना चाहूँगा कि मार्क्स ने 1789 ई. की फ्रांसीसी राज्य क्रांति से कहीं अधिक विस्तृत विवेचन लुई बोनापार्ट तृतीय (1808-1873 ई.) की अठारहवीं ब्रूमेर का किया है। नेपोलियन प्रथम (1769-1821 ई.) का उल्लेख करते हुए मार्क्स उसे पूँजीवाद से जोड़ता है और बाद की स्थिति के बारे में लिखता है कि किसान-विद्रोह और सेना द्वारा उन पर आक्रमण प्रमाण है कि फ्रांस की राज्यक्रांति पूँजीवादी थी। वह कृषकों के संघर्ष का विवेचन करते हुए लिखता है कि परंपरा

और क्रांति में होड़ लगी हुई थी। मार्क्स ने नेपोलियन प्रथम को क्रांतिकारी का श्रेय नहीं दिया, इसलिए उस पर अधिक समय नहीं लगाया। फ्रांस के वर्ग-संघर्ष का विस्तृत विवेचन उसने किया, यद्यपि केवल 1848 से 1850 ई. तक का समय लिया। मार्क्स के विचारों से स्पष्ट है कि इस संघर्ष का बड़ा महत्त्व है और नेपोलियन तृतीय की अठारहवीं ब्रूमेर इसी क्रम में है। लगभग पौने दो सौ पृष्ठों में उसने इसकी समाजशास्त्रीय व्याख्या की हैं। अगले अध्यायों में इस पर टिप्पणी का अवसर आएगा, इसलिए हम यहाँ इतना ही कहना चाहेंगे कि मार्क्सवादी चिंतन ने स्वच्छंदतावाद की व्याख्या में उसे पूँजीवादी काव्य माना, पर इससे श्रेष्ठ कवियों का महत्त्व कम नहीं हो जाता। मार्क्स ने स्वयं स्वच्छंदतावाद के निगति क्षणों के 'फिलस्तीन स्वच्छंदतावाद' पर तीक्ष्ण टिप्पणी की जिसका समय 1848 ई. है; पर एंगेल्स ने एक शर्मनाक राजनीतिक सामाजिक युग में भी जर्मनी के 1750 ई. के आस-पास के गेटे, शिलर की श्रेष्ठता को स्वीकारा।[20]

मार्क्सवादी समीक्षकों में कॉडवेल ने अंग्रेजी स्वच्छंदतावाद की विवेचना अपने ग्रंथ 'इल्यूजन एण्ड रिएलिटी' में की। उसने काव्य की उत्पत्ति का आधार आर्थिक माना और वेलिन्स्की की इस मान्यता का व्यावहारिक समीक्षा में प्रयोग करना चाहा कि कला यदि सामाजिक कल्याण की भावना नहीं रखती, तो वह विकृत हो जाएगी।[21] कॉडवेल ने स्वच्छंदतावादी काव्य का विवेचन करने के पूर्व अपनी मान्यताएँ स्थापित कीं, जिनमें आर्थिक व्यवस्था पर जोर है, क्योंकि यही वास्तविक है और काव्य पर सीधा प्रभाव डालती है।[22] काव्य को वह मानव-समाज की सामूहिक भावना का प्रकाशन मानता है और इन्हीं मान्यताओं के आधार पर उसने अंग्रेजी स्वच्छंदतावाद का मार्क्सवादी विश्लेषण किया। आधुनिक काव्य का विकास बताते हुए सर्वप्रथम उसने मार्क्स के 'कैपिटल' का उद्धरण दिया कि 'आधुनिक काव्य पूँजीवादी काव्य है।' उसने इसी आधार पर बुर्जुआ के 'रोल' पर विचार किया, क्योंकि रूमानी काव्य को उसने बुर्जुआ संस्कृति की अभिव्यक्ति माना। ब्रिटेन पूँजीवाद का अगुआ रहा है और काव्य में कॉडवेल ने उसी का प्रकाशन देखा। उसने कहा कि बुर्जुआ कला में जिसने पीछे की ओर देखा उसका काव्य अकादमिक हो गया, उसकी कला निर्जीव। इसके बाद उसने कला के पूँजीवादी परिवेश की असंगतियों की चर्चा की और वैज्ञानिक दृष्टि का परिचय दिया। उसने बताया कि जिसे बुर्जुआ स्वतंत्रता कहते हैं, वह एक भ्रांति है, अर्थात् स्वच्छंदतावादी विद्रोह की सीमाओं की ओर उसने इशारा किया और उसे 'व्यक्तिवादी' घोषित किया। इन मान्यताओं के आधार पर कॉडवेल जब अंग्रेजी रूमानी काव्य के विश्लेषण में प्रवृत्त हुआ तो उसकी प्रतिबद्धताएँ थीं, अपनी मान्यताएँ थीं। उसने अपनी शुरुआत 'एलिजाबेथ युग' से की और तब औद्योगिक क्रांति की भूमिका पर स्वच्छंदतावादी काव्य को परीक्षित किया। बॉयरन में उसे सनक और स्वच्छंदतावाद का मिश्रण दिखाई दिया, शेली अधिक क्रांतिकारी मालूम हुआ, वर्ड्स्वर्थ

मिल्टन का समीपी लगा, और कीट्स को उसने भावी बुर्जुआ काव्य से जोड़ा। स्वच्छंदतावादी काव्य की प्रवृत्तियों में उसने स्व अथवा अहम्, व्यक्तिवाद, फेंटेसी, असंगति, अंतर्विरोध, पलायनवाद पर आक्रमण किया। कॉडवेल की पथरेखा में ही टॉम्पसन आता है, जिसने 'मार्क्सिज़्म एण्ड पोयट्री' पुस्तिका में अपने विचार प्रस्तुत किए। वह मानता है कि कलाएँ आर्थिक परिस्थितियों से परिचालित होती हैं पर वह फेंटेसी को महत्त्व देता है।[23] इस प्रकार, स्वच्छंदतावाद पर मार्क्सवादी चिंतन का प्रहार उसकी समाजशास्त्रीय व्याख्या से हुआ और उसके स्थान पर यथार्थवाद आया।

स्वच्छंदतावाद पर एक और आक्रमण आधुनिकतावादियों ने किया, जिन्होंने मनोवैज्ञानिक यथार्थ को स्वीकारा, जहाँ काव्य एक दिवास्वप्न है जिसमें कुंठाएँ अभिव्यक्ति पाती हैं। स्वच्छंदतावादी काव्य का मनोविश्लेषण के आधार पर जो परीक्षण किया गया, उसमें फ्रॉयडीय मनोविज्ञान ने सहायता की। पर असली आक्रमण नए काव्य के आधुनिकतावादियों ने यह कहकर किया कि वह यथार्थ से बहुत दूर है, इसे हम साहित्य में एक प्रकार का नव-यथार्थवाद कह सकते हैं ताकि मार्क्सवादी यथार्थवाद से उसे पृथक् भूमि पर देखा जा सके। स्थिति तो यह है कि अतियथार्थवाद (सुररिएलिज़्म) तक को समीक्षक स्वच्छंदतावाद का विकास मानते हैं, यद्यपि मनोविज्ञान से जुड़े होने के कारण वह स्वप्न-प्रतीकों से संबद्ध है। ज़ोला के प्रकृतवाद (नेचुरलिज़्म) को स्वच्छंदतावाद से सीधे-सीधे जोड़ना भी भूल है। फ्रांस में बिंबवाद, प्रतीकवाद (इमैजिज़्म, सिम्बॉलिज़्म) के जो आंदोलन उठे, वे स्वच्छंदतावाद के विरोध में जाते हैं, यद्यपि यथार्थवाद के भी विरोधी होने के कारण वे रूमानी अंदाज़ों में कहीं-न-कहीं फँस ही जाते हैं। फ्रेंच प्रतीकवादी बॉदलेयर और मलार्मे काव्य को रूमानी प्रवृत्तियों से मुक्त करना चाहते हैं और सच्चाई यह है कि प्रतीकवादी आंदोलन का उद्देश्य स्वच्छंदतावाद का निषेध करना है।[24] प्रतीकवादियों-बिंबवादियों से प्रेरणा पाकर अधिकांश आधुनिकतावादी आंदोलन स्वच्छंदतावाद के विरोध में उठे। इलियट ने असंगता की अपनी प्रसिद्ध मान्यता स्थापित की। 'इंडिविजुअल टेलेंट' नामक अपने निबंध में वह वर्ड्स्वर्थ की स्थापना का विरोध करते हुए कहता है—काव्य भावना को उन्मुक्तता के साथ प्रवाहित करना नहीं है, वह तो भाव से पलायन है। काव्य व्यक्तित्व की अभिव्यक्ति नहीं, उससे स्वतंत्र होना है। इलियट ने निर्वैयक्तिकता का आग्रह किया और मरे का विरोध करते हुए जब क्लासिकी पद्धति और स्वच्छंदतावाद की तुलना की तब स्वच्छंदतावाद को अप्रौढ़ (या बचकाना), अपूर्ण तथा अव्यवस्थित कह दिया। इलियट शिल्प के क्षेत्र में क्लासिकी परंपरा का अधिक समर्थन करता है और वह बिंबवाद के भी निकट है। काव्य और चिंतन दोनों क्षेत्रों में इलियट स्वच्छंदतावाद के विरुद्ध जाता है पर मैं इलियट का ही एक उद्धरण देकर स्वच्छंदतावादी काव्य की श्रेष्ठ कृतियों के कालजयी पक्ष की ओर संकेत करूँगा। काव्य का सामाजिक कर्म (दि सोशल फंक्शन आफ पोयट्री) निबंध में इलियट कहता है कि 'सच्चा, वास्तविक

काव्य केवल बदलती सम्मतियों में ही जीवित नहीं रहता बल्कि उन प्रश्नों के समाप्त हो जाने के बाद भी बना रहता है, जिससे कवि का पूरे आवेग के साथ संबंध था।[25] इस दृष्टि से स्वच्छंदतावाद की श्रेष्ठ कृतियाँ समाप्त नहीं हो जातीं।

इलियट के साथ एजरा पाउंड, डी. एच. ऑडेन, सी. डी. लुइस, स्टीफेन स्पेंडर, लुई मैकनीश आदि नाम गिनाए जा सकते हैं, जिन्होंने नए अंग्रेजी काव्य को समृद्ध किया और आधुनिकतावाद को समर्थ बनाया। पर चिंतन के स्तर पर बिंबवाद से संबद्ध टी. ई. ह्यूम ने भी स्वच्छंदतावाद का विरोध किया और परोक्ष रीति से क्लासिकी पद्धति को महत्त्व दिया। वह उन लोगों से असहमति व्यक्त करता है जो क्लासिकी परंपरा को आकृति मूलक मानते हैं और उसमें एक समृद्ध चिंतनक्रम देखते हैं। स्वच्छंदतावाद के विषय में उसकी आपत्ति यह कि उसमें जो विद्रोह है, उस पर वैयक्तिक चेतना इतनी हावी हो गई है कि उसकी परिणति ह्रासोन्मुखी एवं असामाजिक हुई।[26] ह्यूम के विवेचन में स्वयं एक अंतर्विरोध है कि एक ओर वह स्वच्छंदतावाद का अस्त मान लेता है, दूसरी ओर क्लासिकी रूमानी पद्धतियों के चक्र की बात कहता है। कुछ भी हो, आधुनिक काव्य की विभिन्न धाराएँ, जो विभिन्न वादों में कैद की जाती हैं–प्रतीकवाद, बिंबवाद, अस्तित्ववाद, अतियथार्थवाद, सामाजिक और समाजवादी यथार्थवाद, वास्तव में यथार्थ को अभिव्यक्ति देने की चेष्टाएँ हैं। ऊपर से देखने पर लगता है कि क्लासिकी विचारधारा, आधुनिकतावाद और यथार्थवाद के प्रहारों में यूरोपीय स्वच्छंदतावाद समाप्त हो गया, पर नवीनतम स्थितियाँ संकेत करती हैं कि संभव है वह युग के अनुरूप नए तेवर ले कर एक बार फिर आ जाए। 'द स्ट्रगल ऑफ द मॉडर्न' (आधुनिक का संघर्ष) शीर्षक अपने ग्रंथ में नए यथार्थ का आग्रह करता हुआ स्पेंडर भी ऐसे संकेत देता है कि प्रसिद्ध रूसी लेखक अलेक्जेंडर इवानोविच हर्जन (1812-1870 ई.) की यह उक्ति एक सीमा तक सार्थक प्रतीत होती है कि "नई दुनिया में क्लासिसिज़्म और रोमांटिसिज़्म के भाग्य में दफ़न होना बदा था, और केवल दफ़न होना ही नहीं, वरन् अमरत्व प्राप्त करना भी। नष्ट केवल वही होता है जो एकांगी होता है, क्षणिक होता है; किंतु इन दोनों में सत्य विद्यमान था। चिरंतन, सार्वभौम तथा सर्वमानवीय ऐसी चीजें मर नहीं सकतीं, वे मानव जाति के वयस्क सदस्यों को विरासत में सौंप दी जाती हैं।"[27]

संदर्भ :

1. रामचंद्र शुक्ल : हिंदी साहित्य का इतिहास, पृ. 525
2. कार्ल मार्क्स और फ्रेडरिक एंगेल्स : संकलित रचनाएँ, भाग 1, पृ. 60
3. ए. जे. टॉयनबी : हेलेनिज़्म, पृ. 2-3
4. आर. ए. स्काट जेम्स : द मेकिंग ऑफ लिटरेचर, पृ. 164
5. टी. एस. इलियट : ह्वाट इज़ ए क्लासिक, पृ. 11-12

6. जार्ज सेण्ट्सबरी : ए हिस्ट्री ऑफ इंग्लिश क्रिटिसिज़्म, पृ. 227
7. विलियम के विमसाट जूनि. तथा क्लींथ ब्रुक्स : लिटरेरी क्रिटिसिज़्म, ए शार्ट हिस्ट्री, पृ. 175
8. डी. एस. मर्स्की : ए हिस्ट्री ऑफ रशन लिटरेचर, पृ. 71
9. गेटे : फाउस्ट : अनु. बेयार्ड टेलर, पृ. 68
10. गिल्बर्ट वाटर हाउस : ए शार्ट हिस्ट्री ऑफ जर्मन लिटरेचर, पृ. 109
11. ए. बी. बी. ट्राविक : वर्ल्ड लिटरेचर, भाग 2, पृ. 102
12. एल. कज़ामियाँ : ए हिस्ट्री ऑफ फ्रेंच लिटरेचर, पृ. 311
13. ए. सी. ब्रेडले : ऑक्सफोर्ड लेक्चर्स ऑन पोयट्री, पृ. 100
14. हरबर्ट रीड : द ट्रू वायस ऑफ फीलिंग, पृ. 16
15. कॉलरिज : बायोग्राफिया लिटरेरिया, भाग 2, पृ. 19
16. वही : वही, भाग 1, पृ. 202
17. द पोयम्स, प्रोज़ एंड प्लेज़ ऑफ एलेक्जेंडर पुश्किन (माडर्न लायब्रेरी) : भूमिका, पृ. 13
18. टी. ई. ह्यूम : द स्पेकुलेशन्स, पृ. 113-14
19. मार्क्स-एंगेल्स : संकलित रचनाएँ, भाग 1, पृ. 244-45
20. कार्ल मार्क्स, फ्रेडरिक एंगेल्स : लिटरेचर एण्ड आर्ट, पृ. 18
21. पी. जी. वेलिंस्की : सलेक्टेड फिलासॉफिकल वर्क्स, पृ. 17
22. क्रि. कॉडवेल : इल्यूज़न एंड रिएलिटी, पृ. 25
23. जार्ज थाम्पसन : मार्क्सिज़्म एंड पोयट्री, पृ. 25
24. एल. कज़ामियां : ए हिस्ट्री ऑफ फ्रेंच लिटरेचर, पृ. 378
25. टी. एस. इलियट : ऑन पोयट्री एंड पोयट्स, पृ. 17
26. टी. ई. ह्यूम : द स्पेकुलेशन्स, पृ. 116
27. दर्शन, साहित्य और आलोचना : (अनु. नरोत्तम नागर) पृ. 105

अध्याय दो

हिंदी स्वच्छंदतावाद : काव्य-चिंतन

साहित्य-आंदोलन सामाजिक दबावों की उपज होते हैं और उनके रूपायित होने में देश-काल की परिस्थितियाँ अपना विशेष प्रभाव डालती हैं। इसलिए जब कभी रचना-आंदोलन के आरंभिक दौर को जानना हो, तो ईमानदारी से उन स्थितियों की तलाश करनी चाहिए, जिन्होंने एक विशेष भाव जगत् जन्माया। पहला महत्त्वपूर्ण प्रश्न तो यही है कि आखिर हिंदी स्वच्छंदतावाद से हमारा आशय क्या है और पश्चिम के रूमानी आंदोलन की तर्ज पर निर्मित इस 'पद' से हम क्या इंगित करना चाहते हैं ? जैसा कि संकेत किया जा चुका है, आचार्य रामचंद्र शुक्ल उन आरंभिक समीक्षकों में थे, जिन्होंने स्वच्छंदतावाद शब्द का प्रयोग अपने हिंदी साहित्य के इतिहास में पाश्चात्य रूमानी प्रवृत्तियों के समानार्थी रूप में किया। इतना ही नहीं, उन्होंने असली-नकली स्वच्छंदतावाद में अंतर भी किया। आचार्य विश्वनाथप्रसाद मिश्र जैसे समीक्षक यह मानते हैं कि रीतिमुक्त धारा के कवि घनानंद से हिंदी स्वच्छंदतावाद का आरंभ किया जा सकता है। पर आज जिस अर्थ में हम स्वच्छंदतावाद शब्द का प्रयोग करते हैं, उसमें संपूर्ण मानव-व्यक्ति का आग्रह है; प्रेम भावना की वैयक्तिक अनुभूति का प्रकाशन तो उसका एक अंश मात्र है। हिंदी स्वच्छंदतावाद आधुनिक युग की उत्पत्ति है और उसमें देश की राजनीतिक-सामाजिक परिस्थितियों का योग है। संभव है उन्नीसवीं शती के अंत और बीसवीं शती के आरंभ में उदित होने वाले इस हिंदी स्वच्छंदतावाद ने अपने आरंभिक क्षणों में पाश्चात्य रोमांटिसिज़्म से प्रेरणा ली हो, पर आज उसका जो स्वरूप हमारे समक्ष है, वह प्रमाणित करता है कि उसने अपने स्वतंत्र व्यक्तित्व का निर्माण किया। इस संदर्भ में हमें भारतीय समाज की उन स्थितियों से भी गुजरना चाहिए जो इस काव्य की पृष्ठभूमि में उपस्थित हैं।

स्वच्छंदतावाद : छायावाद

स्वच्छंदतावाद की चर्चा करते हुए हिंदी में उसे प्रायः छायावाद तक सीमित कर दिया जाता है और इन दोनों को लगभग समानार्थी स्वीकारने की पद्धति-सी चल पड़ी है।

किंतु उसके संपूर्ण आशय को समझना होगा। यूरोप का रोमांटिक आंदोलन एक संपूर्ण जीवन-दृष्टि को लेकर चला और उसके मूल में फ्रांसीसी क्रांति से उदित होने वाली मानववादी भावनाएँ हैं। इसी कारण, उसे जीवन-दृष्टि से जोड़ कर देखा जाता है और उसने अभिव्यक्ति की सभी विधाओं को प्रभावित किया। संकेत किया जा चुका है कि जब फ्रांसीसी क्रांति गलत महत्त्वाकांक्षियों के हाथों पड़ कर दिग्भ्रमित होने लगी, तब यूरोप की रूमानी भावनाओं में अंतर्द्वंद्व के क्षण उपस्थित हुए और विभिन्न देशों में जो राष्ट्रीय भावनाएँ जन्मी, उन्होंने रचनाओं को प्रभावित किया। स्वीकार करना होगा कि स्वच्छंदतावाद एक व्यापक शब्द है और हिंदी का छायावादी काव्य उसकी संपूर्ण व्याप्ति का प्रतिनिधित्व तब तक नहीं कर सकता, जब तक उसके संपूर्ण परिवेश को न समझ लिया जाए। केवल रूमानी प्रवृत्तियों के आधार पर उसे संपूर्ण स्वच्छंदतावाद का प्रतिनिधि मान लेना उचित नहीं होगा। स्वच्छंदतावाद की मूल प्रवृत्ति विद्रोह की ही कही जाएगी, चाहे वह आगे चल कर वैयक्तिक भूमियों पर क्यों न चली जाती हो। अपने आरंभिक चरण में उसने जिस आज़ादी की माँग की, वह सब प्रकार के बंधनों से मुक्ति का नारा था। इसलिए कुछ समीक्षकों ने सरलीकरण करते हुए उसे क्लासिकी की परंपरा से विद्रोह करने वाला आंदोलन कह दिया। पर वास्तविक स्थिति यह है कि पश्चिम की स्वच्छंदवादी विचारणा एक नई जीवन-दृष्टि की तलाश का प्रयत्न है और क्लासिकी पद्धति का नियमबद्ध यांत्रिक, अनुशासन उसे असह्य है। हिंदी की छायावादी प्रवृत्तियों के पीछे यद्यपि भारत का उन्नीसवीं शती का नवजागरण विद्यमान है, किंतु उसे किसी ऐसी व्यापक क्रांति से संबद्ध करना कठिन होगा, जो आस-पास के भूखंडों में भी प्रसरित रही हो। छायावाद की रूमानी प्रवृत्तियाँ मूलतः काव्य में अपनी सर्वोत्तम अभिव्यक्ति प्राप्त करती हैं, यद्यपि जयशंकर प्रसाद ने स्वच्छंदतावादी नाटक और कहानियों की भी रचना की। आचार्य नंददुलारे वाजपेयी को स्वच्छंदतावादी समीक्षक कहकर संबोधित किया गया है। हिंदी का छायावादी काव्य स्वच्छंदतावाद की सर्वोत्तम अभिव्यक्ति है, किंतु प्रश्न है कि क्या स्वयं स्वच्छंदतावाद के व्यापकत्व में ऐसी दिशाएँ हैं, जिन्हें छायावाद बाँध सकने में असमर्थ रहा है ? पर इससे कोई हानि नहीं हुई बल्कि इसने छायावाद युग को एक विशिष्ट जातीय व्यक्तित्व दे दिया, जिसमें राष्ट्र की आशा-आकांक्षाओं का भी सम्मिलन हो गया।

आचार्य रामचंद्र शुक्ल ने छायावाद को सच्चे स्वच्छंदतावाद से अलग किया और कहा कि...''श्री रवींद्रनाथ ठाकुर की उन कविताओं की धूम हुई जो अधिकतर पाश्चात्य ढाँचे का आध्यात्मिक रहस्यवाद लेकर चली थीं। पुराने ईसाई संतों के छायाभास (फैण्टसमाटा) तथा यूरोपीय काव्यक्षेत्र में प्रवर्तित आध्यात्मिक प्रतीक (सिंबॉलिज़्म) के अनुकरण पर रची जाने के कारण बंगाल में ऐसी कविताएँ 'छायावाद' कही जाने लगी थीं। यह 'वाद' क्या प्रकट हुआ, एक बने-बनाए रास्ते का दरवाजा

सा खुल पड़ा है और हिंदी के कुछ नए कवि (आचार्य शुक्ल का संकेत छायावादी कवियों की ओर है) उधर एक बारगी झुक पड़े।[1] इस उद्धरण से आचार्य शुक्ल के व्यंग्य-कटाक्ष की उपेक्षा-भरी मुद्रा स्पष्ट होती है। पर वे भ्रांतियों का शिकार होते भी दिखाई देते हैं जैसे बंगला में छायावादी काव्य जैसी कोई चीज थी; यदि ऐसा होता तो रवींद्र को उसका आदि कवि घोषित किया गया होता। आचार्य शुक्ल की भ्रांति 'सरस्वती' पत्रिका के जून, 1921 ई. के अंक से मिलती-जुलती है, जिसका उल्लेख कई समीक्षकों ने किया है। किन्हीं सुशील कुमार ने 'हिंदी में छायावाद' शीर्षक एक संवादात्मक लेख लिखा। संवाद में भाग लेने वाले कुल चार व्यक्ति हैं—ब्राह्म कन्या महाविद्यालय में उच्च शिक्षा प्राप्त सुशीला देवी, उनके अरसिक किंतु लक्ष्मी के कृपापात्र पति हरिकिशोर बाबू, चित्रकार रामनरेश जोशी और कवि सम्राट पंत जी। पहले केवल प्रथम तीन व्यक्तियों में जोशी जी के एक 'छायाचित्र' पर बातचीत होती है, जिसे उन्होंने पंतजी की एक कविता के आधार पर बनाया है। चित्र के नाम पर बढ़िया फ्रेम में मढ़ा 'कोरा कागज' है और उसके नीचे लिखा है 'छाया'। हरिकिशोर बाबू के अनुसार, यह निर्मल ब्रह्म की विशद छाया है। स्वयं जोशीजी ने भी उसमें किसी प्रकार अनंत की अस्पष्टता को स्पष्ट करने का प्रयत्न किया था। अंत में पंतजी आते हैं और वे भी कविता के नाम पर एक 'कोरा-कागज' प्रस्तुत करते हैं जिसका आधार जोशीजी का वही चित्र है। हरिकिशोर बाबू के शब्दों में 'यह तो वाणी की नीरवता है, निस्तब्धता का उच्छ्‌वास है, प्रतिभा का विलास है और अंनत का विलास हैं।' कविसम्राट् अपने वक्तव्य में कहते हैं ''छायावाद का प्रधान गुण है अस्पष्टता। भाव इतने अस्पष्ट हो जाएँ कि वे कल्पना के अनंत गर्भ में लीन हो जाएँ। मेरी यह सम्मति है कि शब्द अक्षरों से बनते हैं और अक्षर अविनाशी हैं, वह तो अज्ञेय हैं, अनंत हैं। अतएव, हमें भाषा को वह रूप देना चाहिए जिससे वह नीरव हो जाए। वह कर्णश्रुत न होकर हृदयगम्य हो, इंद्रियगोचर न होकर आत्मा से ग्राह्य हो...।''[2]

आचार्य रामचंद्र शुक्ल की इस भ्रांति को तोड़ने के लिए कि छायावाद ने सर्वप्रथम बंगाल में प्रवेश किया, आचार्य हजारीप्रसाद द्विवेदी के मत का उल्लेख करना उचित होगा। आचार्यजी वर्षों शांतिनिकेतन में रहे हैं और रवींद्र के निकट संपर्क में आने का अवसर भी उन्हें मिला है। उनका वक्तव्य इस संबंध में प्रमाणित समझा जाना चाहिए। वे आचार्य शुक्ल की ओर संकेत करते हुए कहते हैं ''इसी नवीन प्रकार की कविता को किसी ने 'छायावाद' नाम दे दिया है। यह शब्द बिल्कुल नया है। यह भ्रम ही है कि इस प्रकार के काव्यों को बंगला में छायावाद कहा जाता था और वहीं से यह शब्द हिंदी में आया है। छायावाद शब्द केवल चल पड़ने के जोर से ही स्वीकरणीय हो सका है, नहीं तो इस श्रेणी की कविता को प्रकट करने में यह शब्द एकदम असमर्थ है। बहुत दिनों तक इस काव्य का उपहास किया गया है और

बाद में भी इसे या तो चित्रभाषा शैली या प्रतीक पद्धति के रूप में माना गया था फिर रहस्यवाद के अर्थ में।"[3]

इसे भी हिंदी साहित्य के इतिहास की एक मनोरंजक कथा कहिए कि आधुनिक साहित्य के दो मुख्य काव्य-आंदोलनों का नामकरण व्यंग्य-व्यंग्य में हो गया और उनका ऐसा प्रचार हुआ कि उस धारा के रचनाकारों के न चाहते हुए भी, वह उन पर आरोपित कर दिया गया। आरंभ में जब छायावाद शब्द का प्रयोग किया गया, तब उसका आशय अस्पष्टता, अमांसलता आदि से था और सुमित्रानंदन पंत की आरंभिक कविताओं को इसका आधार बनाया गया, यद्यपि 'छाया' शीर्षक कविता उन्होंने दिसंबर 1920 ई. में लिखी। इसी प्रकार, अज्ञेय ने 'तारसप्तक' की 'निवृत्ति' और पुरावृत्ति शीर्षक भूमिका में कवियों के सप्तर्षि मण्डल को 'राहों का अन्वेषी' मानकर, रचनाओं को प्रयोगशीलता का नमूना बताया। बस, फिर क्या था, प्रयोगवाद शब्द धड़ल्ले से चल निकला और आचार्य नंददुलारे वाजपेयी ने 'प्रयोगवादी रचनाएँ' शीर्षक अपने लंबे निबंध में अज्ञेय की भूमिका पर ही हमला बोल दिया।[4] अज्ञेय ने 'दूसरा तारसप्तक' की भूमिका में सफाई देते हुए कहा कि प्रयोग का हमारा कोई वाद नहीं है और प्रयोग निरंतर होते आए हैं। उन्होंने भरे मन से स्वीकारा कि प्रयोगवाद नाम के नए मतवाद के प्रवर्तन का दायित्व अनचाहे और अकारण ही हमारे मत्थे मढ़ दिया गया है...। छायावाद के संदर्भ में स्वीकारता हूँ कि यह शब्द उस काव्य की संपूर्ण ध्वनि को व्यंजित नहीं करता, विशेषतया जब हम उसके परवर्ती स्वरूप को ध्यान में रखकर चलते हैं। संभवतः द्विवेदीयुगीन वर्णनप्रधान कविताओं की तुलना में जब छायावाद की आरंभिक रचनाएँ 'इंदु' आदि पत्रिकाओं के माध्यम से सामने आई होंगी, तो वे समीक्षकों को बेपहचान लगी होंगी, और ऐसा लगभग हर महत्त्वपूर्ण नए रचना-आंदोलन के साथ होता है। 'छायावाद' शब्द की उत्पत्ति के संबंध में इन व्यक्तियों के अपने पूर्वाग्रह रहे होंगे, जो उन्होंने आरंभिक रचनाओं के आधार पर बनाये होंगे। इसका एक प्रमाण 'जुही की कली' का 'सरस्वती' के द्वार से लौट आना है।

आचार्य नंददुलारे वाजपेयी ने छायावादी काव्य के समर्थन में अपने आदरणीय आचार्य पं. रामचंद्र शुक्ल को साहस भरी चुनौती दी, जिसकी चर्चा आगे की जाएगी। यहाँ केवल यह संकेत करना चाहते हैं कि आचार्य शुक्ल छायावादी काव्य को रहस्यवादी काव्य से जोड़कर उसे स्वच्छंदतावाद की स्वाभाविक धारा से अलग करना चाहते हैं। इतना ही नहीं, उन्होंने उसमें नकली चीजें ज्यादा देखीं, यहाँ सच्चे स्वच्छंदतावाद का रूप उन्हें नहीं दिखाई दिया और उन्होंने उसमें रहस्यवाद की अपेक्षा रहस्याभास अधिक पाया। जाहिर है, नए साहित्य-आंदोलन से मिल पाना सरल नहीं होता और तुलसी को श्रेष्ठतर कवि घोषित करने वाले आचार्य के लिए तो हिंदी के नए स्वच्छंदतावाद से जुड़ पाना और भी कठिन था। आचार्य वाजपेयी ने छायावाद का मौलिक विश्लेषण किया, जिसकी चर्चा यथास्थान होगी, उन्होंने छायावादी काव्यशैली

को 'स्वच्छंदतावादी काव्य की एक शाखा' माना और दोनों में पार्थक्य रेखाएँ खोजीं। 'आधुनिक काव्य : रचना और विचार' में 'स्वच्छंदतावाद-छायावाद-रहस्यवाद' शीर्षक निबंध इस दृष्टि से पठनीय है। किंतु जिस रूप में हिंदी का छायावादी काव्य क्रमशः अपने व्यक्तित्व को विकसित करता गया, उससे निस्संकोच कहा जा सकता है कि उसने हिंदी स्वच्छंदतावाद का प्रतिनिधित्व किया। यूरोप के रूमानी आंदोलन का पर्याय समझने की भूल समीक्षकों ने की थी पर छायावाद की व्याप्ति से यह समझा दिया कि रचना आंदोलन जब विभिन्न भूमियों से गुजरते हैं तो उन भूमि-खंडों की सांस्कृतिक विरासत उनमें नए तत्त्व जोड़ने का सामर्थ्य रखती है। वास्तव में छायावाद हिंदी स्वच्छंदतावाद का गौरवशाली प्रतिनिधि है और यदि उसके आरंभिक रूमानी स्वरों के आधार पर ही निर्णय देने की भूल न की जाए, तो उसमें निराला के काव्य का वैविध्य तक सन्निहित है। यदि छायावाद को स्वच्छंदतावादी काव्य नहीं स्वीकारा जाएगा, तब प्रश्न उठेगा कि निराला की प्रगतिशील रचनाएँ और उनके व्यंग्य-प्रयोग कहाँ रखे जाएँगे ? तब नए-नए वाद निराला जैसी विराट् प्रतिभा को अपनी-अपनी ओर खींचना चाहेंगे। इसी प्रकार सुमित्रानंदन पंत युगांत, युग-वाणी और ग्राम्या काल में जब यथार्थ जगत् से कुछ समय के लिए संपृक्त होने की चेष्टा करने लगे, तब उनके काव्य को किस वर्ग में रखा जाएगा ? इसी प्रकार महादेवी की एकांतिक काव्य-साधना, जो मध्ययुगीन रहस्यवाद से भिन्न है और जिसमें सर्वत्र वह उपस्थित भी नहीं है, उसे क्या कहेंगे ? मेरा विचार है कि स्वयं 'स्वच्छंदतावाद' छायावादी काव्य के लिए अधिक उपयुक्त शब्द है, क्योंकि उसमें इस काव्य की विविध भूमियाँ समाहित हो सकती हैं। इतना ध्यान अवश्य रखना होगा कि हिंदी स्वच्छंदतावादी काव्य को, छायावाद पर विचार करते हुए उसे केवल शब्द-भ्रम के कारण, पाश्चात्य विशेषतया अंग्रेजी रूमानी काव्य का अनुचर समझने की भूल न की जाए। और कुछ नहीं, तो यह ध्यान दिया जाए कि उन दोनों में एक शताब्दी से अधिक का अंतर है। पश्चिन का रूमानी काव्य अठारहवीं शती की सांध्यवेला का शशांक है, जबकि हिंदी का छायावादी काव्य बीसवीं शताब्दी के प्रभात का किरणधर है। एक ने उस समय स्वयं को वाणी दी जब यूरोप प्रजातंत्र का सुख भोगने लगा था और दूसरा कारागृह में संघर्ष करते हुए राष्ट्र का स्वर है। दोनों की मनोभूमियों में जो अंतर है, वह स्पष्ट है।

छायावादी काव्य-विवेचन का आरंभ

छायावाद को विवेचित करने में विद्वानों की वैयक्तिक रुचियाँ भी अपना प्रभाव डालती रही हैं। जैसा कि संकेत किया जा चुका है, जन्म के क्षणों में ही उसे अवमानना के शब्द सुनने को मिले और व्यंग्य-कटाक्ष से उसकी अगवानी हुई। इसकी तुलना में पश्चिम का रूमानी आंदोलन भाग्यशाली था कि उसे 'मानव-व्यक्तित्व की मुक्ति

का स्वर' कहकर सराहा गया। पर धीरे-धीरे हिंदी स्वच्छंदतावाद के प्रतिनिधि स्वर : छायावाद ने स्वयं को प्रतिष्ठित किया। कहा जाता है कि मध्यप्रदेश को यह गौरव है कि उसके कवि सपूत मुकुटधर पांडेय ने जबलपुर से प्रकाशित 'श्री शारदा' पत्रिका में छायावाद का आरंभिक विवेचन 1920 ई. में किया। इसी के आस-पास स्वयं छायावादी कवियों ने अपने दृष्टिकोण को स्पष्ट करना आरंभ किया, पर छायावाद को समझने की पहल श्री मुकुटधर पांडेय ने की, इसमें संदेह नहीं। 1920 ई. के चार अंकों (जुलाई, सितंबर, नवंबर, दिसंबर) की 'श्री शारदा' में 'हिंदी में छायावाद' शीर्षक के अंतर्गत उन्होंने चार लेख लिखे—कविस्वातंत्र्य, छायावाद क्या है ?, हिंदी में छायावाद और हिंदी में छायावाद। दो निबंध एक ही शीर्षक से प्रकाशित हुए। इन निबंधों का ऐतिहासिक दृष्टि से महत्त्व है कि जब छायावादी काव्य बुजुर्गों की कृपा नहीं प्राप्त कर पा रहा था, तब मुकुटधरजी ने उसका स्वरूप स्पष्ट करने की चेष्टा की। स्वयं आचार्य रामचंद्र शुक्ल ने अपने 'हिंदी साहित्य का इतिहास' में पांडेयजी को नई काव्यधारा के प्रवर्तनकारियों में परिगणित किया है। उनके शब्दों में "पं. मुकुटधर पांडेय की रचनाएँ छायावाद के पहले किस प्रकार नूतन स्वच्छंद मार्ग निकाल रही थीं...। मुकुटधरजी की रचनाएँ नरेतर प्राणियों की गतिविधि का भी राग-रहस्यपूर्ण परिचय देती हुई स्वाभाविक स्वच्छंदता की ओर झुकती मिलेंगी। प्रकृति-प्रांगण के चर-अचर प्राणियों का रागपूर्ण परिचय, उनकी गतिविधि पर आत्मीयता, व्यंजक दृष्टिपात, सुख-दुख में उनके साहचर्य की भावनाएँ सब बातें स्वाभाविक स्वच्छंदतावाद के पथ चिह्न हैं।"[5] श्री मुकुटधर पांडेय ने छायावाद को रहस्यवाद के निकट माना, पर उन्होंने उसमें कवि की दृष्टि को सर्वाधिक महत्त्वपूर्ण तत्त्व के रूप में स्वीकार किया, अर्थात् वस्तून्मुखी यथार्थ की अपेक्षा छायावादी कवि ने अपनी दृष्टि से प्राप्त किए सत्य को अधिक प्रामाणिक मान कर काव्य में उसे अभिव्यक्ति दी। यह आत्मपरकता छायावाद की मुख्य प्रवृत्तियों में एक है। मुकुटधरजी ने यह भी स्वीकार किया कि यथार्थ-भूमि पर विचरण करने की अपेक्षा वह मनोजगत् के कल्पना-क्षेत्र में अधिक विहार करने वाला काव्य है।

छायावादी काव्य सन् 1920 ई. के आस-पास क्रमशः एक स्वरूप और आकार पाने लगा तथा प्रसाद, निराला, पंत की रचनाएँ प्रकाश में आने लगीं। तब से अब तक छायावाद की कई व्याख्याएँ प्राप्त होती हैं, जिन्हें कुछ पीढ़ियों में रखकर देखा जा सकता है। सर्वप्रथम तो स्वयं प्रसाद, निराला, पंत और यहाँ तक कि महादेवी की इस काव्य के संबंध में अपनी विवेचनाएँ हैं, जो अपने पक्ष को स्पष्ट करने के लिए लिखी गई हैं। स्वाभाविक है कि कवियों के इन वक्तव्यों को उनकी सृजन-प्रक्रिया के साथ मिला कर देखना अधिक संगत होगा। छायावाद युग के साथ लगभग समानांतर यात्रा करने वाली पीढ़ी के दो वर्ग हैं। एक आचार्यद्वय महावीरप्रसाद द्विवेदी तथा रामचंद्र शुक्ल का शिविर है, जो छायावादी काव्य को अधिक प्रश्रय नहीं देना चाहता

और खासतौर पर उसकी जीवन-दृष्टि को। दूसरी ओर आचार्य नंददुलारे वाजपेयी, आचार्य हजारीप्रसाद द्विवेदी, डॉ. नगेंद्र आदि का वर्ग है जो अपने बुजुर्गों से असहमत है और जिसने अपनी स्थापनाओं से छायावाद का विश्लेषण किया। छायावाद युग की परिसमाप्ति के अनंतर और आज भी, छायावाद के साहित्यिक मूल्यांकन-पुनर्मूल्यांकन की प्रक्रिया इसी क्रम में अकादमिक स्तर पर चल रही है। छायावाद की विवेचना का एक अन्य स्वरूप भी हिंदी में दिखाई देता है, जिसमें समाजशास्त्रीय पद्धति का सहारा लिया गया। जैसा कि पहले संकेत किया जा चुका है, मार्क्सवादी चिंतन ने फ्रांस की क्रांति को पूँजीवाद युग का उदय मान कर पश्चिम के रूमानी आंदोलन को उससे संबद्ध किया। हिंदी में आश्चर्यजनक तथ्य यह कि छायावाद को पूँजीवाद युग की उत्पत्ति मान कर उसका एकांगी विश्लेषण करने में मार्क्सवादी समीक्षकों ने उतनी कट्टरता का परिचय नहीं दिया, जितना अन्य लोगों ने। 'छायावाद युग' के प्रथम संस्करण की भूमिका में स्पष्ट स्वीकार किया गया कि छायावाद के इस समाजशास्त्रीय विवेचन की प्रेरणा लेखक को क्रिस्टोफर कॉडवेल से मिली। अपने पक्ष को उचित करार देने के लिए ग्रंथ के आरंभ में सामाजिक पृष्ठभूमि का विस्तृत विवेचन किया गया। पर जितना आश्चर्य एक अप्रतिबद्ध लेखक की इस व्याख्या से हुआ, उससे कहीं अधिक यह देख कर हुआ कि दूसरे संस्करण में सामाजिक पृष्ठभूमि का अंश यह कह कर हटा दिया गया कि शुद्ध साहित्य के पक्षधर आलोचकों को इस पर आपत्ति थी। मैं समझता हूँ लेखक ने संभवतः स्वयं अपने अतिवादी दृष्टिकोण में परिवर्तन किया क्योंकि वे मानते हैं कि, 'यह भी नहीं कह सकते कि छायावाद मर गया' क्योंकि वह जी रहा है और रूप बदल कर जी रहा है...। आज का स्वच्छंदतावादी यथार्थवाद हो या प्रगतिवाद, प्रयोगवाद हो या नूतन रहस्यवाद, ये सभी छायावाद के ही विकसित रूप हैं।[6] छायावाद की जो समाजशास्त्रीय विवेचना स्वयं मार्क्सवादी चिंतन के आधार पर की गई, उसमें इसे पूँजीवाद युग और मध्यवर्ग से जोड़कर भी इसके प्रदेय को स्वीकृति दी गई। डॉ. रामविलास शर्मा, जिन्होंने सुमित्रानंदन पंत के परवर्ती 'स्वर्णकाव्य' की तीखी आलोचना की, उन्होंने भी पूर्ववर्ती रचनाओं का निरादर नहीं किया और निराला तो उनके सर्वाधिक प्रिय कवि हैं। इसी प्रकार, नामवरसिंह ने छायावाद को उस राष्ट्रीय जागरण की काव्यात्मक अभिव्यक्ति माना, जो एक ओर पुरानी रूढ़ियों से मुक्ति चाहता था और दूसरी ओर विदेशी पराधीनता से। प्रगतिवाद ने अपने काव्य का आरंभ निराला से स्वीकार किया।

प्रयोगवादी आक्रमण

हिंदी साहित्य के इतिहास की एक विलक्षण घटना यह है कि यहाँ छायावादी काव्य का विरोध मार्क्सवाद पर आधारित प्रगतिवादवादी आलोचना ने नहीं किया, यद्यपि उसके समाजशास्त्रीय विवेचन की प्रक्रिया का आरंभ उसी के समीक्षकों द्वारा हुआ।

छायावाद को सर्वाधिक विरोध के लिए 'तारसप्तक युग' की प्रतीक्षा करनी पड़ी। यदि यथार्थवाद के मोटे तौर पर दो विभाजन अपने विवेचन की सुविधा के लिए स्वीकार कर लिए जाएँ—सामाजिक यथार्थ और मनौवैज्ञानिक यथार्थ, तथा उन्हें क्रमशः मार्क्स फ्रॉयड से संबद्ध मानकर मार्क्सवादी चिंतन तथा आधुनिक मनोविज्ञान में उनका विकास स्वीकार कर लिया जाए, तो हम कह सकते हैं कि जिस प्रकार यूरोप में नए काव्य ने रूमानी आंदोलन का विरोध किया, उसी प्रकार हिंदी में प्रयोगवाद ने छायावादी काव्य को अस्वीकार कर दिया। यहाँ भी सबसे अधिक आक्रमण प्रसाद पर हुआ, निराला से थोड़ा भय था और पंत के मध्यवर्ती काव्य को किसी तरह यथार्थवाद से जोड़ने की मनमानी कर ली गई। टी. एस. इलियट, टी. ई. ह्यूम आदि की तर्ज पर प्रयोगवादी दौर और उसके आगे भी छायावाद का विरोध हुआ। अज्ञेय ने 'पुष्करिणी', 'त्रिशंकु' आदि में जो टिप्पणियाँ की हैं, वहाँ छायावाद के विश्लेषण की, अपने ढंग से एक चेष्टा है। साहित्य अकादमी से 1957 ई. में प्रकाशित सामयिक हिंदी साहित्य (कॉटेंपोरेरी इंडियन लिटरेचर) के लिए स. ही. वात्स्यायन नाम से अज्ञेयजी ने अंग्रेजी में निबंध लिखा था, उन्होंने छायावाद को 'वैयक्तिक विद्रोह' कहा और अपने पिछले 'स्टैण्ड' को भी किसी सीमा तक बदल दिया। डॉ. देवराज ने अप्रैल 1948 ई. में प्रकाशित 'छायावाद का पतन' नामक अपनी पुस्तक में छायावाद पर सीधे-सीधे हमला किया और अपनी ओर से जैसे उसके लिए फातिहा ही पढ़ दिया हो।

इस प्रकार, छायावाद को विभिन्न दृष्टियों और यहाँ तक कि राग-विरागों से समझने की चेष्टा की जाती रही है, जिसे हम मोटे तौर पर साहित्यिक-सांस्कृतिक, समाजशास्त्रीय और गैर रूमानी पद्धतियों के विवेचन के अंतर्गत रख कर देख सकते हैं। इन विवेचनों की अपनी-अपनी दृष्टियाँ हैं और आज भी यह दावा नहीं किया जा सकता कि छायावाद के संबंध में अंतिम वक्तव्य दिया जा चुका है। हिंदी स्वच्छंदतावादी काव्य का प्रतिनिधित्व करने वाले इस साहित्य-आंदोलन के मूल्यांकन, नवमूल्यांकन, पुनर्मूल्यांकन की प्रक्रिया आज भी जारी है, जो यह प्रमाणित करने के लिए पर्याप्त है कि उसकी सृजनात्मकता हमें बार-बार चुनौती देती रही है।

छायावाद : कवि दृष्टि

सर्वप्रथम हम छायावाद युग के कवियों के दृष्टिकोण पर विचार करना चाहेंगे। आधुनिक युग में जब साहित्य की नई दिशाएँ विरोधों का सामना करते हुए अग्रसर होती हैं, तब अपने पक्ष को स्पष्ट करने के लिए रचनाकारों को पद्य के साथ गद्य का भी आश्रय लेना पड़ता है। अंग्रेजी रूमानी काव्य में जिसे शेली के 'काव्य के बचाव में' (इन डिफेंस ऑफ पोयट्री) निबंध के आधार पर अभिहित किया जाता है, उसी प्रकार का सम्मिलित प्रयत्न यद्यपि छायावाद की बृहत्त्रयी ने नहीं किया, किंतु उनके विचारों

से जो स्वरूप उभरता है, उससे हम काव्य के संबंध में उनकी धारणा की एक रूपरेखा प्राप्त कर सकते हैं।

छायावाद का आरंभिक विवेचन जबलपुर से प्रकाशित 'श्री शारदा' में प्राप्त होता है। इसके प्रकाशक नर्मदाप्रसाद मिश्र थे और प्रकाशन राष्ट्रीय हिंदी मंदिर, जबलपुर से होता था। श्रावण शुक्ल प्रतिपदा, 1977, 16 जुलाई, 1920, वर्ष 1, खंड 1 के अंक में 'हिंदी में छायावाद' के अंतर्गत मुकुटधर पाण्डेय का प्रथम लेख 'काव्य-स्वातंत्र्य' नाम से प्रकाशित हुआ। इसका आरंभिक वाक्य है : "एक ओर कविता अपने जन्म-कुटीर से निकलकर बाहर पैर रखती है, दूसरी ओर उसे नियमों और रीतियों द्वारा चारों ओर से घेर रखने का यत्न आरंभ हो जाता है।" इसी लेख में पाण्डेय जी की मान्यता है कि : "मौलिकता का अभाव व्यक्तित्व का बाधक है, जो कवि के लिए अत्यंत आवश्यक है। बिना व्यक्तित्व दिखलाए कवि-प्रतिपत्ति किसी को नहीं मिल सकती। वह व्यक्तित्व चाहे भाव में हो, भाषा में हो, छंद में हो, या प्रकाशन-रीति में हो, पर कविता में हो जरूर। जिसकी कविता में व्यक्तित्व नहीं, उसे कवि नहीं, अनुकरणकारी कहना चाहिए।"[7] इसी लेख में प्रतिभा का आग्रह, उसकी स्वतंत्र उड़ान, स्वेच्छानुरति आदि के अतिरिक्त बीसवीं शताब्दी की स्वतंत्रता और क्रांति की चर्चा है। दो श्रावण-मास के कारण अगस्त अंक नहीं प्रकाशित हुआ। 13 सितंबर, 1920 ई. के अंक में 'छायावाद क्या है ?' दूसरा लेख है। इसमें अंतरंग दृष्टि पर टिप्पणी है और छायावाद को भावराज्य की वस्तु माना गया है। 11 नवंबर, 1920 ई. के अंक में तीसरा लेख प्रकाशित हुआ—'हिंदी में छायावाद'। और 11 दिसंबर, 1920 ई. के अंक में उसी नाम से चौथा और अंतिम लेख आया—'हिंदी में छायावाद'। मुकुटधर पांडेय का छायावाद-संबंधी यह विवेचन ऐतिहासिक दृष्टि से आरंभिक प्रयत्नों में है। यदि काव्य क्षेत्र में वे उत्तरोत्तर विकसित होते जाते तो छायावाद के महत्त्वपूर्ण हस्ताक्षर बनते, पूर्वाभास के रूप में उनका स्थान सुरक्षित है।

जयशंकर प्रसाद

जयशंकर प्रसाद की काव्य-संबंधी मान्यताएँ 'काव्य और कला तथा अन्य निबंध' नामक उनके निबंध संकलन में खोजी जा सकती हैं। इसमें आचार्य वाजपेयी का लंबा प्राक्कथन भी है, जिसमें प्रसाद के विचारों का विश्लेषण किया गया है। 'काव्य और कला तथा अन्य निबंध' में आठ निबंध संकलित हैं, जिनमें तीन नाटक से संबंध रखते हैं। आरंभ में काव्य और कला के संबंधों पर विचार किया गया है, फिर रहस्यवाद और रस का विवेचन है। बीच के नाटक-संबंधी तीन निबंधों के बाद आरंभिक पाठ्यकाव्य है और अंत में 'यथार्थवाद और छायावाद' शीर्षक समापन निबंध।

'काव्य और कला' निबंध में प्रसाद भारतीय दृष्टि से काव्य को परिभाषित

करते हुए कहते हैं : "काव्य आत्मा की संकल्पात्मक अनुभूति है, जिसका संबंध विश्लेषण, विकल्प या विज्ञान से नहीं है। वह एक श्रेयमयी प्रेय रचनात्मक ज्ञानधारा है। विश्लेषणात्मक तर्कों से और विकल्प के आरोप से मिलन न होने के कारण आत्मा की मनन क्रिया जो वाङ्मय रूप में अभिव्यक्त होती है, वह निस्संदेह प्राणमयी और सत्य के उभय लक्षण प्रेय और श्रेय दोनों से परिपूर्ण होती है।" यहाँ प्रसाद 'ज्ञानधारा' के प्रयोग से स्पष्ट करना चाहते हैं कि जो लोग काव्य को केवल स्फीत भावुकता का प्रकाशन मानते हैं, वे भ्रम में हैं। साथ ही वे काव्य की सोद्देश्यता का भी संकेत करते हैं कि उच्चतर आनंद के साथ उसे कल्याणकारी भी होना चाहिए। 'कामायनी' के 'लज्जा' सर्ग की पंक्तियाँ इस धारणा की पुष्टि करती हैं :

उज्ज्वल वरदान चेतना का
सौंदर्य जिसे सब कहते हैं।
जिसमें अनंत अभिलाषा के
सपने सब जगते रहते हैं।।

प्रसादजी 'संकल्पात्मक अनुभूति' की व्याख्या करते हुए लिखते हैं : "आत्मा की मनन-शक्ति की वह असाधारण अवस्था जो श्रेय सत्य को उसके मूल चारुत्व में सहसा ग्रहण कर लेती है, काव्य में संकल्पात्मक मूल अनुभूति कही जा सकती है।" इसी क्रम में वे यह भी स्पष्ट करते हैं कि 'असाधारण अवस्था' 'समष्टि अनुभूति' से संबंध रखती है और सत्य अथवा श्रेय ज्ञान व्यक्तिगत सत्ता न होकर शाश्वत चेतना है, अर्थात् जिसे संकल्पात्मक अनुभूति कहा जाता है, प्रसाद उसके सामाजीकरण को अनिवार्य मानते हैं। काव्य के विषय में उनकी दृष्टि आनंदवादी है, जिसे वे भारतीय दर्शन के परिप्रेक्ष्य में देखकर, शैवागम से प्रभावित होते हैं, जहाँ आनंदवाद को सर्वोपरि स्थान प्राप्त है। 'कामायनी' का समापन सर्ग इसकी पुष्टि करता है। 'रहस्यवाद' निबंध के अंत में वे यह स्वीकार करते हैं कि "इसमें अपरोक्ष अनुभूति, समरसता तथा प्राकृतिक सौंदर्य के द्वारा अहम् का इदम् से समन्वय करने का सुंदर प्रयत्न है। हाँ, विरह भी युग की वेदना के अनुकूल मिलन का साधन बन कर इसमें सम्मिलित है।" प्रसाद 'सौंदर्यमयी व्यंजना' के प्रयोग से काव्य में आनंदवादी रहस्यवाद की स्थापना करते हैं और उसे धार्मिकता से अलगाते हैं : उन्होंने विवेक और आनंद दोनों को अलग माना है। काव्य की रहस्यवादी प्रवृत्ति का लक्ष्य आनंद है और धर्म के रहस्यवाद का लक्ष्य मोक्ष। इसी प्रकार, 'युग की वेदना' के द्वारा वे स्वीकार करते हैं कि सामयिक परिवेश काव्य को प्रभावित करता है और उसके स्वरों में स्वाभाविक परिवर्तन होते हैं। 'वेदना' शब्द में कवि की वैयक्तिक प्रतिक्रियाएँ और युग-बोध दोनों का समावेश हो जाता है। इस प्रकार, प्रसाद काव्य को एक महत् सांस्कृतिक आशय से जोड़ते हैं।

काव्य के संबंध में अपनी मान्यताओं के अनंतर जब प्रसाद छायावाद पर विचार

करते हैं तब वे निबंध के आरंभ में घोषणा करते हैं कि हिंदी के वर्तमान युग की दो प्रधान प्रवृत्तियाँ हैं—यथार्थवाद और छायावाद। उन्होंने भारतेंदु हरिश्चंद में यथार्थवाद का आरंभ माना। आज हम जिस अर्थ में यथार्थवाद शब्द का प्रयोग करते हैं, उसमें सामाजिक यथार्थ और उसके प्रमाणीकरण का आग्रह रहता है। प्रसाद के अनुसार : "यथार्थवाद की विशेषताओं में प्रधान है लघुता की ओर साहित्यिक दृष्टिपात। उसमें स्वभावतः दुख की प्रधानता और वेदना की अनुभूति आवश्यक है।"[9] लघुता में वे व्यक्तिगत जीवन के दुःख और अभावों का वास्तविक उल्लेख सम्मिलित कर लेते हैं और यह छायावाद का मुख्य प्रस्थान-बिंदु है। काव्य में वैयक्तिक जीवनानुभूतियों का उपयोग प्रसाद ने सर्वाधिक मात्रा में किया भी है। हिंदी यथार्थवाद जब अपने वास्तविक स्वरूप में जन्मा भी नहीं था, तब प्रसाद ने जान लिया था कि वह इतिहास की संपत्ति होता है। और समाज का यथातथ्य चित्रण करता है, पर वे साहित्य में आदर्शवाद की भी स्थिति स्वीकार करते हैं।

प्रसाद ने छायावादी काव्य को स्वानुभूति का प्रकाशन मान कर यह भी प्रमाणित करना चाहा कि आरंभ में इसने भारतीय साहित्यिकता का अनुसरण किया है। आश्चर्य तो यह है कि अपने पक्ष के समर्थन में उन्होंने आनंदवर्धन, भवभूति, कुन्तक, अभिनवगुप्त, भरत आदि के उद्धरण प्रस्तुत किए हैं। वास्तव में, वे छायावाद को भारतीय काव्य की सहज परंपरा से जोड़ना चाहते हैं और इस परंपरा दृष्टि ने काव्य में उन्हें निराला जैसा विद्रोही नहीं बनने दिया। प्रसाद ने निबंध-पुस्तक के अंत में छायावाद पर निष्कर्षात्मक टिप्पणी करते हुए लिखा : "छाया भारतीय दृष्टि से अनुभूति और अभिव्यक्ति की भंगिमा पर अधिक निर्भर करती है। ध्वन्यात्मकता, लाक्षणिकता, सौंदर्यमय प्रतीक-विधान तथा उपचार-वक्रता के साथ स्वानुभूति की विवृत्ति छायावाद की विशेषताएँ हैं...।" इस वक्तव्य में वैयक्तिक अनुभूति के प्रकाशन की विशिष्ट प्रणाली का भी समावेश किया गया है। प्रसाद स्वभावतः अनाक्रमक व्यक्तित्व के हैं, फिर भी उन्होंने छायावाद-संबंधी आरोपों का खंडन विनम्र भाव से करते हुए कहा कि वह वर्तमान की अनिवार्यता है। उन्होंने इस व्यंग्य का भी उत्तर दिया कि जो अस्पष्ट, छाया-मात्र अथवा वास्तविकता के संस्पर्श से वंचित है, वही छायावाद है। छायावाद एक ऐतिहासिक आवश्यकता है, उसे प्रसाद ने प्रतिपादित किया।

सूर्यकांत त्रिपाठी निराला

छायावादी कवियों में निराला का व्यक्तित्व विद्रोही है और उसका प्रभाव उनके चिंतन पर भी विद्यमान है। निराला ने छायावाद के विरोधियों का नेतृत्व करने वाले आचार्य रामचंद्र शुक्ल पर हमला किया जो साहित्यिक व्यंग्य से भरपूर है। 'प्रबंध प्रतिभा' के 'साहित्य की नवीन पद्धति' लेख में निराला 'सुधा' में प्रकाशित उस कविता को उद्धृत करते हैं, जिसमें छायावादी कवियों की भर्त्सना की गई है। इस लेख के आरंभ

में निराला घोषित करते हैं कि द्विवेदीयुगीन काव्य की नाड़ी छूट रही है, उसे छायावाद का रोग लग गया है। पर इस व्यंग्य और आक्रोश के अतिरिक्त निराला ने छायावाद को विवेचित किया। उनकी महत्त्वपूर्ण उपलब्धि इस दिशा में यह है कि जहाँ प्रसाद ने छायावाद को भारतीय चिंतन धारा का स्वाभाविक विकास कहकर विवेचित किया था, वहाँ निराला ने उसके सांस्कृतिक संदर्भों की तलाश की और उसे भारतीय नवजागरण से जोड़ा। निराला अरसे तक बंगाल में रहे थे, जिसे नवजागरण की जन्मभूमि कहा जाता है, इसलिए उन्होंने साधिकार उसकी चर्चा की। 'रवींद्र-कविता-कानन' के आरंभ में रवींद्र का परिचय देते हुए सर्वप्रथम निराला ने बंगाल के नवजागरण का वर्णन किया और उस प्रशस्त पृष्ठभूमि पर कवि को प्रस्तुत किया। राममोहन राय, ईश्वरचंद्र विद्यासागर, हेमचंद्र, बंकिम, नवीनचंद्र, मधुसूदन दत्त आदि के साथ उन्होंने रवींद्र के पितामह द्वारकानाथ और पिता देवेन्द्र नाथ की विशेष सामाजिक जागरूकता का उल्लेख किया। महर्षि देवेंद्रनाथ ने ब्राह्म समाज के माध्यम से किस प्रकार बंगाली जीवन को प्रभावित किया इसका भी उल्लेख है। 'रवींद्र-कविता-कानन' में विवेचित सांस्कृतिक नवजागरण निराला के लिए केवल रवींद्र के सृजन की ही भूमिका नहीं है, वह छायावादी काव्य की भी प्रेरणा-भूमि है। निराला स्वयं नव-वेदांती स्वर अपनाते हैं और बंगाल के नवजागरण के दो स्वर रामकृष्ण परमहंस तथा विवेकानंद से प्रभावित होते हैं, काव्य में रवींद्र की प्रेरणा तो उनमें है ही।

छायावाद को नवजागरण से संबद्ध मानने के कारण निराला ने इस काव्य की ऐतिहासिक अनिवार्यता का संकेत किया। 'साहित्य की नवीन प्रगति पर' निबंध में छायावाद स्वयं कहता है—"मैं मीयादी बुखार की तरह हूँ, अपना वक्त पूरा किए बिना उतरूँगा नहीं।" अर्थात् छायावाद अपने समय को वाणी देने का कार्य किए बिना नहीं जा सकता। वे छायावाद को एक जागरण मानते हैं। 'परिमल' की भूमिका के आरंभ में वे कहते हैं : "यह हिंदी के उद्यान में अभी प्रभात-काल ही की स्वर्णच्छटा फैली है...इसलिए, अभी जागरण के मनोहर चित्र, आह्लाद-परिचय आदि जीवन के प्राथमिक चिह्न ही देख पड़ते हैं...परंतु ऐसा जान पड़ता है कि इस नवीन जीवन के भीतर से शीघ्र ही एक ऐसा आवर्त बँधकर उठने वाला है... ।" भूमिका में निराला ने खड़ी बोली की इस कविता को प्रभात की उज्ज्वल किरणों से प्रकाशित मान कर महामना मालवीय तथा लोकमान्य तिलक का भी उल्लेख इसी स्थल पर किया है, जिससे काव्य को सांस्कृतिक जागरण से जोड़ने का उनका आशय स्पष्ट होता है। निराला निश्चय ही अपने वर्तमान से संतुष्ट नहीं हैं, जैसा कि उनके 'वर्तमान हिंदू-समाज' निबंध से स्पष्ट है। वे सवर्णों को पूर्व-सभ्यता का ध्वंस-विशेष मात्र मानते हैं, और कहते हैं : "अब जिस जागरण की आशा से पूर्वाकाश अरुण हो रहा है उसमें सबसे पहले तो वे ही जातियाँ जागेंगी, जो पहले की सोई हुई शूद्र, अंत्यज जातियाँ हैं।"[9] निराला की सांस्कृतिक दृष्टि में दो नए तत्त्व सम्मिलित होते

हैं, राष्ट्रीय चेतना और प्रगतिशीलता जिन्हें उनके विद्रोही स्वरों में देखा जा सकता है।

निराला ने काव्य के महत् सांस्कृतिक आशय को स्थापित किया, उसे जीवन-संदर्भों से जोड़ा और इस क्षेत्र में उनका चिंतन प्रसाद, पंत दोनों से अधिक प्रगतिशील कहा जाएगा। प्रसाद मूलतः अकादमिक चर्चा करते हैं, पंत मनोवांछित सदाशयता की कल्पना-भूमियों में अधिक रुचि लेते हैं, पर निराला की सांस्कृतिक दृष्टि जीवन-सापेक्ष है। 'परिमल' की भूमिका में वे कहते हैं : "साहित्य की मुक्ति उसके काव्य में देख पड़ती है। इस तरह जाति के मुक्ति-प्रयास का पता चलता है...।" इस दृष्टि से मुक्तछंद के विषय में दिया गया उनका वक्तव्य ऐतिहासिक बयान है, जहाँ वे छंद को शास्त्र और पिंगल की पंडिताऊ पोथियों से बाहर निकाल कर आधुनिक भारत से जोड़ते हैं और उसे एक नए अर्थ का वाहक बनाते हैं। वे कहते हैं—"मनुष्यों की मुक्ति की तरह कविता की भी मुक्ति होती है। मनुष्यों की मुक्ति कर्मों के बंधन से छुटकारा पाना है और कविता की मुक्ति छंदों के शासन से अलग हो जाना।"[10] यहाँ निराला की मुद्रा दार्शनिक भी है क्योंकि वे मनुष्यों के स्थान पर संस्कृति का प्रयोग कर सकते थे और कर्मों के बंधन से मुक्ति के स्थान पर पराधीनता से मुक्ति की भी चर्चा कर सकते थे। पर उनका आशय सांस्कृतिक है और स्वच्छंदतावाद की स्वतंत्र दृष्टि का संकेतक भी। उन्होंने इसी स्थान पर मुक्तकाव्य का विवेचन करते हुए कहा है कि—"उससे साहित्य में एक प्रकार की स्वाधीन चेतना फैलती है।" यही निराला की स्वच्छंदतावादी दृष्टि है, जिसे वे छायावाद में देखते और अपनी रचनाओं में व्यक्त करते हैं।

निराला ने काव्य की स्वच्छंदतावादी चेतना को वैदिक युग से जोड़ा और यह भी घोषणा की कि "वैदिक साहित्य-काव्य में इस प्रकार की स्वच्छंद सृष्टि को देखकर हम तत्कालीन मनुष्य-स्वभाव की मुक्ति का अन्दाजा लगा लेते हैं।" वे यह भी संकेत करते हैं कि साहित्य में स्वच्छंदता की जगह नियंत्रण तथा अनुशासन जाति के कमजोर होने के लक्षण हैं, जैसे मकड़ी अपने ही जाल में फँस कर रह जाती है। आधुनिक परिवेश की चर्चा करते हुए उन्होंने परिमल की भूमिका में लिखा : "यही हाल वर्तमान समय में हमारे काव्य-साहित्य का है। इस समय के और पराधीनकाल के काव्यानुशासनों को देखकर हम जाति की मानसिक स्थिति को भी देख ले सकते हैं। अनुशासन के समुदाय चारों तरफ से उसे जकड़े हुए हैं। साहित्य के साथ-साथ राज्य, धर्म, समाज व्यवसाय सभी कुछ पराधीन हो गए हैं।" उन्होंने घोषित किया : "अब उसे अपनी मुक्ति के लिए उन तमाम बंधनों को पार करना होगा... क्योंकि नियम और अनुशासन भी सीमा के ही परिचायक होते हैं और क्रमशः मनुष्य जाति को क्षुद्र से क्षुद्रतर तथा गुलाम कर देने वाले...।" निराला ने मुक्तछंद को स्वछंद छंद तथा जातीय छंद जैसे विशेषणों से अलंकृत किया। उन्होंने व्यर्थ की चित्रप्रियता का विरोध किया और काव्य

को खुली भूमि में लाने का आवाहन किया। यह काव्य की स्वच्छंदतावादी प्रवृत्तियों के विकास के लिए खुला निमंत्रण था।

सुमित्रानंदन पंत

जब हम पंत के काव्य तथा काव्य-चिंतन के छोर पर खड़े होकर उनकी मान्यताओं पर विचार करते हैं तो हम देखते हैं कि उनके काव्य ने तो करवटें ली हैं और उनके काव्यादर्श भी बदलते रहे हैं। 'पल्लव' की प्रवेश नामक भूमिका जिसे छायावाद का घोषणापत्र कहा जाता है, उसमें पंत ने घोषणा की—''खड़ी बोली आगे की सुवर्णाशा है, उसकी बाल-कला में भावी की लोकोज्ज्वल पूर्णिमा छिपी है। वह समस्त भारत का हृत्कंपन है, देश की शिरोपशिराओं में नवजीवन संचारिणी संजीवनी है...'' आदि।[11] इसी क्रम में उन्होंने काव्य को 'परिपूर्ण क्षणों की वाणी' स्वीकारा। पर जब वे काव्य में यथार्थवादी तत्त्वों के आयात की कोशिश करने लगे, तब 'युगांत' के 'दो शब्द' में उन्होंने घोषणा की कि ''इसमें 'पल्लव' की कोमलकांत कला का अभाव है। इसमें मैंने जिस नवीन क्षेत्र को अपनाने की चेष्टा की है, मुझे विश्वास है, भविष्य में, मैं उसे अधिक परिपूर्ण रूप में ग्रहण एवं प्रदान कर सकूँगा... ।'' इसके अनंतर 'युगवाणी' (1939 ई.) के संक्षिप्त दो वाक्यों के विज्ञापन में उन्होंने लिखा कि ''इसमें मैंने युग के गद्य को वाणी देने का प्रयास किया है।'' इसकी 'दृष्टिपात' शीर्षक भूमिका के आरंभ में पंतजी ने स्वीकार किया है कि 'युगवाणी' में काव्यात्मकता का अभाव है। उन्हीं के शब्दों में : ''संक्षेप में मैंने मार्क्सवाद के लोक-संगठन रूपी व्यापक आदर्शवाद और भारतीय दर्शन के चेतनात्मक ऊर्ध्व आदर्शवाद दोनों का संश्लेषण करने का प्रयत्न किया है।'' पर पंत जब अपने आध्यात्मिक स्वर्णकाव्य में आए, तब उन्होंने यथार्थवाद के प्रति अपना आग्रह छोड़ दिया जिसका आरंभ 'स्वर्णकिरण' (1947 ई.) से हुआ।

'चिदंबरा' (1959 ई.) में पंत ने 'युगवाणी' से 'वाणी' (1957 ई.) तक की रचनाओं का संकलन करते हुए 'चरणचिह्न' शीर्षक से एक लंबी भूमिका दी, जिसमें उन्होंने छायावाद पर नए सिरे से विचार करते हुए लिखा—''छायावाद की सार्थकता, मेरी दृष्टि में, उस युग के विशिष्ट भावनात्मक दृष्टिकोण तक ही सीमित है, जो भारतीय जागरण की चेतना का सर्वात्मवाद मूलक कैशोर समारंभ भर था; उस युग की कविता में और भी अनेक प्रकार के अभिव्यंजना के तत्त्व, तथा रूप-शिल्प की विशेषताओं के व्यापक उपकरण हैं, जो खड़ी बोली के गद्य-पद्य के लिए स्थायी देन के रूप में रहेंगे।'' यहाँ छायावाद को भावनात्मक दृष्टिकोण तक सीमित करके उसे लगभग बौद्धिकता-वंचित माना गया है, जबकि भारतीय नवजागरण से उसका संबंध स्वीकारा गया है। तो क्या नवजागरण भी भावुक आंदोलन भर था ? पंत का यह परिवर्तित दृष्टिकोण अपने बदले काव्य-चरण का औचित्य ठहराने के लिए है। परवर्ती पंत को

शिकायत है कि छायावाद युग यथार्थ के साथ न्याय नहीं कर पाया, वह पलायनवादी हो गया।

पंत ने छायावाद में कल्पना-तत्त्व की महत्त्वपूर्ण स्थिति स्वीकारते हुए 'आधुनिक कवि' की भूमिका में लिखा—"मैं कल्पना के सत्य को सबसे बड़ा सत्य मानता हूँ।" उन्होंने स्वयं स्वीकारा कि 'वीणा' से 'ग्राम्या' तक कल्पना को ही वाणी दी गई है...। यद्यपि 'ग्राम्या' के विषय में यह वक्तव्य संगत नहीं प्रतीत होता, क्योंकि वहाँ यथार्थ चित्रों का आग्रह है। छायावाद के विवेचन में पंत ने भावात्मक सत्ता की महत्त्वपूर्ण स्थिति स्वीकारी और उसे कोमल संवेदनों से जोड़ा। यह और बात है कि बाद में उसी काव्य-आंदोलन को असमर्थ घोषित कर दिया। पंत प्रकृति की भूमि से होकर स्वच्छंदतावादी जगत् में आए थे, इसलिए आशा की जाती थी कि उनमें चिंतन और काव्य दोनों में मानव-प्रकृति से नैकट्य का आग्रह रहेगा। पर जैसा संकेत किया जा चुका है, स्वयं अपने पक्ष को परिवर्तित करते रहने के कारण, ऐसा करना उनके लिए अधिक समय तक संभव न रहा। छायावादी काव्य के तत्त्वों की सूचना पंतजी 'आधुनिक कवि' की भूमिका में अपनी रचनाओं के माध्यम से इन शब्दों में देते हैं—"ह्रास युग के वैयक्तिक अनुभवों, ऊर्ध्वमुखी विकास की प्रवृत्तियों, ऐहिक जीवन की आकांक्षाओं, स्वप्नों, निराशाओं और संवेदनाओं की अभिव्यक्ति मिलने लगी। उसमें पलायन का स्वर था।"

अपने बदलते पक्ष के कारण पंत प्रसाद और निराला यहाँ तक कि महादेवी की तरह छायावाद की समग्र व्याख्या नहीं कर सके। पर उन्होंने उसमें वैयक्तिक अनुभव और संवेदनाओं की स्थिति तो स्वीकारी ही है, जो उसके महत्त्वपूर्ण तत्त्व हैं। इसी प्रकार, कल्पना-तत्त्व को उन्होंने भावात्मक सौंदर्य के समान स्थान दिया। पंत के भावजगत् में परिवर्तनों के कारण उनकी विचारधाराएँ मोड़ लेती रहीं, पर शिल्प के क्षेत्र में अधिक बदलाव नहीं आया। छायावादी शिल्प-विवेचन की दिशा में उनकी वे टिप्पणियाँ मार्के की हैं, जो उन्होंने 'पल्लव' की भूमिका में किंचित् विस्तार से की हैं। इस क्षेत्र में वे छायावाद के प्रदेय को नहीं नकार पाते। भाषा को 'संसार का नादमय चित्र' कहकर पंत ने 'पल्लव' की 'प्रवेश' शीर्षक भूमिका में खड़ी बोली को काव्य के नए संवेदनों के लिए ब्रजभाषा की अपेक्षा अधिक उपयुक्त घोषित किया। इसी प्रकार, उन्होंने वक्तव्य दिया कि भाषा का, मुख्यतः कविता की भाषा का प्राण राग है। और शब्द की आत्मा तक पहुँचने का आग्रह इसी क्रम में किया गया। उसे 'चित्र-भाषा' कहा गया। पंत ने भाव-भाषा में मैत्री अथवा ऐक्य की माँग की। उन्होंने कहा, "कविता में शब्द तथा अर्थ की अपनी स्वतंत्र सत्ता नहीं रहती, वे दोनों भाव की अभिव्यक्ति में डूब जाते हैं।" इसी प्रकार, 'पल्लव' की भूमिका में छंद पर विस्तार से चर्चा की गई और घोषित किया गया कि प्रत्येक भाषा के छंद उसके उच्चारण-संगीत के अनुकूल होने चाहिए और उस 'छंदबद्ध काव्य का कोई प्रयोजन नहीं, जो

अस्वाभाविक बंधनों से कुंठित हो जाए'। इससे स्पष्ट है कि पंत शिल्प-जगत् में स्वतंत्रता की माँग करते रहे हैं।

सुमित्रानंदन पंत ने 'छायावाद : पुनर्मूल्यांकन' नामक अपनी पुस्तक में छायावाद की समग्र समीक्षा तीन अध्यायों में की है : उद्भव और परिवेश, विकास और कवि चतुष्टय तथा कलाबोध, विधाएँ और पुनर्मूल्यांकन। एक छायावादी कवि द्वारा प्रस्तुत महत्त्वपूर्ण रचना-आंदोलन का यह समग्र विवेचन है। पर पंत ने अपनी परिवर्तित काव्य-दिशाओं का औचित्य ठहराने के लिए पर्याप्त श्रम किया है। इसी प्रकार, छायावाद के प्रवर्तन का श्रेय भी वे लेना चाहते हैं।[12] कई स्थलों पर पंत के विवेचन से सहमत हो पाना इसीलिए कठिन हो जाता है क्योंकि उन्होंने वृत्त के भीतर रहकर संपूर्ण विवेचन किया है और निश्चय ही वे तटस्थ नहीं रह सके हैं। इस दृष्टि से उत्तर-छायावादी कवि दिनकर, नरेंद्र, बच्चन-संबंधी उनका विवेचन संक्षिप्त होकर भी, तटस्थ और विचारणीय है। यही बात महादेवी के काव्य-विवेचन के संदर्भ में कही जा सकती है। पंतजी के समस्त छायावाद-काव्य-चिंतन से गुजरते हुए हमें ध्यान रखना होगा कि उनके काव्य की तरह उनके समीक्षादर्श भी बदलते रहे हैं।

महादेवी वर्मा

महादेवी का संबंध छायावाद की रहस्यवादी धारा से स्थापित कर, उन्हें मूल छायावादी काव्य से अलग करने में इसलिए भी सुविधा हुई, क्योंकि उन्होंने अपनी यात्रा का आरंभ बृहत्त्रयी से किंचित् बाद में किया। छायावाद के संबंध में उनके विचार इसलिए भी अहमियत रखते हैं, क्योंकि उन्होंने प्रसाद की तरह रहस्यवाद की भी चर्चा की है, जिसे आचार्य शुक्ल आधुनिक नई काव्यधारा की प्रवृत्ति कहते हैं। महादेवी ने काव्य के प्रयोजन पर विचार करते हुए अपने नवीनतम संकलन में लिखा है कि ''व्यापक सत्य, पर सीमित जीवन का सुंदर ताना-बाना बुनने के लिए काव्य ने स्थूल-सूक्ष्म सभी विषयों को अपना उपकरण बनाया है...काव्य में कला का उत्कर्ष एक ऐसे बिंदु तक पहुँच गया, जहाँ से वह ज्ञान को भी सहायता दे सका, क्योंकि सत्य काव्य का साध्य है, और सौंदर्य उसका साधन है।''[13] इस वक्तव्य में महादेवी की काव्य-संबंधी दृष्टि पर्याप्त व्यापक मालूम होती है, भले ही उनके अपने काव्य में उसकी निष्पत्ति इस रूप में न हो पाई हो। आधुनिक कवि, दीपशिखा, यामा, गीतपर्व आदि की भूमिकाएँ उनकी काव्य-दृष्टि पर प्रकाश डालती हैं और काव्य के संबंध में उनका विवेचन पर्याप्त मौलिक कहा जाएगा। 'यामा', जहाँ नीहार, रश्मि, नीरजा, सांध्यगीत काव्य संकलन एक साथ प्रस्तुत हैं, उसमें 'अपनी बात' शीर्षक भूमिका में अपनी काव्ययात्रा पर विचार करने के साथ उन्होंने छायावाद को परिभाषित करने की चेष्टा भी की है और उन्हें छायावाद शब्द उपयुक्त लगता है। इसी अवसर पर उन्होंने यह भी संकेत किया है कि यदि यह हृदयवाद बाह्य जीवन को बिल्कुल भुला देगा तो फिर पुराना

काव्य लौट आएगा। छायावाद की यह व्याख्या महादेवी मानने को तत्पर नहीं कि वह केवल मध्यवर्ग का काव्य है और इसमें संघर्षमय यथार्थ जीवन से पलायन का भाव है। इसके विपरीत वे छायावाद को दार्शनिक, आध्यात्मिक स्तर पर परीक्षित करना चाहती हैं, जिसे उनकी करुणा भावना तथा रहस्योन्मुख चेतना की संगति मिल जाती है। 'आधुनिक कवि' की 'अपने दृष्टिकोण से' शीर्षक लम्बी भूमिका में उन्होंने आधुनिक काव्य की तत्कालीन स्थिति और उसमें छायावाद की अलग पथरेखा पर विचार करते हुए स्वीकारा कि छायावाद के कवि को नए सौंदर्यलोक में ही यह भावात्मक दृष्टिकोण मिला, जीवन में नहीं, इसी से वह अपूर्ण है...। अर्थात् छायावाद की अपूर्णताओं से वे परिचित हैं, पर उसकी सौंदर्य-दृष्टि और आध्यात्मिक चेतना को वे स्वीकारती हैं।

छायावाद को परिभाषित करते हुए, देवीजी 'गीतपर्व' की 'वैचारिकी' में लिखती हैं : ''छायावाद का कवि धर्म के अध्यात्म से अधिक दर्शन के ब्रह्म का ऋणी है जो मूर्त और अमूर्त विश्व को मिलाकर पूर्णता पाता है। बुद्धि के सूक्ष्म धरातल पर कवि ने जीवन की अखंडता का भावन किया, हृदय की भावभूमि पर उसने प्रकृति में बिखरी सौंदर्य सत्ता की रहस्यमयी अनुभूति प्राप्त की और दोनों के साथ स्वानुभूत सुख-दुखों को मिलाकर एक ऐसी काव्य-सृष्टि उपस्थित कर दी जो प्रकृतिवाद, हृदयवाद, अध्यात्मवाद, रहस्यवाद, छायावाद आदि अनेक नामों का भार सँभाल सकी।'' इस परिभाषा में छायावाद का जो स्वरूप महादेवी जी के अनुसार उभरता है, उसमें धर्मनिरपेक्ष अध्यात्म, दार्शनिक चिंतन, सूक्ष्म भाव-सौंदर्य, वैयक्तिक अनुभूति, प्रकृति-सत्ता का अनुभव आदि को प्रमुखता मिली है। कहने की आवश्यकता नहीं कि यह छायावाद की एक व्यापक परिभाषा है। महादेवी ने अपने काव्य-संकलनों की लंबी भूमिकाएँ लिख कर अपने काव्य तथा जीवन-संबंधी दृष्टिकोण को स्पष्ट किया, और सामाजिक-साहित्यिक परिवेश पर भी विचार किया। जब छायावाद पर पलायनवादी वृत्ति का आक्षेप किया जाने लगा, तब उन्होंने सिद्धार्थ का उदाहरण दिया। 'दीपशिखा' की 'चिंतन के कुछ क्षण' भूमिका में देवीजी ने खेद के साथ स्वीकारा कि ''छायावाद एक प्रकार से अज्ञातकुलशील बालक रहा, जिसे सामाजिकता का अधिकार ही नहीं मिल सका।'' अर्थात् समीक्षकों का स्नेह आरंभ में उसे नहीं मिला।

महादेवी का छायावाद-संबंधी विवेचन रहस्यवाद के गवाक्ष से देखा गया निरूपण है, इसलिए उसके विरोध में उठने वाले यथार्थवादी आंदोलन की सीमाएँ भी देवीजी ने निरूपित कीं, और उसका उत्तर दिया। इसकी तुलना में उन्हें छायावाद अधिक मानवीय लगा, यद्यपि उसकी अपनी सीमाएँ हैं। स्वानुभूतिमयी रचनाओं पर आश्रित छायावाद के शिल्प पक्ष की चर्चा करते हुए महादेवी ने उसे सूक्ष्म सौंदर्यानुभूति के लिए नए शिल्प-विधान की नियोजना करते हुए पाया। उनके शब्दों में ''छायावाद

ने नए छंदबंधों में, सूक्ष्म सौंदर्यानुभूति को जो रूप देना चाहा, वह खड़ी बोली की सात्विक कठोरता नहीं सह सकता था। अतः कवि ने कुशल स्वर्णकार के समान प्रत्येक शब्द को ध्वनि, वर्ण और अर्थ की दृष्टि से नापतौल और काटछाँट कर तथा कुछ नए गढ़ कर अपनी सूक्ष्म भावनाओं को कोमलतम कलेवर दिया।"[14] इसी क्रम में उन्होंने प्रकृति के सूक्ष्म सौंदर्य में व्यक्त किसी परोक्ष सत्ता के आभास का भी उल्लेख किया, जो छायावाद की रहस्यवादी प्रवृत्तियों का संकेत है।

महत्त्वपूर्ण छायावादी कवियों प्रसाद, निराला, पंत, महादेवी के अतिरिक्त दिनकर ने भी छायावादी काव्य पर टिप्पणी की है और बृहत्त्रयी के संबंध में उनकी पुस्तक भी उपलब्ध है। छायावाद के महत्त्वपूर्ण कवियों का काव्य-विवेचन, संभव है समीक्षकों जैसा पैनापन लिए हुए न हो, पर काव्य-आंदोलन के भीतर से गुजरते हुए, अपनी प्रतिक्रियाओं को व्यक्त करने के अतिरिक्त अपनी आत्मरक्षा के लिए उन कवियों के समक्ष अन्य विकल्प ही क्या था, विशेषतया जब उन पर प्रहार हो रहे हों।

आचार्य नंददुलारे वाजपेयी

आचार्य नंददुलारे वाजपेयी के रूप में छायावाद को एक समर्थ समीक्षक मिला, जिन्होंने एक कुशल पैरवीकार का कार्य किया। जब 'गीतिका के गीत ठूँठे हैं' कह कर निराला पर आक्रमण किया गया, तब उन्होंने 'गीतिका' के अंत में संक्षिप्त टिप्पणियाँ दीं। प्रयाग से प्रकाशित 'भारत' साप्ताहिक के संपादक के रूप में उन्होंने छायावाद को प्रतिष्ठित करने में महत्त्वपूर्ण रोल अदा किया, यद्यपि उन्हें वहाँ से त्यागपत्र देने के लिए भी बाध्य होना पड़ा। आचार्य वाजपेयी ने छायावादी काव्य-विवेचन की शुरुआत अपने यशस्वी गुरु आचार्य रामचंद्र शुक्ल से असहमति से की। 'जयशंकर प्रसाद' की भूमिका में उन्होंने लिखा—"छायावाद को हम पंडित रामचंद्र शुक्ल जी के कथनानुसार, केवल अभिव्यक्ति की एक लाक्षणिक प्रणाली विशेष नहीं मान सकेंगे। उसमें एक नूतन सांस्कृतिक मनोभावना का उद्‌गम है और एक स्वतंत्र दर्शन की नियोजना भी। पूर्ववर्ती काव्य से इसका स्पष्टतः पृथक् अस्तित्व और गहराई है... ।" स्वीकारना होगा कि जब छायावाद के विरोधी उसे अस्पष्टता का काव्य प्रमाणित करने की साजिश कर रहे थे, तब आचार्य वाजपेयी ने उसका एक निश्चित स्वरूप हमारे समक्ष प्रस्तुत किया। उन्होंने उसकी सैद्धांतिक विवेचना की और उसके विविध पक्षों का उद्‌घाटन किया। साथ ही प्रसाद, निराला, पंत, महादेवी आदि के काव्य की विस्तृत समीक्षाएँ भी प्रस्तुत कीं। प्रसाद, निराला और पंत पर तो उनके स्वतंत्र समीक्षा-ग्रंथ ही उपलब्ध हैं। एक प्रकार से आचार्य वाजपेयी ने छायावाद युग के साथ-साथ एक अंतरंग यात्रा की और इसीलिए वे उसकी गहराइयों में जाकर उसका प्रामाणिक विश्लेषण कर सके। अब तो छायावाद के संबंध में पुष्कल समीक्षा-साहित्य उपलब्ध है, पर छायावाद के आरंभिक क्षणों में आचार्य वाजपेयी ने व्याख्या-विवेचन

का जो प्रयत्न किया, उसका महत्त्व ऐतिहासिक है।

आचार्य वाजपेयी ने छायावादी काव्य को कई स्तरों पर जानने-पहचानने की चेष्टा की। उसे यूरोपीय रूमानी काव्य का पिछलगुआ मानने की जो भूल की जाती रही थी, उससे मुक्ति दिलाने के लिए वाजपेयीजी ने छायावाद के सांस्कृतिक परिवेश को विश्लेषित किया। वे मानते हैं कि प्रत्येक साहित्य-आंदोलन अपने समय समाज को नजरअंदाज नहीं कर सकता और इसी संदर्भ में उन्होंने भारतीय राष्ट्रीय जीवन की पृष्ठभूमि पर छायावाद को परीक्षित किया। हिंदी स्वच्छंदतावादी काव्य को भारतीय नवजागरण से जोड़ते हुए वाजपेयीजी ने एक साथ कई भ्रांतियों का निराकरण कर सकने में सफलता पाई। छायावादी काव्य मूलतः अपने देश की उपज है, इस मान्यता को उन्होंने बार-बार प्रतिपादित किया। आगे चलकर डॉ. रामरतन भटनागर जैसे समीक्षकों ने आचार्यजी के इस सांस्कृतिक सूत्र को विकास देते हुए 'निराला और नवजागरण' जैसे ग्रंथ लिखे। वाजपेयीजी ने 'हिंदी साहित्य : बीसवीं शताब्दी' की 'विज्ञप्ति' में घोषणा की : "छायावाद युग को चाहे जिस नाम से पुकारिए, इसका एक ऐतिहासिक व्यक्तित्व है। राष्ट्रीय इतिहास में जिन अस्पष्ट प्रेरणाओं से यह उत्पन्न हुआ और जिस आवश्यकता की पूर्ति इसने की, उसकी ओर ध्यान न देना आश्चर्य की बात होगी। हिंदू जाति के नाना भेदों-प्रभेदों के बीच एक संघटित जातीयता का निर्माण, हिंदू, मुस्लिम और ईसाई आदि विभिन्न धर्मानुयायियों में एक अंतर्व्यापी मानव-सूत्र का अनुसंधान, राष्ट्र-राष्ट्रों के बीच खाइयाँ पाटना आदि महायुद्ध के पश्चात् अपने देश के सामने ये प्रधान प्रश्न थे। देश की स्वतंत्रता का प्रश्न भी कुछ कम प्रधान न था। पर वह जातीय और राष्ट्रीय एकसूत्रता के आधार पर ही खड़ा हो सकता था और अंतर्राष्ट्रीय मानव-साम्य का एक अंग बनकर ही शोभा पा सकता था। यह सम्मिलन और सामंजस्य की भावना भारतीय संस्कृति की चिरकाल की विशेषता रही है, इसलिए महायुद्ध की शांति के पश्चात् ये प्रश्न सामने आते ही वह सांस्कृतिक प्रेरणा जाग उठी और तीव्र वेग से तत्कालीन काव्य और कलाओं में अपनी अभिव्यक्ति चाहने लगी।"[15] इस वक्तव्य से छायावादी आंदोलन पर किया जाने वाला विदेशी प्रभाव का आक्षेप अपने-आप गिर जाता है। आगे चल कर जब छायावाद युग पर कई दृष्टियों से विचार किया जाने लगा तब वाजपेयीजी की इस मान्यता को विकास मिला। छायावाद को 'राष्ट्रीय जागरण की प्रभाती ध्वनि' कह कर उन्होंने स्वच्छंदतावाद के साथ राष्ट्रीय चेतना का सामंजस्य स्थापित किया। उन्होंने स्वीकार किया कि जिस युग में छायावादी काव्य रचा जा रहा था "वह मुख्यतः साहित्यिक और सामाजिक परंपराओं के विरुद्ध विद्रोह का युग था।" इस आधार पर वाजपेयीजी ने छायावाद की विद्रोह प्रवृत्ति का संकेत करते हुए स्पष्ट किया कि इस विद्रोह का स्वरूप व्यक्ति-स्वातंत्र्य पर आधारित है। उनके शब्दों में : "ऐसी अवस्था में काव्य और साहित्य का स्वरूप व्यक्तिमुखी होने को बाध्य था...। कविता की वाणी में संगीत

है, उल्लास है, विद्रोह है और नवनिर्माण की उत्कट अभिलाषा है; परंतु जागृति की यह सारी चेतना व्यक्तिनिष्ठ और आदर्शोन्मुख है।''[16]

आचार्य वाजपेयी ने वैयक्तिक विद्रोह, व्यक्तिनिष्ठता और आदर्शोन्मुख दृष्टि के साथ-साथ छायावादी काव्य की मानवीयता की ओर भी संकेत किया है, जिसके अभाव में समस्त आंदोलन केवल कल्पना की वस्तु बनकर रह जाता। वास्तव में छायावाद का विवेचन करते हुए वाजपेयीजी के सामने वे आक्षेप बराबर विद्यमान हैं, जो प्रायः इस आंदोलन पर किए जाते रहे हैं और उन्होंने यथाशक्ति इनका उत्तर दिया है। छायावाद की मानवीय भावभूमि के सूक्ष्म विश्लेषण का एक उदाहरण उस समय देखा जा सकता है जब मैथिलीशरण गुप्त के काव्य की तुलना छायावादी कवियों से की गई है। यहाँ वाजपेयीजी आचार्य शुक्ल की इस मान्यता से सहमत नहीं हैं कि गुप्तजी तथा अन्य द्विवेदीयुगीन कवियों की रचनाओं में छायावादी काव्य का पूर्वाभास प्राप्त होता है। 'जयशंकर प्रसाद' की भूमिका में गुप्तजी की कतिपय प्रतिनिधि रचनाओं का उदाहरण देते हुए वे कहते हैं कि इसमें किसी जीवनतत्त्व का वैषम्य, आलोडन, विलोडन, संशय और तज्जनित भावोत्कर्ष आयोजित नहीं है...। यहाँ वाजपेयीजी 'आश्रमवासिनी सिधाई' कहकर उसे प्रेमचंद का समीपी घोषित करते हैं। इसके विपरीत प्रसाद में एक नई कल्पनाशीलता, नूतन जागरूक चेतना, मानस-वृत्तियों की सूक्ष्मतर और प्रौढ़तर पकड़ आदि तत्त्वों को देखा गया है, जिन्हें आचार्यजी छायावाद के उपकरण मानते हैं। छायावाद की मानवीय दृष्टि निश्चित ही अधिक संश्लिष्ट भूमियों में जाती है और इसीलिए उनमें कहीं-कहीं उलझाव भी है। वाजपेयीजी ने प्रायः छायावाद की न्यूनताओं की ओर ध्यान नहीं दिया है, इसलिए उन्होंने इस ओर संकेत नहीं किया। पर उसके कल्पनाशील सौंदर्योन्मुख तत्त्व को विवेचित करने में आचार्यजी ने छायावाद की सौंदर्यशास्त्रीय व्याख्या की।

छायावाद को परिभाषा में बाँधना कठिन कार्य है, इस स्थिति से आचार्य वाजपेयी परिचित हैं, इसीलिए इस काव्य-आंदोलन का समग्र विवेचन करते हुए भी उसे परिभाषित करने में अपेक्षाकृत कम रुचि लेते हैं। 'हिंदी साहित्य : बीसवीं शताब्दी' में महादेवी वर्मा का विवेचन करते हुए वे लिखते हैं : ''मानव अथवा प्रकृति के सूक्ष्म किंतु व्यक्त सौंदर्य में आध्यात्मिक छाया का भान मेरे विचार से छायावाद की एक सर्वमान्य व्याख्या हो सकती है।'' यहाँ वाजपेयीजी 'सूक्ष्म' और 'व्यक्त' को अर्थगर्भ शब्द कहकर, उस ओर हमारा ध्यान विशेषरूप से आकृष्ट करना चाहते हैं। वे संभवतः यह भी जानते हैं कि छायावाद के लिए आध्यात्मिकता का उपयोग भ्रांति उत्पन्न कर सकता है, इसलिए कई स्थलों पर उन्होंने अपने आशय को स्पष्ट किया है। निश्चित ही यह आधुनिकता से संबद्ध आध्यात्मिकता धर्मनिरपेक्ष है और नए मानव-मूल्यों से जुड़ी हुई है। आचार्य वाजपेयी छायावादी आध्यात्मिकता को मध्ययुगीन नीतिशास्त्र से अलग रख कर देखते हैं।[17] छायावादी कवियों में दार्शनीकरण की प्रवृत्ति,

आदर्शवादी दृष्टि, उच्चतर मानवीयता की भावना आदि इसी आध्यात्मिकता से जुड़ी हुई चीजें हैं।

आचार्य वाजपेयी ने छायावाद युग के साथ लगभग समानांतर यात्रा की और इस काव्यधारा के वैचारिक विवेचन के अतिरिक्त उसके महत्त्वपूर्ण कवियों की विस्तृत समीक्षाएँ भी कीं। जयशंकर प्रसाद, निराला और पंत पर उनके स्वतंत्र ग्रंथ उपलब्ध हैं। वास्तव में आचार्य वाजपेयी ने छायावाद को उसकी समग्रता में परखने की चेष्टा की और उन्होंने उसे आधुनिक युग की श्रेष्ठतम काव्य-अभिव्यक्ति के रूप में प्रतिष्ठित करना चाहा। जब-जब छायावाद युग का इतिहास लिखा जाएगा, आचार्य वाजपेयी की समीक्षाओं का स्मरण किया जाएगा। गजानन माधव मुक्तिबोध ने अपने ग्रंथ 'नए साहित्य का सौंदर्यशास्त्र' में उनका उल्लेख ससम्मान किया है। डॉ. निर्मला जैन ने छायावाद में उनका महत्त्व स्वीकारा है (हिंदी आलोचना : बीसवीं शताब्दी)। प्रायः आचार्य वाजपेयी को स्वच्छंदतावादी समीक्षक घोषित करने के मूल में लोगों का यह भ्रम विद्यमान है कि उन्होंने छायावाद अथवा हिंदी स्वच्छंदतावाद का विवेचन किया, इसलिए उन्हें यह उपाधि प्राप्त हुई। किंतु जो भी समीक्षक रचना की अंतरंग परीक्षा का पक्षपाती है और किसी कृति को उसके भीतर जाकर विवेचित करना चाहता है तथा जिसे युगों पूर्व-निर्मित प्रतिमानों का आश्रय स्वीकार नहीं वह स्वच्छंदतावादी समीक्षा से जुड़ सकता है। छायावाद को जिस अंतरंग परीक्षण की आवश्यकता थी, उसे वाजपेयीजी ने पूर्ण किया। वे हिंदी स्वच्छंदतावाद के समर्थ व्याख्याता हैं और स्वच्छंदतावादी समीक्षा के सबसे प्रतिभावान् हस्ताक्षर भी।

आचार्य हजारीप्रसाद द्विवेदी

आचार्य हजारीप्रसाद द्विवेदी का मुख्य कार्य प्राचीन हिंदी साहित्य से संबद्ध है और हिंदी साहित्य की भूमिका, नाथ-संप्रदाय तथा मध्यकालीन साधना से लेकर 'मध्यकालीन बोध का स्वरूप' तक वे हिंदी के आदि-मध्य का विश्लेषण करने में अधिक संलग्न रहे हैं। किंतु आचार्य द्विवेदी जैसे सचेतन साहित्य स्रष्टा आधुनिक साहित्य की गतिविधि पर दृष्टिपात न करें, यह संभव नहीं। इस दिशा में उनका निबंध-लेखन भी विचारणीय है, जो एक ओर यदि हमें सांस्कृतिक विरासत के सर्वोत्कृष्ट का स्मरण कराता है, तो दूसरी ओर आधुनिक युग पर आशय पूर्ण टिप्पणियाँ भी करता है। जो लोग छायावाद को पाश्चात्य प्रभाव से ग्रस्त देखते हैं, उनके लिए द्विवेदीजी ने 'साहित्य की नई मान्यताएँ' लेख में 'विकृत मानसिक प्रतिक्रिया' का प्रयोग किया है।[18] हिंदी साहित्य का इतिहास लिखते हुए उन्होंने छायावादी काव्य पर किंचित् विस्तार से विचार किया। उन्होंने छायावाद को उसकी सांस्कृतिक पीठिका में प्रतिष्ठित किया, और तब उसका मूल्यांकन करना चाहा। हम कह चुके हैं कि उन्होंने आचार्य शुक्ल के इस मत से अपनी असहमति व्यक्त की कि छायावादी काव्य-आंदोलन पश्चिम की नकल है, अथवा

बंगला से आया हुआ है। आचार्य द्विवेदी का विचार है कि यह काव्य देश के राष्ट्रीय संदर्भों से गहरे रूप में जुड़ा हुआ है। उन्नीसवीं शताब्दी के भारत में जो नवजागरण आरंभ हो गया था और शती का अंत होते-होते जो राष्ट्रीय राजनीतिक आंदोलन से संबद्ध हो गया था, उसे छायावाद की पृष्ठभूमि मानते हुए द्विवेदी जी कहते हैं–"इस आंदोलन ने भारतीय जनता के चित्त को बंधनमुक्त किया जिसकी प्रतिध्वनि तद्युगीन काव्य-रूपों में हुई।"

आचार्य द्विवेदी छायावाद को एक मानवीय भूमि का काव्य घोषित करते हैं, और उनकी मान्यता है कि उसमें जो जीवन-व्याप्ति है, उसे देखते हुए यह शब्द उसके संपूर्ण व्यक्तित्व के साथ न्याय नहीं कर पाता। छायावाद शब्द से जो वायवीयता की व्यंग्य-ध्वनि आती है, वह एक प्रकार से इस काव्य के साथ अन्याय है। स्पष्ट शब्दों में छायावाद की व्याख्या करते हुए उन्होंने कहा–"छायावाद एक विशाल सांस्कृतिक चेतना का परिणाम था, जिसमें कवियों की भीतरी आकुलता ने ही नवीन भाषा-शैली में अपने को अभिव्यक्त किया। इन सभी उल्लेखनीय कवियों में (आचार्यजी का संकेत प्रसाद, निराला, पंत तथा महादेवी से है) थोड़ी बहुत आध्यात्मिक अभिव्यक्ति की व्याकुलता भी थी। जिन कवियों ने शास्त्रीय और सामाजिक रूढ़ियों के विद्रोह का भाव दिखाया था उनके इस भाव का कारण तीव्र सांस्कृतिक चेतना ही थी।"[19] छायावाद को भारतीय चिंतनधारा के स्वाभाविक विकास के रूप में ग्रहण कर द्विवेदी जी उसे गौरव प्रदान करते हैं और कई प्रचलित भ्रांतियों से मुक्ति दिलाने में हमारी सहायता करते हैं। अब प्रश्न यह है कि राष्ट्रीय सांस्कृतिक संदर्भों से जुड़ कर भी छायावादी काव्य में वैयक्तिक अनुभूतियों के प्रवेश की गुंजायश कहाँ से आई ? इस समस्या का समाधान आचार्यजी ने स्वच्छंदतावाद अथवा रूमानी काव्य और छायावादी काव्य में अभेदत्व स्थापित करके पा लिया। उनका विचार है कि एक ओर छायावादी कवि युग-परिचालित था, दूसरी ओर सौंदर्योन्मुखी चेतना के कारण उसके वैयक्तिक संवेदन भी सक्रिय थे। इसका परिणाम यह हुआ कि कवि अपनी समग्र मानवीय दृष्टि के बावजूद कल्पना की भूमियों पर भी विचरण करने लगा। द्विवेदीजी इस अतिरिक्त कल्पनाशीलता को छायावादी काव्य की एक दुर्बलता मानते हैं, क्योंकि इससे उसकी एक सीमा-रेखा बन गई।

आचार्य हजारीप्रसाद द्विवेदी ने छायावाद युग के विभिन्न पक्षों पर अलग-अलग न विचार करके उसे एक साथ देखना चाहा और इसी कारण कवियों के विषय में उनकी विस्तृत समीक्षाएँ हमें स्वतंत्र पुस्तकों के रूप में न दिखाई दे कर, 'हिंदी साहित्य' नामक उनके ग्रंथ में ही अधिक प्राप्त होती हैं। उन्होंने छायावाद की मानवतावाद दृष्टि का विशेष बखान किया जिसे स्वयं आचार्य जी के लेखन का मूलाधार कहा जा सकता है। द्विवेदीजी ने यह भी स्वीकारा है कि छायावादी काव्य-आंदोलन नई भूमियों में जाने की चेष्टा करता रहा है और इसके लिए उसने शास्त्र की अवहेलना

तक की। उन्होंने 'हिंदी साहित्य' में कहा कि—"मानवीय दृष्टि के कवि की कल्पना-अनुभूति और चिंतन के भीतर से निकली हुई वैयक्तिक अनुभूतियों के आवेग की स्वतः समुच्छित अभिव्यक्ति, बिना किसी आयास के और बिना किसी प्रयत्न के, स्वयं निकल पड़ा भावस्रोत, ही छायावादी कविता का प्राण है।" इसी कारण यहाँ गीतिकाव्य को प्रमुखता मिली, ऐसा द्विवेदीजी स्वीकारते हैं। छायावादी गीतसृष्टि में जो विभिन्न प्रकार के प्रयोग हुए, उनकी ओर भी आचार्यजी का ध्यान गया और उन्होंने वैयक्तिक भावनाओं के साथ-साथ उसमें दर्शन, अध्यात्म की प्रवृत्तियों को भी देखा। उन्होंने छायावाद में कल्पनातत्त्व की प्रमुखता स्वीकारते हुए उसे 'अनुभूतियों का सहज आवेग' कहा जो विचार किसी सीमा तक वर्ड्स्वर्थ ने 'लिरिकल बैलेड्स' की भूमिका में भी व्यक्त किया है।

कवि की भावात्मकता को स्वीकृति देते हुए छायावाद का विश्लेषण करना द्विवेदीजी की विशेषता है। वे स्वीकारते हैं कि यह काव्य मानवीयता से घनिष्ठ रूप में संबद्ध है। आचार्य द्विवेदी अपने लेखन में बार-बार आग्रह करते रहे हैं कि मानव-सत्य सर्वोपरि सत्य है और इसीलिए मनुष्य ही साहित्य का लक्ष्य है। समीक्षकों ने आचार्य द्विवेदी की समीक्षा को मानवतावादी कह कर संबोधित किया है और इसी दृष्टि से उनकी छायावाद-संबंधी विवेचना को समझने की चेष्टा करनी चाहिए।

डॉ. नगेंद्र

डॉ. नगेंद्र ने छायावाद को समझने में यूरोपीय साहित्य के अपने अध्ययन का भी उपयोग करना चाहा और उन्होंने समाजशास्त्र की अपेक्षा मनोविज्ञान का अधिक सहारा लिया। संयोग से डॉ. नगेंद्र स्वयं भी कभी रूमानी कवि रहे हैं और समीक्षा तक में उन्होंने इस प्रकार के प्रयोग किए हैं। उन्होंने जब छायावाद को स्थूल से विमुख होकर, सूक्ष्म के प्रति आग्रह कह कर संबोधित किया तब उनकी दृष्टि पूर्ववर्ती द्विवेदीयुगीन इतिवृत्तात्मक काव्य पर थी, जो शृंगार से इतना डर-डर कर चलने लगा था कि जीवन की अंतरंगता में प्रवेश करने में भी उसे संकोच हुआ। अपनी पुस्तक 'आधुनिक हिंदी कविता की मुख्य प्रवृत्तियाँ' में छायावाद की विवेचना करते हुए उन्होंने सर्वप्रथम उसकी सामाजिक पीठिका का संकेत किया। उनका विचार है कि छायावाद की अंतर्मुखी प्रवृत्ति का कारण यह है कि राजनीतिक परिस्थितियों के कारण बहिर्मुखी अभिव्यक्ति का अवसर कम था। अंतर्मुखी भावना, व्यक्तिवादिता, शृंगारिकता, प्रकृति पर चेतना का आरोप आदि को उन्होंने मुख्य प्रवृत्ति के रूप में स्वीकारा। वे मानते हैं कि एक ओर यदि छायावादी काव्य में 'आशा के स्वप्न' थे, तो दूसरी ओर 'निराशा के छायाचित्र' भी विद्यमान थे, और इनकी 'काव्यगत समष्टि' ही छायावाद है। सामाजिक पृष्ठभूमि के रूप में डॉ. नगेंद्र ने प्रथम महायुद्ध के फलस्वरूप जनमने वाली यूरोपीय निराशा के विरोध में भारतीय जन-मानस की नई इच्छा-अभिलाषाओं की

ओर भी संकेत किया। भारत एक नए कल्पना-जगत् में तैरना चाहता था और उसमें अनेक आशा-आकांक्षाएँ जाग रही थीं। पर इस भावना को कार्यरूप में बदल सकना आसान नहीं था। साम्राज्यवादी शिकंजा देश की विद्रोही चेतना को किसी भी स्तर पर दबा देने के लिए प्रस्तुत था। साथ ही देश के प्रबल नैतिक बंधन व्यक्ति के वैयक्तिक जीवन में भी उतनी आज़ादी देने के लिए प्रस्तुत न थे, जितनी किसी नए रचना-आंदोलन के लिए अनिवार्य होती है। इसी कारण छायावादी काव्य एक ओर कल्पना की नई दुनिया बसाता है, तो दूसरी ओर वह भीतर-भीतर कुंठित होता है। डॉ. नगेंद्र ने सामाजिक पृष्ठभूमि के रूप में जो रुख अपनाया, उसे उन्होंने मनोविज्ञान के सहारे भी प्रमाणित करने की चेष्टा की और इस प्रकार छायावाद-संबंधी अपने काव्य-चिंतन को एक तार्किक समापन देने का प्रयत्न किया।

डॉ. नगेंद्र ने छायावाद की अंतर्मुखी दृष्टि और वास्तव को वायवी अथवा अतीन्द्रिय रूप देने की प्रवृत्ति को उसकी मुख्य बनावट के रूप में प्रतिपादित किया। इसलिए व्यक्तिवाद को उन्होंने छायावादी काव्य-प्रवृत्तियों के शीर्ष पर रखा और अन्य सभी को भी अंतर्मुखी दृष्टि के अंतर्गत स्वीकार कर लिया। छायावादी काव्य की व्यक्तिवादिता, शृंगारिकता के लिए डॉ. नगेंद्र ने फ्रॉयडीय मनोविज्ञान का सहारा लेते हुए उसे कवि की व्यक्तिगत कुंठाओं से जोड़ा। उन्हीं के शब्दों में : "छायावाद की कविता प्रधानतः शृंगारिक है, क्योंकि उसका जन्म हुआ है व्यक्तिगत कुंठाओं से, और व्यक्तिगत कुंठाएँ प्रायः काम के चारों ओर केंद्रित रहती हैं... ।" इससे एक ओर छायावाद की व्यक्तिवादिता का उत्तर मिला, तो दूसरी ओर उसकी रूमानी बनावट को भी स्पष्ट किया जा सका।

नगेंद्रजी फ्रॉयडीय मनोविज्ञान के सहारे काम को मूल प्रवृत्ति मानकर छायावादी काव्य की व्यक्तिगत प्रवृत्तियों का विश्लेषण करना चाहते हैं। 'कामायनी : एक पुनर्विचार' में मुक्तिबोध कवि प्रसाद और मनु के व्यक्तित्व में समानताएँ स्थापित करते हुए यह प्रमाणित करना चाहते हैं कि कवि की कुंठाएँ मनु के चरित्र में समा गई हैं। दोनों समीक्षकों के विवेचन का आधार भिन्न है, क्योंकि एक रूमानी समीक्षक है और दूसरा सामाजिक प्रतिबद्धता से बँधा हुआ लेखक ! यहाँ यह भूल कर दी गई है कि मनोविज्ञान स्वयं जिस उन्नयन, उदात्तीकरण (सब्लिमेशन) की चर्चा रचना के संदर्भ में करता, उसे नजरअंदाज कर दिया गया है। इसके लिए एडलर-युंग से भी सहायता ली जा सकती है। डॉ. नगेंद्र की निष्कर्षात्मक टिप्पणी है कि छायावाद का काव्य प्रथम श्रेणी का विश्व-काव्य नहीं है, कुंठा की प्रेरणा प्रथम श्रेणी के काव्य को जन्म नहीं दे सकती... । आज हम इस स्थिति में हैं कि समस्त रचना की परीक्षा मनोविश्लेषण के सहारे कर सकते हैं। पर हमें देखना यह है कि लेखक अपनी वैयक्तिक कुंठाओं से ऊपर उठ सकने की कितनी सामर्थ्य रखता है, और इसी पर रचना का बनना-बिगड़ना निर्भर करता है।

डॉ. नगेंद्र के सामने छायावादी काव्य की आध्यात्मिक चेतना विद्यमान थी, और इसके विश्लेषण के लिए उन्होंने उसे भारतीय अद्वैतवाद से जोड़ा। यहाँ तक कि इसकी पुष्टि के लिए प्रमाण रूप में महादेवी के सर्ववाद अथवा सर्वात्मवाद का हवाला दिया। इस संबंध में नगेंद्रजी अपने मनोवैज्ञानिक विश्लेषण की तुलना में कहीं अधिक सचेत दिखाई पड़ते हैं, क्योंकि वे स्वयं इस मान्यता को बहुत दूर तक नहीं घसीटना चाहते और सर्वात्मवाद को छायावाद का उद्‌गम स्रोत मानने से इंकार करते हैं। उन्हीं के शब्दों में : "छायावाद का कवि आरंभ से ही सर्वात्मवाद की आध्यात्मिक अनुभूति से प्रभावित नहीं हुआ।" संभवतः उनके कहने का आशय यह है कि आध्यात्मिकता उसका मूल प्रस्थान-बिंदु नहीं है, वह किन्हीं दबावों के कारण धीरे-धीरे उसमें प्रवेश करती गई है। इसका एक कारण उनकी समझ में बहिरंग जीवन से सिमट कर कवि की चेतना का अंतरंग में प्रवेश कर जाना था। छायावादी काव्य को यूरोप की 'मैटाफिजिकल पोयट्री' के समतुल्य रखकर देखना उचित नहीं होगा। यद्यपि उसमें संकेतों से कहीं-कहीं रहस्यवादिता की झलक मिल जाती है, पर मध्ययुगीन आध्यात्मिकता से उसका अंतर स्पष्ट है। इसे समझते हुए डॉ. नगेंद्र ने कहा है कि "छायावाद की रहस्योक्तियाँ एक प्रकार से जिज्ञासाएँ हैं, जो छायावाद के उत्तरार्ध में आध्यात्मिक दर्शन के द्वारा और भी पुष्ट हो गई हैं परंतु वे धार्मिक साधना पर आश्रित नहीं हैं। उनका आधार कहीं भावना, कहीं दर्शन-चिंतन और आरंभ में कहीं-कहीं मन की छलना भी है।"[20]

यह देख कर किंचित् आश्चर्य होगा कि नगेंद्रजी छायावाद के भावजगत् को अनुभूत दुनिया बताते हैं। संभवतः वे उसकी अतिशय कल्पनाप्रियता की ओर इशारा करना चाहते हैं। यदि उनका यही आशय है कि उसमें यथार्थ के प्रवेश की गुंजायश कम थी, तो निराला की प्रगतिशील रचनाओं को छोड़कर शेष काव्य के विषय में किसी सीमा तक इस वक्तव्य को स्वीकारा जा सकता है। कभी-कभी तो समस्त रूमानी कविता पर यथार्थवादी और गैर-रूमानी आधुनिकतावादी दोनों प्रकार के समीक्षक यह आरोप लगाते हुए पाए जाते हैं कि कवियों ने स्वयं को ही कागज पर उतार दिया है। इसी संदर्भ में इलियट के उस वक्तव्य का उल्लेख प्रायः किया जाता है कि काव्य व्यक्तित्व की अभिव्यक्ति न होकर, उससे पलायन है। डॉ. नगेंद्र ने छायावाद के संबंध में व्याप्त कुछ भ्रांतियों के निराकरण की चेष्टा भी की और उन्होंने छायावाद, रहस्यवाद में अंतर करना चाहा। इसी प्रकार यूरोप की रूमानी कविता और छायावादी काव्य में उन्होंने परिस्थितिजन्य अंतर स्वीकार किया। उन्होंने आचार्य शुक्ल की इस भ्रांति का निराकरण किया कि अभिव्यंजनावाद, प्रतीकवाद आदि की भाँति छायावाद शैली का एक प्रकार मात्र है। डॉ. नगेंद्र ने छायावाद संबंधी अपने संक्षिप्त विवेचन का समापन करते हुए स्वीकार किया कि "इस कविता ने जीवन के सूक्ष्मतम मूल्यों की पुनःप्रतिष्ठा द्वारा नवीन सौंदर्य चेतना जगाकर एक बृहत् समाज की अभिरुचि का परिष्कार किया और उसकी समृद्धि की समता हिंदी का केवल भक्तिकाव्य ही

कर सकता है।''

इस प्रकार छायावाद के प्रमुख समीक्षकों ने उसके स्वरूप को समझने की चेष्टा की और इस संबंध में व्याप्त कई भ्रांतियों का निराकरण किया। आचार्य नंददुलारे वाजपेयी, आचार्य हजारीप्रसाद द्विवेदी तथा डॉ. नगेंद्र के अतिरिक्त हिंदी स्वच्छंदतावाद के समर्थक अन्य समीक्षक भी हैं, पर उनकी टिप्पणियाँ प्रायः संक्षिप्त रही हैं अथवा वे किसी नए निष्कर्ष पर नहीं पहुँचे हैं। कवि दिनकर ने छायावादी काव्यान्दोलन के मूल में उस सांस्कृतिक नवोत्थान को स्वीकारा है, जिसका प्रवर्तन राजा राममोहन राय ने किया था, तथा जिसमें अन्य सुधारकों ने भाग लिया।[21] छायावाद के संबंध में अन्य प्रशंसात्मक वक्तव्यों को प्रभाववादी आलोचना से अधिक महत्त्व नहीं दिया जा सकता, क्योंकि छायावादी काव्य के विषय में की जानेवाली ये टिप्पणियाँ स्वयं उलझन-भरी हैं।

मार्क्सवादी चिंतन

यदि छायावाद युग को यूरोप की रूमानी कविता के लगभग समानांतर स्वीकार कर लिया जाता और मार्क्सवादी व्याख्या की जाती तो एक महत्त्वपूर्ण काव्य-आंदोलन की अस्वीकृति की नौबत भी आ सकती थी। संभवतः इसी कारण हिंदी छायावादी काव्य को मार्क्सवादी समीक्षकों के आक्रोश का वैसा शिकार नहीं होना पड़ा, जैसी स्थिति कभी-कभी यूरोपीय रूमानी कविता के साथ हुई। स्वच्छंदतावाद अथवा रूमानी काव्य के संबंध में मार्क्सवाद की सीधी टकराहट उसकी जीवन-दृष्टि से है, क्योंकि वह सामाजिक यथार्थ और इससे भी आगे बढ़कर समाजवादी यथार्थ का आग्रह करता है। जाहिर है कि सामाजिक यथार्थ के नाम पर प्रकृतवाद, यौनवाद, नग्नता आदि का प्रचार न हो जाए इसलिए मार्क्सवादी विचारकों ने समाजवादी यथार्थ की कल्पना की। एंताली लूनाचार्स्की ने इसे 'प्रगतिशील यथार्थवाद' कहा है। मैक्सिम गोर्की को उद्धृत करते हुए उसने कहा : ''स्वच्छंदतावाद समाजवादी यथार्थवाद का एक हिस्सा है। एक सीमा तक, स्वच्छंदतावाद के थोड़े से तत्त्व के बिना समाजवादी यथार्थवाद की कल्पना नहीं की जा सकती...।''[22] इसी लेख में लूनाचार्स्की ने यथार्थवाद के विभिन्न चरणों की चर्चा की है। लेनिन ने भी समाज को बदलने के लिए वैज्ञानिक समाजवाद के साथ सुंदर कल्पना का उल्लेख किया है और गोर्की द्वारा 'क्रांतिकारी स्वच्छंदतावाद' (रिवोल्यूशनरी रोमांटिसिज़्म) शब्द का प्रयोग किया गया है।[23] मार्क्स ने भी गेटे के मानववाद की प्रशंसा की है, पर उसका आग्रह समाजवादी मानववाद (सोशलिस्ट ह्यूमनिज़्म) पर है।[24] इस प्रकार, स्पष्ट है कि मार्क्सवाद में स्वच्छंदतावाद के प्रगतिशील पक्ष को जो समर्थन मिलता है वह समाजवादी यथार्थवाद के अंतर्गत ही है। क्रिस्टोफर कॉडवेल काव्य को मूलतः आर्थिक व्यवस्था पर आधारित मानता है और उसके अनुसार, प्रत्येक समय की वास्तविकता का निर्धारण इसी से होता

है।[25] कॉडवेल आधुनिक काव्य को पूँजीवादी काव्य स्वीकारता हुआ कवि के स्व का विश्लेषण करता है और अंग्रेजी रूमानी काव्य के संबंध में उसका विवेचन तर्कपूर्ण है। 'मार्क्सिसिज़्म एण्ड पोयट्री' में जार्ज थॉपसन के विचार इसी प्रकार के हैं।

हिंदी में छायावाद युग का मार्क्सवादी विवेचन इस स्वीकृति के कारण पर्याप्त संतुलित रहा है कि उसके निर्माण में देश की तत्कालीन परिस्थितियों को नकारा नहीं जा सकता। यदि हिंदी प्रगतिवादी समीक्षा छायावादी काव्य को केवल बुर्जुआ कह कर टाल जाती, तो वह स्वयं को एक महत्त्वपूर्ण काव्य-आंदोलन के विवेचन से वंचित रखती। रूमानी काव्य होते हुए भी छायावाद को हिंदी प्रगतिवादी समीक्षा का जो समर्थन मिला, उसका एक कारण यह भी था कि उसे रीतिकालीन काव्य के विरोध में अधिक मानववादी दृष्टि से संपन्न किया गया। हिंदी साहित्य के इतिहास में यह कम महत्त्वपूर्ण नहीं है कि छायावादी काव्य की स्वच्छंदतावादी अथवा रूमानी प्रवृत्तियों का विरोध प्रगतिवाद ने इतना नहीं किया, जितना प्रयोगवाद और आधुनिकतावाद ने। इतना ही नहीं स्वयं प्रगतिवाद और प्रयोगवाद में वैचारिक संघर्ष हुआ। प्रगतिवादी समीक्षा ने निराला और पंत के परवर्ती काव्य में विशेष रूप से प्रगतिशील चेतना के दर्शन किए। निराला के विद्रोही व्यक्तित्व को हिंदी प्रगतिवादी काव्य का शंखनाद तक कहा गया है।

छायावादी काव्य की व्याख्या में प्रगतिवादी समीक्षा के सामने निराला, प्रसाद, पंत का काव्योत्कर्ष बराबर विद्यमान रहा है और समीक्षकों ने अनुभव किया कि इस काव्य को यों ही नकारा नहीं जा सकता। भारतीय प्रगतिशील लेखक संघ का प्रथम अधिवेशन प्रेमचंद की अध्यक्षता में लखनऊ में 1936 ई. में हुआ जिसमें प्रेमचंद ने साहित्य के उपयोगितावादी मूल्यों पर विचार व्यक्त किए। समीक्षक स्वीकारते हैं कि इसी के आस-पास छायावादी काव्य में परिवर्तन के चिह्न लक्षित होते हैं। प्रसाद 'कामायनी' समाप्त कर चुके थे। निराला की 1938 ई. में प्रकाशित 'अनामिका' (द्वितीय) की रचनाएँ सामाजिक विद्रोह की भावना से संपन्न हैं और 'वनवेला', 'नए पत्ते' आदि की सामाजिक व्यंग्य से भरपूर कविताओं को प्रगतिवाद की सराहना मिली। डॉ. रामविलास शर्मा ने निराला के प्रगतिशील व्यक्तित्व को जितना सम्मान दिया है, उतना किसी अन्य आधुनिक कवि को नहीं। ऐसा करने में उनकी दृष्टि कवि की सामाजिकता पर अधिक गई है। उन्होंने निराला की गद्य रचनाओं का उल्लेख करते हुए लिखा है : "उनका यह पक्ष कुल्लीभाट, चतुरी चमार, बिल्लेसुर बकरिहा, देवी आदि रचनाओं में विशेष निखर कर आया है। वह छायावाद की भूमि पर भी संघर्षों के कवि रहे...। उन्होंने सामाजिक रूढ़िवाद पर तीव्र प्रहार किया। उन्होंने जनता की राजनीतिक चेतना को प्रखर किया। उन्होंने हिंदी पाठकों की क्रांतिकारी भावनाओं को उभारा, सँवारा...।"[26] इसी प्रकार, पंत की युगांत, युगवाणी, ग्राम्या काल की

रचनाओं को प्रगतिवादी समीक्षा का समर्थन मिला, यद्यपि उनके स्वर्णकाव्य पर आक्रमण हुआ, क्योंकि समीक्षकों ने इसे पलायनवृत्ति से जोड़ा। प्रकाशचंद्र गुप्त ने 'युगवाणी' के विषय में लिखा कि "इसमें पंत की प्रेरणा ने अपने कोमल अंतर्मुखी गीत त्याग कर समाजवादी विचार-दर्शन अपनाया। कल्पना के रंगमहल छोड़ कर काव्य ने कठोर और शुष्क धरती का वरण किया।" इस प्रकार, कुल मिलाकर छायावादी काव्य को प्रगतिवादी समीक्षा का समर्थन मिला।

हिंदी प्रगतिवादी समीक्षा के पहले दौर में डॉ. रामविलास शर्मा, शिवदानसिंह चौहान, प्रकाशचंद्र गुप्त आदि ने मुख्य रूप से छायावाद युग पर विचार किया। बाद में डॉ. नामवरसिंह ने 'छायावाद' नामक स्वतंत्र पुस्तक की रचना की। शिवदानजी ने 'प्रगतिवाद' नामक अपने ग्रंथ में प्रगतिवाद को मार्क्सवादी साहित्यशास्त्र संबोधित किया है, पर वे स्वीकारते हैं कि छायावाद ने सामंती समाज की शृंखलाओं और अनैसर्गिक बंधनों, उसकी संकीर्ण सौंदर्य भावनाओं, कुत्सित सौंदर्य-मूल्यों के प्रति विद्रोह किया। छायावाद की व्याख्या में डॉ. रामविलास शर्मा का योगदान महत्त्वपूर्ण है। उनकी मान्यता कि व्यक्ति और समाज के संघर्ष से रोमांटिक कविता का जन्म होता है, एक प्रकार से उनके छायावाद-संबंधी विवेचन का प्रस्थान-बिंदु है। इसी मुद्दे पर वे भारतेंदु के व्यक्तित्व तक से प्रभावित हैं, प्रेमचंद अथवा निराला की कौन कहे। वे मानते हैं कि छायावाद हिंदी की नई परंपरा से संबद्ध है, जिसने साहित्य को नया विकास दिया। उन्होंने यहाँ तक कहा कि उस पर प्रतिक्रियावादी होने के जो आरोप किए जाते हैं, वे उचित नहीं हैं। छायावाद को उन्होंने प्रशंसापत्र देते हुए कहा : "छायावादी काव्यधारा में जो सबसे सबल एवं जनहितैषी तत्त्व थे उन्हें अपने में समेट कर यह धारा आगे बढ़ने का प्रयास कर रही है। प्रगतिशील कविता छायावाद की ही परिणति है। उसका विद्रोह पुरानी सीमाओं से निकल कर आज एक विशद सामाजिक रूप धारण कर रहा है।"[27] छायावाद में हिंदी प्रगतिवाद के बीज खोज कर रामविलासजी ने हिंदी स्वच्छंदतावादी अथवा रूमानी काव्य को व्यापक दृष्टि का सृजन स्वीकार किया। यदि विद्रोह केवल वैयक्तिक आक्रोश तक सीमित है, तब वह रचना में एक उत्तेजक स्थिति उत्पन्न करके समाप्त भी हो सकता है। पर जीवन की विस्तृत धारा से यदि रचना का संबंध स्थापित हो जाता है, तो उसकी अहमियत बढ़ जाती है और वह अकारथ नहीं जाती। रामविलासजी स्वच्छंदतावाद को अधिकाधिक वस्तून्मुखी देखना चाहते हैं क्योंकि वह रचना की सामाजिकता के पक्षधर हैं। इसीलिए निराला उनके सर्वप्रिय कवि हैं और उनके शब्द हैं कि "निरालाजी छायावादी काव्य में सबसे अधिक प्रगतिशील रहे हैं।" अर्थात् यहाँ यह तो प्रकारांतर से स्वीकारा ही गया है कि छायावादी काव्य में क्षमता है कि वह प्रगतिशील तत्त्वों को भी स्वयं में आत्मसात् कर सके।

हिंदी की प्रगतिवादी समीक्षा छायावाद को राष्ट्रीय-सांस्कृतिक परिप्रेक्ष्य में रख

कर देखने की चेष्टा करती है और स्वीकारती है कि मध्यवर्ग की विद्रोही चेतना से इसका जन्म हुआ। प्रगतिवाद के पहले दौर के बाद जब हिंदी में सामाजिक परिस्थितियों का विश्लेषण करते हुए रचना को समझने की परंपरा विकसित हुई, तब नामवर सिंह ने अपनी पुस्तक 'छायावाद' में सामाजिक सत्य की व्याख्या का प्रयत्न किया। छायावाद के काव्य-सौंदर्य का विवेचन करते हुए वे भूमिका में स्वीकारते हैं कि "सारा सौंदर्य व्यक्ति की स्वाधीनता की भावना से उत्पन्न हुआ है और वह स्वाधीनता भी व्यक्ति के माध्यम से संपूर्ण समाज की स्वाधीनता की अभिव्यक्ति है। इस कविता में राष्ट्रीय जागरण का पर्याप्त आभास मिलता है।" छायावाद को वे प्रसाद, निराला, पंत की कविताओं का द्योतक मान कर चले, जो 1918-36 ई. के बीच लिखी गईं, पर जब वे रहस्यवाद, छायावाद और स्वच्छंदतावाद को अलगाने लगते हैं, तब उन्हें कठिनाई होती है। रहस्यवाद को 'अज्ञात की जिज्ञासा' और स्वच्छंदतावाद को 'प्राचीन रूढ़ियों से मुक्ति की आकांक्षा' मानना तो ठीक है, पर छायावाद को 'चित्रण की सूक्ष्मता' कहना उसके परिवेश को सीमित करना है। नामवर को स्वयं इसका एहसास है, तभी वे कविताओं के भीतर से छायावाद की विभिन्न मुद्राओं को परिभाषित करना चाहते हैं। छायावादी काव्य को रामविलासजी की तरह नामवर ने भी सांस्कृतिक परिवेश में देखा और उसे मध्यवर्ग की रागात्मक अभिव्यक्ति कहा। वे भी यह मानते हैं कि इसमें आंतरिक और बाह्य बंधनों से मुक्ति की चेष्टा है। छायावाद को हिंदी साहित्य की महत्त्वपूर्ण कड़ी स्वीकारते हुए उनकी टिप्पणी है : "...छायावाद हमारी विशेष सामाजिक और साहित्यिक आवश्यकता से पैदा हुआ और उस आवश्यकता की पूर्ति के लिए उसने ऐतिहासिक कार्य किया। समाज और साहित्य को उसने जिस तरह पुरानी रूढ़ियों से मुक्त किया, उसी तरह आधुनिक राष्ट्रीय और मानवतावादी भावनाओं की ओर भी प्रेरित किया। व्यक्ति की स्वाधीनता, विराट् कल्पना, प्रकृति-साहचर्य, मानव-प्रेम, वैयक्तिक प्रणय, उच्च नैतिक आदर्श, देशभक्ति, राष्ट्रीय स्वाधीनता आदि के प्रसार द्वारा छायावाद ने हिंदी जाति के जीवन में ऐतिहासिक कार्य किया।"[28]

प्रगतिवादी समीक्षा के सिलसिले में कवि गजानन माधव मुक्तिबोध ने छायावाद के संबंध में जो विचार प्रस्तुत किए हैं, वे अन्य प्रगतिवादियों से भिन्न हैं और उनमें प्रबल समाजशास्त्रीय आग्रह हैं। 'कामायनी : एक पुनर्विचार' इस मान्यता को लेकर रची गई है कि युग तथा साहित्य के परस्पर घनिष्ठ संबंध होते हैं। मुक्तिबोध अपनी इस समीक्षा-कृति में कई बार व्यक्तिवाद का उल्लेख करते हैं, जिसे प्रकारांतर से वे छायावाद की एक प्रभावी प्रवृत्ति के रूप में स्वीकारते हैं। वे व्यक्तिवादी छायावादी भावुकता तथा छायावादी व्यक्तिवाद जैसे मुहावरों का प्रयोग करते हैं।[29] क्योंकि वे काव्य को एक सांस्कृतिक प्रक्रिया मान कर रचना के समाजीकरण पर बल देते हैं, इसलिए छायावादी की रूमानी प्रवृत्ति उन्हें जीवन-यथार्थ के साथ न्याय करती नहीं दिखाई देती। वे प्रसाद की अपेक्षा निराला को, यहाँ तक कि पंतजी तक को अधिक

सराहते हैं।[30] मुक्तिबोध का व्यक्तित्व प्रगतिवाद और नई कविता के मिलनबिंदु पर संस्थित है और वे स्वयं उसके सबसे सार्थक हस्ताक्षर कहे जा सकते हैं। इसलिए छायावाद की रूमानी बनावट से वे पूरी तरह संतुष्ट नहीं हैं। उन्हें छायावादी काव्य और नई कविता की आधुनिकतावादी प्रवृत्ति में नए-पुराने का संघर्ष मालूम होता है। 'नए साहित्य का सौंदर्यशास्त्र' में छायावाद और नई कविता शीर्षक से उनके दो निबंध हैं, जिनमें दो काव्य-आंदोलनों पर तुलनात्मक दृष्टि डाली गई है। मुक्तिबोध छायावाद को आदर्शवादी, व्यक्तिवादी, भावुकताप्रधान, कल्पनाप्रिय मान कर यह घोषित करते हैं कि नई कविता के यथार्थवादी व्यक्तिवाद ने इसके विरुद्ध बगावत की।[31] इतना ही नहीं उन्होंने प्रकारांतर से छायावाद के विषय में आचार्य शुक्ल द्वारा लगाए गए आरोपों को उचित ठहराया। यहाँ यह ध्यान रखना आवश्यक है कि दोनों समीक्षकों की दृष्टि में मौलिक अंतर है। आचार्य शुक्ल ने स्वयं को छायावादी काव्य से पूरी तरह जोड़ पाने में असमर्थ-सा अनुभव किया और इसीलिए किसी सीमा तक नैतिक आधार पर उसकी आलोचना की, जबकि मुक्तिबोध ने एक यथार्थवादी की दृष्टि से छायावाद पर आक्रमण किया। छायावाद के विषय में उनकी आपत्ति इसी यथार्थवादी आग्रह से जुड़ी हुई है और वे उसे जीवन के व्यापक अनुभवों से पलायन कर जाने वाला काव्य-आंदोलन मानते हैं। यद्यपि वे भी अन्य प्रगतिवादियों की तरह, निराला के समर्थक हैं।

मुक्तिबोध की तरह रमेश कुंतल मेघ की समीक्षा भी प्रगतिवाद और नई कविता के सम्मिलित व्यक्तित्व से निर्मित दिखाई देती है। यह बात मैं विशेष रूप से छायावाद-विवेचन के प्रसंग में कह रहा हूँ। 'मिथक और स्वप्न : कामायनी की मनस्सौंदर्य-सामाजिक भूमिका' के आमुख में वे छायावाद की मूलवृत्ति अंतर्मुखी, व्यक्तिवादी और लिरिकल स्वीकारते हैं। इसीलिए वे कामायनी पर आरोप लगाते हैं कि उसमें एक सचमुच जीवित दर्शन के बजाय दार्शनिक मध्यकालीनतावादी पलायनमार्गी विश्रांति है। इसी प्रकार, पुस्तक के आरंभ में वे कहते हैं कि "अपनी मानसिक वैयक्तिकताओं (मेंटल प्राइवेसीज़) को, वैयक्तिक कामनाओं के धरातल पर, अभिव्यक्त करने की विराट् प्रतीकात्मक चेष्टाएँ तो छायावादी कवियों ने ही शुरू कीं।" मेघ छायावाद में सामाजिक प्रतिबद्धता का अभाव पाते हैं और उसे यूतोपियाप्रधान कहते हैं। मनोविज्ञान और मार्क्सवाद दोनों का आधार लेकर कामायनी का जो विवेचन हुआ है, उसमें रमेश कुंतल मेघ ने अपनी प्रगतिवादी दृष्टि को आगे रखा है और इसलिए छायावाद के संबंध में उनकी आपत्तियाँ बहुत अनुचित नहीं मालूम देतीं। शंभूनाथ सिंह का नाम प्रगतिवादी समीक्षा के साथ नहीं लिया जाता, यद्यपि 'छायावाद युग' में उन्होंने कॉडवेल की तर्ज पर छायावाद का समाजशास्त्रीय विश्लेषण करने की चेष्टा की। 1919 ई. से 1936 ई. तक की कविता को छायावादी मान कर उसे उन्होंने पूँजीवादी और राष्ट्रीयतावादी विचारधारा से प्रभावित प्रमाणित करना चाहा।

उनके अनुसार, यद्यपि यह विद्रोह की कविता है पर सामाजिक परिस्थितियों के कारण वह अहं-परिचालित है। प्रगतिवाद में छायावाद की अतिरिक्त कल्पनाशीलता का विरोध तो है, पर उसकी मानवीय दृष्टि का समर्थन भी कम नहीं। प्रगतिवाद में निराला को स्वीकृति मिली और उनकी युगचेतना को सराहा गया।[32]

नई समीक्षा

जैसा कि संकेत किया जा चुका है कि छायावाद की रूमानी प्रवृत्ति का विरोध प्रगतिवादियों द्वारा होना था, पर उसकी पलायनवादी वृत्ति के अतिरिक्त वे प्रायः उसके समर्थन में थे। वे प्रगतिशील स्वच्छंदतावाद जैसे नाम दे कर उसे मिथ्या जगत् से मुक्त रखना चाहते हैं। किंतु छायावाद पर सबसे तीखा आक्रमण प्रयोगवाद तथा नई कविता ने किया। डॉ. देवराज ने 1947 ई. में प्रकाशित अपने निबंध 'छायावाद का पतन' में शब्द-चित्र तथा कल्पना-संबंधी मोहबद्धता को ले कर छायावादी काव्य पर हमला करते हुए, उसके अंत की घोषणा की पर आश्चर्यजनक तथ्य यह है कि डॉ. देवराज छायावाद और प्रगतिवाद का एक साथ विरोध करते हैं। उन्हीं के शब्दों में "प्रगतिवाद की मान्यता है कि क्योंकि कवि एक सामाजिक प्राणी है, इसलिए उसकी काव्य-सृष्टि को भी सामाजिक सार्थकतावादी होना चाहिए। हम इस बंधन को पूर्णतया स्वीकार नहीं करते।" देवराजजी शिवदानसिंह चौहान के इस मत का भी विरोध करते हैं कि प्रसाद की 'ले चल मुझे भुलावा दे कर मेरे नाविक धीरे-धीरे' जैसी पंक्तियाँ पलयानवाद की भावना से अनुप्राणित हैं।[33] छायावाद की प्रगतिवादी व्याख्या वे स्वीकार नहीं करते, पर स्वयं उसकी सबसे तीखी आलोचना करते हैं। उन्होंने छायावाद की दुर्बलताओं का उल्लेख कतिपय मोहबद्धताओं के अंतर्गत किया। उससे उन्हें सबसे बड़ी शिकायत यह कि उसकी चेतना आधुनिक नहीं। उनके इस आक्षेप में हमें वह सूत्र मिल जाता है, जिसे संपूर्ण स्वच्छंदतावादी रूमानी काव्य के विषय में आधुनिकतावादियों का आक्रोश कहा जा सकता है। यूरोप में टी. ई. ह्यूम ने गैररोमानी, अस्वच्छंदतावादी आंदोलन में जो वैचारिक भूमिका निभाई थी, नए हिंदी काव्य ने उससे भी प्रेरणा पाई। डॉ. देवराज की पुस्तक 'छायावाद का पतन' एक आधुनिकतावादी और क्लासिकी पद्धति का समर्थन करनेवाले समीक्षक द्वारा रची गई है। उसमें छायावादी काव्य की कुछ सीमाओं का उल्लेख होता, तो शायद वह इतनी खंडनात्मक अथवा नकारात्मक होने से बच जाती। पर डॉ. देवराज उन समीक्षकों में हैं, जिन्होंने हिंदी रूमानी प्रवृत्तियों के विरोध में आधुनिकतावाद की शुरुआत की। रामस्वरूप चतुर्वेदी की पुस्तक 'अज्ञेय और आधुनिक रचना की समस्या' अज्ञेय को गैररोमांटिक कविता की संभावना रूप में पेश करती है। इस पुस्तक के आरंभिक अध्याय में वे छायावादी रूमानी मिज़ाज और नए काव्य की बदली हुई स्थिति का जायजा लेते हुए कहते हैं : "आधुनिक हिंदी कविता का इतिहास एक स्तर पर रोमांटिसिज़्म के स्थापन

और विघटन का इतिहास है। श्रीधर पाठक से लेकर अज्ञेय और परवर्ती नई कविता तक रोमांटिसिज़्म का उतार-चढ़ाव कई रूपों में मिलता है। स्वच्छंदतावाद, छायावाद, प्रयोगवाद, नई कविता, आधुनिक कविता के इन विविध उत्थानों में रोमांटिसिज़्म का उदय, स्थापन, संघर्ष और विघटन देखा जा सकता है।''[34] पर वे निराला के काव्य-व्यक्तित्व में विरुद्धों का सामंजस्य स्वीकार करते हैं।[35]

अज्ञेय ने स्वयं अपने काव्य की शुरुआत रूमानी तरीके से की थी और 'भग्नदूत' तथा 'चिंता' और यहाँ तक कि 'इत्यलम्' की प्रणय-भावना से इसकी सूचना मिलती है। यहाँ कवि भग्न और निराश है : मेरे इस लम्बे जीवन में/दो स्मृतियाँ हैं प्राण तुम्हारी/उनसे पहले, उनसे आगे/एक निविड़ रजनी है सारी... (चिंता) पर क्रमशः अज्ञेय का अहम् जोर मारता है और वे अपने 'वैशिष्ट्य' की ओर ध्यान देते हैं, स्थितियों को तार्किक दृष्टि से देखना चाहते हैं। ऐसे में उनका दीप अकेला होकर भी गर्वभरा है और उनका प्रसिद्ध प्रतीक 'नदी का द्वीप' तो कवि अज्ञेय के संपूर्ण व्यक्तित्व को उजागर करता है। धीरे-धीरे स्वयं को रूमानी प्रवृत्तियों से अलगाने की कोशिश में उन्हें अपने व्यक्तित्व को अहं-परिचालित करना पड़ा, जिसकी सशक्त अभिव्यक्ति 'शेखर : एक जीवनी' में हुई। 'भूमिका' में अज्ञेय ने इलियट के इस कथन का हवाला दिया है कि भोगनेवाले प्राणी और सृजन करनेवाले कलाकार में सदा एक अंतर रहता है, और जितना बड़ा कलाकार होता है, उतना ही भारी यह अंतर होता है। अज्ञेय का काव्य-विकास एक प्रकार से 'स्व' से 'अहम्' की ओर बढ़ने की लगातार प्रक्रिया है। 'भवंती' के 'निवेदन' में भोगनेवाले व्यक्ति और रचनेवाली मनीषा का उल्लेख है।

अज्ञेय ने एक ओर छायावाद को अपने ढंग से जानने का प्रयत्न किया तो दूसरी ओर उसके विरोध की अगुआई भी की। 'पुष्करिणी' संकलन की भूमिका में उन्होंने छायावाद की पृष्ठभूमि का विवेचन करते हुए कहा है कि विदेशी शिक्षा के प्रभाव में पुराने भारतीय मूल्य लड़खड़ाने लगे थे और जो नैतिकता ईश्वर के इर्द-गिर्द घूमती थी, उसका स्थान एक 'मानवपरक नैतिकता' ने ले लिया था। महायुद्ध के बाद की स्थितियों ने भारतीय जीवन को और भी निराश किया और कवि के मन में एक गहरा अंतर्द्वंद्व उपस्थित हुआ। इसे अज्ञेय ने 'आध्यात्मिक व्याकुलता' नाम दिया है और वे छायावाद को इसी की अभिव्यक्ति का प्रयत्न मानते हैं। उन्होंने डॉ. नगेंद्र की तरह उसे इतिवृत्त काव्य के विरोध में उठने वाला विषयप्रधान अथवा सूक्ष्म के विद्रोह का काव्य-आंदोलन कहा। उसे व्यक्तिवादिताप्रधान काव्य कह कर अज्ञेय संभवतः 'व्यक्तिवाद' से अलगाना चाहते हैं, एक को 'स्व' से जोड़ते हैं, दूसरे को 'अहम्' से, एक में व्यक्ति की प्रधानता है, दूसरे में व्यक्तित्व की। वे 'पुष्करिणी' की भूमिका में इतना तो स्वीकार करते ही हैं कि ''छायावाद पश्चिम से प्रभावित नई व्यक्तिपरक दृष्टि का परिणाम था जिसने भाव, भाषा, छंद और शिल्प सभी को

नया संस्कार दिया। छंद, अलंकार, रस, ताल आदि की गतानुगतिका से उबारा। नई प्रतीक योजना स्थापित की''...आदि।

आरंभ में छायावाद के प्रति अज्ञेय का रुख बहुत असहानुभूतिपूर्ण नहीं था, पर ज्यों-ज्यों वे काव्य को रूमानी तेवरों से अलगाने की कोशिश में 'अहं' का ज्यादा सहारा लेने लगे, उनके दृष्टिकोण में बदलाव आया। वे यह मानकर चले कि आधुनिक साहित्य की शुरुआत के पहले हिंदी रचना विभिन्न आंदोलनों के माध्यम से सक्रिय रही है। मेरी समझ में रचना का समवेत स्वर एक स्वस्थ परंपरा है, क्योंकि इससे लेखक एक सांस्कृतिक दायित्व से बँधता है। अज्ञेय ने रचनाकार के स्वतंत्र व्यक्तित्व का आग्रह किया और उनका प्रसिद्ध प्रतीक 'नदी के द्वीप' उनके इस आशय को अच्छी तरह व्यक्त करता है :

किंतु हम हैं द्वीप
हम धारा नहीं हैं
स्थिर समर्पण है हमारा
किंतु हम बहते नहीं हैं
क्योंकि बहना रेत होना है
हम सदा से द्वीप हैं स्रोतस्विनी के
किंतु हम बहते नहीं हैं
हम बहेंगे तो रहेंगे ही नहीं...

रचनाकार की तटस्थता का आग्रह अज्ञेय ने अनेक रूपों में किया है और वे जो कभी विद्रोही कहे जाते थे, धीरे-धीरे किसी प्रकार के 'आत्मसमर्पण' का विरोध करने लगे। अज्ञेय की यह परिणति छायावाद को एक नए रूप में देखने के लिए बाध्य करती है। सामयिक भारतीय साहित्य में आधुनिक हिंदी काव्य के विषय में लिखते हुए उन्होंने छायावाद को वैयक्तिक विद्रोह करार दिया। उनकी दृष्टि में प्रसाद जैसे कवि मौलिकता का दावा नहीं कर सकते और छायावाद को भारतीय स्वच्छंदतावाद नाम से अभिहित करते हुए उन्होंने उसे अधिक महत्त्व नहीं दिया।[36] इस प्रकार अज्ञेय आरंभ में छायावादी काव्य को स्वीकारते हुए, क्रमशः उसे काँट-छाँट कर स्वयं को प्रतिष्ठित करने का प्रयत्न करते हैं। निर्वैयक्तिकता का उनका इलियटी आग्रह उन्हें छायावाद का विरोध करने के लिए बाध्य करता है, यद्यपि वे सामाजिक यथार्थ का भी विरोध उतनी ही उग्रता से करते हैं।

छायावाद का विरोध करते हुए प्रयोगवाद और नई कविता के कुछ समीक्षक कभी-कभी अपने ही बनाए व्यूह में फँस जाते हैं और उनके अंतर्विरोध उभर कर सामने आते हैं। मसलन, छायावाद के विषय में ऊँची आवाज में घोषित करना कि इसमें जीवन-यथार्थ का कोई संस्पर्श नहीं है। पर ये ही लोग प्रगतिवाद का विरोध करते सुने जाते हैं, जिसमें सामाजिक यथार्थ का ही नहीं, एक कदम आगे बढ़ कर

समाजवादी यथार्थ का आग्रह है। तब ये तथाकथित आधुनिकतावादी मानसिक यथार्थ अथवा भोगे हुए यथार्थ की बात करने लगते हैं, जो परोक्ष रूप से जीवन को टुकड़े-टुकड़े बाँट कर देखने की प्रक्रिया है। रचना में जीवन यदि अपनी समग्रता में नहीं आता, तो वह बेमानी हो जाता है और उस पर पाठक का विश्वास भी नहीं बैठता। छायावाद या किसी भी रचना-आंदोलन को समझने के लिए उन सामाजिक ऐतिहासिक सूत्रों की वस्तुपरक खोज एक अनिवार्यता है क्योंकि हर रचना अपने समय की उपज होती है। सामाजिक संदर्भों की सही पहचान और फिर रचना में उनकी ईमानदार खोज का काम सरल नहीं होता और यहीं प्रायः भूल हो जाया करती है।

छायावाद अपने समय की माँग पूरा करता हुआ आया और वह कुछ ऐतिहासिक, सामाजिक दबावों का स्वाभाविक परिणाम है। इसी संदर्भ में उसके प्रदेय और उसकी सीमाओं पर विचार करना उचित होगा। छायावाद का एक चरण निराला के प्रगतिशील काव्य तक जाता है जो इस बात का प्रमाण है कि रूमानी काव्य स्वयं अपनी सीमाओं को तोड़ सकता है। छायावाद के लिए स्वच्छंदतावाद शब्द का प्रयोग इसी दृष्टि से अधिक सार्थक प्रतीत होता है कि उसके कई पक्षों का आभास होता है, जबकि छायावादी कहने से वायवी प्रवृत्ति के व्यंग्य का बोध अधिक होता है। छायावाद के संबंध में जो काव्य-चिंतन उपलब्ध है, उसके अनेक शिविर हैं और वे सभी अपने-अपने नजरिए से हिंदी स्वच्छंदतावाद को व्याख्यायित करना चाहते हैं। मुख्यरूप से उनके कुछ वर्गों का संकेत किया जा सकता है : आरंभ में आचार्य शुक्ल का पुरुष वर्ग है उसके बाद छायावादी कवि-समीक्षा, जो मुख्यतया आत्मरक्षा के रूप में है। छायावाद के स्वच्छंदतावादी सांस्कृतिक व्याख्याता हैं जिन्होंने सहानुभूतिपरक रीति से उसे जानने-पहचानने की चेष्टा की। इसी क्रम में कुछ अकादमिक प्रयत्न भी हुए हैं। मार्क्सवाद से संबद्ध प्रगतिवादी समीक्षा जो छायावाद को पूँजीवाद और मध्यवर्ग से जोड़ते हुए भी उसकी उपलब्धियों को स्वीकारती है, विशेषतया निराला को। और अंत में छायावाद पर आक्रमण करनेवालों का वर्ग है जिसमें प्रयोगवादी, आधुनिकतावादी और नई कविता वाले लोग हैं। छायावाद युग पर नई सामग्री आई है जिसमें से कुछ अध्ययनशील ग्रंथों के रूप में हैं, जैसे केदारनाथ सिंह की कल्पना और छायावाद पुस्तक। छायावाद के पुनर्मूल्यांकन का प्रयत्न हिंदी समीक्षा की जागरूकता का प्रमाण है और रमेशचंद शाह की पुस्तक 'छायावाद की प्रासंगिकता' तथा अन्य दूसरे प्रयत्न इसी नई दिशा का संकेत करते हैं।

संदर्भ

1. रामचंद्र शुक्ल : हिंदी साहित्य का इतिहास, पृ. 566
2. नामवर सिंह : छायावाद, पृ. 10-11
3. हजारीप्रसाद द्विवेदी : हिंदी साहित्य, पृ. 460

4. नंददुलारे वाजपेयी : आधुनिक साहित्य, पृ. 15
5. रामचंद्र शुक्ल : हिंदी साहित्य का इतिहास, पृ. 573
6. शंभूनाथ सिंह : छायावाद युग (दृष्टिकोण), पृ. 2
7. श्री शारदा (जबलपुर) : 16 जुलाई 1920 ई., पृ. 278
8. प्रसाद : काव्य और कला तथा अन्य निबंध, पृ. 83
9. निराला : प्रबंध-प्रतिमा, पृ. 108
10. निराला : परिमल (भूमिका), पृ. 12
11. पंत : पल्लव (प्रवेश) पृ. 12-13
12. पंत : छायावाद, पुनर्मूल्यांकन, पृ. 36
13. महादेवी : गीतपर्व (वैचारिकी), पृ. 5-6
14. वही : वही, पृ. 16
15. नंददुलारे वाजपेयी : हिंदी साहित्य : बीसवीं शताब्दी (विज्ञप्ति), पृ. 12
16. नंददुलारे वाजपेयी : नया साहित्य : नए प्रश्न, पृ. 148
17. नंददुलारे वाजपेयी : आधुनिक साहित्य (छायावाद), पृ. 317
18. हजारीप्रसाद द्विवेदी : विचार-प्रवाह, पृ. 182
19. हजारीप्रसाद द्विवेदी : हिंदी साहित्य, पृ. 461
20. नगेंद्र : आधुनिक हिंदी कविता की मुख्य प्रवृत्तियाँ, पृ. 13
21. दिनकर : मिट्टी की ओर, पृ. 38
22. सोशलिस्ट रियलिज़्म इन लिटरेचर एंड आर्ट (सं.), पृ. 57
23. मैक्सिम गोर्की : ऑन लिटरेचर, पृ. 242
24. कार्ल मार्क्स-फ्रेडरिक एंगेल्स : लिटरेचर एंड आर्ट, पृ. 53
25. क्रिस्टोफर कॉडवेल : इल्यूज़न एंड रिएलिटी, पृ. 14
26. रामविलास शर्मा : निराला, पृ. 207
27. रामविलास शर्मा : साहित्य और संस्कृति, पृ. 5
28. नामवरसिंह : छायावाद, पृ. 142
29. मुक्तिबोध : कामायनी, एक पुनर्विचार पृ. 59
30. मुक्तिबोध : नई कविता का आत्मसंघर्ष, पृ. 85
31. मुक्तिबोध : नए साहित्य का सौंदर्यशास्त्र, पृ. 33
32. रेखा अवस्थी : प्रगतिवाद और समानांतर साहित्य, पृ. 98
33. देवराज : छायावाद का पतन, पृ. 6
34. रामस्वरूप चतुर्वेदी : अज्ञेय और आधुनिक रचना की समस्या, पृ. 3
35. रामस्वरूप चतुर्वेदी : हिंदी साहित्य और संवेदना का विकास, पृ. 147
36. स. ही. वात्स्यायन (सं.) कॉण्टेम्पोरेरी लिटरेचर, पृ. 77-78

अध्याय तीन

हिंदी स्वच्छंदतावाद का स्वरूप

हिंदी स्वच्छंदतावादी काव्य अपनी मुख्य यात्रा बीसवीं शती के दूसरे दशक के लगभग अंत में शुरू करता है और चौथे दशक तक अपना सर्वोत्तम सृजन देता है। इस प्रकार, समय की माप में बीस वर्षों के भीतर आधुनिक काव्य की रूमानी प्रवृत्तियाँ हिंदी काव्य में नए कीर्तिमान स्थापित करती हैं। कुछ समीक्षक यूरोपीय विशेषतया अंग्रेजी काव्य की तर्ज पर इसे दो महायुद्धों के बीच का काव्य कहना चाहते हैं। पर भारत ने इन महायुद्धों को निकट से नहीं देखा, इसलिए स्वच्छंदतावाद में उसके वैसे प्रत्यक्ष दृश्य नहीं मिल सकते जैसे कि पश्चिम की रचनाओं में। यह भी जानने योग्य है कि दो महायुद्धों के बीच यूरोप रूमानी प्रगतियों को नकारता हुआ, काव्य की नई धाराओं को जन्म देने की तैयारी में था। हिंदी में स्वच्छंदतावादी काव्य का उदय हो रहा था। सन् 1930 ई. के आस-पास पश्चिम में नवलेखन का वातावरण बनता है, जबकि हिंदी में झरना (प्रथम संस्करण : 1918 ई., दूसरा 1927 ई.), परिमल (1929 ई.), पल्लव (1926 ई.) का समय था। वास्तव में, हिंदी स्वच्छंदतावादी काव्य के बनने में बाहरी प्रभावों की अपेक्षा देश के सामाजिक-सांस्कृतिक दबाव अधिक ध्यान देने योग्य हैं।

हिंदी स्वच्छंदतावाद एक परतंत्र देश की उपज है, इसलिए उसकी बनावट यूरोपीय रूमानी आंदोलन से भिन्न है। 1857 ई. में अंग्रेजों ने अपनी जड़ें भारत में जमा ली थीं और साम्राज्यवाद ने अपना वह वृत्त पूरा कर लिया था, जिसे लगभग सौ वर्ष पूर्व प्लासी का युद्ध जीत कर शुरू किया गया था। राजनीतिक दृष्टि से भारत पराजित था और जन-सामान्य में हीनता का भाव भी था, पर इतिहास का यह विलक्षण तथ्य है कि नितांत पराभूत, थके-हारे क्षणों में भी जातियों की जिजीविषा सक्रिय रहती है। मध्ययुग में भक्ति काव्य ने हिंदी को अपना सर्वोत्तम दिया, जबकि राजनीति की दृष्टि से वे देश के लिए पराजय के क्षण थे। इसी प्रकार उन्नीसवीं शती के उत्तरार्ध में विदेशी सत्ता के संपर्क से नया ज्ञान-विज्ञान देश में आने लगा था। कुल मिला

कर लोगों की राय है कि इससे बुद्धिजीवी वर्ग में क्रमशः एक नई चेतना आ रही थी और इतिहासकारों ने इसे भारतीय नव-जागरण कह कर संबोधित किया है। पर इसमें भारतीय राजनीति का नया परिवेश भी सहायक है।

भारतीय नवजागरण

भारतीय नवजागरण की शुरुआत उन्नीसवीं शती से हो जाती है। बंगाल ने उसमें मुख्य भूमिका अदा की और भारत का जो सामाजिक ढाँचा उस समय था, उसमें ये आंदोलन व्यक्ति-प्रयासों के रूप में आरंभ हुए तथा धीरे-धीरे उन्होंने भारतीय मानस को प्रभावित किया। मार्क्स ने 'भारत में ब्रिटिश राज' और 'भारत में ब्रिटिश राज के भावी परिणाम' शीर्षक दो लेख 1853 ई. में लिखे थे जिनमें वे उन लोगों का विरोध करते हैं, जो भारत में किसी स्वर्णयुग की कल्पना करते हैं। नई स्थितियों पर विचार करते हुए वे कहते हैं कि अंग्रेज अपने साथ एक औपनिवेशिक सत्ता लाए। उन्होंने यहाँ का सामाजिक ढाँचा तोड़ा और भारत अपने पिछले इतिहास से कटता गया। मार्क्स ने भारतीय समाज के अंतर्विरोधों का जिक्र करते हुए लिखा है कि एक ओर यहाँ का निम्नवर्ग गरीबी से लड़ता है दूसरी ओर यह इतना आभूषणप्रिय है कि सोने-चाँदी के बिना इसका काम नहीं चलता। देश में जो ग्राम-व्यवस्था थी उसने इसे नए आंदोलनों से दूर रखा। अंग्रेजों ने हर दृष्टि से भारत का शोषण किया : यहाँ का कच्चा माल ब्रिटेन जाता था जिससे वहाँ के कल-कारखाने चलते थे और वही माल भारत में महँगे दामों पर बेचा जाता था। मार्क्स की व्याख्या है भारतीय बुनकर और सूत कातने वाले दोनों का सफाया करके उन छोटे-छोटे अर्द्ध-बर्बर तथा अर्द्धसभ्य समुदायों को, उनका आर्थिक आधार तोड़ कर, मिटा दिया और इस प्रकार एशिया में सबसे बड़ी और सच कहें तो एकमात्र सामाजिक क्रांति पैदा की।''[1] अर्थात् भारत ने पूँजीवाद युग में प्रवेश किया और मध्यवर्ग भी सक्रिय हुआ।

भारतीय सामाजिक ढाँचे के लड़खड़ाने का एक प्रभाव यह हुआ कि गाँव की स्वयं-संपूर्ण इकाइयाँ टूटने लगीं और वहाँ मुद्रा का प्रचलन हुआ। पर इसका यह मतलब नहीं कि अंधविश्वासों, रूढ़ियों और जात-बिरादरी में बुरी तरह फँसे हुए भारतीय समाज में किसी बड़े बदलाव की गुंजायश थी। मार्क्स ने भारत में ब्रिटिश राज के भावी परिणामों का संकेत करते हुए बताया कि अंग्रेजों ने भी अनुभव किया कि भारत में उत्पादन की क्षमताएँ बढ़ानी होंगी। इसके लिए यातायात के साधन के रूप में रेल की पटरियाँ बिछीं और खेती बढ़ाने के लिए सिंचाई की ओर ध्यान दिया गया। इससे ग्राम-समाज का अलगाव थोड़ा कम हुआ। मार्क्स का निष्कर्ष है : ''हम आश्वस्त भाव से यह आशा कर सकते हैं कि भविष्य में, कुछ कम या ज्यादा लंबे अरसे के बाद, उस महान् और दिलचस्प देश (भारत) का पुनरुत्थान होगा, जिस देश के सुशील लोग, प्रिंस साल्तिकोव के शब्दों में, सबसे निचले वर्गों में भी पैनी

बुद्धिवाले और कुशल होते हैं, जिनकी पराधीनता में भी एक विशेष शांत औदार्य होता है...।" अठारहवीं-उन्नीसवीं शती के पूर्व भारत पूर्णतया एक सामंत-युग में जीता रहा यद्यपि पश्चिम औद्योगिक व्यावसायिक क्रांति देख चुका था। अमरीका में नई पूँजीवादी सभ्यता की शुरुआत हो चुकी थी और फ्रांस प्रजातंत्र की घोषणा कर चुका था। यूरोप में धर्म के बंधन ढीले पड़ रहे थे और मानववादी विचारधाराएँ जोर पकड़ रही थीं। विज्ञान नए सत्य को प्रतिपादित करने में जुटा था। पर भारत अब भी लगभग मध्ययुग की प्रवृत्तियों में जी रहा था। ब्रिटिश सत्ता ने भारत में जिस पूँजीवाद के बीज डाले उससे देश का शोषण तो बहुत हुआ, पर एक नई उथल-पुथल की शुरुआत हुई। इससे राजनीतिक चेतना विकसित हुई और स्वतंत्रता आंदोलन तीव्र हुआ।

प्रायः भारत में ब्रिटिश प्रभाव का सरलीकरण किया जाता है। उसे आचार-विचार, भाषा-साहित्य, खान-पान के प्रभाव रूप में देखा जाता है, या फिर उसे नए तौर-तरीकों से जोड़ दिया जाता है। यहाँ तक कहा जाता है कि ब्रिटिश सत्ता यहाँ न आई होती तो भारत में राष्ट्रीयता का उदय ही न हुआ होता। मार्क्स ने भारतीय स्वतंत्रता की पहली लड़ाई से लगभग चार वर्ष पूर्व 1853 ई. में इतनी दूर बैठ कर भारत में ब्रिटिश राज के बारे में जो टिप्पणियाँ की थीं, वे इसी दृष्टि से ध्यान देने योग्य हैं कि एक पूँजीवाद युग की शुरुआत होती है। ब्रिटिश सत्ता ने भारत में अपना शासन एक व्यापारी के रूप में शुरू किया था, पर प्लासी के युद्ध (1757 ई.) में विजय प्राप्त कर वे धीरे-धीरे आगे बढ़ते रहे और 1857 ई. में उन्होंने अपने राज्य को स्थायी कर लिया। इस प्रकार, भारत में ब्रिटिश राज का एक कदम 1757 ई. तक है, दूसरा 1857 ई. तक और तीसरा उसके बाद का। आरंभ में व्यापार-राजनीति का मिला-जुला रूप है। दूसरे में राज्य विस्तार की कामना है और तीसरे में शासन-व्यवस्था के सहारे उसे स्थायी बनाने की चेष्टा।

भारतीय समाज आधुनिक युग में भी मध्ययुगीन ढंग से जीने का अभ्यस्त रहा है और अनेक छोटे-छोटे टुकड़ों में बँटा होने के कारण, लगभग खंडित। जाति, भाषा, संप्रदाय के नाम पर विभाजित और गाँवों में बसने के कारण—एक दूसरे के संपर्क से दूर। अंधविश्वासों और रूढ़ियों को जीवन-सत्य मानता हुआ वह शताब्दियों तक उसी में जीता रहा। जब ब्रिटिश सत्ता यहाँ आई तब नए ज्ञान-विज्ञान की शुरुआत सबसे पहले ईसाई पादरियों द्वारा हुई। यह कहना सच्चाई से बचना होगा कि ईसाई प्रचारकों ने राजनीतिक प्रश्रय का लाभ उठा कर धर्म-परिवर्तन कराया। वास्तव में भारतीय जनता का निम्नवर्ग ऐसी बुरी स्थिति में पहुँच गया था कि उसे अनेक विवशताओं में ईसाई धर्म की शरण लेनी पड़ी। वहाँ जाकर उन्हें आर्थिक आधार मिला और सम्मान से जी सकने का एक रास्ता भी। हिंदू समाज की कुरीतियों का पूरा लाभ नए धर्म ने उठाया।

समाज की पुरानी व्यवस्था सड़-गल गई है और उसमें परिवर्तन की आवश्यकता है इसका अनुभव तो उन्नीसवीं शती के पहले भी किया गया, पर धर्म का ऐसा आतंक रहा है कि किसी क्रांतिकारी कदम के लिए गुंजायश नहीं। राजा राममोहन राय (1774-1833) को आधुनिक भारत का महान् समाजसुधारक कहा जाता है। उन्होंने आत्मीय सभा, यूनिटेरियन सोसायटी, वेदांत कालेज आदि की स्थापना की। 1828 ई. में ब्राह्म समाज बनाकर राजा राममोहन राय हिंदू धर्म में सुधारों की चेष्टा करना चाहते थे। आरंभ में भारतीय समाज-व्यवस्था को बदलने की जो कोशिश हुई, उसकी कुछ बातें ध्यान देने योग्य हैं। जिन लोगों ने अनुभव किया कि भारतीय समाज में बदलाव आना चाहिए, उन्होंने प्रायः हिंदू समाज को अपना लक्ष्य बनाया। समाज सुधार की भावना से प्रेरित ये लोग उच्चवर्ग से आए थे और इन्हें अभिजात वर्ग का समर्थन मिला। ये धर्म को साथ लेकर चले क्योंकि इन्होंने यह अनुभव किया कि इस धर्म भीरु देश में इसके बिना काम नहीं चलेगा। ये समाज को बदलने की प्रेरणा से काम करने वाले लोग किसी क्रांतिकारी बदलाव के लिए तैयार नहीं थे और एक तरह का समझौतावादी रुख लेकर चले। पर इनमें सांप्रदायिक दृष्टि नहीं थी और ये व्यापक उदार दृष्टिकोण रखते थे, यद्यपि इन्होंने समग्र भारतीय समाज की अपेक्षा हिंदू समाज को अपने दृष्टिपथ में रखा। यह जनता को साथ लेकर कम चल पाए इससे इनका प्रभाव सीमित रहा। बंगाल में नवजागरण की शुरुआत हुई जहाँ इसका पूरा जोर रहा क्योंकि वहाँ के समाज ने ब्रिटिश सत्ता का संपर्क सबसे पहले प्राप्त किया। राममोहन राय द्वारा स्थापित ब्राह्म समाज में देवेंद्रनाथ ठाकुर, केशवचंद्र सेन आदि ने महत्त्वपूर्ण काम किया। बाद में कुछ ऐसी स्थितियाँ उपजीं कि उसमें विदेशी तत्त्व अधिकाधिक मात्रा में प्रवेश करते गए और वह जनता का आंदोलन नहीं बन पाया।

रामकृष्ण : विवेकानंद

बंगाल में नवजागरण की जो लहर आई उसमें रामकृष्ण परमहंस (1836-86 ई.) और स्वामी विवेकानंद (1863-1902 ई.) की प्रभावी भूमिका है। रामकृष्ण को भारतीय आध्यात्मिक जागरण का प्रबल स्तंभ कहा जाता है। वे अभिजात वर्ग के प्रतीक नहीं थे और शिक्षा-दीक्षा के नाम पर केवल उनके पास आध्यात्मिक शक्ति थी। इसीलिए वे पुस्तकों का आधार न लेकर, अपने ही सहारे आगे बढ़े। उनका व्यक्तित्व देसी था और उन्होंने सामाजिक आंदोलनों की अगुआई करने की अपेक्षा आध्यात्मिक जागरण में अधिक रुचि ली। वे पांडित्य के बजाय अनुभूति की शक्ति पर भरोसा रखते थे और इसीलिए उन्होंने साधना का आग्रह किया। रामकृष्ण का कथन है कि ईश्वर और सत्य को बुद्धि एवं तर्क से पाना या प्रमाणित करना व्यर्थ है। उससे निकट साक्षात्कार के लिए अनुभूति के स्तर पर उससे मिलना होगा। कुछ-कुछ कबीर

जैसा मत कि पंडित पोथियों की बात करते हैं और कबीर 'आँखिन देखी'। धर्म और ईश्वर के संबंध में स्वामी रामकृष्ण के इस अनुभूति-संबंधी आग्रह के कई कारण हो सकते हैं। आत्म-साक्षात्कार द्वारा धर्म के पाखंड रूप, कर्मकांड का निषेध होता है और धर्म पुजारियों, कर्मकांडियों, महंतों के हाथों से निकल कर व्यक्ति के पास पहुँचता है। वैयक्तिक जीवन में रामकृष्ण ने शुचिता प्राप्त की और अपने संपर्क में आनेवाले व्यक्तियों को प्रभावित किया। वे हिंदू धर्म की कट्टरता के बजाय सभी धर्मों के प्रति उदार दृष्टि रखनेवाले व्यक्ति थे।

रामकृष्ण के योग्य शिष्य विवेकानंद ने भारतीय नवजागरण को एक नई दिशा दी। वे जीवन के चालीस वर्ष भी न पूरे कर पाए, पर अपनी छोटी आयु में उन्होंने रामकृष्ण के आध्यात्मिक जागरण को प्रचारित-प्रसारित किया, उसे व्यावहारिक स्वरूप देने का महत्त्वपूर्ण कार्य किया। वे एक सुशिक्षित व्यक्ति थे और उन्हें महाविद्यालयीय शिक्षा मिली थी। नए ज्ञान-विज्ञान से उनका परिचय था और वे वाणी-लेखनी दोनों पर समान अधिकार रखते थे। उन्होंने ईमानदारी से अनुभव किया कि हिंदू समाज को रूढ़िमुक्त होना है और इसके लिए कर्मठता की अपेक्षा है। केवल चिंतन-मनन से काम नहीं चल सकता, ठोस कदम उठाने होंगे। 1893 ई. में शिकागो में जो सर्वधर्म सम्मेलन हुआ था, उसमें विवेकानंद ने भारत के सम्मान की रक्षा की। पश्चिम यह मान बैठा था कि भारत (जिसे वह हिंदू जाति का पर्याय तक मानने की भूल करते हैं) एक पराजित देश है और यहाँ के समाज में कोई क्षमता अब शेष नहीं, क्योंकि वह विदेशी सत्ता का गुलाम है। पर शिकागो में विवेकानंद ने स्वाभिमान का जो परिचय दिया, उससे भारतीय राष्ट्रीयता का संकेत मिलता है। उन्होंने संपूर्ण आत्मविश्वास से पराधीन देश की हीन भावना से मुक्त होकर भारतीय सभ्यता संस्कृति की व्याख्या की। प्राचीन भारतीय पौराणिकता को लेकर प्रायः विदेशों में व्यंग्य किए जाते रहे हैं। विवेकानंद ने धर्म, इतिहास, दर्शन की आधुनिक व्याख्या की और प्रमाणित किया कि भारतीय समाज की जिजीविषा अभी जीवित है।

विवेकानंद ने धर्म को नए आलोक में देखा और वे उसके आधुनिक व्याख्याता हैं। उन्होंने उसे एक नई परिभाषा दी और उसे जीवन से जोड़ने का प्रयत्न किया। उनके सामने पश्चिम का भौतिकवादी जीवन था, इसकी तुलना में उन्होंने भारतीय दर्शन के आध्यात्मिक एवं नैतिक पक्ष को प्रस्तुत किया। भोगविलास की अनियंत्रित दौड़ का उन्होंने विरोध किया, उसके स्थान पर आध्यात्मिक शक्ति का आग्रह किया। पर यह आध्यात्मिकता उनके लिए कोई वायवी, निराकार वस्तु नहीं है, उन्होंने इसे रूपायित किया। उन्हें भारत की सामयिक अवस्था का गहरा एहसास था और वे भारतीय समाज को एक नया मोड़ देना चाहते थे। उन्होंने अपने देश की जर्जर अवस्था की ओर संसार का ध्यान आकृष्ट करना चाहा। कई मायनों में विवेकानंद नवजागरण के सबसे सार्थक हस्ताक्षर हैं। स्वयं संन्यास का वरण करते हुए भी उन्होंने निवृत्ति

अथवा जीवन से पलायन पर बल नहीं दिया। वे भौतिकवादी लिप्सा के विरोधी थे और उच्चतर मानव-मूल्यों की तलाश के लिए उन्होंने अथक प्रयत्न किया। वे सामाजिक बदलाव के हिमायती थे और भारतीय इतिहास की लंबी परंपरा पर उन्होंने दृष्टि डाली (विवेकानंद साहित्य (10) 'भारत का ऐतिहासिक क्रम-विकास' लेख) तथा उसकी पुनर्व्याख्या की। उन्होंने हिंदू धर्म को कूपमंडूकता से उबारना चाहा, पर यहाँ विवेकानंद की दृष्टि अन्य संकुचित हिंदू रूढ़िवादियों से भिन्न थी। वे अपनी राष्ट्रीय भावना में मानववादी दृष्टि से परिचालित थे और उन्होंने वेदांत का भी नया विश्लेषण किया।

विवेकानंद के लिए वेदांत कोई पंडिताऊ चीज नहीं है, जिसे ग्रंथों से जाना-परखा जा सकता है। वह मानव-मात्र के प्रति सदाशयता के भाव से उत्पन्न वस्तु है। उन्होंने कहा कि वेदांत धार्मिक विचारों में स्वतंत्रता का हिमायती है और इसलिए इस देश में धार्मिक सहिष्णुता रही है। वे मानते हैं कि सामयिक परिस्थितियों में वेदांत के व्यावहारिक पक्ष की आवश्यकता है और इसके लिए उन्होंने गीता के उद्धरण दिए। उनके शब्दों में : "वेदांती नैतिकता का यही सारांश है—सबके प्रति साम्य... ।" अर्थात् विवेकानंद भारतीय दर्शन, विशेषतया वेदांत की जो व्याख्या करना चाहते हैं, उसमें उनके सामने परतंत्र भारत का चित्र मौजूद है। देश की गुलामी के बावजूद विवेकानंद आशान्वित थे और उनकी आशा का केंद्र भारत की वही आध्यात्मिक चेतना थी, जिसने उसे संघर्षों में भी जीवित रखा। उन्हीं के शब्द हैं : "भारत की वह सजीवता अभी भी आक्रांत नहीं हुई है। उन्होंने उसका त्याग नहीं किया है, वह आज भी बलशाली है, अंधविश्वासों के बावजूद भी। वहाँ भयानक अंधविश्वास हैं, उनमें से कुछ अत्यंत जघन्य एवं घृणास्पद—चिंता न करो उनकी ! पर राष्ट्रीय जीवन-धारा जाति का ध्येय अभी भी जीवित है।"[2] वास्तव में विवेकानंद रवींद्र के समान नए भारत की एक कल्पना अपने मानस में सँजोए हुए थे और गहन दार्शनिक विचारों के योगी होते हुए भी वे इतने आत्मलीन कभी नहीं हुए कि देश उनकी आँख से ओझल हो जाए। भारतीय नवजागरण में विवेकानंद का महत्त्वपूर्ण प्रदेय है क्योंकि उन्होंने व्यापक मानवीय चेतना का प्रचार-प्रसार किया।

भारत में हिंदू जाति की प्रधानता के कारण प्रायः उसे ही ध्यान में रख कर सामाजिक बदलाव की बात की जाती रही है। पर यह भुला दिया जाता है कि आदिवासी तथा भारत की कई पिछड़ी जातियाँ ऐसी हैं जो हिंदू जाति का जीवित हिस्सा नहीं बन पातीं और सवर्णों की तुलना में उनकी स्थिति काफी बुरी है। इसके अतिरिक्त मध्ययुग में मुसलमान, पठान आदि जो जातियाँ यहाँ आईं वे यहीं बस गईं और धीरे-धीरे उनकी संख्या बढ़ती रही। उन्हें अलग करके किसी राष्ट्रीयता की चर्चा करना उचित नहीं प्रतीत होता। आरंभ में हिंदू जाति को ध्यान में रख कर ही सामाजिक सुधार की बात की गई। ब्राह्म समाज और उसकी शाखा प्रार्थना-समाज में विधवा-विवाह तथा स्त्री-शिक्षा का समर्थन और बाल-विवाह आदि का विरोध हुआ। दयानंद सरस्वती

ने 1875 ई. में आर्यसमाज की स्थापना की जिसका मुख्य ध्येय वेदों का प्रचार-प्रसार और हिंदुत्व की रक्षा था। आर्यसमाज ने कोशिश की हिंदू जाति को हीन भावना से उबारा जाए और इसके लिए प्राचीन परंपरा, विशेषतया वैदिक वाङ्मय का सहारा लिया गया। पर इसका एक परिणाम यह हुआ कि हिंदू जाति ने हर बात में वेदों का हवाला देना आरंभ किया और उसके लिए नए विचारों का संधान करना कठिन हो गया। आर्यसमाज ने स्वयं को हिंदू जाति तक सीमित रखा, इसलिए उस पर सांप्रदायिकता के आक्षेप तक किए गए।

जहाँ पर नाना प्रकार की जातियाँ वास करती हैं और मुख्य जाति हिंदू भी अनेक उपजातियों में बँटी है, वहाँ हिंदू राष्ट्रीयता की बात इतिहास के विद्यार्थी को ठीक नहीं मालूम होगी। उन्नीसवीं-बीसवीं शताब्दी में हिंदुओं की कई ऐसी उपजातियाँ रही हैं, जिन्हें आदिवासी तथा पिछड़े वर्ग का कहा जाता है, जिन्होंने नई सभ्यता के दर्शन तक नहीं किए। वे अपने को ब्राह्मण, क्षत्रिय, वैश्यों के संपन्न वर्ग से जोड़ नहीं पातीं। शूद्र, अछूत, धोबी, नाई, चमार, कहार आदि कई ऐसे तबके हैं जो नाममात्र के लिए हिंदू हैं पर उनकी आर्थिक, सामाजिक स्थिति चिंताजनक है और वे केवल उच्च वर्गों का बोझ ढोते हैं। ऐसी स्थिति में हिंदू जाति के आधार पर यदि कोई राष्ट्रीयता विकसित की जाए तो वह अपूर्ण होगी। राष्ट्रीय स्वयं सेवक संघ जैसे हिंदू राष्ट्रवाद का दावा करने वाले आंदोलन इसी कारण देश की राजनीति में महत्त्वपूर्ण भूमिका नहीं अदा कर पाते। भारतीय समाज सुधारकों ने शीघ्र ही यह अनुभव कर लिया था कि हिंदू राष्ट्रवाद अथवा केवल हिंदू पुनरुत्थान से राष्ट्रीयता का स्वप्न पूर्ण नहीं हो सकता। स्वयं हिंदू अनेक उपजातियों में विभाजित है। इसलिए आगे चल कर अधिकांश समाज सुधारकों ने धार्मिक सहिष्णुता का आग्रह किया। सर्व-धर्म-समन्वय की भावना लेकर श्रीमती ऐनीबेसेण्ट ने उन्नीसवीं शती के लगभग अंत में थियोसॉफिकल सोसायटी के आंदोलन को गति दी और उन्होंने भारतीय राजनीति में सक्रिय रुचि ली। थियोसॉफी के आदर्श ऊँचे थे और सब धर्मों के समन्वय की भावना भी अच्छी है, पर प्रायः इसके समर्थक बुद्धिजीवी वर्ग के थे, इसलिए वे जनता तक नहीं पहुँच पाए। अरविंद दर्शन ने भी भारतीय अध्यात्म को उजागर करने की चेष्टा की।

राष्ट्रीयता का स्वरूप और गांधी युग

परतंत्र देश के समाज सुधारकों को यह एहसास था कि स्वाधीनता पाने के लिए सबसे पहले भारतीय समाज-व्यवस्था में सुधार करने होंगे। आरंभ में समाज सुधार की भावना हिंदू जाति को केंद्र में रख कर विकसित हुई और राजनीति में उसकी अधिक रुचि नहीं थी, पर धीरे-धीरे राजनीतिक पक्ष का आग्रह बढ़ता गया। स्वामी विवेकानंद जिस सांस्कृतिक आंदोलन के प्रमुख नायक हैं, उसे राजनीति के क्षेत्र में लोकमान्य बालगंगाधर तिलक में देखा जा सकता है। तिलक बुद्धिजीवी राजनीतिज्ञ

थे और असाधारण विद्वान् थे। गीता पर अनेक टीकाएँ उपलब्ध हैं, पर तिलक ने 'गीता-रहस्य' में जो कर्मयोगी विवेचना की, उसने भारतीय राजनीति तक को प्रभावित किया। तिलक ने प्रवृत्तिमार्गी कर्मयोग देखा और उसे एक नई व्याख्या दी। आरंभिक प्रसंग को लेते हुए 'गीता रहस्य' में कहा गया है कि विषाद-मग्न अर्जुन को वैराग्य मार्ग की ओर कृष्ण कदापि नहीं जाने दे सकते थे। वे चाहते थे कि अर्जुन वीर, साहसी के समान संघर्ष करे। यह पलायन वृत्ति का स्पष्ट विरोध है। तिलक ने अपने समाज को बदलने में गहरी रुचि ली और वे प्रखर विचारों के राजनीतिज्ञ हैं। गांधी युग के पूर्व की राजनीति के वे सबसे प्रभावशाली सूत्रधार हैं।

तिलक ने भारतीय राजनीति को राष्ट्रीयता का सबसे प्रखर नारा दिया—'स्वतंत्रता हमारा जन्मसिद्ध अधिकार है और मैं इसे लेकर रहूँगा।' वे राजनीति में किसी समझौतावाद के विरुद्ध थे और उन्हें अरविंद, लाला लाजपतराय, विपिनचंद्र पाल का समर्थन प्राप्त था। इन सबने स्वदेशी का आंदोलन चलाया और इसमें तिलक के 'केसरी' पत्र ने शानदार भूमिका का निर्वाह किया। 1885 ई. के लगभग अंत में इंडियन नेशनल काँग्रेस का जन्म हुआ था। आरंभ में यह एक उदारपंथी संस्था थी और चाहती थी कि ब्रिटिश सत्ता से कोई समझौता हो जाए ताकि किसी संवैधानिक ढाँचे में देश को स्वतंत्रता मिल जाए। पर 1907 ई. में सूरत अधिवेशन के अवसर पर काँग्रेस दो दलों में विभाजित हो गई और तिलक ने उस गरम दल का नेतृत्व किया जिसके लोग संपूर्ण स्वतंत्रता के पक्षधर थे। तिलक ने महाराष्ट्र में गणपति उत्सव का उपयोग राष्ट्रीय भावना प्रचारित करने के लिए किया। भारतीय राजनीति को उनका महत्त्वपूर्ण प्रदेय है कि वे राष्ट्रीय चेतना को जन-जीवन तक ले आने में सफल हुए। जो राजनीति केवल उच्चवर्ग या अधिक-से-अधिक मध्यवर्ग तक केंद्रित थी, उसमें तिलक ने साधारण जनता को सम्मिलित करना चाहा।

भारतीय राजनीति में उग्रपंथी बहुत सफल नहीं हो पाए और उनका आंदोलन दूर तक नहीं चला। इसमें तिलक जैसे गरम दल वालों के अतिरिक्त क्रांति और अस्त्र-शस्त्र से आज़ादी पाने की चेष्टा करने वाले लोगों को भी सफलता नहीं मिली। गोखले आरंभ से ही भारतीय राजनीति में नरम दल के नेता थे और चाहते थे कि समझौते से स्वतंत्रता को वैधानिक तरीकों से प्राप्त किया जाए। 1915 ई. में गांधी पूर्व अफ्रीका से आए और धीरे-धीरे स्वयं को भारतीय राजनीति में स्थापित किया। 1919 ई. में रौलेट एक्ट के विरोध में गांधी ने सत्याग्रह प्रारंभ किया। उन्हें दिल्ली में पकड़ कर बंबई भेज दिया गया, इसी के बाद जनता भड़क उठी और पुलिस ने अत्याचार किए। गांधी ने सारा दोष अपने माथे स्वीकार कर, सविनय अवज्ञा आंदोलन वापस ले लिया।[3] उन्होंने कहा कि बिना पूरी तैयारी के जनता को सत्याग्रह में सम्मिलित करने के कई खतरे हैं। इसके बाद भी ब्रिटिश शासन का दमन-चक्र चलता रहा और पंजाब में जलियाँवाला का भीषण संहार हुआ। गांधी बीसवीं शती

की भारतीय राजनीति के संचालक हैं और जब तक देश स्वतंत्र नहीं हुआ, वे इसके सर्वमान्य नेता रहे।

गांधी ने सत्याग्रह, असहयोग आंदोलन के साथ अहिंसा का जो दर्शन अपनाया, उसे राजनीति में एक आध्यात्मिक तत्त्व कहा जाएगा। सत्याग्रह अथवा अहिंसा व्यक्तिगत स्तर पर कई बार अपनाए गए हैं और बौद्ध-जैन दर्शन में करुणा की स्वीकृति है, पर परतंत्र राष्ट्र को अहिंसा का पाठ पढ़ाने का यह गांधीवादी प्रयोग इतिहास की विलक्षण घटना है। कुछ लोगों का यह भी विचार है कि इससे राजनीति में क्रांतिकारी शक्तियाँ क्षीण हुईं। कुछ भी हो, व्यक्ति के रूप में गांधी ने अपने नैतिक आध्यात्मिक बल से 'महात्मा' का पद प्राप्त किया और वे राष्ट्रपिता कहलाए। गांधी के राजनीतिक जीवन में कई चुनौतियाँ आईं और स्वतंत्रता-आंदोलन को ठीक दिशा देने में उन्हें जनता का आक्रोश नियंत्रित करना पड़ा। समाज की पिछड़ी जातियों विशेषतया हरिजनों को ऊपर उठाने के लिए उन्होंने अथक प्रयत्न किया। उनके मार्ग में एक बाधा अल्पसंख्यकों विशेषतया मुसलमानों के नेता थे, जो अपने वर्ग के लिए पाकिस्तान की माँग कर रहे थे। गांधी ने बड़ा प्रयत्न किया कि कौमी एकता बनी रहे, पर ब्रिटिश साम्राज्यवाद और देशी पूँजीवाद ने ऐसा न होने दिया। गांधी ने भारतीय राष्ट्रीयता को एक आध्यात्मिक नैतिक आधार देकर देश को संगठित किया और उनका व्यक्तित्व एक महात्मा के रूप में स्वीकारा गया।

भारतीय राजनीति ने देश की आज़ादी के पूर्व कई मोड़ देखे। कहा जाता है कि 1919 ई. में गांधी ने असहयोग आंदोलन को वापस लेकर भूल की। इससे जनता का मनोबल गिरा और पूरे देश में एक अवसाद भाव छा गया। जनता को लगा कि आज़ादी कभी नहीं आएगी और देश इसी तरह अंधकार में भटकता रहेगा। पर गांधी ने अपने व्यक्तित्व से बार-बार जनता में नया उत्साह भरने की चेष्टा की। इसी बीच स्वराज्य पार्टी, मुस्लिम लीग, कम्युनिस्ट पार्टी (1924 ई.) आदि का उदय हुआ। लीग ने मुसलमानों का प्रतिनिधि होने का दावा किया, यद्यपि अल्पसंख्यकों के कई महत्त्वपूर्ण नेता काँग्रेस के साथ थे। साम्यवादी दल के उदय से भारतीय राजनीति में समाजवादी विचारों का प्रसार हुआ और काँग्रेस में भी समाजवाद के समर्थक व्यक्ति थे। इसमें संदेह नहीं कि जहाँ तक राष्ट्रीय भावना का प्रश्न है, काँग्रेस देश की राजनीतिक अगुआई करती रही पर अपनी साम्राज्यवादी नीति के कारण ब्रिटिश सत्ता 'फूट डालो और राज्य करो' की राह पर चलती रही।

बीसवीं शती में जो राष्ट्रीयता देश में पनपी उसका स्वरूप समझने से हिंदी स्वच्छंदतावादी आंदोलन की ठीक पहचान में सहायता मिल सकती है। पहले कहा जा चुका है कि उन्नीसवीं शती के आरंभ से ही देश में नवजागरण के चिह्न दिखाई देने लगे थे, जिसमें बंगाल ने मुख्य भूमिका निभाई। कहा जा सकता है कि भारतीय इतिहास के मध्ययुग में ऐसा ही आंदोलन दिखाई दिया था, जब दक्षिण के आलवार

संतों ने ईश्वर तथा जन-सामान्य की निकटता के लिए अपने भाव-भरे गीतों का प्रचार किया। विद्वानों ने भक्तिकाव्य को जन-आंदोलन कह कर संबोधित किया है, जो दक्षिण से उत्तर और बंगाल असम से राजस्थान तथा समस्त उत्तर भारत में एक साथ व्याप गया। उन्नीसवीं शती के सुधारवादी आंदोलन आरंभ में व्यक्ति-प्रयासों के रूप में आगे बढ़े और गांधी युग तक आते-आते वे जन-आंदोलन बन गए। आरंभ में जनता ने कम रुचि ली, क्योंकि प्रायः उच्च वर्ग के लोग उसमें सम्मिलित थे। पर बीसवीं शताब्दी ने देखा कि सामान्य जनता और मध्यवर्ग ने उसमें हिस्सेदारी की।

भारतीय राष्ट्रीयता का एक छोर सामंतवाद से जुड़ा हुआ है, जिसमें अक्सर हिंदू राष्ट्रीयता की बात की जाती रही है। 1857 ई. के विद्रोह की असफलता का एक कारण यह भी था कि भारतीय सामंतवाद इस माध्यम से अपने को फिर से स्थापित करना चाहता था। जनता उसमें भावात्मक तौर पर शरीक होने में इसीलिए अपने को असमर्थ पाती रही। भारतीय राजनीति में एक मोड़ तब आया जब स्वतंत्रता-आंदोलन को सामान्य जन का समर्थन मिला। इसीलिए बीसवीं शती के आरंभ में रचना का जो स्वर दबा-सा दिखाई देता है, वह दूसरे-तीसरे दशक में अधिक मुखर हुआ और चौथे दशक में उसने प्रगतिशील मोड़ लिए। प्रश्न किया जा सकता है कि जब देश आज़ादी की लड़ाई लड़ रहा था, तब हिंदी छायावादी काव्य के लिए गुंजायश कहाँ से निकल आई ? ऐसी स्थिति में 'भारत-भारती' जैसी कृतियों को ही भारतीय राष्ट्रीयता का प्रतिनिधित्व करने वाली रचनाएँ कह दिया जाता है। पर देश में जो राष्ट्रीयता उठी और धीरे-धीरे नए मोड़ लेती गई उसका प्रभाव भी भारतीय मनीषा पर पड़ा।

आरंभ में भारतीय सामंतवाद ने ब्रिटिश साम्राज्यवाद से टकराने की कोशिश की। पर क्योंकि सामंती शक्तियों को जनता का कम सहयोग प्राप्त था और वे एक दूसरे से आपस में ही संघर्षरत थे, इसलिए वे पराजित होते रहे। धीरे-धीरे उन्होंने साम्राज्यवाद से समझौता किया। उनमें से कुछ ने सिर उठाने की एक चेष्टा 1857 ई. में की, पर वे जन-सहयोग के अभाव में असफल हुए। क्रांति, बिना संगठन और जनशक्ति के संपूर्ण समर्थन के, प्रायः विफल हो जाती है इसीलिए लेनिन ने क्रांति की शिक्षा पर बल दिया है। जब ब्रिटिश सत्ता देश में सुदृढ़ हो गई तो सामंतों के अतिरिक्त अन्य वर्ग भी उससे समझौता करने लगे। इस प्रकार देश में एक स्वामिभक्त वर्ग पनपा।

जब राष्ट्रीयता का आंदोलन गांधी के नेतृत्व में आगे बढ़ा तो कुछ वर्ग चुपके से उनके साथ भी हो लिए। जो उच्च वर्ग ब्रिटिश सत्ता के साथ था और उसकी जड़ें जमाने में उसका साथ दे रहा था, वही धीरे-धीरे पूँजीवादी ताकत के रूप में बदलने लगा। यह स्थिति उस समय आई जब ब्रिटिश शासन ने भारत के औद्योगीकरण की दिशा में काम करना आरंभ किया। भारत में क्रमशः देशी पूँजीवाद को उठते

हुए देखा जा सकता है। शुरू में वह साम्राज्यवाद के साथ था और दोनों महायुद्धों में उसने खूब पूँजी कमाई। पर यह देख कर कि संभव है आज़ादी आ जाए, उसने सोचा कि यदि विदेशी सत्ता देश से चली जाए तो उसका स्थान देशी पूँजी को आसानी से मिल जाएगा। यहाँ यह भी संकेत कर देना आवश्यक है कि साम्राज्यवादी शक्तियाँ गुलाम देश का औद्योगीकरण एक सीमा तक ही करती हैं, जितने से उनका काम चल जाए और उन्हें रोजमर्रा की चीजें दूर से न मँगानी पड़ें। पर इस्पात जैसे आधारभूत उद्योग स्थापित करने में ब्रिटेन ने पहल नहीं की। देसी वणिक दो नावों पर पैर रख कर चल रहा था। एक ओर वह राजमुकुट के प्रति अपनी स्वामिभक्ति का प्रदर्शन कर रहा था, दूसरी ओर राष्ट्रीय स्वतंत्रता-संग्राम को लुक-छिप कर सहायता दे रहा था। देश की राष्ट्रीय चेतना में जो अंतर्विरोध दिखाई देते हैं, उनका एक कारण यह भी है कि अनेक वर्ग उस पर अपना प्रभाव डाल रहे थे और उसमें पूरी प्रखरता नहीं आ पाती थी।

सामंतवाद और देसी वणिक वर्ग के अतिरिक्त शिक्षा के प्रचार-प्रसार से भारत में मध्यवर्ग का उदय भारतीय समाज की महत्त्वपूर्ण घटना है। ब्रिटिश-सत्ता को देश का शासन चलाने के लिए कर्मचारियों की बड़ी संख्या की आवश्यकता थी। जो लोग थोड़ा भी पढ़-लिख गए, वे शासकीय सेवा में जा कर अपनी शान बढ़ाना चाहते थे। यह एक प्रकार की हीन भावना थी, जिसका कारण समाज का लड़खड़ाता हुआ आत्मविश्वास था। यह मध्यवर्ग उस वैयक्तिक आज़ादी का समर्थक था, जिसके लिए पूँजीवादी सभ्यता बदनाम है। मध्यवर्ग ने सोचा कि सामंतवादी व्यवस्था और साम्राज्यवादी शक्तियों के गठबंधन में स्वतंत्र जीवन जी पाना कठिन है। उन्होंने व्यक्ति-स्वातंत्र्य में अपनी सुरक्षा देखी और अधिक-से-अधिक निजी आज़ादी की माँग की। राष्ट्रीय स्वतंत्रता-आंदोलन में मध्यवर्ग ने हिस्सा लिया, क्योंकि वह सोचता था कि आज़ादी मिलने से उसे अधिक खुली हवा में साँस लेने के अवसर मिलेंगे। भारतीय सामाजिक ढाँचा जिन अंधविश्वासों-रूढ़ियों पर टिका था, उससे मुक्ति पाने के लिए मध्यवर्ग में जो आक्रोश दिखाई देता है, वह समाजसुधारों की सामाजिक स्वीकृति में भी देखा जा सकता है। मध्यवर्ग की अपनी कुंठाएँ होती हैं। एक ओर वह उच्च वर्ग, यहाँ तक कि पूँजीवाद की ओर तमन्नाभरी निगाह से देखता है, दूसरी ओर बढ़ती हुई महँगाई और अपने सीमित आर्थिक साधनों में वह स्वयं को ऊपर उठा सकने में असमर्थ अनुभव करता है। ऐसी स्थिति में वह तिलमिलाता रहता है और अपनी कुंठाओं का शिकार होता है। मार्क्स ने तो यहाँ तक कहा है कि मध्यवर्ग क्रांति के मार्ग में कई बार बाधा बनता है, क्योंकि वह उच्चवर्ग से मिल जाता है। भारत में मध्यवर्ग ने राष्ट्रीय स्वतंत्रता-संग्राम में सक्रिय भूमिका निभाई है, इसमें शक नहीं, पर वह आज़ादी को व्यक्ति-स्वातंत्र्य के स्तर पर भी भोगना चाहता था, इससे इंकार नहीं किया जा सकता। आगे चल कर जब छोटी जातियाँ और निचले तबके के लोग

इसमें शरीक होने लगे, तब स्वतंत्रता संघर्ष में समाजवादी तत्त्वों का प्रवेश हुआ। पर उच्च वर्ग ने नेतृत्व प्रायः अपने हाथ में रखा।

पूँजीवाद और मध्यवर्ग दोनों व्यक्ति-स्वातंत्र्य की बात करते हैं, पर उनमें अंतर है। पूँजीवाद अपनी पूँजी को सुरक्षित रखने के लिए व्यक्तिगत संपत्ति का समर्थन करता है। पर मध्यवर्ग सामाजिक बंधनों से मुक्ति पाने के लिए विद्रोह की आवाज लगाता है। बीसवीं शती के भारत में जो व्यक्तिवादी चेतना विकसित हुई, उसने संपूर्ण देश को प्रभावित किया और इसी परिवेश में हिंदी स्वच्छंदतावादी काव्य का विकास हुआ। राजनीतिक स्वतंत्रता के माध्यम से यहाँ व्यक्ति-स्वातंत्र्य की हिमायत भी की जाती है।

स्वच्छंदतावाद का विकास

इन राजनीतिक परिस्थितियों में हिंदी में जो स्वच्छंदतावादी काव्य आया, उसका पूर्वाभास रवींद्र (1861-1941 ई.) में मिलता है। रवींद्र संपन्न परिवार में जन्मे थे और अभिजात वर्ग के प्रतिनिधि हैं। उन्होंने परिवार परिवेश से रचना के संस्कार प्राप्त किए थे और बंगाल का नवजागरण उन्होंने पास से जाना था। अपनी प्रतिभा को उन्होंने कई दिशाओं में संचरित किया और लगभग सभी विधाओं का उपयोग किया। रचना के अतिरिक्त रवींद्र एक कुशल वक्ता भी थे और उन्होंने भारतीय राजनीति को प्रभावित किया। काव्य के क्षेत्र में रवींद्र ने भारतीय काव्य और दर्शन से विपुल सामग्री प्राप्त की और उसे आधुनिक रूप में प्रस्तुत किया। गीतांजलि में वे कहते हैं कि "पुजारी, आँख खोल कर देख तू किसकी पूजा कर रहा है ! तेरा ईश्वर यहाँ नहीं है। वह वहाँ है। जहाँ किसान पसीने में भीगा हुआ हल चला रहा है..." आदि। वे श्रमिक वर्ग को अपनी बौद्धिक सहानुभूति देते हैं, यद्यपि वे सर्वहारा को किसी क्रांति के लिए आमंत्रित नहीं करते। एक उदार मानवीय चेतना से संपन्न कवि के रूप में रवींद्र ने हिंदी स्वच्छंदतावादी काव्य को उसके पहले दौर में प्रभावित किया। रवींद्र कवि-धर्म के विषय में अपनी कविता में लिखते हैं–"कवि, व्यर्थ क्यों बैठे हो ? उठो, तुम्हारे पास कुछ नहीं ? प्राण प्राण तो है! बस, इतना ही साथ ले लो– अपने प्राणों का दान करके तो देखो...!" यहाँ जिस प्राण-तत्त्व पर बल दिया गया है, वह कवि की व्यक्ति-चेतना है।

बीसवीं शताब्दी की जिन स्थितियों में हिंदी स्वच्छंदतावाद जन्मा और विकसित हुआ, उनमें परिवर्तन होते रहे, जिन्होंने इस काव्य को भी प्रभावित किया। आरंभ में वह परंपरा से जुड़ा हुआ था, और इसकी कुछ शक्ति मध्ययुगीन सामंती विलास भावना का विरोध करने में व्यय हुई। शृंगार को राजमहलों की दरबारी व्यवस्था से निकाल कर बाहर खुली हवा में लाने में स्वच्छंदतावादी काव्य के एक-दो दशक पूर्व ही चेष्टा आरंभ हो चुकी थी। पर अपनी सुधारवादी वृत्ति के कारण ये शाकाहारी

कवि शृंगार को बिल्कुल तिलांजलि दे देना चाहते थे। इससे जो जीवन उनके काव्य में उभरा वह अधूरा और निर्जीव था। स्वच्छंदतावादी कवियों ने जब एक बार सामंती परिवेश से मुक्ति पाने का निर्णय कर लिया तो व्यक्ति के राग-विरागों को महत्त्व मिला। यह व्यक्ति-चेतना इन कवियों को रूमानी दिशाओं की ओर ले जाती है। आरंभ में वे संकोच करते हैं, पर धीरे-धीरे उनका साहस जागता है और वे अपने वैयक्तिक जीवन-प्रसंगों का उपयोग करते हैं।

अपने निजी जीवन-प्रसंगों के उपयोग में हिंदी का स्वच्छंदतावादी कवि पूरा विद्रोह नहीं कर पाता। वह आज़ादी तो चाहता है, पर उसे एहसास है कि जिस प्रकार के माहौल में वह जी रहा है, वहाँ संपूर्ण विद्रोह के लिए अवसर नहीं है। ऐसे में वह प्रतीकों की एक ऐसी दुनिया खड़ी करता है, जहाँ कई बार संकेतों से बातें कही जाती हैं। स्वच्छंदतावादी प्रतीकों के मनोवैज्ञानिक अध्ययन से इस निष्कर्ष पर पहुँचा जा सकता है कि छायावादी कवि कई बार कुंठाओं के कारण विद्रोह को तीक्ष्णता नहीं दे पाते। निराला की कुछ कविताएँ अवश्य यह चेष्टा करती हैं कि विद्रोह उभरकर आए, पर पुरुष को नारी का सहयोग नहीं मिल पाता। प्रेयसी की विवशता है :

किंतु हाय,
रूढ़ि, धर्म के विचार,
कुल, मान, शील, ज्ञान,
उच्च प्राचीर ज्यों घेरे जो थे मुझे
घेर लेते बार-बार,
जब मैं संसार में रखती थी पद मात्र
छोड़ कल्प निस्सीम पवन विहार-मुक्त।

स्वच्छंदतावादी काव्य की विद्रोही चेतना आरंभ में प्रायः व्यक्ति-स्तर तक सीमित है। आगे चलकर जब राष्ट्रीय जीवन में निम्नवर्ग भी भूमिका निभाता है, तब कवि सर्वहारा को अपनी सहानुभूति देना चाहते हैं। व्यक्ति के विद्रोह को सामाजिक क्रांति में बदल पाने की शक्ति भारतीय मध्यवर्ग में नहीं थी, क्योंकि वह आसानी से स्वयं को निम्नवर्ग से पूरी तरह नहीं जोड़ पाता। इसीलिए कई बार स्वच्छंदतावादी काव्य क्रांति का भ्रम तो उत्पन्न करता है, पर उसे अंतिम परिणति तक नहीं पहुँचा पाता। अपनी व्यक्तिवादी चेतना के कारण हिंदी स्वच्छंदतावाद की रूमानी प्रवृत्तियाँ स्त्री-पुरुष संबंधों की सामाजिक व्याख्या में कम रुचि लेती हैं तथा वहाँ संबंध प्रायः प्रिय-प्रिया के इर्द-गिर्द घूमते हैं। व्यक्तिवाद का यह जोर कवि को बाध्य करता है कि वह अपनी निजी दुनिया को अहमियत दे और वह अपने व्यक्तित्व का प्रकाशन करना चाहता है। स्वच्छंदतावादी कवियों की यह वैयक्तिक दृष्टि व्यर्थ चली जाती, यदि उसे उन्होंने कुछ मूल्यों से न जोड़ा होता और वे उच्चतर मानवीयता का आग्रह न करते।

हिंदी स्वच्छंदतावादी काव्य ने अपने लिए एक मानववादी दृष्टि का विकास

किया, जिसमें उन्होंने मध्ययुगीन धार्मिकता का विरोध करते हुए, एक नई नैतिकता की तलाश की। इसे वे धर्मनिरपेक्ष बनाना चाहते थे और यद्यपि उनमें आस्तिकता का भाव मौजूद है, पर वहाँ भक्तिमार्गी संपूर्ण समर्पण का आग्रह अनेक रचनाओं में नहीं है। उन्होंने धर्म-ईश्वर के स्थान पर एक नई नैतिकता को पाना चाहा, जिसमें आदर्शवादी आध्यात्मिक दृष्टि है। इसीलिए निराला वेदांत, प्रसाद शैव-दर्शन और पंत अरविंद-दर्शन में विशेष रुचि लेते हैं। दर्शन में इन कवियों की रुचि सांप्रदायिक न होकर, उसी उच्च मानवीय सदाशयता से जुड़ी हुई है, जिसका प्रकाशन भारतीय नवजागरण के महत्त्वपूर्ण हस्ताक्षरों में देखा जा सकता है। स्वच्छंदतावादी कवियों की मानववादी दृष्टि आदर्शवादी है और उसमें एक ऐसे सुंदर भविष्य की कल्पना की गई है, जहाँ सब कुछ प्रीतिकर होगा। 'कामायनी' के अंतिम सर्गों में जो काल्पनिक चित्र बनाए गए हैं उनमें यही सदाशयता का भाव है। 'लहर' की जिस कविता पर प्रायः पलायनवाद का आक्षेप किया जाता है, उसमें भी एक सुंदर जीवन की कामना है। कवि कहता है मेरे नाविक, मुझे भुलावा दे कर उस स्थल पर ले चलो, जहाँ सागर की लहर आकाश के कान में निश्छल प्रेम की कथा कह रही हो। यहाँ एक ओर कवि अनुभव करता है कि जिन सामाजिक बंधनों में मनुष्य जी रहा है, वहाँ उसे अपना व्यक्तित्व उजागर कर सकने की स्वतंत्रता नहीं है। पर एक जीर्ण व्यवस्था को समाप्त कर पाने में भी वह स्वयं को असमर्थ पाता है। ऐसे में वह केवल भविष्य की सुखद कामना करता है :

जहाँ साँझ-सी जीवन छाया
ढीले अपनी कोमल काया
नील नयन से ढुलकाती हो
ताराओं की पाँति घनी रे !

एक काल्पनिक दुनिया बसाने की चिंता में स्वच्छंदतावादी काव्य ने यथार्थ की भयावह स्थितियों से बचने की चेष्टा की, पर जब सामाजिक दबाव बढ़ने लगे तब जीवन की वास्तविकता को उसने स्वीकारा। हिंदी काव्य में स्वच्छंदतावाद के साथ रहस्यवादी चेतना को सम्मिलित कर लिया जाता है। पर यह कवियों द्वारा दार्शनिक आध्यात्मीकरण, की चेष्टा है। इस नई आध्यात्मिकता के सहारे कवि एक मनोवांछित लोक का निर्माण करने में सुविधा अनुभव करता है और इसे प्रायः दिवास्वप्न से जोड़ा गया है। कई बार ऐसा हुआ कि इस दार्शनीकरण-आध्यात्मीकरण की प्रवृत्ति के कारण काव्य में रहस्यवाद का भ्रम उत्पन्न हुआ है। मसलन, 'आँसू' जैसे निजी अनुभूतियों वाले गीतकाव्य तक में किसी अदृश्य को पाने की भूल की गई। स्वच्छंदतावादी काव्य की आध्यात्मिकता ने मानव तथा प्रकृति में निकट संबंध स्थापित किए और प्रकृति को विराट् सत्ता की छाया रूप में प्रस्तुत किया गया। पंत के आरंभिक काव्य में प्रकृति-सौंदर्य के घनिष्ठ चित्र हैं तथा निराला ने ऋतु-गीतों की रचना की।

पर प्रसाद प्रकृति के साथ रागात्मक संबंध स्थापित नहीं कर सके और उन्होंने उसे वातावरण-निर्माण अथवा बिंबों-प्रतीकों के रूप में ग्रहण किया।

हिंदी स्वच्छंदतावादी काव्य वैयक्तिक अनुभूति, मानववादी दृष्टि, आदर्शवादी आध्यात्मिक चेतना, सबको रूमानी सौंदर्य दृष्टि से मिलाकर प्रस्तुत करता है। यदि कवियों में यह सौंदर्य-चेतना न होती तो खतरा था कि रचना मात्र उपदेशात्मक हो कर रह जाती। इस रूमानी दृष्टि को लेकर आक्षेप किया जाता है कि जब देश आज़ादी की लड़ाई के दौर में था, तब इस प्रकार की प्रवृत्तियों के लिए कहाँ अवसर था। पर उन्नीसवीं शताब्दी के अंत और बीसवीं के आरंभ में भारतीय इतिहास-समाज का जो ढाँचा था, उससे स्पष्ट होता है कि किसी क्रांतिकारी कदम के लिए गुंजायश नहीं थी। समाज में समझौतापरस्ती देखी जा सकती थी, जिसे समन्वय जैसा सुंदर नाम दे दिया जाता है इसीलिए हिंदी स्वच्छंदतावादी काव्य में यथार्थवादी मोड़ लगभग चौथे दशक में आया, जब सर्वहारा राष्ट्रीय स्वतंत्रता-आंदोलन में प्रभावी हुआ। निराला ने 'कुकुरमुत्ता' लिख कर जिस तीखे व्यंग्य की शुरुआत की, वह हिंदी स्वच्छंदतावाद का एक नया मोड़ है। वास्तव में, जो समीक्षक हिंदी प्रगतिवाद की स्वतंत्र सत्ता के समर्थक हैं, उन्हें स्वच्छंदतावादी काव्य के चौथे दशक के तेवरों पर दृष्टि डालनी होगी। रूमानी प्रवृत्तियों से अपनी यात्रा आरंभ कर स्वच्छंदतावाद यथार्थ का संस्पर्श करता है। इससे प्रमाणित होता है कि हिंदी स्वच्छंदतावादी काव्य सामाजिक दबावों को स्वीकारता रहा है।

सांस्कृतिक आशय और राष्ट्रीय चेतना

हिंदी स्वच्छंदतावादी काव्य अपनी अंतर्मुखी प्रवृत्तियों को ले कर लंबी यात्रा नहीं कर सकता था। इसका एहसास कम-से-कम प्रसाद और निराला को आरंभ से था। प्रसाद ने इतिहास-दर्शन में गहरी रुचि ली और निराला ने काव्य, दर्शन को साथ-साथ ले कर चलने का प्रयत्न किया तथा सामाजिक यथार्थ को भी अपनाया। भारतीय नवजागरण से हिंदी स्वच्छंदतावाद का संबंध स्थापित करने वाले समीक्षकों का दल यह प्रमाणित करना चाहता है कि इस काव्य-आंदोलन में सांस्कृतिक चेतना के गहरे संस्पर्श हैं। आचार्य नंददुलारे वाजपेयी, आचार्य हजारीप्रसाद द्विवेदी, डॉ. नगेंद्र, डॉ. रामरतन भटनागर आदि ने इसकी व्याख्या यद्यपि अपने-अपने ढंग से की है, पर स्वच्छंदतावादी काव्य की सांस्कृतिक चेतना को सबने स्वीकारा है। इसकी पहली पहचान है—भारतीय अस्मिता की तलाश। राजनीतिक नेताओं के समान कवियों ने भी अनुभव किया कि देश में जागृति लाने के लिए एक बार अतीत को उलटना आवश्यक है। हम स्वीकारते हैं कि इतिहास को समझने के लिए छायावाद ने किसी यथार्थपरक दृष्टि से काम नहीं लिया, उसकी दृष्टि रूमानी रही है। प्रसाद ने अपने नाटकों में एक सांस्कृतिक वातावरण निर्मित किया और कई बार इतिहास के तथ्यों के साथ

काफी स्वतंत्रता ली। उन्होंने नए पात्र गढ़े और नाटकों के संपूर्ण परिवेश को रूमानी बना दिया। 'चंद्रगुप्त' नाटक में भारतीय-यवन संस्कृतियों का संघर्ष पूरी प्रमुखता नहीं पाता। प्रसाद कार्नेलिया-चंद्रगुप्त में प्रेम संबंध स्थापित करा देते हैं और मालविका-कल्याणी जैसे भावुक पात्रों का प्रवेश कराते हैं। माना, यहाँ नाटककार की स्वच्छंदतावादी प्रवृत्तियाँ सक्रिय हैं, पर दांड्यायन के माध्यम से देश की सांस्कृतिक चेतना व्यक्त हुई है। उसके वक्तव्य में साहस है। जब वह सिकंदर के दूत एनिसॉक्रटीज से कहता है : "भूमा का सुख और उसकी महत्ता का जिसको आभास मात्र हो जाता है उसको ये नश्वर चमकीले प्रदर्शन नहीं अभिभूत कर सकते, दूत ! वह किसी बलवान् की इच्छा का क्रीड़ा-कंदुक नहीं बन सकता। तुम्हारा राजा अभी झेलम भी पार नहीं कर सकता, फिर भी जगद्विजेता की उपाधि लेकर जगत् को वंचित करता है। मैं लोभ से, सम्मान से, या भय से किसी के पास नहीं जा सकता।"

भारतीय इतिहास के विवरणों में स्वच्छंदतावादी कवियों ने उतनी रुचि नहीं ली, नहीं तो वे उसके अंतर्विरोधों को भी पहचान सकते थे। उन्होंने इतिहास को कई बार कल्पनामिश्रित दृष्टि से देखा जिसे हम इतिहास को, रोमांस में बदलने का यत्न कह सकते हैं। अपने पूर्ववर्ती द्विवेदीयुगीन कवियों की तुलना में वे एक कदम आगे रहे। मैथिलीशरण गुप्त आदि पौराणिक आख्यान के वर्णन को ले कर चले, पर स्वच्छंदतावादी कवियों ने इतिहास के उन प्रसंगों को अपना काव्य-विषय बनाया, जहाँ उनकी कल्पना के लिए गुंजायश हो और उनका सांस्कृतिक आशय स्पष्ट हो सके। निराला की 'राम की शक्तिपूजा' और 'तुलसीदास' इसके उदाहरण हैं। 'शक्तिपूजा' में राम को मनुष्य के रोल में रखा गया है; वहाँ उनके पौराणिक देवत्व को हटा दिया गया है। उनके मन में संशय उठता है कि कहीं रावण जीत गया तो प्रिया का उद्धार नहीं हो सकता ? यहाँ निराला के सामने आधुनिक मनुष्य की वह तस्वीर है जब उसे मूल्यों के स्तर पर लड़ाई लड़नी है, क्योंकि 'अन्याय जिधर है उधर शक्ति'। 'तुलसीदास' का सांस्कृतिक आशय और भी स्पष्ट है। वे भौतिक वैभव के विरोध में आध्यात्मिक मूल्यों की प्रतिष्ठा चाहते हैं। काव्य में मध्ययुग की विलासी संस्कृति के चित्र हैं जो बिगड़ी हुई सामाजिक स्थिति का बोध कराते हैं। ऐसे में कवि का संकल्प है :

कल्पषोत्सार कवि के दुर्दम
चेतनोर्मियों के प्राण प्रथम
वह रुद्ध द्वार का छाया तम-तरने को—
करने को ज्ञानोद्धत प्रहार
तोड़ने को विषम वज्र-द्वार
उमड़े, भारत का भ्रम अपार हरने को !

रूमानी प्रवृत्तियों को प्रमुखता देने के कारण प्रायः हिंदी स्वच्छंदतावादी काव्य

के सांस्कृतिक आशय की अनदेखी कर दी जाती है। पर भारतीय नवजागरण की लहरों पर तैरता हुआ यह काव्य अपनी सांस्कृतिक दृष्टि को कुछ छिपा कर रखता है और उसे समझने के लिए हमें कई पर्तें खोलनी पड़ती हैं। मसलन, प्रसाद को प्रायः रूमानी प्रवृत्तियों में बंद कवि मान लिया जाता है। हम स्वीकार करते हैं कि 'कामायनी' जैसे आख्यान काव्य तक में रूमानी वृत्ति सक्रिय रही है, पर वे केवल भावना में जीने वाले कवि नहीं हैं। उन्होंने इतिहास, दर्शन का गहरा अध्ययन किया और नाटकों में उनका भरपूर उपयोग किया। उनकी कई कहानियाँ इतिहास-रोमांस का समन्वित स्वरूप प्रस्तुत करती हैं और मानना पड़ता है कि प्रसाद ने अपने सृजनात्मक व्यक्तित्व से दोनों को एक भूमि पर रख सकने में सफलता पाई। 'स्कंदगुप्त' शक-हूण आक्रमण का लेखा-जोखा भी है और स्कंद-देव-सेना की प्रणय-गाथा भी। रोमांस के भीतर से अपने सांस्कृतिक आशय को व्यक्त करने की चेष्टा में स्वच्छंदतावादी कवियों को कई बार असमंजस से गुजरना पड़ा और उनके सामने अभिव्यक्ति का संकट भी उपस्थित हुआ।

इसी सांस्कृतिक आशय से परिचालित होकर स्वच्छंदतावादी कवियों ने भारतीय इतिहास, धर्म, दर्शन पर नई दृष्टि डाली। यह आकस्मिक नहीं है कि प्रसाद शैव दर्शन, निराला वेदांत और पंत अरविंद दर्शन से विशेष प्रभावित हुए। यहाँ तक कि महादेवी में बौद्ध दर्शन की करुणा है। पर उन्होंने उसको व्यावहारिक जीवन-दर्शन से जोड़ा। कामायनी में ज्ञान, इच्छा एवं कर्मलोक की प्रेरणा प्रसाद को 'त्रिपुररहस्य' से मिली होगी, पर जब वे सूक्ष्म वृत्तियों को मूर्त रूप देने लगते हैं, तब स्वतंत्र चेतना से काम लेते हैं। इसी कारण माया, चिति, नियति जैसे शब्द अपना संप्रदाय-आशय खो देते हैं और उन्हें एक नई अर्थ-दीप्ति मिलती है। माया कहीं नारी-आकर्षण है और कहीं आत्मा को सक्रियता देनेवाली शक्ति रूप में : नारी माया, ममता का बल, वह शक्तिमयी छाया शीतल। इसी प्रकार नियति को कई प्रकार उपयोग में लाया गया है। निराला के काव्य से गुजरते हुए उनकी वेदांती चेतना को दृष्टि-पथ में रखना होगा। अनामिका में स्वामी विवेकानंद की कविताओं के अनुवाद हैं। निराला के काव्य में हमें आध्यात्मिक भूमिका पर ही रामकृष्ण परमहंस की अद्वैत साधना और स्वामी विवेकानंद की सेवाधर्मी, सामाजिक और राष्ट्रीय चेतना मिलती है। अपनी अंतिम रचनाओं में निराला विनयी भाव से भर जाते हैं और उनकी दार्शनिक आध्यात्मिक चेतना समर्पण भूमि तक पहुँचती है। पर निराला का विद्रोही व्यक्तित्व दार्शनिक सरणियों में इस सीमा तक नहीं रम जाता कि उनकी स्वतंत्र चेतना के लिए गुंजायश न रह जाए। इसीलिए वे बार-बार विद्रोह करते हैं और सामाजिक यथार्थ से जुड़ते हैं। प्रसाद-निराला की तुलना में पंत अधिक अभिभूत प्रवृत्तियों का परिचय देते हैं, विशेषतया जब परवर्ती काव्य में उन्होंने अरविंद दर्शन को स्वीकार किया। वे यहाँ अपनी आलोचक वृत्ति से काम नहीं लेते और दार्शनिक दबावों में उनका कविव्यक्तित्व दब जाता है।

पर प्रसाद, निराला यहाँ तक कि महादेवी भी अपनी सर्जनात्मकता पर दर्शन को हावी नहीं होने देते और जब उसका उपयोग अपनी रचनाओं में करते हैं तो उसे काव्य में अंतर्भुक्त करते हैं। यदि विचार और दर्शन या अन्य तत्त्व, रचना के व्यक्तित्व से तदाकार नहीं होते तो वे कृति को दुर्बल बनाते हैं, पर यदि वे उसमें अविभाज्य रूप से सम्मिलित होकर आएँ तो वे रचना की शक्ति बनते हैं।

सोचा जा सकता है कि रूमानी प्रवृत्तियों के स्वच्छंदतावादी काव्य में राष्ट्रीय चेतना के लिए गुंजायश कैसे हो सकती है। पर यह काव्य-आंदोलन जब अपने सर्वोत्तम क्षणों से गुजर रहा था, तब भारतीय राजनीति संघर्षभरे दौर में थी जिसकी ओर संकेत किया जा चुका है। प्रथम महायुद्ध की समाप्ति पर जब भारत को यह महसूस हुआ कि ब्रिटिश सत्ता को सहायता देने के बाद भी उसे आज़ादी नहीं मिल रही है, तो उसमें विक्षोभ आना स्वाभाविक था। खासतौर पर, जब 1969 ई. का दमनचक्र चला तो देश की चेतना को भारी धक्का लगा। असहयोग आंदोलन की विफलता और प्रथम महायुद्ध के बाद भारतीय आर्थिक व्यवस्था पर पड़नेवाले दबावों ने राष्ट्रीय भावना को कई बार झकझोरा। इसीलिए हिंदी स्वच्छंदतावादी काव्य की राष्ट्रीय चेतना की पहचान आसान नहीं है, क्योंकि वह कई परतों में छिप कर आई है। किसी भी रचना-आंदोलन के लिए यह संभव नहीं कि वह अपने समय का साक्षात्कार न करे। यह एक प्रकार से इतिहास का ही निषेध करना होगा और जो रचना सामाजिक दबावों से विपरीत दिशा में जाने का हठ करती है, उसे अपने समय का प्रामाणिक बिंब न होने के कारण लगभग अस्वीकार कर दिया जाता है। जीवन-निरपेक्ष रचना की कल्पना नहीं की जा सकती और हिंदी स्वच्छंदतावादी आंदोलन ने इतिहास के दबावों को महसूस करते हुए उन्हें अपनी रचना में स्वीकृति दी।

जिस समय स्वच्छंदतावादी काव्य रचा जा रहा था, उस समय ब्रिटिश सत्ता का दमनचक्र चल रहा था और भारतीय नेतृत्व क्रांति को निर्णायक भूमिका पर नहीं पहुँचा पा रहा था। 1931 ई. तक स्वयं काँग्रेस ने कराची अधिवेशन में गांधी-इरविन समझौते को स्वीकार कर लिया था, यद्यपि समाजवाद की चर्चा भी की गई थी। सीतारमैया के शब्दों में—"काँग्रेस ने देश के शोषित मजदूर-किसानों का पक्ष ग्रहण करने की भावना व्यक्त की और इस प्रकार उसकी नीति स्पष्टतया समाजवाद की ओर उन्मुख हुई। प्रस्ताव में मजदूर-किसानों के हित के अनेक कार्यों के लिए संघर्ष का वादा किया गया तथा उन्हें विस्तार से निर्देशित किया गया।"[4] पर ब्रिटिश सत्ता इतनी आसानी से देश छोड़ने के लिए तैयार न थी और 1932 ई. से 1942 ई. तक वह राष्ट्रीय स्वतंत्रता-आंदोलन को कुचलती रही। उसे भारत में उन लोगों का समर्थन मिल रहा था जो अपनी सामंती स्थिति को बनाए रखने की चेष्टा में थे। इसके अलावा उभरती हुई देसी पूँजीवादी ताकतें थीं, जो 'डबल रोल' में थीं, इन्हीं के साथ नौकरशाही भी थी। दूसरे वर्ग विद्रोह को पूरी शक्ति से नहीं अपना पा रहे थे और ऐसे में राष्ट्रीय

चेतना उतार-चढ़ाव के बीच चलती रही।

स्वच्छंदतावादी काव्य ने राष्ट्रीय चेतना को उसकी वर्णनात्मकता से मुक्त किया। वे केवल उसकी भौगोलिक इकाइयों या रेखाओं से संतुष्ट नहीं थे, वे उसमें रूप-रंग भरना चाहते थे। प्रायः हम राष्ट्रीय काव्यधारा की चर्चा करते हुए सतह पर रखी हुई देश-प्रेम की कविताओं तक उसे सीमित कर देना चाहते हैं, पर यह एक प्रकार का अर्थ-संकोच है। राष्ट्रीयता किसी जाति की आशा-आकांक्षाओं से जुड़ी हुई वस्तु है और उसकी आवश्यकता किसी स्वतंत्र देश को भी उतनी ही मात्रा में होती है, जितनी किसी परतंत्र भू-भाग को। नहीं तो फिर स्वतंत्र देश में राष्ट्रीयता केवल शब्दकोष तक सीमित रह जाएगी। इस अर्थ में वाल्मीकि और कालिदास हमारी राष्ट्रीय चेतना को अभिव्यक्ति देनेवाले सर्वोपरि कवि हैं। राष्ट्रीयता का एक दूसरा पहलू भी है। यदि इसे केवल देश-काल तक सीमित कर दिया गया तो वह इतनी संकुचित भी हो सकती है कि फासिस्ट तानाशाही का रूप ले ले। ऐसी संकीर्ण राष्ट्रीयता को समाजवाद का शत्रु तक माना गया है। कोई भी राष्ट्रीय चेतना बृहत्तर मानवीय संदर्भों में ही उपयोगी हो सकती है, अन्यथा रचना में उसकी सार्थकता संदेहास्पद हो जाएगी।

हिंदी स्वच्छंदतावादी काव्य के पूर्व भारतेंदु ने सुधारवादी चेतना से काम लिया, पर उनका रुख काफी समझौतावादी है। वे अंग्रेजों के राज में सुख मानते हैं, पर कहते हैं धन विदेश चला जाता है, यही दुःख है। द्विवेदी युग का काव्य हमें राष्ट्रीय भावना का एक खाका देता है, कई बार क्रोध की मुद्रा भी अपनाता है, जैसे 'भारत-भारती' में। पर कुल मिलाकर उसमें वक्तव्यों की बहुतायत है और उसमें उस हिंदू राष्ट्रवाद की झलक भी मिलती है, जिसकी ओर संकेत किया जा चुका है। हिंदी स्वच्छंदतावाद ने राष्ट्रीय चेतना को गहराई से लिया और उसे एक बौद्धिक आधार देने की चेष्टा की। इसे हम राष्ट्रीयता की आधुनिक पहचान कह सकते हैं। ए. आर. देसाई ने भारतीय राष्ट्रीयता की समाजशास्त्रीय पृष्ठभूमि पर विचार करते हुए लिखा है कि उसमें नए-नए तत्त्व सम्मिलित होते रहे हैं और जो आंदोलन आरंभ में कुछ बुद्धिजीवियों तथा उनके अनुयायियों तक ही सीमित था, उसे धीरे-धीरे सामान्य जन का समर्थन मिला।[5] इस बदलती पृष्ठभूमि के कारण स्वच्छंदतावादी काव्य की राष्ट्रीय चेतना कई स्तरों से गुजरती है।

आरंभ में हिंदी स्वच्छंदतावादी काव्य ने पौराणिक आख्यानों में रुचि ली, पर विवरण-वृत्तांत का उपयोग कम था। एक कथावाचक के रूप में स्वच्छंदतावादी कवि अधिक समय तक काम नहीं कर सकता था, क्योंकि रूमानी बनावट के कारण वह अपने व्यक्तित्व के साथ उपस्थित रहना चाहता था। यदि रूमानी-राष्ट्रीयता नामक कोई शब्द गढ़ा जा सकता है, तो हिंदी स्वच्छंदतावादी काव्य ने उसकी शुरुआत की। अपने देश की सुषमा के प्रति अनुराग-भाव इसका केवल एक पक्ष है। 'परिमल' में 'यमुना के प्रति' कविता से अगर यों ही गुजरा जाए तो संभव है हमें एक रूमानी

प्रभावशाली कविता भर प्रतीत हो पर इस माध्यम से निराला राष्ट्रीय चेतना का भी संकेत करना चाहते हैं : ''मौन उदास तट पर केवल एक रागिनी रह जाती है... ।'' निराला जब आक्रोशी मुद्रा में आते हैं, 'तो जागो फिर एक बार', 'महाराज शिवाजी का पत्र' जैसी कविताएँ लिखते हैं, जो स्वच्छंदतावाद की मूलभूमि से थोड़ी हटी हुई प्रतीत होती हैं। निराला-प्रसाद की राष्ट्रीय चेतना भावुकता पर आधारित न हो कर, अधिक बौद्धिक कही जाएगी, इसलिए वहाँ वक्तव्यों की भरमार नहीं है। निराला का प्रसिद्ध राष्ट्रगीत है : ''भारति जय विजय करे ।'' इसमें बिना किसी विवरण का सहारा लिये राष्ट्र को उसकी समग्रता में पाया गया है और उसे काव्यात्मक अभिव्यक्ति दी गई है। यहाँ हमें राष्ट्र का एक जीवित सांस्कृतिक चित्र मिलता है—रूप-रंग से भरपूर। 'मुकुट शुभ्र हिम तुषार' हिमालय की ऊँचाइयाँ हैं और 'लंका पदतल शतदल' उसका दूसरा छोर। इस प्रकार देश का पूरा दृश्य उभरता है। हिमालय से बहने वाली सरिताएँ देश की सांस्कृतिक-आध्यात्मिक कथा कहती हैं। यह प्राणों की ऊर्जा पर जीवित रहने वाला भूखण्ड है। चरणों के पास गुजरता हुआ महासागर स्तवन करता है, यह प्रणम्य धरती है। स्वर्णशस्य वाली पृथ्वी का सर्वोत्तम चित्र निराला ने इन पंक्तियों में सँजोया है, जहाँ श्रीसम्पन्न सौंदर्य रूपायित है :

तरु तृण वन-लता वसन
अंचल में खचित सुमन
गंगा ज्योतिर्जलकण
धवल धार-हार गले।

प्रसाद अपने नाटकों में चंद्रगुप्त, स्कंदगुप्त, अलका, सिंहरण, दाण्ड्यायन आदि पात्रों के माध्यम से राष्ट्रीय चेतना को अभिव्यक्ति देते हैं। नाटकों में व्यक्त राष्ट्रीय चेतना से प्रसाद के गहन सांस्कृतिक आशय का पता चलता है। 'स्कंदगुप्त' नाटक के लगभग आरंभ में मातृगुप्त ने एक भावुक गीत गाया है—''संस्कृति के वे सुंदरतम क्षण यों ही भूल नहीं जाना... ।'' पर नाटक का अंत होते-होते जैसे उसका मनोजगत् बदल जाता है और वह सेना के लिए गीत गाता है। इस लम्बे गीत में प्रसाद ने भारत की सांस्कृतिक परंपरा को बाँधा है। पहली सभ्यता हिमालय के आँगन में जन्मी थी, वह सभ्यता का सूर्योदय था। हिमालय की घाटी में जो सांस्कृतिक अरुणोदय हुआ, उसने सारे संसार का अंधकार मिटाने की चेष्टा की अर्थात् बर्बर समाज का अंत करना चाहा। इन्द्र, मनु, राम, दधीचि, अशोक, हर्ष आदि की उदारता के संकेत हैं। राम यद्यपि एक निर्वासित थे, पर उनका अदम्य उत्साह कि उन्होंने रत्नाकर में राह बनायी थी। अंतिम पंक्तियाँ ओजपूर्ण वक्तव्य देती हैं कि हम प्यारे भारतवर्ष के लिए जिएँ। यहाँ देश की सांस्कृतिक चेतना को मानवता के लिए मांगलिक आशय के रूप में प्रस्तुत किया गया है :

हिमालय के आँगन में उसे, प्रथम किरणों का दे उपहार
उषा ने हँस अभिनंदन किया, और पहनाया हीरक हार।
जगे हम लगे जगाने विश्व, लोक में फैला फिर आलोक
व्योम तम-पुंज हुआ तब नष्ट, अखिल संसृति हो उठी अशोक।
विमल वाणी ने वीणा ली, कमल कोमल कर में सप्रीति
सप्तस्वर सप्तसिन्धु में उठे, छिड़ा तब मधुर साम संगीत।
बचाकर बीज रूप से सृष्टि, नाव पर झेल प्रलय का शीत
अरुण केतन लेकर निज हाथ, वरुण पथ में हम बढ़े अभीत।

स्वच्छंदतावादी काव्य की राष्ट्रीय चेतना पर गांधी के व्यक्तित्व का उतना प्रभाव नहीं है, जितना मैथिलीशरण गुप्त अथवा सियारामशरण गुप्त आदि पर। पंत के मध्यवर्ती काव्य—युगांत, युगवाणी, ग्राम्या पर मार्क्सवाद-गांधीवाद का सम्मिलित प्रभाव अवश्य है, पर वह स्थायी नहीं रहा। 'ग्राम्या' की 'भारतमाता ग्रामवासिनी' में परतंत्र देश का उदास चित्र है : खेतों में धूलभरा मैला-सा आँचल फैला है; गंगा-यमुना में आँसू-जल; मिट्टी की उदास प्रतिमा; दैन्य से झुकी चितवन; मौन रोते अधर; वह अपने ही घर में प्रवासिनी है। पंत ने यहाँ देश की नंगी-भूखी जनता का जिक्र किया है, जिसे स्वच्छंदतावादी काव्य की राष्ट्रीय चेतना का यथार्थवादी मोड़ कहना उचित होगा। यह कविता जनवरी, 1940 ई. में लिखी गई थी और उस समय राष्ट्रीय स्वतंत्रता संग्राम अधिक प्रखर हो चुका था। 'भारतमाता' कविता संकेत से देश की श्री-शोभा का बखान करती है और उसकी पराजित स्थिति का बोध कराना चाहती है : राहु-ग्रसित शरदेन्दु-हासिनी।

हिंदी स्वच्छंदतावाद में राष्ट्रीय भावना की राजनीतिक अभिव्यक्ति उतनी नहीं मिलती जितनी कि सांस्कृतिक। पर यह भी सच है कि राष्ट्रीयता के नाम पर गढ़ी जाने वाली तथा देशप्रेम का दावा करने वाली हिंदी की बहुत-सी कविताएँ समय के प्रवाह में बिला गईं जबकि निराला-प्रसाद का राष्ट्रीय-सांस्कृतिक चेतना-संपन्न काव्य सही सलामत है। इस काव्य ने राष्ट्रीय चेतना को बौद्धिक ढंग से अपनाया और धीरे-धीरे उसमें यथार्थवादी तेवरों का प्रवेश कराया। प्रायः सामाजिक यथार्थ को सीधे-सीधे प्रगतिशीलता से जोड़ा जाता है पर उसका एक पक्ष यह भी है कि सामाजिक बदलाव की माँग करते हुए कवि अपने समाज के कल्याण की बात सोचते हैं। निराला जब यथार्थवादी रुख अपनाते हैं, तब वे काफी जुझारू होते हैं। 'बेला' और 'नए पत्ते' में उनकी चेतना सामाजिक प्रखरता से सम्पन्न है और यहाँ निराला को स्वच्छंदतावादी कवियों में सर्वाधिक प्रगतिशील रूप में देखा जा सकता है। वे इस मूड में 'बिल्लेसुर बकरिहा' 'कुल्लीभट' जैसी यथार्थपरक गद्य कृतियाँ हमें देते हैं और उनका व्यंग्य तीखा हो जाता है। वे पूँजीवाद का विरोध करते हैं, शोषण पर हमला बोलते हैं और स्वयं को अभिजात-भाषा से मुक्त कर, देसी बाना धारण करते हैं।

सौंदर्य दृष्टि

हिंदी स्वच्छंदतावादी काव्य अपनी यात्रा के दौरान इतिहास के कई दबाव महसूस करता रहा है और किसी भी जीवंत रचना-आंदोलन के लिए इन स्थितियों को पूर्णतया नकार देना संभव नहीं। इसलिए आरंभ की रूमानी प्रवृत्तियाँ क्रमशः सांस्कृतिक दिशाओं की ओर मुड़ती हैं और निराला तथा पंत अपने काव्य को यथार्थपरक बनाते हैं। यह बात और है कि आजाद देश में फिर आध्यात्मिक भूमियों पर चलते हैं। पर स्वच्छंदतावादी काव्य अपनी मूल बनावट में एक सौंदर्यवादी दृष्टि रखता है, जिसे अन्य तत्त्वों से जोड़ा गया है, जैसे मानववादी चेतना, नई आध्यात्मिक-नैतिकता, सांस्कृतिक रुझान आदि। प्रसाद, निराला, पंत और महादेवी ने सौंदर्य-दृष्टि का उल्लेख अपनी गद्य रचनाओं में किया है और काव्य में उसे प्रमाणित करना चाहा है। प्रसाद अपनी सौंदर्य चेतना को वैयक्तिक अनुभूति के सहारे निर्मित करते हैं, पर यह उनका प्रथम चरण है और धीरे-धीरे वे प्रकृति में उसी सौंदर्य की खोज करते हुए उसे अधिक विस्तृत जगत् में ले जाते हैं। 'कामायनी' में उन्होंने सौंदर्य को 'चेतना का उज्ज्वल वरदान' कहा है जिसमें अनन्त अभिलाषाओं के सपने जगते रहते हैं। निराला की सौंदर्य चेतना आरंभ से ही अधिक अनासक्त भूमियों पर संस्थित है, इसीलिए वे घनिष्ठ-से-घनिष्ठ मिलन-चित्र प्रस्तुत कर सकते हैं। 'प्रेयसी' की पंक्तियाँ हैं :

> करती विहार
> उपवन में मैं छिन्न हार
> मुक्ता सी निस्संग।

निराला की इस असंग सौंदर्य-दृष्टि को हिंदी समीक्षा में लगभग सभी ने स्वीकारा है। इस बूते पर निराला 'जुही की कली' में "मसल दिए गोरे कपोल गोल, डोल उठी वल्लरी की लड़ी जैसे हिंडोल" जैसी पंक्तियाँ रचते हैं। प्रसाद जब "परिरंभ कुंभ की मदिरा, निश्वास मलय के झोंके। मुखचंद्र चाँदनी जल से, मैं उठता था मुँह धोके" की बात करते हैं तो वहाँ उस सीमा तक सम्मिलित हैं कि ऐंद्रियता की शिकायत तक की जाती है। पर प्रसाद वहाँ सर्वोत्तम हैं, जहाँ वे सौंदर्य बखानते हुए स्वयं भी उपस्थित हैं। पंत प्रकृति के सौंदर्य चित्रों में कुशल हैं। वास्तव में प्रकृति और नारी स्वच्छंदतावादी काव्य की सौंदर्य चेतना के दो बड़े आधार हैं। प्रकृति में दिव्य-शोभा के दर्शन होते हैं और अपनी भावनाओं को प्रक्षेपित करने की सुविधा कवियों को मिल जाती है तथा उसका उपयोग वे सौंदर्य चित्रण में करते हैं। प्रसाद ने लज्जा और काम जैसे सूक्ष्म मनोविकारों को प्रकृति के उपादानों से व्यंजित करने में सफलता पाई है। 'कोमल किसलय के अंचल में' छिपती हुई नन्ही कलिका के समान लज्जा का सूक्ष्म सौंदर्य है। जीवन-वन के मधुमय वसंत में रजनी के अंतिम प्रहरों में अंतरिक्ष की लहरों पर तैरता हुआ काम आता है। पर प्रसाद यहाँ भी अनुपस्थित

नहीं हैं, क्योंकि वे प्रभाव का उल्लेख करते हैं :

लतिका घूँघट से चितवन की
वह कुसुम दुग्ध-सी मधु-धारा
प्लावित करती मन अजिर रही
था तुच्छ विश्व-वैभव सारा !

कुछ समीक्षक छायावादी कविता को 'सौंदर्य चेतना' के 'मुक्ति प्रसार युग' की कविता कहते हैं।[6] अर्थात् पूर्ववर्ती हिंदी कवियों की तुलना में स्वच्छंदतावादी कवियों ने सौंदर्य चेतना को विस्तृत आयाम दिए। ऐसा संभव इसलिए भी हो सका क्योंकि उन्होंने नारी को प्रमुख प्रेरणा के रूप में स्वीकारा। रूमानी काव्य अपनी वैयक्तिक अनुभूतियों के प्रकाशन के लिए नारी का आश्रय लेता है। स्वच्छंदतावादी कवि की दृष्टि में उन्नीसवीं-बीसवीं शताब्दी में एक नया सम्मान पाने वाली नारी मौजूद थी और उन्होंने उसे मध्ययुग के समान भोग की सामग्री न मानकर, प्रेरणा रूप में ग्रहण किया। ''देवि, माँ, सहचरि, प्राण'' के द्वारा पंत नारी के विभिन्न रूपों का उल्लेख करते हैं। प्रसाद नारी को श्रद्धा के प्रतीक रूप में स्वीकारते हैं और निराला उसे संपूर्ण आदर देते हैं। द्विवेदी युग का कवि नारी को दूर-दूर से देखता है, उसके प्रति सहानुभूति भी रखता है, पर वह उसे साथ-साथ ले चलने में संकोच करता है। स्वच्छंदतावादी काव्य ने नारी को सहयात्री के रूप में स्वीकारा और उसके सहारे अपने प्रेम का भवन खड़ा किया। यदि नारी के प्रति यह खुली दृष्टि न होती तो काव्य-यात्रा को गति मिलना कठिन था। स्त्री-पुरुष के बीच स्वच्छंद रागात्मक संबंधों की कल्पना नारी के प्रति आधुनिक युग की बदली हुई दृष्टि के कारण संभव हुई और इससे कवियों को अपनी रूमानी चेतना की अभिव्यक्ति में सहायता मिली। मध्ययुग में वह भोग-विलास की सामग्री तो थी, पर उसे प्रेरणा की भूमि पर पा सकना संभव नहीं था। द्विवेदी युग का कवि उससे बचकर निकलना चाहता था, पर स्वच्छंदतावादी काव्य ने 'कामायनी' जैसे नायिका-प्रधान काव्य का निर्माण किया। नारी के प्रति स्नेह-भरी दृष्टि से जिस प्रेम-भावना का विकास हुआ, उस पर इस काव्य का ढाँचा खड़ा है। यहाँ नारी-पुरुष साथ-साथ यात्रा करते दिखाई देते हैं, वे जीवन के उतार-चढ़ाव देखते हैं और उसके सुख-दुःख भी भोगते हैं। उनमें जो स्नेह-संबंध स्थापित होता है, वह सरल रेखा का नहीं होता और उसमें द्वंद्व के क्षण भी उपस्थित होते हैं। यह मानसिक अंतर्द्वंद्व इस काव्य को जीवन की जटिलताओं तक ले जाता है और कवि ऊपर-ऊपर तैरकर ही नहीं रह जाते। स्त्री-पुरुष संबंधों की पड़ताल यहाँ देखी जा सकती है और 'कामायनी' इसका अच्छा उदाहरण है। आरंभ में मनु मुग्धभाव से मिलते हैं, प्रथम दर्शन में ही लगा : ''किए मुख नीचा कमल समान, प्रथम कवि का ज्यों सुंदर छंद।'' इसे काम, वासना, लज्जा सर्ग में विकास मिलता है। 'कर्म' सर्ग में शरीर पर ध्यान अधिक है, इसलिए ईर्ष्या में मनु ज्वलनशील अंतर लेकर चला जाता है। इड़ा पर

उसकी आसक्ति भी स्थायी नहीं हो पाती और जब वह दुबारा श्रद्धा की ओर मुड़ता है, तब भी उसकी कुंठाएँ उसके साथ हैं। वह फिर श्रद्धा-मानव को छोड़कर चला जाता है। पर 'दर्शन' सर्ग से मनु नारी को उसके कल्याणी रूप में ग्रहण करता है। प्रायः 'कामायनी' के अंतिम तीन सर्गों को प्रत्यभिज्ञा से प्रभावित कह दिया जाता है, पर इसमें नारी की महत् प्रेरणा को न भूलना चाहिए। केदारनाथ सिंह का विचार है कि छायावाद में नारी महिमान्वित होकर आई है।[7]

व्यक्तित्व

हिंदी स्वच्छंदतावादी काव्य के बनने में बीसवीं शती के आरंभ का परिवेश महत्त्वपूर्ण है, इस समय की राजनीतिक स्थितियाँ कई बार स्पष्ट नहीं हो पाती थीं और सामाजिक बदलाव में तेजी नहीं आ रही थी, इसलिए इस काव्य में अंतर्विरोधों का आ जाना स्वाभाविक है। स्वच्छंदतावादी कवि को कई मोर्चों पर लड़ाई लड़नी थी। सबसे पहला संघर्ष राजनीतिक था कि उसे गुलाम नागरिक की तरह काम करना था और उसकी टकराहट साम्राज्यवादी शक्ति से थी। जिस जर्जर सामाजिक व्यवस्था में वह जी रहा था, उससे भी उसे लड़ना था क्योंकि रूढ़ियों-अंधविश्वासों के बीच स्वतंत्र अभिव्यक्ति का अवसर कम था। यह लड़ाई सामाजिक थी। इसके अतिरिक्त स्वच्छंदतावादी कवि जिन नई भावनाओं को अभिव्यक्ति देना चाहता था, उसके लिए नए माध्यम की तलाश करनी थी। इस प्रकार उसके सामने एक-साथ कई चुनौतियाँ थीं। इतिहास, राजनीति के चक्र कभी-कभी इतनी तेजी से बदल जाते हैं कि कवि को अपने ही विरुद्ध खड़े होने के लिए विवश होना पड़ता है और वह उसके लिए सबसे बड़े असमंजस का क्षण होता है। इसीलिए स्वच्छंदतावादी काव्य को विचार, भावना, भाषा, शिल्प सभी स्तरों पर नई सरणियाँ तलाशनी पड़ीं। इतिहास के दबावों को भी उसने पहचाना और निराला ने इसे सबसे सार्थक अभिव्यक्ति दी। स्वच्छंदतावादी काव्य के अंतर्विरोध हमारे सामने हैं, दार्शनिक-आध्यात्मिक चेतना के साथ विद्रोह की बात ! पर इसमें संदेह नहीं कि वह अपने स्वतंत्र व्यक्तित्व का निर्माण करने और उसे ऊर्जा के साथ प्रस्तुत कर सकने में समर्थ हुआ। उसका अपना एक व्यक्तित्व है, जिसे अलग से पहचाना जा सकता है।

संदर्भ :

1. मार्क्स-एंगेल्स : संकलित रचनाएँ, भाग 1, पृ. 263
2. विवेकानंद साहित्य, भाग 10, पृ. 5
3. के. एम. मुंशी (सं.) : स्ट्रगल फार फ्रीडम, पृ. 303
4. पट्टाभि सीतारमैया : कांग्रेस का इतिहास, भाग 1, पृ. 470
5. ए. आर. देसाई : द सोशियोलॉजिकल बैक ग्राउंड ऑफ इंडियन नेशनलिज्म, पृ. 182
6. कुमार विमल : छायावाद का सौंदर्यशास्त्रीय अध्ययन, पृ. 107
7. केदारनाथ सिंह : कल्पना और छायावाद, पृ. 45

अध्याय चार

जयशंकर प्रसाद

इतिहास के क्रम में जयशंकर प्रसाद की कविताएँ हिंदी स्वच्छंदतावाद की आरंभिक सूचना देती प्रतीत होती हैं। समीक्षक यद्यपि उनके काव्य-संकलन 'झरना' को छायावाद का प्रथम चरण होने का गौरव प्रदान करते हैं, किंतु स्थिति यह है कि प्रसाद की स्वच्छंदतावादी प्रवृत्तियों के संकेत इसके पूर्व ही प्राप्त होने लगे थे। हम स्वीकार करते हैं कि निराला और पंत की तुलना में प्रसाद की काव्य-यात्रा का आरंभ पर्याप्त शिथिल था, किंतु यह तथ्य कम आश्चर्य में नहीं डालता कि स्वयं को विकास देते हुए किस प्रकार एक कवि 'चित्राधार' की सामान्य ब्रजभाषा कविताओं से 'कामायनी' की महत्तम ऊँचाइयों पर जा सका। ऐसे ही कवियों के लिए 'विकासमान व्यक्तित्व' का प्रयोग किया जाता है, जो भीतर-ही-भीतर बढ़ते हुए रचनाओं के उच्चतम शिखर तक जाते हैं। इसकी तुलना में उन कवियों को देखकर दुःख होता है जो कभी बड़ी सम्भावनाएँ लेकर आए थे, किंतु दूसरी बातों में उलझ जाने के कारण जल्दी ही बिखर गए और बाद में तो पुरानी पूँजी की ही कमाई खाते रहे, अन्यथा नए के नाम पर देने के लिए उनके पास अधिक कुछ नहीं था। प्रसाद की काव्य-यात्रा का अध्ययन इस दृष्टि से हमारे लिए उपयोगी है कि हम उनके क्रमशः अग्रसर होते हुए व्यक्तित्व को देखते हैं और हमें धीरे-धीरे बनने वाले पिरामिड का एहसास होता है।

परिवेश

परिस्थितियों ने संपूर्ण छायावादी काव्य को प्रभावित किया, किंतु कवियों के व्यक्तित्व की बनावट में जो अंतर है उसके कारण उनकी प्रतिक्रियाएँ अलग-अलग हैं। जब हम प्रसाद के संस्कारों के बनने की बात करते हैं तो सबसे पहले हमारा ध्यान काशी के उस वातावरण की ओर जाता है, जहाँ कवि जन्मे थे। अपनी प्राचीन परंपराओं में बँधी हुई शंकर की नगरी काशी, एक ओर धार्मिक आचरणों को लेकर चली तो दूसरी ओर उसके पास पांडित्य की एक समृद्ध विरासत है। यहाँ भारत की प्रवहमान

संस्कृति की प्रतीक गंगा की धारा है और साथ में बाबा विश्वनाथ का मंदिर भी। प्रसाद जी उन्नीसवीं शती के अंत में जन्मे थे और उस समय काशी में भारतेंदु का व्यक्तित्व छाया हुआ था, यद्यपि वे पैंतीस वर्ष की ही अवस्था (1885 ई.) में असमय चल बसे थे, और प्रसाद का जन्म चार वर्ष बाद 1889 ई. में हुआ। भारतेंदु के समग्र व्यक्तित्व ने काशी के साहित्यिक जीवन पर जो प्रभाव छोड़ा था, वह उनके तिरोहित हो जाने के बाद भी बना रहा।

कहा जाता है कि जब प्रसाद केवल नौ वर्ष के थे, तब उन्होंने 'कलाधर' उपनाम से एक सवैया लिखकर अपने गुरु सोहिनीलाल रसमयसिद्ध को दिखाया था : ''हारे सुरेस रमेश धनेस गनेसहुँ सेस न पावत पारे।'' प्रसाद ने अपने साहित्यिक जीवन का आरंभ ब्रजभाषा के सवैया, कवित्त, घनाक्षरी से किया उन्होंने समस्यापूर्ति के तौर पर यह सवैया एक कवि-गोष्ठी में सुनाया था।[1]

भई ढीठ फिरैं चल चंचल है, यह रीति प्रसाद चलाई नई।
नई देखि मनोहरता कतहूँ थिरता इनमें नहिं पाई गई।।
गई लाज स्वरूप सुधा छबि कै न तबौं इनकी कुटिलाई गई।
गई खोजत और ही ठौर तुम्हें अँखियाँ अब तो हरजाई भईं।।

आज यह सवैया 'चित्राधार' में जिस रूप में 'मकरबिंदु' शीर्षक से संकलित है, उसमें 'प्रसाद' उपनाम हटा दिया गया है। इसका एक कारण यह भी प्रतीत होता है कि आरंभ में भारतेंदु के व्यक्तित्व से लगभग अभिभूत होने के कारण प्रसाद ने 'कलाधर' उपनाम से कविताएँ लिखी थीं, जिसमें चन्द्रमा का अर्थ समान है। प्रसाद की सर्वप्रथम प्रकाशित कविता भी 'भारतेंदु' पत्र में जुलाई, 1906 ई. में आई, जिनमें 'कलाधर' उपनाम आया है। सावन का वर्णन है और अंतिम पंक्तियाँ इस प्रकार हैं :

गावन लगे मयूर 'कलाधर'
झाँपि कै मेघ लगे बरसावन

प्रसाद भारतेंदु हरिश्चंद्र के व्यक्तित्व से कितना प्रभावित थे, इसका प्रमाण उनकी 'भारतेंदु प्रकाश' नामक कविता से मिलता है, जिसकी रचना श्रद्धांजलि रूप में हुई है, जिसमें भारतेंदु नाम आया है :

सज्जन चकोर भये प्रफुल्लित मानि मन में मोद को
सहृदय शुचि कुमुद बिकसे बिसद बंधु विनोद को।
छिटकी सुहिंदी चंद्रिका आनंद अतिहिं विधायनी
यह भारतेंदु भयौ उदय धरि कांति जो सुखदायिनी।।

प्रसाद के आरंभिक संस्कारों के बनने में राजनीतिक-सामाजिक परिस्थितियों के साथ-साथ उनके पारिवारिक परिवेश का भी काफी योग रहा है। वे एक रईस परिवार में जन्मे थे, जिसे सामन्तवादी संस्कारों वाला कहना ठीक होगा। यह परिवार एक खास तरह की सुरती-तम्बाकू बनाने के कारण 'सुँघनीसाहु' के नाम से प्रसिद्ध

था। अपनी संपन्नता में काशी के महाराज बनारस के बाद सबसे अधिक प्रतिष्ठा 'सुँघनीसाहु' परिवार की थी। प्रसाद के पितामह शिवरतन साहु को जनता 'जय महादेव' कहकर सम्मान देती थी और परिवार परंपरागत रूप से शैव था, इसलिए यह संबोधन समीचीन था। गोवर्धनसराय में प्रसाद के पैतृक भवन से लगभग लगा हुआ शिवालय है, जिसका निर्माण उनके पूर्वजों ने कराया था। प्रसाद की आरंभिक रचनाओं में शिव का उल्लेख बार-बार आया है। आगे चलकर वे धर्म की अपेक्षा दर्शन से अधिक प्रभावित हुआ और 'कामायनी' के अंतिम चार सर्गों पर शैवागम की स्पष्ट छाया है।

जीवन के आरंभ में प्रसाद ने एक वैभवशाली सामंती परिवेश पाया और इससे उनके अभिजात संस्कार निर्मित हुए, जिन्होंने उनकी भाषा को विशेष रूप से एक संस्कृतबहुल तराश दी। संभवतः मुक्तिबोध पहले समीक्षक हैं, जिन्होंने 'कामायनी : एक पुनर्विचार' में प्रसाद के सामन्ती परिवेश और मनु की देवविलासी जीवन स्मृति में समानताएँ खोजने की चेष्टा की। उनके शब्दों में : "प्रसाद जी की यह देव-सभ्यता निश्चित ही वह सामंती सभ्यता है जिसका अब जीर्णोद्धार नहीं हो सकता। वे संबंध गए वह प्राचुर्य गया, वह विलास गया अब केवल उसकी स्मृतियाँ शेष हैं वह जमाना गुजर गया।"[2] मनोवैज्ञानिक स्तर पर स्वीकार किया जा सकता है कि देवविलास के इस पराभव में प्रसाद के पारिवारिक उत्थान-पतन विशेषतया आर्थिक स्थिति की छाया हो, पर देवताओं के विलास का वर्णन पुराणों में विस्तार से आया है और प्रसाद जैसे अध्ययनशील लेखक ने उसका उपयोग किया है। एक दूसरा प्रश्न है कि आखिर प्रसाद ने इस सामंतवादी विलासी संस्कृति का समर्थन ही कहाँ किया है ? 'चिंता' सर्ग में मनु स्वयं स्वीकारता है कि देवताओं का भोग-विलास स्वयं उन्हें निगल गया :

आह सर्ग के अग्रदूत ! तुम
असफल हुए विलीन हुए
भक्षक या रक्षक जो समझो
केवल अपने मीन हुए—

फिर आखिर काव्य में अथवा किसी भी रचना में यदि रचनाकार अपनी नितांत वैयक्तिक भावनाओं का उन्नयन करने की क्षमता नहीं रखता और बृहत्तर समुदाय उसका समभागी नहीं बन पाता तो रचना की सार्थकता ही क्या रह जाएगी ?

प्रसाद का पारिवारिक परिवेश उन्हें विद्वानों, कलाकारों के संपर्क में ले आता है और विद्यालयों की शिक्षा के अभाव की क्षतिपूर्ति हो जाती है। आरंभिक कृतियों में हम उन्हें पुराण ग्रंथों तथा वाल्मीकि, कालिदास जैसी प्रतिभाओं से अपनी सामग्री प्राप्त करते हुए देखते हैं। आरंभिक काव्य-संकलन 'चित्राधार' में 'अयोध्या का उद्धार' 'रघुवंश' से और 'वनमिलन' 'अभिज्ञानशाकुंतल' से अपने कथासूत्र प्राप्त करती हैं। प्रसाद ने क्रमशः अपने इस अध्ययनक्रम को विकास दिया और पुराणों के मिथकीय

संसार से आगे बढ़कर इतिहास की जटिलताओं में प्रवेश किया। नाटकों की लंबी भूमिकाएँ इसका प्रमाण हैं। उनकी इस दृष्टि को विकसित करने में समाज की तत्कालीन परिस्थितियों का योगदान है।

देश में राष्ट्रीय भावना क्रमशः तीव्र होती जा रही थी और बुद्धिजीवी वर्ग इतिहास पर नई दृष्टि डालना चाहता था। उन्नीसवीं शती में जन्म लेने वाला भारतीय नवजागरण देश की मनीषा की सक्रियता का प्रमाण है। परंपरा को नए सिरे से देखने की चेष्टा में भारतीय रचनाकार कई दिशाओं से आगे बढ़े और प्रसाद के नाटकों को इसी परिप्रेक्ष्य में रखकर देखना उचित होगा। प्रसाद के व्यक्तित्व को निर्मित करने में गांधीवादी युग की राष्ट्रीय चेतना का भी हिस्सा है, यद्यपि यह जान लेना होगा कि प्रसाद राष्ट्रीयता की खानापूरी से सन्तुष्ट हो जाने वाले व्यक्ति नहीं थे; वे उसकी सांस्कृतिक गहराइयों में उतरते हैं। वे यहाँ तक प्रमाणित करना चाहते हैं कि आर्यों का आदि देश भारत ही है। यह बात और है कि इतिहास के समस्त प्रमाण कवि के इस मत का समर्थन करते न दिखाई देते हों, पर जहाँ तक काव्य में उसकी अभिव्यक्ति का प्रश्न है, 'स्कंदगुप्त' में मातृगुप्त के माध्यम से उनकी घोषणा है कि हमारी जन्मभूमि है यही, हम कही से आए थे नहीं।

प्रसाद की स्वच्छंदतावादी चेतना की बुनावट में वैयक्तिक जीवन-प्रसंग पारिवारिक परिवेश, सामाजिक स्थितियाँ सभी अपना दबाव डालते दिखाई देते हैं। स्वच्छंदतावादी कवियों में सबसे गहरा अंतर्द्वंद्व प्रसाद का है, जो कई स्थलों पर उनके काव्य को बहुत स्पष्ट नहीं होने देता, जिसे अपनी नासमझी में कुछ लोग अभिव्यक्ति की असमर्थता अथवा रहस्यवाद जैसे नाम देना चाहते हैं। ऊपर प्रसाद के व्यक्तित्व के जिस परिवेश का संकेत संक्षेप में किया गया है, उससे कवि के उन प्रेरणास्रोतों को भी तलाशा जा सकता है, जिन्होंने रचना को प्रभावित किया। जैसे-जैसे कवि का व्यक्तित्व विकसित होता गया, रचनाओं में आंशिक बदलाव आया और यदि प्रसाद कुछ समय तक हमारे बीच और रहते तो संभव था कि 'मधुआ' जैसी कहानियों के यथार्थ-दृश्य हमें अधिक मिलते। ऐसी स्थिति में अधूरे उपन्यास 'इरावती' के संभाव्य अंत की कल्पना करते हुए भी हमें बदलती स्थितियों को ध्यान में रखना होगा। आरंभ में इतिहास के प्रति प्रसाद की रूमानी दृष्टि अधिक थी, जिसे कुछ समीक्षक शेक्सपियर की तर्ज का अंतर्द्वंद्व भरा चरित्रांकन कहते हैं पर क्रमशः प्रसाद इतिहास की भीतरी तहों में प्रवेश करने की चेष्टा करते दिखाई देते हैं। हम स्वीकारते हैं कि उनके लिए इतिहास की जटिलताओं की छानबीन के लिए पूर्णतया वस्तुपरक दृष्टि अपनाना संभव न हुआ, किंतु उनके व्यक्तित्व को क्रमशः विकसित होते हुए मानकर यह भी रोचक अध्ययन का विषय हो सकता है कि प्रसाद की इतिहास-संबंधी दृष्टि में किस प्रकार परिवर्तन होते रहे हैं। 'कल्याणी परिणय' (1912 ई.) से लेकर 'ध्रुवस्वामिनी' (1932 ई.) तक लगभग दो दशकों के बीच आधुनिक इतिहास ने कई उतार-चढ़ाव देखे। इसी अंतराल में

प्रथम महायुद्ध का भीषण विनाश हुआ और राष्ट्रीय स्वतंत्रता संग्राम ने गांधी के नेतृत्व में एक नया मोड़ लिया। प्रसाद के अधिकांश नाटक राष्ट्रीय चेतना से सम्पन्न हैं और कवि-नाटककार की यह राष्ट्रीयता कई स्थलों पर इतिहास का अतिक्रमण तक करती है। चंद्रगुप्त नाटक में चंद्रगुप्त के व्यक्तित्व को दीप्ति देने के लिए कल्पना का आश्रय संभवतः आवश्यकता से अधिक हो गया है, जिसे नाटकों में प्रसाद की स्वच्छंदतावादी दृष्टि कहा जाता है। उसमें केवल पात्रों के प्रेम-प्रसंग अथवा गीतों का बाहुल्य मात्र सम्मिलित नहीं है। प्रसाद ने इतिहास के सूत्रों को तलाशा और इसके माध्यम से वे अधूरी तस्वीर पूरी करना चाहते थे, गुप्त साम्राज्य की बिखरी कथा उन्होंने जोड़ने की कोशिश की। स्थितियों, घटनाओं, पात्रों के माध्यम से इतिहास की विशेष प्रवृत्तियों को जानने-पहचानने की चेष्टा भी कहीं-कहीं प्रसाद में मिलती है, यद्यपि इतिहास की द्वंद्वात्मकता के कायल न होने के कारण उसके संकेत भर वहाँ प्राप्त होते हैं। 'आजातशत्रु' नाटक में बौद्धधर्म के उदय को गौतम के माध्यम से चित्रित किया गया है। पर 'राज्यश्री' में उसकी उठती-गिरती स्थिति का भी संकेत है। प्रसाद अपने समय के कुछ प्रश्नों को इतिहास के प्राचीन संदर्भों के मध्य रखना चाहते हैं जिनमें राष्ट्रीयता का प्रश्न प्रमुख रूप से उभरा है। 'ध्रुवस्वामिनी' तक आते-आते प्रसाद की दृष्टि अधिक सामयिक और इतिहास के द्वंद्व को पहचानने वाली होती दिखाई देती है। नायकों का पीछा करने वाली नारियों की संख्या यहाँ कम हो जाती है, गीत लगभग गायब होने लगते हैं, और भाषा अभावुक होना चाहती है। जाहिर है, कि प्रसाद का व्यक्तित्व क्रमशः अपने भीतर से विकास पाता है।

जब हम प्रसाद की स्वच्छंदतावादी चेतना की बनावट का उल्लेख करते हैं तो हमें यह जान लेना होगा कि आखिर उसके निर्माण में कौन-कौन से दबाव काम करते रहे हैं। प्रसाद में रचना की संश्लिष्ट प्रवृत्ति बताती है कि उसके बनने में कई प्रवृत्तियों का हिस्सा है। पारिवारिक परिवेश से जो अभिजात संस्कार प्रसाद को मिले थे, वे उनकी भाषा पर अंतिम समय तक हावी रहे और इसीलिए उसे एकरस कहा जा सकता है। अनेक प्रकार के भावों को व्यंजित करने के लिए उनके पास एक जैसी संस्कृतबहुला प्रसादी भाषा है, जो एक स्तर से नीचे आना नहीं जानती। यथार्थ के जो दृश्य कहीं-कहीं प्रसाद खींचना चाहते हैं, वे और भी विश्वसनीय हो सकते थे, बशर्ते उन्होंने नया मुहावरा पकड़ा होता। 'कामायनी' में संघर्ष का चित्रण, 'कंकाल' में धर्म के नाम पर होने वाला व्यापार अथवा 'ध्रुवस्वामिनी' में नारी-पुरुष संबंधों की व्याख्या निश्चित ही एक दूसरी भाषा चाहती है। यही वह बिंदु है, जो प्रसाद को युग के नए यथार्थ से जुड़ने में संकोचशील बनाता है और निराला एक नया मुहावरा लेकर कुकुरमुत्ता, बेला और नए पत्ते की दुनिया में प्रवेश कर जाते हैं। परिवार से जो संस्कार प्रसाद ने पाए थे, उसमें प्राचीन भारतीय इतिहास, अध्यात्म दर्शन का भी हिस्सा है। नितांत वैयक्तिक अनुभूतियों के विवरण में जाए बिना कहा जा सकता

है कि उनका प्रभाव प्रसाद के रचना-व्यक्तित्व पर अंतिम क्षणों तक बना रहा। 'आँसू' की प्रिया लुकछिप कर 'स्कंदगुप्त' की देवसेना, 'चंद्रगुप्त' की कर्नेलिया, 'तितली' की शैला, कहानियों में चम्पा, मधूलिका, नूरी, इरावती और यहाँ तक कि 'कामायनी' की श्रद्धा तक में मौजूद है। जाहिर है कि कोई प्रसाद के रचनाशील व्यक्तित्व का बराबर पीछा कर रहा है और कवि का उससे मुक्त हो पाना आसान नहीं दिखाई देता। वह उनके अवचेतन पर हावी है और जहाँ कहीं उसे अवसर मिलता है, वह अपने को आगे की पंक्ति में खड़ा कर देता है। बात लंबी हो जाएगी इसलिए मैं एक-दो उदाहरण ही देना चाहूँगा। चाणक्य के विषय में इतिहास का अनुमान एक कूटनीतिज्ञ के रूप में है और प्रायः उसे एक ऐसे निर्मम पात्र के रूप में चित्रित किया जाता रहा है जो सिद्धि देखता है, साधन नहीं। पर प्रसाद चाणक्य और सुवासिनी के बीच एक रागात्मक संबंध की ओर इशारा करते हैं। चंद्रगुप्त नाटक के तृतीय अंक में कुसुमपुर को देखकर चाणक्य कहता है :

"वह सामने कुसुमपुर है, जहाँ मेरे जीवन का प्रभात हुआ था ! मेरे उस सरल हृदय में उत्कट इच्छा थी कि कोई भी सुंदर मन मेरा साथी हो...परन्तु संसार, कठोर संसार ने सिखा दिया कि तुम्हें परखना होगा। समझदारी आने पर यौवन चला जाता है जब तक माला गूँथी जाती है फूल कुम्हला जाते हैं। जिससे मिलने के संभार की इतनी धूमधाम, सजावट-बनावट होती है, इसके आने तक मनुष्य हृदय को सुंदर और उपयुक्त नहीं बनाए रह सकता। मनुष्य की चंचल स्थिति तब तक उस श्यामल कोमल हृदय को मरुभूमि बना देती है। यही तो विषमता है।"

प्रसाद की वैयक्तिक प्रेमानुभूति इसी कारण नारी पात्रों की सृष्टि में अधिक तल्लीन होती है और वे प्रायः रोमांटिक नारियाँ हैं—पुरुषों का पीछा करती हुई। स्कंदगुप्त और चंद्रगुप्त जैसे नायक भावुक होते हैं और चंद्रगुप्त से चाणक्य इस प्रकार के झिड़की-भरे वाक्य कहता है—"महत्त्वाकांक्षा का मोती निष्ठुरता से सीपी में रहता है।" 'कामायनी' में प्रसाद प्रथम मनुष्य का सांस्कृतिक इतिहास लिखना चाहते हैं, पर यहाँ भी वे अपनी रूमानी चेतना से पूर्ण मुक्त नहीं कहे जा सकते। कहानियों में प्रसाद अपने पात्रों को स्वतंत्र छोड़ देने के कायल नहीं, वे उनका नियमन करते दिखाई देते हैं। चम्पा जैसे पात्र प्रेम के आदर्शीकरण के कारण अविश्वसनीय लग सकते हैं, पर नारी पात्रों का द्वंद्व उभारने में प्रसाद कुशल हैं और वे स्थितियों को मोड़ देना जानते हैं। 'सालवती' प्रसाद की लंबी कहानियों में है, जिसमें एक नारी को बराबर अपनी भावनाओं से संघर्ष करते देखा जा सकता है। वास्तव में, प्रसाद अपने अधिकांश प्रमुख पात्रों के व्यक्तित्व का निर्माण करते हुए स्वयं सम्मिलित हैं और उनकी स्वच्छंदतावादी दृष्टि चरित्रों को 'निरपेक्ष' रूप से बनने नहीं देती। 'गुंडा' के नन्हकूसिंह जैसे पात्र को वे सम्मानित बनाते हैं, उसके माध्यम से राष्ट्रीयता को उभारते हैं, पर यहाँ भी प्रसाद अपनी प्रवृत्ति के अनुकूल उसकी कोमल भावनाएँ प्रतिष्ठित करते हैं। कहानी का लगभग अंतिम प्रसंग

है : "पन्ना ने नन्हकू को देखा। एक क्षण के लिए चारों आँखें मिलीं, जिनमें जन्म-जन्म का विश्वास ज्योति की तरह जल रहा था।" प्रसाद की स्वच्छंदतावादी चेतना की बुनावट में कवि की वैयक्तिक अनुभूतियों, प्रतिक्रियाओं, विशेषतया उनकी प्रेमानुभूति का महत्त्वपूर्ण हिस्सा है, इसकी ठीक-ठीक समझ जरूरी है।

पारिवारिक परिवेश और वैयक्तिक अनुभूति-क्षेत्र को प्रसाद ने अपने गहन अध्ययन से बराबर विस्तार देने की चेष्टा की, अन्यथा वे इतनी दूर तक की यात्रा न कर सके होते। आज हम 'चित्राधार' को देखकर भावी संभावनाओं का संकेत कर सकने में सुविधा अनुभव करते हैं, क्योंकि उनका संपूर्ण सृजन हमारे सामने है। अन्यथा प्रसाद का आरंभिक चरण अपने समानधर्मा कवियों की तुलना में किंचित् शिथिल दिखाई देता है। वे वैयक्तिक अनुभूतियों के प्रति गहरी आसक्ति के कवि भी कहे जा सकते हैं, कहीं-कहीं लगभग मोहबद्ध। पर अपने सीमित संसार को बढ़ाते रहने की जो ईमानदार चेष्टा वे करते रहे हैं, उसकी सही पहचान के बाद ही हम आश्वस्त होते हैं कि वे किस प्रकार रचना की महत्तर ऊँचाइयों पर पहुँचते हैं। इतिहास-दर्शन आदि के अध्ययन का सहारा प्रसाद ने अपनी वैयक्तिक प्रतिक्रिया को वस्तून्मुखी बनाने के लिए किया, इसमें संदेह नहीं। अन्यथा खतरा था कि वे गीतकार बनकर रह जाते और नाटक, कहानी के माध्यम से इतिहास के खंडों को उजागर करना संभव न होता। प्राचीन इतिहास में सामयिक प्रश्नों की झलक दे सकने की क्षमता उनमें इसलिए आई क्योंकि वे अपनी ही बनाई दुनिया में बंदी होकर रह जाने वाले लेखक नहीं थे। प्रसाद की भावनामयता साधारण भावोच्छ्वास से एक भिन्न तेवर की वस्तु है, वह एक उदार मानवीयता से जुड़ी है, और सांस्कृतिक उल्लेख भी उसमें कम महत्त्वपूर्ण नहीं है। हम इतना मानते हैं कि उनकी स्वच्छंदतावादी दृष्टि में आदर्शवादी भावना यथार्थवादी प्रवृत्ति की अपेक्षा ज्यादा सक्रिय है। प्रसाद के काव्य के साथ उनकी अन्य रचनाओं—नाटक, कहानी, उपन्यास आदि को रखकर देखने से उनकी रूमानी प्रवृत्ति की भी सही पहचान होती है।

काव्यारम्भ : चित्राधार

प्रसाद ने अपनी कविताओं की शुरुआत ब्रजभाषा से की, जिसका एक कारण काशी के परिवेश का प्रभाव है। भारतेंदु गद्य में तो खड़ी बोली को स्वीकार चुके थे, पर काव्य का माध्यम ब्रज ही बनी हुई थी। इस द्वैध नीति के कारण खड़ी बोली पर्याप्त विकास नहीं प्राप्त कर सकी और द्विवेदी युग के कवियों की पर्याप्त शक्ति व्याकरण से उलझने में लगी। स्वच्छंदतावाद को खड़ी बोली में अभिव्यक्ति की सामर्थ्य भरने का दायित्व मिला। प्रसाद की आरंभिक रचनाएँ 'इन्दु' पत्रिका की फाइलों में खोजी जा सकती हैं। भांजे श्री अंबिकाप्रसाद गुप्त इसका संचालन करते थे। इसका प्रथम अंक 1909 ई. में प्रकाशित हुआ था और तभी से लगातार प्रसाद की रचनाएँ इसके

माध्यम से आती रहीं। इन्दु की फाइलों में प्रसाद के व्यक्तित्व को क्रमशः विकसित होते हुए देखा जा सकता है। प्रथम अंक—कला-1; किरण 1 (श्रावण शुक्ल द्वितीया संवत् 1966) में साहित्य के स्वरूप के विषय में दी गई स्थापना विचारणीय है, क्योंकि इससे उनकी रचना-दृष्टि का संकेत मिलता है। प्रस्तावना के शब्द हैं : "साहित्य स्वतंत्र प्रकृति, सर्वतोगामी प्रतिभा के प्रकाशन का परिणाम है। वह किसी की परतंत्रता को सहन नहीं कर सकता, संसार में जो कुछ सत्य और सुंदर है वही साहित्य का विषय है। साहित्य केवल सत्य और सौंदर्य की चर्चा करके सत्य को प्रतिष्ठित और पूर्ण रूप से विकसित करता है, आनंदमय हृदय के अनुशीलन में और स्वतंत्र आंदोलन में उसकी सत्ता देखी जाती है...।"

रचना में स्वतंत्रता की माँग को वह प्रस्थान-बिंदु कहा जा सकता है, जहाँ स्वच्छंदतावाद की यात्रा का आरंभ होता है। जाहिर है कि प्रसाद आत्माभिव्यक्ति की स्वतंत्रता को रचना-कर्म के लिए आवश्यक मानते हैं, पर वे उसे अराजक स्थिति तक पहुँचा देने की भूल नहीं करते। वे परंपरा से प्राप्त 'सत्य' शब्द का प्रयोग करते हैं, जो उन्हें जीवन के कुछ मनचाहे संदर्भों से जोड़ने में सहायक होता है। इसी के साथ वे 'सौंदर्य' की बात करते हैं, जिससे उनके रूमानी तेवरों का पता चलता है। इस वक्तव्य में 'हृदय का अनुशीलन' भी ध्यान देने योग्य है। रूमानी कविता के संदर्भ में वर्ड्स्वर्थ तक ने सशक्त भावनाओं के सहज प्लावन की बात कही है। हृदय के संवेग अथवा भावनामयता को काव्य का एक महत्त्वपूर्ण उपादान स्वीकार करके प्रसाद ने काव्य की स्वच्छंदतावादी वृत्ति की ओर मानों आरंभिक संकेत किया। हमारे कहने का आशय यह नहीं कि प्रसाद अपने प्रथम चरण से ही स्वच्छंदतावाद की भावभूमि लेकर चले थे, पर इतना संकेत तो मिलता ही है कि ब्रजभाषा काव्य के माध्यम से वे केवल परंपरा का निर्वाह नहीं करना चाहते थे, वरन् अभिव्यक्ति की नई संभावनाएँ तलाश रहे थे। इस सिलसिले में प्रसाद का 'कवि और कविता' निबंध महत्त्वपूर्ण है, जिसका प्रकाशन कला-2 किरण 1 में हुआ था (श्रावण शुक्ल 2 संवत् 1967) इसे एक प्रकार से प्रसाद की आरंभिक प्रस्तावना का विकास कहा जा सकता है। 'कवि और कविता' निबंध में प्रसाद कवि को सृष्टिकर्ता मानते हैं, जो संसार को अपने साँचे में ढालना चाहता है। वह मनुष्य के हृदय के लिए बड़ी सुंदर सृष्टि करता है। काव्य की व्याख्या में प्रसाद प्राचीन काव्य के श्रेष्ठतम प्रतिमानों का उल्लेख करते हैं : रामायण, उत्तररामचरित, अभिज्ञानशाकुंतल, रामचरितमानस आदि। वे अनुभूति के धरातल पर काव्य के दो विभाजन करते हैं : कथामूलक और भावमूलक। आगे चलकर प्रसाद के काव्य में इन प्रवृत्तियों का एक समन्वय भी देखा जा सकता है, जहाँ आख्यान केवल अग्रसर होने का माध्यम बनते हैं और कवि का मुख्य प्रतिपाद्य भाव-निक्षेप होता है। प्रसाद नायिकाओं के इर्द-गिर्द घूमने वाली शृंगारी भावना का विरोध करते हैं और कालिदास के काव्य के शृंगार-वर्णन का व्यापकत्व देखते हैं।

इस निबंध में प्रसाद ने कविता के तीन मुख्य गुण स्वीकारे हैं : कल्पना-शक्ति, सौंदर्य की आलोचना और प्रकृति-ज्ञान। इनमें कल्पना स्वच्छंदतावादी काव्य का प्रमुख तत्त्व बना और सौंदर्य की आलोचना से कवि का तात्पर्य संभवतः इंद्रियजन्य सुख से ऊपर उठ सकने की क्षमता से है। यहाँ मानव प्रकृति के नैकट्य का भी संकेत है इस प्रकार स्वच्छंदतावादी काव्य की आरंभिक रूपरेखा बनती है।

'इन्दु' के तिरोहित होते-होते जो कविताएँ हमें देखने को मिलीं, उनसे कवि के अपेक्षाकृत प्रौढ़ व्यक्तित्व की सूचना मिलती है, क्योंकि इस बीच प्रसाद की कई महत्त्वपूर्ण कृतियाँ प्रकाशित हो चुकी थीं। 1927 ई. के मार्च की तीसरी किरण में 'सब जीवन बीता जाता है धूप छाँह के खेल सदृश' गीत है, जिसे 'स्कंदगुप्त' नाटक के तृतीय अंक में देवसेना की अवसादी मनःस्थिति का बोध कराने के लिए नेपथ्य गान के रूप में प्रस्तुत किया गया है। 1916 ई. से 1927 ई. के बीच प्रसाद कितना विकसित हो चुके थे, इसका प्रमाण स्वयं इन्दु की फाइलें हैं। इन्दु की आरंभिक रचनाओं में सरस्वती की परंपरागत वंदना (शारदाष्टक) है, ईश्वर के प्रति भक्तिभावना का प्रकाशन है, प्रकृति के दृश्य हैं और साथ ही प्राचीन आख्यानों का उपयोग भी। इस प्रकार कवि एक सम्मिलित अनुभूति-जगत् से संपर्क करता दिखाई देता है, वह निर्माणावस्था में है और उसकी कई दिशाएँ हैं। चली आती हुई पारंपरित ब्रजभाषा का संवेदन क्षेत्र जब लगभग सीमित हो चुका हो, तब उसमें नई संभावनाएँ जगाने की चेष्टा एक कठिन काम है, यद्यपि प्रसाद ने आरंभ से ही ब्रजभाषा की स्वच्छंद प्रवृत्तियों को ग्रहण किया। इन्दु 1909 ई. से लेकर लगभग 1927 ई. तक चला और प्रसाद के दो दशकों की यात्रा को इसके माध्यम से जाना जा सकता है। आरंभ में ब्रजभाषा की रचनाएँ थीं, पर कला-8, किरण 1 में 'अनुनय' कविता प्रकाशित हुई, जिसे 'चंद्रगुप्त' नाटक (चतुर्थ अंक का आरंभ) में कल्याणी गाती है। इसमें मानवता के मंगल की सदाशयतापूर्ण कामना द्रष्टव्य है :

सुधा सीकर से नहला दो !
करुणा के अंचल पर निखरे
घायल आँसू हैं जो बिखरे
ये मोती बन जाएँ, मृदुल कर से लो
सहला दो...।

'चित्राधार' प्रसाद की आरंभिक कविताओं का संकलन है। इसका प्रकाशन वि. सं. 1975 ई. में हुआ और पहले संस्करण में ब्रजभाषा तथा खड़ी बोली दोनों की ही रचनाएँ संकलित थीं : काननकुसुम, प्रेमपथिक, महाराणा का महत्त्व (कविता), सम्राट् चंद्रगुप्त मौर्य (निबंध), छाया (कहानी), उर्वशी (चम्पू), राज्यश्री, प्रायश्चित्त, कल्याणी परिणय (नाटक), करुणालय (गीतिनाट्य)। आगे चलकर लगभग दस वर्ष बाद वि. सं. 1985 में 'चित्राधार' का दूसरा संस्करण आया, जिसमें बीस वर्ष तक

की प्रायः सभी रचनाएँ हैं। आज जिस रूप में वह उपलब्ध है, उसका स्वरूप इस प्रकार है : उर्वशी, बभ्रुवाहन (गद्य-पद्य मिश्रित चम्पू), अयोध्या का उद्धार, वनमिलन, प्रेम-राज्य (लघु कथाकाव्य), प्रायश्चित्त, सज्जन (नाट्य), ब्रह्मर्षि, पंचायत, प्रकृति सौंदर्य, सरोज भक्ति। इनमें ब्रह्मर्षि, पंचायत, पौराणिक आधार पर रची गई कथाएँ हैं और शेष निबंधमूलक रचनाएँ हैं। स्वयं प्रसाद ने इन सबको कथाप्रबन्ध कहा। इसके अतिरिक्त 'पराग' खंड के अंतर्गत अष्टमूर्ति, कल्पना-सुख, मानस, शारदीय शोभा आदि शीर्षकों की बाईस कविताएँ हैं और अंत में 'मकरबिंदु' नाम से ब्रजभाषा के स्फुट कवित्त और पद संकलित हैं।

प्रसाद के आरंभिक भावजगत् पर दृष्टि डालने से उसका एक मिश्रित रूप हमारे सामने उभरता है। लगता है, कवि की चेतना पर कई प्रकार के प्रभाव पड़ रहे हैं और वह उन्हें अपनी अनुभूति-सम्पत्ति बनाता हुआ सृजन-यात्रा में अग्रसर होना चाहता है। प्रसाद अपनी अध्ययन-वृत्ति के सहारे एक साथ तीन दिशाओं में जाते दिखाई देते हैं। वे पुराण ग्रंथों के मिथकीय संसार में प्रवेश करते हैं, जो संभवतः उनके आरंभिक भक्तिमार्गी संस्कारों के साथ उनकी रूमानी दृष्टि के भी समीप है। पर प्रसाद पुराण और धर्म के मिथकीय जगत् के भीतर से इतिहास में प्रवेश करने की चेष्टा करते हैं, जिससे उनकी इस इच्छा का संकेत मिलता है कि वे स्वयं को विकास देना चाहते हैं। गद्य-पद्य मिश्रित 'उर्वशी' और 'बभ्रुवाहन' में कथा कहना लेखक का मुख्य उद्देश्य नहीं है, वह उर्वशी-पुरुरवा तथा चित्रांगदा-अर्जुन के पारस्परिक प्रेम-भाव को अधिक उजागर करता है। इसीलिए प्रकृति का भरपूर उपयोग रूमानी वातावरण-निर्माण के लिए किया गया है। 'उर्वशी' के आरंभ की काव्य-पंक्तियाँ हैं और इसी के बाद कथा का आरंभ होता है :

विलसत सांध्य दिवाकर की किरनें माला-सी
प्रकृति गले में जो खेलति है वनमाला-सी।

"ऐसे रमणीक उद्यान प्रदेश के घने कानन में छोटी-सी पहाड़ी पर खड़ा एक तेजस्वी युवक वनस्थली की सांध्य शोभा देख रहा है। सूर्य की सुनहली किरणें उसके मणि-मंडित-किरीट और स्वर्ण-कवच पर रह-रह कर चमक उठती हैं...।"

यहाँ पर पौराणिक प्रसंगों से जो मिथकीय दुनिया उभारी जा रही है, उससे कवि की स्वच्छंदतावादी वृत्तियों का आभास मिलता है। इस प्रथम चरण में दावे के साथ, किसी निश्चित दिशा की सूचना दे सकना सरल नहीं, क्योंकि बहुत कुछ इस बात पर निर्भर करता है कि कवि का विकास किन रेखाओं में होता है। प्रसाद ने प्राचीन ग्रंथों के अध्ययन से जिस पौराणिक जगत् को पाया था, उसे व्याख्यायित करने के लिए वे एक द्वंद्व में भी उलझे दिखाई देते हैं। एक ओर पारिवारिक-परिवेश से प्राप्त उनके धार्मिक भक्तिमार्गी संस्कार हैं, दूसरी ओर बीसवीं शती में चतुर्दिक व्याप्त व्यक्ति-स्वातंत्र्य की भावना है, जो कवि को रूमानी तेवर देती है। 'भक्ति' शीर्षक

निबंध में प्रसाद की आस्तिकी वृत्ति 'श्रद्धा' का विशेष उल्लेख करती है, जिसे आधार बनाकर आगे चलकर 'कामायनी' की रचना हुई। प्रसाद ने पुराणों से प्राप्त मिथकीय पात्रों को उनके पुरातन परिवेश से हटाकर उन्हें आधुनिक संदर्भों से जोड़ने की कोशिश की और यह रूमानी वृत्ति बनने की शुरुआत है।

'चित्राधार' में पौराणिक आख्यानों के साथ प्रसाद को इतिहास में धीरे से प्रवेश करते हुए देखा जा सकता है। जब कोई लेखक मिथकीय परिवेश से इतिहास की ओर बढ़ता है, तो उसे हम अधिक संघर्षभरे यथार्थ में आते हुए देख सकते हैं। पर प्रसाद की दृष्टि रूमानी है, इतना अवश्य है कि इतिहास को आधार बनाकर लिखी गई प्रायश्चित्त (नाट्य) अथवा प्रेमराज्य (कविता) जैसी रचनाओं के मध्य में कहीं 'चित्राधार' के उन प्रयोगों को स्थित करना होगा, जिन्हें हम मिथकीय कल्पना और इतिहास के यथार्थ के बीच की वस्तु कह सकते हैं। वाल्मीकिकृत रामायण अथवा कालिदास के अभिज्ञानशाकुंतल पर आधारित 'अयोध्या का उद्धार' तथा 'वनमिलन' ऐसी ही कविताएँ हैं। यहाँ हम प्रसाद को मिथकों का फंतासी परिवेश पार करते हुए एक ऐसे मध्यांतर से गुजरते देखते हैं, जिसमें संस्कृत साहित्य की सर्वोत्तम प्रतिभाओं से उनकी भेंट होती है। 'प्रेमराज्य' दो खंडों में विभाजित कविता है, जिसका आधार 1564 ई. का विजयनगर और अहमदाबाद राज्यों के बीच का टालीकोट युद्ध है। यहाँ सामंती रजवाड़ों का संघर्ष अधिक नहीं उभरता, आरंभ में देश के वीर पुरुषों का उल्लेख है, देशद्रोही सेनापति की भर्त्सना है, पर कथाकाव्य के अंत में एक रूमानी समापन है कि चंद्रकेतु और किशोरी ललिता का विवाह हो जाता है। संघर्षों का यह रूमानी समाधान है, लगभग यथार्थ-वंचित ! 'प्रायश्चित्त' जैसे नाटक में भी इतिहास का द्वंद्व पूरी तरह उभरकर नहीं आता और न उस समय का सामाजिक संघर्ष ही उजागर होता है, उसके कुछ क्षीण संकेत भर मिलते हैं। कथा मुहम्मद गोरी के आक्रमण और जयचंद के देशद्रोह से संबद्ध है। इस अवसर का लाभ उठाकर प्रसाद बारहवीं शती के अंत की सामंतवादी व्यवस्था का चित्रण कर सकते थे, पर उनका ध्यान आधुनिक राष्ट्रीयता पर केंद्रित है। इसलिए 'नाटक' के अंत में 'जयचंद' देशद्रोह के लिए आत्मवध करता है। प्रश्न को वैयक्तिक आत्महत्या के द्वारा सुलझाया गया है ताकि राष्ट्रीय भावना का प्रचार-प्रसार हो। ऐतिहासिक स्थिति यह है कि मध्ययुगीन भारत में सामंतवाद अपने अंतर्विरोधों में इतना उलझा हुआ था कि कोई राष्ट्रीयता जगा पाना, अथवा किसी मुद्दे पर जनता को संगठित कर सकना संभव नहीं था। आगे चलकर जब प्रसाद इतिहास की ओर उन्मुख हुए तब उन्होंने कुछ सांस्कृतिक तनावों को सामने लाने का यत्न किया, पर कुल मिलाकर उनकी दृष्टि रूमानी थी और प्रायः समीक्षकों ने उन्हें स्वच्छंदतावादी नाटककार कहकर संबोधित किया है। सर्वस्वीकृत है कि पुराण, धर्म, अध्यात्म के बाद इतिहास एक नई मंजिल है, जिसे प्रसाद ने अपने ढंग से पाने की चेष्टा की।

'चित्राधार' में प्राचीन साहित्य के शिखरों से संपर्क स्थापित करते हुए प्रसाद स्वयं को दीक्षित करते हुए दिखाई देते हैं। क्लासिकी रचनाओं के साथ-साथ संतरित होकर कवि ने अपनी भावनाओं का उन्नयन करना चाहा और अभिव्यक्ति को सँवारने का आरंभिक पाठ भी सीखा। पर यहाँ भी यह ध्यान देने योग्य है कि वाल्मीकि और कालिदास, भारतीय रचना के जिन दो प्रतिनिधियों को चुना गया है, उनमें पृथक् दृष्टियाँ हैं। एक यदि ईसवी पूर्व की उस प्राचीनतम संस्कृति का बोध कराता है जिसके प्रतीक राम हैं, तो कालिदास भारत के वैभवकालीन गुप्त साम्राज्य के समय का चित्रण करते हैं। वाल्मीकि की दृष्टि अध्यात्म को लेकर चली पर कालिदास में उद्दाम शृंगार की छटा है। इन पृथक् दिशाओं के शीर्ष कवियों को ग्रहण करते समय प्रसाद स्वयं को किंचित् स्वतंत्र भूमि पर ले आना चाहते हैं और यहीं हमें उनकी रचनाशीलता की सक्रियता दिखाई देती है। 'अयोध्या का उद्धार' अथवा 'वनमिलन' में कवि वैयक्तिक मानवीय संबंधों को अहमियत देता है। एक के अंत में कुश-कुमुद्वती का परिणय हो जाता है और दूसरे में शकुंतला पति और पुत्र के अतिरिक्त अपनी सखियों का सामीप्य भी प्राप्त करती है। जाहिर है, कि प्रसाद किसी कथांश को अपनी रुचि के अनुकूल मोड़ते हैं, अर्थात् तटस्थता उन्हें स्वीकार नहीं। यह कवि की स्वच्छंदतावादी वृत्ति की छोटी शुरुआत है और प्रकृति तथा मानवीय भावनाओं में संवाद इसका एक महत्त्वपूर्ण पक्ष है।

प्रकाशकीय वक्तव्य के अनुसार 'चित्राधार' में कवि की लगभग बीस वर्ष की अवस्था तक की रचनाएँ संगृहीत हैं, अर्थात् इसमें मनोवैज्ञानिक शब्दावली में वह समय भी सम्मिलित है जब हमारी भावनाएँ एक दूसरी दुनिया में प्रवेश करती हैं। प्रसाद के पारिवारिक जीवन में भी ऐसे उतार-चाढ़व आए थे, जिन्होंने उनके मनोजगत् को प्रभावित किया। सामंतकालीन वैभव का टूटना, पिता और अग्रज का आकस्मिक अवसान आदि कुछ ऐसे निजी प्रसंग हैं, जिनसे कवि को आघात लगा। इन सबके ऊपर उसकी नितांत वैयक्तिक अनुभूतियाँ हैं, जिनकी टकराहट सामाजिक परिवेश और इतिहास के उस कालखंड से भी हो सकती है, जिस क्षण वह रचनाकर्म में लगा हुआ था। 'चित्राधार' में काशी के परिवेश तथा कवि के काव्य-आस्वाद से प्राप्त परंपरागत उक्तियाँ हैं, जो कभी-कभी स्वतंत्र अभिव्यक्ति का भ्रम तक दे जाती हैं। पर समझदार पाठक आयातित और मौलिक अनुभूतियों में अंतर कर सकते हैं। कहीं-कहीं ऐसा भी हुआ है कि कवि की वैयक्तिक प्रतिक्रियाएँ शिल्प की प्राचीनता के कारण बासी मालूम पड़ती हैं। 'मकरंद-बिंदु' के अंतर्गत संकलित कविता और पदों में कहीं-कहीं उक्ति का चमत्कार तो है, पर ऐसे स्थल कम हैं जहाँ कवि का निजी संसार पूरी शक्ति से उभरता हो। 'पराग' खंड की कविताओं के कई शीर्षक परंपरा आबद्ध हैं जैसे रसाल-मंजरी, रसाल, शारदीय महापूजन, उद्यान-लता, अष्टमूर्ति आदि, पर नए-नए शीर्षकों में भी कवि स्वयं को पूर्ण अभिव्यक्ति देने में दुराव करता

दिखाई देता है। यह संकोच कवि को पूरी तरह खुलकर नहीं आने देता, जो स्वच्छंदतावादी वृत्ति के मार्ग में एक बाधा है। वास्तव में प्रसाद ने स्वयं को धीरे-धीरे खोलने की प्रक्रिया में पर्याप्त समय लगाया, जबकि उनके समकालीन कवि निराला आरंभ से ही अधिक स्वतंत्र रहे हैं। 'चित्राधार' में जहाँ उन्मुक्तता है वहाँ भाषा स्वच्छंद वृत्ति के प्रकाशन में अधिक बाधा नहीं बनती और कम-से-कम घनानंद जैसे कवियों की प्रेमभावना का-सा आभास तो दे ही जाती है। 'मकरंद-बिंदु' का कवित्त है :

पुलकि उठे हैं रोम-रोम खड़े स्वागत को
जागत हैं नैन बरुनी पै छवि छाओ तो।
मूरति तिहारी उर अंतर खड़ी है तुम्हें
देखिबे के हेतु ताहि मुख दरसाओ तो।
भरिकै उछाइ सो उठे हैं भुज भेंटिबों को
मेटिबो को ताप क्यों प्रसाद तरसाओ तो।
हिय हरखाओ प्रेमरस बरसाओ आओ
वेगि प्रानप्यारे नेकु कंठ सों लगाओ तो।

प्रायः हिंदी समीक्षा में रचनाकारों के आरंभिक चरण को उतनी सावधानी से नहीं देखा-परखा जाता जितना कि अपेक्षित है। किंतु 'चित्राधार' में हमें वे कुछ सूत्र संकेत रूप में दिखाई देते हैं, जो आगे चलकर स्वच्छंदतावाद के विकसित स्वरूप को हमारे सामने प्रस्तुत कर सके। हम स्वीकारते हैं कि कथ्य और शिल्प दोनों दृष्टियों से प्रसाद का आरंभिक चरण पर्याप्त शिथिल है, पर कवि अनेक उलझनों के बीच रास्ता बनाने में सचेष्ट है। यह सचेष्टता ही उसे महत्तर ऊँचाइयों पर ले गई। परंपराएँ प्रसाद को अपनी ओर ले जाना चाहती हैं, पर वे स्वयं को क्रमशः उनसे मुक्त करते हुए स्वतंत्र भूमि पर खड़े होने का उपक्रम करते हैं।

काननकुसुम

'काननकुसुम' प्रसाद की खड़ी बोली कविताओं का प्रथम संकलन है, जिसका प्रकाशन वि. संवत् 1969 अथवा 1913 ई. के लगभग हुआ। प्रथम में खड़ी बोली तथा ब्रजभाषा दोनों की रचनाएँ थीं, किंतु बाद में वि. सं. 1975 के संस्करण में केवल खड़ी बोली कविताएँ रखी गईं और ब्रजभाषा की कविताएँ 'चित्राधार' के द्वितीय संस्करण में स्थान पा गईं। जब प्रथम संस्करण के लगभग सोलह वर्ष बाद 1929 ई. में 'काननकुसुम' का संशोधित संस्करण आया तो प्रसाद ने कई कविताओं में परिवर्तन किए, उन्हें नया विन्यास दिया। वर्तमान रूप में इसे वि. सं. 1966 से वि. सं. 1974 तक की कविताओं का संकलन कहा गया है। इसमें शीर्षकबद्ध स्फुट कविताओं के अतिरिक्त अंत में कुछ कविताएँ अपेक्षाकृत लंबी हैं, जो आख्यान का आधार लेकर रची गई है : चित्रकूट, भरत, शिल्प-सौंदर्य, कुरुक्षेत्र, वीर बालक, श्रीकृष्ण जयंती आदि।

'काननकुसुम' एक सम्मिलित भावजगत् की झाँकी देता है, पर यहाँ वह निश्चित ही स्वयं को परंपरामुक्त करने में अधिक सक्रिय है। वह एक प्रकार से स्वयं को अपनी प्रतिक्रियाओं को स्थापित करता है और केवल अनुमोदक बनकर नहीं रह जाना चाहता। व्यक्तित्व को गति देने की दिशा में यह एक छोटी, पर अच्छी शुरुआत है। 'काननकुसुम' की दुनिया थोड़ी तबदीलियों के साथ अब भी लगभग वही है : जगन्नियंता के प्रति विनय-भाव (प्रभो, वंदना, नमस्कार, विनय और भक्तियोग), प्रकृति-दृश्य (ग्रीष्म का मध्याह्न, रजनीगंधा, सरोज, निशीथ, नदी, खंजन) और इसके साथ प्रेम तथा शृंगार के मिले-जुले चित्र (हृदय वेदना, प्रियतम, तुम्हारा स्मरण, मर्मकथा)। 'चित्राधार' और 'काननकुसुम' का बाहरी संसार सतही ढंग से देखने पर और विशेष रूप से शीर्षकों से गुजरने पर लगभग वही दिखाई देगा, पर कवि की दृष्टि में थोड़ा परिवर्तन आया है, जो खड़ी बोली के कारण सहज ही परंपरामुक्त प्रतीत होती है। यहाँ प्रसाद पारिवारिक भक्तिभावना को केवल वैयक्तिक मोक्ष कामना तक सीमित नहीं रखना चाहते, वे ईश्वर से मानव-कल्याण की कामना करते हैं। आस्तिकता को विस्तार देने की यह चेष्टा पुरोहितों, मठाधीशों द्वारा नियंत्रित कर्मकांड का निषेध करती है। आगे चलकर प्रसाद ने ईश्वर को विराट्देव के रूप में सम्बोधित किया और उसे प्रकृति तथा मानव का नियामक माना। भक्तिभावना को मात्र तन्मयता और संपूर्ण समर्पण के भावाकुल जगत् से बाहर निकालकर उसे अधिक समाजोपयोगी बनाना, 'काननकुसुम' में कवि के अग्रसर होते हुए व्यक्तित्व का परिचायक है। 'नमस्कार' कविता की पंक्तियाँ हैं :

> जिस मंदिर का द्वार सदा उन्मुक्त रहा है
> जिस मंदिर में रंक-नरेश समान रहा है
> जिसके हैं आराम प्रकृति कानन ही सारे
> जिस मंदिर के दीप इंदु, दिनकर और तारे
> उस मंदिर के नाथ को, निरुपम निरमय स्वस्थ को
> नमस्कार मेरा सदा, पूरे विश्व गृहस्थ को।

मंदिर, मस्जिद, पगोड़ा, गिरजाघर ('मंदिर' कविता) के आराध्य को प्रकृति और मानव के विस्तृत क्षेत्र में ले आना विराट् पुरुष को विस्तार देकर उसे सार्थकता प्रदान करना है। प्रसाद व्यक्तिगत ईश्वर में धीरे-धीरे रुचि लेना कम कर देते हैं और इसके स्थान पर एक समष्टिगत विराट् पुरुष का उदय होता है जो धार्मिक संस्कारों से मुक्ति का क्षण है। और भी आगे जाकर वे शैवधर्म की अपेक्षा शैवदर्शन में अधिक रुचि लेते हैं और उनमें दार्शनीकरण की प्रवृत्ति बढ़ती है।

'काननकुसुम' की प्रकृति-विषयक कविताएँ परंपरा से बाहर निकलने की राह खोजती हैं, यद्यपि एक प्रच्छन्न शृंगार भाव आज भी उन पर हावी है। प्रसाद की जीवन-रेखाएँ बताती हैं कि उन्होंने प्रकृति के साथ उन्मुक्त समागम कम ही किया

था, क्योंकि वे यायावरी वृत्ति के व्यक्ति नहीं थे। जीवन में यात्राओं के अवसर उन्होंने कम खोजे थे और इसलिए काशी में गंगा का तट या फिर आस-पास के उपवन ही उनकी चेतना में प्रकृति के दृश्यों के चित्र भर सके थे। प्रकृति के साथ जो एक गहरी आत्मीयता अथवा रागात्मकता होती है और जिससे कोई कवि प्रकृति को उसके संपूर्ण संभार में देखता-पाता है, उससे प्रसाद काफी हद तक वंचित थे। प्रकृति के विराट् दृश्यों के साथ घनिष्ठ परिचय के बिना कवि का उनमें तल्लीनता के साथ सम्मिलित होना संभव नहीं दीखता, और यहीं 'काननकुसुम' के प्रकृति चित्रों की सीमा-रेखा बन जाती है। प्रसाद दृश्यों को छू-छू कर निकल जाना चाहते हैं, वे स्वयं इनके साथ ठहरते नहीं और ऐसी स्थिति में पाठक का इन चित्रों से साक्षात्कार कर पाना संभव नहीं है। संभवतः अपनी सीमाओं को जानकर 'काननकुसुम' के कवि ने प्रकृति का एक दूसरा उपभोग करना चाहा। उसने उससे मानवीय भावनाओं की समीपता स्थापित की, पृष्ठभूमि तथा वातावरण को उजागर करने के लिए उसका उपयोग किया। प्रायः कहा जाता है कि जड़ता में चेतनता का आरोप छायावादी काव्य की एक प्रभावकारी प्रवृत्ति है। एक प्रकार से इसे प्रकृति तथा मानव के पारस्परिक संपर्क और सामीप्य के रूप में देखना चाहिए, यद्यपि मनुष्य प्रकृति के विराट् संसार का एक महत्त्वपूर्ण अंग है तथा स्वयं प्रकृति मनुष्य की चेतना में नई-नई छवियाँ प्राप्त करती है, पर इन दोनों के क्रमशः अलग होने के सामाजिक कारण हैं। आदिम अवस्था में मनुष्य प्रकृति के बहुत निकट था, क्योंकि उसने स्वीकारा था कि प्रकृति की संपदा उसकी आवश्यकताओं की पूर्ति करती है, किंतु ज्यों-ज्यों भूमि की रत्नगर्भा स्थिति का बोध उसे होता गया और वह औजारों पर भरोसा करके पृथ्वी पर नई सभ्यता लाने की चेष्टा करता गया, प्रकृति की स्वयं संपूर्ण सत्ता लड़खड़ा गई। प्रकृति और मानव की संघर्षगाथा की शुरुआत भी यही थी, क्योंकि अब मनुष्य जानने लगा था कि वह हल से भूमि जोत सकता है और उस पर एक नई हरीतिमा बसा सकता है। इस प्रकार, कृषि अवस्था वाले समाज से लेकर अब तक मानव और प्रकृति के बीच लुका-छिपी का यह क्रम चलता रहा है।

'काननकुसुम' में प्रकृति के प्रति प्रसाद का जिज्ञासा-भाव और मानवीय भावों से उसका संवाद विशेष रूप से उल्लेखनीय है, क्योंकि आगे चलकर इन्हें विकास मिला। ऐसे कम क्षण आते हैं जब निखिल सृष्टि के चित्रों को वे विमुग्ध भाव से देखते हों, पर जिज्ञासा-कुतूहल के अनेक अवसर मिलते हैं। इसे प्रसाद ने अपनी दार्शनीकरण की प्रवृत्ति की ओर धीरे-धीरे मोड़ सकने का प्रयत्न किया। प्रकृति के प्रति रूमानी दृष्टि लेकर मानवीय भावों से उसका तालमेल बिठाने में वे अधिक सक्रिय दिखाई देते हैं। इसका एक अच्छा उदाहरण 'प्रथम प्रभात' कविता है :

मनोवृत्तियाँ खग-कुल-सी थीं सो रहीं
अंतःकरण नवीन मनोहर नीड़ में,

नील गगन-सा शांत हृदय भी हो रहा,
बाह्य आंतरिक प्रकृति सभी सोती रही।

'काननकुसुम' की कविताएँ प्रसाद की किस स्वच्छंद वृत्ति का संकेत करती हैं, यह एक विचारणीय प्रश्न है, क्योंकि मर्मकथा, हृदयवेदना, तुम्हारा स्मरण, प्रथम प्रभात आदि कविताओं में कवि अपनी वैयक्तिक भावनाओं का उपयोग करने की चेष्टा करता है। मेरा विचार है कि प्रसाद का संकोची स्वभाव और समय के आदर्शवादी तेवर उन्हें पूरी तरह खुलकर नहीं आने देते, तथा अनेक बार अनुभूतियाँ अनकही रह जाती हैं, या गोल-मोल हो जाती हैं। प्रसाद की रूमानी दृष्टि के अधिक संकेत 'काननकुसुम' की उन कविताओं में पाए जा सकते हैं, जो संकलन के अंत में रखी गई हैं। मसलन 'चित्रकूट' को लें। यहाँ उस समय का प्रसंग है जब भरत राम को अयोध्या लौटा लेने के लिए वन की यात्रा करते हैं। कवि इस स्थल पर अनेक प्रकार के अंतर्द्वंद्व उभार सकता था, जिसकी गुंजायश थी। पर यहाँ राम और सीता का स्नेहभाव प्रमुखता प्राप्त करता है। चित्रकूट की सुंदर पहाड़ियों पर उतरी रजनी से एक रूमानी वातावरण उत्पन्न किया गया है। उनकी पारस्परिक बातचीत इसे गहराती है और दृश्य भी कवि की स्वच्छंदतावादी दृष्टि से बने हैं :

राघव बोले देख जानकी के आनन को
स्वर्गङ्गा का कमल मिला कैसे कानन को।
नील मधुप को देख वहीं उस कंज कली ने
स्वयं आगमन किया कहा यह जनकलली ने।

अथवा

मधुर-मधुर आलाप करते ही प्रिय-गोद में
मिटा सकल सन्ताप, वैदेही सोने लगी
पुलकित तनु थे राम, देख जानकी की दशा
सुमन-स्पर्श अभिराम, सुख देता किसको नहीं
नील गगन सम राम, अहा अंक में चंद्रमुख
अनुपम शोभाधाम आभूषण थे तारका
खुले हुए कच भार बिखर गए थे बदन पर
जैसे श्याम सिवार आसपास हो कमल के।

'चित्रकूट' के अतिरिक्त आख्यान का आधार लेकर रची गई अन्य कविताएँ भरत, शिल्पसौंदर्य, कुरुक्षेत्र, वीरबालक, श्रीकृष्ण-जयंती आगामी कथाकाव्यों की भूमिका हैं।

आख्यान काव्य

प्रायः आख्यान काव्य, कथाकाव्य से वर्णनात्मक अथवा घटनापरक कविता की जो तस्वीर उभरती है, वह कई प्रकार के भ्रम उपजाती है। प्रसाद ने अपने आख्यान काव्यों के द्वारा हिंदी काव्य में एक नई परंपरा की शुरुआत की। 'इंदु' पत्रिका कला 2, किरण 1, श्रावण शुक्ल 2 वि. संवत् 1967 में प्रसाद ने काव्य के दो मुख्य भेद स्वीकारे : कथामूलक तथा भावमूलक। कथामूलक काव्य में उन्होंने प्रायः ऐतिहासिक-पौराणिक आधार का प्रवेश माना। भावमूलक काव्य में उन्होंने भाव की प्रधानता स्वीकारी, जैसे वेणीसंहार नाटक। प्रसाद ने श्रीधर पाठक के 'ऊजड़ ग्राम' को इस भावमूलक काव्य के अंतर्गत रखा जो गोल्डस्मिथ के 'डेज़र्टेड विलेज' का अनुवाद है। स्वयं प्रसाद कथा, घटना, विवरण, वृत्तांत में रुचि लेने वाले कवि नहीं हैं, पर वे आरंभ से ही पुराण-इतिहास तथा अन्य ग्रंथों के आख्यानों का आश्रय लेते रहे हैं। वहाँ वे कथा को एक माध्यम बनाकर किसी विशेष भाव-निष्पत्ति में प्रयत्नशील रहे हैं।

चित्राधार, काननकुसुम की आख्यानाश्रयी छोटी कविताओं के बाद 'प्रेमपथिक' एक लंबी रचना है। इसे प्रसाद ने सोलह-सत्रह वर्ष की आयु में ब्रजभाषा में 1962 वि. में रचा था। आठ वर्ष बाद कवि ने इसका खड़ी बोली संस्करण प्रस्तुत किया जिसे उसने स्वयं परिवर्तित, परिवर्द्धित तुकांतविहीन हिंदी रूप कहा। 'प्रेमपथिक' में एक रूमानी दुनिया तो झलकती है, पर आदर्शवादी दृष्टि और काव्य के अंत में शिव के भावविह्वल स्मरण के कारण वह पूरी तरह उभर नहीं पाती। कथा में रूमानी संभावनाएँ थीं, पर स्वीकारना होगा कि कथावस्तु ही अंतिम निर्णय का आधार नहीं है, मुख्य वस्तु रचनाकार की दृष्टि है जो रचना को रूप देती है। 'प्रेमपथिक' का आरंभ किसी वियोग में डूबे, भटकते पथिक से होता है। उसकी भेंट एक युवती तापसी से होती है, जो उस अपरिचित पथिक की प्रेम-कथा सुनकर दुखी होती है। तापसी अनेक प्रकार से प्रेम की व्याख्या करती है। कथा से ज्ञात होता है कि पथिक की एक प्रिया थी, जो किसी और को ब्याह दी गई। काव्य के अंत में नाटकीय ढंग से यह रहस्य खुलता है कि तापसी ही पथिक की प्रिया है। कवि चाहता तो संघर्ष उभार सकता था जिन्होंने इन दो आत्माओं को अलग किया था, पर वह इनके वियोग और मिलन का श्रेय शिव तथा नियति को देता है।

'प्रेमपथिक' में कवि जिस प्रेमदर्शन की नियोजना करना चाहता है, उसमें उसके पिछले संस्कारों का अनुदान अब भी शेष है, अन्यथा स्वच्छंदतावादी कथा को ऐसा आदर्शवादी मोड़ न मिलता। यह भी कहा जाता है कि प्रसाद को प्रेमपथिक की प्रेरणा गोल्डस्मिथ के 'हरमिट' से मिली थी, जिसका अनुवाद श्रीधर पाठक ने 'एकान्तवासयोगी' (1886 ई.) नाम से किया था। उसमें संदेह नहीं कि 'प्रेमपथिक' के किशोर-चमेली

तथा 'एकांतवासयोगी' के एडविन-अंजलैना की प्रेमकथा में पर्याप्त समानता है, पर दोनों कवियों की दृष्टि का अंतर भी स्पष्ट है। प्रसाद का उद्देश्य प्रेम का आदर्शीकरण भी है, जहाँ वे त्याग और आत्मा के विस्तार की शिक्षा देते हैं :

प्रेम पवित्र पदार्थ, न इसमें कहीं कपट की छाया हो
इसका परिमित रूप नहीं जो व्यक्तिमात्र में बना रहे
क्योंकि यही प्रभु का स्वरूप है जहाँ कि सबको समता है।
इस पथ का उद्देश्य नहीं है श्रांत भवन में टिक रहना
किंतु पहुँचना उस सीमा पर जिसके आगे राह नहीं...।

'करुणालय' को एक गीतिनाट्य कहा जाता है जिसे 1913 ई. में सर्वप्रथम 'इंदु' में प्रकाशन मिला था पर गीति और नाट्य दोनों तत्त्व इसमें उभर नहीं पाते इसलिए इसे भावनाट्य कहना अधिक संगत होगा। करुणालय की कथा ऐतरेय ब्राह्मण में प्राप्त होती है, यद्यपि इसके कुछ संकेत ऋग्वेद में भी मिल जाते हैं। प्रसाद ने संपूर्ण कथा को पाँच लघु दृश्यों में विभाजित किया है। राजा हरिश्चन्द्र को आकाशवाणी से सूचना मिलती है कि उसने वरुणदेव को यज्ञ में अपने पुत्र रोहिताश्व की बलि देने का वचन दिया था, जिसे अब वह भूल गया है। दूसरे दृश्य में रोहिताश्व का अंतःसंघर्ष है और तृतीय में अजीगर्त शुनःशेप को दे देना है। चतुर्थ दृश्य में वसिष्ठ द्वारा इस तर्क का समर्थन है कि रोहिताश्व के बदले शुनःशेप की बलि दी जा सकती है। पाँचवें दृश्य में सहसा विश्वामित्र का आगमन है, शुनःशेप जिनकी गंधर्वब्याही पत्नी सुव्रता का पुत्र है। शुनःशेप की मुक्ति, काव्य का समापन है।

'करुणालय' काव्य सौंदर्य की दृष्टि से साधारण है, पर पुराणों को अपनी स्वच्छंदतावादी दृष्टि से देखने या आदर्शवादी ढंग से विचार करने के बजाय प्रसाद एक कदम आगे बढ़ते हैं। वे मिथकीय जगत् में इतिहास की जटिलताओं को तलाशते हैं। अजीगर्त भूख का मारा है, इसलिए वह अपने पालित पुत्र शुनःशेप का बलिदान स्वीकार कर लेता है। पौरोहित्य शासक के साथ है और विश्वामित्र अपने नैतिक दायित्व को भूले हुए हैं। हिंसाभरे कर्मकांड का विरोध भी करुणालय की ध्वनि है। एक करुणा-दर्शन की स्थापना इसमें 'प्रेमपथिक' के प्रेम-दर्शन की तर्ज पर हुई है, जिसमें बौद्धों की करुणा का प्रभाव भी दिखाई देता है।

'महाराणा का महत्त्व' प्रमाणित करता है कि प्रसाद पुराणों के मिथकीय जगत् से इतिहास के क्षेत्र में प्रवेश कर रहे थे और यह एक विकास की सूचना है। इसकी कथा महाराणा प्रताप और अब्दुर्रहीम खानखाना से संबंध रखती है। काव्य के आरंभ में खानखाना की बेगम सैनिकों द्वारा पकड़ ली जाती है, जिसे प्रताप छोड़ देते हैं। बेगम लौटकर खानखाना से प्रताप के देश-प्रेम और स्वाभिमान की प्रशंसा करती है। खानखाना अकबर से निवेदन करते हैं कि राणा प्रताप से युद्ध बंद कर दिया जाए, जिसे वे स्वीकार कर लेते हैं।

'महाराणा का महत्त्व' कई दृष्टियों से प्रसाद के व्यक्तित्व के विकास की सूचना देनेवाली रचना है। पुराणों के कल्पना-जगत् से इतिहास के यथार्थ की ओर मुड़ने की बात कही जा चुकी है। यद्यपि प्रसाद इतिहास की द्वंद्वात्मकता को न ग्रहण कर उसके प्रति एक रूमानी दृष्टि रखते हैं, इसीलिए उनके नाटकों तक में संघर्ष पूरी तरह उभरकर नहीं आने पाते। इस काव्य में प्रसाद की आधुनिकता उनके राष्ट्रीय बोध में दिखाई देती है। महाराणा प्रताप के माध्यम से वे एक ऐसा जातीय चरित्र खड़ा करना चाहते हैं, जो परतंत्र राष्ट्र की मुक्ति का स्वप्न देखता है। निश्चित ही इस नायक के निर्माण में प्रसाद को अपनी समकालीन परिस्थितियों से उत्तेजना मिली। राणा प्रताप की प्रशंसा करते हुए खानखाना कहते हैं :

सच्चा साधक है सपूत निज देश का
मुक्त पवन में पला हुआ वह वीर है।

'महाराणा का महत्त्व' में राष्ट्रीय भावना राणा प्रताप के चरित्र तक सीमित रह गई है, क्योंकि इससे अधिक विस्तार के लिए काव्य के लघु कलेवर में अवसर न था। किंतु काव्य का अंत राणा के चरित्र-स्थापन के साथ होना था, जबकि वहाँ अकबर की नजरे-इनायत को महत्त्व देकर नायक के व्यक्तित्व से उसका गौरव छीन लिया गया है। एक दूसरा तथ्य जो हमारा ध्यान आकृष्ट करता है, वह प्रसाद का रूमानी संसार है जो अब अधिक स्वतंत्र है और इतिहास खंडों में भी उसे व्यक्त करने के अवसर तलाश लेता है। हम कहेंगे कि प्रसाद अपने संकोच से मुक्त होने के प्रयत्न में अधिक साहस से काम लेते हैं। अभिव्यक्ति की प्रौढ़ता का एक स्तर कवि ने 'महाराणा का महत्त्व' में पा लिया है। चित्रों-बिंबों के निर्माण में वे अधिक समर्थ हो चले हैं। पहला चित्र है शाही महल पर उतरती चाँदनी का, और दूसरा है बेगम का :

तारा-हीरक-हार पहन कर चंद्रमुख
दिखलाती, उतरी आती थी चाँदनी
(शाही महलों के ऊँचे मीनार से)
जैसे कोई पूर्ण सुंदरी प्रेमिका
मंथर गति से उतर रही हो सौध से।

× × ×

कभी सुराही कर की, छलकी वारुणी
देख ललाई स्वच्छ मधूक कपोल में
खिसक गई डर से जरतारी ओढ़नी
चकाचौंध सी लगी विमल आलोक को
पुच्छमर्दिता वेणी भी थर्रा उठी।

प्रसाद की इन आख्यान कविताओं में हम प्रसाद को आगे बढ़ने का साहस

जुटाते हुए देखते हैं। धर्म-भक्ति के जगत् से वे पुराण और अंततः इतिहास के क्षेत्र में आते हैं। मैथिलीशरण गुप्त के समान उनकी रुचि घटना-प्रसंगों तथा विवरण-वृत्तांत में नहीं है। निश्चित ही इन आख्यान काव्यों ने प्रसाद को यह अवसर दिया कि वे अपने अनुभूति जगत् को विस्तार दे सकें और केवल अपने 'स्व' की अभिव्यक्ति करके न रह जाएँ। प्रसाद खंडकाव्यों के निर्माता इसीलिए नहीं बन सके क्योंकि केवल कहानी कहने में उनकी अधिक रुचि नहीं थी, अन्यथा वे अपने इन्हीं आख्यानों को दूसरी दिशा भी दे सकते थे। इन काव्यों ने उन्हें प्रयोग के ऐसे वांछित अवसर दिए कि वे 'लहर' में 'प्रलय की छाया' जैसे दीर्घ प्रगीतों और अंत में 'कामायनी' की रचना कर सके।

स्वच्छंदतावाद का उदय : 'झरना'

गीत स्वच्छंदतावादी चेतना के प्रकाशन का एक सशक्त माध्यम माना गया है। गीतिकाव्य के बहुत प्राचीन रूप को देखते हुए यह आवश्यक है कि स्वच्छंदतावादी गीत-सृष्टि के पृथक् व्यक्तित्व को समझने की चेष्टा की जाए। जयदेव, सूर, विद्यापति के गीत राधा-कृष्ण को माध्यम बनाकर रचे गए, पर स्वच्छंदतावादी कवि ने सीधे ही अपनी वैयक्तिक अनुभूतियों को व्यक्त किया। एक प्रकार से उसे हम अपने व्यक्तित्व को प्रकाशित करने का समारंभ कह सकते हैं। छायावाद का अधिकांश काव्य गीतात्मक है और प्रसाद की कामायनी अथवा निराला के कतिपय आख्यान काव्यों के अतिरिक्त अधिकांश का प्रणयन गीतों के माध्यम से हुआ है। ऐसे में जब 'झरना' का प्रथम संस्करण 1918 ई. में प्रकाशित हुआ, तब हमें हिंदी स्वच्छंदतावाद के उद्घोष की स्पष्ट सूचना मिली और अधिकांश समीक्षकों ने स्वीकारा कि यह स्वच्छंदतावादी काव्य का प्रथम चरण है।

'झरना' की कविताओं का भावजगत् सौंदर्य तथा प्रेम की सम्मिलित अनुभूतियों से बना है और कवि ने अपनी वैयक्तिक प्रेमानुभूतियों का अधिकाधिक प्रयोग किया है। 'झरना' की प्रथम कविता ही कवि के मनोभावों का संकेत करती है, जहाँ निर्झरको आवेगों का संवाहक कहा गया है :

> कर गई प्लावित तन-मन सारा
> एक दिन तब अपाङ्ग की धारा
> हृदय से झरना—
> बह चला जैसे दृगजल ढरना
> प्रणय वन्या ने किया पसारा
> कर गई प्लावित तन-मन सारा...

'झरना' की अधिकांश कविताएँ प्रेमानुभूति के विभिन्न पक्षों को अभिव्यक्ति देती है। अनेक रूपों में कवि स्वयं को व्यंजित करना चाहता है अर्थात् वह अधिक उन्मुक्त

भाव-भूमि पर है। यद्यपि एक शालीन संकोच प्रसाद में अंतिम क्षणों तक बना रहा, किंतु यहाँ कवि इस बिंदु पर पहुँच गया है जहाँ वह वैयक्तिक प्रसंगों का प्रचुर उपयोग करना चाहता है। हम स्वीकारते हैं कि 'झरना' की भावनाओं का एक सीमित संसार है, पर मार्के की बात यह है कि कवि उनका क्रियान्वयन सक्षमता से करता है। अपनी अनुभूति के सहारे आगे बढ़ने में जिस आत्मविश्वास की अपेक्षा होती है, वह 'झरना' के कवि ने प्राप्त की है और हम उसके भविष्य के प्रति आश्वस्त हो सकते हैं।

यहाँ प्रेमानुभूतिजन्य विषाद पिछली रचनाओं के वियोग वर्णन की परंपरागत प्रणाली से भिन्न भूमि पर संस्थित है और कवि इस प्रयत्न में है कि और भी लोग उसमें सम्मिलित हों। इसे हम स्वयं को विस्तार देने अथवा उन्नयन की प्रक्रिया कह सकते हैं। प्रकृति के साथ मानवीय भावों के सामीप्य की जो प्रक्रिया आरंभ हुई थी, उसे यहाँ एक गति मिलती है और वे एक-दूसरे में घुल-मिल जाते हैं। इससे भावनाओं के संसार को गहराई मिलती है तथा कविताओं के भावोच्छ्वास बनकर रह जाने का खतरा दूर होता है। 'प्रथम प्रभात' कविता यहाँ भी संकलित है, जिसका उल्लेख 'काननकुसुम' के विवेचन में किया जा चुका है। 'झरना' में वेदना, करुणा का जो वातावरण बना है वह आदर्शीकरण अथवा व्यर्थ की आरोपित आध्यात्मिकता से आच्छादित नहीं है। कवि ने इतना साहस जुटा लिया है कि वह अपनी पीड़ा को व्यक्त कर सके। 'विषाद' कविता की पंक्तियाँ हैं :

किसी हृदय का यह विषाद है
छेड़ो मत यह सुख का कण है
उत्तेजित कर मत दौड़ाओ
करुणा का विश्रान्त चरण है।

....

धारा पर झुकी प्रार्थना सदृश
मधुर मुरली-सी फिर भी मौन
किसी अज्ञात विश्व की विकल
वेदन दूती-सी तुम कौन ?

यहाँ 'किरण' को वेदना-दूती के रूप में चित्रित किया गया है। 'झरना' की कविताओं में स्वच्छंदतावाद का जो रूप उभरता है, उसकी पहचान यही है कि कवि अपनी वैयक्तिक अनुभूतियों का प्रकाशन करने में अधिक निस्संकोच भाव से काम लेता है। रूमानी कवि जो दुनिया अपनी रचनाओं में झलकाते हैं, उसमें भोगा हुआ यथार्थ काफी बढ़-चढ़कर प्रतिबिंबित होता है, क्योंकि कल्पना अपनी भूमिका अदा करती है। इसीलिए रूमानी अवसाद, एक करुणा-मिश्रित वियोगानुभूति के रूप में स्वच्छंदतावादी कवियों में पाया जाता है। अवसाद का यह वातावरण उन्हें एक ऐसे

मनोरम लोक में ले जाता है, जहाँ वे जीवन की कशमकश से कुछ समय के लिए स्वयं को दूर कर लेते हैं। प्रसाद ने वेदनानुभूति में प्रकृति को मुख्य सहचरी के रूप में स्वीकारा और इस दिशा में सचेष्ट रहे कि यह वेदना व्यक्तिगत कुंठा बनकर न रह जाए, और बृहत्तर मानवीय अनुभूति से उसका संयोजन हो। यह मानवीय संवेदना ही प्रसाद को काव्य की महत्तम ऊँचाइयों पर ले जा सकी अन्यथा उनका आरंभिक काव्य-चरण पर्याप्त शिथिल है और उससे उनके समानांतर यात्रा करने वाले निराला तथा पंत जैसी संभावनाओं की सूचना अधिक नहीं मिलती। 'झरना' में कुछ साधारण उक्तियाँ हैं, पर कवि के क्रमशः विकसित होते व्यक्तित्व की सूचना मिल जाती है।

'झरना' की मूल प्रवृत्ति गीतात्मक है, जिसका एक कारण कवि की अंतर्मुखी-प्रवृत्ति भी है। समीक्षकों ने स्वच्छंदतावादी गीतों में वैयक्तिक अनुभूति की प्रमुखता को देखते हुए, प्राचीन गीतिकाव्य से उसका पृथक् व्यक्तित्व दर्शाने के लिए, उन्हें प्रगीत कहकर संबोधित करना चाहा है, अर्थात् जिसमें कवि निजी अनुभूतियों को सम्मिलित करता है। गीत-प्रगीत का यह वर्गीकरण नए-पुराने का अंतर दर्शाने के लिए काम में लाया जा सकता है, अन्यथा स्थिति यह है कि प्रगीत कवि-व्यक्तित्व के प्रकाशन को जिस लयात्मक ढंग से प्रस्तुत करना चाहते हैं, उसमें प्रत्यक्ष अभिव्यक्ति की प्रधानता हो सकती है, पर विद्यापति जैसे कवियों ने राधा-कृष्ण के विषय में अनुभूतिप्रवण ढंग से ही अपने पदों में स्वयं की भावनाओं को भी स्थान दिया है। 'झरना' की गीतात्मक प्रवृत्तियाँ कवि की निजी संवेदनाओं से मिलकर बनी हैं, और उसे शिल्प मात्र में सीमित कर देना स्वच्छंदतावादी काव्य की मूल चेतना के साक्षात्कार से बचकर निकल जाने के समान होगा। 'प्रसाद का काव्य' पुस्तक में मैंने 'झरना' को 'गीतों की प्रयोगशाला' कहकर संबोधित किया है, क्योंकि यहाँ कवि कई प्रकार के प्रयोग करना चाहता है। उसकी अनुभूतियाँ नए रास्ते खोजना चाहती हैं ताकि जीवन-जगत् के संश्लिष्ट भावों को अभिव्यक्ति दी जा सके। कुल मिलाकर 'झरना' स्वच्छंदतावाद के आगमन की सूचना है और हिंदी की नई रूमानी प्रवृत्ति का उद्घोष भी। आचार्य वाजपेयी ने छायावादी काव्य के उपकरणों का जिक्र करते हुए लिखा है कि—"इनमें एक नई कल्पनाशीलता, नूतन जागरूक चेतना, मानसवृत्तियों की सूक्ष्मतर और प्रौढ़तर पकड़, एक विलक्षण अवसाद, संशय और कौतूहल जो नई चिन्तना का सूक्ष्म प्रभाव है, प्रकट हो रहा है। 'झरना' की कविताओं में अपने शैथिल्य के बावजूद ये उपकरण तलाशे जा सकते हैं।"

आँसू

'आँसू' कई दृष्टियों से प्रसाद की विशिष्ट रचना है और कालक्रम की दृष्टि से 'झरना' के आरंभिक स्वच्छंदतावादी संकेत और 'लहर' के प्रौढ़ गीतों के मध्य में स्थित है। 'झरना' के प्रथम, द्वितीय संस्करण 1918 ई. तथा 1927 ई. में आए और 'लहर'

1935 ई. में प्रकाशित हुई। 'आँसू' का प्रथम संस्करण 1925 ई. में श्री मैथिलीशरण गुप्त के साहित्य-सदन, चिरगाँव, झाँसी से प्रकाशित हुआ था। इसमें कुल एक सौ छब्बीस छंद थे और एक अवसादमयी वियोगानुभूति के साथ इसका समापन हुआ था। छंद संभवतः यों ही रख दिए गए थे और उनमें किसी क्रम-स्थापन की चेष्टा कवि ने नहीं की थी। इसीलिए आचार्य शुक्ल ने इसे समन्वित प्रभाव की निष्पत्ति से वंचित काव्य कहा, यद्यपि भावनाओं की अत्यन्त सुकुमार योजना से वे प्रभावित हुए थे। 'आँसू' का दूसरा संस्करण, लगभग आठ वर्षों बाद 1935 ई. में प्रकाशित हुआ और इसमें 190 छंद हो गए थे। इसके अतिरिक्त प्रसाद ने छंदों के क्रम में परिवर्तन करके उनमें एक प्रणय प्रसंग का आभास देने का भी यत्न किया और अभिव्यक्ति को अधिक संग्रथित बनाने की दिशा में पहल की। 'आँसू' में और छंदों का जुड़ना केवल कुछ पंक्तियों में वृद्धि हो जाना नहीं है यहाँ कवि अपने व्यक्तित्व को नई दिशा देता है। जो काव्य वियोगानुभूति की अवसादभरी झाँकी दिखाकर समाप्त हो गया था, उसे कवि एक आशावादी मोड़ देता है। वह उसमें वेदना-दर्शन की नियोजना करता है। और अधिक आशा-विश्वास के साथ अपने काव्य का समापन करने में सफल होता है। ऐसा लगता है कि प्रसाद को सात-आठ वर्षों का जो समय मिला था, उसमें वे अपने अंतर्द्वंद्व में—व्यक्ति प्रसाद और कवि प्रसाद के संघर्ष में—एक उच्चतर मानवीय धरातल पर पहुँचे। उन्होंने अपनी चेतना में अधिक विराट् आकाश बसाने का प्रयत्न किया। जो वेदना कवि को वैयक्तिक स्तर पर मथती थी, उसे बृहत्तर जीवन-संदर्भों से जोड़ कर सार्थकता दी, जैसे वक्ष पर का भार हट गया हो।

'आँसू' प्रसाद के संपूर्ण व्यक्तित्व का प्रकाशन है और व्यक्तित्व भी ऐसा, जहाँ कवि अपनी नितांत निजी और वैयक्तिक प्रेमानुभूति को साहस के साथ व्यक्त कर सकता है। प्रायः प्रेमसंबंधी काव्य-रचना करने वाले व्यर्थ की भावुकता अथवा भावोच्छ्वास में उलझकर रह जाते हैं, और कवियों के निजी अनुभव उन्हें दबोच लेते हैं। यह किसी भी समर्थ रचनाकार और उसकी रचना की पराजय है, क्योंकि स्रष्टा स्वयं के जीवन-प्रसंगों से बड़ा है। सबसे पहले तो यह जानना होगा कि सब अनुभव-खंड स्वयं में इतनी संभावनाएँ नहीं रखते कि रचना में उनका उपयोग हो सके। कोई भी अनुभव जब जीवन-संदर्भों से गहरे रूप में जुड़ने की सामर्थ्य रखता है, तभी वह रचना में अधिक सार्थक होकर आता है, अन्यथा उसे साधारण भावोच्छ्वास से अधिक अहमियत नहीं दी जा सकती। साधारण गीतकारों के साथ यह दुर्घटना होती है कि वह अपने ही कुएँ के पानी का सहारा लेकर बढ़ने की कोशिश करते हैं और धीरे-धीरे उस बाहरी दुनिया से उनका संपर्क टूटता जाता है, जिससे किसी भी रचना को वास्तविक शक्ति मिलती है। जब मैं 'आँसू' को प्रसाद के व्यक्तित्व का प्रकाशन कहता हूँ तब मेरा आशय यही है कि यहाँ वे स्वयं को स्वतंत्र भूमि पर छोड़ते हैं, निस्संकोच भाव से अपनी बात कहते हैं। इतना कर सकने के लिए

आत्माभिव्यक्ति के जिस साहस की अपेक्षा होती है, उसे उन्होंने संचित कर लिया है। रचनाकार की, अपने व्यक्तित्व की वास्तविक पहचान, उसके बढ़ते हुए आत्मविश्वास का भी प्रमाण है।

'आँसू' के भावजगत् का मूलाधार कवि की आत्म-स्वीकृति है। हिंदी साहित्य के इतिहास में यह नए मोड़ की सूचना है क्योंकि जब द्विवेदीयुगीन कवि शृंगार के नाम लेने में भी घबराते थे, तब प्रसाद ने अपनी प्रेमकथा सुना सकने का साहस किया। हिंदी स्वच्छंदतावादी काव्य की स्थापना और उसकी प्रामाणिक अभिव्यक्ति की दिशा में यह मील का पत्थर है। भोगा हुआ यथार्थ अथवा नितांत वैयक्तिक संवेदन जब रचना में प्रयुक्त होते हैं, तब पहली अनिवार्यता रचनाकार के व्यक्तित्व सामर्थ्य की होती है। यदि ऐसा न हो, तो अधिकांश अनुभव-खंड मात्र उच्छ्वास बनकर रह जाएँ और पाठकों की एक बड़ी दुनिया उसमें रुचि लेना बंद कर दे। पात्र और घटनाएँ व्यक्ति के जीवन की सहज प्रक्रिया हैं, पर संवेदनशील कवियों की चेतना विशेष आंदोलित होती है। व्यक्ति-संवेदन का विस्तार और फिर समाज-संवेदनों से उसका संयोजन, रचना को ऊँचाइयों पर ले जाता है और 'आँसू' का दूसरा संस्करण इसी दिशा में एक सार्थक प्रयत्न है।

यदि 'आँसू' की प्रणय-गाथा किसी कथा के माध्यम से कही गई होती तो संभव था उसके पाठकों की संख्या कुछ बढ़ जाती, पर काव्य के रूप में उसकी अनुभूतिप्रवणता और मार्मिकता में कमी आ जाती। आज जिस रूप में 'आँसू' हमारे सामने है उसे गीतात्मक काव्य की संज्ञा दी जाती है, जिसमें कवि ने अपने नितांत वैयक्तिक जीवन-प्रसंगों को व्यक्त करना चाहा है। आरंभ में कवि की विषाद-डूबी चेतना है, जहाँ वह स्वयं को लगभग वेदना से अभिभूत स्थिति में पाता है। प्रिय की असंख्य स्मृतियों से गुजरता हुआ वह यह अनुभव करता है कि उसका प्रिय उससे अपृथक् है, वह उसके व्यक्तित्व का एक अंग है। प्रिय का सम्मोहक आगमन और उसका सहसा चले जाना, इन दोनों बिंदुओं के बीच सुख का जो संसार विद्यमान है, वह भुलाया नहीं जा सकता। प्रिय की अनेक छवियाँ कवि बार-बार स्मरण करता है और अपने प्रिय का एक संश्लिष्ट चित्र बनाना चाहता है। 'आँसू' का यह सौंदर्यांकन छायावादी काव्य को रूप की उन निश्चित सीमाओं से बाहर निकालता है, जिसके समर्थक क्लासिकी और आदर्शवादी दोनों प्रकार के कवि रहे हैं। 'आँसू' का यह रूपांकन किसी सीमा तक अशरीरी भी कहा जा सकता है, पर कवि ने उसे शारीरिक इकाई तक सीमित रखने से बिल्कुल इनकार कर दिया :

विकसित सरसिज वन वैभव
मधु ऊषा के अंचल में
उपहास करावे अपना
जो हँसी देख ले पल में।

. . . .
चंचला स्नान कर आवे
चंद्रिका पर्व में जैसी
उस पावन तक की शोभा
आलोक मधुर थी ऐसी।

इसके पहले हिंदी काव्य में सौंदर्यांकन को या तो छोड़ देने की चेष्टा की गई या फिर उसे नख-शिख तक सीमित कर दिया गया। स्वीकार करते हैं कि 'आँसू' में कुछ रूढ़ उपमानों का प्रयोग किया गया है, पर कवि की रूमानी प्रवृत्तियाँ सौंदर्य के विषय में अपनी मानसिक प्रतिक्रियाएँ भी व्यक्त करती हैं। यहाँ कवि उस सौंदर्य का ग्रहीता है, वह तटस्थ नहीं है। प्रसाद का जो व्यक्तित्व 'आँसू' में प्रतिफलित होना चाहता है, उसकी अपनी सीमाएँ हैं, इसे भी हम स्वीकार करते हैं। मसलन, उलझाव के कई स्थल हैं और व्यक्तित्व को एक केंद्रीय समापन देने की चेष्टा में यद्यपि वह यत्नशील है, पर बीच-बीच में अनावश्यक प्रसंगों के आ जाने से कुछ स्थलों पर भाव उखड़े-उखड़े से दिखाई देते हैं। चेष्टा करके प्रसाद स्वयं को अधिक संग्रथित बना सकते थे और कथन अधिक प्रभावी हो सकता था।

'आँसू' में विगत और वर्तमान का एक ऐसा समन्वित रूप है कि उसमें फ्लैशबैक पद्धति का प्रयोग दिखाई देता है। कवि प्रिय के साथ बिताए गए क्षणों का स्मरण करता है, ऐसे अवसर पर भावाकुल क्षणों का आ जाना भी प्रसाद जैसे स्वच्छंदतावादी कवि के लिए स्वाभाविक है, पर उन्हें बराबर अपने व्यक्तित्व का एहसास है। जिसके कारण वे ऐसे क्षणों से बाहर आने की शक्ति भी स्वयं में संचित कर लेते हैं। संभव हैं, कुछ लोग 'आँसू' में प्रतिपादित वेदना-संबंधी व्याख्या को बाह्यारोपित मानते हों, पर यह कवि की वैयक्तिक अनुभूतियों पर उसके रचनाकार की विजय से संबद्ध है। प्रसाद व्यक्तिगत सीमाओं से बाहर निकलते हैं और बाह्य जीवन से अपना संबंध स्थापित करते हैं। जिस वेदना को वे अब तक अकेले भोग रहे थे, उसमें प्रकृति भी सम्मिलित होती है। वेदना जैसे संश्लिष्ट, गंभीर, अमूर्त भाव का मूर्तीकरण करना सरल नहीं है, इसलिए आरंभ में यह तस्वीर धुँधली है, पर काव्य के लगभग अंत में जो दृश्य आए हैं, वे कवि के उन्नत व्यक्तित्व का प्रमाण हैं :

जिन पर न वनस्पति कोई
श्यामल उगने पाती है
जो जनपद परस तिरस्कृत
अभिशप्त कही जाती है।

. . . .
फिर उन निराश नयनों के
जिनके आँसू सूखे है

उस प्रलय दशा को देखा
जो चिर-वंचित भूखे हैं।

यह स्थिति का सरलीकरण होगा यदि 'आँसू' के आदि-अंत को आशा-निराशा जैसे शब्दों से व्यंजित किया जाए। प्रसाद जैसे संश्लिष्ट मानवीय भावनाओं के कवि ऐसा विभाजन कर भी नहीं सकते। संकेत किया जा चुका है यह कवि के विकसित व्यक्तित्व का संकेत है जहाँ वह एक वास्तविक स्थिति को पहचानता है। यह बात और है कि उन्हीं उलझनों के कारण वह उसे उतनी स्पष्टता से न कह पाया हो, जितनी अपेक्षा किसी विराट् संवेदन के कवि से की जा सकती है। 'आँसू' का माध्यम गीत भी उसकी सीमाएँ बनाता है, यद्यपि इसमें संदेह नहीं कि छंदों के खंड-खंड दृश्यों के बावजूद इतनी लंबी गीत-सृष्टि में कवि अपने अनुभूति-ताप को जीवित रख सका है, जो भावों की गहराई से ही संभव है।

'आँसू' संकेत करता है कि स्वच्छंदतावादी काव्य वैयक्तिक अनुभूतियों का सक्षम प्रयोग करता हुआ जीवन की अन्य दिशाओं का समावेश भी स्वयं में कर सकता है। एक प्रकार से प्रसाद यहाँ स्वयं को पहचानते हैं और प्रश्न केवल सार्थक अभिव्यक्ति देने का रह जाता है, जिसके लिए 'प्रलय की छाया' जैसे दीर्घ प्रगीत अथवा 'कामायनी' की प्रतीक्षा करनी पड़ी। 'आँसू' में मानवीय भावनाओं का बाहुल्य है, उसके बावजूद कुछ लोगों ने उसमें आध्यामिक रहस्यवादी स्वर अथवा परोक्ष सत्ता को तलाशने की कोशिश की थी। वास्तव में, यह हमारे सांस्कृतिक अध्ययन की एक कमी है कि प्रायः भारतीय चिन्तन को हम आध्यात्मिकता की सीमित परिभाषा में केंद्रित कर देते हैं। जैसे उस प्रमाण-पत्र के बिना रचना अपनी वास्तविक गरिमा में कहीं ऊँचाई पर जाते-जाते रह जाएगी। पर भारतीय मनीषा यथार्थवंचित नहीं रही और कबीलों में विभक्त नितांत आदिम समाज भी उत्पादन के साधनों के प्रति सचेत था।[3] 'आँसू' में महामिलन जैसे शब्दों को लेकर जिस परोक्ष सत्ता की बात कभी कही गई थी, वह अब हिंदी समीक्षा द्वारा पूर्णतया अस्वीकृत हो चुकी है। मेरा विचार है कि इस काव्य की यदि कोई मानवीय आध्यात्मिकता हो सकती है तो वह धर्मनिरपेक्ष, प्रवृत्तिमूलक और उच्चतर मानवमूल्यों पर आधारित है, वैयक्तिक जीवन-प्रसंगों में ही इतनी मार्मिकता कोई कवि भर सकता है कि आदर्शवादी दृष्टि से जीवन पर विचार करने वाले लोगों को रहस्यवादिता का आभास हो।

आधुनिक साहित्य के इतिहास में 'आँसू' जिस विकास की सूचना है उससे स्वच्छंदतावादी काव्य की संभावनाओं के नए द्वार खुलते हैं। कवि की वे अनुभूतियाँ जो किसी भी संकोच के कारण यों ही पड़ी रह जाती थीं, तथा रचना में जिनका उपयोग नहीं हो पाता था, अब उनके लिए अवसर था। एक राह बनी, जिस पर स्वच्छंदतावादी काव्य के लिए अग्रसर होना अपेक्षाकृत सुगम हो गया।

लहर

'लहर' भावना, विचार और अभिव्यक्ति की दृष्टि से प्रसाद की प्रौढ़ रचना है। यहाँ पहुँचकर कवि अपने सीमित अनुभवों को गहरा सकने में समर्थ होता है और बृहत्तर जीवन-संदर्भों में गहरे जुड़ सकने की शक्ति पाता है। हम कह सकते हैं कि कवि के व्यक्तित्व को एक समाकलन मिल जाता है और जिस बिखराव की शिकायत थी, वह दूर हो जाती है। 'लहर' में हम कवि के संवेदन-जगत् को गहराते हुए देखकर आश्वस्त हैं कि 'कामायनी' जैसी कृति को आना है। भावनाओं का केंद्रित होना, विचारों की परिपक्वता और अभिव्यक्ति की शक्ति 'लहर' में द्रष्टव्य है। यदि हम 'झरना' की आरंभिक कविता की तुलना 'लहर' की पहली कविता से करें तो हमें कवि-व्यक्तित्व का यह अंतर दिखाई देगा। 'झरना' एक प्रतीक रूप में भावों का अबाध अनियंत्रित आवेग है, पर 'लहर' उसकी अपेक्षा एक शांत, उदात्त भावलोक की प्रतीक है। 'लहर' से कवि का निवेदन बृहत्तर जीवन से जुड़ने के लिए है :

तू भूल न री, पंकज वन में
जीवन के इस सूनेपन में
ओ प्यार पुलक से भरी ढुलक
आ चूम पुलिन के विरस अधर !

वैयक्तिक प्रेमानुभूतियों के प्रकाशन में जो गंभीरता 'लहर' के गीतों में मिलती है, उसका कारण व्यक्तित्व की प्रौढ़ता है। कवि ने स्वयं को अभिव्यक्ति-मोह से मुक्त कर लिया है और वह जानता है कि जितना कुछ कहना है, उससे कहीं अधिक छोड़ देना है। संभव है किशोर भावनाओं के समर्थक आलोचक 'लहर' के गीतों में 'आँसू' जैसे संवेगों का प्रवाह न पाकर उसमें ताप की कमी महसूस करें, पर गहराई से देखने पर स्थिति का दूसरा पक्ष उभरता है। अक्सर हम चीखने-चिल्लाने को रचना की शक्ति मान बैठते हैं, जबकि वह प्रदर्शन अधिक है। 'लहर' इस दृष्टि से हमें रोकती है, ठहराती है और हमें एक अधिक गहरी अंतर्यात्रा में सम्मिलित होने को बाध्य करती है। श्रेष्ठ कविता, विशेषतया वह जिसमें अर्थ ऊपर-ऊपर शब्दों के सहारे नहीं तैरते, हमें गहरे उतार ले जाती है। इस प्रयोजन की सही पहचान न होने पर 'ले चल मुझे भुलावा दे कर मेरे नाविक ! धीरे-धीरे' जैसे गीतों को पलायनवादी कहकर स्थिति का सरलीकरण किया जाता है। वास्तव में कवि ने जो अनुभव संचित किया है, उसका उपयोग मानवीय सदाशयता के साथ करना चाहता है और वैयक्तिकता से बाहर निकलता है। इसे एक प्रकार का एकालाप 'मोनोलॉग' या स्वयं से वार्तालाप का एक लंबा सिलसिला भी कहा जा सकता है। इसका यह अर्थ नहीं कि रचनाकार जीवन से पलायन कर रहा है क्योंकि प्रसाद जैसे प्रवृत्तिमार्गी कवि के लिए तो यह संभव नहीं। यह बात दूसरी है कि उनमें निराला जैसा सामाजिक विद्रोह न उभरा

हो, पर यह तो कवियों के व्यक्तित्व की बनावट का अंतर है। 'ले चल मुझे भुलावा देकर' जैसे गीतों में प्रसाद जिस मानवीय सदाशयता के स्वप्न से परिचालित हैं, उसमें कल्पना के अतिरिक्त क्षण हो सकते हैं, पर कुल मिलाकर उसके पीछे एक बेहतर संसार पाने की मनोकामना है।

व्यक्ति-मन का क्रमशः अधिक वस्तून्मुखी तथा निर्वैयक्तिक होने का प्रयत्न 'लहर' की रचनाओं का प्रेरक है। यह तटस्थता कवि की प्रेम-संबंधी रचनाओं में भी देखी जा सकती है, जहाँ स्वयं को रचना से अलगा पाना कठिन होता है। 'मुझको न मिला रे कभी प्यार' जैसी पंक्तियाँ दमित इच्छा पूर्त्ति का संकेत कहकर नहीं टाली जा सकतीं, वरन् वे एक अधिक यथार्थ दृष्टि अपनाती हैं। जीवन में पात्रों के आने-जाने का क्रम अनवरत प्रक्रिया है और उसे सहज भाव से लेना चाहिए, प्रतिदान की आशा वास्तविकता का सही मूल्यांकन नहीं है। इस प्रकार का आत्मबोध प्रसाद को उस आदर्शवादी शिकंजे से भी थोड़ा मुक्त करता है, जो आरंभिक संस्कारों के कारण उन्हें घेरे हुए थे। इसमें प्रसाद का वह प्रसिद्ध गीत है जो प्रेमचन्द द्वारा संपादित 'हंस' के आत्मकथा अंक के मुखपृष्ठ पर छपा था। यह गीत एक प्रकार से प्रसाद के लिए आत्मपरीक्षा का क्षण है, क्योंकि उन्हें अपने विषय में कहना था। प्रसाद इस अवसर पर संकोच करते हुए रचना के संदर्भ में अन्य बातें भी कह सकते थे, जैसा अन्य लेखकों ने किया था, पर उन्होंने प्रणयगाथा कहने का संकल्प किया, यह गहरे आत्मविश्वास और रचनात्मक साहस का परिचायक है। यह शीर्षकविहीन गीतात्मक कविता यदि अपना कोई छायावादी शीर्षक पा सकती है तो वह इसके अंतिम छंद में विद्यमान है—आत्मकथा। कविता के आरंभ में तेजी से भागते जीवन का संकेत मुरझाकर गिरने वाली पत्तियों से मिलता है। कवि को एहसास है कि आकाश के नक्षत्रों की तरह 'असंख्य जीवन इतिहास' हैं, जिनकी अपनी व्यथा-कथा है। उसके बाद प्रिय के कुछ घनिष्ठ चित्र सांकेतिक रीति से उभारे गए हैं जैसे 'मधुर चाँदनी रातों की उज्ज्वल गाथा'। अंतिम पंक्तियाँ अभिव्यक्ति की दृष्टि से संग्रथित हैं जहाँ एक दृश्य-बिंब है :

जिसके अरुण कपोलों की मतवाली सुंदर छाया में
अनुरागिनी उषा लेती थी निज सुहाग मधुमाया में...

केवल बाईस पंक्तियों में उस प्रणयगाथा को बाँधना एक आत्मसंयम है। जिसके लिए कवि ने 'आँसू' के एक सौ नब्बे छंदों का निर्माण किया। 'स्मृति को पाथेय' मानकर यात्रा करने की रूमानी बात केवल आत्मसंतोष नहीं है, वरन् वास्तविक स्थिति से एक समझौता है और इस बोध के बिना रचना-कर्म के बीच में ही टूट जाने का संकट रहता है या फिर कवि स्वयं को दुहराता रहता है। प्रसाद अपनी व्यथा को अभिव्यक्ति-मोह से बचाकर उसे मौन रखने के पक्षधर हैं और इस प्रक्रिया में वे 'औरों की सुनते' रहना चाहते हैं। इस प्रकार का आत्मविस्तार 'लहर' की कविताओं को

सागर संगम अरुण नील, वरुणा की शांत कछार, बीती विभावारी, जीवन प्रभात, कोमल कुसुमों की रात, भूली हुई मधुऋतु, मधुर-माधवी संध्या, उषा, मधुबाला जैसे दृश्यों के साक्षात्कार में सहायक होता है। हम यह नहीं कहते कि प्रसाद वस्तून्मुखी अथवा नितांत तटस्थ दृष्टि पा गए हैं, जो ऐसे चित्रों का खाका खींचने में कहीं-कहीं आवश्यक भी मानी जा सकती है। प्रसाद की रूमानी चेतना बराबर इन दृश्यों के साथ है, क्योंकि वह उनके अवचेतन का एक महत्त्वपूर्ण भाग है।

'लहर' के गीत-प्रगीत निराला जैसे वैविध्य की झलक नहीं देते, पर संवेदन संसार का जो गहराव होता है उसमें प्रसाद अपने समकालीन कवियों से अधिक सचेष्ट हैं, तभी वह सीमित सामग्री के साथ इतनी ऊँचाइयों पर जा सके। कवि-संवेदन प्रकृति संवेदनों से ऐसे एकाकार हुआ है कि उन्हें अलगा पाना सरल नहीं। मानव और प्रकृति का इस प्रकार संयोजित होना प्रसाद की स्वच्छंदतावादी चेतना को वह प्रस्थान देता है, जहाँ से वे 'कामायनी' के अधिक व्यापक फलक की कल्पना कर सकते हैं। वे स्वयं से बाहर निकलते हैं और बृहत्तर जीवन से संबद्ध होते हैं। एक असमंजस, जो हमें 'आँसू' में बिखराव की शिकायत तक करने को विवश करता है, 'लहर' की अधिकांश कविताओं में नहीं मिलता। इसीलिए गीत भी संग्रथित और नुकीले हैं, उनका गंतव्य स्पष्ट है। प्रकृति-छवि और मानवीय सदाशयता से एक अनुबंध स्थापित करने में 'लहर' के कई गीत मार्मिक हैं :

श्रम-विश्राम क्षितिज-वेला से
जहाँ सृजन करते मेला से
अमर जागरण उषा नयन से
बिखराती हो ज्योति घनी रे।

—ले चल मुझे भुलावा देकर...

....
वक्षस्थल में जो छिपे हुए
सोते हों हृदय अभाव लिये
उनके स्वप्नों का हो न प्रात !

अपलक जगती हो एक रात...

कुछ गीतों में वैयक्तिक अनुभूति और मानवीय सदिच्छा में जो मैत्री स्थापित हुई है, वह प्रसाद की स्वच्छंतादवादी चेतना को नई दीप्ति देती है, जिसका संकेत कवि ने 'आँसू' के उत्तरार्ध में भी किया है। यहाँ जीवन-जगत् को देखने की उनकी दृष्टि अधिक संतुलित है और यौवन के उद्दाम आवेग के स्थान पर एक चिंतनशील गहराई कविताओं में प्रवेश पा सकी है। सही जीवन-दृष्टि पा लेना किसी कवि की कम उपलब्धि नहीं होती क्योंकि इसके बाद रचना में भटकाव की गुंजायश कम रहती है। जीवन-दृष्टि के विषय में मतभेद हो सकते हैं और होने भी चाहिए, पर रचना

के सांस्कृतिक दायित्व को ठीक से पहचाने बिना रचना कर्म का अधिक प्रयोजन नहीं होता। यदि रचना जीवन और समाज के प्रति अपने दायित्व को गंभीरता से नहीं लेती, तो फिर मनुष्यों के विराट् समूह को भी अधिकार है कि वह उसमें सम्मिलित होने से इनकार कर दे। प्रायः होता भी यही है कि दायित्वविहीन रचनाएँ कुछ दिनों उछल-कूद मचाकर समाप्त हो जाती हैं। 'लहर' का प्रस्तुत गीत इसी मानवीय सदाशयता से निर्मित है, यद्यपि कवि की नितांत वैयक्तिक अनुभूतियाँ अब भी उसके साथ हैं :

मेरी आँखों की पुतली में
तू बनकर प्रान समा जा रे !
जिससे कन-कन में स्पंदन हो
मन में मलयानिल चंदन हो
करुणा का नव अभिनन्दन हो
वह जीवन गीत सुना जा रे !
खिंच जाए अधर पर वह रेखा
जिसमें अंकित हो मधु लेखा
जिसको यह विश्व करे देखा
वह स्मित का चित्र बना जा रे !

प्रलय की छाया

'लहर' की कविताओं में प्रसाद की स्वच्छंदतावादी चेतना को संपूर्ण दीप्ति मिलती है और आधुनिक काव्य की नई संभावनाओं से हमारा परिचय होता है। इसे जानने के लिए इसी संकलन की अंतिम लंबी कविता 'प्रलय की छाया' से गुजरना होगा। इतिहास के एक छोटे खंड को उठाकर, उसके विवरणों को छोड़ते हुए, प्रसाद ने इसके माध्यम से नारी के अंतर्मन को सशक्त अभिव्यक्ति दी है। गुजरात के इतिहास में इसका उल्लेख मिलता है कि अलाउद्दीन ख़लजी ने राजधानी अनहलवाड़ा पर आक्रमण की योजना बनाई थी। अमीर खुसरो ने इसका वर्णन अपनी पुस्तक 'दिबलरानी तथा खिज्रखाँ' में किया है, जिसके अनुसार, सुल्तान ने उलुग़ खान मुअज्ज़म को युद्ध करने के लिए समुद्र (गुजरात) की ओर भेजा। जब खान ने रायकरण पर आक्रमण किया तो वह भाग गया और राय की रानियाँ तथा हाथी एवं खजाना शाही सेना को प्राप्त हुए। करण की रानी कमलादी रूपवती थी। खान ने विजय के उपरांत समस्त धन-संपत्ति के साथ-साथ गुप्त रूप से कमलादी को भी प्रस्तुत किया। सुल्तान ने उसे अपनी रानी बनाया।[4] खुसरो की कथा लंबी है, जिसमें रानी कमलादी की बेटी देवलरानी तथा सुल्तान के बेटे खिज्रखाँ की प्रेमकथा दी गई है। इतिहास भी कर्णदेव और कमलादेवी की कथा का समर्थन करता है। प्रसाद ने इतिहास के कथातंतुओं के भीतर से कमला के व्यक्तित्व को अपनी स्वच्छंदतावादी वृत्ति के अनुसार

गढ़ना चाहा है। यहाँ इतिहास उनके लिए अधिक प्रयोजन नहीं रखता, वे उसे रूमानी दृष्टि से देखते हैं।

'प्रलय की छाया' कविता पूर्वदृश्य अथवा फ्लैशबैक पद्धति पर चलती है। संपूर्ण कथा रानी कमला स्वयं कहती है और जीवन के पराभूत क्षणों में उसे जीवन के सारे दृश्य किसी खुलती रील की तरह एक-एक कर याद आते हैं, जिन पर वह स्वयं टिप्पणी करती जाती है, पश्चात्ताप और विषाद की सम्मिलित भावना के साथ प्रसाद ने 'संध्या' शब्द के द्वारा कमला के जीवन की विभिन्न स्थितियों का उल्लेख किया है। हर संध्या जैसे जीवन के मोड़ का संकेत है। आरंभ में ही कमला अपने व्यथाभरे वर्तमान का संकेत दो पंक्तियों में करती है और उसके बाद वह कथा आरंभ करती है। संभवतः कवि ने कुछ कारणों से ऐसा किया है—एक तो पूर्वदृश्य का बोध कराने के लिए और दूसरे दयनीय स्थिति और शृंगार-भरे जीवनारंभ का सीमांती विरोध दिखाकर ट्रेजिडी को अधिक गहराने के लिए। आरंभ की पंक्तियाँ हैं :

> थके हुए दिन के निराशा भरे जीवन की
> संध्या है आज भी तो धूसर क्षितिज में।
> और उस दिन तो,
> निर्जन जलधि वेला रागमयी संध्या से
> सीखती थीं सौरभ से भरी रंगरलियाँ।

दोनों संध्याओं में विपरीत रंग हैं : दुःखांत सुखांत नाटकों के अंतिम दृश्य जैसे एक ही जीवन में समा गए हों और इस दृष्टि से 'प्रलय की छाया' शीर्षक की सार्थकता है। रानी कमला को नितांत पराजित क्षणों में ऐसी अनुभूति होती है मानो एक भीषण मानसिक प्रलय उसके जीवन को मथकर चला गया। सब उसकी चेतना में धीरे-धीरे कर फिर घटित होता है, क्योंकि उसमें सब कुछ बार-बार लौटता है। शृंगार के कई अतिरंजित चित्र कमला के प्रसंग में क्यों आए हैं और काव्य के संदर्भ में इनकी क्या संगति है ? यह प्रश्न सहज ही पूछा जा सकता है। सौंदर्य के इन ऐंद्रिय चित्रों से प्रसाद कमला को एक ऐसी रूपगर्विता की भूमिका में रखना चाहते हैं जिसे उसका अहम् निगल गया।

रानी कमला पराभूत शारीरिक सौंदर्य का उदाहरण है और उसे बार-बार अपने रूप का स्मरण आता है। अलाउद्दीन का वध करने वाला दास मानिक अथवा खुसरो यह कहकर कमला का निरादर करता है कि 'नारी यह रूप तेरा जीवित अभिशाप है जिसमें पवित्रता की छाया भी पड़ी नहीं।' किशोरावस्था में कमला के 'चरण हुए थे विजड़ित मधु भार से' जिसे देखकर अंतरिक्ष में अनंग बालिकाएँ हँसती थीं। गुर्ज्जर महीप से विवाह के अनंतर इस मादकता का रंग और गाढ़ा हो जाता है। जब कमला बंदिनी बना ली जाती है, तब भी उसका रूपोन्माद जीवित रहता है, क्योंकि वह 'निज रूप सुंदरता की अनुभूति सुल्तान के निर्गम हृदय में जगाना चाहती थी।' प्रसाद कमला

को सौंदर्योन्माद में इस सीमा तक प्रवाहित कर देते हैं कि यदि उसमें अंतःसंघर्ष के क्षण आते भी हैं तो अंत में उसकी दुर्बलता ही विजयी होती है। जिस रूप ने उसे गुजरात की रानी बनाया था, वही रूप उसे भारतेश्वरी का पद लेने को प्रेरित करता था। इन स्थितियों के बीच कवि फ्लैशबैक पद्धति से यह भी बताता है कि अब कमला को एहसास है कि उसका मार्ग सही नहीं था। एक समय उसने सोचा था कि पद्मिनी जली थी स्वयं, किंतु मैं जलाऊँगी। पर आज वह मानती है :

किंतु था हृदय कहाँ ?
वैसा दिव्य

अपनी कमी थी इतरा चली हृदय की
लघुता चली थी माप करने महत्त्व की !

'प्रलय की छाया' नारी के अंतःसंघर्ष को उभारकर कमला को साधारण रूपगर्विता से किंचित् भिन्न व्यक्तित्व दे सकने में समर्थ होती है, नहीं तो वह साधारण सुंदरी नायिका बनकर रह जाती। इसके अतिरिक्त कवि ने उस सौंदर्य को कमला के व्यक्तित्व की एक अदम्य महत्त्वाकांक्षा के रूप में भी चित्रित करना चाहा है, अर्थात् उसे अपनी सुंदरता की शक्ति का एहसास है, यह और बात है कि वह उसकी सीमाओं को विलंब से समझ पाती है। कमला को अंतःसंघर्ष से गुजारकर प्रसाद ने स्वच्छंदतावाद को एकपक्षीय भावजगत् से निकालकर अधिक संश्लिष्ट अनुभूति क्षेत्र में पहुँचाया है, जिससे 'कामायनी' में मनोविकारों के चित्रण का मार्ग खुलता है। लोभ, लालसा, भय, क्रोध, प्रतिशोध, अहंकार, रूपोन्माद और अंत में पश्चात्ताप इन सबसे कमला को गुजारकर प्रसाद ने उसे एक संश्लिष्ट व्यक्तित्व दिया है। जो स्वच्छंदतावादी काव्य आरंभ में आत्माभिव्यक्ति बनकर रह जाने के खतरे में था, उसे 'प्रलय की छाया' जैसी रचनाओं से एक नया आयाम मिला, विशेषकर मानव अंतर्द्वंद्व के चित्रण में।

समीक्षकों ने 'प्रलय की छाया' को दीर्घ प्रगीत कहकर उसे एक नई विधा का रूप देना चाहा है। हर युग अपने यथार्थबोध को अभिव्यक्ति देने के लिए एक नए माध्यम की तलाश करता है। इस प्रक्रिया में कुछ समय लगता है और कई प्रकार के प्रयोगों के बीच से कोई ऐसा माध्यम सामने आता है, जिसे हम युग को बिंबित करने में सर्वाधिक प्रभावी मानते हैं। छोटे-छोटे गीतों-प्रगीतों को लेकर चलने वाला स्वच्छंदतावाद जब प्रसाद की 'प्रलय की छाया' जैसी कविताओं अथवा निराला के लंबे प्रयोगों की ओर आया तो उसे केवल एक गीतात्मक आंदोलन कहना संभव न रह गया। आखिर जो लोग इस कविता को दीर्घ प्रगीत कहना चाहते हैं, उनका आशय क्या है ? संभवतः वे मानते हैं कि इस रचना की बनावट गीतात्मक है, क्योंकि कवि स्वयं भी इसमें किसी-न-किसी रूप में सम्मिलित है, 'इन्वॉल्वड' है, यद्यपि इसकी पहचान आसान नहीं। वह अपने व्यक्तित्व को दूसरे पात्रों के द्वारा भी अभिव्यक्ति

दे सकता है। आकार की लंबाई के कारण शायद दीर्घ विशेषण लगाना आवश्यक माना गया। मेरी समझ में प्रसाद ने जिस माध्यम का प्रयोग 'आँसू' में किया था, उसे 'प्रलय की छाया' जैसे प्रगीतों में पूर्णता मिली, क्योंकि कवि यहाँ अधिक संघटित है। पूरे-के-पूरे बिंब उतार सकने की उसकी क्षमता में वृद्धि हुई है और वह उलझी संवेदना को सार्थक, अर्थगर्भी प्रतीकों द्वारा स्पष्ट कर सकता है। मानव जिजीविषा को व्यंजित करने के लिए एक साथ कई दृश्यखंड प्रस्तुत किए गए हैं, जो कवि-आशय को निश्चित समापन देते हैं :

कितनी मधुर भीख माँगते हैं सब ही !
अपना दल अंचल पसारकर बन-राजी,
माँगती है जीवन का बिंदु-बिंदु ओस-सा।
क्रंदन करता-सा जलनिधि भी
माँगता है नित्य मानो जरठ भिखारी-सा
जीवन की धारा मीठी-मीठी सरिताओं से।
व्याकुल हो विश्व, अंध तम से
भोर में ही माँगता है
जीवन की स्वर्णमयी किरणें प्रभा-भरी
जीवन ही प्यारा है, जीवन सौभाग्य है...।

जीवन में यह गहरी तल्लीनता प्रसाद की स्वच्छंदतावादी दृष्टि को मानवीय चिंतन का सुदृढ़ आधार देती है। वे अब अपनी भावनाओं को आरोपित नहीं करना चाहते वरन् दृश्यों से साक्षात्कार करते हुए अधिक संश्लिष्ट अनुभूतियों में उतरते हैं। इसे हम 'पूर्ण प्रगीत' की संज्ञा दे सकते हैं, जिसमें कवि ने अंतर्द्वंद्व को उसके समापन बिंदु तक पहुँचाया है। पूर्ववर्ती हिंदी कवि जिस इतिहास से केवल विवरण लेकर संतुष्ट हो जाते थे, उसे स्वच्छंदतावादी कवि ने दूसरी दृष्टि से देखा और उसमें से अपने मनोनुकूल स्थितियाँ चुनीं। उसने घटनाओं को पीछे छोड़ दिया और स्वयं एक नई स्थिति का निर्माता बनकर, इतिहास की घटना के माध्यम से पात्रों को नया स्वच्छंतावादी व्यक्तित्व दिया। नाटकों से यह बात और भी स्पष्ट हो जाती है।

कामायनी

प्रसाद ने बीसवीं शती के प्रथम दशक में लिखने-छपने की शुरुआत की थी। 'कामायनी' का 'चिंता' सर्ग 'सुधा' पत्रिका के अक्तूबर 1928 ई. अंक में प्रथम बार प्रकाशित हुआ था तथा कुछ अंश 'माधुरी' में भी निकले थे। पांडुलिपि के अंत में महाशिवरात्रि 1992 लिखा हुआ है जिससे ज्ञात होता है कि 'कामायनी' 1935 ई. में पूर्ण हुई। एक ओर प्रथम दशक से चौथे दशक तक का समय है, जब देश का सामाजिक इतिहास थोड़ा-बहुत बदलता रहा और दूसरे स्वयं कवि के मनोजगत् में परिवर्तन आए

होंगे। इस बीच प्रसाद कई नाटकों की रचना करके अपनी सांस्कृतिक दृष्टि को निखारते हैं और समीक्षकों ने 'कामायनी' के भावजगत् के संदर्भ में 'कामना' तथा 'एक घूँट' का विशेष उल्लेख किया है। 'कामायनी' के आरंभ से दो वर्ष पूर्व प्रकाशित 'कामना' नाटक अपने शीर्षक से लेकर पात्रों की नियोजना तक में मनोविकारों का उपयोग करता है—पुरुषपात्र : संतोष, विनोद, विलास, विवेक; शान्तिदेव दंभ, दुर्वृत्त, क्रूर और नारीपात्र : कामना, लीला, लालसा, करुणा, प्रमदा, महत्त्वाकांक्षा आदि। प्रसाद समुद्र किनारे फूलों के द्वीप की कल्पना करते हैं जो शांति का संगीत सुनता रहता है पर बाहर से आए लोग इस शांत जीवन में जटिलताएँ उत्पन्न कर देते हैं। संतोष के शब्दों में : ''वही ज्वाला यहाँ भी फैला दी, यहाँ भी नवीन पापों की सृष्टि हुई। अब सब द्वीपवासी और उनके साथ तुम भी इसी मानसिक नीचता, पराधीनता, दासता, द्वंद्व और दुःखों के अलात चक्र में दग्ध हो रहे हो।'' इस नाटक के कुछ भावुक स्थलों के बावजूद प्रसाद यथार्थ के निकट आते दिखाई देते हैं। वे वैयक्तिक पूँजी का विरोध करते हैं और दरिद्रता को सब पापों की जननी मानते हैं। पर संतोष आदि की बात करके वे वर्गसंघर्ष से बच निकलते हैं, जबकि यह इतिहास की एक अनिवार्य प्रक्रिया है। 'कामना' का आनंदवादी समाधान प्रसाद की स्वच्छंदतावादी दृष्टि से बना है, जिसे अधिक विस्तृत फलक पर 'कामायनी' में प्रस्तुत किया गया है। 'एक घूँट' 'कामायनी' की शुरुआत के लगभग एक वर्ष बाद प्रकाशित हुआ, जिसमें अरुणाचल आश्रम की कल्पना की गई है। इसमें आनंद स्वयं एक पात्र है जो स्वच्छंद प्रेम का हिमायती है और जीवन में डूबने-उतराने का समर्थन करता है। 'एक घूँट' अथवा 'कामना' 'कामायनी' काव्य के पूर्वाभास रूप में ही स्वीकारे जा सकते हैं और उन्हें इससे अधिक महत्त्व देना स्थिति का सरलीकरण होगा।

अपनी आरंभिक कविता और 'कामायनी' के बीच प्रसाद पर्याप्त विकास पाते हैं। कई प्रयोगों से गुजरते हुए और अपनी रचनाओं को सँवारते-सुधारते वे अधिक आश्वस्त भूमि पर पहुँचते हैं। ऐसे में 'कामायनी' के बृहत्तर प्रयत्न को उनकी रचना का एक स्वाभाविक विकास कहा जा सकता है। मूल पांडुलिपि की प्रतिकृति अब उपलब्ध है और प्रकाशित प्रति से उसकी तुलना करने से ज्ञात होता है कि लगभग आठ वर्षों में 'कामायनी' रची जाती रही, और प्रसाद उसमें परिवर्तन करते रहे। इतना ही नहीं, संभवतः प्रेस में चले जाने पर और प्रूफ़ देखने के दौरान भी 'कामायनी' सुधरती-सँवरती रही, इसीलिए पांडुलिपि और प्रकाशित प्रति में कई स्थलों पर अंतर है। बिना विस्तार में जाए कहा जा सकता है कि अन्य रचनाओं की तरह प्रसाद यहाँ भी सावधानी से परिष्कार करते रहे। अभिव्यक्ति की दृष्टि से उन्होंने अधिक-से-अधिक स्पष्टता और मार्जन लाने का प्रयत्न किया, यद्यपि काव्य के मूल व्यक्तित्व में बदलाव लाने की बात वे सोच नहीं रहे थे। बीसवीं शती के आरंभ का भारत तीसरे-चौथे दशक में थोड़ा-बहुत बदला था और स्वयं कवि के व्यक्तित्व में

जो प्रौढ़ता आई थी, उसके कारण, 'कामायनी' का संसार पूर्ववर्ती रचनाओं से भिन्न दिखाई देता है।

'कामायनी' के कथासूत्र के जो संकेत प्रसाद ने 'आमुख' में दिए हैं उन्होंने हमारी सहायता की कि हम मूल स्रोतों को जान सकें। पर क्योंकि यह काव्य कथा-आग्रही नहीं है, इसलिए इन संकेतों के बिना भी काम चल सकता है। इस आमुख के कुछ संकेतों ने समीक्षकों, पाठकों के मन में द्वैत भी उत्पन्न किए, जिससे वे इस काव्य के दुहरे-तिहरे आशय पर जोर देने लगे। मसलन, 'मनुष्यता का मनोवैज्ञानिक इतिहास' वाली बात अथवा प्रसाद का यह वक्तव्य कि "मनु, श्रद्धा और इड़ा इत्यादि अपना ऐतिहासिक अस्तित्व रखते हुए, सांकेतिक अर्थ की भी अभिव्यक्ति करें तो मुझे कोई आपत्ति, नहीं।" इस प्रकार एक ऐसे श्लेष के लिए गुंजायश छोड़ दी गई कि अभी तक अटकलें जारी हैं। 'कामायनी' में मिथकीय जगत् पौराणिक ग्रंथों से प्राप्त किया गया है, पर यह नहीं कहा जा सकता कि जातीय आस्थाओं को उजागर करना ही कवि का एकमात्र लक्ष्य है। प्रसाद देव जाति के भोगविलास के विस्तृत दृश्य प्रस्तुत करना चाहते हैं और यह काम वे प्रलय के उपरांत मनु के अवचेतन में व्याप्त उन पिछले संस्कारों के आधार पर करते हैं, जो आज भी उसका पीछा कर रहे हैं पर इससे देवजाति की पूरी तस्वीर नहीं उभरती, उसका केवल विलास पक्ष हमारे सामने आता है। 'कामायनी' के 'आमुख' में जिन कथासूत्रों का संकेत है, वे सीधी रेखा, अथवा किसी एक ही स्थान से नहीं पाए गए हैं; प्रसाद ने इतिहास के प्रति अपनी रूमानी दृष्टि के कारण स्वतंत्रता ली है, यहाँ तक कि इतिहास के यथार्थ का निषेध भी किया है। इतिहास के संघर्षों की जानकारी के लिए जिस यथार्थ दृष्टि की अपेक्षा होती है, उसे प्रसाद वैसा ही स्वीकार नहीं करना चाहते, इसीलिए 'कामायनी' की कथा में कवि ने पुराणों से मनोवांछित सामग्री लेकर अपनी कल्पना का संसार निर्मित करना चाहा है, जिसमें कुछ अंतराल रह गए हैं और कुछ अंतर्विरोध भी दिखाई देते हैं। जैसे, इड़ा-मानव संबंध पूरी तरह खुलने नहीं पाता और प्रसाद की रूमानी चरित्र-सृष्टि वाली एक पहेली बनकर रह जाता है, अव्याख्यायित। 'कामायनी' में पौराणिक सामग्री का मनचाहा उपयोग प्रमाणित करता है कि प्रसाद के मन में कल्पना की एक दुनिया है और वे उसे रूपायित करने के लिए मनोवांछित चीजों का चयन करना चाहते हैं। इससे काव्य की बनावट यथार्थ जगत् की न होकर रूमानी बनती है और हमें स्वीकार करना पड़ता है कि काव्य के अपेक्षाकृत लंबे आकार के बावजूद कवि की स्वच्छंदतावादी चेतना उसके निर्माण में एक महत्त्वपूर्ण भूमिका अदा करती रही है। शतपथ ब्राह्मण में इड़ा को मनु की 'दुहिता' कहा गया है, क्योंकि वह उनके हव्य से पालित-पोषित थी, पर मनु उसी पर आसक्त हो जाते हैं जिसे अमर्यादित आचरण माना गया। प्रसाद ने इस पौराणिक प्रसंग का आधुनिकीकरण किया और मनु-इड़ा के सीधे संबंध स्थापित किए। जाहिर

है, कथा कहना 'कामायनी' के कवि का प्रयोजन नहीं है और वह अपने गंतव्य तक जाने के लिए पुराणों से प्राप्त सामग्री को तोड़ता-मोड़ता है।

'कामायनी' की कथा को एक से अधिक स्तरों पर चलाने की चेष्टा में कई उलझाव आते हैं, जिन्हें जानने के लिए पाठक से अधिक समझदारी की आशा की जाती है। नायिकाप्रधान काव्य के पीछे भारतीय नवजागरण में नारी को अधिक आदरपूर्ण स्थान देने का प्रभाव भी हो सकता है, पर प्रसाद की स्वच्छंदतावादी चेतना के लिए भी यह अधिक अनुकूल स्थिति है। सबसे पहले उन्होंने श्रद्धा के पौराणिक चरित्र का नया नामकरण किया और काम भावना को एक नई अर्थदीप्ति दी ताकि उसका कामायनी नाम सार्थक हो सके। मनु से उन्होंने प्रश्न-प्रश्न उठवा दिए, उसे शंकाकुल बनाया और श्रद्धा को उत्तर अथवा समाधान के रूप में प्रस्तुत किया। पुराणों में मनु और श्रद्धा के जो अलग-अलग उल्लेख मिलते हैं, उन्हें प्रसाद ने रूमानी ढंग से एक में मिलाया। प्रलय बीत जाने पर मनु ने यज्ञ करना आरंभ किया और यह धीरे-धीरे निराश स्थिति पर अधिकार पाने की चेष्टा हैं। 'चिंता' में उसे बार-बार अपना देव-वैभव याद आता है पर 'आशा' सर्ग में प्रकृति सुवर्णमयी दिखाई देने लगती है : वह विराट् था हेम घोलता नया रंग भरने को आज और धरा वधू के रूप में झलकती है। यहीं उसे एहसास होता है कि 'मैं हूँ और मुझे रहना चाहिए।' पर प्रश्न है कि वह जी कर करेगा क्या ? एक अजीब-सी अकुलाहट उसमें उठती है साहचर्य की। 'कामायनी' में जब मनु का ऐसा मनोजगत् निर्मित हो जाता है तब मनु-श्रद्धा की भेंट में सुविधा होती है। इन दोनों का मिलन किंचित् नाटकीय है, क्योंकि मनु के कानों में श्रद्धा के शब्द पहले तैरते हुए आते हैं, देखते वे अगले क्षण में हैं। प्रसाद अपने नायक-नायिका की भेंट केवल रूपाश्रित नहीं बनाना चाहते होंगे, इसलिए उन्होंने कल्पना की कि श्रद्धा निराश मनु को अपनी ममता देती है, और एकाकी प्रलय-झेले व्यक्ति के लिए यह एक बड़ा सहारा है। पर मनु की भावात्मक प्रतिक्रियाओं में कवि की वही स्वच्छंदतावादी दृष्टि है जो उनके नायक को रूमानी बनाती है :

> एक झिटका-सा लगा सहर्ष
>   निरखने लगे लुटे से कौन—
> गा रहा यह सुंदर संगीत ?
>   कुतूहल रह न सका फिर मौन।

इन पंक्तियों से लगा हुआ श्रद्धा का जो रूप वर्णन है, उसे स्वतंत्र सौंदर्यांकन जैसे क्लासिकी ढंग का या मध्ययुगीन सामंती शृंगार की अपेक्षा मनु की वैयक्तिक प्रतिक्रियाओं से निष्पन्न वर्णन कहना अधिक उचित होगा। वह अमूर्त अधिक हो गया है : मेघ-वन बीच गुलाबी रंग का बिजली का फूल, इन्द्रनील लघु शृंग को माधवी रजनी में फोड़कर धधक रहा अचेत ज्वालामुखी, विधु के पास सुधा भरने की कामना से आए घनशावक, आदि। अर्थात् यह कवि प्रसाद की वैयक्तिक प्रतिक्रियाओं से

अछूता तटस्थ भाव से निर्मित चित्र नहीं है और उसकी अभिव्यक्ति में कवि की वही रूमानी वृत्ति है। दृश्य के अंतिम छंद हैं :

उषा की पहली लेखा कांत
माधुरी से भीगी भर मोद
मदभरी जैसे उठे सलज्ज
भोर की तारक द्युति की गोद।
कुसुम कानन अंचल में मंद
पवन-प्रेरित, सौरभ साकार
रचित परमाणु पराग शरीर
खड़ा हो ले मधु का आधार !

प्रसाद के लिए गुंजायश थी कि वे पुराणों से प्राप्त सामग्री को इतिहास के आलोक में देखते, स्वयं मनुष्यता का नया इतिहास बनाते, पर उनके लिए इतनी यथार्थपरक दृष्टि संभव नहीं और उनका विकासमान व्यक्तित्व भी इसे न कर सका। इसलिए जब मनु और इड़ा की भेंट होती है, तब नायक स्थिति को युक्तियुक्त बनाता है, कहता है : "मैं तो आया हूँ, देवि बता दो जीवन का क्या सहज मोल, भव के भविष्य का द्वार खोल।" इसके कुछ समय पहले इसी 'इड़ा' सर्ग में वह 'जीवन निशीथ के अंधकार' में डूबा हुआ था, पश्चात्ताप-मग्न था और सहसा फिर यह रोमांटिक भेंट। मनु 'बिखरी अलकें ज्यों तर्क जाल' वाले बौद्धिक सौंदर्य से भी प्रभावित हो सकता था, ताकि उसे जीवन की कोई दिशा मिले और उसका असमंजस समाप्त हो। पर तब प्रसाद 'कामायनी' में बुद्धिवाद की अपूर्णता या भ्रमरगीत शैली से उसकी पराजय नहीं दिखा पाते। एक बार फिर प्रसाद उस द्वंद्व में स्वच्छंदतावादी दृष्टि को जिता देते हैं, जिससे आचार्य शुक्ल जैसे नैतिक आग्रहों के समीक्षक के साथ मुक्तिबोध जैसे मार्क्सवादी भी असंतुष्ट हैं। पर प्रसाद को तो अपना स्वच्छंदतावादी रूपक पूरा करना है और वे 'दर्शन' सर्ग में श्रद्धा के मुख से इड़ा के लिए अतार्किक बात कहलाते हैं : 'सिर चढ़ी रही पाया न हृदय', जिस पर समीक्षक फिर आपत्ति करते हैं। अपनी कल्पना का इतिहास बनाने में जब 'इड़ा' सर्ग के बाद प्रसाद को पुराणों के कथा-संकेतों से मुक्ति मिल गई तो वे मनचाहे ढंग से चले, स्वच्छंदतावादी अंदाज में क्योंकि उनके लिए अब पूरी छूट थी।

'स्वप्न' और 'संघर्ष' सर्गों में सारस्वत प्रदेश के माध्यम से नई पूँजीवादी सभ्यता के उदय का संकेत है और वर्गसंघर्ष का भी, इसलिए इन दोनों सर्गों में कथा यथार्थ से जुड़ी हुई दिखाई देती है। यद्यपि इस प्रकार के यथार्थ को चित्रित करने के लिए जिस यथार्थवादी दृष्टि और उसी के अनुरूप मुहावरे की आवश्यकता होती है उसके अभाव में वातावरण पूरी तरह उजागर नहीं हो पाता। इसलिए यह प्रसंग बहुत हल्के हाथों से निर्मित हुआ है, मानो कवि की चेतना उसमें सम्मिलित नहीं है। 'स्वप्न'

सर्ग में मनु के जिस सारस्वत नगर का जिक्र है, उसमें एक ओर औद्योगीकरण का संकेत देने के लिए धातु गलती हुई दिखाई गई है तो उसी छंद में प्रसाद की रूमानी वृत्ति पुष्पावलियाँ चुनती है, वनकुसुमों की अध-विकच कली का उल्लेख करती है। इसी प्रकार, 'संघर्ष' सर्ग में मनु का अपनी प्रजा से जो द्वंद्व होता है, उसमें एक विषयांतर जैसा दिखाई देता है, क्योंकि मनु और इड़ा की विपरीत दृष्टियाँ आपस में अधिक टकराती हैं। एक वाक्‌युद्ध जैसा तो दिखाई देता है, पर पूँजीवादी सभ्यता में वर्गसंघर्ष की जो अनिवार्य परिणति है, उसका माहौल नहीं बन पाता। उसके बदले धनुष से बाण चलते हैं, किलात आकुलि का नेतृत्व है तथा रुद्र का उल्लेख भी अंतिम छंदों में है। 'निर्वेद' के अंतराल के बाद 'कामायनी' की कथा का जो आध्यात्मीकरण होता है, उसे प्रसाद के संश्लिष्ट व्यक्तित्व के परिप्रेक्ष्य में देखना चाहिए।

दर्शन, रहस्य और आनन्द आध्यात्मिक तेवरवाले शीर्षक हैं, पर उन्हें धर्मानुमोदित नहीं कहा जा सकता, अधिक से अधिक रहस्याभास वाला अंदाज यहाँ मौजूद है। जब श्रद्धा समाधिस्थ मनु को देखती है, उस समय एक अतिलौकिक वातावरण उत्पन्न होता है, जैसा प्राचीन महाकाव्यों में देखा जा सकता है। मनु का आरंभिक कर्मकांडी रूप, बाद में भोक्ता का और अब उनके ऋषित्व की तैयारी, संघर्ष का अंत जहाँ नटराज स्वयं नृत्यनिरत दिखाये गये हैं। एक अविश्वसनीय दृश्य उपस्थित है, जो बुद्धिगम्य नहीं कहा जा सकता, पर मनु जिस अद्वैत स्थिति को व्यंजित करना चाहते हैं, और जिसका संकेत वे इसी सर्ग में दे चुके हैं, उसके लिए संभवतः यही विकल्प है। ऋषित्व की भूमिका में मनु के पहुँचते हुए स्थिति में बदलाव आता है, अगले दो सर्गों में रंग और गहराता है। 'दर्शन' सर्ग का दृश्य है :

बन गया तमस था अलक-जाल
सर्वांग ज्योतिमय था विशाल।
अंतर्निनाद ध्वनि से पूरित
थी शून्यभेदिनी सत्ता चित
नटराज स्वयं थे नृत्य निरत
था अंतरिक्ष प्रहसित मुखरित।
स्वर लय हो कर दे रहे ताल
थे लुप्त हो रहे दिशाकाल।

'रहस्य' सर्ग में प्रत्यभिज्ञा-दर्शन की जो आध्यात्मिक मुद्रा है, उसमें इच्छा, ज्ञान, कर्म (त्रिपुरारहस्य की तर्ज पर) के अमूर्त लोकों का मूर्तीकरण करने में प्रसाद ने श्रम किया है, पर ये तीनों अपनी संपूर्ण व्याप्ति में, समस्त अर्थों के साथ यहाँ उपस्थित नहीं हैं, क्योंकि 'कामायनी' इतिहास-बोध के बजाय स्वच्छंदतावादी दृष्टि से रचा गया काव्य है। कवि का व्यक्तित्व यहाँ हावी होने की चेष्टा करता है और उसके सोचने की प्रक्रिया पर्याप्त अंतर्मुखी है। इच्छाओं को मधुर लालसा से जोड़ा

गया, उसे चिरवसंत का उद्‌गम कहा गया, पर पाप-पुण्य की जननी भी इसे मान लिया गया। यदि इच्छाएँ नितांत वैयक्तिक अथवा अपने ही इर्द-गिर्द मँडराने वाली नहीं हैं, तो वे लंबा रास्ता भी तय कर सकती हैं, सामाजिक दायित्व भी निभा सकती है। कर्म को क्रियातंत्र बताकर उसे नियति-परिचालित कहा गया और भौतिकवादी दृष्टि का परोक्ष विरोध किया गया। ज्ञान यदि बुद्धिवाद का पर्याय है तो उसका भी निषेध है, क्योंकि उसे 'परिमित पात्र' कहा गया। तीनों इकाइयों का सीमित अर्थ 'कामायनी' व्यंजित करती है, क्योंकि उसमें श्रद्धा को यह श्रेय देने की योजना है कि वह अपूर्ण स्थितियों को मिलाकर नया आसव बनाती है, समरसता का :

स्वप्न, स्वाप, जागरण भस्म हो
इच्छा क्रिया ज्ञान मिल लय थे।
दिव्य अनाहत पर निनाद में
श्रद्धायुत मनु बस तन्मय थे !

'कामायनी' के दार्शनिक अनुबंध को प्रत्यभिज्ञा या अन्य किसी भी दर्शन से सीधे जोड़ देना, अथवा काव्य को उसका रूपांतर मान लेना, स्थिति का सरलीकरण होगा। प्रसाद अपनी अंतर्मुखी वृत्ति और स्वच्छंदतावादी प्रकृति से दर्शन को ग्रहण करते हैं। इसीलिए 'आनंद' सर्ग की आनंदवादी चेतना में कवि द्वारा नई व्याख्या का दार्शनिक प्रयत्न भी है, शब्द शैवागमों से पाए गए हैं, पर उन्हें अर्थ प्रसाद ने स्वयं दिया है। मानवता के लिए सुंदर भावनाएँ, सदाशयता संपन्न विचार एक स्वर्णलोक की कल्पना—ऐसी दुनिया जो प्रसाद के अवचेतन में धीरे-धीरे जन्म ले रही थी, 'कामायनी' के समाप्त होते-होते अपनी झलक दिखा जाती है। इसीलिए इस काव्य में संसार जैसा है, उसका उल्लेख संक्षिप्त है, पर उसे जैसा होना चाहिए, उसका संकेत कवि ने 'आनंद' सर्ग में अधिक करना चाहा है। प्रसाद की इस मनोकल्पना से इतिहास का अतिक्रमण होता है और युग के प्रश्नों का समाधान मिलते-मिलते रह जाता है। पर यहीं प्रसाद को अपना वह जीवनदर्शन प्रचारित कर सकने का अवसर था, जिसमें वैयक्तिक अनुभूतियाँ रूमानी तेवरों के साथ जीवन-जगत् की मनोवांछित रूपरेखा बनाना चाहती है।

चरित्र सृष्टि

प्रसाद के चरित्रों के बारे में कहा जा सकता है कि वे बहुत स्वतंत्र होकर रचना में नहीं आते, क्योंकि लेखक उन्हें वह व्यक्तित्व देना चाहता है, जैसा कि उसने पूर्व नियोजित कर रखा है। इसीलिए जीवन से पाए गए और विविधता-भरे पात्रों की तलाश उन्होंने कम की है। चरित्रों को मोड़ देने में वे सक्रियता बरतते हैं और जाने-अनजाने कई महत्त्वपूर्ण पात्रों में प्रसाद सम्मिलित हो जाते हैं। स्वच्छंदतावादी दृष्टि के कारण स्त्री पात्रों के बारे में यह बात और भी जोर देकर कही जा सकती

है। प्रेमी पात्रों की संख्या भी इसीलिए पर्याप्त है और पुरानी पीढ़ी के शास्त्रियों ने तो यहाँ तक कह दिया कि इन्हें नायकत्व नहीं दिया जाना चाहिए था। पर भावुक-स्थलों के बावजूद जीवन के कुछ आधुनिक संदर्भ इन पात्रों में भर सकने का प्रयत्न प्रसाद में मिलता है। 'कामायनी' के तीन मुख्य पात्र : श्रद्धा, मनु और इड़ा पुराण-कथाओं से पाए गए हैं पर उनके मिथकीय चरित्र का पूरा उपयोग काव्य में नहीं होता और न वे इतिहास की द्वंद्वभरी भूमिका पर ही आ पाते हैं। इसलिए प्रसाद उन्हें अपने मनोजगत् से बनाते-सँवारते हैं—वही भीतरी बनावट से चित्र में रंग भरने की प्रणाली। श्रद्धा को 'कामायनी' में अतिरिक्त महत्त्व मिला है और उसे प्रसाद ने एक प्रतीक रूप में उभारना चाहा है। वह सबसे अधिक वक्तव्य देती है और बार-बार अपने जीवन-दर्शन का प्रचार करती है। 'निर्वेद' सर्ग में विशेष रूप से एक गीत की नियोजना है, जिसमें श्रद्धा स्वयं अपनी व्याख्या करती है : "तुमुल कोलाहल कलह में, मैं हृदय की बात रे मन !" इसी प्रकार, मलय की वात, उषा-सी ज्योति-रेखा, सरस बरसात, कुसुम-ऋतु रात, सजल जलजात जैसे बिंबों में उसे बाँधा गया है। श्रद्धा का पौराणिक चरित्र 'कामायनी' के लिए केवल प्रस्थान-बिंदु भर के लिए है क्योंकि कवि अपने ढंग से उसे गढ़ता है। कई स्थल ऐसे हैं जब संदेह होने लगता है कि कहीं 'आँसू' की प्रिया कवि का पीछा तो नहीं कर रही है। प्रसाद जिन जटिल प्रश्नों का समाधान श्रद्धा से पाना चाहते हैं, उसके अनुरूप यथार्थ दृष्टि उसके पास कम है। वह भावनामयता के अधिक निकट है, जैसे 'लज्जा' सर्ग में, उसका यह कहना है कि "निस्संबल होकर तिरती हूँ, इस मानस की गहराई में/चाहती नहीं जागरण कभी, सपने की इस सुघराई में।" प्रसाद श्रद्धा के चरित्र निर्माण में देवसेना, चंपा, मधूलिका आदि को पूरी तरह भुला पाए हों, ऐसा नहीं लगता। वह भव्य है, प्रभावशाली भी, उसमें मानवीय सदाशयता भी भरपूर है, पर प्रश्न है कि जिस संघर्षभरे जीवन का समाधान वह खोजना चाहती है, क्या उसका जीवन-दर्शन उसके लिए संपूर्ण रूप से प्रासंगिक कहा जा सकता है।

वास्तव में, प्रसाद को श्रद्धा के चरित्र को आधुनिक युग की जटिलताओं से जोड़ने के लिए आस्था-अनास्था के प्रश्न को और भी तीव्रता से उठाना चाहिए था। पर श्रद्धा काम की पुत्री है, कामायनी, जिसके माध्यम से वैदिक काम की पुनर्व्याख्या होनी थी। वह मनुप्रिया है, जिस रूमानी रिश्ते में प्रसाद की गहरी रुचि है, क्योंकि उनकी स्वच्छंदतावादी वृत्ति की अभिव्यक्ति के लिए उसमें अधिक अवसर है। श्रद्धा अनेकरूपा है और काव्य के नामकरण का भी गौरव पाती है, नायिका भी है। पर उसमें करुणा तत्त्व की प्रधानता है और वह जीवन का अनुलेप बनकर सोचती है कि इससे मानवता का कल्याण हो जाएगा। उसकी जीवन-संबंधी रागात्मकता का सम्मान करना होगा, पर सारी आधुनिकता के बावजूद, इतिहास जितनी तेजी से और जिस चक्करदार ढंग से भाग रहा है, उसे देखते हुए वह पिछड़ जाती है। काम का

स्वरूप उभरता है जिससे मनु एक पराभूत निराश स्थिति से मुक्ति पाने में समर्थ होता है और स्वयं को नई मानवता की गाथा लिखने में नियोजित करता है। जिस समरसता का प्रचार श्रद्धा करती है, वह भारतीय नवजागरण और राष्ट्रीय स्वतंत्रता-आंदोलन के उस समन्वयवाद से भी जुड़ा दिखाई देता है, जिससे कई बार संघर्ष की क्षमता कम होती है। श्रद्धा जिन मूल्यों से जुड़ी हुई है, उन्हें काव्य में प्रतिफलित करने में कामायनीकार ने कोई कोर-कसर नहीं रखी और इसीलिए इस नायिका को प्रतीकत्व मिल गया है, जो 'कामायनी' की एक सफलता है। पर वह जिन तत्त्वों से बनी है, वे स्वयं प्रसाद की चेतना के निकट के हैं। 'श्रद्धा' सर्ग में सेवा के लिए समर्पण करते हुए श्रद्धा जो कुछ कहती है, वह उसके चारित्रिक गुणों का बिंब है :

दया, माया, ममता लो आज
मधुरिमा लो, अगाध विश्वास
हमारा हृदय रत्न निधि स्वच्छ
तुम्हारे लिए खुला है पास।

यहाँ जिन भावों का उल्लेख है, वे हृदयाश्रित हैं और प्रसाद को भी प्रिय हैं। पर इससे यह निष्कर्ष निकालना ठीक न होगा कि किसी व्यर्थ की भावुकता का समर्थन किया जा रहा है। अंतिम सर्गों में श्रद्धा लगभग ऋषिका है, काव्य की सूत्रधारिणी। वह प्रसाद की सर्वोपरि नारी-सृष्टि है और कवि के संपूर्ण मनोयोग से निर्मित हुई है।

मनु के चरित्र में संश्लिष्टता लाकर आधुनिक युग की जटिलताएँ व्यक्त करने का प्रयत्न 'कामायनी' में है। मनु कई बार यथार्थ के निकट पहुँचता भी दिखाई देता है। अंतिम सर्गों के अतिरिक्त वहाँ लगभग श्रद्धा-आश्रित व्यक्ति की तरह व्यवहार करता है। पर अंत में ऋषि तुल्य होता है। प्रसाद ने मनु को बनाते समय स्वयं को भी प्रक्षेपित किया है, यह एक अर्द्ध-सत्य है, क्योंकि सामंती परिवेश से बढ़कर 'कामायनी' पूँजीवाद सभ्यता के दौर में भी पहुँचती है। यदि हम देव-जाति के भोग-विलास को सामंतवाद से जोड़ें तो सारस्वत प्रदेश की सभ्यता को पूँजीवादी व्यवस्था की शुरुआत के रूप में मानना होगा, तभी वर्गसंघर्ष का-सा दृश्य उपस्थित हुआ। मनु को बनाने में प्रसाद के सामने स्थिति उलझी हुई रही होगी। कौन-से मनु ? वैदिक युग के ऋषि, शतपथ ब्राह्मण के कर्मकांडीय अथवा मनुस्मृति के प्रणेता। इन कई रूपों को कामायनी के मनु में ढालना सरल नहीं था, क्योंकि मिथकीय जगत् से इतिहास तक की लंबी दूरी तय करने का श्रम तो किया जा सकता है, पर एक ही पात्र में ऐसा संयोजन कर पाना कठिन होता है, जब तक कि स्वयं उसे यात्रा के दौरान रूपांतरित होते न दिखाया जाए। इन सबके अतिरिक्त मनु में आधुनिक संदर्भ भी जगाने थे, इसीलिए उसे विक्षोभी, उत्तेजनशील, अनास्थापरक, असहिष्णु और यहाँ तक कि संवेगी बनाया गया, जिसकी वजह से शास्त्रियों ने उसे नायक के योग्य

नहीं माना। यदि 'कामायनी' के अंतिम सर्गों की अनदेखी कर दी जाएँ तो मनु स्वयं से काफी लड़ता-झगड़ता है और यदि प्रसाद के समय की भारतीय आधुनिकता की सीमाओं को समझ लिया जाए तो यह मानना होगा कि मनु का अंतःसंघर्ष एक आधुनिक व्यक्ति का द्वंद्व है। इसके पहले प्रसाद अपने पात्रों को दो रेखाओं की टकराहट से बनाते हैं—प्रेम-कर्तव्य, अधिकार-अवसाद आदि, पर यहाँ वे मनु को अधिक संश्लिष्ट भूमि पर उतारना चाहते हैं, विशेषतया जहाँ तक स्वयं से जूझने का प्रश्न है।

मनु के चरित्र की बुनावट में देवजाति के संस्कार उसके अवचेतन पर हावी हैं और वह बार-बार उन क्षणों का स्मरण करता है, कहीं-कहीं उन्हें लौटा भी लाना चाहता है। 'कामायनी' में उसका बौद्धीकरण भी है कि यह स्थिति तभी तक अधिक उत्तेजनशील है, जब तक श्रद्धा का आगमन नहीं होता। पर मनु अंह-केंद्रित व्यक्ति भी है और उसकी इस बनावट में देवजाति की भ्रांतियों का बड़ा हिस्सा है। अंह की एक दिशा यह भी हो सकती है कि व्यक्तित्व पथभ्रष्ट होकर असामाजिक भूमिका पर पहुँच जाए जो अहंवाद का नितांत विकृत रूप होता है। 'ईर्ष्या' सर्ग के अंत में मनु के आत्मकेंद्रित अहं का विस्फोट होता है क्योंकि वह माँ की वात्सल्य भावना से जुड़ पाने में असमर्थ है। अपने ही भावी शिशु से उसे ईर्ष्या होती है और वह श्रद्धा को छोड़कर भाग खड़ा होता है :

यह जलन नहीं सह सकता मैं
चाहिए मुझे मेरा ममत्व—
इस पंचभूत की रचना में
मैं रमण करूँ बन एक तत्त्व।

'इड़ा' सर्ग के अंतिम अंश में मनु स्वीकारता है कि उसने बुद्धिवाद को अपना लिया है, पर वह अब भी अहंपरिचालित है और सारस्वत प्रदेश की प्रजा से उसकी टकराहट होती है। स्पष्ट है कि वह एक भटकती चेतना का व्यक्ति है और स्वयं को स्थिर नहीं कर पा रहा है। उसके अहं की अभिव्यक्ति 'संघर्ष' सर्ग में है जिसमें सारा आग्रह 'मैं' पर है :

मैं शासक, मैं चिर स्वतंत्र, तुम पर भी मेरा
हो अधिकार असीम, सफल हो जीवन मेरा।

'निर्वेद' सर्ग से मनु के अहंकार में उतार आता दिखाई देता है, क्योंकि प्रसाद 'कामायनी' में उसे एक नए रोल में ढालना चाहते हैं। जितना असहाय मनु ने 'कामायनी' के आरंभ में अपने को महसूस किया था, लगभग वैसा ही फिर दिखाई देने लगता है यद्यपि श्रद्धा उसकी पथप्रदर्शिका का कार्य करती है। मनु का इस तरह टूटना मनोवैज्ञानिक स्तर पर ठीक है और यह अहं की अनिवार्य परिणति है। नि. ओस्त्रोव्स्की 'जयजीवन' में एक स्थल पर कहता है—"अहंवादी सबसे पहले गिरता है। वह केवल अपने में और अपने लिए जीता है। और एक बार उसके अहम् को

चोट लग जाए तो उसके जीवन के आधार टूट जाते हैं। इसके विपरीत, जो मनुष्य अपने को समाज के जीवन में खपा देता है, उसको गिराना आसान नहीं।[5] मनु के अहम् के एक बार फिर टूटते ही जो शून्य उत्पन्न होता है, उसे भरने के लिए श्रद्धा एक दर्शन की नियोजना करती है। इसके पहले इड़ा का बुद्धिवाद उसे अवलंब के रूप में मिला था। इस प्रकार, मनु की आधुनिकता यही कही जा सकती है कि वह स्वयं से लड़ता-झगड़ता है, पर जीवन के बाह्य संघर्षों से उसकी टकराहट का चित्रण 'कामायनी' का लक्ष्य नहीं प्रतीत होता। श्रद्धा का वर्चस्व होने के कारण मनु का व्यक्तित्व दबा-दबा-सा दिखाई देता है, यद्यपि उसे आधुनिक अंतःसंघर्ष से गुजारने का श्रम प्रसाद ने किया है, इसमें संदेह नहीं।

कुछ समीक्षकों को इड़ा का चरित्र अधिक प्रभावित करता है, शायद वे उसके प्रतीकार्थ-बुद्धिवाद को और उभरते देखना चाहते हैं। उनका विचार है कि जीवन के प्रश्नों का समाधान उसके माध्यम से होता तो अच्छा था और ऐसी स्थिति में 'इड़ा' सर्ग के बाद के सर्ग निष्प्रयोजन प्रतीत होते हैं। पर प्रसाद सारस्वत प्रदेश और इड़ा के माध्यम से दोतरफा आक्रमण करना चाहते हैं—अनियंत्रित भौतिकवाद और अनिष्टिक बुद्धिवाद दोनों पर। ध्यान रखना होगा कि प्रसाद इन दोनों की अतिवादी दृष्टि पर असंतोष व्यक्त करते हैं और वे किसी अश्रुविगलित भावुकता के पक्ष में नहीं हैं। सारस्वत प्रदेश भौतिक दृष्टि से नवनिर्माण में जुटा, पर उसमें राष्ट्र की वह आत्मा प्रतिष्ठित न हो सकी, जिसके सहारे समूह संगठित होते हैं। इसी तरह, बुद्धिवाद यदि झूठे-सच्चे कुतर्क में फँस गया तो हर सही-गलत निर्णय का समाधान खोजकर आत्मछल की स्थिति में पहुँच जाएगा। 'कामायनी' इड़ा के बुद्धिवाद का संपूर्ण निषेध नहीं करती, यद्यपि उसमें निश्चित ही श्रद्धा के समन्वय-दर्शन का अधिक समर्थन है। इसका एक प्रमाण है कि श्रद्धा स्वयं अपने पुत्र मानव को एक संतुलित वैचारिक आधार देने के लिए इड़ा के पास छोड़ जाती है। प्रश्न है कि आखिर प्रसाद ने बुद्धिवाद अथवा भौतिकवाद को एक अधूरी जीवन-दृष्टि के रूप में क्यों चित्रित किया ? इसके उत्तर में प्रसाद के स्वच्छंदतावादी व्यक्तित्व की सक्रियता को दृष्टिपथ में रखना होगा, जो अपने ढंग से युग के संदर्भों को देखती रही है। वह वस्तुपरक दृष्टि जिससे इतिहास के द्वंद्वों को जाना-पहचाना जाता है, प्रसाद की चेतना से दूर है, उनकी रूमानी बनावट के कारण। 'निर्वेद' सर्ग में मनु श्रद्धा से कहता है : 'बुद्धि तर्क के छिद्र हुए थे, हृदय हमारा भर न सका।' स्पष्ट है कि हृदय और बुद्धि के द्वंद्व में प्रसाद हृदय को जिता देते हैं, यह कवि के संवेदन जगत् की रूमानी विजय है, यथार्थ से किंचित् दूर।

'कामायनी' में चरित्रों की सीमित संख्या ने प्रसाद का कार्य सरल कर दिया है। छोटे-छोटे पात्र आते हैं, पर वे अधिक महत्त्व नहीं रखते, यद्यपि किलात-आकुलि का प्रतीकार्थ तलाशा जा सकता है—हिंसक कार्यों के उत्तेजक चरित्र। वे 'कर्म' सर्ग

में मनु को हिंसा के लिए उकसाते हैं। यह कर्मकांड की विकृत परिणति है जब देववाद से उतरकर धर्म पौरोहित्य की गलियों में भटक गया। ये दोनों 'संघर्ष' सर्ग के अंत में सारस्वत प्रदेश की क्रुद्ध प्रजा का नेतृत्व करते दिखाई देते हैं। जैसे काम ने एक बार मनु को काव्य के आरंभ में प्रवृत्तिपरक व्यक्तित्व दिया और 'इड़ा' सर्ग में वही मनु को शाप भी दे गया। संकेत किया जा चुका है कि मानव-इड़ा के संबंध अव्याख्यायित रह जाते हैं, यद्यपि खींचतान कर उन दोनों का रिश्ता स्थापित किया गया, संभवतः कोई अन्य विकल्प न होने के कारण। प्रसाद स्वयं असमंजस की स्थिति में दिखाई देते हैं कि इड़ा, पिता और पुत्र दोनों की प्रिया कैसे बने ? सारी तथाकथित आधुनिकता के बावजूद पुरातन नैतिक दृष्टि भी इसमें बाधा थी और प्रसाद का नाटककार एक पहेली हमारे सुलझाने के लिए छोड़ जाता है। प्रसाद की एक विशेषता है कि वे अपने असमंजस अथवा अनिर्णय को कई बार ऐसे रूमानी ढंग से प्रस्तुत करते हैं कि पाठक भी भुलावे में आ जाएँ। यह किसी संदिग्धता को कलात्मक परिणति दे सकने की कला है, जिसमें प्रसाद प्रवीण हैं।

कामायनी काव्य

किसी रचना में विचारणा अथवा शिल्प जैसे प्रश्नों को अलग से उठाना उसे खंड-खंड देखना है और इस पद्धति से रचना की संपूर्णता हमारे हाथ नहीं लगती तथा उसके साथ न्याय नहीं हो पाता। किसी भी रचना का शिल्प कृतिकार के समग्र व्यक्तित्व से निर्मित होता है। इसीलिए जिन लेखकों के पास एक सुलझी दृष्टि, दो टूक कहने का माद्दा या अपना व्यक्तित्व नहीं होता उनकी रचना सारे अलंकरण के बावजूद निष्प्रभावी दिखाई देती है—व्यक्तित्वविहीन, प्रभावरहित, जड़। रचना का बनना-बिगड़ना रचनाकार के व्यक्तित्व पर निर्भर है, यह बात ठीक से समझ लेनी चाहिए। और लेखक की बनावट के अनुसार कृतियाँ रूपायित होती हैं। इस संदर्भ में इलियट के इस कथन का बहुत गलत अर्थ लगाया गया कि रचना व्यक्तित्व का प्रकाशन नहीं, उससे पलायन है। लेखक के व्यक्तिगत जीवन और उसके रचनाकार-रूप में अंतर हो सकता है, पर एक शर्त है कि खाई इतनी बड़ी न हो कि लेखक मुखौटों पर जीने लगे और उसकी संपूर्ण रचना एक छल बनकर रह जाए। लेखक को धीरे-धीरे अपनी वैयक्तिकता से ऊपर उठकर, बृहत्तर जीवन में सम्मिलित होना ही पड़ेगा, क्योंकि वही उसका मूलस्रोत है। 'कामायनी' की विचित्र व्याख्या का यत्न भी किया जाता है, जो स्वयं प्रसाद का आशय न रहा होगा। जैसे इस काव्य को एक दीर्घकारी महाकाव्य बनाकर महाकवि बनने का मोह उनमें नहीं था। युग के संदर्भ में माध्यमों की बनावट में परिवर्तन होते हैं और आज महाकाव्य का वह स्वरूप नहीं है, जिसके विषय में अरस्तू ने दुःखांत नाटकों से तुलना करते हुए संक्षिप्त टिप्पणी की थी, अथवा भामह ने 'काव्यालंकार' में धर्म, अर्थ, काम, मोक्ष—चतुर्वर्ग प्राप्ति का आग्रह किया था। आचार्य

विश्वनाथ ने 'साहित्यदर्पण' में महाकाव्य के स्वरूप पर विस्तार से विचार करते हुए नायक के लिए भी उच्च आदर्श निर्धारित किए।

'कामायनी' का विवेचन करते हुए उसे महाकाव्य घोषित करना, उसे महान् काव्य प्रमाणित करने के लिए आवश्यक नहीं है। विभिन्न युग में समाज और जीवन को सार्थक अभिव्यक्ति दे सकने के लिए नए माध्यमों की खोज करते हैं। यूनान के समृद्धिकाल में दुःखांत नाटकों की रचना हुई क्योंकि नाटककार एक संस्कृति को बाँधना चाहते थे पर आगे वैसी रचनाएँ प्रस्तुत करना संभव नहीं रह गया। यदि 'कामायनी' के रूपगठन के लिए किसी आकार-बोधक पारिभाषिक शब्द का प्रयोग आवश्यक हो तो उसे आधुनिक ढंग का एक स्वच्छंदतावादी महत् प्रयोग मानकर चलना चाहिए। प्रसाद की रूमानी प्रवृत्तियाँ यहाँ भी सक्रिय हैं—चरित्रों की बनावट से लेकर अभिव्यक्ति तक। मनु लंबे स्वगत कथनों से गुजरता है, उससे कथा स्थिर हो जाती है पर प्रसाद के अंतर्मुखी व्यक्तित्व को प्रकाशित होने में सुविधा होती है। 'कामायनी' कुछ स्थलों पर इतनी प्रगीतात्मक हो जाती है कि उस खंड को दीर्घ प्रगीत की संज्ञा दी जा सकती है और इससे 'कामायनी' के प्रगीतात्मक शिल्प का बोध होता है। इसमें प्रसाद के नाटककार का भी संयोग हुआ है, जिसे सर्गों के आदि में देखा जा सकता है। 'कामायनी' का पहला पृष्ठ ही 'आकाशदीप' कहानी के ढंग से शुरू होना चाहता है सिवाय इसके कि यहाँ संवाद नहीं हैं, पर 'एक पुरुष' का प्रवेश कराया जाता है और कुछ छंदों बाद 'मनु' नाम का पता चलता है। 'लज्जा' सर्ग का आरंभिक वार्तालाप इसी ताने-बाने से निर्मित है—गीतात्मकता और नाटकीयता का सम्मिलित रूप। प्रायः 'कामायनी' की उदात्तता, विशेषतया उसके भव्य शिल्प (ग्रैण्ड स्टाइल) का उल्लेख किया जाता है। यह वह क्षण है जहाँ 'कामायनी' स्वच्छंदतावादी काव्य को उसकी प्रगीतात्मकता से निकालकर एक चरण आगे ले जाती है। 'कामायनी' का शिल्प उसे इलियट के वर्जिल भाषण में व्याख्यायित 'क्लासिक' के निकट पहुँचाता है और इसे विशिष्ट उपलब्धि रूप में देखना चाहिए। मूल चेतना की रूमानी बनावट के होते हुए, प्रसाद एक क्लासिक हमें दे गए, जो स्वच्छंदतावाद का एकमात्र ऐसा प्रयोग है। इसे भी विचित्र संयोग कहिए कि 'कामायनी' अपने समय की विशिष्ट रचना तो है ही, वह स्वयं में हिंदी स्वच्छंदतावाद की अधिकांश प्रवृत्तियों का सन्निवेश करती है, और छायावाद युग के मुख्य चरण के समापन की घोषणा जैसी करती भी दिखाई देती है। क्योंकि इसके बाद समाज के दबाव रचनाकारों पर हावी होने लगे थे और काव्य-क्षितिज का बदलना अनिवार्य था और ऐसा हुआ भी।

'कामायनी' दुर्भाग्य से अतिवादी दृष्टियों का शिकार रही है, कभी उसके अंधभक्त थे, जिन्होंने उसके वास्तविक स्वरूप को अतिरंजित प्रशंसा से आच्छादित किया था, और जब गैररूमानी अथवा स्वच्छंदतावाद-विरोध करने वालों ने उस पर आक्रमण

किया, पर इससे कृति का सही मूल्यांकन नहीं होता, बात और उलझ जाती है। हाँ, इधर पुनर्मूल्यांकन के दौर में इस विशिष्ट काव्य को विभिन्न दृष्टियों से जानने-पहचानने के कुछ गंभीर प्रयत्न हुए हैं। 'कामायनी' के संबंध में नई दृष्टि डालने वालों में मुक्तिबोध का नाम पहले आता है और 1945-46 ई. में उन्होंने 'हंस' में उस पर समाजशास्त्रीय ढंग से विचार किया था। 'कामायनी : एक पुनर्विचार' का पुस्तक रूप में प्रकाशन बहुत बाद में, 1961 ई. में हुआ। मुक्तिबोध ने मार्क्सवादी समाजशास्त्र के साथ मनोविज्ञान का भी सहारा लिया। 'कामायनी' को उन्होंने एक फ़ेण्टैसी के रूप में देखा। रमेश कुंतल मेघ ने 'मिथक और स्वप्न : कामायनी की मनस्सौंदर्य सामाजिक भूमिका' नाम की अपनी पुस्तक में इसी लकीर को अपनाया। इस समाजशास्त्रीय अध्ययन के अतिरिक्त 'कामायनी' को समझने के दो और साहित्यिक प्रयत्न हमारा ध्यान आकृष्ट करते हैं—इंद्रनाथ मदान के संपादित ग्रंथ 'कामायनी : मूल्यांकन और मूल्यांकन' में उनका लंबा समापन निबंध 'कामायनी : एक असफल कृति' तथा रामस्वरूप चतुर्वेदी का पुस्तकाकार प्रकाशित आलेख 'कामायनी का पुनर्मूल्यांकन'। ये सब और इसके अतिरिक्त अन्य कई चेष्टाएँ 'कामायनी' को नए प्रतिमानों के आधार पर परीक्षित करती हैं तथा हमारी समझ को बढ़ाती हैं। पर कृति की सही पहचान के लिए प्रसाद के स्वच्छंदतावादी व्यक्तित्व की संश्लिष्ट बनावट को जानना उपयोगी है।

प्रसाद ने 'कामायनी' की रचना अपने जीवन के लगभग अंतिम दौर में की थी और इस कृति के प्रकाशन के अनंतर वे बहुत समय तक हमारे बीच नहीं रह सके, अर्थात् वे अपने कवि-व्यक्तित्व को रूपायित कर चुके थे उन्होंने प्रौढ़ता का स्तर पा लिया था। व्यावसायिक ज्योतिषी की तरह उनके आगामी चरण के विषय में भविष्यवाणी करना जोखिम का काम है, पर वे 'मधुआ' जैसी कहानियों के किंचित् यथार्थ को रचना के उपभोग में लाना भी चाहते, तो वह उनकी स्वच्छंदतावादी चेतना का ही विकास होता, किसी द्वंद्वात्मक भौतिकवादी आधार पर सामाजिक यथार्थ का ग्रहण उनके लिए कठिन था। 'कामायनी' का ढाँचा प्रसाद के उस स्वच्छंदतावादी व्यक्तित्व से निर्मित हुआ है, जिसका आरंभ तो शिथिल था पर जो भीतर-भीतर विकसित होता रहा और एक पूर्णता पर पहुँच गया और 'कामायनी' इसी विकासमानता की अभिव्यक्ति है। कथानक से लेकर उसके कलात्मक गठन तक में प्रसाद अपने व्यक्तित्व के प्रति सचेष्ट हैं और अन्य वर्णनात्मक महाकाव्यों की तरह ऐसा नहीं है कि कवि इसमें उपस्थित न हो। यदि ऐसा होता तो 'कामायनी' के कथा-आग्रह अधिक घटनाबहुल होते, पात्रों की संख्या भी बढ़ती और शिल्प भी अगीतात्मक होता। पर प्रसाद अपने व्यक्तित्व के साथ तब यहाँ उपस्थित न होते, जो स्वच्छंदतावाद से उनके संबंध विच्छेद के समान होता। आज जिस रूप में 'कामायनी' हमारे सामने है, वह कवि के समग्र व्यक्तित्व से निर्मित है, जिसमें वैयक्तिक अनुभूति, अंतर्मुखी दृष्टि, पुराण

कथा, इतिहास की रूमानी कल्पना, पुष्ट चिंतन, अभिजात भाषा, प्रगीतात्मक बनावट, मानवीय सदाशयता के तत्त्व मिले-जुले दिखाई देते हैं। यह बात और है कि इनमें सफल संयोजन में कहीं कोई कमी रह गई हो। प्रकारांतर से 'कामायनी' की सीमाएँ हिंदी स्वच्छंदतावादी काव्य की सीमा भी कही जा सकती हैं पर प्रसाद ने इस काव्य-आंदोलन को 'कामायनी' में उसके शीर्ष पर पहुँचाया, इसमें संदेह नहीं। इसके बाद तो स्वच्छंदतावाद समाज के दबावों में दूसरी ओर मुड़ता दिखाई देता है, जो हिंदी में नए यथार्थवाद का प्रारंभ है।

जब हम कहते हैं कि 'कामायनी' स्वच्छंदतावादी काव्य है तो हमारा आशय है कि हिंदी में इस रचना-आंदोलन का सर्वाधिक प्रतिफल इस काव्य में उपलब्ध है। बनावट की कमी या शिथिल संघटन के कारण उसकी कुछ सीमाएँ हो सकती हैं, पर प्रसाद मानवीय सदाशयता के रूप में प्राचीन महाकाव्यों के देव-दानव संघर्ष को तोड़ते हुए एक नई मानववादी दृष्टि का परिचय देते हैं। पात्रों को देव-दानव के रूप में विभाजित करके एक का पक्षधर हो जाना उन्हें स्वीकार नहीं, क्योंकि वे देव-दानव संघर्ष को मनु के आंतरिक द्वंद्व के रूप में घटित करते हैं। प्रसाद के लिए वे दोनों ही अपूर्ण संस्कृतियाँ हैं और जो नई मानव-सभ्यता जन्म लेगी वह श्रेष्ठतर होगी। 'इड़ा' सर्ग का गीत है :

> था एक पूजता देह दीन
> दूसरा अपूर्ण अहंता में अपने को समझ रहा प्रवीण
> दोनों का हठ था दुर्निवार दोनों ही थे विश्वासहीन...।

इस कल्पित मानवीयता को 'कामायनी' के नए प्रयोग के रूप में देखना चाहिए और यह पुराणों की दुनिया को रूमानी ढंग से नया मोड़ देने की चेष्टा है। 'कामायनी' एक आंदोलन को पूर्णता पर ले जाने के कारण भी कुछ पाठक पाती रहेगी और समीक्षकों को ललकारती रहेगी। प्रसाद के व्यक्तित्व का संपूर्ण प्रकाशन तो इसमें है ही, इसके अतिरिक्त स्वच्छंदतावादी काव्य की उपलब्धियाँ और सीमाएँ उसमें साथ-साथ देखी जा सकती हैं। एक 'क्लासिक' के रूप में उसका स्थान सुरक्षित है, क्योंकि उसने हिंदी स्वच्छंदतावादी काव्य की अधिकांश संभावनाओं का उपयोग किया।

हमें अपना विवेचन प्रसाद के काव्य तक सीमित रखना है, पर उनके समग्र लेखन से गुजरने पर ही यह चित्र पूरा होता है। उन्होंने काव्य के अतिरिक्त नाटक, कहानी, उपन्यास और यहाँ तक कि निबंध के माध्यम अपनाए हैं, पर ऐसा नहीं दिखाई देता कि माध्यमों के बदल जाने से उनके भाव-विचार क्षेत्र में कोई बड़ा परिवर्तन आया हो। इससे यह स्पष्ट होता है कि प्रसाद का व्यक्तित्व विकसित तो होता रहा है, पर अपने भीतर से ही। एक प्रकार से यह उनकी अंतर्यात्रा है, जिसमें बाहरी सामाजिक दबावों का उतना प्रभाव नहीं, जितना उनका स्वयं का यह एहसास कि उनके रचनाकार को महत्तर ऊँचाइयों पर जाना है। इसीलिए काव्य के अतिरिक्त उनके

आरंभिक नाटक और कहानियाँ भी शिथिल दिखाई देते हैं, पर धीरे-धीरे प्रसाद अधिक प्रौढ़ता प्राप्त करते हैं। आरंभिक नाटकों में गद्य-पद्य का मिला-जुला रूप संवादों की स्वाभाविकता को तोड़ता है, क्योंकि वास्तविक जीवन में प्रायः हम इस प्रकार के वार्तालापों के अभ्यस्त नहीं होते। कहानियाँ केवल भावनामयता पर आश्रित न रहकर मानसिक संघातों का चित्रण करती हैं और इतिहास के कुछ द्वंद्वों पर भी लेखक की दृष्टि जाती है। नाटकों में राज्यश्री, विशाख से लेकर स्कंदगुप्त, चंद्रगुप्त, ध्रुवस्वामिनी तक की लंबी यात्रा है और कहानियों में आरंभिक चरण 'छाया' की भावुकता की तुलना में प्रसाद आगामी कहानियों में अधिक जटिल मनोजगत् का विश्लेषण करते हैं। उपन्यासों में 'कंकाल' सामाजिक यथार्थ को अपनाने में उत्सुक दिखाई देता है। निबंधों और कुछ नाटकों की भूमिकाओं से प्रसाद के विचार पक्ष की जानकारी मिलती है, जो उनकी रचनाओं में अंतर्मुख होकर आया है। इस संबंध में यह ध्यान रखना होगा कि कवि के सिद्धांतों को यदि उसकी रचनाओं में तलाशने का हठ किया जाए तो हमारे पूर्वाग्रह बन सकते हैं और लेखन के सही मूल्यांकन में बाधा पड़ सकती है। हाँ, कवि के कुछ महत्त्वपूर्ण विचार यदि सन्दर्भों की ठीक पहचान के साथ देखे जाएँ तो रचना-संबंधी हमारी समझ को बढ़ा सकते हैं। जैसे, प्रसाद अपने निबंधों में दार्शनिक अनुबंधों को काव्य की पृष्ठभूमि के रूप में देखते हैं। वे काव्य को परिभाषित करते हुए कहते हैं : "काव्य आत्मा की संकल्पात्मक अनुभूति है, जिसका संबंध विश्लेषण, विकल्प या विज्ञान से नहीं है। वह एक श्रेयमयी प्रेय रचनात्मक ज्ञानधारा है।" इसी क्रम में वे अपने आशय को स्पष्ट करते हैं : "आत्मा की मनन शक्ति की वह असाधारण अवस्था जो श्रेय सत्य को उसके मूल चारुत्व में सहसा ग्रहण कर लेती है, काव्य में संकल्पात्मक मूल अनुभूति कही जा सकती है।"[6] यहाँ आत्मानुभूति पर प्रसाद का आग्रह है, यद्यपि वे उसे भावुकता का पर्याय नहीं मानते, एक व्यापकत्व देते हुए उसमें श्रेयस्, प्रेयस् रचनाशीलता और ज्ञान का संयोग कराते हैं। इसी पुस्तक के अंतिम निबंध में वे ध्वन्यात्मकता, लाक्षणिकता, सौंदर्यमय प्रतीक-विधान तथा उपचार-वक्रता के साथ स्वानुभूति की विवृत्ति को जब छायावाद की विशेषताएँ बताते हैं, तब स्पष्ट होता है कि स्वानुभूति पर वे कितना ज़ोर देते हैं। अपनी रचनाओं में उन्होंने इसी स्वानुभूति को निरंतर प्रमाणित करने का यत्न किया। उसके विस्तार को लेकर मतभेद हो सकते हैं, पर उसकी ईमानदारी में संदेह करना कठिन, क्योंकि प्रसाद के पास यही भीतरी शक्ति थी, जिसके सहारे वे शैथिल्य के बावजूद ऊँचे शिखरों पर जा सके।

काव्यभाषा और शिल्प

स्वच्छंदतावादी काव्य में प्रसाद का सृजन अपनी कतिपय विशिष्टताओं के कारण अलग से पहचाना जाता है। यदि हम उनके सृजनात्मक व्यक्तित्व का विश्लेषण करना चाहें

तो हमें उस संश्लिष्ट प्रक्रिया को जानना होगा जिससे प्रसाद गुजरे हैं। सीधी रेखाओं से बनी उनकी रचना नहीं है, क्योंकि उनके व्यक्तित्व में भी सपाटता नहीं है। बार-बार संस्कार उनका पीछा करते हैं और वे उनसे मुक्त होने के लिए विद्रोह भी नहीं करना चाहते, जिसके लिए प्रायः निराला का नाम लिया जाता है। इसीलिए प्रसाद ने एक बार स्वयं को परंपरा से गुजारा और उसके उन अंशों को पकड़ा जो उनकी चेतना के निकट पड़ते थे। संस्कृत के आकर-ग्रंथों से उन्होंने परिचय प्राप्त किया था और इसका सर्वाधिक प्रभाव उनकी भाषा तथा शब्द-संपदा पर पड़ा। कई ऐसे स्थल हैं, जब उनका मन्तव्य बहुत स्पष्ट नहीं हो पाता और इसे विलियम इरयसन सात प्रकार की संदिग्धताओं में से कोई एक गिनाकर छोड़ देना, अथवा अन्वय संबंधी कठिनाई बताना, स्थिति का सरलीकरण होगा। स्वयं कवि का भीतरी उलझाव कई बार स्थिति को अस्पष्ट रह जाने देता है और जिसे हम अभिव्यक्ति की असमर्थता कहते हैं, वह वास्तव में एक संश्लिष्ट व्यक्तित्व का असमंजस भी है। उनकी अभिजात भाषा कई बार इस दुराव में उनकी सहायता करती है, पर वही उनकी सीमा-रेखा भी बनती है। प्रसाद की भाषा एक प्रकार से एकरस कही जा सकती है क्योंकि प्रेमचंदी पात्रों के व्यक्तित्व के अनुसार उसमें परिवर्तन नहीं आते। स्वच्छंदतावादी काव्य-भाषा को उसके शीर्ष पर पहुँचाने का श्रेय प्रसाद को है और उन्होंने उसकी क्षमताओं को इतना दुह लिया था कि निराला जैसे कवियों को अपने परवर्ती काव्य में भाषा को नए यथार्थवादी तेवर देने पड़े। भाषा का द्वैत प्रसाद के पास नहीं है, हर स्थिति में उसका स्वरूप प्रायः एक जैसा है, जिसे हम रूमानी तेवर लिये हुए अभिजात संस्कारोंवाली प्रांजल भाषा कह सकते हैं। काव्य-भाषा के संदर्भ में मानकर चलना होगा कि भाषा की परम स्वतंत्र स्थिति नहीं होती और वह अपने समय-समाज का बिंब होती है। इसके अतिरिक्त रचनाकार की अपनी प्रकृति पर भी उसका बनना-बिगड़ना निर्भर करता है। अपने अनुभूति जगत् को व्यक्त करने के लिए यदि रचनाकार उपयुक्त भाषा नहीं खोज पाता, तो रचना के समाकलन में बाधा पड़ती है और वह उखड़ी दिखाई देती है। प्रसाद के आरंभिक काव्य में यही स्थिति है, पर ज्यों-ज्यों कवि का व्यक्तित्व संयोजित होता है, त्यों-त्यों भाषा अधिक संग्रथित होती जाती है। प्रसाद की भाषा में इतना वैविध्य नहीं कि वह सब प्रकार के अनुभवों को चित्रित कर सके। संभवतः वे इस सीमा से परिचित थे, इसीलिए उन्होंने उन स्थलों का भरपूर उपयोग किया, जो उनको प्रिय थे। भाषा की रूमानी बनावट में दार्शनिक अनुबंध की जो बुनावट है उससे कई बार एक इंद्रजाल जैसा रच जाता है जिसे कॉडवेल ने 'मिस्मेरेज़्म' कहा है। ऐसे स्थल गद्य तक में मिल जाते हैं, जैसे 'इरावती' का आरंभिक अंश अथवा नाटकों के कई स्वगत कथन जो नाटकीय शिल्प की दृष्टि से निष्प्रयोजन हो सकते हैं, पर जिनके अभाव में वे प्रसाद के कवि-व्यक्तित्व से वंचित रह जाएँगे। कहा जाता है कि नाटक एक गतिशील साहित्य रूप है और उसमें वस्तून्मुखी दृष्टि

की अपेक्षा होती है, पर प्रसाद भाषा के आच्छद में बहुतेरे पात्रों के निजी जीवन का उपयोग करते हैं। उनकी कहानियों को गीतात्मक कहना उचित होगा, क्योंकि वे प्रायः रूमानी परिवेश लेकर चलती हैं, यहाँ तक कि इतिहास में भी। इस वातावरण को उजागर करने में प्रसाद की भाषा उनकी सहायता करती है और पात्रों का अंतर्द्वंद्व वे बखूबी उभार सकते हैं। 'आकाशदीप' में चंपा बुद्धगुप्त से कहती है : ''विश्वास ? कदापि नहीं बुद्धगुप्त ! जब मैं अपने हृदय पर विश्वास नहीं कर सकी, उसी ने धोखा दिया तब मैं कैसे कहूँ। मैं तुम्हें घृणा करती हूँ, फिर भी तुम्हारे लिए मर सकती हूँ। अंधेर है जलदस्यु ! तुम्हें प्यार करती हूँ।''

प्रसाद की काव्यभाषा विवरण-वृत्तांत में रुचि नहीं ले सकती क्योंकि वह इसके लिए अनुपयुक्त है। वह तो बिंबों प्रतीकों के माध्यम से अपना मंतव्य प्रकाशित करना चाहती है। प्रतीकों का कोई बड़ा जगत् उनके पास नहीं है, पर वे कई बार हमें धोखा दे जाते हैं और हम समझते हैं कि वे इस क्षेत्र में बहुज्ञ हैं। इसका कारण यह है कि वे प्रतीकों के संदर्भ बदलना जानते हैं। जैसे चन्द्रमा ही पूर्णिमा का, द्वितीया का और मेघाच्छन्न भी हो सकता हैं सौंदर्य की विभिन्न मुद्राओं का बोध कराने के लिए। इसलिए पुनरावृत्ति पकड़ में नहीं आती और हम चमत्कृत होते हैं, जबकि स्थिति दूसरी है। जैसा कि 'मधु' शब्द के वक्त-बे-वक्त प्रयोग में देखा जा सकता है, जहाँ वह कई बार निष्प्रयोजन भी प्रतीत होता है। प्रसाद ने स्वच्छंदतावादी काव्य-भाषा को समृद्ध किया और प्रणयभावना अथवा उसी से संबद्ध मानसिक पीड़ा को उभारने में वे अपनी सर्वोत्तम अभिव्यक्ति पर पहुँचते हैं। 'आँसू' के कुछ अंश 'लहर' के कतिपय गीत, विशेषतया 'प्रलय की छाया' तथा 'कामायनी' का लगभग संपूर्ण लज्जा सर्ग, श्रद्धा का रूप वर्णन, देवजाति का विलास, 'काम' सर्ग के आरंभिक छंद, 'इड़ा' सर्ग के कुछ गीत—ऐसे स्थल हैं जहाँ प्रसाद की चेतना अपनी प्रिय अभिव्यक्ति का क्षण पाकर ऊपर उठती गई है, क्योंकि वहाँ उनकी आत्मानुभूति का अतिरिक्त योग हो गया है। प्रसाद की भाषा का एक अपना व्यक्तित्व है, इसीलिए उस क्षेत्र में उनका कोई गुरु नहीं था और उन्होंने कोई शिष्य भी नहीं छोड़ा। यह भाषा किसी मायने में अकादमिक भी कही जा सकती है, क्योंकि इसमें अध्ययन से प्राप्त सामग्री का प्रचुर उपयोग किया गया है और जीवन-क्षेत्र से सीधे आयातित शब्दों की संख्या अपेक्षाकृत कम दिखाई देती है। पर प्रसाद अपनी सृजनात्मकता के योग से उसे पंडिताऊ अथवा जड़िया नहीं हो जाने देते, नहीं तो वह अपनी सृजनशीलता खो बैठती। लाक्षणिकता उसकी शक्ति है।

प्रसाद वर्णनात्मक आग्रहों अथवा सपाटबयानी के कवि नहीं हैं, वे प्रतीकों बिंबों का अधिक आश्रय ग्रहण करते हैं और उनकी भाषा इसका निर्वाह करना जानती है। बिंबों को बनाने में प्रसाद की पूर्वस्मृतियाँ, उनकी कल्पना शक्ति, अध्ययन से प्राप्त सामग्री और इन सबके ऊपर उनकी स्वच्छंदतावादी दृष्टि सक्रिय रहती है।

सीधे जीवन से प्राप्त किए गए बिंबों में वे प्रकृति दृश्यों पर अधिक आश्रित रहते हैं, यद्यपि वे उसे उसकी संपूर्णता में ग्रहण नहीं करते। प्रकृति और मानव का भावनाओं के स्तर पर जो रागात्मक संबंध प्रसाद स्थापित करना चाहते हैं, उसमें वे कई बार स्वयं को भी प्रक्षेपित करते हैं। इसका परिणाम यह होता है कि उन्हें एक ही स्थल पर दुहरे-तिहरे बिंबों की योजना करनी पड़ती है, कई चित्र मिले-जुले दिखाई देते हैं और पाठक को उन तक पहुँचने में कठिनाई होती है। कई बार वे अमूर्त का मूर्तीकरण करना चाहते हैं, पर यदि विशेषणों पर से हमारी पकड़ ढीली हो जाए, तो मूल आशय समझने में बाधा पड़ती है। यदि केवल 'कामायनी' को लिया जाए तो उसमें इन विशेषणों का बाहुल्य है, बिंब-निर्माण के संदर्भ में : हेमाभ रश्मि, पुलकित कदंब, नीरव निशीथ, मधुमय अभिशाप, करुणामय मौन आदि एक लंबी सूची बनाई जा सकती है। बिंबों को गोचर अथवा इंद्रियगम्य बनाने में विशेषण कई बार बहुत सार्थक नहीं प्रतीत होते, पर इससे कवि की वैयक्तिक अनुभूतियों को प्रवेश का अवसर मिल जाता है। काम अथवा लज्जा संश्लिष्ट अमूर्त भाव हैं और उनका मूर्तीकरण कर पाना कठिन है, पर प्रसाद बिंबों की सहायता से इसे निष्पन्न करते हैं। इस प्रक्रिया में उनकी रूमानी वृत्ति सक्रिय है, बिंब में दोनों स्थलों पर फूल का प्रयोग है :

लतिका घूँघट से चितवन को
वह कुसुम दुग्ध सी मधुधारा
प्लावित करती मन अजिर रही
था तुच्छ विश्व वैभव सारा।

—काम

किन इंद्रजाल के फूलों से
लेकर सुहाग कण राग भरे
सिर नीचा कर हो गूँथ रही
माला जिससे मधुधार ढरे।

—लज्जा

यहाँ यद्यपि काम और लज्जा के सूक्ष्म मनोविकारों के प्रभाव का वर्णन कवि करना चाहता है, पर उसका अपना राग-जगत् भी इसमें प्रवेश कर गया है। इसीलिए लता घूँघट में रूपांतरित होती है और अजिर मन का बोध कराता है। माला से मधुधार ढर रही है, रूमानी भावसंपन्नता का प्रतीक बनकर। प्रसाद का बिंब-जगत् एक स्वतंत्र अध्ययन का विषय है, समाजशास्त्र तथा मनोविश्लेषण के आधार पर। कवि किस प्रकार बिंबों में सम्मिलित हो जाता है और अपनी स्वच्छंदतावादी वृत्ति का प्रवेश कराता है, यह उसके कौशल का परिचायक है। कई अवसरों पर ऐसा प्रतीत होता है कि प्रसाद किसी अनुभूति, विचारखंड अथवा दृश्य को सामने लाना चाहते हैं और अनुभव करते हैं कि शब्द अपर्याप्त हैं। ऐसे में वे बिंबों का सहारा लेते हैं और निश्चित

ही अवर्णनात्मक प्रकृति के कारण उन्हें प्रतीक-बिंब-बहुल स्वच्छंदतावादी काव्य का निर्माता कहना अधिक उचित होगा। यदि सिसिल डे लुइस के शब्दों में कहा जाए तो "प्रवृत्तियाँ आती-जाती रहती हैं, काव्य की पदावलियाँ भी परिवर्तित हो जाती हैं, छंदविधान में बदलाव आता है, यहाँ तक कि काव्य की विषय-सामग्री भी इतनी बदल जाती है कि उसे पहचानना कठिन हो जाए, पर बिंब सदैव जीवित रहता है।"[7] प्रसाद ऐसे ही विशिष्ट बिंबों के निर्माता हैं, जिसमें उनकी स्वच्छंदतावादी वृत्ति का योग है।

कवि-व्यक्तित्व

प्रसाद की संपूर्ण काव्य-यात्रा में कमलवत् खुलता उनका व्यक्तित्व हमें एक द्वंद्वात्मक स्थिति का बोध कराता है। ऐसे प्रसंग हैं जब कवि अपनी रचना को रूपात्मक गठन देने में कहीं चूक गया है। यदि आरंभिक काव्य को छोड़ दिया जाए तो 'आँसू' के बीच के कुछ छंद इस गठन में बाधा बनते दिखाई देते हैं। 'कामायनी' के शिथिल संघटन की बात कई समीक्षकों ने उठाई है और नाटकों का ढीला-ढाला शिल्प उन्हें श्रव्य रह जाने के लिए बाध्य करता है। शिल्प के क्षेत्र में प्रसाद की न्यूनताएँ हो सकती हैं, संभवतः उनसे अधिक सचेष्टता की माँग हम कर सकते हैं। पर जहाँ तक भावना और विचार का प्रश्न है, प्रसाद उसको एक निष्कर्ष तक पहुँचाने में कहीं अधिक सावधान दिखाई देते हैं। इसे हम व्यक्तित्व के उन्नयन अथवा मनोभावों के उदात्तीकरण का सजग प्रयत्न कहें तो अच्छा होगा। इस प्रयास में अध्ययनशील प्रवृत्ति ने उनकी निश्चित सहायता की और जीवन में स्वयं को प्रवाहित न होने देने की क्षतिपूर्ति उन्होंने इस प्रकार कर ली। वे स्वयं को पुराण-ग्रंथों तथा इतिहास से गुजारते हैं और इस प्रकार वैयक्तिकता को प्रतिबंधित करने का एक उपाय खोजते हैं। हम यह नहीं कहते कि उन्होंने स्वयं का उस सीमा तक बौद्धीकरण करना चाहा, जहाँ वे अपनी मूल आत्मानुभूति से ही कट जाएँ पर उनके आत्मानुशासन का प्रतिफल हमें काव्य के उत्कर्ष में मिल जाता है। खतरा यह भी था कि प्रसाद अपनी अंतर्मुखी प्रवृत्ति के कारण आत्मलीन होकर रह जाएँ और उनकी प्रगीतात्मक प्रवृत्तियाँ उन्हें गीतकार बनाकर छोड़ दें। पर अपने द्वंद्व से बाहर निकल सकने के लिए उन्होंने स्वयं को विकास दिया और स्वच्छंदतावाद को यदि एक ओर वैयक्तिक अनुभूतियों के उपयोग का रास्ता दिखाया, तो दूसरी ओर उसमें सांस्कृतिक संदर्भ भरने की चेष्टा भी की। नाटकों से गुजरने पर यह बात और स्पष्ट हो जाती है। एक ओर पात्र अपने आंतरिक द्वंद्व से लड़ते हुए प्रसाद की स्वच्छंदतावादी योजना को पूरा करते हैं, तो दूसरी ओर उनमें से कई कुछ विशिष्ट मूल्यों के प्रतीक हैं जैसे 'चंद्रगुप्त' का चाणक्य अथवा दांड्यायन। सच तो यह है कि स्वच्छंदतावादी प्रवृत्तियों के कारण प्रसाद काव्य में सांस्कृतिक आशय को उसकी निष्कर्षात्मक परिणति तक नहीं पहुँचाते

और नाटकों, कहानियों में उनके व्यक्तित्व का यह अंतर्द्वंद्व इतिहास पर रूमानी रंग चढ़ा देता है। 'चंद्रगुप्त' नाटक में कार्नेलिया एक गीत गाती है 'अरुण यह मधुमय देश हमारा' इस गीत की प्रकृति 'स्कंदगुप्त' नाटक के गीत 'हिमालय के आँगन में उसे, प्रथम किरणों का दे उपहार' से कितनी भिन्न है। कारण स्पष्ट है। कार्नेलिया का चंद्रगुप्त के प्रति जो रागभाव है, व प्रसाद के अवचेतन में विद्यमान है और प्रकृति-चित्रों के माध्यम से व्यक्त होनेवाली इस राष्ट्र-प्रशंसा की अंतिम पंक्तियाँ रूमानी भावना को सामने लाती हैं :

हेम कुंभ ले उषा सवेरे, भरती ढुलकाती सुख मेरे
मदिर ऊँघते रहते जब, जग कर रजनी भर तारा।

प्रसाद के व्यक्तित्व की सही पहचान के लिए यह आवश्यक है कि सर्वप्रथम उन प्रेरणास्रोतों को तलाशा जाए, जिनसे उनकी रचना का आरंभ हुआ और फिर उन तत्त्वों को जाना जाए जिनसे कवि को निरंतर गति मिली। इन सबके बाद उस स्वच्छंदतावादी मेरुदंड को ठीक-ठीक पहचाना जाए, जो रचना के हर क्षेत्र में विद्यमान है और जिसने सीमित साधनों के बावजूद प्रसाद को चुकने नहीं दिया। उनका कृतित्त्व प्रमाणित करता है कि जिन रचनाकारों में स्वयं का अपना रचना संसार बना लेने का धैर्य होता है, वे कतिपय सीमाओं के बावजूद स्वयं को स्थापित कर लेते हैं और उन्हें नकारना संभव नहीं होता। प्रसाद का ऐसा ही विकासमान व्यक्तित्व है।

संदर्भ :

1. प्रेमशंकर : प्रसाद का काव्य, पृ. 22
2. मुक्तिबोध : कामायनी, एक पुनर्विचार, पृ. 45
3. के. दामोदरन : भारतीय चिंतन परंपरा, पृ. 13
4. सै. अतहर अब्बास रिज़वी : ख़िलजीकालीन भारत, पृ. 172
5. निकोलाई ऑस्त्रोवस्की : जयजीवन, पृ. 73
6. प्रसाद : काव्य और कला..., पृ. 11
7. सी. डे. लेविस : पोयटिक इमेज, पृ. 81

अध्याय पाँच

सूर्यकांत त्रिपाठी निराला

हिंदी काव्य में निराला का व्यक्तित्व इतने विवादों-प्रवादों से घेर दिया गया कि बहुत समय तक उनका वास्तविक मूल्यांकन नहीं हो सका। अपने कृतित्व के आरंभ से ही वे ऐसे विद्रोही तेवर लेकर आए थे कि उन्हें विचित्र विरोध का सामना करना पड़ा। 'विशाल भारत' जैसे प्रतिष्ठित पत्रों से उनकी टकराहट हुई। पर्याप्त समय तक वे विश्वविद्यालय की चहारदीवारी से बाहर रखे गए, जिसका एक कारण यह भी था कि उनके काव्य की गहराई तक पहुँच पाना सरल न था। बीच में निराला के काव्य को समझने की कई महत्त्वपूर्ण चेष्टाएँ की गईं, जिनमें आचार्य नंददुलारे वाजपेयी और डॉ. रामविलास शर्मा का नाम आदर के साथ लिया जाता है, जिन्होंने निराला के साथ लगभग समानांतर यात्रा का प्रयत्न किया। ज्यों-ज्यों निराला रचना के क्षेत्र में स्वयं को प्रतिष्ठित करते गए, पाठकों के जागरूक वर्ग ने उन्हें स्वीकारा। पर जीवन के अंतिम क्षणों में वे जिस अस्वस्थता से ग्रस्त थे, उसके कारण उनके चारों ओर किंवदंतियों का ऐसा जाल बुन दिया गया कि उन्हें मानवेतर प्रमाणित करने तक की चेष्टा की गई। इस भक्तिभाव का प्रयोजन कुछ भी रहा हो, पर इससे निराला के उस विद्रोही व्यक्तित्व के छिप जाने का खतरा है, जो उन्हें, एक जीवंत मानवीय कवि होने का गौरव देता है। आज जब निराला की जीवनी डॉ. रामविलास शर्मा के प्रयत्न से उपलब्ध है और स्वयं कवि ने अपनी रचनाओं के कई सूत्र हमें दिए हैं, तब उनके साथ साक्षात् कर सकना अपेक्षाकृत एक सरल काम है, बशर्ते हम गहराई-विस्तार दोनों आयामों में निराला को देखें। रचना, चिंतन और कर्म के बीच का अंतराल किसी व्यक्तित्व को तोड़ता है और उसे तरह-तरह के मुखौटे लगाने की सुविधा देता है, पर किसी कवि की जीवन रेखाओं और उसकी रचना में अंतर्ग्रथित सूत्रों को तलाशने में एक जागरूक दृष्टि की आवश्यकता है। नहीं तो यह भी संभव है कि व्यक्ति हम पर छा जाए और रचना हमारी दृष्टि से ओझल हो जाए। दूसरी ओर यह भी अंदेशा है कि रचना की बेईमानी हमारी पकड़ में न आए। निराला

जैसे गाथा-भरे चरित्र का मूल्यांकन एक अतिरिक्त सावधानी की माँग करता है, क्योंकि कई बार वे हमें अभिभूत कर देते हैं। उनका तगड़ा-लंबा शरीर, सुंदर नाक-नक्श आकर्षक था। वे परम निर्भीक थे। इन सबके ऊपर उनकी उदारता की कहानियाँ ! उनके चारों ओर एक ऐसा भावविह्वल ताना-बाना बुना जाने लगा मानो रचना से जूझने का अवकाश ही न हो। कहना चाहूँगा कि निराला जैसी विराट् प्रतिभा से साक्षात् कर पाने का साहस सबमें नहीं होता। इनके जीवन को ऊपर-ऊपर छू लेना आसान है, पर रचना की समग्रता को पकड़ पाना कठिन।

रचना और जीवन

निराला के जीवन और उनकी रचना में अंतर्विरोध कम हैं, प्रायः वे जैसा जिए, वैसा ही लिखा भी, दूसरी ओर अपनी वैयक्तिक अनुभूतियों को उन्होंने अपनी रचना में एक सीमा से अधिक प्रक्षेपित नहीं होने दिया। दार्शनिक स्तर पर वेदांत उनका रक्षक था, जिसे उन्होंने सामाजिकता से संबद्ध किया था और स्वयं को प्रकाशित करते हुए भी वे असंग और तटस्थ हो सकते थे। जीवन के उतार-चढ़ावों में वे बृहत्तर समाज से जुटने की सामर्थ्य बढ़ा लेते थे, उसे स्वयं सम्मिलित कर लेते हैं जिस कारण अंतर्मुखी होने से बच जाते थे। यों उनका जीवन संघर्षभरा था, पर उन्होंने उसे मौन भाव से स्वीकारा था, दुःख उन्हें पराभूत नहीं कर सका, यद्यपि अंतिम क्षणों में वह उन्हें तोड़ गया। उनकी रचनाओं में कई ऐसे संकेत मिलते हैं, जिससे उनके जीवन-संघर्ष का पता चलता है। इन्हीं के आधार पर डॉ. सूर्यप्रसाद दीक्षित ने निराला की आत्मकथा का निर्माण किया है। 'सरोज स्मृति' के लगभग अंत की पंक्तियाँ हैं, जिनसे आभास मिलता है कि अपनी व्यथा का बखान करना उन्हें रुचिकर नहीं था :

दुःख ही जीवन की कथा रही
क्या कहूँ आज, जो नहीं कही।

बीसवीं शती के सातवें देश के आरंभ तक निराला जिए (अवसान, 15 अक्तूबर 1961 ई.) और लगभग जीवन के अंतिम क्षणों तक सृजनरत रहे। इस बीच भारतीय इतिहास ने कई स्थितियाँ देखीं और आज़ादी भी आई। बहुतेरे लेखक ऐसे थे, जिन्होंने सुविधा की नई स्थितियों से समझौता कर लिया, पर निराला की संघर्ष-गाथा सन् 1947 ई. के बाद भी समाप्त नहीं हुई। प्रायः कवि के संघर्षों का बखान करते हुए हम स्थिति का सरलीकरण कर देते हैं, बिना यह जाने कि किसी ईमानदार रचनाकार का संकट दूसरों से कितना भिन्न होता है। उसकी संवेदना अधिक ग्रहणशील होती है, इसीलिए जिस ओर हमारा ध्यान प्रायः नहीं जाता, उससे किसी कवि में बेहद तीखी प्रतिक्रियाएँ भी जग सकती हैं। निराला के जीवन में कुछ ऐसे ट्रेजिडी-भरे दृश्य हैं, जिन्होंने उन्हें कई बार तोड़ा-मोड़ा पर बार-बार वे उनसे उबर जाते थे। भीतर का संकल्प, एक अदम्य जिजीविषा, जीवन से निरंतर साक्षात्कार, सजग मानवीयता,

वेदांती दृष्टि—इन सबने मिलकर उन्हें लंबी यात्रा के पाथेय दिए। उनकी आंतरिक पीड़ाएँ कई बार कविताओं में झाँकती हैं, पर उनके काव्य में ऐसे क्षण बहुत इने-गिने मिलेंगे जब कोई विषम-परिस्थिति उन्हें पूरी तरह दबोच दे। वे अपने रचनाकार को अपनी वैयक्तिक पीड़ाओं से हमेशा जिता देते हैं। प्रायः रचना में इसी को उनकी तटस्थता अथवा निर्वैयक्तिकता कहा जाता है। इसकी ठीक-ठीक पहचान से निराला के अपेक्षाकृत फक्कड़ व्यक्तित्व को सही ढंग से समझा जा सकता है।

निराला फरवरी, 1899 ई. में जन्मे थे और बाद में उन्होंने इस जन्मतिथि को वसंतपंचमी से जोड़ दिया था। तब से हिंदी संसार इसी परंपरा का पालन करता आया है। निराला की जो जीवन-रेखाएँ उपलब्ध हैं, उसके कुछ अंश हमारे लिए उपयोगी हैं और हम उनकी रचनाओं की प्रेरणा-भूमि से परिचय प्राप्त कर सकते हैं। यद्यपि यह निर्विवाद है कि हिंदी स्वच्छंदतावादी काव्य में अपनी वैयक्तिक अनुभूतियों से ऊपर उठने की शक्ति सबसे अधिक निराला में है। व्यक्ति-संवेदन को समाज-संवेदन से जोड़ सकने की क्षमता में वे सबसे आगे हैं और इसी कारण उनकी कविता गहराई के साथ जीवन-विस्तार को भी स्वीकारती है। निराला की जीवनगाथा लगभग महाकाव्यात्मक है और जिसे 'खतरे की जिंदगी' कहा जाता है उसे उन्होंने जिया था। वे गहरी संवेदनशीलता के रचनाकार हैं, यदि वे वर्गसंघर्ष के और तीखे क्षणों में जन्मे होते तो क्रांति की अगुआई करते और उनकी विद्रोही चेतना जीवन के अंतिम क्षणों में भीतर-ही-भीतर न टूटती, उसे एक सार्थक जुझारू दिशा मिल जाती। बैसवाड़े में किसान-आंदोलन को संगठित करने का काम निराला ने सन् 1928-30 ई. में ही कर दिखाया था और उनकी मानवीय चिंता अंतिम समय तक सजग है।

बंग भूमि और बैसवाड़ा

निराला ने जीवन और विचारधारा के कुछ सूत्र अपनी रचनाओं में दिए हैं। इसके अतिरिक्त कवि के समकालीन मित्रों ने अपने संस्मरणों के माध्यम से भी संकेत किए हैं। डॉ. रामविलास शर्मा ने 'निराला की साहित्य साधना' नाम से महाकवि की संपूर्ण जीवनी तैयार की है। इन सबमें हम उन प्रासंगिक सूत्रों को खोज सकते हैं, जो निराला की रचनाओं के प्रेरक तत्त्व हैं। निराला के पूर्वज जिला उन्नाव के गढ़ाकोला गाँव के निवासी थे, जिस क्षेत्र को बैसवाड़ा कहा जाता है। सर्जनशीलता की दृष्टि से यह भूमि उर्वरा रही है और आधुनिक समय में आचार्य महावीर प्रसाद द्विवेदी, आचार्य नंददुलारे वाजपेयी, कविश्रेष्ठ निराला, डॉ. शिव मंगलसिंह सुमन, डॉ. रामविलास शर्मा आदि यहीं से उपजे हैं। निराला के पूर्वज निर्धन किसान थे, पितामह शिवधारी तिवारी थे और पिता रामसहाय। महँगाई की मार से बैसवाड़ा छोड़कर कलकत्ता चले गए थे। रामसहाय पहले बंगाल पुलिस में थे, बाद में महिषादल चले गए जहाँ के प्रकृति-वैभव से सम्पन्न वातावरण ने निराला के आरंभिक संस्कारों के बनने में महत्त्वपूर्ण भूमिका

अदा की। निराला का नाम सुर्जकुमार था, जो उन्होंने स्वयं ही परिष्कृत करके सूर्यकांत त्रिपाठी निराला कर दिया। महिषादल का प्राकृतिक सौंदर्य निराला के संवेदन का एक अभिन्न अंग बना और उनके काव्य में प्रकृति-दृश्यों का जो बाहुल्य है, उसकी प्रेरणा उन्हें इस स्थान से मिली थी। यहीं निराला ने राजपुत्रों के साथ शास्त्रीय संगीत की शिक्षा प्राप्त की और राग-रागिनियों में निष्णात हुए। उनके काव्य में लय-ताल की जो संगीतमयता है, उससे उनके शास्त्रीय संगीत का परिचय मिलता है। यहाँ तक कि वे मुक्तछंद को भी लय और गति दे सके। यहीं निराला ने आधुनिक युग में भी जीवित मध्यकालीन सामंतवाद को निकट से देखा, जो शोषण दमन पर आधारित था। बंगाल में रहते हुए वे भारतीय नवजागरण के सर्वोत्तम से परिचित हुए। बंगभूमि में राममोहन राय, माइकेल मुधुसूदन दत्त, बंकिम, रामकृष्ण परमहंस, विवेकानंद, रवीन्द्र आदि का व्यक्तित्व व्यापक प्रभाव डाल रहा था। बंगला साहित्य के सर्वोत्कृष्ट से साक्षात् करके निराला ने यहीं रामकृष्ण, विवेकानंद के अद्वैतदर्शन को अपनाया, जो उनके काव्य का एक मुख्य पक्ष है। उन्होंने तीन भागों में 'रामकृष्ण कथामृत' तथा 'भारत में विवेकानंद' का अनुवाद किया। 'रवीन्द्र कविता कानन' में उन्होंने गुरुदेव के विषय में एक लंबी भूमिका लिखी और उनकी कविताओं का रूपांतर किया। बंगला से अन्य अनेक अनुवाद उन्होंने प्रस्तुत किए, आनंदमठ, कपालकुंडला, दुर्गेशनंदिनी आदि। डॉ. रामरतन भटनागर ने अपने ग्रंथ 'निराला और नवजागरण' में निराला के व्यक्तित्व की भूमिका के रूप में भारतीय नवजागरण का विवेचन करते हुए लिखा है : "निराला हिंदी को बंगाल के रेनेसाँ की देन हैं। वह शताब्दी के अंत में महिषादल राज्य में पलकर बंगाल की शस्यश्यामला भूमि और नारिकेल कुंजों की शीतल जलवायु से रस खींचकर बड़े होते हैं और अठारह वर्षों तक बंगाल के नए जीवन का अंग बने रहते हैं। दो वर्ष घर (गढ़ाकोला) रह कर वह जीविकोपार्जन के लिए कलकत्ता पहुँचते हैं और कलकत्ता के दस वर्षों के अपने जीवन में श्री रामकृष्ण मिशन की अनेक प्रवृत्तियों और 'मतवाला' से संबंधित होकर सांस्कृतिक साधना के सोपानों पर ऊँचे-ऊँचे चढ़ते जाते हैं।"[1]

निराला ने बंगाल में जीवन के कई दृश्य देखे। एक ओर महिषादल की प्राकृतिक छटा और सामंती परिवेश है, तो दूसरी ओर कलकत्ता का संपन्न सांस्कृतिक जीवन तथा उसी के साथ पूँजीवाद के प्रवेश की आरंभिक संघर्षकथा। महिषादल के प्राकृतिक सौंदर्य का उनके काव्य पर मार्मिक प्रभाव देखा जा सकता है। प्रकृति निराला काव्य के सबसे महत्त्वपूर्ण उपादानों में है और जीवन के अंतिम क्षणों तक उसकी छटा उन्हें प्रभावित करती रही। महिषादल में एक ओर निराला ने अभिजात संस्कारों का संपर्क पाया था तो दूसरी ओर सामंती शोषण भी उन्होंने देखा था। डॉ. रामविलास शर्मा ने लिखा है कि निराला 'महिषादल' के आस-पास गाँवों में जाते, मित्रों के साथ वहाँ किसानों, कोरियों, जुलाहों आदि का संगठन करते, उन्हें स्वदेशी का महत्त्व

समझाते।[2] महिषादल छोड़ने का कारण भी यही था कि उनकी विद्रोही चेतना सामंती परिवेश से समझौता कर सकने में स्वयं को असमर्थ पाती थी। सन् 1921 ई. में महिषादल छोड़कर वे अपने गाँव गढ़ाकोला आए पर कुछ दिनों बाद फिर लौट गए। सन् 1922 ई. में वे कलकत्ता आ गए जहाँ रामकृष्ण मिशन में उनका प्रवेश हुआ। पहले वे 'समन्वय' में रहे फिर अगस्त 1923 ई. से 'मतवाला' का संपादन करने लगे। उसे छोड़ा, फिर उसमें आ गए पर ज्यादा दिन नहीं टिके। कलकत्ता के जीवन में वे बंगाल के सर्वश्रेष्ठ काव्य से परिचित हुए और शब्द-विन्यास में उसका लाभ भी उठाया। रामकृष्ण मिशन की वेदांती विचारधारा ने उन्हें प्रभावित किया। पर कलकत्ता में समृद्ध सांस्कृतिक जीवन के साथ निराला ने सर्वहारा का संघर्ष-भरा जीवन भी देखा।

कलकत्ता छोड़कर निराला अपने गाँव गढ़ाकोला फिर कानपुर, लखनऊ, उन्नाव, काशी और अंत में प्रयाग—इन स्थानों पर भटकते रहे। बंगाल के जीवन ने उनकी आरंभिक रचनाओं को प्रभावित किया, पर जिस बैसवाड़ा इलाके में वे काफी समय तक रहे थे, उसका गहरा प्रभाव उनके लेखन में देखा जा सकता है। आचार्य वाजपेयी ने, जमींदार-किसानों का जो संघर्ष सन् 1928-29 ई. में चला था, उसमें निराला के सक्रिय रोल के विषय में लिखा है : "सन् 1928 ई. में निरालाजी कलकत्ता से अपने गाँव गढ़ाकोला आए। यहाँ उनका संघर्ष स्थानीय जमींदारों से हुआ। स्वयं निरालाजी का बगीचा और जमीन बेदखल कर ली गई थी और गाँव वालों पर अत्याचार किया जा रहा था। निराला ने किसानों का संगठन किया और काफी समय तक जमींदारों से लोहा लेते रहे...।"[3] 'अप्सरा' उपन्यास का चंदन किसानों को संगठित करता है। 'अलका' में किसान-जमींदार संघर्ष पूरी तरह उभरा है, जो लेखक की संलग्नता का प्रमाण है। 'कुल्लीभाट' की लंबी कथा में उन्होंने एक पात्र के माध्यम से सामाजिक विषमताओं को उभारा है, जिसमें कवि के अपने जीवन-प्रसंग भी सम्मिलित हैं। इसी प्रकार, 'बिल्लेसुर बकरिहा' में निराला की यथार्थवादी दृष्टि स्पष्ट है। निराला ने वैयक्तिक जीवन-प्रसंगों से अपने व्यक्तित्व को अभिभूत नहीं होने दिया और वे प्राकृतिक दृश्यों से काव्य का आरंभ कर धीरे-धीरे बृहत्तर जीवन में सम्मिलित होते गए। स्वयं को विस्तार देने की प्रक्रिया में वे यथार्थ की उस भूमि पर पहुँचे, जहाँ उन्होंने व्यंग्य तक का सहारा लेकर सामाजिक विषमताओं पर आक्रमण किया।

कविप्रिया मनोहरादेवी और बेटी सरोज

निराला का जीवन एक संघर्षगाथा है और उससे एक दुःखांत नाटक का बोध होता है। यौवन के आरंभ में ही वे कई परिजन खो चुके थे। युवावस्था में एक साथ अनेक बंधु-बांधवों का करुण निधन हुआ। सन् 1917 ई. में जिस वर्ष बेटी सरोज जन्मी थी, उसी वर्ष निराला के पिता रामसहाय तिवारी का निधन हो गया और निराला

ने पहली बार दायित्व का अनुभव किया। इस समय निराला केवल उन्नीस वर्ष के थे, दो संतानों का भार सिर पर साथ में अन्य परिवारी भी। प्रथम विश्वयुद्ध समाप्त हुआ तो अपने साथ नई कठिनाइयाँ लाया, कमरतोड़ महँगाई, अकाल, बहिया और भयंकर महामारी। 1918 ई. की महामारी में निराला ने बंधु-बांधवों के साथ प्रिया मनोहरादेवी को खो दिया। कितने कम दिनों का साथ ! निराला का विवाह उस समय हुआ जब वे लगभग चौदह वर्ष के थे और पत्नी एक-दो बरस छोटी। कुछ समय बाद गौना हुआ, दो संतान हुईं पुत्र रामकृष्ण और पुत्री सरोज।

निराला की रचनाओं में विशेषतया काव्य में मनोहरादेवी इस प्रकार समाई हुई हैं कि उन्हें अलगा पाना कठिन है। चार-छः वर्षों के जीवनयात्री को निराला ने काव्य में चिरंतन प्रिया के रूप में प्रविष्ट करा दिया। 'गीतिका' का समर्पण करते हुए निराला ने अपनी प्रिया के लिए इन भावनाओं का उपयोग किया है : 'जिसकी हिंदी के प्रकाश से, प्रथम परिचय के समय, मैं आँखें नहीं मिला सका, लजाकर हिंदी की शिक्षा के संकल्प से, कुछ काल बाद देश से विदेश, पिता के पास चला गया था और उस हिंदीहीन प्रांत में बिना शिक्षक के, 'सरस्वती' की प्रतियाँ लेकर, पद-साधना की और हिंदी सीखी थी; जिसका स्वर गृहजन, परिजन और पुरजनों की सम्मति में मेरे (संगीत) स्वर को परास्त करता था; जिसकी मैत्री की दृष्टि क्षण-मात्र में मेरी रुक्षता को देखकर मुस्करा देती थी; जिसने अंत में अदृश्य होकर मुझसे मेरी पूर्ण परिणीता की तरह मिलकर मेरे जड़ हाथ को अपने चेतन हाथ से उठाकर दिव्य श्रृंगार की पूर्ति की, उस सुदक्षिणा स्वर्गीया प्रिया प्रकृति श्रीमती मनोहरादेवी को सादर...।' 'गीतिका' में ऐसे स्नेहभरे समर्पण का उपयोग किया गया है, और गीतों में कविप्रिया लगभग सर्वत्र उपस्थित है, पर कवि ने काव्यानुभूति में सब कुछ इतना समरस कर दिया है कि अलगा पाना कठिन प्रतीत होता है। आकाश में प्रिय यामिनी जागी है। जब से प्रिय द्वार छोड़ गया, तब से संसार सूना है। वह शुभ्रकिरणवसना अब कहाँ है ? क्या अब कवि को स्नेह कभी न मिल सकेगा ? प्रिया गान गाती है और कवि को व्यर्थ सम्मान मिल जाता है...आदि के अतिरिक्त 'गीतिका' के एक गीत में प्रिया का नाम भी आया है (गीत 46) :

रंग गई पग-पग धन्य धरा
हुई जग जगमग मनोहरा...।

1916 ई. में निराला ने जुही की कली को चिरंतन प्रिया और पवन को चिरंतन प्रेमी के रूप में चित्रित किया था, सन् 1918 ई. में मनोहरादेवी के चले जाने के बाद कवि ने वह संबंध-सूत्र जीवित रखा, केवल व्यथा बहुत गहरे उतर गई। 'तुलसीदास' में रत्नावली के रूप में कविप्रिया आती है और 'राम की शक्तिपूजा' की 'पृथ्वी-तनया' में वह मौजूद नहीं है, ऐसा कह पाना कठिन। द्वितीय 'अनामिका' की प्रथम कविता 'प्रेयसी' यद्यपि रूढ़ि, धर्म, कुल, मान, शील, ज्ञान की उच्च प्राचीरों के विरोध में

रची गई है, पर 'सजल शिशिर धौत पुष्प ज्यों प्रात में देखता है किरण कुमारी को' का बिंब कवि और कविप्रिया का संकेत देता है। मरणोपरांत प्रकाशित 'सांध्य काकली', तक मनोहरा उपस्थित है और निराला की स्वच्छंदतावादी चेतना के निर्माण में उनका महत्त्वपूर्ण योगदान है। इतना अवश्य है कि निराला की विद्रोही चेतना, सामाजिक यथार्थ की स्वीकृति, आत्मविस्तार, वेदांती दर्शन आदि ने मनोहरा को मात्र वैयक्तिक संवेदन बनकर नहीं रह जाने दिया और वे अधिक उदात्त भूमि पर जाने में सक्षम हुए।

कुछ लोगों का ऐसा विचार है कि सन् 1918 ई. में मनोहरादेवी का करुण अवसान, जिसमें निराला चिता को अग्नि तक न दे पाए थे, इस त्रासदी ने उन्हें भीतर से मथ दिया था। बेटी सरोज दो बरस से भी छोटी थी, जिसे निराला ने प्रिया के स्मृति चिह्न के रूप में सँजोकर रखा था। वे अब बिटिया के लिए माता-पिता दोनों ही थे। सरोज लगभग तेरह वर्ष की थी कि निराला ने विद्रोही ढंग से उसका विवाह किया, एक पढ़े-लिखे नई रोशनी के नवयुवक से। कनौजियों की पुरानी सड़ी-गली, दहेजी मान्यताओं को चुनौती दी, सीधे-सादे ढंग से विवाह हुआ। पर सन् 1935 ई. में निराला ने अपनी इस इकलौती बेटी को क्षयरोग में खो दिया। मनोहरादेवी का स्मृतिचिह्न भी छल कर गया। सरोज का निधन बड़ी करुण परिस्थितियों में हुआ। आर्थिक दृष्टि से निराला विपन्न थे, प्रकाशकों के मोहताज थे लगभग असहाय। बेटी की दवा-दारू भी ठीक से न हो सकी और निराला ने पीड़ा भरे आक्रोश को 'सरोज स्मृति' में बाँधा है। यहाँ वे अपनी वैयक्तिक हानि में डूबकर नहीं रह जाते, बल्कि समाज की उन विषमताओं पर प्रहार करते हैं, जिनमें बेटी सरोज चली गई।

संवेदनशील निराला स्वच्छंदतावादी कवि होते हुए भी, आरंभ से ही अपनी वैयक्तिक अनुभूतियों को अधिकाधिक सामाजिक भूमि पर लाने में यत्नशील थे। सरोज के निधन ने उन्हें यथार्थ भूमि पर लाकर खड़ाकर दिया। महिषादल का सामंती परिवेश छोड़ने के बाद निराला अनेक प्रकार के जीवन-संघर्षों से जूझ रहे थे, जो केवल आर्थिक नहीं था। साहित्य में निराला जिस नई भावभूमि को स्थापित करना चाहते थे, उसका विरोध पुरातनपंथी पूरी ताकत से कर रहे थे। निराला ने 'सरोज-स्मृति' में लिखा है कि संपादकगण रचनाएँ लौटा देते थे :

लौटी रचना लेकर उदास
ताकता हुआ मैं दिशाकाश
बैठा प्रांतर में दीर्घ प्रहर
व्यतीत करता था गुन-गुन कर
संपादक के गुण, यथाभ्यास
पास की नोचता हुआ घास
अज्ञात फेंकता इधर-उधर
भाव की चढ़ी पूजा उन पर...।

सामाजिक जीवन में निराला कृत्रिमताओं के विरोधी थे, किसी सीमा तक औघड़ थे, इसलिए वे भ्रांति के शिकार भी हुए। अन्याय वे सह नहीं सकते थे, और उन्होंने जमींदारों तक से संघर्ष किया था। डिगरियों का पासपोर्ट न होने से ऊँची नौकरियाँ उन्हें मिल न सकती थीं और वे बार-बार आर्थिक संघर्ष से जूझते थे। प्रकाशकों की शोषण वृत्ति ने उन्हें इस योग्य भी नहीं रहने दिया कि वे अपनी बेटी का उपचार कर सकते। निराला ने स्वयं को लांछित करते हुए कहा : ''धन्य मैं पिता निरर्थक था, कुछ भी तेरे हित कर न सका।'' निराला का संवेदन संसार आरंभ से ही काफी व्यापक था और वे केवल निजी अनुभूतियों की परिक्रमा करके रह जाने वाले कवि नहीं थे, पर सरोज के निधन ने उन्हें एहसास कराया कि इस दुर्घटना का कारण केवल भाग्य की वक्र रेखाएँ नहीं हैं, वरन् शोषण पर आधारित एक असमान सामाजिक व्यवस्था है, जिसके निर्गम प्रहारों में उनकी बेटी चली गई। बीसवीं शती के सबसे सार्थक कवि की बेटी को उचित उपचार भी न मिले, तो उस सामाजिक व्यवस्था को क्या कहा जाए? निराला की संवेदनशीलता ने सरोज के निधन के बाद एक अधिक तेज मोड़ लिया और उनका विद्रोही रूप बेहद तीखा हो गया।

जीवन संघर्ष

सरोज के करुण अवसान के बाद निराला धीरे-धीरे स्वयं को स्थिर करने का प्रयत्न करने लगे। वेदांत उन्हें ऊपर उठने के लिए कहता था, पर जीवनयथार्थ और सामाजिक वैषम्य की भयावहता उनके सामने थी। इसीलिए इस बीच गीत रचे गए, 'तुलसीदास' जैसा सांस्कृतिक काव्य आया और व्यंग्य प्रयोग भी किए गए। इस प्रकार निराला स्वयं को विभिन्न भावभूमियों पर संचरित करने की चेष्टा करते दिखाई देते हैं और वैयक्तिक हानि को किसी सीमा तक भूलने में सफल होते हैं। पर इस संपूर्ण लेखन के बावजूद भीतर-भीतर कहीं टूटने लगे और यही दौर है, जिसे उनकी विक्षिप्तता कहा जाता है। 14 जनवरी, 1947 ई. में आचार्य वाजपेयी आदि की प्रेरणा से काशी में आयोजित निराला स्वर्णजयन्ती में महाकवि मन से प्रसन्न नहीं थे। इस बीच निराला उन्नाव, काशी और अंत में प्रयाग रहे। उनके चारों ओर किंवदंतियों का संसार निर्मित होने लगा। यद्यपि वे जीवन के अंतिम क्षणों तक सृजनरत रहे, पर कई कविताएँ उस मानसिक पीड़ा की झलक देती हैं और उनके अर्थ तक पहुँच पाना कठिन हो जाता है। 15 अक्तूबर, 1961 ई. निराला की अवसान तिथि है और 'सांध्य काकली' नाम से उनका जो काव्य संकलन 1969 ई. में प्रकाशित हुआ, उसकी भूमिका में श्रीनारायण चतुर्वेदी ने लिखा है कि निराला लगभग अंतिम क्षणों तक काव्य-रचना करते रहे।

निराला की जीवन-रेखाएँ बताती हैं कि वे आजीवन संघर्षरत रहे लगभग अनेक स्तरों पर : 'दुख ही जीवन की कथा रही।' पर वैयक्तिक विपत्तियों में भी वे फक्कड़

रहे, निर्लिप्त और तटस्थ। उनमें एक प्रकार का निश्छल स्वाभिमान था, जिसे लोग अहंकार कहने की भूल करते हैं। पर ऐसा स्वाभिमान गहरे आत्मविश्वास से जन्म लेता है। 'हिंदी के सुमनों के प्रति पत्र' में निराला ने लिखा है :

ईर्ष्या कुछ नहीं मुझे, यद्यपि
मैं ही वसंत का अग्रदूत
ब्राह्मण समाज में ज्यों अछूत...।

निराला निश्चय ही आधुनिक हिंदी काव्य में वसंत के अग्रदूत हैं। उनका काव्य स्वच्छंदतावाद को अर्थदीप्ति देता है, उसके नए आयाम विकसित करता है और वैयक्तिक प्रतिक्रियाओं से लेकर प्रगति-प्रयोग तक जाता है। निराला का स्वाभिमान उन्हें असमझौतावादी बनाता है, इसलिए राजकीय स्तर पर वे अनपुजे रह गए, यद्यपि हिंदी जनता का जितना आदर-सम्मान उन्हें मिला, दूसरों को प्रायः मयस्सर नहीं होता। निराला संवेदन की द्रवणशीलता में भिक्षुक और विधवा को अपनी ममता देते हैं, इलाहाबाद के फुटपाथ पर पत्थर तोड़ती हुई मजदूरनी के प्रति सहानुभूति व्यक्त करते हैं, पर स्वाभिमानी ऐसे कि हिंदी के प्रश्न पर गांधी, नेहरू से भी टक्कर ले सकते हैं। माना, बिगड़ते समय में उच्चतर मानव मूल्यों के लिए जीने वाले निराला टूट गए, पर वे झुके नहीं, अपना ईमान बेचने से उन्होंने इनकार कर दिया। सबसे बड़ी बात यह कि अभावों के बावजूद वे अपनी रचना को अपराजेय रखते हैं। वे सच्चे अर्थों में मानवीय सदाशयता से प्रेरित सार्थक विद्रोह के रचनाकार हैं। उन्होंने जाति, धर्म, संप्रदाय की जर्जर मान्यताओं को चुनौती दी। 'प्रबंध प्रतिभा' के 'सामाजिक पराधीनता' लेख में उन्होंने ब्राह्मणवाद पर हमला किया है।

निराला के व्यक्तित्व के बनने में कई प्रकार के प्रभाव सक्रिय रहे हैं, पर उन्होंने अपनी विद्रोही चेतना में उन सबका समाहार किया। प्रायः दुर्बल चेतनाएँ छोटे-छोटे आंदोलनों तक से अभिभूत होकर अपनी काव्य-दिशा बदल देती हैं और उनकी रचना का मेरुदंड खोज पाना कठिन हो जाता है। यह तो स्वीकारना होगा कि सामाजिक परिवेश रचना को प्रभावित करता है, पर यदि लेखक इस बहाने रोज-रोज दल-बदल करने लगे, तब उसके लेखन के विषय में कई प्रकार की शंकाएँ उठती हैं। निराला मूलतः स्वच्छंदतावादी व्यक्तित्व के रचनाकार हैं, पर इस रूमानी आंदोलन के जितने पक्ष उनकी रचनाओं में उजागर हुए हैं, उतने अन्यत्र नहीं प्राप्त होते। इस दृष्टि से उन्होंने स्वच्छंदतावादी काव्य को विस्तृत आयाम दिए। हिंदी प्रगतिवाद उन्हें अपना प्रस्थान-बिंदु स्वीकारता है और नया हिंदी काव्य उनमें अपना पूर्वाभास देखता है। निराला की कृतियों में भारतीय नवजागरण अपनी सर्जनात्मकता में प्रतिफलित है। महिषादल की सुरम्य प्रकृति उनके काव्य में विद्यमान है और निराला श्रेष्ठ ऋतुगीतों के निर्माता हैं। बैसवाड़े का पिछड़ा समाज उनकी कृतियों को यथार्थवादी तेवर देता है। वेदांत ने उन्हें आत्मविश्वासी बनाया तथा उनकी कविताओं को एक उच्चतर

मानवीय और आध्यात्मिक आशय से संपन्न किया। इस प्रकार उनकी रचनाएँ कई भूमियों का संस्पर्श करती हैं और उनकी कृतियों को वैविध्य देती हैं। यह वैविध्य केवल भाव-विचार क्षेत्र तक सीमित नहीं है, भाषा शिल्प के भी कई स्तर यहाँ देखने को मिलते हैं। निराला जानते हैं कि किसी विशेष भावना-क्षेत्र को सशक्त अभिव्यक्ति के लिए उपयुक्त माध्यम तलाशना होता है और आवश्यकतानुसार उन्होंने ऐसा किया भी।

रचनाएँ

निराला के कृतित्व की लंबी सूची देखकर आश्चर्य होता है कि ऐसे अस्त-व्यस्त, अव्यवस्थित, साधनहीन, संघर्षभरे जीवन में भी उन्होंने इतना लेखन किस प्रकार कर लिया। निश्चित ही यह किसी यांत्रिक लेखन की पद्धति से संभव नहीं हुआ, वरन् उसके मूल में एक आंतरिक प्रेरणा थी और वे सार्थक लेखन के महत्त्वपूर्ण हस्ताक्षर हैं। निरुपमा, चोटी की पकड़, प्रभावती, काले कारनामे, अप्सरा उनके उपन्यास हैं। सुकुल की बीबी, चतुरी चमार, लिली, सखी आदि अन्य कथामूलक गद्य कृतियाँ हैं। कुल्लीभाट, बिल्लेसुर बकरिहा रेखाचित्र की कोटि में आएँगे। प्रबंध-प्रतिमा, चयन, चाबुक, संग्रह आदि उनके निबंध संकलन है। 'रवीन्द्र कविता कानन' में निराला ने व्यावहारिक समीक्षा का दृष्टांत प्रस्तुत किया है। रामकृष्ण कथामृत के तीन भाग तथा विवेकानंद के अतिरिक्त बंकिम की अनेक कृतियों का अनुवाद निराला ने किया और बच्चों के लिए कुछ जीवनियाँ भी लिखीं। काव्य के क्षेत्र में 'अनामिका' के साथ प्रवेश किया, जिसमें केवल सात कविताएँ थीं और जिसका प्रकाशन 1922 ई. में हुआ था। ये कविताएँ बाद में अन्य संकलनों में सम्मिलित हो गईं। निराला की प्रतिनिधि कविताओं का संकलन 'परिमल' 1930 ई. में प्रकाशित हुआ। इसकी भूमिका में निराला ने घोषणा की : "मनुष्यों की मुक्ति की तरह कविता की भी मुक्ति होती है। मनुष्यों की मुक्ति कर्मों के बंधन से छुटकारा पाना है और कविता की मुक्ति छंदों के शासन से अलग हो जाना। मुक्त काव्य कभी साहित्य के लिए अनर्थकारी नहीं होता, प्रत्युत उससे साहित्य में एक प्रकार की स्वाधीन चेतना फैलती है, जो साहित्य के कल्याण की ही मूल होती है।" इसी भूमिका में निराला ने वैदिक साहित्य की स्वच्छंदतावादी प्रवृत्तियों के उद्धरण देते हुए उसका समर्थन किया। उन्होंने कहा कि व्यर्थ के नियम अनुशासन किसी जाति की स्वतंत्र चेतना को कुंठित करते हैं। इस प्रकार निराला ने व्यापक सांस्कृतिक स्तर पर रचना की मुक्ति का आवाहन करते हुए स्वच्छंदतावादी काव्य का उद्घोष किया। उन्होंने इसके लिए मुक्त छंद का चयन किया और इसे हिंदी का जातीय छंद माना। 'गीतिका' निराला के 101 गीतों का संकलन है जिसके साथ आचार्य वाजपेयी की समीक्षा तथा सरलार्थ भी हैं। इसकी भूमिका से कवि के शास्त्रीय संगीत-ज्ञान का पता चलता है। 1937 ई. में द्वितीय 'अनामिका' का प्रकाशन

हुआ, जिसमें कुछ अनुवाद भी सम्मिलित हैं। 1938 ई. में 'तुलसीदास' काव्य आया जिसमें एक सौ छंदों में तुलसीदास और कविप्रिया रत्नावली की कथा का उपयोग मध्यकालीन सांस्कृतिक पृष्ठभूमि में किया गया है पर जिसके संकेत आधुनिक हैं। 1942 ई. में व्यंग्य कृति 'कुकुरमुत्ता' सामने आयी जिसे प्रगतिवादी काव्य का समर्थन मिला। अगले वर्ष 'अणिमा' संकलन आया जिसमें चवालीस कविताएँ हैं। 1946 ई. में 'बेला' और 'नए पत्ते' नाम से उनके दो ऐसे संकलन आए जिनमें निराला ने उर्दू-हिंदी मिश्रित प्रयोग किए और गजलें भी लिखीं। अर्चना (1950 ई.), आराधना (1953 ई.), गीतगुंज (1954 ई.) गीतों के संग्रह हैं। मरणोपरान्त काव्य-संकलन 'सांध्य काकली' है, जिसमें अंतिम क्षणों तक की कविताएँ सम्मिलित हैं। इस प्रकार, निराला का लेखन परिमाण में पर्याप्त है और उनकी कविता-पंक्तियों की मात्रा भी प्रचुर है। आश्चर्य तो यह कि इतना सब कुछ निराला ने जीवन से संघर्ष करते हुए संभव किया।

निराला की जीवनी और उनकी रचनाओं से जो संश्लिष्ट व्यक्तित्व उभरता है उसकी कई प्रेरक शक्तियाँ हैं, पर ये प्रेरणाएँ कवि के रचनात्मक व्यक्तित्व पर अधिक समय तक हावी नहीं हो पातीं। कवि जीवन-जगत् को खुली आँखों देखता है, रचनाओं में उनका उपयोग अपने ढंग से करता है और सब पर अपनी छाप लगाता चलता है। इसीलिए असंख्य पंक्तियों के बीच निराला को खोजा-पहचाना जा सकता है। यह उनके व्यक्तित्व का वैशिष्ट्य है, जिसे उनकी विद्रोही चेतना ने अंतिम क्षणों तक जीवित रखा। निराला को संभवतः बराबर अपने व्यक्तित्व का एहसास है और वे अपने वैशिष्ट्य के प्रति जागरूक हैं, यद्यपि इसे मात्र अहं से जोड़ना उचित नहीं होगा। यह उस परम आत्मविश्वास से उपजने वाला तत्त्व है, जिसे कवि अपनी साधना से प्राप्त करता है। जो अपने जीवनमूल्य स्वयं चुन लेता है, वह किसी का अनुचर बनकर नहीं रह सकता और जीवन की व्यावहारिक बाजी संभव है वह हार जाए, पर रचना में निश्चित सार्थकता प्राप्त करता है। निराला के काव्य की मुख्य भूमि मानववादी है, जिसमें मानव और प्रकृति का लगभग बराबर का हिस्सा है। प्रकृति उनके लिए सहचरी मात्र न थी, जिसके प्रति वे केवल रागात्मक बनकर रह जाएँ, अथवा रूमानी दृष्टि डालकर संतुष्ट हो लें; वे प्रकृति को उसके व्यापकत्व में स्वीकारते हैं और उसकी असंख्य छवियों पर उनकी दृष्टि जाती है। माना, वसंत और वर्षा उनकी प्रिय ऋतुएँ हैं, पर वे किसी भी प्राकृतिक दृश्य को क्षमता के साथ अंकित करते हैं—कविता और गद्य दोनों में। इस प्रकृति के प्रति निराला में केवल विस्मय-विमुग्धता का भाव नहीं है। और न केवल वे उसके मनोरम रूपों पर रीझकर रह जाते हैं, वे उसकी असंख्य छवियों को निखरते हैं। 'परिमल' में 'बादल राग' शीर्षक से छः कविताएँ हैं, जिनमें रूमानी भावना से लेकर विद्रोह-स्तरों तक का प्रवेश निराला ने कराया है। उन्होंने बादल की कल्पना क्रांति के अग्रदूत रूप में की है, जिसके गर्जन से पृथ्वी के उर की आशाएँ

जग जाती हैं, छोटे पौधे हँसने लगते हैं, बार-बार विप्लव के वीर को बुलाते हैं। धनी बादलों के वज्र-गर्जन से काँप उठते हैं और निराला के शब्दों में : ''विप्लव रव से छोटे ही हैं शोभा पाते।'' प्रकृति की जितनी दृश्यावलियाँ निराला में संयोजित हैं, उतनी किसी अन्य आधुनिक हिंदी कवि में कठिनाई से मिलेंगी। यद्यपि पंत के आरंभिक काव्य को लेकर हिंदी में उन्हें प्रकृति के कवि रूप में स्थापित करने की चेष्टा की जाती रही है, पर आगे चलकर वे स्वयं इस भूमि से क्रमशः हटते गए। इसकी तुलना में निराला अंतिम क्षणों तक प्रकृति का उपयोग करते रहे। 'सांध्य काकली' में वर्षा, वसंत, शरद, शिशिर के मनोरम चित्र मिलते हैं और प्रायः इनका निर्माण ऋतुओं के निमंत्रण पर हुआ है, मानो ऋतु ने आकर निराला को जगा दिया हो। 'सांध्य काकली' में 24।12।59 का गीत है, जिसमें प्रकृति को जीवन-यथार्थ से जोड़ा गया है :

गहरी विभावरी शीत की
काँपी पाले से अरहर की
डाली गुनागरी शीत की।
मटर, चने कुछ काम न आए
जौ, गेहूँ, लड़ते अरगाए
माचे पर किसान का कूकर
कुँकहाया, सिहरी, शीत की।

....

सूख गया किसान एकाकी
रोया, रही न लेखा बाकी
कर्म, धर्म की करके साखी
दुहरी डग भरी शीत की।

निराला-काव्य की प्रेरक-शक्ति के रूप में प्रकृति तथा मानव मुख्य उपादान हैं और कवि ने उन दोनों को समीप लाने का निरंतर प्रयास किया। अनेक स्वतंत्र ऋतुचित्र प्रकृति के प्रति उनकी रागात्मकता के प्रमाण हैं, पर उनके काव्य के विभिन्न चरणों से गुजरने पर ज्ञात होता है कि जिस प्रकृति के सौंदर्य पर कवि मुग्ध होता है, उसे वह अपने समय की यथार्थ भूमि में रखकर भी देख सकता है। यही वह बिंदु है, जो निराला के काव्य में अधिकाधिक मानवीय स्वरों को स्थापित करता है और उन्हें प्रकृति के अन्य कवियों से भिन्न भूमि पर ले जाता है। प्रकृति के स्वतंत्र चित्रों का निर्माण वे अंतिम समय तक करते रहे और सन् 1953-56 ई. के बीच रचे गए तथा 'गीत-गुंज' में संकलित गीतों में प्रकृति-दृश्यों का बाहुल्य है। पर धीरे-धीरे वह कोमल छवि कम होती गई है, जिसे 'परिमल' अथवा 'गीतिका' में संचित किया गया। निराला जीवन-यथार्थ का अपनी रचनाओं में अधिकाधिक प्रवेश कराते गए और उनकी गद्य

कृतियाँ तो सामाजिक यथार्थ का उद्घाटन करने में प्रगतिवादियों से भी आगे निकल जाती हैं। 'अप्सरा' उपन्यास में कनक अथवा अप्सरा वेश्या सर्वेश्वरी की पुत्री है। पुरुष पात्र चंदन किसानों का संगठन करता है। 'अलका' में अवध की महामारी के यथार्थ चित्र हैं जिसमें किसानों, जमींदारों का संघर्ष उभरकर आया है। 'निरुपमा' में एक बेकार नवयुवक की कथा है। इन उपन्यासों में निराला ने राष्ट्रीय चेतना को भी अभिव्यक्ति दी है और ग्रामीण जनता को अपनी सहानुभूति दी है, जो वह उनकी मानववादी दृष्टि का प्रमाण है। 'प्रभावती' जैसे ऐतिहासिक पृष्ठभूमि पर रचे गए उपन्यास में भी वर्गसंघर्ष के संकेत हैं—एक ओर गाँव में गरीब किसान छप्परों के नीचे, दूसरी ओर दुर्ग में महाराज धन-धान्य और हीरे-मोतियों से भरे प्रासादों में, फिर भी उन्हीं के पास फैसले के लिए न्याय के लिए जाना और उन्हें भगवान् मानना। 'कुल्लीभाट' को यद्यपि निराला ने 'हास्यरसपूर्ण' जीवनी कहा है, पर इसमें निराला स्वयं मौजूद हैं। कुल्लीभाट के माध्यम से निराला एक सच्चे इंसान को प्रस्तुत करने में समर्थ हुए। उनके शब्दों में : "कुल्ली धन्य है, वह मनुष्य है। इतने जम्बुकों में वह सिंह है। वह अधिक पढ़ा-लिखा नहीं, लेकिन अधिक पढ़ा-लिखा कोई उससे बड़ा नहीं।" 'चतुरी चमार' एक जीवंत रेखाचित्र है। 'बिल्लेसुर बकरिहा' में पिछड़ी हुई ग्रामीण सामाजिक व्यवस्था पर तीखा व्यंग्य है, जिसमें बिल्लेसुर अपनी गरीबी से तंग आकर महावीरजी की प्रतिमा पर डंडे चला देते हैं। इसी प्रकार, निराला की कहानियाँ भी जीवन-यथार्थ को लेकर बनी हैं और स्वच्छंदतावादी कवि की यथार्थवादी रुझान का परिचय देती हैं। वास्तव में, निराला-काव्य के अध्ययन के लिए कवि के मानसिक वैचारिक जगत् को ठीक से समझना चाहिए और इसके लिए उनके गद्य-लेखन के स्वरूप को जानना आवश्यक है। निराला के लेखन में दोअमली स्थिति नहीं है और सामाजिक यथार्थ से गुजरते हुए भी वे सर्वत्र उच्च मानवीयता से परिचालित हैं। इसीलिए उनमें वर्गसंघर्ष खूनी तीक्ष्णता में उभरता-उभरता रह जाता है, यद्यपि उनकी संपूर्ण सहानुभूति सर्वहारा के साथ है। माना, जीवन-संघर्ष के कारण निराला में व्यंग्य-आक्रोश की मात्रा तीव्र होती गई, पर वे उन स्वच्छंदतावादी कवियों में हैं, जिनमें यथार्थ का संस्पर्श आरंभ से ही देखा जा सकता है।

निराला को प्रायः वेदांत से सम्बद्ध किया जाता है और उन्हें कभी-कभी अतिरिक्त आध्यात्मिक प्रमाणित करने का यत्न किया जाता है। निराला रामकृष्ण मिशन से घनिष्ठ रूप में संबद्ध थे और वे 'समन्वय' में काम कर चुके थे, जो रामकृष्ण मिशन का मुखपत्र था। इसी में उन्होंने रामकृष्णवचनामृत के अनुवाद प्रकाशित करवाए। रामकृष्ण परमहंस-विवेकानंद के प्रति उनके मन में आदर का भाव था तथा जीवन में निराला ने कई बार गैरिक वसन भी धारण किए। पर निराला की वेदांती विचारणा में केवल दार्शनिक की मुद्राएँ नहीं हैं, उसमें एक कर्मठता की गुहार भी है। इसे निराला का व्यावहारिक दर्शन कहा जा सकता है, जो संन्यास-वैराग्य में अधिक समय

तक ठहर नहीं पाता। यह एक ऐसी रागात्मकता है, जिसमें जीवन के प्रति गहरी सदाशयता तथा मानवीयता के उच्चतम भाव छिपे हुए हैं। यहाँ वेदांत जगत् को माया कहकर उससे पलायन कर जाने की शिक्षा नहीं देता, वरन् उसे समझने और उसे अधिकाधिक उच्च भूमियों पर ले जाने की प्रेरणा देता है। निराला वेदांत के निकट होकर भी, जीवन को संपूर्ण रागात्मकता से ग्रहण करते हैं, पर वे उसके प्रति एक तटस्थ निर्लिप्त दृष्टि रखते हैं—पंक में पंकज-सा। इस दृष्टि से वे अनासक्त हैं और इसी से उनकी निर्वैयक्तिकता निर्मित हुई, जिसने उन्हें शृंगार के घनिष्ठ चित्रों के निर्माण का साहस दिया। निराला-काव्य में परोक्ष सत्ता के प्रति जो संकेत मिलते हैं और जिस आधार पर उनमें रहस्यवाद खोजने की कोशिश की जाती है उसे इसी व्यावहारिक पृष्ठभूमि में रखकर देखना चाहिए। विवेकानंद ने स्वयं कहा है कि : पुराना धर्म कहता था, वह नास्तिक है जो ईश्वर में विश्वास नहीं रखता। नया धर्म कहता है, नास्तिक वह है जो स्वयं में विश्वास नहीं रखता। विवेकानंद की आध्यात्मिक चेतना राष्ट्रीय चेतना से अलग करके नहीं देखी जा सकती, क्योंकि अपने गैरिक वसनों से भी विवेकानंद सामाजिक परिवर्तन की माँग करते हैं। विवेकानंद की कविता 'प्रबुद्ध भारत के प्रति' की आरंभिक पंक्तियाँ निराला के 'जागो फिर एक बार' की प्रेरणा जैसी लगती हैं। उसका अंतिम अंश है :

जागो, उठो, सपनों में मत खोए रहो
यह सपनों की धरती है, जहाँ कर्म
विचारों की सूत्रहीन मालाएँ गूँथता है,
वे फूल, जो मधुर होते हैं अथवा विषाक्त,
जिनकी न जड़ें हैं, न तने, जो शून्य में उपजते हैं
जिन्हें सत्य आदिशून्य में विलीन कर देता है।
साहसी बनो और सत्य के दर्शन करो
उससे तादात्म्य स्थापित करो
छायाभासों को शांत होने दो,
यदि सपने ही देखना चाहते हो तो
शाश्वत प्रेम और निष्काम सेवाओं के ही सपने देखो।[4]

निराला का वेदांत जीवन के कठिन क्षणों में उन्हें शक्ति-साहस देता है, उन्हें निरंतर गतिशील रहने की प्रेरणा देता है। यदि यह आधार न होता तो संभव है वे कहीं बीच में ही टूटकर बिखर जाते। जीवन-संघर्ष ने उन्हें कष्ट दिए, किंतु इस उत्थान-पतन के बीच वे स्वयं को जीवन की विराटता से जोड़ते रहे और अंतिम क्षणों तक सृजनरत रहे। प्राय : निराला को वेदांती, आध्यात्मिक या रहस्यवादी प्रमाणित करने के लिए दो-चार विशेष कविताओं के उद्धरण दिए जाते हैं, पर एक विद्रोही कवि की धर्म-निरपेक्ष मानवीयता पर आधारित उच्च मूल्य-दृष्टि को समझने के लिए

ऐसा सरलीकरण उचित नहीं। निराला की आध्यात्मिक चेतना का सबसे सबल पक्ष वह है जब वे जीवन के कर्दम से ऊपर उठकर उच्चतर मानव-मूल्यों का आग्रह करते हैं। 'तुलसीदास' में कवि की ऊर्ध्वमुखी चेतना का प्रतिपादन करते हुए निराला बताते हैं कि जागरण का क्षण आते ही तुलसीदास शाखा के वन-विहंग की भाँति मुक्त नभ में उड़ जाते हैं, जीवन के नए-नए अर्थ खुलने लगते हैं। जीवन और काव्य दोनों स्तरों पर निराला की वेदांती दृष्टि उन्हें एक गहन आत्मविश्वास देती है। यही वह मेरुदंड है जिसके सहारे निराला संघर्ष के भीषण प्रहारों में भी झुके नहीं। वे प्रतिभा में अद्वितीय थे, चाहते तो समझौता कर लेते, पर उनकी चेतना का संकल्प है कि 'मरण को जिसने वरा है, उसी ने जीवन भरा है। परा भी उसकी, उसी के अंक सत्य यशोधरा है...' (अणिमा)।

स्वच्छंदतावादी सृजन भारतीय सांस्कृतिक जागरण के नए उन्मेष की उपज है और संयोग से निराला ने बंगाल में रहकर उसका निकट साक्षात्कार किया था। माइकेल मधुसूदन दत्त (1824-1873 ई.) ने मेघनाद-वध काव्य में पौराणिक चरित्रों को आधुनिक रूप में प्रस्तुत किया और निराला ने उनसे प्रेरणा प्राप्त की। बंगला साहित्य में पर्याप्त समय तक वैष्णवमार्गी चेतना का प्राधान्य रहा है और आधुनिक युग की गीत-सृष्टि की तन्मयता तक पर उसका प्रच्छन्न प्रभाव देखा जा सकता है। पर रवीन्द्र ने अपनी रचनाओं में विविध भावनाओं का प्रवेश कराया और वे आधुनिक भारत के सांस्कृतिक दूत बने। निराला ने स्वयं 'रवीन्द्र कविता कानन' नामक पुस्तिका में महाकवि की कविताओं की व्याख्या की है, जिसका उद्देश्य हिंदी पाठकों को रवीन्द्र का आस्वाद कराना है, क्योंकि प्रायः कविताओं के भावानुवाद प्रस्तुत किए गए हैं। निराला ने रवीन्द्र में रचना का शीर्ष देखा और अनजाने ही स्वयं भी उन ऊँचाइयों पर जाने की चेष्टा करने लगे, इसमें संदेह नहीं। पर इससे अधिक अर्थ निकालकर निराला पर रवीन्द्र का अतिरिक्त प्रभाव प्रमाणित करने का प्रयत्न एक भ्रांति होगी। कभी छायावादी काव्य को बंगला के माध्यम से आया हुआ अंग्रेजी रूमानी काव्य कहकर उसका मखौल उड़ाया गया था। निराला के काव्य की जीवंत यात्रा स्वयं प्रमाणित करती है कि वे बैसाखियों के सहारे चलने के अभ्यस्त नहीं थे और आरंभिक प्रेरणाओं के बाद धीरे-धीरे उनका व्यक्तित्व निखरकर स्वयं को स्वतंत्र भूमि पर स्थापित करता गया।

काव्य-विकास

निराला ने सन् 1916 ई. के आस-पास लिखना आरंभ किया और अक्तूबर, 1961 ई. में अपने अवसान क्षण तक निरंतर सृजनरत रहे। इस समय उनके लगभग बारह-तेरह काव्यग्रंथ उपलब्ध हैं। अपने जीवनकाल में उन्होंने अपना अंतिम काव्य-संकलन 'गीत गुंज' देखा था, जिसका प्रकाशन 1954 ई. में हुआ। कवि के निधन के अनंतर 1969

ई. में 'सांध्य-काकली' का प्रकाशन हुआ। अपेक्षाकृत इस लंबे अंतराल को छोड़कर प्रायः उनकी रचनाओं के प्रकाशन में इतना विलंब नहीं हुआ। इतना अवश्य है कि निराला की रचनाओं के रचनाकाल और प्रकाशनकाल में कभी-कभी पर्याप्त अंतराल आए हैं और कविताओं की भावभूमि को पहचानने के लिए रचनातिथि पर ध्यान रखना अधिक उपादेय है। 1922 ई. में प्रथम 'अनामिका' का प्रकाशन हुआ था, तब से 1961 ई. तक भारतीय समाज ने कई उतार-चढ़ाव देखे और स्वयं निराला के जीवन में कई घटनाएँ घटीं। इन सबने मिलकर उनकी रचनाओं को प्रभावित किया और उनके स्वरों में बदलाव आया। इस आधार पर निराला को प्रायः वैविध्य का कवि भी कहा जाता है, क्योंकि उनकी कविताओं में विचारणा, भावजगत्, शिल्प और भाषा के कई तेवर देखने को मिलते हैं। इसीलिए उनके काव्य को कुछ चरणों में रखकर देखने में सुविधा हो सकती है। किसी कवि के समग्र व्यक्तित्व पर ध्यान केंद्रित होना चाहिए और उसकी रचनाओं को खंड-खंड करके देखने में अधिक औचित्य नहीं होता, पर समय के प्रभाव से जो बदलाव आता है उसे पहचानने के लिए रचना को कुछ चरणों में रखकर देखा जा सकता है। बदलाव कवि के विकसित होते हुए व्यक्तित्व का प्रमाण है, बशर्ते वह किसी प्रकार का दल-बदल न प्रतीत हो और रचना का अपना व्यक्तित्व सुरक्षित रहे। पंत के काव्य ने हिंदी में सबसे अधिक दिशाएँ बदली हैं, पर कई बार ये प्रभाव रचना से समरस नहीं हो पाए हैं। निराला में बदलाव उनके व्यक्तित्व का एक अभिन्न अंग बनकर आए हैं। इसीलिए हमें निराला के काव्य में मेरुदंड को तलाशने में कठिनाई नहीं होती और हम सहज ही कहते हैं कि उनकी रचना स्वच्छंदतावाद की ही विभिन्न दिशाओं का बोध कराती है। निराला के सर्वोपरि व्याख्याता आचार्य वाजपेयी के शब्दों में : "निराला जैसे अनेक क्षितिजों और दिगंत भूमिकाओं के कवि को वाद की सीमा में बाँधना और भी कठिन है, यद्यपि निराला छायावाद के प्रवर्तकों में परिगणित होते हैं। निराला के साथ छायावाद शब्द का संबंध ऐतिहासिक भूमिका पर बना था, परंतु आरंभ से ही उनकी स्वच्छंदतावादी प्रवृत्तियाँ उनको छायावाद की सीमित भूमि से बाहर खींच रही थीं।"[5]

निराला की कविताओं के कई तेवर हैं और कभी-कभी एक ही काव्य-संकलन में वे मिले-जुले दिखाई देते हैं। ऐसा भी होता है कि किसी लंबी कविता में एक से अधिक भाव-खंडों का प्रवेश हो गया है, यद्यपि कवि अंत में एक केंद्र बिंदु पर पहुँचने में सफल हुआ है। पर निराला के संपूर्ण काव्य पर दृष्टि डालने से भावभूमि की परिवर्तित दिशाओं का संकेत मिलता है, जिसके मूल में सामाजिक, वैयक्तिक कारण मौजूद हैं। यह कहना पूर्ण संगत नहीं प्रतीत होता कि सरोज की मृत्यु के अनंतर (सरोज-स्मृति, 1935 ई. में रचित) ही निराला का काव्यजगत् बदल गया था कि उसमें व्यंग्य आक्रोश को प्रधानता मिली। यह तो प्रकारांतर से स्वीकारना होगा कि जीवन के वैयक्तिक दबाव निराला को पराभूत करने की सामर्थ्य रखते थे। वास्तव

में सामाजिकता के भाव उनमें आरंभ से विद्यमान थे और इसीलिए पंत की तरह उन्हें बार-बार दिशा-परिवर्तन की आवश्यकता का अनुभव नहीं हुआ। इतना अवश्य है कि कुछ सामाजिक, वैयक्तिक दबावों ने उनकी इस सामाजिकता को और तीखा किया और विद्रोह के जो तत्त्व उनमें शुरू से विद्यमान थे अधिक उग्र हो गए। वैयक्तिक प्रसंगों को आरंभ में उन्होंने उदात्त करने की चेष्टा की, वेदांत तक का सहारा लिया, पर स्वतंत्रता का तीव्र आंदोलन, महायुद्ध और उसके परिणामस्वरूप लड़खड़ाती हुई भारतीय अर्थव्यवस्था, भुखमरी, गरीबी आदि ने निराला को भीतर से मथ दिया और उन्होंने अपनी वैयक्तिक व्यथा के लिए भी सामाजिक कारणों की तलाश की। यह भाग्यवाद का विरोध करने वाला निराला का विद्रोही स्वर है, जो प्रायः अंतिम क्षणों तक आस्थावान् रहा।

निराला 1916 ई. के आस-पास काव्य-रचना करने लगे थे, पर उनका प्रथम काव्य संकलन 'अनामिका' 1922 ई. में प्रकाशित हुआ, जिसमें कुल सात कविताएँ थीं, जो बाद में अन्य संकलनों में सम्मिलित हो गईं। इसी समय निराला रामकृष्ण मिशन कलकत्ता के मुखपत्र 'समन्वय' में लिखने लगे थे, जिसमें वे स्वयं 1922 ई. में आ गए थे। 1920 ई. अक्तूबर की 'सरस्वती' में भी उनका गद्य लेख निकल चुका था, यद्यपि कविताएँ उसमें प्रकाशन न पा सकीं। प्रभा, माधुरी, आदर्श आदि पत्रिकाओं में भी वे प्रकाशित हुए थे, पर उनकी कविताओं को मुख्य प्रकाशन तब मिला, जब 26 अगस्त, 1923 ई. को कलकत्ता से 'मतवाला' निकला और इसमें वे कई नामों से लिखने लगे। निराला के काव्य-विकास में महादेव प्रसाद सेठ द्वारा संचालित 'मतवाला' की महत्त्वपूर्ण भूमिका है। 'अनामिका' का नवीन संस्करण भेंट करते हुए निराला ने आदरपूर्ण शब्दों में स्मरण किया है : "यह ध्रुव सत्य है कि वे (सेठ जी) न होते तो निराला भी न आया होता...।" निराला के काव्य विकास में 'मतवाला' का वही स्थान है जो प्रसाद के काव्य में 'इन्दु' पत्रिका का। 'परिमल' निराला की कविताओं का प्रथम प्रतिनिधि संकलन है, जिसका प्रकाशन 1929 ई. में हुआ। इसकी भूमिका का हिंदी स्वच्छंदतावाद के इतिहास में निश्चित योगदान माना जाता है, क्योंकि इसमें काव्य के विषय में कई महत्त्वपूर्ण घोषणाएँ की गईं जिससे कवि के स्वच्छंदतावादी व्यक्तित्व को समझने में सहायता मिलती है। इसी लंबी भूमिका में निराला ने अपने विद्रोही व्यक्तित्व का परिचय दिया और काव्य को अधिक स्वतंत्र भूमि पर स्थापित करने का यत्न किया। यहाँ मुक्तछंद अथवा स्वच्छंद-छंद को जातीय छंद के रूप में स्वीकारा गया और काव्य की मुक्ति की बात कहकर निराला ने हिंदी स्वच्छंदतावादी काव्य के लिए नयी संभावनाओं के द्वार खोले। 'परिमल' के अनंतर निराला के गीतों का संग्रह 'गीतिका' का प्रकाशन हुआ जिसमें कवि का गीतकार रूप उभरकर सामने आया। वास्तव में प्रथम अनामिका, परिमल और किसी सीमा तक गीतिका निराला की स्वच्छंदतावादी प्रवृत्ति के आरंभिक चरण के अंतर्गत लिए

जा सकते हैं। इन्हें निराला के स्वच्छंदतावादी काव्य का प्रथम चरण कहा जा सकता है।

'गीतिका' के अनंतर निराला ने 'अनामिका' का नवीन संस्करण प्रस्तुत किया, जिसका प्राक्कथन उन्होंने 20-12-37 को लिखा था। 'अनामिका' के इस नए स्वरूप में सामाजिक यथार्थ को अधिकाधिक स्वीकृति मिलती है और इसमें 'राम की शक्तिपूजा' जैसी विशिष्ट कविता भी है। यहाँ इसके संकेत हैं कि निराला का स्वर अधिक आक्रोशी होता जा रहा है। 1938 ई. में 'तुलसीदास' कथाकाव्य आया, जिसमें तुलसी को सांस्कृतिक दायित्व के कवि रूप में स्थापित किया गया और रत्नावली के प्रसंग का भी संकेत किया गया। दूसरी 'अनामिका' और 'तुलसीदास' निराला के द्वितीय काव्यचरण हैं, जहाँ कवि एक संक्रमणकालीन मनोजगत् से गुजरता है। समीक्षकों को प्रायः यह समझने में कठिनाई होती है कि एक ओर 'राम की शक्तिपूजा' और 'तुलसीदास' जैसी आख्यान कविताएँ रची जा रही थीं, तो दूसरी ओर 'अनामिका' में 'वन बेला' जैसी कविताएँ भी हैं, जिनमें व्यंग्य-आक्रोश का तीखापन है। निराला जैसे वैविध्य भरे व्यक्तित्व के लिए इस प्रकार की लगभग सीमांती प्रतीत होने वाली कविताओं की सृष्टि कर सकना अधिक कठिन नहीं है। सांस्कृतिक आशय से संपन्न काव्य के द्वारा वे अपने को उदात्त भूमि पर संस्थित रखना चाहते हैं, जिसमें वेदांती दृष्टि का भी योग है। वे यहाँ अधिक आत्मस्थ हैं, जिसमें वे अपनी वैयक्तिक हानि के सामाजिक कारणों की तलाश करते हैं और व्यंग्य का माध्यम अपनाते हैं। सामाजिक विषमताओं पर उनका प्रहार यहाँ बहुत तीखा हो जाता है। इस प्रकार अंतःसंघर्ष का यह काव्यचरण निराला की स्वच्छंदतावादी चेतना को नए आयाम देता है, जिसके बीज उनमें आरंभ से ही मौजूद रहे हैं।

निराला के काव्य का तीसरा चरण मुख्यतया व्यंग्यमूलक है, यद्यपि 1943 ई. में प्रकाशित 'अणिमा' में 'गीतिका' जैसे कुछ गीत भी हैं। व्यंग्य को तीक्ष्ण बनाने के लिए निराला ने प्रयोग किए और संस्कृतबहुला भाषा के स्थान पर रोजमर्रा की बोलचाल की शब्दावली अपनाई जिसमें उर्दू का पर्याप्त प्रयोग है और ग़ज़लें, बहरें भी आई हैं। निराला के इस व्यंग्य-भरे काव्य-चरण का आरंभ 'कुकुरमुत्ता' से होता है, जिसका प्रथम संस्करण 1942 ई. में निकला यद्यपि इसका कुछ अंश मई 1941 ई. के 'हंस' में प्रकाशित हो चुका था। प्रथम संस्करण में कुकुरमुत्ता के अतिरिक्त अन्य सात कविताएँ भी थीं जो बाद में 'नए पत्ते' में सम्मिलित कर दी गईं। स्वतंत्र कविता-पुस्तक के रूप में 'कुकुरमुत्ता' का प्रकाशन 1948 ई. में हुआ। 1943 ई. में निराला के दो-दो काव्य संकलन सामने आए : 'अणिमा' और 'बेला'। 'अणिमा' में 'गीतिका' जैसे गीतों की ओर संकेत किया जा चुका है। थोड़ी वैष्णव भावना यहाँ है, पर सामाजिक यथार्थ भी। बेला व्यंग्य की नई परंपरा है, जिसमें भाषा का भी नया मुहावरा अपनाया गया—लगभग 'हिन्दुस्तानी' का रूप। 1946 ई. में प्रकाशित

'नए पत्ते' में भी हास्य-व्यंग्य का क्रम बना रहा जिसे हिंदी-उर्दू मिश्रित भाषा में प्रस्तुत किया गया। स्वच्छंदतावाद ने इस प्रकार व्यंग्य को अपनाया जो आश्चर्यजनक प्रतीत होता है।

निराला के चतुर्थ और अंतिम काव्य-चरण में प्रायः गीतों का बाहुल्य है, जिसमें आध्यात्मिक स्वरों की प्रमुखता है। संकलन हैं : अर्चना (1950 ई.), आराधना (1953 ई.), गीतगुंज (1954 ई.) और मरणोपरांत जनवरी 1969 ई. में प्रकाशित सांध्य-काकली। इनमें से 'गीतगुंज' का परिवर्द्धित संस्करण भी प्रकाशित हुआ। इस अंतिम काव्य-चरण में निराला माध्यम की दृष्टि से फिर गीतों की आरंभिक भूमि में लौटते हैं, पर उनकी चेतना में आध्यात्मिकता का प्रभाव गहरे उतर गया जिसे कुछ लोगों ने कबीर की पदावली का नया संस्करण कहकर संबोधित करना चाहा। निश्चय ही, अंतिम काव्य-चरण में निराला में प्रार्थना-भाव की प्रधानता है, पर उसे व्यापक मानवीयता से जोड़कर देखना अधिक उचित होगा, केवल भक्तिमार्गीय दृष्टि से नहीं। यहाँ अब भी कवि प्रकृति-दृश्यों में रमता है और वह उन पर रागात्मक दृष्टि डालता है। अंतिम काव्य संकलन 'सांध्य-काकली' में ऐसे प्रकृति-चित्रों की संख्या पर्याप्त है, जिससे प्रमाणित होता है कि निराला अंतिम क्षणों तक प्रकृति के प्रति एक रागात्मक भाव रखते हैं। इस प्रकार, निराला काव्य के ये विभिन्न चरण स्वच्छंदतावाद के विकास रूप में देखे जा सकते हैं, जो छायावाद से आरंभ होकर प्रगति-प्रयोग तक चले आए और ये सब निराला के स्वच्छंदतावादी व्यक्तित्व से जुड़े हुए हैं।

परिमल

'परिमल' निराला की कविताओं का प्रथम प्रतिनिधि संकलन है, यद्यपि इसके पूर्व प्रथम 'अनामिका' निकल चुकी थी जिसमें कुल सात कविताएँ थीं जो, बाद में अन्य संकलनों में स्थान पा गईं। 'परिमल' का प्रकाशन 1929 ई. में हुआ और इसकी भूमिका ने हिंदी स्वच्छंदतावादी काव्य की कई स्थापनाओं को स्पष्ट किया। यहाँ निराला ने काव्य की मुक्त, स्वच्छंदतावाद प्रवृत्ति का उल्लेख करते हुए कहा कि : "साहित्य की मुक्ति उसके काव्य में देख पड़ती है। इस तरह जाति के मुक्ति-प्रयास का पता चलता है। धीरे-धीरे चित्र-प्रियता छूटने लगती है। मन एक खुली हुई प्रशस्त भूमि में विहार करना चाहता है।" इसीलिए निराला ने अपनी स्वच्छंदतावादी वृत्तियों की अभिव्यक्ति के लिए मुक्तछंद को अपनाया, जिसे उन्होंने जातीय छंद घोषित किया। काव्य की मुक्ति का जो संकल्प निराला ने 'परिमल' की भूमिका में लिया, उससे उनके विद्रोही स्वभाव का पता चलता है। काव्य मुक्ति की परिकल्पना करते हुए उन्होंने निरर्थक बंधनों को अस्वीकार कर दिया और इस दृष्टि से 'परिमल' काव्य-संकलन स्वच्छंद भूमि का उद्घोष है।

'परिमल' की कविताएँ तीन खंडों में विभक्त हैं। प्रथम में एक से तैंतीस तक, द्वितीय में चौंतीस से चौंसठ तक और तृतीय में पैंसठ से अठहत्तर संख्या तक की कविताएँ हैं। संकलन के आरंभ में एक लघु प्रार्थना है : "जग को ज्योर्तिमय कर दो।" कवि प्रार्थना करता है कि प्रिय, पृथ्वी के तरु-तृण गुल्म जीवन्मृत हैं, इनमें नूतन जीवन भर दो जिससे निराला की मानवीय सदाशयता का संकेत मिलता है। प्रथम खंड में गीतों की पर्याप्त संख्या है, जिनमें कवि ने रूमानी भावना का परिचय दिया है। यद्यपि इनमें वैयक्तिक अनुभूति का योग है, पर इन्हें मात्र भावात्मक उच्छ्वास नहीं कहा जा सकता और कई बार इनमें बौद्धिक प्रतिक्रियाओं को प्रमुखता मिली है, जिसे हम कवि का आत्मसंयम भी कह सकते हैं। प्रथम गीत 'मौन' में ही कवि की संयमित अभिव्यक्ति दिखाई देती है, जो निराला के भावानुशासन से संबद्ध है। 'प्रिया के प्रति' जैसी कविताओं में कवि को प्रिया का स्मरण हो आता है, पर वह स्वच्छंदतावादी भावनाओं को इंद्रियों से ऊपर उठा सकने में सचेष्ट है। इस खंड में प्रकृति-चित्रों की पर्याप्त संख्या है और सच तो यह है कि यद्यपि 'पल्लव' के आधार पर पंत को प्रकृति का कवि होने का गौरव मिला, पर निराला में प्रकृति अंतिम क्षणों तक मुख्य भूमिका संपन्न करती रही। वासंती, वसंत समीर, तरंगों के प्रति, जलद के प्रति आदि में प्रकृति-दृश्यों का उपयोग हुआ है। इसके अतिरिक्त गीतों में भी प्रकृति की छवियाँ अंकित हुई हैं। 'निशा के उर की कली खिली' गीत में निशा-सुंदरी का चित्र है, एक प्रकार से उसका मानवीकरण किया गया है :

खड़ी सोचती नमित नयन मुख
रखती पग उर काँप पुलक सुख
हँस अपने ही आप सकुचि धनि
गति मृदु मंद चली।

प्रकृति और मनुष्य को समीप लाने की चेष्टा स्वच्छंदतावादी काव्य की एक मुख्य प्रवृत्ति है जिसे प्रकृति पर मानवीय भावों का आरोपण कहा जाता है, पर निराला में यह स्थिति अधिक संश्लिष्ट है। एक ओर प्रकृति दृश्य हैं, दूसरी ओर कवि की वैयक्तिक अनुभूतियाँ और इन्हीं के साथ विराट् मानव जगत्, जिसके प्रति कवि गहन दायित्व की भावना से संपन्न है। इसीलिए 'प्रभाती' जैसी कविताओं में ये स्थितियाँ एक साथ संयोजित दिखाई देती हैं। भोर का समय है, रात लगभग बीत चुकी है। प्रिय के लिए जागरण-गीत गाया जा रहा है जो अंधकार से प्रकाश में आने का आवाहन है। यह मात्र रूमानी भावना नहीं है, यह चेतना के जागरण का आध्यात्मिक गीत हो सकता है और राष्ट्र के लिए उद्‌बोधन भी, यद्यपि संबोधन रूप में प्रिय का उपयोग है :

जीवन-प्रसून वह वृंतहीन
खुल गया उषा-नभ में नवीन

धाराएँ ज्योति सुरभि उर भर
बह चलीं चतुर्दिक कर्मलीन
तुम भी निज तरुण तरंग खोल
नव अरुण संग हो लो—
मुदित दृग खोलो।

इसी खंड में 'तुम और मैं' कविता है, जिसमें समीक्षक रहस्यवादी संकेत देखते हैं। पर क्या यह प्रिय-प्रिया के संबंधों को उच्चतर मूल्यों से जोड़कर देखने की चेष्टा नहीं हो सकती ? क्या आवश्यक ही है कि जब तक किसी भावखंड को आध्यात्मिकता से संबद्ध न किया जाए तब तक उसमें गरिमा न आए ? इस कविता में निराला ने दो आत्माओं के पारस्परिक अन्योन्याश्रित संबंध बताने के लिए हिमालयशृंग-सरिता, दिनकर-कमल, योगसिद्धि, प्राण-काया, पथ-रेणु, नभ-नीलिमा आदि के युग्मों का उपयोग किया है। जिस प्रकार इन युग्मों की झड़ी लगा दी गई है, उससे कवि की किसी ऐसी रागात्मकता का घनिष्ठ संकेत नहीं मिलता जो अगोचर के प्रति अर्पित हो। अधिक-से अधिक इसे आध्यात्मिक संकेत कहा जा सकता है। इसी में 'अध्यात्म फल' जैसी कविता है, जिसमें उस सरल भाषा का उपयोग हुआ है जो कभी हरिऔध ने चोखे चौपदे' चुभते चौपदे में अपनाई थी और जिसे स्वयं निराला ने आगे चलकर 'बेला' और 'नए पत्ते' में प्रयुक्त किया। आरंभ की दो पंक्तियाँ मुहावरों के आधार पर बनी हैं :

जब कड़ी मारें पड़ीं, दिल हिल गया
पर न कर चूँ भी कभी पाया यहाँ...।

प्रथम खंड की लंबी कविता है 'यमुना के प्रति' जहाँ यमुना के माध्यम से कवि भारत के पराभूत वर्तमान का संकेत करता है। उसे बार-बार उस वैभवपूर्ण अतीत का स्मरण हो आता है, जब श्याम यमुना के कूल कछारों पर वंशी बजाया करते थे। वह वंशीवट कहाँ गया ? नटनागर श्याम कहाँ गए ? वृन्दावन धाम कहाँ है ? आज तो ऐसा लगता है मानो यमुना विषाद में डूबी हुई अपने सुखकर अतीत का स्मरण मात्र करके रह जाती है। उसकी स्थिति वियोगमग्ना प्रिया के समान है। कवि चाहता तो यमुना के माध्यम से भारत की पिछली सांस्कृतिक स्थिति उभार सकता था, क्योंकि जिन कृष्ण के क्रिया-कलापों का साक्ष्य यमुना उपस्थित करती है, वे केवल रसिकशिरोमणि व्यक्ति मात्र नहीं हैं। वे महाभारत के सूत्रधार भी हैं और इस दृष्टि से राजनीतिज्ञ भी। जो उँगलियाँ वंशी बजाकर वशीकरण मंत्र पढ़ना जानती हैं, वे ही गोवर्द्धन पर्वत धारण कर सकती हैं और सुदर्शन चक्र भी उनमें है। पर 'यमुना के प्रति' कविता निराला की स्वच्छंदतावादी भावनाओं को व्यक्त करती है। यहाँ यमुना को मुख्य रूप से कृष्ण के रसिक रूप की याद आती है :

कहाँ छलकते अब वैसे ही
ब्रज नागरियों के नागर ?
कहाँ भीगते अब वैसे ही
बाहु, उरोज, अधर, अंबर ?
बँधा बाहुओं में घट क्षण-क्षण
कहाँ प्रकट बकता अपवाद ?
अलकों को, किशोर पलकों को
कहाँ वायु देती संवाद ?

'परिमल' के दूसरे खंड में कविताओं का स्वरूप लगभग वही है। कुछ प्रेम कविताएँ हैं, जहाँ कवि अपनी निजी भावनाओं को व्यक्त करता है 'भर देते हो' आदि। पर इनकी संख्या कम है, जिससे प्रमाणित है कि कवि स्वयं से बाहर झाँकने की चेष्टा में है। वह अपने अनुभूति-जगत् का विस्तार करना चाहता है और उसकी चेष्टा है कि जीवन के अधिकाधिक चित्र उसकी चेतना में सम्मिलित हों। प्रकृति यहाँ एक मुख्य प्रेरणा का कार्य करती है—संध्या-सुंदरी, शरत्पूर्णिमा की विदाई, धारा प्रपात के प्रति आदि। प्रकृति के प्रति कवि की भावना में एक परिवर्तन अथवा विकसित भावना का संकेत यहाँ मिलता है। प्रकृति पर एकरस दृष्टि डालने से काव्यक्षेत्र सीमित हो जाता है और उसमें जीवन वैविध्य का प्रवेश नहीं हो पाता। पर यहाँ कवि की दृष्टि राह में पड़े हुए फूल पर भी आती है। कवि उसे संबोधित करके कहता है : "दलित कुसुम ! क्यों कहो। धूलि में नजर गड़ाए हो फैलाए ?" यद्यपि यहाँ कवि की स्वच्छंदतावादी वृत्ति ही सक्रिय है, पर उसकी दृष्टि सौंदर्य-शृंगार की रूमानी दुनिया छोड़कर सामान्य साधारण चीजों की ओर जा सकती है, इससे उसके विकसित संवेदन का पता चलता है, यही भावना अधिक गतिशील होकर इसी खंड में विधवा, भिक्षुक जैसी कविताओं की सृष्टि करती है, जिन्हें निराला की प्रगतिशील भावना के आरंभ रूप में स्वीकारा जाता है। साहित्य के इतिहास की दृष्टि से ऐसी कविताओं का अध्ययन निराला काव्य की ठीक समझ के लिए आवश्यक है, क्योंकि कुछ लोग 1935 ई. के आस-पास से निराला के काव्य में प्रगतिशीलता की तलाश करना चाहते हैं। वास्तव में ओढ़ी हुई, प्रगतिशीलता का, रचना में कोई मुख्य प्रयोजन नहीं होता और इस प्रकार का मुलम्मा जल्दी छूट जाता है। निराला का संवेदनशील कवि आरंभ से ही पीड़ित समाज को अपनी सहानुभूति देता रहा है, क्योंकि कवि स्वयं शोषण-व्यवस्था का शिकार है। 'भिक्षुक' अथवा 'विधवा' के चित्र निराला के इसी विकसित संवेदन का परिचय देते हैं। उनमें जो सामाजिक यथार्थ का बीज मौजूद था, वह विकसित होकर तीखे व्यंग्य की ओर मुड़ा।

द्वितीय खंड के अंत में 'बादल-राग' शीर्षक से छः कविताएँ हैं। एक ही शीर्षक से कई कविताएँ और उनकी भावभूमि प्रायः अलग-अलग। जिससे यह भी प्रमाणित

होता है कि निराला के पास कथ्य का अभाव न था और वे स्वयं को दुहराए बिना एक ही वस्तु-दृश्य के विषय में भिन्न प्रकार की प्रतिक्रियाएँ व्यक्त कर सकते थे। प्रथम कविता में कवि मेघों से प्रार्थना करता है कि "मुझे गगन का सघन छोर दिखा ताकि कवि का स्वयं का आकाश विस्तृत हो।" दूसरी कविता में 'मेघ' विप्लव के नव जलधर हैं। तीसरी में वे धरा के सेवक हैं, जिन्हें पाकर व्याकुल श्यामा के अधरों की प्यास मिटेगी। चौथी और पाँचवीं कविता में भी कुछ इसी प्रकार के भाव हैं, जिनमें सृष्टि मेघों से सुख पाती है। 'बादल राग' की छठी कविता में बादल को क्रांति का अग्रदूत माना गया है। इस कविता की रचना करते समय विद्रोही निराला के समक्ष भारतीय कृषक की शोषित स्थिति है। उन्होंने अपनी रचनाओं में दलित शोषित समाज की विषमताओं का संकेत किया है। विप्लव के बादलों के स्वागत के लिए हर छोटा पौधा तैयार है क्योंकि " विप्लव रव से छोटे ही हैं शोभा पाते।" ऐसी ही भावना 'आवाहन' कविता में है। कवि कल्पना करता है कि क्रांति के बादल आएँगे और एक नई व्यवस्था जन्मेगी। कविता के अंत में सर्वहारा द्वारा उसकी अगवानी का चित्र है :

जीर्ण बाहु, है शीर्ण शरीर
तुझे बुलाता कृषक अधीर
ऐ विप्लव के वीर।

द्वितीय खंड में हम कवि को अधिक आस्था और विश्वास की भूमि पर आते देखते हैं। 'अधिवास' जैसी कविता में वह स्वयं को 'मैं' के जगत् से बाहर निकालता है। धारा को देख कर कहता है कि "बहने दो। रोक-टोक से कभी नहीं रुकती है।" 'ध्वनि' नामक निराला का प्रसिद्ध गीत उनकी आस्था को व्यक्त करता है और कुछ लोग कहते हुए पाए जाते हैं कि यह वेदांत की देन है, जिसने निराला को एक आध्यात्मिक शक्ति दी, पर यह स्थिति का सरलीकरण होगा। निराला जैसा स्वतंत्र-चेता कवि किसी वैचारिक दर्शन को अपनी चेतना से एकाकार किए बिना रचना में उसके उपयोग की चेष्टा नहीं करता। स्वयं को विराट् जीवन से जोड़कर ही कवि ने यह आस्था प्राप्त की है। इस गीत की विशेषता है कि निराला ने आस्था-विश्वास की जो शक्ति पाई है, उसका उपयोग वे समाज के लिए करना चाहते हैं। यह उनकी चेतना का अरुणोदय है। वे निद्रित कलियों पर अपना स्वप्न-मृदुल कर फेरकर एक नया मनोहर प्रत्यूष जगाना चाहते हैं। पुष्प-पुष्प की तंद्रालस लालसा खींच लेना चाहते हैं। कवि की आस्था है :

मेरे जीवन का यह है जब प्रथम चरण
इसमें कहाँ मृत्यु
है जीवन ही जीवन
अभी पड़ा है आगे सारा यौवन

स्वर्ण-किरण-कल्लोलों पर बहता रे यह बालक मन
मेरे ही अविकसित राग से
विकसित होगा बंधु दिगंत—
अभी न होगा मेरा अंत
अभी-अभी ही तो आया है
मेरे वन में मृदुल वसंत।

'परिमल' के तृतीय खंड का आरंभ निराला की प्रसिद्ध कविता 'जुही की कली' से होता है। यह आश्चर्य में डाल देने वाला तथ्य है कि यद्यपि यह निराला की आरंभिक कविताओं में है और सन् 1916 ई. के आस-पास इसकी रचना हुई थी, पर इसमें एक प्रौढ़ता दिखाई देती है। विजन वन-वल्लरी पर सोती हुई सुहाग-भरी स्नेह स्वप्न-मग्न अमल-कोमल-तनु तरुणी जुही की कली प्रकृति की खुली भूमि प्रस्तुत करती है। संपूर्ण प्रकृति ही यहाँ प्रेम के क्रिया-व्यापार का खुला मंच है। वसंत के क्षणों में दूर देश के प्रेमी का सहसा अपनी प्रिया के लिए व्याकुल हो उठना और संसार के सारे अवरोध 'उपवन-सर-सरित-गहन-गिरि-कानन-कुंज-लता-पुंज' को पारकर, प्रिया के पास पहुँच जाना, प्रिय की अदम्य आकांक्षा और उसके विद्रोही स्वभाव का संकेत करते हैं। इस संदर्भ में मलयानिल को चिरंतन प्रेमी और जुही की कली को चिरंतन प्रिया कहा जाता है, पर काव्य को प्रिय-प्रिया के रागात्मक संबंधों तक सीमित कर देने से इसका पूरा अर्थ नहीं खुलने पाता। ज्यों ही मलयानिल को कांता के कंपित कमनीय गीत का स्मरण हो आता है, वह समस्त अवरोधों का निषेध करता हुआ प्रिया के पास पहुँच जाता है। प्रश्न है कि प्रकृति के इन अवरोधों के माध्यम से निराला क्या इंगित करना चाहते हैं ? इन्हें केवल खानापूरी अथवा नाम गिनाने के लिए यहाँ नहीं रख दिया गया है। यदि हम निराला की 'प्रेयसी' कविता का स्मरण करें जो द्वितीय 'अनामिका' की पहली कविता है तो उसमें प्रिय-प्रिया के मिलन के मार्ग में असंख्य बाधाओं का जिक्र आया है—रूढ़ि, धर्म के विचार, कुल, मान, शील, ज्ञान आदि के उच्च प्राचीर। 'जुही की कली' में भी निराला भारतीय समाज की बहुसंख्यक इकाई के जीवन में प्रणय-प्रसंग और उसकी सार्थक परिणति के मार्ग में आने वाली अनेक बाधाओं की ओर संकेत करना चाहते हैं। संभव हैं महिषादल में निराला ने स्वयं को मलय और मनोहरा को जुही की कली के रूप में अवतरित करना चाहा हो, पर कवि अपने काव्य को अधिक उदात्त भूमि पर ले जाना चाहता है। इसका एक प्रमाण यह है कि कविता के मध्य भाग में तो घनिष्ठ मिलन के चित्र हैं, पर समापन होते-होते मिलन की एक अद्वैत स्थिति को निरूपित किया गया है, कुछ लोग यह संकेत भी करते पाए जाते हैं कि 'जुही की कली' का सुषुप्ति से जागरण की स्थिति में आना जैसे कोई आध्यात्मिक आशय रखता है। यह अर्थ-विस्तार की भ्रांति है और हिंदी काव्य की सहज धार को तथाकथित आदर्शवादी, आध्यात्मिक और रहस्योन्मुख

बनाने की चेष्टा, जो रचना को क्रमशः जीवन की प्रवहमान धार से काटती है।

'जुही की कली' हिंदी स्वच्छंदतावादी काव्य में केवल एक नए मोड़ की सूचना नहीं देती, वरन् वह रूमानी काव्य की नई-नई संभावनाओं का संकेत भी करती है। अभी तक प्रायः प्रकृति के स्वतंत्र वर्णन के अतिरिक्त उसे आलंबन-उद्दीपन के रूप में रखकर देखने की चेष्टा की जाती रही है। सामंतवादी युग में प्रकृति को उसके उत्तेजक रूप में देखते पाया गया और स्वतंत्र-वर्णन की जो चेष्टा भी की गई उसमें उत्तेजना के स्थल अधिक हैं। 'जुही की कली' में निराला मानव के प्रेम-व्यापार के लिए जुही की कली अथवा मलयानिल जैसे प्रकृति रूपों का ऐकांतिक उपयोग नहीं करते, वरन् सारा खेल प्रकृति के विस्तृत रंगमंच पर घटित होता है। यह निराला की स्वच्छंद वृत्ति है, जो मनुष्य के निजी संबंधों के लिए भी अधिक खुली भूमि अपनाती है। इसीलिए मिलन के घनिष्ठतम क्षणों में भी कवि एक निर्लिप्तता जैसी बरतता दिखाई देता है। दृश्य को उसकी गतिशीलता में एक लघु गीत में संपूर्ण कर देना कवि की अभिव्यक्ति-कौशल का भी प्रमाण है और अकुंठित स्वच्छंदतावादी का दृष्टांत भी।

शेफालिका को लेकर रची गई छोटी-सी कविता और एक-दो प्रेमानुभूतियों के प्रकाशन के अतिरिक्त इस तीसरे खंड की भाव-भूमि दूसरी दिशा का संकेत करती है। 'जागो फिर एक बार' शीर्षक से दो मुक्तछंद की कविताएँ हैं और एक ही शीर्षक होते हुए भी दोनों लगभग विपरीत भाव-भूमि पर उपस्थित हैं। पहली कविता प्रिया द्वारा प्रिय के लिए गाया गया गीत है, और ऊपर-ऊपर देखने से उसमें रूमानी भावना दिखाई दे सकती है, पर कविता का आशय गहरा है। एक ओर तत्कालीन संदर्भों में यह राष्ट्र के लिए उद्‌बोधन का संकेत हो सकता है, दूसरी ओर दार्शनिक स्तर पर यह चेतना के जागरण का गीत कहा जा सकता है। आरंभ में मिलन के चित्र शृंगार का आभास देते हैं, पर देखना यह है कि काव्य का मूल इंगित क्या है और उसका समापन किस बिंदु पर हुआ है। आरंभ में प्रिया अपने प्रिय के लिए जागरण-गीत गाते हुए कहती है कि प्यारे, जाग जाओ ! तारे तुम्हें जगाते हुए हार गए, और देखो, अरुण पंख तरुण-किरण द्वार खोल रही है। कवि जिस जागरण की कल्पना करता है, उसमें चेतना को एक नया आयाम मिल जाएगा, जहाँ चेतना के सारे निरर्थक आच्छद दूर हो जाएँगे। अब सुषुप्ति सुखोन्माद हो जाएगी और केवल एक अनुभव बहता रहेगा। अरुणोदय के ऐसे क्षणों में चेतना को एक नया सृजनशील व्यक्तित्व मिल जाता है :

> उगे अरुणाचल में रवि
> आई भारती रवि कवि-कंठ में...।

'जागो फिर एक बार' शीर्षक की दूसरी कविता गुरु गोविंद सिंह के माध्यम से देश-प्रेम की भावना को व्यक्त करती है और ओजगुण संपन्न है। कवि एक बार

उस वीरत्व भरे व्यक्तित्व को फिर पाना चाहता है। इसी कारण गोविंद सिंह का वक्तव्य उद्धरण-चिह्नों में रखा गया है और काव्य का अंत उसी से होता है। इसमें ललकार और चुनाव का स्वर है तथा कहा जा सकता है कि कविता वक्तव्य-प्रधान हो गई है, पर 'योग्य जन जीता है' के संदर्भ में गीता का स्मरण, परंपरा आख्यान की पंक्तियाँ हैं। देश-प्रेम से प्रेरित इसी खंड की लंबी कविता है 'महाराज शिवाजी का पत्र'। स्वीकार करना होगा कि महाराज शिवाजी द्वारा जयसिंह को लिखे गए इस पत्र में जातीय तत्त्वों की प्रधानता हो गई है और इसका स्वर सामंती हो गया है, जबकि इसे राष्ट्र के आधुनिक संदर्भों से जुड़ना था। पर हिंदू राष्ट्रीयता को जो प्रमुखता उस समय मिल रही थी, संभवतः निराला भी इस कविता में उससे मुक्त नहीं हो सके। बार-बार 'हिंदू' शब्द का प्रयोग किया गया है, जबकि बल अन्यायी से विरोध करने पर देना था, वह किसी भी जाति, संप्रदाय का हो। कविता में आवेश के क्षण तो पर्याप्त हैं, पर वह आधुनिक राष्ट्रीयता के संदर्भों को ठीक प्रस्तुत नहीं कर पाती।

'परिमल' की लगभग अंतिम कविता 'पंचवटी प्रसंग' है, जिसमें कवि ने नाट्य-शिल्प अपनाया है। प्रथम-खंड के आरंभ में सीता आयोध्या के बँधे राजसी जीवन और वन के खुले जीवन में अंतर देखती हैं और राम स्वीकारते हैं कि वनस्थली चारुचित्रा है। वे एक जीवन-दर्शन प्रस्तुत करते हैं, जहाँ आत्मा के विस्तार पर बल है और जो निराला की विचारभूमि की ही अभिव्यक्ति है। राम के शब्द हैं :

छोटे से घर की लघु सीमा में
बँधे हैं क्षुद्र भाव,
यह सच है प्रिये !
प्रेम का पयोधि तो उमड़ता है
सदा ही निस्सीम भू पर...।

यहाँ राम प्रेम के व्यापकत्व की चर्चा लगभग उसी लहजे में करते हैं जैसा कि विवेकानंद ने कहा है कि 'संकुचन (कण्ट्रैशन) मृत्यु है, विस्तरण (एक्सपैन्शन) जीवन है।' सीता-राम वन-जीवन की प्रशंसा करते हैं। इसी खंड में लक्ष्मण का प्रवेश होता है और राम उनके सेवा-भाव, आत्म-त्याग को सराहते हैं। 'पंचवटी प्रसंग' के दूसरे खंड में लक्ष्मण स्वयं इसी वाक्य से आरंभ करते हैं : ''जीवन का एक ही अवलंब है, सेवा।'' यह पूरा खंड लक्ष्मण के वक्तव्य से निर्मित है, जो एक प्रकार से उनका स्वगत कथन है। यहाँ लक्ष्मण सीता को माँ कहकर मन-ही-मन उन्हें आदि-शक्ति-रूपिणी स्वीकारते हैं। इसके बाद उनके मन में जो समर्पण भाव आता है, उसकी व्याख्या करते हैं।

तीसरे खंड में शूर्पनखा का स्वगत कथन है, जिससे उसके रूपगर्विता होने का पता चलता है। एक प्रकार से यह उसका आत्ममोह भी है। यहाँ कवि शूर्पनखा के सौंदर्य-चित्रण में स्वच्छंदतावादी शिल्प का प्रयोग करता है और प्रकृति उपमानों के

माध्यम से चित्र बनाता है। नख-शिख सौंदर्य-वर्णन का एक चित्र है, जिसमें उसके प्रभाव का भी संकेत है :

देख यह कपोल कंठ
बाहु बल्ली कर सरोज
उन्नत उरोज पीन क्षीण कटि
नितंब भार चरण सुकुमार
गति मंद-मंद
छूट जाता धैर्य ऋषि-मुनियों का
देवों-भोगियों की तो बात ही निराली है...।

चौथे खंड में लक्ष्मण की दार्शनिक शंकाओं का समाधान करते हुए राम जीवन-जगत् की व्याख्या करते हैं और व्यष्टि-समष्टि के संबंधों पर विचार करते हैं। वे भक्ति-योग-कर्म-ज्ञान को एक ही मानते हैं और निर्मल चित्त से प्रेम करने पर बल देते हैं। पाँचवें खंड में कथा आगे बढ़ती है जहाँ शूर्पनखा राम के प्रति अपना स्नेह व्यक्त करते हुए प्रस्ताव करती है। राम स्वयं को विवाहित कहकर लक्ष्मण की ओर संकेत करते हैं। लक्ष्मण शूर्पनखा का तिरस्कार करते हैं, तब वह क्रोधित हो उठती है और प्रतिशोध लेने की बात कहती है। लक्ष्मण उनके नाक-कान काट लेते हैं और यहीं पंचवटी-प्रसंग समाप्त हो जाता है। निराला ने इस प्रसिद्ध शूर्पनखा-प्रसंग में एक ओर सौंदर्य के चित्र उभारे हैं, दूसरी ओर दार्शनिक मंतव्य प्रकाशित किए हैं। इस काव्य-नाटिका में स्वगत कथनों की मात्रा अधिक है, इसलिए नाटकीय संघर्ष के क्षण केवल अंतिम खंड में आ सके हैं।

'परिमल' निराला के कवि-व्यक्तित्व की संभावनाओं को हमारे सामने लाता है और अन्य कवियों की तुलना में उसमें पर्याप्त वैविध्य के दर्शन होते हैं। अपने प्रथम चरण में ही एकाधिक भाव-खंडों को काव्य में संयोजित कर सकना क्या प्रमाणित करता है ? यही कि मूलतः स्वच्छंदतावादी वृत्ति के कवि होते हुए भी निराला बाहरी दुनिया से जुड़े हुए हैं, यद्यपि उसे समझने के लिए वे अपनी दृष्टि का आश्रय लेते हैं। 'परिमल' में वैयक्तिक अनुभूतियाँ हैं, जो प्रेम-भावना समन्वित गीतात्मक कविताओं में व्यक्त हुई हैं। प्रिय-प्रिया के कई सघन अनुभूति-चित्र यहाँ हमें देखने को मिलते हैं—मौन, निवेदन, अंजलि, स्मृति, प्रिया के प्रति आदि। यहाँ कवि अपने समानधर्मा अन्य स्वच्छंदतावादी कवियों की तुलना में अधिक संयत है और कहा जा सकता है कि वे केवल भावावेगी प्रतिक्रियाओं के सहारे अग्रसर होने वाले कवि नहीं हैं। कई बार उनमें बौद्धिक प्रतिक्रियाएँ जागती हैं और वे आवेग का नियमन करने में सफल होते हैं। कभी-कभी भ्रम हो जाता है कि कवि रचना में सम्मिलित नहीं है। दूसरे प्रकार की कविताएँ ऋतुओं से संबद्ध हैं, जिसे हम पहले ही निराला का प्रिय क्षेत्र स्वीकार कर चुके हैं। बादल के अनेक चित्रों के अतिरिक्त वसंत के कुछ सुंदर

चित्र हैं तथा प्रपात, शरत्पूर्णिमा, सांध्य सुंदरी आदि कुछ प्रकृति-विषयक कविताएँ भी। यहाँ कवि ऋतु-चित्रों के निर्माण के प्रथम दौर में है और इस क्षेत्र में अधिक सार्थक चित्र निर्मित कर सकने के लिए हमें 'गीतिका' की प्रतीक्षा करनी पड़ती है। 'परिमल' में कुछ आध्यात्मिक संकेत की कविताएँ भी हैं, जिन पर वेदांती छाया है, जिसे कवि निराला उच्चतर मानवीय भावना से संयोजित करने में निरंतर सचेष्ट रहे। इसका प्रमाण भिक्षुक, रास्ते के फूल, दीन, विधवा जैसी कविताएँ हैं, जिनसे निराला की प्रगतिशील भावना का पता चलता है। यहीं यमुना के प्रति, शिवाजी का पत्र, पंचवटी प्रसंग जैसी अपेक्षाकृत लंबी कविताएँ हैं, जो उनकी प्रयोगधर्मिता के साथ-साथ यह भी प्रमाणित करती हैं कि वे बृहत्तर संदर्भों से जूझने वाले कवि हैं। स्वच्छंदतावादी कवि 'जागो फिर एक बार' जैसी ओजस्वी रचनाओं का निर्माण करता है, इससे उसके बहुआयामी व्यक्तित्व का पता चलता है। कुल मिलाकर 'परिमल' का कवि कई दिशाओं में अग्रसर है।

स्वच्छंदतावादी काव्य से शिल्प के क्षेत्र में प्रायः एकरसता की शिकायत की जाती है। 'परिमल' में निराला ने जिस मुक्तछंद का प्रयोग किया उसमें एक ओर जुही की कली, स्मृति चुंबन जैसी रूमानी कविताएँ हैं तो दूसरी ओर 'पंचवटी प्रसंग' के दार्शनिक विचार और 'शिवाजी का पत्र' की ओज-भावना भी है। निराला प्रमाणित करना चाहते हैं कि मुक्तछंद में विभिन्न प्रकार की भावनाएँ व्यक्त की जा सकती हैं और उन्होंने इसे रचनाओं में प्रमाणित किया। गीत शिल्प में उन्होंने निरंतर मार्जन का प्रयत्न किया। भाषा के क्षेत्र में यद्यपि 'परिमल' प्रायः संस्कृत का आश्रय लेता है और उसकी शब्दावली प्रांजल है, पर 'अध्यात्म फल' जैसी कविता में देशी मुहावरों का उपयोग भी है। 'परिमल' से निराला के जिस वैविध्य-भरे कवि का आभास मिलता है, उससे पर्याप्त आशाएँ बँधती हैं और इस प्रकार निराला का प्रथम चरण उनके संभावनावान् व्यक्तित्व का परिचय देता है।

गीतिका

'गीतिका' निराला के गीतकार-व्यक्तित्व को सामने लाती है, यहाँ प्रायः एक-एक पृष्ठ के एक-सौ-एक गीत हैं। 'भूमिका' में निराला ने भारतीय गीत-सृष्टि का इतिवृत्त प्रस्तुत करने के साथ अपना मौलिक दृष्टिकोण स्पष्ट किया है जिससे संगीत के विषय में उनके शास्त्रीय ज्ञान का भी पता चलता है। आरंभ में आचार्य वाजपेयी ने समीक्षा करते हुए निराला के गीतों की विशेषताओं पर प्रकाश डाला है। गीतिका का आरंभिक गीत 'सरस्वती वंदना' परंपरा-निर्वाह नहीं है और यहाँ कवि काव्य समापन के लिए मंगलाचरण लिखने वाला आशीष-आकांक्षी मात्र नहीं है कि कार्य निर्विघ्न संपन्न हो। यहाँ वह वीणावादिनि से सामाजिक वरदान की कामना करता है, जिससे चेतना का विकास और जीवन को नई दिशा दे सकने में इन गीतों का सक्रिय योग हो 'वर

दे वीणावादिनि वर दे' की ध्वनि है :

काट अंध-उर के बंधन-स्तर
बहा जननि, ज्योतिर्मय निर्झर
कलुष भेद तम हर प्रकाश भर
जगमग जग कर दे।

'गीतिका' के गीत कई प्रकार की भावभूमि से गुजरते हैं। सर्वप्रथम प्रेम-सौंदर्य के गीत हैं, जहाँ कवि की स्वच्छंदतावादी वृत्तियाँ सजग हैं। यहाँ यह संकेत कर देना आवश्यक है कि स्वच्छंदतावादी काव्य के संदर्भ में प्रायः नितांत वैयक्तिक अनुभूतियों को ही गीतों का मुख्य आधार समझने की भूल की जाती रही है। निराला ने एक प्रकार से इस चुनौती को स्वीकारा और उसकी शुरुआत के तौर पर उन्होंने प्रणय-भावना और सौंदर्य-चित्रण में संयमित रहने की चेष्टा की। एक काव्योचित तटस्थता बरतना वे जानते हैं और ऐंद्रियता से अपनी रक्षा करना चाहते हैं। 'गीतिका' में प्रणय-भावना का एक ही स्वरूप उभरता नहीं दिखाई देता, उसके कई रूप हमें देखने को मिलते हैं। प्रिय के साथ व्यतीत क्षणों की छवियाँ गीतकार के मानस में आती हैं और स्मृति की सहायता से वह उन्हें पुनः-पुन पाना चाहता है। ऐसे अवसर पर कई बार प्रिया के माध्यम से प्रेम भावना को व्यक्त कराया गया है। 'नयनों में हेर प्रिये, मुझे तुमने वे वचन दिए...' के बाद संपूर्ण गीत प्रिया की उक्ति है। पर ऐसे गीतों की संख्या कम है। और अधिकांशतः गीतकार अपनी प्रणयानुभूति को प्रत्यक्ष अभिव्यक्ति देता है। कई बार अपनी वैयक्तिकता को उदात्त भूमि पर ले जाने के लिए उसमें प्रकृति अथवा अधिक सामाजिक स्थितियों का प्रवेश कराया गया है। 'प्रिय यामिनी जागी' गीत के अंत में किसी ऐसी ग्रामवधू का चित्र भी सम्मिलित होता दिखाई देता है, जो रात्रि के अंतिम प्रहर में ही अपनी दिनचर्या आरंभ कर देती है, गृहस्थी के काम करती हुई। एक ओर कवि की वैयक्तिक अनुभूतियाँ हैं, दूसरी ओर एक सामाजिक चित्र भी और दोनों का संयोजन यहाँ हुआ है।

निराला के स्मृतिचित्रों में आसक्ति का भाव इतना प्रबल नहीं कि वे बार-बार उन क्षणों को पाने के लिए किसी विह्वलता में डूब जाएँ, क्योंकि उन्होंने प्रिय को अपनी चेतना का एक अंश बना लिया है। यह उनकी अद्वैतवादी दृष्टि है, जो स्वच्छंदतावादी काव्य के निर्माण में सक्रिय है। कवि शुभ्र किरण-वसना प्रिया की निश्छल, दूधिया हँसी का स्मरण करता है, उसे प्रकाशपूरित गंधपूरित बताता है और ऐसा रूप आसक्ति मात्र नहीं हो सकता। विषाद को गहराई में उतारकर काव्य-सृष्टि का दायित्व निभाना जिस व्यक्तित्व की दृढ़ता की माँग करता है, उसे निराला प्राप्त करना चाहते हैं। माना, 'गीतिका' में विषाद के क्षण हैं, जैसे कवि का कथन मुझे स्नेह क्या मिल न सकेगा ? पर रचना की शक्ति क्रमशः इन विषादी स्थितियों से उबर सकने की क्षमता में है। गीतों में प्रेम-भावना के अतिरिक्त अन्य भावनाओं का

समावेश कराने में निराला ने उन लोगों को उत्तर दिया है, जो घोषणा करते पाए जाते हैं कि गीत मूलतः वैयक्तिक अनुभूतियों पर आश्रित काव्यरूप है।

'गीतिका' में वैयक्तिक अनुभूतियों पर कवि की विजय एक महत्त्वपूर्ण तथ्य है, जिससे गीतों को नई-नई दिशाएँ मिलती हैं। कवि के भाव-लोक में नई दीप्ति आती है और व्यक्ति-संवेदन, समाज-संवेदन से जुड़ते हैं। निराला विद्यादेवी सरस्वती, शक्ति की देवी दुर्गा से प्रार्थना करते हैं कि भाव जगत् को विस्तार मिले—भीरुता के बँधे पाश सब छिन्न हों। कवि का आत्मविश्वास लौटता है और एक प्रकार से यह काव्य पुनर्जन्म का क्षण भी कहा जा सकता है कि जब कवि नए संकल्पों के साथ रचना में अग्रसर होता है। वह कहता है—जय जीवन की है जीवन पर। निराला जीवन के प्रति इस प्रवृत्तिमूलक दृष्टि के कारण आध्यात्मिकता को वैराग्य की ओर नहीं मुड़ने देते।

'गीतिका' में ऋतु-चित्रों की पर्याप्त संख्या है। वर्षा और वसंत उनकी प्रिय ऋतुएँ हैं, जिनमें से वर्षा तो उनके सामने अनेक रूपों में आती है। आधुनिक हिंदी काव्य में निराला ने सर्वाधिक मात्रा में ऋतु-गीतों की रचना की है। 'गीतिका' के कुछ ऋतु-गीत स्वतंत्र ऋतु-चित्र कहे जा सकते हैं, जिनमें ऋतुओं को अंकित किया गया है और जो निराला के प्रकृति-निरीक्षण तथा उसके प्रति उनकी रागात्मकता को व्यंजित करते हैं। स्वच्छंदतावादी प्रवृत्तियों के कारण वे कई बार प्रकृति और मानव की भावनाओं को संयोजित करने की चेष्टा करते हैं। ऐसे अवसर पर कवि की मनःस्थितियों की सक्रियता देखी जा सकती है। स्वतंत्र ऋतु-चित्रों के निर्माण में निरपेक्ष वर्णन मात्र नहीं है, प्रकृति के प्रभाव का भी उल्लेख है। वसंत आया है तो वन के मन में हर्ष और नवोत्कर्ष छा गया है :

आवृत्त सरसी उर सरसिज उठे
केशर के केश कली के छुटे
स्वर्ण शस्य अंचल
पृथ्वी का लहराया...।

वसंत के क्षणों में वन-वन उपवन-उपवन छवि जागी, प्राण खुल गए। पतझर के बाद वसंत के आगमन को निराला ने तपस्यारत अपर्णा पार्वती के प्रतीक से स्पष्ट करना चाहा है। यहाँ सारा संसार नेगी है, जो वसंत से नए जीवन की याचना करता है। एक गीत में निराला ने वसंत का संकेत देते हुए 'मनोहरा' शब्द का प्रयोग किया है, जिससे दुहरे अर्थों की व्यंजना होती है। एक ओर प्रिया मनोहरा देवी का संकेत है तो दूसरी ओर वसंत-श्री की मनोहर शोभा का। मनोहरा वसंत ऋतु का प्रभाव है :

गूँज उठा पिक पावन पंचम
खग कुल कलरव मृदुल मनोरम

सुख के भय काँपती प्रणय-वलय
वन-श्री चारुतरा।

मेरे विचार से निराला को वसंत से भी अधिक राग वर्षा से है। बादल उनके लिए विभिन्न प्रकार की अनुभूतियों के वाहक बनते हैं। कवि को सुविधा होती है कि वह इनके माध्यम से कई प्रकार की व्यंजनाएँ कर सके। कभी वह मेघों के घनकेशों पर मुग्ध होकर वर्षा को 'निरूपमे' कहकर सम्बोधित करता है। उसके नयन चकित चपला के समान प्रतीत होते हैं, निर्झरी के मधुर स्वर झरते दिखाई देते हैं (गीत, 45)। कभी बादलों के टुकड़े कवि को जीवनधन के रूप में प्रतीत होते हैं जिससे उर में प्रेमांकुर उग आते हैं (गीत, 13); पर निराला जिस वर्षा पर मुग्ध होते हैं, उसी से यह प्रार्थना भी करते हैं कि जीवन को नया विन्यास मिले। प्रकृति के प्रति जिज्ञासा अथवा रागात्मकता का भाव निराला के लिए एक पक्ष है, अपने दूसरे चरण में वे प्रकृति का उपयोग मानव-जीवन के लिए करना चाहते हैं। ऐसे ही क्षणों में वे मेघों के गर्जन पर मुग्ध होते हैं, उनसे निवेदन करते हैं : घन, गर्जन से भर दो वन तरु-तरु पादप-पादप-तन।

निराला ने वर्षा, वसंत के अतिरिक्त शिशिर का भी वर्णन किया है (गीत, 88/83)। होली के राग-रंग के भी कुछ चित्र हैं (गीत, 41/55) जिनमें एक ओर लोकतत्त्व का उपयोग है, दूसरी ओर कवि की अपनी भावनाएँ सम्मिलित हैं। ऋतुचित्रों के निर्माता-रूप में निराला हिंदी स्वच्छंदतावादी काव्य में विशिष्ट स्थान पाते हैं। निराला प्रकृति के विराट् रंगमंच पर मानवीय क्रिया-व्यापार को रखने की चेष्टा करते हैं और इस प्रकार उनकी स्वच्छंदतावादी दृष्टि को एक सहज विस्तार मिल जाता है।

'गीतिका' के गीत वैयक्तिक भूमि से आगे बढ़कर अन्य क्षेत्रों में प्रवेश करते हैं, जिससे निराला के उस वैविध्य का विकास होता है जिसके संकेत 'परिमल' में मिलते हैं। यहाँ आध्यात्मिक, प्रार्थनापरक, दार्शनिक और सांस्कृतिक भाव भी गीतों में आए हैं। कवि स्वयं को विस्तार देने की कामना से अपनापन भूलकर अपार सुंदर जगत् के विषय में गाना चाहता है (गीत, 11)। वह जानना चाहता है कि तम के पार कौन है? उसे पता चल जाता है कि हीरे की खान पास ही है, उसे और कहीं खोजना नादानी है। अर्थात् लगभग अद्वैती भाव है कि आत्म-साक्षात्कार ही वास्तविक ब्रह्म-ज्ञान है। कई बार निराला के गीत पाठक को असमंजस में डाल देते हैं और ठीक-ठीक इस निष्कर्ष पर पहुँचने में कठिनाई होती है कि कवि की यह उक्ति रूमानी है, पिया के लिए कही गई है अथवा निवेदन किसी परोक्ष सत्ता के प्रति है। कबीर में ऐसे कई पद हैं कि यदि हम उन्हें उनके निर्गुनिया व्यक्तित्व से अलग करके देखें तो वे सहज प्रणय-निवेदन प्रतीत होते हैं। 'गीतिका' के गीतों के साथ लौकिक-अलौकिक का प्रश्न उठाते समय यह ध्यान रखना होगा कि कई बार स्वच्छंदतावादी कवि भावना का उदात्तीकरण कर ऐसी उच्च भूमि पर पहुँचते हैं कि परोक्ष का जो आभास उनके

काव्य में मिलता है, उसे अलगा पाना सरल नहीं होता। मुझे तो लगता है कि ऐसे क्षणों में कवि लोकभूमि से आरंभ कर अनुभूति की महत्तर ऊँचाइयों पर पहुँचता है (गीत, 56)। पर 'गीतिका' में ऐसे भी गीत हैं जिनमें आध्यात्मिक चेतना, दार्शनिक मंतव्य के संकेत हैं, पर जिनके मूल में बृहत्तर सदाशयता है। कवि जानना चाहता है कि नयनों में जो प्राण चहकते हैं, वे कौन हैं, किस दुःख-जीवन के गान हैं। प्रार्थना-भाव कई गीतों में मुखर हैं और देवि, जननि, माँ आदि संबोधनों से तो वह स्पष्ट है ही। कवि प्रार्थना करता है : आओ मेरे आतुर उर पर नवजीवन के आलोक सुघर !

'गीतिका' में जिस आध्यात्मिक चेतना के संकेत हैं, उस पर निराला के आरंभिक संस्कारों और रामकृष्ण मिशन के प्रभाव की छाया है। पर यहाँ किसी ऐसे लोक में जाने का आग्रह नहीं है कि जीवन-संपर्क ही छूट जाए। यह एक प्रकार से जीवन को उच्चतर मूल्यों से संपन्न बनाने की दिशा में कवि का प्रयत्न है। 'गीतिका' में निराला का प्रसिद्ध राष्ट्रगीत है 'भारति, जय विजय करे।' बिना राष्ट्रगीतों की लंबी सूची का अनादर किए हुए, निराला के इस गीत की विशिष्टता को स्वीकारना होगा। यहाँ कवि के आग्रह वर्णनात्मक नहीं हैं और न वक्तव्यों का सहारा ही लिया गया है। इस गीत में भारत-माता का संपूर्ण मानचित्र भौगोलिक इकाई से निकलकर सांस्कृतिक आशय से संपन्न हो जाता है। गीत में कोई भाववेशी देश-भक्ति मुद्राएँ हमें सतह पर रखी हुई नहीं मिलतीं। पर राष्ट्रदेवी का एक अत्यंत जीवंत चित्र हमारे सामने आता है। गरजता हुआ सागर लंका पदतल-शतदल मानो शुचि चरण-युगल धोता है—कन्याकुमारी का दृश्य। प्रकृति की संपूर्ण श्रीशोभा से संपन्न भारत :

तरु-तृण-वन-लता वसन
अंचल में खचित सुमन
गंगा ज्योतिर्जल कल
धवल धार हार गले...।

फिर हिम तुषार का शुभ्र मुकुट हिमालय है, राष्ट्र की सांस्कृतिक ऊँचाई का प्रतीक सजग प्रहरी मात्र नहीं, मूल्य, गरिमा का बोध भी इससे होता है इसीलिए गीत में 'ओंकार' का प्रयोग है। निराला की राष्ट्रीय चेतना यहाँ जातीय भूमि से आगे बढ़ती है और इस गीत में राष्ट्रगीत की लगभग सभी अर्हताएँ मौजूद हैं। राष्ट्र का एक जाग्रत चित्र उभरता है—हिमालय से कन्याकुमारी तक राष्ट्र की प्राकृतिक सुषमा, उसकी शस्यश्यामला छवि यहाँ अंकित है : कनक-शस्य-कमल धरा है। राष्ट्र का जो चित्र यहाँ उभरता है वह संपूर्ण मानवता के कल्याण का आकांक्षी है, उसके स्तर मानवीय हैं।

'गीतिका' के गीत अपने वैविध्य से प्रमाणित करते हैं कि कोई माध्यम निश्शेष नहीं होता और प्रतिभाशाली कवि उसमें नई संभावनाएँ जगा सकते हैं। आगे की

गीतसृष्टि में निराला ने इसे और भी क्षमता के साथ सिद्ध कर दिखाया, जब उन्होंने मुक्तछंद की संगीतात्मकता को जीवित रखा और दीर्घ प्रगीतों की दिशा में प्रयोग किए। 'गीतिका' के गीत कवि की अनेक प्रकार की मनःस्थितियों में रचे गए हैं और यह खतरा मौजूद था कि वे कवि पर हावी न हो जाएँ। जीवन संघर्ष के संकेत यहाँ मिलते हैं पर अंत में रचना विजय की दिशा में बढ़ती है। 'मुझे स्नेह क्या मिल न सकेगा ?'' जैसे प्रश्नों का उत्तर कवि स्वयं देता है : जीवन की तरी खोल दे रे।

जीवन की यथार्थ भूमियों का प्रवेश गीतों में एक कठिन कार्य है, क्योंकि गीतों की मूल प्रवृत्ति से टकराहट हो सकती है। पर एक गीत में माँ को संबोधित करते हुए नर-जीवन के सफल स्वार्थों को बलि करने की बात कही गई है (गीत, 20)। मुझे लगता है कि जीवन यथार्थ से जो सामाजिक दृष्टि तेज होती है, उससे पर्याप्त समय तक निराला अपनी आध्यात्मिक चेतना के सहारे टक्कर लेते रहे। 'गीतिका' में यह स्थिति स्पष्ट है पर निराला की तटस्थता गीतों को संग्रथन देती है, उन्हें तीक्ष्ण बनाती है। संभवतः इसीलिए कुछ लोगों को इन गीतों तक पहुँचने में कठिनाई हुई। इसका एक कारण गहन भावना है, जिस तक जाने के लिए कवि के साथ यात्रा करनी पड़ती है। कठिनाई शब्दों की न होकर, उस आशय की है, जहाँ तक कवि गया है। 'गीतिका' का वैशिष्ट्य गीतों की लयबद्ध-संगीतात्मकता है, जो शब्द-लय से आगे बढ़कर राग-रागिनियों से भी संबद्ध है और इस प्रकार इनमें समृद्ध कला-शिल्प भी है। 'गीतिका' की भूमिका में निराला ने अपने गीतों को शास्त्रीय संगीत में बाँधते हुए धम्मार, रूपक, झपताल, चौताल, दादरा आदि के आधार पर उनका विवेचन किया है। गीतों में बिना भावना का क्षय किए हुए संगीत तत्त्व की रक्षा किसी भी गीतस्रष्टा कवि के लिए चुनौती है और 'गीतिका' इसे स्वीकारती है। यों तो हिंदी स्वच्छंदतावादी काव्य को मूलतः गीतात्मक कहा जाता है, पर विविधता का संकेत देने वाले, संग्रथित, लयबद्ध, मार्मिक गीतों के रूप में 'गीतिका' का विशेष स्थान है।

नया काव्य-चरण

निराला का आरंभिक काव्य चरण, 'परिमल' और 'गीतिका' इस बात के संकेत देते हैं कि कवि की रूमानी चेतना में अन्य वस्तुएँ भी प्रवेश कर सकती हैं, पर मूल वृत्ति स्वच्छंदतावादी है तथा मुख्य विषय प्रेम, सौंदर्य, प्रकृति, अध्यात्म आदि हैं। 1938 ई. के आरंभ में प्रकाशित 'अनामिका' में निराला की कविता के नए तेवर अधिक मुखर होते हैं और सामाजिक यथार्थ की उनकी पहचान भी स्पष्ट होती है। एक प्रकार से हम 'अनामिका' के इस नए संस्करण को एक से दूसरी भूमि पर जाने की प्रक्रिया का काव्य कह सकते हैं, क्योंकि इसमें कुछ प्रेम, अध्यात्म के गीत हैं तो 'राम की शक्ति-पूजा' जैसी बौद्धिक रचना भी। 'सरोज-स्मृति' जैसा शोक गीत है, 'तोड़ती पत्थर' जैसे यथार्थ चित्र और 'वनबेला' अथवा 'दान' जैसी व्यंग्य रचनाएँ

भी। 'अनामिका' में निराला का वैविध्य पूरी तरह खुलता है और स्वच्छंदतावादी काव्य को नए आयाम मिल जाते हैं। धनंजय वर्मा जैसे समीक्षकों ने 'अनामिका' को निराला का प्रतिनिधि काव्य संग्रह घोषित करते हुए उनके व्यक्तित्व में विरोधाभास का वैशिष्ट्य देखा है। उनका विचार है कि ''एक ही ग्रंथ में विरोधाभास का यह रूप उनकी व्यापकता और विविधता, विराटता और विस्तार का ही परिणाम है। हमारे मत में सब दृष्टियों से 'अनामिका' निराला का ही नहीं, पूरे स्वच्छंदतावादी युग का प्रतिनिधि काव्य-संग्रह हैं।''[6] यहाँ संभवतः निराला के विरोधाभास से तात्पर्य कवि के वैविध्य से है, जो भाव-विचार, भाषा और शिल्प कई दिशाओं में देखा जा सकता है।

'अनामिका' में गीतों और छोटी कविताओं की संख्या कम होती गई तथा निराला बृहत्तर प्रयोगों में अधिक रुचि लेने लगे। गीतों में यहाँ अब भी प्रेम, सौंदर्य, प्रकृति, विनय, अध्यात्म आदि की भावनाएँ मौजूद हैं। प्रिया से, चुंबन, प्रगल्भ प्रेम आदि 1923-24 ई. के बीच रचे गए गीत हैं, जिनमें परिमलकालीन भावनाओं की गूँज है। पर मरण-दृश्य, अपराजित, वसंत की परी के प्रति, प्राप्ति आदि गीत कवि के बदलते हुए मनोजगत् का परिचय देते है। यहाँ यथार्थ-जीवन की संपृक्ति बढ़ जाती है और कवि मात्र सदाशयता से संतुष्ट होता नहीं दिखाई देता। उसकी दृष्टि किसान की नई बहू की आँखों पर जाती है, जो कभी अपने सपनों को सत्य नहीं कर पाई। वह ठूँठ को देखता है, जिस पर केवल एक वृद्ध विहंग बैठा हुआ कुछ याद कर रहा है। 'खुला आसमान' जैसे गीत निराला को प्रगतिशील गीतकारों की पंक्ति में ला बिठाते हैं। मेरा आशय यह है कि प्रायः गीतकार प्रेम की दुनिया से गुजरते हुए किसी प्रायश्चित्त भावना से दो-चार अन्य नारे लगा देते हैं और समझ लेते हैं कि वे प्रगतिशील हो गए। किंतु निराला की चेतना में समाज का वह वर्ग अपनी संपूर्ण विषमता में प्रवेश करता है जिसे दलित, शोषित कहा जाता है। निराला ने बैसवाड़े में किसान-आंदोलन का नेतृत्व किया था और उनकी गद्य रचनाओं में दलित वर्ग के अनेक चित्र मिलते हैं। 'खुला आसमान' विधा के रूप में यद्यपि एक छंदबद्ध तुकांत रचना है, पर निराला ने उसमें एक ग्राम-दृश्य को पूरे यथार्थ में उरेहा है, जिसके अंत में रूमानी तेवर हैं। कविता स्वयं में पूर्ण है, इसलिए इसे संपूर्ण उद्धृत करके ही निराला के स्थानांतरण अथवा विकास को समझा जा सकता है सामाजिक यथार्थ की ओर प्रयाण। यहाँ भाषा भी प्रसंगानुकूल बदलाव की ओर है :

बहुत दिनों बाद खुला आसमान
निकली है धूप, हुआ खुश जहान।
दिखीं दिशाएँ झलके पेड़
चरने को चले ढोर-गाय, भैंस, भेड़,
खेलने लगे लड़के छेड़-छेड़
लड़कियाँ घरों को कर भासमान।

कोई बाजार, कोई बरगद के पेड़ के तले
जाँघिया, लंगोटा ले सँभले
तगड़े-तगड़े सीधे नौजवान
पनघट में बड़ी भीड़ हो रही
नहीं ख्याल आज कि भीगेगी चूनरी
बातें करती हैं वे सब खड़ी
चलते हैं नयनों के सधे बान !

इससे प्रमाणित होता है कि निराला संगीत के जगत् से बाहर निकलकर ठोस, खुरदुरी जमीन पर आ गए हैं। रवीन्द्र और विवेकानंद के जो अनुवाद 'अनामिका' में संकलित हैं, वे कवि की पिछली मनोभूमि का परिचय देते हैं और उनका रचनाकाल पुराना है, अन्यथा नई दुनिया उनके लिए काफी बदली हुई है। 'अनामिका' की प्रथम कविता 'प्रेयसी' में हम निराला को रूमानी तेवर, आध्यात्मिक स्वभाव के साथ ही उन्हें उस सामाजिक वैषम्य को छूते हुए देख सकते हैं, जिसकी ओर वे अधिकाधिक उन्मुख होते गए और उन्होंने स्थिति में बदलाव के लिए व्यंग्य तक का सहारा लिया। इसमें प्रकृति-चित्रों के माध्यम से प्रिय-प्रिया के घनिष्ठ मिलन का संकेत है—सजल शिशिर धौत पुष्प ज्यों प्रात में एकटक किरण-कुमारी को देखता है, अथवा प्रेयसी के शब्दों में :

याद है, उषःकाल—
प्रथम किरण कंप प्राची के दृगों में
प्रथम पुलक फुल्ल चुंबित वसंत की
मंजरित लता पर
प्रथम विहग बालिकाओं का मुखर स्वर
प्रणय मिलन गान,
प्रथम विकच कलि वृंत पर नग्न तनु
प्राथमिक पवन के स्पर्श से काँपती...।

यह संपूर्ण दृश्य सौंदर्य शृंगार का है, पर इसी दीर्घ प्रगीत में प्रेयसी स्वीकारती है कि 'हुआ रूप दर्शन, जब कृतविद्य तुम मिले...।' यहाँ साधारण प्रिय-प्रिया का संगम न होकर, दो ज्योति-छवियों का मिलन है, इस प्रकार, एक उच्चतर संकेत भी यहाँ विद्यमान है। पर कविता में प्रिय-प्रिया के मिलन में जो बाधाएँ हैं, वे नियति-परिचालित न होकर सामाजिक वैषम्य पर आधारित हैं। प्रिया रूढ़ि, धर्म, कुल, मान, शील के उच्च प्राचीरों का जिक्र करती है। ये सामाजिक संकेत दान, तोड़ती पत्थर, वन-बेला जैसी प्रगतिशील रचनाओं की सृष्टि करते हैं और कहीं-कहीं व्यंग्य के प्रहार बहुत तीखे हो जाते हैं, जैसे वन-बेला में।

'अनामिका' की व्यंग्य रचनाएँ वैयक्तिक प्रतिक्रियाओं से आरंभ होकर सामाजिक

भूमियों तक जाती हैं। यह उनके बढ़ते हुए आत्मविश्वास का प्रतीक है। 'हिंदी के सुमनों के प्रति पत्र' में निराला ने लिखा है—"ईर्ष्या कुछ नहीं मुझे यद्यपि मैं ही वसंत का अग्रदूत।" यह मात्र गर्वोक्ति नहीं है, अपनी रचना के प्रति कवि की आस्था का संकेत है। साहित्य का इतिहास साक्षी है कि निराला जैसे विद्रोही और मूल्यों के लिए जीने वाले कवि को निरंतर संघर्ष का सामना करना पड़ा। उनके जीवन में आर्थिक अभाव थे, क्योंकि वे समझौता करने से इनकार कर चुके थे। गलत सामाजिक मान्यताओं का विरोध करने के कारण उनके शहीद हो जाने तक का खतरा था। काव्य में एक नई भूमि तोड़ने में वे आगे थे, पर नासमझ आलोचकों की स्वीकृति में सबसे पीछे। 'मित्र के प्रति' कविता में कवि उनके प्रति व्यंग्य करता है जो काव्य को बंधनों में बाँधकर रखना चाहते हैं। यह व्यंग्य जब सामाजिक आशयों से और भी गहरे रूप में जुड़ता है, तब वन-बेला जैसे व्यंग्य काव्य की रचना होती है। यहाँ निराला की प्रतिक्रियाएँ वैयक्तिक लग सकती हैं, क्योंकि वनबेला सोचता है : "हो गया व्यर्थ जीवन, मैं रण में गया हार।" जिस राजपुत्र पर वनबेला व्यंग्य करता है, वह आरंभ में व्यक्ति दिखाई देता है और लोग उसे नेहरू तक से जोड़ देना चाहते हैं। पर निराला जैसे उदात्त भावनाओं और सामाजिक आशय से संपन्न कवि के लिए इस प्रकार की नितांत वैयक्तिक भूमि पर उतर आना कठिन है। यहाँ निराला वर्ग पर हमला करते हैं, व्यक्ति तो माध्यम भर है। वह उन कवियों को भी नहीं छोड़ता जो ऐसे व्यक्तियों के लिए पैसे में दस राष्ट्रीय गीत रचकर बेचते हैं। काव्य के अंत में वनबेला अपने आत्मविश्वास पर कायम रहता है और यही उसकी शक्ति हैं यहाँ आध्यात्मिकता से मुक्ति है और 'रेखा' जैसी कविताओं में रूमानी-अध्यात्म की एक सम्मिलित भूमि है।

'दान' कविता में धार्मिक पाखंड पर व्यंग्य है। इसे कवि ने मानो स्वयं देखा है क्योंकि वह इसे घटना, दृश्य के तौर पर प्रस्तुत करता है। गोमती के पुल पर, पथ के एक ओर कृष्ण-काय, कंकालशेष, मृत्यु-प्राय, भिक्षुक है। रामभक्त द्विज ने पुण्य की कामना से झोली के पुए वानरों को खिला दिए और बेचारा भिक्षु देखता रह गया। मनुष्य की क्षुधा की चिंता न करने वाला भक्त मोक्ष की कामना से वानरों का पेट भरता है। आरंभ में 'दान' कविता का स्वच्छंदतावादी ढाँचा है, जिसमें प्रकृति की भूमिका है, पर धीरे-धीरे कवि उसे व्यंग्य की ओर मोड़कर उसके तेवर बदल देता है। 'नर्गिस' कविता में मानव को श्रेष्ठतर घोषित किया गया है और पृथ्वी स्वर्ग से भी दिव्य स्वीकारी गई है। 'अनामिका' में 'तोड़ती पत्थर' जैसा यथार्थ चित्र है, जिसे हिन्दी की प्रगतिशील कविता के आदि-स्वरों में स्वीकारा जाता है। इलाहाबाद में अट्टालिका के सामने फुटपाथ पर पत्थर तोड़ती हुई इस मजदूरनी के विषय में निराला की टिप्पणी है—"जो मार खा रोई नहीं...।" यही स्थिति उस सर्वहारा की है, जो संगठित होकर पूँजीवाद के विरुद्ध क्रांति नहीं कर सकता।

सरोज-स्मृति

'अनामिका' में दो बृहत्तर प्रयोग हैं—सरोज-स्मृति और राम की शक्तिपूजा। इन दोनों में लगभग एक वर्ष का अंतराल है जो बहुत नहीं कहा जा सकता, पर इनकी विचार-भूमि में पर्याप्त अंतर दिखाई देता है। 'सरोज-स्मृति' की रचना 1935 ई. में हुई जब निराला ने अपनी एकमात्र कन्या सरोज को खो दिया था। पर 1936 ई. में 'राम की शक्तिपूजा' जैसी पौराणिक आख्यान पर आधारित कविता क्या प्रमाणित करती है कि निराला अपना संतुलन पा गए थे ? संभवतः यह स्थिति का सरलीकरण होगा। मुझे लगता है कि जीवन के संघर्ष-भरे क्षणों में निराला रचना के अनेक प्रयोगों से अपनी सहज काव्य-भूमि की रक्षा करने में लगे हुए थे और इस उपाय में वे वेदांत को पकड़े हुए थे। जीवन-यथार्थ बार-बार उन्हें झकझोरता था, उनमें व्यथा भरता था और वे आक्रोशी व्यंग्य मुद्रा में आ जाते थे। पर वे स्वत्व बचाए रखना चाहते थे। 'सरोज-स्मृति' को प्रायः शोकगीत कहकर संतोष कर लिया जाता है, अथवा इसे निराला की वैयक्तिक हानि के रूप में प्रस्तुत किया जाता है, पर इससे इस मर्मांतक-त्रासदी के साथ न्याय नहीं किया जा सकता। जिस समय मनोहरादेवी का अंत हुआ, सरोज लगभग दो वर्ष की थी और निराला ने एक साथ पिता-माता का दायित्व निभाया था। उनके लिए बेटी सरोज, प्रिया मनोहरादेवी का स्मृति-चिह्न भी थी। जिन विषम परिस्थितियों में निराला ने अपनी इकलौती बेटी को खोया था, वे नियति अथवा भाग्य से संबंधित नहीं हैं। इनके पीछे निराला का साहित्य-सेवा का धर्म, मूल्यों के लिए जीने की प्रबल आकांक्षा और इन सबके ऊपर रचनाकार का स्वाभिमान है। पर पिछड़े समाज का अर्थतंत्र शोषण की पूरी छूट देता है। डॉ. रामविलास शर्मा ने उन दिनों का दयनीय चित्र उभारा है, जब सरोज जीवन से संघर्ष कर रही थी और निराला के कई पत्रों के बावजूद प्रकाशकों में इंसानियत नहीं जागी थी।[7] अर्थात् सरोज का निधन जिन कारणों से हुआ, उन तक निराला पहुँच जाते हैं : शोषण पर आधारित जर्जर सामाजिक व्यवस्था। इसीलिए बेटी की व्यथा में डूबकर भी वे समाज की सड़ी-गली मान्यताओं पर आक्रमण करते हैं, रचना-धर्म को ही धिक्कारने लगते हैं। कहते हैं : मैं उपार्जन में अक्षम था, उत्तम पोषण नहीं कर सका। क्या सरस्वती की आराधना का यही पुरस्कार है ?

धन्ये, मैं पिता निरर्थक था
कुछ भी तेरे हित कर न सका !
जाना तो अर्थागमोपाय
पर रहा सदा संकुचित काय
लख कर अनर्थ आर्थिक पथ पर
हारता रहा मैं स्वार्थ समर...।

कविता के आरंभ में पश्चात्ताप और विषाद की सम्मिलित पंक्तियाँ हैं। फिर धीरे-धीरे निराला सरोज के बाल्यकाल के चित्र उकेरते हैं। ये दृश्य सहज, स्वाभाविक हैं—भाई की मार खाना, उत्फुल्ल दृग छलछल रोना आदि। इसी के बीच संपादकों की अज्ञानता के कारण लौटी हुई रचनाओं को पाकर कवि की उदासीनता है, पर शीघ्र ही निराला सरोज की ओर लौट पड़ते हैं। कुंडली में दो-दो विवाहों की भविष्यवाणी को झुठलाकर पोथी-पत्रा पंडितों पर उन्होंने तीखे व्यंग्य किए हैं और अंत में सरोज से कुंडली फड़वाकर मानो एक गलत मान्यता को नकार दिया है। निराला के लिए आने वाले विवाह प्रस्तावों को स्वाभाविक ढंग से कहा गया है। इसके बाद निराला अपनी बिटिया को युवावस्था में प्रवेश कराते हैं और संयत स्वर में उसके चित्र बनाते हैं :

आई, लावण्य-भार थर-थर
काँपा कोमलता पर सस्वर
ज्यों मालकौंश नव वीणा पर;
नैश स्वप्न ज्यों तू मंद-मंद
पूरी ऊषा जागरण छंद
काँपी भर निज आलोक भार
काँपा वन, काँपा दिक् प्रसार...।

बेटी के बड़ी हो जाने पर उसके लिए वर की तलाश करने में निराला जैसे अभावग्रस्त, पर विद्रोही व्यक्ति को कितनी कठिनाई हुई होगी, इसका अनुमान किया जा सकता है। यहाँ उन्होंने अपनी ही जाति-बिरादारी की दहेजी प्रवृत्ति पर तीखे व्यंग्य किए हैं और 'कान्यकुब्ज कुल कुलांगार' कहकर उन्हें लांछित किया है। निराला दहेज देकर वर खरीदने से इनकार करते हैं, एक प्रगतिशील विवाह रचाते हैं और समाज की जर्जर मान्यताओं को तिलांजलि देते हैं। निराला में ही साहस है कि वे अपनी बिटिया के लिए शोकगीत रचते समय यह लिख सके कि 'पुष्प सेज तेरी स्वयं रची !' कविता के आरंभ में निराला ने बेटी सरोज को 'जीवित कविते' कहकर संबोधित किया है और काव्य के अंत में उनका विषाद उन्हें फिर लपेट लेता है। वे स्वयं को भाग्यहीन कहते हैं :

दुःख ही जीवन की कथा रही
क्या कहूँ, आज जो नहीं कही...।

'सरोज-स्मृति' एक ओर निराला की अपूरणीय वैयक्तिक क्षति है, पर साथ ही उन सामाजिक विषमताओं पर प्रहार भी, जिनमें यशस्वी कवि अपनी बेटी को खो देता है। यहाँ निराला दर्द में डूबते हैं, पर सर्प की तरह फुफकार भी उठते हैं और उनका करुणाभरा स्वर आक्रोश और व्यंग्य में बदल जाता है, जो सूचित करता है कि निराला का अगला चरण और भी आक्रामक हो सकता है। 'सरोज-स्मृति' को

मात्र शोकगीत कह देना उसकी विराटता को कम करना है। यहाँ निराला अपनी बेटी के कारुणिक निधन के माध्यम से विषमता-भरे समाज पर आक्रामक मुद्रा में प्रहार करते हैं, जिसे हिंदी स्वच्छंदतावादी काव्य का एक नई यथार्थ भूमि में पदार्पण कहना अधिक उचित होगा। निराला के लिए एक बार फिर परीक्षा की घड़ी थी, पर वैयक्तिक हानि के क्षणों में भी उनका सांस्कृतिक-सामाजिक लक्ष्य धूमिल नहीं हुआ और वे अपराजेय रहे।

राम की शक्तिपूजा

'राम की शक्तिपूजा' का आरंभ जिस समासबहुला भाषा को लेकर होता है, उससे निराला की बौद्धिक प्रतिक्रियाओं का आभास मिलता है। इस कथा के बीज देवी-भागवत में मिलते हैं और शक्ति की पूजा का बंगाल में जो प्रचार है, जिसमें कृतिवास रामायण भी है, उसने भी कवि को प्रेरित किया। पर पौराणिक आख्यान में नए संदर्भ जगाने में निराला सजग रहे हैं। सर्वप्रथम, उन्होंने राम को देवत्व से हटाकर मानवीय भूमि पर प्रस्तुत किया। आरंभ में ही बताया गया है कि राम की सेना रावण को परास्त करने में असमर्थ है :

> स्थिर राघवेन्द्र को हिला रहा फिर-फिर संशय
> रह-रह उठता जग जीवन में रावण जय-भय !

पौराणिक राम के भक्त तो सदैव आश्वस्त रहे हैं कि विष्णुअवतारी राम जीतेंगे, जीतेंगे। पर आधुनिक संदर्भों में राम को इतना आश्वस्त नहीं चित्रित किया जा सकता। 'राम की शक्तिपूजा' के आरंभ में सूर्यास्त के उपरांत खिन्न मन लौटती हुई राम की वानरी सेना का दृश्य है। इसमें राम का भी एक चित्र है : दृढ़ जटा मुकुट हो विपर्यस्त प्रतिलट से खुल, फैला पृष्ठ पर बाहुलों पर, वक्ष पर विपुल, मानो दुर्गम पर्वत पर नैशांधकार उतरा हो। उसके बाद राम की सभा का दृश्य है—जहाँ अंधकार ही अंधकार है, केवल एक मशाल जल रही है। पीछे महासागर चुनौती बनकर गरज रहा है। जलती हुई मशाल, शंकाओं के बीच राम के उस चेतन व्यक्तित्व का प्रतीक भी है, जिसे संघर्ष का नेतृत्व करना है। वीरत्व के इस प्रसंग में निराला की स्वच्छंदतावादी चेतना सहसा सक्रिय हो उठती है और वे शंका-भरे राम के सामने जनक-वाटिका का वह प्रसंग स्मृति-खंड के रूप में प्रस्तुत करते हैं, जब राम ने प्रथम बार प्रिया को लताओं की ओट से देखा था। इस रूमानी प्रसंग का प्रवेश काव्य को एक क्षण के लिए ओजगुण से अलगाना चाहता है, पर कवि सावधान है और वह काव्य को उसकी मूलभूमि में लौटाता है। राम-सीता का यह मिलन-चित्र निराला ने गतिशील दृश्य के रूप में प्रस्तुत किया है—एक के बाद लगातार दूसरा चरण। स्मृति-चित्र के बाद ही राम के मन में एक संकल्प का उदय होता है :

> ऐसे क्षण अंधकार घन में जैसे विद्युत्

जागी पृथ्वी-तनया-कुमारिका-छवि, अच्युत
देखते हुए निष्पलक, याद आया उपवन
विदेह का, प्रथम स्नेह का लतांतराल मिलन
नयनों का नयनों से गोपन, प्रिय संभाषण—
पलकों का नव पलकों पर प्रथमोत्थान पतन—
काँपते हुए किसलय-झरते-पराग-समुदय
गाते खग, नव-जीवन-परिचय, तरु मलय-वलय
ज्योतिःप्रपात स्वर्गीय, ज्ञात छवि प्रथम स्वीय—
जानकी नयन कमनीय प्रथम कंपन तुरीय... !

यह सारा दृश्य गतिशील है—नेत्रों का मिलन, वार्तालाप, सीता का लज्जा-अनुराग-मिश्रित भाव। सहसा दृश्य में एक नए अर्थ का संचार : किसलयों का काँपना, पक्षियों का संगीत और मलय-वायु का तरु की परिक्रमा करना—एक दुनिया का बदल जाना। इसी कारण इस दृश्य का स्मरण आते ही राम एक बार पुनः धनुर्भंग की मुद्रा में आ जाते हैं और 'फिर विश्व-विजय भावना हृदय में आई भर'। यह एक प्रकार से राम का आत्मसाक्षात्कार है, जिसमें कवि ने प्रिया सीता को प्रेरणा के रूप में प्रस्तुत किया है। इस रूमानी प्रसंग के बाद हनुमान की शक्ति का चित्रण है, मेघनाद का वक्तव्य है। एक बार फिर राम का संशय है, जो उनके अंतर्द्वंद्व से संबद्ध है। अंत में जांबवान का प्रस्ताव है—शक्ति की पूजा का औंर राम उसे स्वीकार कर शक्ति-पूजन में तत्पर होते हैं। इस प्रसंग के निर्माण में बंगाल की शक्ति-परंपरा का प्रभाव है, जिसे निराला ने निकट से देखा था। पूजन के बीच एक नाटकीय स्थिति का प्रवेश कराया गया है कि जब अंतिम एक सौ आठवाँ कमल समर्पित करना था तो राम की परीक्षा के लिए शक्ति चुपके से उसे उठा ले गईं। राम एक क्षण के लिए दुखी होते हैं, पर सहसा निर्णय लेते हैं कि वे अपना कमलनेत्र शक्ति को अर्पित कर देंगे और ज्यों ही वे इसके लिए तत्पर होते हैं कि शक्ति स्वयं उपस्थित होकर उन्हें आशीषती है—'होगी जय, होगी जय हे पुरुषोत्तम नवीन...।'

'राम की शक्तिपूजा' में पौराणिक आख्यान के साथ निराला का व्यक्तित्व भी अंतर्निहित है और कहा जा सकता है कि राम में कई बार स्वयं निराला इस रूप में प्रवेश कर गए हैं कि दोनों को अलगा पाना कठिन है। कवि के जीवन-संघर्ष राम में मौजूद हैं। राम कहते हैं—'अन्याय जिधर है, उधर शक्ति'। यह मूल्यों की पराजय का संकेत नहीं, तो और क्या है ? राम की उक्ति है, आरंभ में विषाद, पर अगली ही पंक्ति में निराला की वही अपराजेय मुद्रा :

धिक् जीवन को जो पाता ही आया विरोध
धिक् साधन जिसके लिए सदा ही किया शोध।
जानकी ! आह उद्धार प्रिया का हो न सका

वह एक और मन रहा राम का जो न थका।
जो नहीं जानता दैन्य, नहीं जानता विनय
कर गया भेद वह मायावरण प्राप्त कर जय !

'राम की शक्तिपूजा' जैसी रचनाओं में आचार्य वाजपेयी ने महाकाव्य की संभावनाएँ देखी हैं : विराट् चित्रों का निर्माण, उदात्त भाव प्रसंग, सार्थक कल्पना, संगत प्रतीक विधान—ये सब महाकाव्योचित काव्य-विधान हैं। ओज, वीरता-संपन्न चित्रों के साथ कोमल प्रसंगों की योजना बताती है कि निराला का वैविध्यपूर्ण कौशल कई भाव भूमियों का चित्रण समान अधिकार से कर सकता है। यदि हम आधुनिक महाकाव्य से वर्णनात्मकता का आग्रह नहीं करें तो अपने अपेक्षाकृत लघु कलेवर में 'राम की शक्तिपूजा' में महाकाव्योचित गरिमा विद्यमान है, इसमें संदेह नहीं। यह कविता प्रमाणित करती है कि निराला बृहत्तर प्रयोगों को सार्थक समापन तक पहुँचाने वाले कवि हैं।

तुलसीदास

इसी क्रम में 'तुलसीदास' जैसा सांस्कृतिक काव्य आता है, जिसका प्रकाशन 1938 ई. के अंत में हुआ। एक सौ छंदों और छः सौ पंक्तियों के इस काव्य में निराला पौराणिक जगत् से आगे बढ़कर इतिहास के क्षेत्र में प्रवेश करते हैं और यह उनके विकसित व्यक्तित्व का संकेत है। इसके पूर्व निराला 'शिवाजी का पत्र' जैसी कविताओं में इतिहास की घटना का उपयोग कर चुके थे। पर 'तुलसीदास' में वे अधिक खुली इतिहास दृष्टि अपनाते हैं और जातीय आग्रहों से भी मुक्त होने की चेष्टा करते हैं। इसके अतिरिक्त इतिहास के साथ उनकी स्वच्छंदतावादी कल्पना का भी योग यहाँ होता है, इसीलिए इतिहास का संपूर्ण द्वंद्वात्मक चित्र उभरने नहीं पाता। रूमानी भावना व्यक्त करने के लिए तुलसीदास और रत्नावली का प्रसंग लिया गया है, अन्यथा इस जनवादी कवि को सांस्कृतिक नायक के रूप में भी प्रस्तुत किया जा सकता था। 'तुलसीदास' में इतिहास और कल्पना, यथार्थ और स्वच्छंदता का मिश्रण हुआ है। कवि ने तुलसी के माध्यम से रचनाकार के सांस्कृतिक दायित्व पर विचार किया है और उसमें आधुनिक संदर्भों का प्रवेश कराया है।

काव्य के आरंभ में भारत के राजनीतिक-सांस्कृतिक पराभव के दृश्य हैं : चारों ओर अंधकार-ही-अंधकार है; देश पर मुगलों का शासन है; बुंदेलखंड भी आभागत हो गया। टुकड़ों में बँटे छोटे-छोटे राजा बस सामंत बनकर रह गए, जो बंदीगण के समान सम्राट् का यशोगान करते थे। सांस्कृतिक पराजय के ऐसे क्षणों में एक कृत्रिम, आलंकारिक जीवन पनप रहा था। इसी क्रम में निराला दिल्ली के मार्ग में यमुना के किनारे पड़ने वाले राजापुर नामक स्थान का उल्लेख करते हैं, जहाँ प्रतिभावान, काव्यालोचन में निष्णात युवक तुलसीदास जन्मे थे। इतना कहकर निराला काव्य को

चित्रकूट की सुरम्य वनखंडी में पहुँचा देते हैं। तुलसीदास का चित्रकूट से घनिष्ठ संबंध माना गया है : 'सब दिन चित्रकूट नीको लागत'। पर निराला प्रेम को इस प्रकृति के माध्यम से सहज अभिव्यक्ति मिलने की गुंजायश हो जाती है क्योंकि इस प्रकार का एकांत साधना के लिए भी उपयोगी है। सबसे महत्त्वपूर्ण तथ्य यह कि इसी प्रकृति के माध्यम से निराला पराभूत राष्ट्र के दयनीय दृश्य उभारते हैं। वे यहाँ इतिहास के निकट आने की कोशिश करते हैं। मुगलों की सभ्यता भोग-विलास पर आश्रित थी और उसका इतना व्यापक कुप्रभाव था कि भारत की आध्यात्मिक चेतना लगभग मेघाच्छन्न हो गई थी।

निराला ने तुलसीदास के माध्यम से पराभूत संस्कृति के जो दृश्य प्रस्तुत किए हैं, वे मध्ययुगीन तो हैं ही, आधुनिक संदर्भों से भी बहुत दूर नहीं प्रतीत होते। काम-वासना का ऐसा प्रभाव है कि 'छवि के निश्छल देवता' अंतर्धान हो गए हैं। सारा समाज जैसे खंडित है, द्विज चाटुकार हो गए हैं और क्षत्रिय रक्षा करने में असमर्थ हैं। उच्च वर्णों की तुलना में निराला ने समाज के निम्नवर्ग, शूद्रों को अपनी सहानुभूति दी है :

चलते फिर पर निस्सहाय
वे दीन, क्षीण कंकाल काय
आशा केवल जीवनोपाय उर-उर में।

सारा राष्ट्र जैसे विलास की मदिरा में डूबा है। यहाँ निराला हिंदू राष्ट्रवाद से आगे बढ़कर एक ओर सारे प्रश्न को विलास और आध्यात्मिक संघर्ष का रूप देते हैं, दूसरी ओर वे समाज के निम्नवर्ग को अपनी संवेदना देते हैं। इस दृष्टि से 'तुलसीदास' निराला की विचारभूमि में एक नया विकास है। यहाँ संघर्ष दो जातियों के बीच न होकर, दो जीवन-दृष्टियों के बीच है और कवि ने 'भारत-संस्कृति' शब्द का प्रयोग किया है (छंद, 33)। ऐसे पराभूत क्षणों में तुलसी अपने कवि-दायित्व को पहचानते हैं, शाखा के नव-विहंग की भाँति वे मुक्त आकाश में उड़ते हैं और जीवन की नई-नई छवियाँ उनके समक्ष खुलने लगती हैं। तुलसी की चेतना ऊर्ध्वमुखी होती है और वे संकल्प लेते हैं :

करना होगा यह तिमिर पार—
देखना सत्य का मिहिर द्वार—
बहना जीवन के प्रखर ज्वार में निश्चय।
लड़ना विरोध से द्वंद्व समर
रह सत्य मार्ग पर स्थिर-निर्भर
जाना भिन्न भी देह, निज घर निःसंशय।

तुलसी का यह संकल्प कि वे 'सत्य' को पहचानेंगे, सही मूल्यों के लिए लड़ेंगे, किसी भी रचनाकार का सांस्कृतिक दायित्व होना चाहिए और यद्यपि निराला मध्ययुग

के संदर्भ में अपनी बात कह रहे हैं पर हर समय में यह उतनी ही संगत है। लगता है जैसे आधुनिक युग में निराला ने तुलसी के शब्दों में स्वयं यह सांस्कृतिक संकल्प लिया और उसे निभाया भी। तुलसी 'उमड़े भारत का भ्रम अपार हरने को' तत्पर होते हैं। तभी निराला अपने काव्य को स्वच्छंदतावादी रूमानी मोड़ देते हैं, और रत्नावली का प्रवेश करते हैं।

काव्य में रत्नावली का प्रवेश निराला को अवसर देता है कि वे अपनी स्वच्छंदतावादी चेतना का प्रकाशन कर सकें। तुलसी के व्यक्तित्व में सृजन का जो नया द्वार खुलता है, उसके लिए रत्नावली प्रेरणा का कार्य करती है। इन सबके ऊपर निराला का नारी के प्रति वह आदर-भाव है, जो उनके सृजन में देखा जा सकता है। मध्ययुग में नारी की स्थिति दयनीय थी और निराला उसे एक सम्मानित स्थान देना चाहते हैं। रत्नावली के लिए अनेक विशेषणों का उपयोग उसके व्यक्तित्व की झाँकी देने के लिए किया गया है : प्रेयसी, प्राणसंगिनी, शुभ आदि। वह एक क्षण के लिए स्मृति में आकर चली जाती है, पर तुलसी की चेतना ही जैसे रूपांतरित हो गई हो। वह प्रिया और प्रकृति में विलक्षण साम्य देखता है :

वह श्री पावन, गृहिणी उदार
गिरि-वर उरोज, सरि पयोधार
कर वन-तरु, फैला फल निहारती देती;
सब जीवों पर है एक दृष्टि
तृण-तृण पर उसकी सुधा-वृष्टि
प्रेयसी, बदलती वसन सृष्टि नव लेती !

इसके बाद निराला तुलसी को प्रकृति के घनिष्ठ संपर्क में लाते हैं। वह चित्रकूट के प्रकृति दृश्यों को पीता हुआ घर लौटता है। फिर तुलसी के जीवन के पारिवारिक प्रसंग हैं, जिनमें निराला की दृष्टि घटनाओं पर भी है। रत्नावली का भाई उन्हें लिवा ले जाता है और तुलसी का मोहबद्ध मन व्याकुल हो उठता है, वे प्रिया के पास चल देते हैं। वहाँ उसी से अपमानित, लांछित होते हैं—'राम के नहीं, काम के सूत कहलाए'। यहाँ 'तुलीसदास' में एक अन्य नाटकीय मोड़ आता है, जैसे तुलसी का पुनर्जन्म हुआ हो। उनका प्रबल संस्कार जागता है, काम जल जाता है और एक पट-परिवर्तन-सा होता है, दृश्य बदल जाते हैं। तुलसी श्रीशारदा भारती के सचेतन रूप को देखते हैं। निराला काव्य के अंतिम छंदों में अपने प्रिय कवि तुलसीदास को एक जनकवि के रूप में प्रतिष्ठित करते हैं, जो अपने संकल्प को कार्य रूप में परिणत करना चाहते हैं। वे अंतःस्थित होते हैं, स्वयं को पहचानते हैं और अपने सांस्कृतिक दायित्व का पालन करने के लिए तत्पर होते हैं। यह जड़ता पर चेतना की विजय है : जागो, जागो आया प्रभात/बीती वह, बीती अंध रात...।

तुलसी के लिए रत्नावली एक प्रेरणा बनती है; वह निराला की मनोहरादेवी

भी हो सकती है। 'तुलसीदास' काव्य इस प्रकार एक महत् सांस्कृतिक आशय से संपन्न है। यहाँ तुलसी की जीवनी के एक छोटे-से खंड का उपयोग पूर्ण कौशल से किया गया है और अपना आशय प्रतिपादित करने में कवि सफल है। इससे जनकवि का जो व्यक्तित्व उभरता है, वह प्रेरणाप्रद है, शक्तिसंपन्न भी। यहाँ कवि की ऊर्ध्वमुखी चेतना का बखान है और उच्चतर मूल्यों के व्याख्याता रूप में उसे प्रतिष्ठित किया गया है। काव्य में नाटकीयता का तत्त्व प्रचुर मात्रा में मौजूद है और घटना को मोड़ते हुए निराला उसे विश्वसनीय तथा स्वाभाविक बनाए रखना चाहते हैं। तुलसी के मानसिक अंतर्द्वंद्व के चित्रण में निराला कवि के संकल्प-विकल्प को उभारते हैं, पर अंत में कवि के ऊर्ध्वमुखी चेतन को जिता देते हैं,। यहाँ चित्रकूट के माध्यम से प्रकृति-दृश्यों का भरपूर उपयोग हुआ है। एक प्रकार से प्रकृति इस काव्य की प्रशस्त पीठिका है, तुलसी को इससे प्रेरणा मिलती है और वे प्रतीकों-बिंबों के रूप में इसका उपयोग करते हैं। काव्य में प्रकृति की महत्त्वपूर्ण भूमिका है; उसका आना स्वतंत्र व्यक्तित्व भी है, पर मानव-कल्याण में नियोजित।

'तुलसीदास' और 'राम की शक्तिपूजा' जैसे काव्य निराला की जिस रचना-सामर्थ्य का प्रमाण देते हैं, उससे समीक्षकों ने उनमें महाकाव्य-निर्माण की सहज संभावनाएँ देखी हैं और इन रचनाओं को महाकाव्यात्मक अथवा 'एपिकल' कहकर संबोधित किया है। 'तुलसीदास' स्वच्छंदतावादी चेतना को बौद्धिक स्तर पर लाने की चेष्टा में छायावाद को एक नया आयाम देते हैं। किसी काव्य-आंदोलन को उसकी पूर्णता पर पहुँचाकर, स्वयं नई संभावनाएँ खोज लेना सरल काम नहीं है। निराला ने 'तुलसीदास' में इसके संकेत दिए हैं कि हिंदी स्वच्छंदतावादी काव्य केवल वैयक्तिक रागात्मक अनुभूतियों के प्रकाशन का नाम नहीं है, उसमें महत् सांस्कृतिक आशय की रचनाएँ भी प्रस्तुत की जा सकती हैं, बशर्ते स्वयं कवि में इसकी क्षमता हो। 'तुलसीदास' में कथा कहना कवि का मुख्य आशय नहीं है, इसीलिए उसकी प्रवृत्ति वर्णनात्मक नहीं है। वह निराला की सांस्कृतिक दृष्टि और स्वच्छंदतावादी चेतना से निर्मित काव्य है। इस सांस्कृतिक दृष्टि में उनकी राष्ट्रीय भावना का भी योग है जो केवल वक्तव्यों पर आधारित न होकर, गहरे उतरती है और बौद्धिक हुआ करती है। इसे स्वच्छंतावादी काव्य की राष्ट्रीय चेतना के रूप में समझना चाहिए, जिसमें कवि अपने देश को भौगोलिक इकाइयों से बाहर ले जाकर बृहत्तर मानव-जीवन से जोड़ने का उपक्रम करते हैं।

'तुलसीदास' में निराला हर दृष्टि से एक प्रौढ़ बिंदु पर स्थित हैं और इसे हिंदी स्वच्छंदतावादी काव्य के एक नए मोड़ के रूप में देखना चाहिए, क्योंकि इस समय तक छायावाद अपनी पूर्णता पर पहुँच चुका था। यह आश्चर्यजनक तथ्य प्रतीत हो सकता है कि एक ओर निराला 'सरोज-स्मृति' जैसे करुण शोकगीत का निर्माण कर रहे थे, पर धीरे-धीरे वे उस त्रासदी से स्वयं को मुक्त करने की चेष्टा में भी थे,

जो उन्हें भीतर-भीतर मथ कर चली गई थी और गहरे विषाद की छाया उन पर डाल गई थी। ऐसे ही दुर्भर क्षणों में किसी सृजनशील व्यक्तित्व की परीक्षा होती है। एक ओर वेदांत निराला को आत्मस्थ हो जाने के लिए सहारा दे रहा था, ताकि वे अपनी मूल भूमि पर बने रहें, दूसरी ओर निराला स्वयं को सामाजिक संदर्भों से अधिकाधिक जोड़ रहे थे। अध्यात्म और सामाजिक यथार्थ मोटे तौर पर एक-दूसरे के विरोध में भी जा सकते हैं, पर निराला इन दोनों के माध्यम से जिस धर्म-निरपेक्ष मानवीयता तक पहुँचते हैं, वहाँ संघर्ष का अवसर कम है। 'तुलसीदास' में इतिहास के दृश्य कवि की यथार्थ दृष्टि से निर्मित हैं और उसकी वस्तुपरकता बताते हैं। रत्नावली का प्रसंग रूमानी चेतना से निर्मित है और आध्यात्मिक-दार्शनिक अनुक्रम उच्चतर मानव-मूल्यों की तलाश का प्रयत्न है, जहाँ कवि शरीर से ऊपर उठने का संदेश देता है। काव्य के इस बौद्धिक मोड़ पर आकर निराला स्वयं को संयत करते हैं, उच्च भावों के चित्रण में समर्थ होते हैं और उनका 'तुलसीदास' महाकाव्य की रेखा छू लेता है। इससे निराला का काव्य एक नए मोड़ पर पहुँचकर, उनके चिंतक व्यक्तित्व की एक अधिक प्रभावशाली छवि हमारे सामने रखता है।

प्रगतिशील चरण

स्वच्छंदतावादी प्रवृत्ति के बावजूद निराला सामाजिक यथार्थ को ग्रहण करते रहे हैं और आरंभिक चरण में उन्होंने इसका परिचय दिया था। इतिहास के दबावों में यह सामाजिक चेतना विकास पाती गई और यह कहना अधिक संगत नहीं होगा कि कुछ वैयक्तिक कारणों से निराला का मनोजगत् सहसा बदल गया। सन् 1930 ई. के बाद भारत के राजनीतिक इतिहास में एक तेजी आने लगी थी। गांधी ने दूसरे गोलमेज सम्मेलन में भारत का प्रतिनिधित्व किया था और 1935 ई. में स्वायत्त शासन की घोषणा हुई थी। 1939 ई. में द्वितीय विश्वयुद्ध की शुरुआत हो गई थी, जिसने विश्व राजनीति को मथ दिया था। देश में अजीब तंगी थी और सन् 1942 ई. के स्वतंत्रता आंदोलन के दौर में जनता अनेक प्रकार की कठिनाइयों से गुजर रही थी। स्वतंत्रता-प्राप्ति तक देश को अनेक आर्थिक दबावों से गुजरना पड़ा और इसी बीच बंगाल में भीषण अकाल पड़ा। सन् 1935 ई. के आस-पास भारत की बदलती हुई राजनीति का प्रभाव देश से बाहर रहने वाले भारतीयों तक पड़ने लगा था। 1935 ई. में भारतीय प्रगतिशील लेखक-सम्मेलन की स्थापना लंदन में हो चुकी थी, जिसके घोषणा-पत्र में कहा गया था कि जनसाधारण की जिंदगी के साथ कला को जोड़ना चाहिए और एक सुंदर भविष्य बनाने में सहायता करनी चाहिए। 1936 ई. में प्रगतिशील लेखक संघ का अधिवेशन लखनऊ में प्रेमचंद की अध्यक्षता में हुआ, जहाँ उन्होंने घोषित किया कि सुंदरता की कसौटी बदलनी ही होगी। उनके वक्तव्य का समापन है : ''हमारी कसौटी पर वही साहित्य खरा उतरेगा जिसमें उच्च चिंतन हो, स्वाधीनता

का भाव हो, सौंदर्य का सार हो, सृजन की आत्मा हो, जीवन की सच्चाइयों का प्रकाश हो; जो हममें गति, संघर्ष और बेचैनी पैदा करे, सुलाए नहीं, क्योंकि अब और ज्यादा सोना मृत्यु का लक्षण है।"[8] 1938, 1942 तथा 1943 ई. में भी प्रगतिशील लेखक संघ के अधिवेशन हुए।

इन परिस्थितियों की पृष्ठभूमि में जब हम निराला के बदले हुए तेवरों पर विचार करते हैं तो हमें यह मानना होगा कि उनमें इतिहास-समाज के दबावों की पहचान थी। यह बात दूसरी है कि अपने दृढ़ व्यक्तित्व के कारण वे किसी भी प्रभाव को एक सीमा तक ही स्वीकारते हैं। प्रायः निराला के इस काव्य-चरण को उनका परवर्ती काव्य अथवा प्रगति-प्रयोग का काल कहकर संबोधित किया जाता है। परवर्ती काव्य का संबोधन काव्य के वर्गीकरण के लिए औचित्य रखता है, यद्यपि ऐसा करते हुए हमें प्रथम तथा अंतिम चरण के बीच एक ऐसा मध्यवर्ती काव्य भी रखना होगा जब कवि स्वच्छंदतावाद की गीतात्मक, रूमानी प्रवृत्तियों से सामाजिक यथार्थ की भूमि में धीरे-धीरे प्रवेश करता है और द्वितीय 'अनामिका' में ऐसी ही संक्रमणकालीन अंतरिम स्थिति है। 'अणिमा' का प्रकाशन 1943 ई. में हुआ, जबकि निराला व्यंग्य को अपना चुके थे, क्योंकि 'कुकुरमुत्ता' का प्रकाशन हो चुका था, पर 'अणिमा' में भी सम्मिलित स्वर देखे जा सकते हैं, जिन्हें, प्रायः 'निराला के प्रयोग' कह दिया जाता है। इसे भी संयोग कहिए कि 1943 ई. में तारसप्तक का प्रकाशन हुआ, जिसे संपादक के न चाहते हुए भी, प्रयोगवाद का उद्‌घोष मान लिया गया, जबकि स्थिति यह है कि संपादक अज्ञेय को छोड़कर प्रायः शेष सभी कवि कम-से-कम उस समय मार्क्सवाद से जुड़े हुए थे। निराला के नए काव्य-चरण में प्रगति प्रयोग की जो सम्मिलित स्थिति है, उसकी ठीक पहचान के लिए तत्कालीन सामाजिक परिस्थितियों और निराला के व्यक्तित्व की सही समझ होनी चाहिए। इसे हम स्वच्छंदतावाद के एक गतिशील चरण के रूप में देखना चाहेंगे, जहाँ, कवि सामाजिक यथार्थ को द्वंद्वात्मक दर्शन की सहायता से व्याख्यायित नहीं करता, वरन् एक संवेदनशील जागृत कवि के रूप में जगत् पर वस्तुपरक दृष्टि डालता है। यद्यपि यहाँ रूमानी दृष्टि से मोहभंग भी देखा जा सकता है।

अणिमा

'अणिमा' का प्रकाशन 1943 ई. में हुआ और इसमें कई प्रकार की रचनाएँ सम्मिलित हैं जिनसे कवि के बदलते हुए तेवरों का पता चलता है, जबकि कुछ रचनाएँ पिछले चरण से जुड़ी हुई हैं। इसमें प्रसाद, शुक्ल, रैदास, बुद्ध, विजयलक्ष्मी, महादेवी के अतिरिक्त स्वामी प्रेमानंद के विषय में एक लंबी कविता है। व्यक्तियों पर लिखी गईं ये कविताएँ प्रायः निराला की भावना का ही प्रकाशन हैं और इन्हें इसी रूप में लेना चाहिए। किंचित् लंबी कविताओं में 'सहस्राब्दि' सांस्कृतिक आशय ले कर रची गई

है जिसमें कवि भारत के उस विगत वैभव का स्मरण करता है, जब विक्रमादित्य का अभिनन्दन हुआ था। निराला की सांस्कृतिक जानकारी और उसमें उनकी गहरी रुचि का यहाँ हमें पता चलता है, शंकर का उत्थान, बौद्ध धर्म का पतन, कुमारिल की चर्चा से लेकर कान्यकुब्ज का टूटता साम्राज्य आदि तक का उल्लेख हुआ है। इसे निराला में विकसित इतिहास-दृष्टि का संकेत समझना चाहिए और मेरा विश्वास है कि यदि वे पूर्ण स्वस्थ रह सके होते तथा इतिहास के प्रमाणीकरण के लिए जिन साधनों की अपेक्षा होती है, वे उन्हें सुलभ होते, तो वे इस दिशा में और अधिक सार्थक प्रयोग करते।

'अणिमा' में निराला का काव्य-स्वर बदला दिखाई देता है, जैसे धीरे-धीरे कवि का मोहभंग हो रहा हो। यद्यपि यह स्वच्छंदतावाद विरोधी किसी मूर्तिभंजक का आक्रोश नहीं है, जो अपने ही बनाए हुए काव्य-आंदोलन की समाप्ति की घोषणा कर देना चाहता हो। पर 'अणिमा' में अब उन्मुक्त प्रणय-सौंदर्य के गीत तथा प्रकृति के रागात्मक ऋतु-चित्रों की संख्या कम हो गई है। अब भी बादल आते हैं, पर कवि उनमें पूरी तरह डूब उतरा नहीं पाता (कविता, 2)। प्रकृति के दृश्यों और ऋतु-चित्रों का कम होते जाना निराला के जिस बदलाव की सूचना देता है, उसमें मनुष्य और उसका यथार्थ अधिक स्थान पाते हैं। गीतों में प्रार्थनाभाव का भी अधिक प्रवेश होता है। और यह विनय-भाव जीवन के प्रति तटस्थ-भाव का क्रमशः दृढ़ होते जाना है। पर इन्हें जीवन के प्रति किसी पलायनवृत्ति से जोड़ना निराला के साथ अन्याय होगा। हर जीवन में, विशेषतया कवि के संवेदन-भरे जगत् में ऐसे क्षण आ सकते हैं, जब यात्रा के एक पड़ाव पर आकर वह स्वयं के लेखा-जोखा पर विचार करे और एक अन्यमनस्क दृष्टि भी उसमें आए। 'अणिमा' का विनय-प्रार्थना-भाव उसी मानवीय सदाशयता से संपन्न है जिसे हम निराला के काव्य में बराबर देखते आए हैं। यहाँ कवि प्रार्थना करता है—'दलित जन पर करो करुणा'। उसकी कामना है कि 'भाव जो छलके पदों पर, न हों हलके, न हों नश्वर'। कविता संख्या चार से लगभग आठ तक इसी प्रकार का प्रार्थना-भाव विद्यमान है, जहाँ कवि चाहता है : 'जाति जीवन हो निरामय'। निराला का यह विनय-भाव वेदांती भूमि से आगे बढ़ा हुआ दिखाई देता है, क्योंकि यहाँ दार्शनिक मंतव्यों के प्रकाशन की इच्छा कम है, स्वयं की विनय भावना की अभिव्यक्ति अधिक। इसीलिए व्यंग्य की आक्रोशी मुद्रा थम जाने के बाद निराला इसी प्रार्थना-भाव में रमे रहे। 'अणिमा' में एक हल्का-सा विषाद-भाव भी मौजूद है, जो निराला के व्यक्तित्व की दृढ़ता को देखते हुए अजीब लगता है। वे कहते हैं : "मैं अकेला, देखता हूँ, आ रही मेरे दिवस की सांध्य वेला।" आधे पके बाल, निष्प्रभ गाल, मंद होती चाल, हटता हुआ मेला सब एक विषादी स्थिति के प्रतीक हैं। अब कोई नाव भी पास नजर नहीं आती। इसी निराश, अवसादी मनःस्थिति को निराला ने कुछ सार्थक बिंबों में बाँधा है। कसकती रेत, सूखी आम की डाल,

सूना पुलिन सब उसी अवसाद को बिंबित करते हैं :

स्नेह निर्झर बह गया है
रेत ज्यों तन रह गया है।
आम की यह डाल जो सूखी दिखी
कह रही है—अब यहाँ पिक या शिखी
नहीं आते, पंक्ति मैं वह हूँ लिखी
नहीं जिसका अर्थ—
जीवन दह गया है।

दिए हैं मैंने जगत् को फूल-फल,
किया है अपनी प्रभा से चकित चल;
पर अनश्वर था सकल पल्लवित पल—
ठाट जीवन का वही
जो ढह गया है !

अब नहीं आती पुलिन पर प्रियतमा,
श्याम तृण पर बैठने को निरुपमा।
बह रही है हृदय पर केवल अमा;
मैं अलक्षित हूँ, यही
कवि कह गया है।

तो क्या निराला टूटने लगे हैं ? या उन्होंने वास्तविकता को जान लिया है ? अब भी उन्हें गर्व है कि उन्होंने जगत् को फूल-फल दिए हैं, अपनी प्रभा से चकित-चल किया है। पर स्थिति की वास्तविकता की पहचान, काल्पनिकता से मुक्ति का भी क्षण है। माना, यहाँ 'अभी न होगा मेरा अंत' जैसा आत्मविश्वास नहीं है, पर 'अणिमा' के कवि को यह ज्ञान प्राप्त हो गया है कि : " मरण को जिसने वरा है, उसी ने जीवन भरा है; सत्य यशोधरा भी उसकी है"। इसे हम दर्शन की भाषा में आत्मबोध, आत्मज्ञान, आत्मसाक्षात्कार भी कह सकते हैं, पर यह निराला की उस असमता से जुड़ी हुई, उसी से उपजी चीज है जो उनके काव्य का मूलाधार है। कभी उसे हम आध्यत्मिकता में देखते हैं, कभी स्वच्छंदतावाद की नई दिशाओं में, कहीं विनय-भाव में और उच्च मानवीयता में, पर निराला सर्वत्र अपने व्यक्तित्व के साथ उपस्थित हैं। 'अणिमा' में ऐसी कविताओं की काफी संख्या है, जिन्हें हम कवि द्वारा एक जीवन-दर्शन की प्राप्ति कह सकते हैं और जो उनके परवर्ती काव्य का प्रमुख स्वर है। कवि जानता है 'अँधेरा चला गया, सवेरा हो गया' मोहमयी तमिस्रा दूर हो गई है, जो प्राण मत्त हैं, वे कब किसी का मान जानते हैं ? 'उद्‌बोधन' कविता में यद्यपि मुख्य रूप से

राष्ट्रीय आवाहन का स्वर है, पर बीच-बीच में वही आध्यात्मिक दृष्टि है, जो उनके विनय-गीतों में विद्यमान है।

'अणिमा' में ऐसी भी कविताएँ हैं, जो सामाजिक यथार्थ से संबद्ध हैं जिन्हें एक ओर प्रगतिशील कहा जाता है, तो दूसरी ओर लोग उनमें 'प्रयोग' की भूमियाँ देखते हैं और इस प्रकार प्रगति-प्रयोग की सम्मिलित स्थिति उनमें खोजी जा सकती है। 'तारसप्तक' के प्रथम चरण के साथ भी कमोबेश रूप में यही स्थिति है और जब तक प्रयोगवाद और प्रगतिवाद का शीतयुद्ध नहीं आरंभ हुआ था, तब तक इन कवियों को काव्य के नए हस्ताक्षरों में गिना जाता था। बाद में इन्हें शिविरों में बाँट-बाँट कर देखा जाने लगा। साहित्यस्रष्टा जो सार्थक लेखन में विश्वास रखता है, यदि एक बिंदु पर आकर ठहराव महसूस करने लगता है और उसे लगता है कि वह नए जीवन-संदर्भो से न जुड़कर, बस स्वयं को दुहरा रहा है तथा पूँजीपति की तरह पिछली कमाई पर ही जी रहा है, तो वह स्वयं को गति देने से लिए रचना को नए मोड़ देने की चेष्टा करता है। यह रचना में किसी तरह का दल-बदल नहीं है जैसा कि दुर्बल लेखक करते पाए जाते हैं, बल्कि यह व्यक्तित्व के विकास की एक जागरूक प्रक्रिया है। 'अणिमा' की कविताएँ सामाजिक यथार्थ को सूक्ष्म दृष्टि से पकड़ती दिखाई देती हैं और बदलते हुए जीवन प्रसंगों के साथ न्याय कर सकने के लिए निराला ने अपनी कविता का मुहावरा भी बदला है। 'परिमल' और 'गीतिका' की प्रसादगुण संपन्न कोमलकांत पदावली तथा 'राम की शक्तिपूजा' और 'तुलसीदास' की सांस्कृतिक आशयवाली भाषा 'अणिमा' में देसी लिबास पहनती है। बंगाल पीछे छूट जाता है, बैसवाड़े की गरीब देहाती दुनिया निराला पर छा जाती है। यह वही जीवन है, जिसने निराला से 'चतुरी चमार', 'बिल्लेसुर बकरिहा', 'कुल्लीभाट' लिखवा लिया। इसी पृष्ठभूमि में 'अणिमा' की कतिपय रचनाओं और आगे के संपूर्ण सामाजिक विषमताओं में जन्मे व्यंग्य-काव्य को देखना चाहिए।

स्वीकारना होगा कि कई बार जीवन-यथार्थ को लिपिबद्ध करते हुए 'अणिमा' और उसके आगे भी निराला अपनी बात पूरी तीक्ष्णता से नहीं कह पाते। यह उनका कोई अंतर्विरोध नहीं है बल्कि उनकी उस अस्वस्थता के कारण हैं, जिन पर अनेक प्रयोजनों से कई प्रकार के आवरण डालने की चेष्टा की जाती रही है। मेरा विचार है कि निराला समस्त संकल्प और आध्यात्मिक शक्ति के बावजूद कहीं-न-कहीं किसी बिंदु पर भीतर-ही-भीतर टूटने लगे थे और इसे चाहे कोई नाम दिया जाए, पर उनकी रचना में जो हल्का-सा बिखराव या अन्विति की कमी है—कहीं-कहीं लड़खड़ाहट जैसी नजर आती है—वह इसी कारण से। कई बार संगति बिठा पाने में कठिनाई होती है, बिंब स्पष्ट नहीं हो पाते, अर्थ पूरे नहीं खुलते, प्रतीक अस्पष्ट नजर आते हैं और छोटी कविताएँ अच्छी शुरुआत करके भी समापन नहीं प्राप्त कर पातीं। 'अणिमा' में इस बिखराव के हल्के संकेत हैं, आगे चलकर तो स्थिति और भी बिगड़ती दिखाई

देती है। निराला ग्राम जीवन को पकड़ने और उसके चित्र बनाने में अपने कमाल का परिचय गद्य-कृतियों में बराबर देते हैं। 'अणिमा' की कविता संख्या चालीस में सड़क के किनारे का दृश्य अंकित है; संक्षिप्त, पर सधा हुआ। बिना वक्तव्य के गाँव की अभावग्रस्त जिंदगी का संकेत है : इक्कावान, बैलगाड़ी की पिछड़ी सभ्यता। इसी तरह जलाशय के किनारे का ग्रामीण दृश्य : आराम से विचरते स्यार; बदली हुई जिंदगी का एहसास भी यहाँ है; दुनिया बाजार है, सब सौदा करते हैं (कविता, बत्तीस)। चूँकि यहाँ दाना है, इसलिए दीन हैं, दीवाना है आदि। ये कविताएँ सामयिक संदर्भों से उपजी हैं और उनका मुहावरा भी सामयिकता को उभारता है। प्रकृति के रंगीन बिंब और सौंदर्य के रंग-बिरंगे प्रतीक धीरे-धीरे कम होते जाते हैं। यहाँ रोटी-जमीन की भूख की चर्चा है (कविता, नौ)। भाषा में देसी शब्दों की बहुतायत है; महफ़िल, जीवट, दिलदार, मेलजोल, मैनेजर, बनिया, गुड़, रेल, तार, बिजली आदि। इस प्रकार, 'अणिमा' निराला के स्वच्छंदतावादी काव्य का एक अंतिम चरण है, जहाँ कवि दूसरे क्षेत्र में जाता दिखाई देता है अधिक खुरदुरी दुनिया में।

व्यंग्य-काव्य और कुकुरमुत्ता

चौथे दशक में निराला के बदलते हुए तेवरों को किसी आकस्मिक घटना के रूप में घोषित करना इतिहास समाज के दबावों को झुठलाना होगा, यद्यपि माना कि जीवन की कुछ व्यक्तिगत त्रासदीय स्थितियों ने भी कवि के आक्रोश को तीखा किया। प्रायः हास्य-व्यंग्य का स्वरूप इतना मिला-जुला रहता है कि उन्हें अलगा पाने में कठिनाई होती है। पर हास्य से एक मध्ययुगीन सामंती ध्वनि आती है, जो मनोरंजन के प्रयोजन को लेकर चलता था। कहीं-कहीं उसने भँड़ैती तक का रूप धारण कर लिया, पर व्यंग्य आधुनिक युग की देन है और समाजवादी लेखकों ने सामाजिक व्यवस्था को बदलने के लिए एक कारगर हथियार के रूप में उसका इस्तेमाल किया है। यदि व्यंग्य केवल वैयक्तिक है तो रचना में उसका प्रयोजन मनोरंजन से अधिक नहीं हो सकता, पर यदि व्यक्ति के माध्यम से समाज की किसी विसंगति का पर्दाफाश किया गया है, तब व्यंग्य अधिक सार्थक होगा। व्यंग्य जिस प्रखर बौद्धिकता की माँग करता है, वह यदि प्रतिबद्ध भी हो सके तो सामाजिक व्यवस्था के बदलाव में उसकी महत्त्वपूर्ण भूमिका हो सकती है। अ. पा. चेखव की एक लंबी कहानी है जिसका शीर्षक है : 'एक नीरस कहानी'। इसमें एक बूढ़े आदमी के संस्मरण हैं, जो रूस का एक संभ्रांत प्रोफेसर, प्रिवी कौंसिल का मेंबर, कई उपाधियों से विभूषित निकोलाई स्तेपानोविच है। स्तेपानोविच स्वयं अपनी कथा कहता है और कई बार वह स्वयं पर व्यंग्य करता है। निराला का व्यंग्य प्रायः सामाजिक आशय को लेकर चलता है और उसमें वैयक्तिक अंश कम है। वे 'सरोज-स्मृति' जैसे करुण-गीत में भी सामाजिक विसंगतियों पर प्रहार कर सकते हैं। अब वे संपूर्ण रूप से इसका उपयोग प्रगतिशील दृष्टि के साथ

करते हैं।

पहले भी निराला व्यंग्य कविताएँ लिख चुके थे और गद्य रचनाओं में उसका उपयोग उन्होंने किया था, पर 'कुकुरमुत्ता' जैसी लंबी कविता उनके प्रगतिशील व्यंग्य-काव्य का एक महत्त्वपूर्ण चरण है। 'कुकुरमुत्ता' की समाप्ति अप्रैल, 1941 ई. में हुई। 'हंस' के मई अंक में इसका प्रथम खंड प्रकाशित हुआ। लगभग एक वर्ष बाद जून, 1942 ई. में 'कुकुरमुत्ता' नामक काव्य संकलन में इस कविता को सम्मिलित किया गया, जिसमें सात दूसरी भी कविताएँ थीं, जो बाद में 'नए पत्ते' नामक काव्य संग्रह में आ गईं। स्वतंत्र पुस्तक के रूप में 'कुकुरमुत्ता' का प्रकाशन जुलाई, 1948 ई. में हुआ। ध्यान देने की बात यह है कि जब 1942 ई. में 'कुकुरमुत्ता' का प्रकाशन काव्य संकलन के रूप में प्रथम बार हुआ था, तब कुकुरमुत्ता कविता के अतिरिक्त अन्य सात कविताएँ उसमें सम्मिलित थीं—रानी और कानी, खजोहरा, मास्को डायलॉग्स, खेल, गर्म पकौड़ी, प्रेम संगीत, स्फटिक-शिला। इन सबका रचना-काल प्रायः 1939-1942 ई. के बीच का है और इनके व्यंग्यभरे तेवर लगभग समान हैं। इससे निराला की रचनाओं की वास्तविक भंगिमा का पता चलता है। निराला ने स्वयं 'कुकुरमुत्ता' के प्रथम संस्करण (1942 ई.) और द्वितीय संस्करण (1948 ई.) में साधारण परिवर्तन किए, जिनसे काव्य के मूल प्रयोजन में कोई अंतर नहीं आया, वे प्रायः भाषा-स्तर के हैं।

'कुकुरमुत्ता' की शुरुआत होती है—"एक थे नव्वाब, फारस के मँगाए थे गुलाब"। इस बाग की देखभाल के लिए बड़ा ताम-झाम था। कई माली ! मौसम आने पर ऐसे में गंदे में उगता हुआ कुकुरमुत्ता गुलाब पर पहला हमला बोलता है :

> अबे, सुन बे, गुलाब !
> भूल मत जो पाई खुशबू, रंगोआब
> खून चूसा खाद का तूने अशिष्ट
> डाल पर इतराता है कैपिटलिस्ट।

संबोधन भी हिकारतभरा है और कुकुरमुत्ता गुलाब को 'हरामी खानदानी' तक कहता है। उसे इस बात का फक्र है कि अपने से उगा मैं और वह अपनी प्रशंसा करते हुए स्वंय को कई पौराणिक प्रतीकों से जोड़ता है : विष्णु का सुदर्शनचक्र, जसोदा की मथानी, राम का धनुष, बलराम का हल। अपनी ऐतिहासिकता प्रमाणित करने के लिए कुकुरमुत्ता बौद्धिकता से काम लेता है, वह स्वयं अपना पैरवीकार वकील है। दार्शनिकों के नाम, वाद्ययंत्रों की सूची, नृत्यों की चर्चा, भवनों के उल्लेख यहाँ मिलते हैं।

कविता के दूसरे खंड का आरंभ जीवन के दयनीय यथार्थ से होता है। एक ओर नव्वाब है : बड़ी बाड़ी, जिसमें जूही, नरगिस, रातरानी, कमलिनी-चंपा की सुगंधभरी दुनिया है इसके विपरीत गरीबी का बोध कराने वाले दृश्य हैं : बाग के बाहर ही

अधगढ़े-झोंपड़े, गंदी जगह, सड़ता हुआ पानी, बिलबिलाते कीड़े, बिखरी हँडियाँ, धूप खाते कंडे ! यहाँ नव्वाब के खादिम रहते थे खानसामा, बावर्ची, चोबदार, सिपाही, भिश्ती, घुड़सवार, कहार, नाई, धोबी, तेली, कुम्हार, वगैरह, नव्वाब की परवरिश में जीवन बिताने वाली गरीब प्रजा। 'कुकुरमुत्ता' के दूसरे खंड में मालिन की लड़की गोली का जिक्र आता है, जो नव्वाबजादी बहार की हमजोली थी, दोनों में दोस्ती थी।

एक दिन जब बाग में फ़स्ल-ए-बहार आई थी तो नव्वाबजादी बहार और गोली वहाँ सैर कर रही थीं। गोली कुकुरमुत्ता देखकर खुशी से मस्त हो गई। उसने बहार से कहा—"देखो जी भर कर गुलाब, हम खाएँगे कुकुरमुत्ते का कबाब"। एक सर्वहारा के जीवन में गुलाब से मन बहलाने का अवसर ही कहाँ है ? उसे पेट की ज्वाला शांत करनी होती है और उसकी दृष्टि विवशता में उपयोगितावादी हो जाती है। गोली कुकुरमुत्ता का कबाब बनाकर क्षुधा शांत करती है। वह बाहर से उसकी तारीफों के पुल बाँध देती है और बहार गोली के घर जाकर कुकुरमुत्ते का कलिया-कबाब खाती है। नवाब बेटी से कुकुरमुत्ता की तारीफ सुनते हैं तो माली को बुलाकर हुक्म देते हैं कि चल, गुलाब जहाँ थे, उगा कुकुरमुत्ता, सबके साथ हम भी चाहते हैं अब कुकुरमुत्ता...। कविता का अंत है :

> बोला माली—
> फ़रमाएँ मुआफ ख़ता
> कुकुरमुत्ता अब उगाया नहीं उगता...।

इस प्रकार 'कुकुरमुत्ता' निराला के परिमल-काल की रूमानी दुनिया का लगभग विस्मरण है। देश के दूसरे दशक की तुलना में पाँचवें दशक का परिवेश कितना बदल गया था। निराला जीवन की वास्तविकता को निकट से देख-भोग चुके थे, वे कल्पना से चलकर अधिक यथार्थ भूमि पर आ पहुँचे थे। 'कुकुरमुत्ता' को एक साधारण हास्य-व्यंग्य की कृति अथवा एक प्रयोगमात्र कहकर संबोधित करना इस रचना की वास्तविकता-सार्थकता से किनाराकशी करना या बाएँ हाथ की, आधे मनवाली चालू प्रशंसा है। दुःख है कि स्वच्छंदतावादी काव्य को नया मोड़ देने वाली इस रचना को साहित्य के इतिहास में नई दिशा के जिस सूत्रपात के रूप में समादृत होना चाहिए था, वैसा नहीं हुआ। निराला के आज़ाद, विद्रोही व्यक्तित्व की तरह उनका 'कुकुरमुत्ता' भी कई भ्रांतियों का शिकार हुआ। कुछ प्रतिक्रियावादी थे, जो अब भी निराला को बादल, वसंत के कवि रूप में देखना चाहते थे और मानते थे कि सामाजिक बदलाव में रचना की सक्रिय हिस्सेदारी नहीं होती। नए साहित्य में, शीत-युद्ध के दौर में, यह साजिश और भी जोर पकड़ती दिखाई देती है। उधर स्वच्छंदतावाद को केवल रूमानी प्रेम, सौंदर्य की भावनाओं तक सीमित देखने वाले लोग भी इस नए सांस्कृतिक मोड़ के लिए तैयार न थे। जो लोग इतिहास-समाज के दवाबों की सही पहचान नहीं

रखते वे यह नहीं जानते कि इतिहास की प्रक्रिया रोकी नहीं जा सकती। कोई भी सार्थक रचना बहुत समय तक सामाजिक चेतना का निरादर नहीं कर सकती और इतिहास की स्थिति गत्यात्मक है, इसलिए समाज में परिवर्तन एक अनिवार्य प्रक्रिया है, उसे रोका नहीं जा सकता। दुःख का विषय यह कि प्रगतिवादी खेमे ने भी निराला के इन बदले हुए जनवादी तेवरों का पूरा लाभ नहीं उठाया और कुछ नासमझों ने तो यहाँ तक कह दिया कि 'कुकुरमुत्ता' प्रगतिशील आंदोलन की देन है। पर निराला जैसे स्वतंत्रचेता, विद्रोही पर रचना के सांस्कृतिक दायित्व की गहरी पहचान वाले कवि के लिए शायद ये सारे झगड़े-झंझट कोई मतलब नहीं रखते। मेरा विनम्र विचार है कि 'कुकुरमुत्ता' नए हिंदी जनवादी काव्य का साहसी उद्घोष है और कोई भी आंदोलन उसे अपना प्रस्थान-बिंदु मानकर गौरव अनुभव कर सकता है।

'कुकुरमुत्ता' की पहचान के लिए हमें शास्त्रीय प्रतिमानों से बाहर आना होगा। सच्चाई तो यह है कि श्रेष्ठ प्रतिभाएँ बने-बनाए प्रतिमानों का अतिक्रमण करती हैं और उनके साथ न्याय कर सकने के लिए नए निकष का निर्माण करना पड़ता है अथवा रचनाओं के भीतर से उनके वास्तविक व्यक्तित्व को जानना होता है और ऐसा हम पूर्वाग्रहमुक्त होकर ही कर सकते हैं। 'कुकुरमुत्ता' अपने समय की जमीन पर रचा गया है : देश में सामंतवाद के साथ नए पूँजीवाद का गठबंधन और किसान मजदूर तथा गरीब जनता पर अत्याचार, बढ़ता हुआ वर्ग-भेद, शोषण और अन्याय ! ऐसे में निराला ने कुकुरमुत्ता जैसे सर्वहारा को नेतृत्व दिया जो आत्मविश्वासी है और जिसे उसका स्वच्छंदतावादी मिज़ाज़ भी कहा जा सकता है। कई बार उसकी गर्वोक्तियाँ, मनोग्रंथियों और यदि ज्यादा खींचा जाए तो उसकी कुंठाओं का भी संकेत करती हैं। अपना बड़प्पन प्रमाणित करने के लिए कुकुरमुत्ता स्वयं को पुराण इतिहास की परंपरा से जोड़ता है। पर यह विषयांतर है और काव्य के संपूर्ण आशय को देखते हुए, किसी सीमा तक प्रासंगिक भी नहीं है। वह निश्चित ही सर्वहारा-वर्ग का प्रतिनिधि है इसीलिए वह नव्वाब के नौकरों के झोंपड़ों की पृष्ठभूमि में उगता है और गरीबों के साथ उसकी जिंदगी कटती है। प्रश्न है कि, कुकुरमुत्ता सर्वहारा होते हुए भी इतना आत्मविश्वासी है तो फिर वह वर्ग-संघर्ष की भूमिका में क्यों नहीं उतरता ? उसमें विद्रोह की बातें निराला क्यों नहीं भरना चाहते ? लगता है कि परिमल-काल के सौंदर्यवादी, स्वच्छंदतावादी निराला का मोहभंग तो यहाँ हो चुका है, पर उनके अवचेतन में कहीं-न-कहीं स्वच्छंदतावाद के कण मौजूद हैं। यह भी कहना चाहूँगा कि कई बार कुकुरमुत्ता के वक्तव्यों में निराला को खोजा-पाया जा सकता है। कुकुरमुत्ता गुलाब से कहता है : "देख, मुझको मैं बढ़ा, डेढ़ बालिश्त और ऊँचे पर चढ़ा। और अपने से उगा मैं, बिना दाने के चुगा मैं। मेरा कलम नहीं लगता, मेरा जीवन आप जागता...।" इतना ही नहीं वह स्वयं को मौलिक कहता है, दूसरों को उठाने वाला...। निराला की जिंदगी के कई टुकड़े यहाँ अनजाने ही प्रवेश कर गए हैं, जैसे

राम की शक्तिपूजा या तुलसीदास में। निराला के अवचेतन की स्वच्छंदतावादी चेतना सर्वहारा का संपूर्ण समर्थन करते हुए भी वर्गसंघर्ष को एक प्रकार से बरा जाती है। इसीलिए काव्य के अंत में नव्वाब साहब भी गुलाब छोड़कर कुकुरमुत्ते को अपना लेना चाहते हैं।

'कुकुरमुत्ता' का व्यंग्य केवल पूँजीपति, निम्न बुर्जुआ तक ही सीमित नहीं है, वह वर्ग-भूमि से बाहर भी झाँकता है और यदि ध्यान से देखा जाए तो उसमें कई सामयिक संदर्भ उभरते हैं, जो निराला की जागरूकता बताते हैं। कुकुरमुत्ता कहता है—मुझमें वाल्मीकि-व्यास ने गोते लगाए, मुझी से भास-कालिदास ने पोथे निकाले। हाफ़िज, रवीन्द्र जैसे बड़े-बड़े विश्वकवि मेरे ही किनारे खड़े टुकुर-टुकुर देखा किए। इस अवसर पर निराला अपने समय के छद्म प्रयोगवाद और छद्म प्रगतिवाद को नहीं बख्शते, जो उस समय के मुख्य काव्य-आंदोलन हैं :

कहीं का रोड़ा, कहीं का पत्थर
टी. एस. इलियट ने जैसे दे मारा
पढ़ने वालों ने भी जिगर पर रखकर
हाय, कहा, लिख दिया जहाँ सारा
ज्यादा देखने को आँख दबा कर
शाम को किसी ने जैसे देखा तारा।
जैसे प्रोग्रेसिव का कलम लेते ही
रोका नहीं रुकता जोश का पारा...।

यहाँ फ़ैशन के नाम पर दाद देने वालों के रुचि-बोध पर फ़बती कसी गई है। इसी तरह 'आधुनिक पोएट' को 'दुम हिलाता टेरियर' (कुत्ते का नाम) कहा गया है। कुकुरमुत्ता चौतरफा मार करता है, पर यह व्यंग्य सतह पर रखा हुआ या केवल लफ्फाजी वाला नहीं है, जो हाशिए पर छपकर रह जाता है, वह सूक्ष्म और गहरे आशय से संपन्न है और इसके पीछे निराला की जागृत सामाजिक चेतना है, जो अपने दायित्व के प्रति ईमानदार है। 'कुकुरमुत्ता' में कई बार हास्य-व्यंग्य की ऐसी सम्मिलित स्थितियाँ हैं कि यदि हम सावधान नहीं हैं तो सूक्ष्म व्यंग्य हमारी पकड़ में नहीं आ सकेगा और हम हास्य के हल्के प्रसंग में खो जाएँगे। जैसे जब गोली बहार से कुकुरमुत्ते की प्रशंसा करती है तब कानी नौकरानी उसे डाँटना चाहती है, जबकि समाजवादी चिंतन के मुताबिक उसे अपने वर्ग की गोली का साथ देना चाहिए था। देश में निम्नवर्ग की असंगठित स्थिति का यह संकेत है, जिसका लाभ उच्च वर्ग उठाता है, और यह भी कि वफ़ादारी के पीछे स्वार्थ होता है। इसी तरह काव्य के अंत में एक ओर नव्वाब का खंडित सौंदर्यबोध है, तो दूसरी ओर फैशन के तौर पर सर्वहारा में शरीक हो जाने वाला दल-बदल। यदि सीधी-सादी भाषा को सपाटबयानी समझने की भूल में हम बहुत तेज भागना चाहेंगे तो 'कुकुरमुत्ता' का सूक्ष्म व्यंग्य हमसे छूट जाएगा

और हम कई तरह की गलतफ़हमियों का शिकार हो सकते हैं, जैसा कि अब तक कई बार होता आया है।

'कुकुरमुत्ता' का कवि एक प्रकार से अपने ही शिल्प के विरुद्ध खड़े होने की चेष्टा में है, क्योंकि वह उस अवरोध को तोड़ना चाहता है, जो उसके काव्य को आगे बढ़ने से रोके। काव्य का संपूर्ण ताना-बाना देसी है, ठेठ है और यहाँ एक रोजमर्रा की सर्वहारा भाषा, देसी मुहावरे में प्रयुक्त है। जिस संवेदन को निराला इस काव्य में रूपायित करना चाहते थे, उसके लिए उन्होंने एक नया और सार्थक मुहावरा पकड़ा, जिससे उनके विकासमान व्यक्तित्व का प्रमाण मिलता है। इसके पहले भी निराला देशज भाषा के कुछ संकेत दे चुके थे पर यहाँ तो कविता का पूरा मिजाज ही देसी है, जिंदगी के बहुत समीप। अधगढ़े, झोंपड़े, चपाती, कलिया, आरामगाह, चमन, नकली, बकरा, गुलाम, पिद्दी, मथानी, औरत आदि असंख्य रोजमर्रा के प्रचलित शब्दों के साथ अंग्रेजी के शब्द भी आ गए हैं ? कास्मोपॉलिटन, क्लाइमेक्स, मेट्रोपॉलिटन आदि। हिंदी-उर्दू की मिली-जुली भाषा केवल व्यंग्य को तीक्ष्ण ही नहीं बनाती, वह ग्राह्य भी बनाती है। निराला चाहते हैं कि उनके काव्य के आस्वादकर्ताओं में वृद्धि हो। 'कुकुरमुत्ता' के यथार्थ चित्र इसी कारण बहुत जाने-पहचाने लगते हैं और इनमें कई बार साधारणजन अपने आपको खोज सकते हैं। निराला का यह बदला हुआ शिल्प कभी-कभी उनके परिमलकालीन काव्य को देखते हुए बे-पहचान लगता है, पर यथार्थ की गहरी पकड़, समाज की विषमताओं पर प्रहार के लिए वे 'सरोज-स्मृति' जैसी शोक-डूबी रचनाओं में भी इसे अपना चुके थे। माना, कुकुरमुत्ता वर्ग-संघर्ष का प्रचार नहीं करता, पर वह व्यंग्य के माध्यम से उच्च वर्ग पर हमला तो करना जानता ही है। इतना ध्यान रखना होगा कि कुकुरमुत्ता अपने प्रति जागरूक (सेल्फ-कॉन्शस) है, इसीलिए वह लंबी तकरीर का सहारा लेता है और यही उसकी स्वच्छंदतावादी वृत्ति है—मैं हूँ और मैं रहूँ का एहसास ! पर कवि अपने ही रूमानी तेवरों से लड़-झगड़कर यथार्थ की नई दुनिया में पहुँचता है और समाज की बुराइयों पर आक्रमण करता है, यह उसके विकसित होते व्यक्तित्व का सबूत है। चेलिशेव का विचार है कि सामाजिक अंतर्विरोधों की अभिव्यक्ति के लिए कुकुरमुत्ता गुलाब के सामने प्रस्तुत किया गया है।[9]

बेला

'बेला' (1943 ई.) और 'नए पत्ते' (1946 ई.) उसी बदले हुए काव्य-चरण से जुड़े हैं, जिसका संकेत द्वितीय 'अनामिका' में है तथा जिसका पूरा विकास व्यंग्य के माध्यम से 'कुकुरमुत्ता' जैसी कविता में हुआ। 'बेला' के आवेदन में निराला ने इसे नए गीतों का संग्रह कहा है और इससे लगता है कि इसमें सामाजिक यथार्थ और व्यंग्य के वे तीखे तेवर नहीं हैं, जो कुकुरमुत्ता में देखे जा चुके हैं। 'बेला' एक प्रकार से निराला की नई प्रयोग-भूमि भी है, जिसमें फारसी उर्दू कविता की गजलें-बहरें आदि अपनाई

गई हैं। हर भाषा का अपना मिज़ाज होता है और दूसरी भाषा में उसके शिल्प को लाने की कोशिश एक चुनौती का सामना करना है। एक अभिजात भाषा से देशी मुहावरे की ओर बढ़ते हुए निराला ने उर्दू शब्दों को अपनाया है, पर 'बेला' में वे उर्दू के प्रचलित छंदों का प्रयोग करते हैं। हिंदी-उर्दू का यह सम्मिलित रूप 'बेला' को एक प्रयोग बनाता है और यहाँ हम निराला को एक ऐसी स्थिति से गुजरते पाते हैं, जब रचनाकार किसी निवारण अथवा 'डिसिपेशन' के लिए रचना की गंभीर भूमि से थोड़ा अलग हटकर चलता दिखाई देता है, यद्यपि बीच में कुछ गंभीर छींटे भी दिखाई दे जाते हैं। 'बेला' का कवि प्रयोगों के बीच कुछ उखड़ा-उखड़ा-सा लगता नजर आता है और लगता है कि कविताएँ एकान्वित नहीं हो पा रही हैं जिससे कवि की मानसिक स्थिति का संकेत भी मिलता है।

'बेला' में कविताओं की संख्या पिचानवे है और उसका आरंभ 'रवि के किरणगीत' से होता है। श्वेत अमल-कमल खुल गए हैं, विहग-कुल-कंठ उपवीत। पर भयभीत जंतु छिप गए हैं। समधीत समीरण बह रहा है आदि। प्रकृति के दृश्य कविताओं की संख्या देखते हुए कम ही कहे जाएँगे। तो क्या कवि अब उससे रागात्मक संबंध स्थापित करने में कठिनाई अनुभव करता है या उसकी प्रकृति-प्रिया और उसके बीच कोई अन्य आकर खड़ा हो गया है ? प्रश्न का उत्तर आसान नहीं, पर निराला की बिगड़ी मनःस्थिति से उसका संबंध अवश्य है। ग्यारहवें गीत में भानुभोर बंदी है, किरण मुस्कराई का दृश्य है। बादलों की ममता यहाँ अब भी मौजूद है, यद्यपि उसे लेकर दो-चार ही प्रयोग किए गए हैं। बाइसवें गीत में आकाश में छाए काले-काले बादलों की चर्चा है और अंत में एक ग्राम-दृश्य है :

किसान खेतों में, लड़के अखाड़ों में आए
बारहमासी गाती हुई लड़कियों के दल देखे।

इसी प्रकार तिहत्तरवें गीत में पुरवा हवा की नमी बढ़ने और लू के झोंकों से जो झुलसे हुए थे उन पर भरा दोंगरा गिरने का उल्लेख है। वर्षा के प्रति तो इतनी संक्षिप्त चर्चा है भी, पर कवि वंसत में बहुत डूब नहीं पाता। कुल मिलाकर प्रकृति के रागात्मक दृश्यों के निर्माण में कवि कम ही सक्रिय है। प्रेम की चर्चा अब भी है, पर तन्मयता की मात्रा कम हो गई है। जब से आँखें देखी हैं, तब से और कुछ नहीं देखा है स्नेह के नयन देखे गए हैं निगाह से दिल बेकरार हो गया है यहाँ आँखों पर ध्यान केंद्रित है और प्रेम के प्रसंग में रूप-वर्णन तथा सौंदर्यांकन की पद्धति पीछे छूटी प्रतीत होती है। निराला स्वयं को एकाग्र नहीं कर पाते क्या ? या सब कुछ खाली-खाली-सा लगता है ? अथवा वे अन्यमनस्क हो गए हैं ? इन सारे प्रश्नों के उत्तर सावधानी से निराला के उस समय के व्यक्तित्व को समझने की माँग करते हैं। संप्रति, हम 'बेला' की कविताओं के भीतर से ही उन्हें देख रहे हैं।

'बेला' में शायरी का तर्ज आने से ऐसा लगता है कि जिस अनुभूति-खंड को

वे बाँधना चाहते हैं, उसके योग्य उक्ति नहीं बन पाई है और कई बार कविताएँ लड़खड़ा जाती हैं, पूरी समग्रता नहीं आ पाती। उनमें तालमेल बिठाने में कठिनाई होती है और मूल आशय तक पहुँचना आसान नहीं होता, जोड़-तोड़ कर कुछ पा लेना दूसरी बात है। पर जो लोग निराला के स्वयं-संपूर्ण चित्रों से परिचित हैं, वे बदलाव ही नहीं, बिखराव भी देख सकते हैं, सौंदर्य-शृंगार के स्थान पर 'अणिमा' के कुछ गीतों जैसा प्रार्थना-संपन्न आध्यात्मिक भाव यहाँ देखा जा सकता है, जो आगे चलकर उनकी चेतना पर छा गया। मन में बीन की झंकार जैसी बस गई है (गीत, 6)। नाथ ने हाथ गहा, वीणा बजी, विश्व साथ हो गया, द्विविधा लज्जित। एक अतीन्द्रिय प्रभाव के विषय में कवि का कथन है :

> खुल गए डाल के फूल, रंग गए मुख
> विहग के, धूल मग की हुई विमल सुख
> तरण में मरण का मिट गया महादुःख
> मिला आनंद पथ पाथ, संसृति सजी।

इसी प्रकार की आध्यात्मिकता अन्य गीतों में उजागर हुई है, जहाँ कवि दिव्य प्रभाव की चर्चा करता है। प्रभु के नयनों से ज्योति के सहस्रों कोमल शर निकलते हैं और मिट्टी की माया छोड़ने का भी संकेत है। निराला ने एक बार गैरिक वसन भी धारण किए थे, पर इन गीतों में एक ओर नव्य वेदांती दर्शन उनके साथ है, दूसरी ओर स्थितियों के प्रति तटस्थ भाव भी। 'बेला' में आध्यात्मिक भावनाओं की मात्रा पर्याप्त है पर यहाँ सामाजिकता का तत्त्व पूरी तरह छूट गया हो, ऐसी बात नहीं है। हाँ, व्यंग्य का आक्रोश यहाँ प्रायः नहीं मिलता।

'बेला' में कई बार सामयिक जीवन उभरना तो चाहता है, पर वह संकेत बनकर रह जाता है। एक तो निराला की मनःस्थिति, दूसरे शायरी का बाना अपनाने के कारण वह यथार्थ उभर नहीं पाता, जिसकी आशा 'कुकुरमुत्ता' के क्रम में की जा सकती थी। पर निराला का जागरूक कवि 'बेला' में जानता है कि रूखे वेश, सूखे अधर, भूखे पेट, हीन जीवन, दीन चितवन और क्षीण आलंबन वालों की क्या स्थिति है। इसी कविता में जमींदार-किसान संघर्ष का संकेत है; खेत रुंडमुंडों से भरे हैं। निराला कहीं-कहीं विद्रोह का भी आह्वान करते हैं, जिससे सर्वहारा के प्रति उनकी सक्रिय सहानुभूति का पता चलता है। वे कहते हैं : समाज ने सिर उठाया है, बहार आएगी। शोषक के बारे में वे कहते हैं कि ये दूसरों का लहू पिए जा रहे हैं। साठवें गीत में भी प्रगतिशील आवाहन है और एक गीत में तो उनका स्पष्ट वक्तव्य है कि आज अमीरों की हवेली किसानों की पाठशाला होगी। धोबी, पासी, चमार, तेली सब अँधेरे का ताला खोलेंगे (गीत, बासठ)। ये वे ही दिन थे, जब निराला किसानों को संघर्ष करते हुए देख रहे थे, जिनको संगठित करने की चेष्टा उन्होंने स्वयं भी की थी। 'चतुरी चमार' कहानी के चौथे खंड में इसका उल्लेख इन शब्दों में हुआ है : ''देश में आंदोलन

जोरों का चला।"[10] 'बेला' में सामाजिक चेतना के संकेत मौजूद हैं, यद्यपि वह पूरी नहीं उभरती। 'बेला' को निराला के एक प्रयोग अथवा किसी सीमा तक 'डिसिपेशन' के रूप में देखना चाहिए। प्रयोग ही उसकी सीमा है, पर निराला के वैविध्यभरे काव्य की जब भी चर्चा होगी, उर्दू शैली की मिसाल के रूप में इसका उल्लेख होगा, यद्यपि उनके स्वच्छंदतावादी व्यक्तित्व से इसका संबंध कम है।

नए पत्ते

आज़ादी के ठीक पहले 1946 ई. में 'नए पत्ते' का प्रकाशन हुआ। दूसरा महायुद्ध खत्म हो चुका था, दुनिया ने परमाणु बम का विनाशी रूप देख लिया था जो साम्राज्यवाद का सबसे निर्मम हथियार था। देश में एक ओर राष्ट्रीय आंदोलन में तेजी आ रही थी, दूसरी ओर साम्राज्यवाद अपनी आखिरी लड़ाई के लिए खाइयाँ बना रहा था। भारत का संपूर्ण वातावरण दयनीय आर्थिक स्थिति में और भी भयावह लग रहा था। साम्राज्यवाद का साथ देने वाला देसी पूँजीवाद तो बढ़ रहा था, पर भारत के किसान-मजदूर, निम्नवर्ग कमरतोड़ महँगाई में और भी टूटे जा रहे थे। ऐसे में 'नए पत्ते' का प्रकाशन हुआ। निराला जैसे संवेदनशील कवि को इन स्थितियों ने मथ दिया था। जो लोग समझते हैं कि निराला केवल वैयक्तिक परेशानियों के प्रहार से व्यंग्य और यथार्थ की ओर मुड़े थे, वे उस संवेदनशील कवि के अपराजेय व्यक्तित्व की गहराइयों तक नहीं पहुँचना चाहते। निराला स्वयं की परिक्रमा करके रह जाने वाले कलावादी कवि नहीं हैं और अपनी बिगड़ी मानसिक स्थिति के बावजूद वे यथार्थ को पकड़ते हैं, यही उनकी जागरूकता की मिसाल है। 'नए पत्ते' में 'कुकुरमुत्ता' की दुनिया एक बार फिर जोर मारती है। यहाँ उनकी प्रयोगशीलता को एक सामाजिक-सांस्कृतिक प्रतिबद्धता से जोड़कर देखना चाहिए। निराला ने संक्षिप्त प्रस्तावना में स्वयं पाठकों को अपने सामने रखने की बात कही है।

'नए पत्ते' में निराला जैसे अपने ही पिछले सौंदर्य-लोक के विरुद्ध खड़े हैं, प्रकृति और सौंदर्य के चित्र गायब हो चुके हैं, अध्यात्म दबा पड़ा है। एक संघर्षगाथा उनके सामने है, जीवन यथार्थ से जूझते हुए समाज की। यदि निराला की केवल वैयक्तिक क्षति का सवाल होता तो वे बृहत्तर समाज से इतना जुड़ न पाते पर यहाँ उनकी दृष्टि वस्तुपरक है। पहली ही कविता 'रानी और कानी' में एक ओर गरीब माँ की ममता कि वे अपनी कानी, चेचक के दागवाली बिटिया को रानी कहकर पुकारती थीं : नाम करोड़ी, पास दमड़ी नहीं। ज्यों-ज्यों बिटिया बड़ी होती है, शादी की चिंता से उनका दिल बैठता जाता है। शायद लड़की के पिता भी नहीं हैं, क्योंकि कविता में उनका कोई जिक्र नहीं। रानी के पास न रूप है, न संपत्ति, न पद फिर माँ दामाद खरीदें तो कैसे ? अभिशप्त समाज का चित्र। 'नए पत्ते' में कथा-खंड और पात्र लेकर अपनी बात कहने की तदबीर से निराला दृश्य को प्रामाणिक तथा प्रेषणीय

बनाना चाहते हैं। साधारण पाठक भी उनके सामने हैं। रचनाएँ सामयिकता को उभारती हैं और कहना चाहिए कि कई बार निराला नई कविता में अपने हस्ताक्षर करते हैं। साधारण जीवन से सीधे ही बिंबों को उठा लेना और काव्य में उन्हें प्रयुक्त करने में 'नए पत्ते' की कविताएँ कविता के नए मोड़ के काफी निकट हैं।

आज़ादी के ठीक पहले का माहौल 'नए पत्ते' की कविताओं में आया है। निराला जानते हैं कि बानिज के राज ने लक्ष्मी को हर लिया है (थोड़ों के पेटे में बहुतों को आना पड़ा)। जनता पर राजे के समाज का जादू चल रहा है (राजे ने अपनी रखवाली की)। देश के वैश्य माल के दलाल हो गए हैं। राज में बेकारों की आखिरी साँसें चल रही हैं (तारे गिनते रहे)। इस महाजनी सभ्यता से निराला क्षुब्ध हैं (दगा की)। 'नए पत्ते' में भारतीय स्वतंत्रता के पूर्व की राजनीतिक सामाजिक स्थितियाँ इतनी साफ उतरी हैं कि हम इसे अपने समय का दस्तावेज कह सकते हैं। 'नए पत्ते' में राजनीतिक कविता की शुरुआत होती है, जिसका श्रेय कभी-कभी बेहद गलत लोगों को दे दिया जाता है, जिनकी कोई प्रतिबद्धता नहीं ! नागार्जुन, मुक्तिबोध ने निराला की परंपरा में हस्ताक्षर किए और उस पहचान को गहरा किया। कहा जा चुका है कि निराला जमींदार के खिलाफ किसान-आंदोलन की अगुआई कर चुके थे और उन्होंने अपनी गद्य-कृतियों में उसे चित्रित किया है। 'नए पत्ते' में जमींदार, नौकरशाही, विशेषकर अफ़सर और पुलिस के अत्याचारों की चर्चा है। भारतीय किसान विद्रोह भी नहीं कर पाता, सब सहता रहता है। जमींदार के सिपाही की लाठी का लोहाबंध गूला दरवाजे पर गढ़ा कर जाता है। वह विशालकाय राक्षस है (छलाँग मारता चला गया)। डिप्टी साहब के आने पर सारे गाँव का शोषण होता है, जमीन के झगड़े में किसान की कोई नहीं सुनता (डिप्टी साहब आए)। जमींदार का सिपाही डिप्टी साहब के लिए चन्दा वसूलता है। निराला ने किसान की असहायावस्था का मार्मिक चित्रण करते हुए लिखा है कि किसान से ज़्यादा दम तो कुत्ते में है (कुत्ता भौंकने लगा) :

> कौड़े से कुछ हट कर
> लोगों के साथ कुत्ता खेतिहर बैठा हुआ था,
> चलते सिपाही को देख कर खड़ा हुआ,
> और भौंकने लगा,
> करुणा से बंधु खेतिहर को देख-देख कर।

निराला ने किसानों की दुर्दशा के बीच पेशेवर समाजसेवियों पर भी व्यंग्य किए हैं। देसी पूँजीवाद अपने हितों की रक्षा के लिए आज़ादी की लड़ाई में साथ देना चाहता है, हालाँकि विदेशी माल अब भी बेचा जा रहा है (महँगू महँगा रहा)। 'झींगुर डटकर बोला' में ऐसी ही फबती कसी गई है। किसानों की दुर्दशा का चित्र खींचने में निराला तटस्थ द्रष्टा नहीं हैं, वे उनके साथ हैं। कविताओं को प्रामाणिक बनाने

के लिए स्थितियाँ सीधे ग्राम-जीवन से पाई गई हैं। पात्र भी वहीं के हैं : लुकुआ, महँगू झींगुर, बदलू अहिर, लछमिन, मन्नी कुम्हार, कुल्ली तेली, भकुआ चमार, लुच्छू नाई आदि सर्वहारा वर्ग का प्रतिनिधित्व करते हैं।

'नए पत्ते' सामयिक जीवन के मुखौटे लगाकर चलने वाली कृति नहीं है, यहाँ निराला ग्राम-जीवन की दबी-पिसी जनता की तस्वीरें बनाने में उन्हें अपनी पूरी सहानुभूति देते हैं। इस दृष्टि से लंबी कविता 'देवी सरस्वती' 'नए पत्ते' का प्रतिनिधित्व करती है, जिसमें ग्राम-जीवन अपनी समग्रता में उभरा है। आरंभ में कवि देवी सरस्वती का परंपरागत वंदना-रूप देखता है, वैदिक ऋचाएँ जिसकी अर्चना करती हैं। पर निराला की देवी सरस्वती ग्रामवासिनी है जिसे वे ऋतुओं के चक्र से गुजारते हैं : वर्षा, शरद, हेमंत, शीत, वसंत, ग्रीष्म। ऋतुवर्णन में निराला ऋतु-चित्रों के निर्माण की अपनी लालसा की एक बार फिर पूर्ति करते हैं, दूसरी ओर ग्राम-जीवन की दयनीयता को उभारते हैं। ये ऋतुएँ स्वतंत्र वर्णन भी हैं और ग्राम यथार्थता का बोध कराने वाली भी। सारी दृश्यावलियाँ ग्रामजीवन की हैं, पर रूमानी कम, यथार्थपरक अधिक। वर्षा में बालाएँ खुरपियाँ लेकर खेत निराती हैं। शरद में किसान प्रसन्न हो जाते हैं, कबीर-तुलसी के भजन गाते हैं। हेमंत सरसों के पीले पुष्पों की साड़ी पहने है। शीत में साधारण जन ठिठुरते हैं। कवि वर्गभेद के विषय में कहता है : जमींदार की बनी/महाजन धनी हुए हैं/वसंत में फाग हो रहा है, धमार की धुन है फिर ग्रीष्म का वर्णन है। कविता के अंत में देवी सरस्वती के संदर्भ में वाल्मीकि, कालिदास, तुलसी, सूर, मीरा, कबीर, दादू आदि की चर्चा है। यहाँ निराला ग्राम-जीवन से एक हो गए हैं और स्वच्छंदतावाद-यथार्थवाद का एक मिला-जुला रूप हमें 'देवी सरस्वती' में मिल जाता है। स्वच्छंदतावादी दृष्टि है, कवि के प्रकृति प्रेम में और यथार्थ दृष्टि है, ग्राम-जीवन के चित्रण में।

'नए पत्ते' में निराला मुख्यतया अपनी सामग्री ग्राम-जीवन से प्राप्त करते हैं और उनकी सहानुभूति कृषक वर्ग के साथ है। निराला जैसे दो-टूक व्यक्ति जहाँ कहीं भी कृत्रिमता देखते हैं, उस पर आक्रमण करते हैं। चेतना से प्रगतिशील होते हुए भी निराला फैशनेबुल समाजवादियों पर व्यंग्य करते हैं। 'मास्को डायलॉग्स' कविता में श्रीयुत गिडवानीजी को इसी व्यंग्य का निशाना बनाया गया है, जो एक ओर हाथ में 'मास्को डायलॉग्स' किताब लेकर घूमते हैं, दूसरी ओर बड़े भाई साहब का बँगला बनवा रहे हैं। वे खुद को साहित्यिक समझने की भूल करते हैं और प्रेस खोलना चाहते हैं। कविता के अंत में उनके उपन्यास के श्रीगणेश से व्यंग्य साफ है : क्षयी रोमांस का प्रतीक। "प्रिय असनेहमयी स्यामा मुझे प्रेम है।" 'प्रेम संगीत' जातिवादी संकीर्णताओं पर व्यंग्य है जहाँ बाह्मन का लड़का कहारिन को प्यार करता है। 'नए पत्ते' की जिन कविताओं में सामाजिक प्रतिबद्धता को नहीं उभारा गया है, वहाँ हास्य के छींटे भर हैं, जैसे लंबी कविता 'स्फटिक शिला' में चित्रकूट की वनस्थली का विस्तृत

वर्णन, पर अंत में नारी-शरीर का एक उत्तेजक चित्र अथवा 'खजोहरा' का विचित्र हास्य। कुछ कविताओं की असंबद्धता का कारण कवि की मानसिक अस्वस्थता है जैसे 'कैलाश में शरत' अथवा 'खेल' के पूरे आशय नहीं खुलते। पर ये अपवाद हैं। 'नए पत्ते' निराला को ग्राम-जीवन का सफल चित्रकार प्रमाणित करती है और प्रतिबद्ध तो वे हैं ही।

'नए पत्ते' में काव्य का ताना-बाना 'कुकुरमुत्ता' जैसा है, देसी और ग्राम-जीवन के मुहावरों से भरपूर। इसीलिए चित्र मार्मिक और विश्वसनीय हैं। यहाँ बैसवाड़े की दुनिया ही नहीं बिंबित होती, बल्कि भारत का दबा-पिसा किसान और उसकी अभावों-भरी गाँव की ज़िंदगी बोलती है। प्रेमचंद ने 'गोदान' में ग्राम दृश्य उभारे हैं तथा निराला ने चतुरी चमार, बिल्लेसुर बकरिहा, कुल्लीभाट आदि गद्य कृतियों में कृषक, ग्रामीण वर्ग को अपनी ममता दी है। 'नए पत्ते' में कविता के माध्यम से भी उन्होंने यही कार्य किया है। 'नए पत्ते' के ग्रामचित्र भोगे हुए यथार्थ पर आधारित हैं, पर निराला उन्हें वस्तुपरक ढंग से प्रामाणिक बनाते हैं। यहाँ के चित्र देसी हैं, कच्चे ऊबड़-खाबड़ घर, गंदे गलियारे, खरीफ की निराई, ढोलक पर आल्हा, झुकी रीढ़, पीला चेहरा, कंधे पर हल डाले किसान, बेकारों की आखीरी साँसें, माल के दलाल वैश्य, नीचे पड़ी जनता, जेठ की दुपहर, कहारिन, साँवलिया-धौला बैल, कच्चा चबूतरा, महादेवी जी, आम का बगीचा, अरहर के पेड़, खेतिहर कुत्ता, जमींदार-साहूकार, धान के खेत, साँवा-कोदों, अलसी-राई, कातिक में गंगा-स्नान, ठिठुरे साधारण जन, सोने से पके खेत, फाग, होली, चैती बौरे आम, कटी रबी, खलिहान, तकवाहा, चूल्हा, मेड़, झुलसी जनता, लाठी, मूसर, गोड़हरा, बंजर, बेहना, कुम्हार, डोम, कंपू आदि अनेक मुहावरे और शब्द 'नए पत्ते' में ग्राम-जीवन को उसकी यथार्थता में प्रस्तुत करते हैं। इन्हें आंचलिकता का स्वर कहने की अपेक्षा सामाजिक यथार्थ से जोड़ना अधिक उचित होगा और यह महत्त्वपूर्ण प्रगतिशील चरण है, विशेषतया ग्राम-जीवन के संदर्भ में। यह प्रमाणित करता है कि निराला स्वच्छंदतावादी काव्य को एक नई दिशा देते हैं। समीक्षक करुणा तत्त्व का विशेष उल्लेख करते हैं जो आक्रोशपूर्ण व्यंग्य की ओर भी जाता है।[11]

काव्यनिवेदनम्

साधारण तौर पर यह आश्चर्यजनक प्रतीत हो सकता है कि आक्रोश और व्यंग्य का कवि सहसा निवेदन-समर्पण की भक्तिमार्गी मुद्रा में कैसे आ गया। अर्चना, आराधना, गीतगुंज और यहाँ तक कि 'सांध्य काकली' में यह प्रार्थनाभाव मुख्य स्वर के रूप में आया है। निराला आरंभ में वेदांती दर्शन से जुड़े हुए थे और अपनी कई कविताओं में उन्होंने इसका उपयोग किया है, पर काव्य के इस नए चरण में निराला स्वच्छंदतावादी काव्य की आध्यात्मिक चेतना अथवा 'मेटाफ़िज़िकल काव्य' को लगभग भक्तिकाव्य

के प्रार्थनापरक गीतों के स्तर तक पहुँचा देते हैं। समग्र रूप में काव्य की यह नई यात्रा विनयपत्रिका जैसी प्रतीत होती है। ध्यान रखने की बात है कि इन कविताओं की शुरुआत स्वतंत्र भारत में हुई, तो क्या निराला का जागृत राष्ट्र से इतना भी सरोकार नहीं कि वे 'भारति जय विजय करे' जैसे राष्ट्रगीत की पुनरावृत्ति कर सकते ? निराला यहाँ आत्मस्थ होते हैं और कुछ स्थलों पर एक प्रकार से आत्मालाप-सा करते प्रतीत होते हैं। इस प्रार्थना-काव्य के कई कारण खोजे जा सकते हैं, सामाजिक भूमिका से लेकर वैयक्तिक कारणों तक। पर इतना निश्चित है कि मानसिक अस्वस्थता के बीच भी प्रायः निराला को रचना के स्तर पर काफी सजग देखा जा सकता है। यदि ऐसी कविताओं को छोड़ दिया जाए जो सामान्य मनोदशा में नहीं रची गई हैं, तो अधिकांश में निराला की यह आत्मसजगता मौजूद है। वे अपनी प्रतिभा को जानते हैं और उनका यह आत्मविश्वास उन्हें यात्रारत रखता है।

अर्चना (1950 ई.), आराधना (1953 ई.), गीतगुंज (1954 ई.) इस समर्पण, निवेदन, प्रार्थनाभरी काव्य-यात्रा के चरण हैं। इन कविताओं से गुजरने पर ज्ञात होता है कि निराला ने प्रायः गीतों का सहारा लिया है और एक ही दिन में कई-कई गीतों की रचना की है। कभी-कभी इनमें एक भावखंड दो-तीन बार भी आता दिख जाता है और प्रायः एक ही मनोभाव इन गीतों को जन्माता है। 'अर्चना' में 1949-1950 ई. के बीच रचे गए एक-सौ-बारह गीत हैं। 'आराधना' में कुछ गीत 1949 तथा 1953 ई. के हैं, पर प्रायः 1951-1952 ई. के बीच के हैं, जिनकी संख्या छियानवे है। 'गीतगुंज' के परिवर्द्धित संस्करण (1959 ई.) में 1953-1956 ई. के मध्य रचे गए पैंतीस गीत हैं और परिशिष्ट में छः अन्य कविताएँ हैं। इस प्रकार गीतों की पर्याप्त संख्या है। 'अर्चना' और 'आराधना' में प्रार्थनापरक गीतों की प्रमुखता है, पर 'गीतगुंज' में प्रकृति, विशेषतया वर्षा का स्मरण हुआ है।

निराला का प्रार्थनाभाव मध्ययुगीन भक्तिभावना से भिन्न भूमि पर स्थित है। भक्तिकाव्य में कवि ने स्वयं को उपासक की स्थिति में रखा और साकारोपासकों के सामने उनका अवतार उपस्थित रहा है। निराकार के मानने वालों का ब्रह्म अदृश्य अगोचर है पर कवियों की भावनामयता में कमी नहीं आने पाती और वे भावविह्वल होकर अपने आराध्य का स्मरण करते हैं। निराला के लिए यह प्रार्थनाभाव एक प्रकार से आत्मालाप है, स्वयं से वार्तालाप है। यहाँ वे एक प्रकार से आत्मस्थ हैं और किसी ऐसे बिंदु पर स्वयं को एकत्र कर लेना चाहते हैं, जहाँ उनकी रचना के लड़खड़ाने का संकट न रहे। एक प्रकार से यह उनके व्यक्तित्व की परीक्षा का क्षण है, धीरे-धीरे टूटता हुआ उनका प्रेम-सौंदर्य का जगत् यह संकट भी उपस्थित करता है कि वे मौन हो जाएँ। व्यंग्य-काव्य के लगभग तुरंत बाद रचनाओं में इस प्रार्थना-भाव को इसी रूप में देखना चाहिए कि प्रहार करने के अनंतर भी निराला ने पाया कि उनके मन का संसार निर्मित नहीं हो पा रहा है। इसी कारण जो स्वच्छंदतावादी कवि जगत्

के विषय में सुंदर-से-सुंदर कल्पनाएँ कर चुका है, वह सहज भाव से अपने मन के अपरिभाषित देव को संबोधित करने लगता है। कई बार कवि की मनःस्थितियाँ इन गीतों में झलक जाती हैं, जिन्हें पकड़ने पर निराला की मनोदशा को भी खोजा जा सकता है। यहाँ निराला स्वयं को अशरण कहते हैं :

दुरित करो नाथ
अशरण हूँ गहो हाथ
हार गया जीवन-रण
छोड़ गए साथी जन
एकाकी, नैश - क्षण
कंटक पथ, विगत क्षण।

ऐसी टूटी हुई मनःस्थिति में कवि प्रार्थनाभाव पर पहुँचा है। कई बार अंधकार के दृश्य उभरते हैं : निविड़ विपिन, पथ अराल/भरे हिंस्र जंतु व्याल (अर्चना : गीत चालीस)। जीवन अब दुःखता रहता है, पतझड़ जैसा वन-उपवन है। नए-नए पत्ते झर गए हैं, बहुत-सी डालियाँ सूख गई हैं। स्वर में बुढ़ाई भर गई है क्या ? (आराधना : गीत बाईस)। भग्न मन, रुग्ण तन, जीवन विषण्ण वन के समान (आराधना : गीत बासठ) आदि गीतों से निराला की विचलित मनःस्थिति का आभास मिलता है। निराला जिस विद्रोही प्रस्थान से हिंदी स्वच्छंदतावादी काव्य में आए थे, उसकी यह प्रार्थनापरक परिणति क्या प्रमाणित करती है ? यही कि सारे समझौतावादी रुखों के बीच उन्होंने स्वयं को अकेला पाया और एक समवेत विद्रोही स्वर के अभाव में वे काव्य-निवेदनम् की स्थिति में पहुँचे। निराला की पीड़ा को केवल वैयक्तिक अभाव के रूप में देखना उनके व्यक्तित्व के साथ अन्याय होगा, यहाँ उनका दर्द कहीं अधिक गहरा और मानव-केंद्रित है। इसे हम कवि का वैयक्तिक विराग-भाव मात्र नहीं कह सकते, जहाँ किसी निजी मोक्ष की कामना की गई हो। यह आस-पास की दुनिया के बिगड़ने और उसे बदलने में स्वयं को असमर्थ पाकर, जन्म लेने वाली अन्यमनस्कता भी हो सकती है।

ऐसे ही अन्यमनस्कता में निराला अपनी उदासी कम करना चाहते हैं और वे अंधकार से मुक्ति का स्वप्न देखते हैं। कभी उन्होंने बादलों का आवाहन किया था कि नया समाज बनाने के लिए आएँ। अब वे सूर्य से प्रार्थना करते हैं : सहस्र किरणों से मिहिर दरसो (अर्चना; गीत सोलह); खे खे कर हाथ थक गए हैं; श्रम-सीकर-भरा माथा है, कोई साथ नहीं है। ऐसे में कवि प्रार्थना करता है : तरणि तार दो (अर्चना : गीत बहत्तर)। कई बार निराला गीतों में शक्ति अथवा दुर्गा का स्मरण करते हैं, जिसका परिचय वे अपने पूर्ववर्ती काव्य में भी दे चुके हैं। कहीं-कहीं इन प्रार्थना-गीतों में एक आत्मबोध अथवा आत्मजागरण का स्वर है : तुमसे मन लग जाने पर जग की वासना बासी हो गई है। गंगा की निर्मल धारा को मुक्ति मिल

गई है (आराधना : गीत पचास)। निराला का शरणागत भाव प्रदर्शित करता है कि वे स्थितप्रज्ञ हो चले हैं और जय-पराजय, मानापमान, सुख-दुःख से ऊपर उठ गए हैं। उन्होंने व्यंग्य का अस्त्र भी छोड़ दिया है और क्रमशः एक उच्चतर उदात्तभूमि पर पहुँचे हैं। जिसे आध्यात्मिकता कहा जाता है। सारा जहर उन्होंने पी लिया है और अब वे उस बिंदु पर आ विराजे हैं जहाँ वे चाहते हैं कि चाहे सुख का दिन डूब जाए, पर उनसे मन न ऊबे। मन की वह असंगता, जब कवि एक महत्तर उदात्त लोक में रमने लगता है और जिसे आध्यात्मिक प्रवृत्ति से जोड़ा जाता है, उसके अनेक रूप हो सकते हैं। यहाँ निराला बिना प्रतीकों का सहारा लिये सीधे ही अपना निवेदन सहज भाव से प्रस्तुत करते हैं।

निराला का प्रार्थनाभाव स्वयं तक सीमित नहीं है, वैयक्तिक मोक्षमात्र से उन्हें संतोष नहीं होता। उनमें मानवीय सदाशयता का जो भाव जागृत रहा है, वह यहाँ भी कई बार झलक जाता है। वे बार-बार विश्व की व्यथा से दुखी होकर, उस अनाम आराध्य से निवेदन करते हैं कि देखो, तुम्हारे द्वार पर सारा विश्व हाथ पसारे खड़ा है (आराधना : गीत सोलह)। सृष्टि के लिए कल्याण की यह कामना निराला के इन प्रार्थना-गीतों को एक सामाजिक आधार देती है। जो लोग इसे नहीं समझ पाते, वे उन्हें जबरन पलायन करने वाला व्यक्ति प्रमाणित कर देना चाहेंगे। पर वे यहाँ ऐसी मनोभूमि में आ विराजे हैं, जिसमें एक ओर उनकी उद्वेलित मानसिक स्थिति है, दूसरी ओर उनका सजग आत्मविश्वास। इसलिए गीतों के पूरे अर्थ नहीं खुलते, पर गहराई में उतरने पर मूल आशय का आभास मिल जाता है। 'अर्चना' में उनका एक प्रसिद्ध गीत है : "बाँधो न नाव इस ठाँव बंधु।" इसमें एक स्वच्छंदतावादी ढंग का रूपचित्र उभरता है। घाट पर हँसती, नहाती हुई प्रिया, कवि की रूपासक्त आँखें, प्रिय के लिए सारे संसार का निषेध करने वाली जीवंत साहसी प्रिया ! पर गीत की आरंभिक पंक्ति जिसे गीतभार कहना अधिक उचित होगा, प्रमाणित करती है कि कविता का प्रयोजन केवल रूमानी नहीं है। इसमें कवि का अनासक्त भाव भी मौजूद है। वह कहता है कि मैं तो स्थितप्रज्ञ हो चला हूँ, मेरे लिए कहीं ठहर जाना संभव नहीं। मैं तो भीतर-ही-भीतर यात्रानिमग्न हूँ, गतिमय हूँ। कहीं भी मोहबद्ध हुआ, तो लोग क्या कहेंगे ? फिर आगे के दृश्य स्मृति-चित्र के रूप में उभरते हैं। इस प्रकार, यह गीत किसी एक काल से नहीं बँधता और अतीत-वर्तमान दोनों में एकसाथ यात्रा करता है, एक अनासक्त का बदला हुआ शृंगार भाव।

अर्चना, आराधना का प्रार्थनाभाव कवि का मूल स्वर है, इसमें संदेह नहीं, पर अब भी प्रकृति उसे कई बार आकृष्ट कर जाती है, यद्यपि परिमलकालीन उद्दाम रागबोध यहाँ हमें संयत दिखाई देता है। आम में बौर, फागुन में पिक का पंचम गान, मनोरम विपिन, खिली पुष्प भाषा आदि के प्रसंग 'अर्चना' में आए हैं। 'आराधना' में सावन के मेघ, नील सरोवर, कमल, शरद, हरसिंगार आदि का उल्लेख है। 'गीतगुंज' में

निराला वसंत और वर्षा अपनी प्रिय ऋतुओं का बार-बार स्मरण करते हैं। कविताओं की जो रचनातिथियाँ दी गई हैं, उनसे ज्ञात होता है कि ऋतुओं का आकर्षण निराला की चेतना को अब भी लगभग आसक्ति की स्थिति में पहुँचा देता है। वसंत आते ही वे मधुवन की समीर को पहचानने लगते हैं (गीतगुंज : गीत तीन)। वर्षा के अनेक गीतों का संकलन 'गीतगुंज' में हुआ है। झूम-झूम कर सावन के मेघ बरसते हैं (गीत आठ); प्रिया पावन सावन के समान है (गीत नौ); नाले उमड़ रहे हैं (गीत दस); पुरवाई बह रही है (गीत ग्यारह)। कवि प्रार्थना करता है : 'वारिद आओ, सुख बरसो' (गीत चौदह)। इस प्रकार, 'गीतगुंज' में वर्षा के प्रति निराला का तीव्र आकर्षण मौजूद है, जो प्रमाणित करता है कि वे अब भी प्रकृति से जुड़े हुए हैं, केवल उनकी रागात्मकता का रूप बदल गया है और उसमें उनका प्रार्थनाभाव भी सम्मिलित है।

एक साथ कई दिशाओं को छूने वाले निराला के इस काव्य-निवेदनम् में जब सामयिक संदर्भ और सामाजिक यथार्थ की कुछ व्यंग्यकालीन रचनाएँ देखने को मिलती हैं, तब उनके वैविध्य-भरे रचनात्मक व्यक्तित्व को प्रमाणित कर सकना और आसान हो जाता है। एक आत्मस्थ, स्थितप्रज्ञ की स्थिति में पहुँचा हुआ कवि आध्यात्मिक तथा प्रार्थनाभाव के बीच भी कई बार जीवन-यथार्थ को पकड़ता है। 'आराधना' में पंद्रह-सोलह दिसम्बर, 1952 ई. की चार-पाँच कविताएँ सामयिक संदर्भों को सामने लाती हैं (गीत, तिहत्तर) :

> मानव जहाँ बैल घोड़ा है
> कैसा तन-मन का जोड़ा है ?
> किस साधन का स्वाँग रचा यह
> किस बाधा की बनी त्वचा यह
> देख रहा है विज्ञ आधुनिक
> वन्य भाव का यह कोड़ा है...।

अगले गीत में खेत जोतकर आए एक किसान की तस्वीर है : बैलों के कंधों पर माची, उल्टा रखा हुआ हल, हाथ में बद्धी आदि के साथ कृषक परिवार का पूरा चित्र उभरता है (गीत चौहत्तर)। हाथ में मुगरी लेकर धान कूटने की चर्चा है, जिसमें मूँज के कारण छाले पड़ गए हैं (गीत सतहत्तर) और उसी के बाद कुएँ की जगत से पानी भरकर लौटती हुई ग्रामबाला का चित्र है (गीत अठहत्तर)। ये गीत प्रमाणित करते हैं कि आत्मस्थ क्षणों में भी निराला प्रकृति और मनुष्य को भूले नहीं हैं, क्योंकि ये उनकी रचना के मूलाधार हैं।

निराला के इस निवेदन-काव्य को हम उनके स्वच्छंदतावादी काव्य का एक नया मोड़ कहकर संबोधित करते हैं, पर यहाँ प्रकृति-मनुष्य के सौंदर्य से वे जुड़े हुए हैं और इसलिए यह कहना संगत नहीं होगा कि उन्होंने अपने पिछले 'स्टैण्ड' को बिल्कुल बदल दिया है। यदि ऐसा होता तो एक बार व्यंग्य की खुरदुरी भूमि पर

आ जाने के बाद वे प्रार्थनाभाव की ओर न मुड़ते। वास्तविकता तो यह है कि उनमें अब भी सौंदर्य के चित्र उभरते हैं पर ऐन्द्रियाकर्षण के स्थान पर वे आध्यात्मिक सुघराई का अधिक बखान करते हैं। कस्तूरी मृग ने जान लिया है कि जिस गंध को वह बाहर खोज रहा था, वह भीतर वास करती है। अब तक का जो क्षण बीता यदि निराला उसका निषेध कर देते तो वे कबीर के 'संतौ भाई, आई ज्ञान की आँधी' अथवा तुलसी की 'अब लौं नसानी, अब न नसैहौं' वाली मुद्रा में आ जाते पर पश्चात्ताप भाव के स्थान पर वे अपनी ही आत्मा के आमंत्रण पर इस प्रार्थना-भूमि में पहुँचे हैं और वहाँ वे बराबर उपस्थित हैं, उनका विलय नहीं होता, उनका व्यक्तित्व जाग्रत है। जिस आत्मा से निराला ने इन प्रार्थना-गीतों को रचा है उससे प्रमाणित होता है कि दूभर-से-दूभर क्षणों में भी उनका आत्मविश्वास जीवित था।

सांध्य काकली

'सांध्य काकली' निराला का समापन काव्य संकलन है, जिसका प्रकाशन जनवरी 1969 ई. में कवि के अवसान के बाद हुआ। इसमें 1954 ई. से लेकर 15 अक्तूबर, 1961 ई. तक की लगभग सत्तर रचनाएँ संकलित हैं। जीवन के अंतिम दौर में कविताओं की संख्या कम होती दिखाई देती है, यद्यपि वे लगभग अंतिम समय तक कविताएँ लिखते रहे। ये कविताएँ निराला के उस वैविध्यभरी मनोदशा की साक्ष्य हैं, जिसका उल्लेख बार-बार किया जाता है। यहाँ सौंदर्य-चित्र, प्रकृति-दृश्य, मानवीय संवेदन, प्रार्थनाभाव और स्वयं कवि की मनोव्यथा को देखा जा सकता है। वर्षा अब भी उनकी सर्वप्रिय ऋतु है। पुरवाई को वे पहचानते हैं (गीत तीन); अलकबंध की चपला कौंधती है (गीत चौदह); आम के पके बाग हैं (गीत उनतालीस)। वर्षा के साथ शरद-शिशिर के भी चित्र हैं। कई बार इन ऋतु-चित्रों के बीच प्रिया की स्मृति कौंध जाती है :

> फिर नभ घन लहराए
> छाए बादल छाए
> कौंधी चपला अलकबंध की
> परी प्रिया के मुख की छवि-सी
> बूँदों सुख के आँसू दल कर
>   पृथ्वी के उर आए...।

ऋतुओं के बीच में सौंदर्य-चित्रों का प्रवेश और प्रिया का स्मरण निराला की उस स्वच्छंदतावादी चेतना के कारण है जिससे उन्होंने अपनी सृजन-यात्रा का आरंभ किया। माना, सौंदर्य के मांसल चित्र यहाँ हमें नहीं मिलते, पर स्मृति-चित्रों के रूप में कई बार रूमानी दृश्य उभरते हैं। एक स्थान पर तो स्वर्गीया देवी तक का स्मरण है (पृ. 86)।

निराला का वही प्रार्थनाभाव अंतिम क्षणों में उनका साथी है, जिसे उन्होंने आस्था

के रूप में अपनाया है। दो पंक्तियों की एक कविता में निराला ने लिखा है कि—'ध्वनि में उन्मन-उन्मन बज रहा है, अपराजित कंठ आज लाजे...।' यहाँ उनका वही आत्मविश्वास है कि यदि काव्य का सिंचन हो जाए तो षड्रस की भूख नहीं रहती (कविता, पचपन)। एक ओर अपनी रचना के प्रति उनका अदम्य विश्वास है, दूसरी ओर यथार्थ के भीषण प्रहार हैं और निराला अपनी काव्य-रक्षा के लिए आत्मस्थ होते हैं। इस प्रकार वे विषयांतर से बच जाते हैं, नहीं तो अंतिम समय तक यात्रारत रह पाना, खासतौर से ऐसी संघर्षपूर्ण परिस्थितियों में संभव न होता। निराला यहाँ डमरू निनाद तक की चर्चा करते हैं, (कविता, 48); भवतारण तरण का स्मरण करते हैं, (गीत, 44); हृदय-छंद मिलाकर गीता गाना चाहते हैं (गीत, नौ); प्राणों को पावन करने की प्रार्थना करते हैं (गीत, तेरह) आदि। इतना ही नहीं, वे मृत्यु को मधुर-मधुर कहकर संबोधित करते हैं (गीत, बाइस)। तो क्या कवि की जिजीविषा समाप्त होती दिखाई देती है ? इसके पूर्व भी उन्होंने लिखा था : देखता हूँ आ रही मेरे दिवस सांध्य की वेला। पर इसी बाइसवें गीत की पंक्तियाँ बताती हैं कि निराला बदले हुए, गंदले जीवन से आजिज आ गए हैं...। ऐसे ही असंतोष के बीच वे 'शीत की गहरी विभावरी' में फिर अपने चिरपरिचित कृषक की दयनीय दशा देखते हैं :

मटर, चने कुछ काम न आए
जौ, गेहूँ लड़ते अरगाए
माचे पर किसान का कूकर
कुँकहाया, सिहरी शीत की।

....

सूख गया किसान एकाकी
रोया, रही न लेखा बाकी
कर्म-धर्म को करके साखी
दुहरी डगर भरी, शीत की।

प्रेमचंद ने 'पूस की रात' में या 'गोदान' में जो दृश्य उभारे हैं, वे निराला की उन कविताओं में व्यंजित हुए हैं, जहाँ उन्होंने कृषक-जीवन को बाँधना चाहा है।

'सांध्य काकली' में निराला की वे कविताएँ विशेष रूप से विचारणीय हैं, जहाँ हमें निराला की अंतिम मनःस्थिति के संकेत मिलते हैं। 'जय तुम्हारी देख भी ली' कविता में निराला उस रूप-गुण के रसीलेपन का स्मरण करते हैं, जब उन्होंने काव्य में वसंत जन्माया था। पर आज स्थिति बदल गई है :

आग सारी फुक चुकी है
रागिनी वह रुक चुकी है
स्मरण में है आज जीवन
मृत्यु की है रेख नीली !

इसी प्रकार 'रहो तुम' कविता में निराला आरंभ में ही कहते हैं कि मैं बैठा हुआ एक स्वप्नहीन जीवन देख रहा हूँ। कभी गंध से दिगंत को अंध कर देने वाली कविता की क्यारियों में पुष्प उगाए थे, जिनसे सब तृप्त हुए थे। यहीं प्रिया का स्मरण है, लगभग उन्हीं शब्दों में जिसमें 'तुलसीदास' की रत्नावली का चित्र है, बड़ी पक्ष्मल आँखों वाली गौरी वनिता ! पर अब मैं अपत्र महीरुह/स्वल्प रस जीवन में...। 'सांध्य काकली' की अंतिम कविता में निराला एक प्रकार से अपनी आत्मगाथा लिखते हैं। पत्रोत्कण्ठित जीवन का विष बुझा हुआ है अर्थात् निराला राग-विराग से ऊपर उठे हुए हैं—निर्विकार, अनासक्त। हृदय-कुंज में आशा का प्रदीप जल रहा है। अँधेरे में एक रश्मि राह सुझा रही है, जैसे ध्रुव से दिशा-निर्णय। निराला स्वयं को शर-शैया का भीष्म कहते हैं :

सिद्ध योगियों जैसे यह साधारण मानव
ताक रहा है भीष्म शरों की कठिन सेज पर।
स्निग्ध हो चुका है निदाघ, वर्षा भी कर्षित
कल शारद कल्य की, हेम लोमों आच्छादित
शिशिर भिद्य, बौरा वसंत आमों आमोदित।

यहाँ निराला ऋतुओं को नहीं भूलते जो जीवन के विभिन्न स्थितियों की प्रतीक हैं और जिनके माध्यम से वे विगत का स्मरण तो करते हैं, पर अब स्थितप्रज्ञ हैं। इसी क्रम में निराला अपने उस चतुरंगी काव्य की याद करते हैं, जिसे वे दिक्चुंबित कहते हैं—अपराजेय, लगभग दिग्विजयी। निराला अपने काव्य के भविष्य के प्रति आश्वस्त हैं, यद्यपि उन पर मल्ल की मारें हुईं, पर हर बार निशाने चूक गए। अंतिम पंक्ति है :

झूल चुकी है खाल-ढाल की तरह तनी थी
पुनः सवेरा, एक और फेरा हो जी का...।

इस प्रकार 'सांध्य काकली' की अंतिम कविताओं में निराला स्वयं अपने जीवन पर विचार करते हैं। वे जानते हैं कि सूर्यास्त आ रहा है, पर जहाँ तक रचना का संबंध है वे आश्वस्त हैं कि इतिहास में उनके हस्ताक्षर सुरक्षित हैं और उन्होंने एक सार्थक जीवन जिया है।

समापन

निराला ने एक लंबी और सार्थक काव्य-यात्रा तय की 1916 ई. से 1961 ई. तक। लगभग पैंतालीस वर्ष में उनका काव्य अनेक सामाजिक, वैयक्तिक स्थितियों से गुजरता रहा है और इन सबके बीच उनके काव्य के तेवर भी बदले। इस वैविध्यभरे काव्य के लिए यदि किसी एक शब्द का प्रयोग अनिवार्य हो तो 'क्रांतिकारी स्वच्छंदतावाद' सबसे उपयुक्त होगा। स्वच्छंदतावाद उनके काव्य का वह रूमानी अंश है, जहाँ वे अपनी वैयक्तिक अनुभूतियों का उपयोग करते हैं, सौंदर्य के घनिष्ठ चित्र बनाते हैं

और कल्पना की सहायता से रंग भरते हैं। पर क्रांतिकारी वे आरंभ से ही हैं और उनकी विद्रोही भावना इसी का एक मुख्य तत्त्व है। निराला की यह क्रांतिकारी चेतना उनके आक्रोश को वैयक्तिक अथवा अराजक बनकर नहीं रह जाने देती, वे उसे सामाजिक यथार्थ से जोड़ने में सफल होते हैं। उनका विद्रोह एक निश्चित प्रयोजन तक पहुँचता है और वे सामाजिक वैषम्य पर तीखे आक्रमण करते हैं। निराला की स्वच्छंदतावादी चेतना में उदात्तता के जो तत्त्व हैं, वे अंतिम क्षणों में प्रार्थनाभाव की सृष्टि करते हैं। इस प्रकार प्रकृति और मनुष्य को केंद्र में रखकर वे अपनी क्रांतिकारी स्वच्छंदतावादी भावना को विभिन्न दिशाओं में प्रक्षेपित करते हैं। प्रार्थना-गीतों के क्षणों में भी वे आत्मसजग हैं और अपने व्यक्तित्व का उन्हें अहसास है। नए समीक्षकों ने उन्हें आत्मस्थ, निजत्वपूर्ण और गतिशील कवि के रूप में स्वीकारा है।[12] जिसे निराला का वैविध्य कहा जाता है, वह इसी क्रांतिकारी स्वच्छंदतावादी चेतना का, विभिन्न दिशाओं में प्रसार है। निराला अपनी चेतना के स्फुलिंग अनेक दिशाओं में फेंक सकने की सामर्थ्य रखते हैं। इस दृष्टि से वे आधुनिक इतिहास में सबसे सार्थक कवि कहे जा सकते हैं, जिन्होंने अपने चिंतन को, जीवन-मूल्यों संबंधी आस्था को अपनी रचनाओं के माध्यम से प्रमाणित किया।

निराला भाव के स्तर पर कोमल भावनाओं वाले गीत निर्मित करते हैं, ऋतुओं के सौंदर्य-भरे चित्र बनाते हैं, बार-बार प्रिया का स्मरण करते हैं, शृंगार का खुला वर्णन करते हैं। यह सब देखने में पूरा रूमानी लगता है। पर निराला ओजपूर्ण भावों को भी काव्य में लाते हैं—' 'जागो फिर एक बार' गीत में या 'राम की शक्तिपूजा' में।' इसलिए उन्हें पौरुष और ओज का कवि कहा जाता है। वे 'तुलसीदास' 'जैसे सांस्कृतिक आशय का कथाकाव्य रचते हैं। सामाजिक यथार्थ से जुड़कर वे स्थितियों को हमारे सामने वास्तविकता में खड़ा कर देते हैं। और यही आक्रमण, यही आक्रोश, कवि अर्चना, आराधना में प्रार्थना की भूमि पर आता है। इस प्रकार, निराला ने एक बृहत्तर संसार को अपने काव्य में स्थान दिया है। उन्हें ठीक से समझ पाने के लिए आवश्यक है कि हम जान लें कि निराला की रचना कई बार एक ही समय में कई स्तरों पर चलती है। इसलिए प्रायः सभी काव्य-संकलनों में किसी एक विशेष भाव की प्रमुखता होते हुए भी कविताओं में एक मिला-जुला रूप देखने को मिलता है और हम आश्यर्च करते हैं कि एक ही काल में, इतनी अधिक दिशाओं में कवि स्वयं को किस प्रकार प्रक्षेपित कर सकने की सामर्थ्य रखता है। 'परिमल' में जिस वैविध्य के संकेत हमें मिलते हैं, आगे की रचनाएँ उसे प्रमाणित करती दिखाई देती हैं। निराला जैसा दसों दिशाओं का कवि सब जगह जाता हुआ भी, किसी केंद्र से बँधा है, इसीलिए उनकी रचनाओं में, प्रायः विघटन की स्थिति देखने को नहीं मिलती। मानसिक अस्वस्थता के दौर में उनकी कविताओं में अन्विति कमजोर पड़ गई है, पर उस बीच भी जब वे प्रकृतिस्थ होते हैं, तब काव्य को उचित समापन देने में समर्थ होते हैं।

निराला की रचनाओं का केंद्रीय तत्त्व यही क्रांतिकारी स्वच्छंदतावाद है, जिसके माध्यम से हम हिंदी स्वच्छंदतावाद की विभिन्न दिशाओं का परिचय प्राप्त कर सकते हैं।

निराला की क्रांतिकारी स्वच्छंदतावादिता उन्हें सरस गीतों का निर्माता बनाने के साथ, उनसे 'कुकुरमुत्ता' जैसी व्यंग्य रचनाएँ लिखवाती हैं। वे 'तुलसीदास' और 'राम की शक्तिपूजा' जैसी आख्यान-आश्रित कविताएँ रचते हैं जिनमें समीक्षकों ने आधुनिक महाकाव्य की संभावनाएँ देखी हैं। वे उर्दू की ग़ज़ल और बहर हिंदी में उतारते हैं। मुक्तछंद की संभावनाओं को उजागर करने में निराला का नाम सदैव आदर के साथ लिया जाएगा क्योंकि उन्होंने इसके माध्यम से अनेक प्रकार की विरोधी अनुभूतियों को व्यंजित किया और उसे लय-संगीत से संपन्न भी कराया। इस प्रकार निराला का अनेक दिशाओं में संचरित होने वाला काव्य हिंदी स्वच्छंदतावाद की अनेक संभावनाओं का प्रमाण है।

संदर्भ :

1. रामरतन भटनागर : निराला और नवजागरण, पृ. 70
2. रामविलास शर्मा : निराला की साहित्य साधना, भाग 1, पृ. 39
3. नंददुलारे वाजपेयी : कवि निराला, पृ. 195
4. विवेकानंद साहित्य : दशम खंड, पृ. 191
5. नंददुलारे वाजपेयी : कवि निराला, पृ. 41
6. धनंजय वर्मा : निराला : काव्य और व्यक्तित्व, पृ. 139
7. रामविलास शर्मा : निराला की साहित्य साधना, भाग 1, पृ. 259-60
8. प्रेमचंद : साहित्य का उद्देश्य, पृ. 26
9. ये. पे. चैलिशेव : निराला, पृ. 93
10. निराला : चतुरी चमार, पृ. 14
11. रमेशचंद्र मेहरा : निराला का परवर्ती काव्य, पृ. 226
12. दूधनाथ सिंह : निराला : आत्महंता आस्था, पृ. 29

अध्याय 6

सुमित्रानंदन पंत

जीवन रेखाएँ

कवि सुमित्रानंदन पंत को हिंदी स्वच्छंदतावादी काव्य के तीन मुख्य हस्ताक्षरों में सम्मिलित किया गया है। उन्होंने एक लंबी यात्रा की और अनेक काव्य-आंदोलनों को देखने का अवसर उन्हें मिला। वे 1900 ई. में कुमायूँ क्षेत्र (अल्मोड़ा) के कौसानी गाँव में जन्मे थे, जो अपने प्राकृतिक सौंदर्य के लिए विख्यात है और जिसने उनकी आरंभिक कविताओं के आधार पर उन्हें 'प्रकृति का कवि' कहलाने का गौरव दिया। सामने दिखाई पड़ने वाले हिमालय के बर्फ-ढके पर्वत शिखर और आस-पास देवदारु, चीड़ की सघन वनखंडी। मौका पाकर घर में घुस जाने वाले बादल और कड़कती बिजली से निकट की मुलाकात। पंत ने प्रकृति को अपने इतने समीप पाया कि वह उनके अवचेतन में प्रवेश कर गई और उनके व्यक्तित्व का एक महत्त्वपूर्ण अंग बन गई। पंत ने 'साठ वर्ष : एक रेखांकन' नामक अपनी आत्मगाथा में स्वयं इसका उल्लेख करते हुए 'आत्मिका' नामक कविता की पंक्तियाँ उद्धृत की हैं :

हिमगिरि प्रांतर था दिग् हर्षित, प्रकृति क्रोड़ ऋतु शोभा कल्पित
गंध गुँथी रेशमी वायु थी, मुक्त नील गिरि पंखों पर स्थित।
आरोही हिमगिरि चरणों पर, रहा ग्राम वह मरकत मणि-कण
श्रद्धानत आरोहण के प्रति, मुग्ध प्रकृति का आत्म-समर्पण।

पंत के काव्य में प्रकृति ने आरंभ में प्रमुख भूमिका का कार्य किया और उन्हें वर्ड्स्वर्थ की तौल पर प्रकृति का कवि प्रमाणित करने की चेष्टा की गई। पर स्वीकार करना होगा कि यद्यपि प्रकृति के दृश्य अंतिम दौर में भी पंत के अवचेतन में विद्यमान हैं पर जीवन के बदलते संदर्भों में उसके स्वरूप में परिवर्तन हुए हैं। आरंभ में प्रकृति का जो घनिष्ठ संपर्क उपलब्ध था, वह उस समय कम हो गया जब वे कुमायूँ छोड़कर इलाहाबाद, बनारस की ओर आए। शुरू-शुरू में पंत प्रकृति के प्रति विस्मय-विमुग्ध थे, उसके प्रति उनके मन में संपूर्ण रागात्मकता थी, पर धीरे-धीरे कवि के वैयक्तिक

संवेदन उसमें सम्मिलित होते गए और एक रूमानी जगत् निर्मित हुआ। पंत की स्वच्छंदतावादी चेतना की बनावट में प्रकृति के प्रति उनकी बदलती प्रतिक्रियाओं का भी प्रभाव रहा है। जो प्रकृति आरंभ में पंत के सम्मुख अपने स्वतंत्र रूप में उपस्थित थी, उसे उन्होंने आगे चलकर प्रिया, सखी, संगिनि आदि के रूप में देखा और इसे उनकी स्वच्छंदतावादी प्रवृत्तियों का प्रकाशन कहा जाएगा। प्रकृति और मानवी भावनाओं में संवाद की प्रक्रिया हिंदी स्वच्छंदतावादी काव्य की एक मुख्य प्रवृत्ति मानी जाती है और इस दिशा में पंत का प्रदेय महत्त्वपूर्ण है।

कुमायूँ की नैसर्गिक प्राकृतिक छवि के साथ-साथ पारिवारिक संस्कारों का भी, पंत के व्यक्तित्व को गढ़ने में अपना रोल है। जन्म के छः-सात घंटों के भीतर ही अपनी माँ को खोकर, पंत उस वात्सल्य से वंचित हो गए जिसे भारतीय संतान का रक्षा-कवच कहा जा सकता है। संभवतः इसीलिए उनके मन में नारी के प्रति एक 'पूजा-भाव' विद्यमान रहा है और उन्होंने सदैव उसे आदर की दृष्टि से देखा। पर मनोवैज्ञानिक स्तर पर स्नेहशीला माँ से वंचित हो कर कवि धीरे-धीरे और भी अंतर्मुखी होता गया, इसमें संदेह नहीं। इसने उनकी एकांतप्रियता को निश्चित ही और गहरा किया और उनकी संकोचशील प्रवृत्ति इससे जुड़ी हुई है। पंतजी ने लिखा है, "प्रकृति के ऐसे मनोरम वातावरण में मेरा मन अपने-आप उस निर्निमेष नैसर्गिक शोभा में तन्मय रहना सीखकर एकांतप्रिय तथा आत्मस्थ हो गया। मेरे प्रबुद्ध होने से पहले ही प्राकृतिक सौंदर्य की मौन रहस्य-भरी अनेकानेक मोहक तहें, अनजाने ही, एक के ऊपर एक, अपने अनंत वैचित्र्य में, मेरे मन के भीतर जैसे जमा होती गईं।" जिस माँ से बालक अपनी आरंभिक जिज्ञासाओं का समाधान पाता है और जिससे भावों का आदान-प्रदान हो सकता है, उसे खोकर, कवि पंत भीतर-भीतर अधिक झाँकने के अभ्यस्त हो गए।

इसी क्रम में उन धार्मिक संस्कारों का भी प्रभाव है जो पिता के पास जुटने वाले साधु-संतों के माध्यम से उन्हें प्राप्त हुए। घर में यजुर्वेद, भागवत, गीता, रामायण आदि के पाठ की चर्चा पंत ने की है। स्थिति तो यह है कि उन्नीसवीं शती के भारत में राष्ट्रीय स्वतंत्रता संग्राम के साथ-साथ जो सांस्कृतिक चेतना प्रवाहित हो रही थी, उसे महात्मा गांधी के व्यक्तित्व ने आस्तिकी आदर्शवादिता से संपृक्त किया। भारतीय नवजागरण, जिसका आरंभ उन्नीसवीं शती में ही हो गया था, उसमें भी नैतिक तत्त्व प्रबल हैं। उस धर्मनिरपेक्ष मानववादी चेतना को उस समय स्थापित करने की चेष्टा और प्रबल हो जाती है जब मार्क्सवाद की भौतिकवादी विचारणा भारत में प्रवेश करती है। पंत के पारिवारिक संस्कारों के प्रभाव उनमें बराबर देखे जा सकते हैं और उनके काव्य की आध्यात्मिकता पर इसकी स्पष्ट छाया है। कहा जाता है कि पंत के पिता ने बालक की माँ की मृत्यु के बाद उन्हें एक गोस्वामीजी को सौंप दिया था, जिसके कारण लोग उन्हें गोसाईं या गुसाईं भी कहा करते थे। कौसानी की पाठशाला में

उनका नाम गुसाईंदत्त था, जिसे उन्होंने स्वयं बदलकर सुमित्रानंदन कर दिया। साधु-संतों के प्रति पंत के मन में जो आदर का भाव पारिवारिक संस्कारों के कारण जनम गया था, उसका उपयोग उन्होंने 1912 ई. में लिखे गए अपने 'हार' नामक उपन्यास में किया है, जिसमें साधु-जीवन की चर्चा है। ध्यान देने की बात यह कि इस उपन्यास का नायक किसी धार्मिक प्रेरणा से साधुवृत्ति नहीं ग्रहण करता बल्कि वह प्रेम की असफलता के कारण वैराग्य अपनाना चाहता है। और विरागी हो जाने पर भी वह स्वयं को जीवन से नहीं काटता, वरन् संसार की सेवा का व्रत लेता है। इस प्रकार 'हार' उपन्यास के ढाँचे में कवि पंत के आरंभिक संस्कारों के साथ उनकी रूमानी वृत्तियों के चिह्न भी तलाशे जा सकते हैं, क्योंकि असफल प्रेम का उल्लेख उसमें हुआ है। इस संदर्भ में प्रसाद के 'प्रेमपथिक' का नाम लिया जा सकता है और श्रीधर पाठक द्वारा गोल्डस्मिथ के अनुवादों का भी। पंत के आरंभिक धार्मिक संस्कारों ने आगे चलकर उन्हें अरविंद दर्शन की ओर अभिमुख किया, जिसकी चर्चा यथा-स्थान की जाएगी।

पंत के साहित्यिक संस्कारों के बनने में आरंभ की संस्कृत-शिक्षा का भी योग रहा है। 1907-1909 ई. के बीच उन्होंने अमरकोश, मेघदूत, रामरक्षास्तोत्र, चाणक्य-नीति आदि के अतिरिक्त अन्य अनेक श्लोकों से परिचित प्राप्त कर लिया था जिसका उल्लेख शांति जोशी ने किया है। कौसानी से अल्मोड़ा और वहाँ से 1918 ई. में काशी आने पर पंत को एक बड़े ज्ञानक्षेत्र से परिचय होने का अवसर मिला और यहाँ उन्होंने साहित्य की अच्छी जानकारी प्राप्त की। 1919 ई. में वे इलाहाबाद के म्योर कॉलेज में प्रविष्ट हुए और यहाँ के साहित्यिक वातावरण ने उनकी रचना को एक नई प्रेरणा दी। प्रयाग के विद्यार्थी-काल में पंत अंग्रेजी साहित्य, विशेषतया रोमांटिक कविता से प्रभावित हुए। उन्होंने स्वयं स्वीकारा है कि "उन्नीसवीं शती के कवियों में कीट्स, शेली वर्ड्स्वर्थ तथा टेनिसन ने मुझे गंभीर रूप से आकृष्ट किया। कीट्स के शिल्प-वैचित्र्य, शेली की सशक्त कल्पना, वर्ड्स्वर्थ का प्रांजल प्रकृति प्रेम, कॉलरिज की असाधारणता तथा टेनिसन के ध्वनिबोध ने मेरे कविता-संबंधी रूप विधान के ज्ञान को अधिक पुष्ट, व्यापक तथा सूक्ष्म बनाया। इन कवियों की विशेषताओं को हिंदी काव्य में उतारने के लिए मेरा कलाकार भीतर-ही-भीतर प्रयत्न करता रहा। काव्य-संगीत में व्यंजनों की योजना से शक्ति तथा चित्रात्मकता, और स्वरों की सहायता से सूक्ष्मता तथा मार्मिकता आती है, इसका ज्ञान मुझे अंग्रेजी कवियों के रूप-शिल्प के बोध से ही प्राप्त हुआ।" इस वक्तव्य में पंत स्वयं अंग्रेजी रोमांटिक कवियों की प्रेरणा को स्वीकारते हैं और जाहिर है कि उनकी कविताओं के आरंभिक चरण में इनकी छाया मौजूद है।

1921 ई. के आंदोलन में पंत ने अपनी पढ़ाई छोड़ दी और गांधी जी को भी निकट से देखा था, पर सक्रिय राजनीति उनकी कोमल चेतना के विपरीत प्रतीत

होती है। विद्यालयीय शिक्षा पूरी न करके संभवतः पंत ने अध्ययन के द्वारा उसकी क्षतिपूर्ति करने का निरंतर प्रयत्न किया। 1930 ई. से 1940 ई. तक पंत कालाकाँकर में रहे जहाँ उन्होंने अपना अध्ययन-क्रम जीवित रखा और 'नौकाविहार' जैसी श्रेष्ठ कविताओं की रचना की। यहीं से 'रूपाभ' का प्रकाशन हुआ। यहीं ग्राम-जीवन को निकट से देखने का उन्हें अवसर मिला और 'ग्राम्या' की कई कविताओं में उन्होंने इसका उपयोग किया। सन् 1934 ई. में पंत ने गांधीजी से भेंट की और वे गांधीवाद से प्रभावित हुए, जिसे उनकी कविताओं में देखा जा सकता है। इसी समय वे मार्क्सवाद के संपर्क में आए। इस सिलसिले में वे कामरेड पी. सी. जोशी का नाम लेते हैं। पंत का कहना है कि उनके भावाक्रांत मन को श्री जोशी के यथार्थ दृष्टिकोण से बाह्य विस्तार मिला। उनके मन में मानव-सभ्यता के राजनीतिक, सामाजिक, आर्थिक, ऐतिहासिक विकास की धारणाएँ प्रस्फुटित होने लगीं। इन धारणाओं के अधिक व्यापक और संतुलित रूप को ग्रहण करने के लिए उन्होंने समाजशास्त्रीय विषयों पर भी चिंतन-मनन और अध्ययन करना प्रारंभ किया।[1] पर मार्क्सवाद में पंत की रुचि अधिक गहरे नहीं उतर सकी और उन्होंने भावुकता के क्षणों में उसे छू भर लिया था। वे जितनी तेजी से उस ओर मुड़े थे, उतनी जल्दी वहाँ से लौट भी आए। वास्तव में, उनके व्यक्तित्व की बनावट में इस भौतिकवादी बौद्धिक दर्शन के प्रवेश की गुंजायश ही कम थी।

पंत के जीवन में एक मोड़ 'भारत छोड़ो आंदोलन' के बाद आता दिखाई देता है। 'उत्तरा' की प्रस्तावना में उन्होंने लिखा है : ''श्री अरविंद को मैं इस युग की अत्यंत महान् तथा अतुलनीय विभूति मानता हूँ। उनके जीवन-दर्शन से मुझे पूर्ण संतोष प्राप्त हुआ। 1944 ई. में अपनी लंबी बीमारी के बाद पंत अरविंद दर्शन की ओर अधिकाधिक अभिमुख होते गए और उन्हें कई बार पांडिचेरी के अरविंद आश्रम जाने के भी अवसर मिले। पंत के परवर्ती काव्य पर अरविंद दर्शन की आध्यात्मिक चेतना का स्पष्ट प्रभाव है जो उनके 'लोकायतन' नामक दीर्घाकारी प्रबंधकाव्य में भी मौजूद है। आरंभ में जिन नैतिक संस्कारों का संकेत किया गया है, उसकी दार्शनिक परिणति अरविंदवाद के प्रति समर्पण में होती है। इस प्रकार, पंत के जीवनसूत्रों ने उनके काव्य को निर्विवाद रूप से प्रभावित किया है और उनका काव्य कई मोड़ लेता रहा है।

पंत ने 1900 ई. से 1977 ई. तक की अपनी लंबी जीवनयात्रा में अनेक उतार-चढ़ाव देखे और उनकी रचनाओं पर इसकी छाया न पड़े, ऐसा संभव नहीं। दो-दो महायुद्ध उनके जीवनकाल में आए और भीषण विनाश के दृश्य उपस्थित हुए। स्वयं भारतीय जीवन में, राष्ट्रीय स्वतंत्रता संग्राम के दौर में साम्राज्यवादी दमनचक्र चला और बाद में आज़ादी भी आई। गांधी का व्यक्तित्व देश के राजनीतिक मंच पर सबसे प्रभावी रहा और लगभग समस्त भारतीय लेखन को उन्होंने प्रभावित किया।

बीसवीं शती के आरंभ में कांग्रेस के नेतृत्व में चलने वाली आज़ादी की लड़ाई शाकाहारियों की तरह की थी और उसमें एक समझौतावादी रुख था। उग्रपंथियों का एक दल भी उसमें था, पर धीरे-धीरे गांधी की अहिंसा नीति प्रभावी होती गई। इस प्रमुख राजनीतिक दल के बाहर भी कुछ लोग थे जो सशस्त्र क्रांति से स्वतंत्रता चाहते थे और जिनमें आगे चलकर सुभाष जैसे व्यक्ति सम्मिलित हुए। आरंभ में देश के व्यापारी ने अंग्रेजों का साथ दिया, पर जब उसने देखा कि संभव है किसी प्रकार की स्वायत्तता देश को मिल जाए, तब उसने इस बात में अपनी भलाई देखी कि वह आज़ादी की लड़ाई को भी अपनी सहानुभूति दे। इसी स्वार्थ से परिचालित होकर धीरे-धीरे देशी पूँजी विदेशी पूँजीवाद के साथ अपनी साँठ-गाँठ मजबूत करने लगी। आज़ादी के बाद तो देसी बनिए की नीयत बहुत स्पष्ट हो गई, क्योंकि सहसा वह और भी बड़ा पूँजीपति बना। उत्पादन वितरण दोनों पर उसका अधिकार हुआ और देश की संपूर्ण आर्थिक व्यवस्था पर अपना आधिपत्य स्थापित कर वह राजनीतिक शक्ति भी पाने का प्रयत्न करने लगा। इस प्रकार, भारतीय अर्थव्यवस्था का संचालन देसी पूँजी के द्वारा होता रहा है और व्यवस्था के बदलाव के जो छोटे-छोटे प्रयत्न भी किए गए वे नौकरशाही में बँधे सरकारतंत्र के कारण अधूरे रह गए। बीसवीं शताब्दी के आरंभ में मार्क्सवादी विचारधारा से देश का संपर्क हुआ और सन् 1917 ई. में सोवियत क्रांति की सफलता के बाद कई लेखक मार्क्सवाद की ओर आकृष्ट हुए। सन् 1936 ई. से प्रगतिशील लेखक संघ सक्रिय हुआ, पर जहाँ तक सच्चे सर्वहारा साहित्य का प्रश्न है, हम आज भी संभवतः उसकी प्रतीक्षा में हैं। इन अंतर्विरोधों की ओर संकेत करते हुए ई. चेलिशेव ने लिखा है : "उस समय के साहित्य में प्रतिबिंबित भारतीय बुद्धिजीवी श्रेणी का आध्यात्मिक जीवन परस्पर विरोधी विचारधाराओं के जटिल सह-अस्तित्व का गोरखधंधा और इधर-उधर से अपनाए गए भिन्न-भिन्न दार्शनिक दृष्टिकोणों एवं नैतिक सिद्धांतों का भानमती का कुनबा-सा दिखाई देता है।" इन अनेक उतार-चढ़ावों में पंत का काव्य गुजरा है और उसमें वे अंतर्विरोध देखे जा सकते हैं, जिनके मूल में सामाजिक गतिविधियाँ सक्रिय रही हैं।

काव्य-चरण

पंत के काव्य ने एक लंबी यात्रा की है और बीसवीं शताब्दी का लगभग तीन चौथाई भाग उनके सामने से गुजरा है। परिमाण में उनके काव्य का विपुल आकार है और 'लोकायतन' जैसे दीर्घ आकार वाले प्रबंध काव्य के अतिरिक्त उनके लगभग दो दर्जन काव्य-ग्रंथ उपलब्ध हैं। इतने लंबे समय को पार करने वाला कवि स्वयं अपने जीवन के उतार-चढ़ाव के अतिरिक्त समाज की बदलती स्थितियों से प्रभावित न हो, तो उसकी रचना को इतिहास की दिशा के विपरीत जाता हुआ मानकर उसकी सार्थकता में भी संदेह किया जा सकता है। पंत ने स्वयं स्वीकार किया है कि उनकी रचनाओं

में बदलाव आए हैं और इसका कारण उनकी बदली हुई विचारधारा है। 'चिदंबरा' में 'युगवाणी' (1937-38 ई.) से लेकर 'वाणी' (1957 ई.) तक की कविताएँ प्रस्तुत करते हुए उन्होंने 'चरणचिह्न' नामक लंबी भूमिका में अपने मंतव्य को स्पष्ट किया है। इसी प्रकार, 'उत्तरा' की 'प्रस्तावना' में पंत ने स्वर्णकिरण, स्वर्णधूलि वाले काव्य के विषय में कुछ सफाई दी है। वास्तव में पंत ने 'पल्लव' 'आधुनिक कवि' के अतिरिक्त 'छायावाद : एक पुनर्मूल्यांकन' नामक समीक्षा-ग्रंथ में काव्य के संबंध में अपनी मान्यताओं को स्पष्ट करना चाहा है।

कवि पंत ने 'पल्लव' में हिंदी स्वच्छंदतावादी काव्य-प्रवृत्तियों के विषय में नई सौंदर्यवादी घोषणाएँ कीं और रचना के बदलते जगत् का विस्तृत विवेचन किया, उसके कारण 'पल्लव' की 'प्रवेश' शीर्षक भूमिका को हिंदी स्वच्छंदतावाद का घोषणा पत्र होने का गौरव दिया जाता है। यह भूमिका 1926 ई. में लिखी गई थी। 1941 ई. में जब पंत ने 'आधुनिक कवि' नाम से अपनी कविताओं का संचयन किया तो 'पर्यालोचन' शीर्षक भूमिका में उन्होंने अपने बदलाव का औचित्य प्रमाणित किया। इस बीच उनके युगांत, युगवाणी और ग्राम्या काव्य निकल चुके थे, जो कवि के स्वच्छंदतावाद को सामाजिक यथार्थ के निकट लाते हैं। 'पल्लव' की भूमिका में पंत ने 'भाषा' को 'संसार का नादमय चित्र' घोषित करते हुए 'राग' को कविता की भाषा का प्राण कहा। इस 'राग' की उन्होंने अपनी व्याख्या की। 'कविता हमारे परिपूर्ण क्षणों की वाणी है' या 'कविता विश्व का अंतरम संगीत है, उसके आनंद का रोमहास है, उसमें हमारी सूक्ष्मतम दृष्टि का प्रकाश है' आदि वक्तव्य पंत के काव्य की आरंभिक स्वच्छंदतावादी दृष्टि को स्पष्ट करते हैं। पर 'आधुनिक कवि' के 'पर्यालोचन' में उन्होंने लिखा, "पल्लव और गुंजन काल के बीच में मेरा किशोर भावना का सौंदर्य-स्वप्न टूट गया। 'पल्लव' की 'परिवर्तन' कविता, दूसरी दृष्टि से, मेरे इस मानसिक परिवर्तन का भी द्योतक है।" इसे कवि अपना मोहभंग मानता है और उसका कथन है कि रचनाएँ भावनात्मक न रहकर बौद्धिक बनती गईं या 'भावना का मुख प्रकाशमान हो गया।' इस बीच पंत गांधी और मार्क्स से विशेष रूप से प्रभावित हुए और 'आधुनिक कवि' में उन्होंने लिखा कि "ऐतिहासिक भौतिकवाद और भारतीय आध्यात्म दर्शन में मुझे किसी प्रकार का विरोध नहीं जान पड़ा, क्योंकि मैंने दोनों का लोकोत्तर कल्याणकारी सांस्कृतिक पक्ष ही ग्रहण किया है।" पंत ने इसी क्रम में स्वच्छंदतावादी काव्य की असमर्थता और उसकी सीमाओं का उल्लेख किया : "छायावाद इसलिए अधिक नहीं रहा कि उसके पास भविष्य के लिए उपयोगी, नवीन आदर्शों का प्रकाशन, नवीन भावना का सौंदर्यबोध और नवीन विचारों का रस नहीं था।... वह नए युग की सामाजिकता और विचारधारा का समावेश नहीं कर सका था।" उन्होंने छायावाद के संबंध में लगभग इसी प्रकार के वक्तव्य 'छायावाद : पुनर्मूल्यांकन' में दिए हैं, जहाँ उनका विचार है कि वह युग जीवन की कठोर वास्तविकता से कटकर कुछ

दार्शनिक एवं मानसिक विरोधों में सामंजस्य स्थापित कर संतुष्ट रहने की चेष्टा करने लगा।

पंत के वक्तव्यों से स्पष्ट है कि जिस स्वच्छंदतावाद में उन्होंने महत्त्वपूर्ण हस्ताक्षर किए, आगे चलकर वे उससे संतुष्ट नहीं हुए और उन्होंने यथार्थ दृष्टि का आग्रह किया। पर जब 1947 ई. में 'स्वर्णकिरण' का प्रकाशन हुआ, जिसमें 1944-45 ई. की कविताएँ संकलित हैं, तब उनकी दृष्टि में एक दूसरा बदलाव आया। कभी हिंदी के प्रगतिवादियों ने युगांत, युगवाणी और ग्राम्या की रचनाओं को सराहा था। शिवदानसिंह चौहान ने उन्हें 'भविष्य का कवि' कहा था, पर जब पंत अरविंद दर्शन की ओर मुड़े तब उन्हें पलायनवादी घोषित किया गया। पंत ने भी कभी मार्क्सवाद के प्रति अपना हल्का आकर्षण व्यक्त किया था, पर उन्होंने प्रगतिवाद पर आक्षेप किए। 'उत्तरा' की 'प्रस्तावना' में उनकी टिप्पणी है कि "अनेक भ्रांतियों तथा मिथ्या धारणाओं से आज हमारी सृजन-चेतना पीड़ित है और प्रगतिशील साहित्य का स्तर संकुचित होकर प्रतिदिन नीचे गिरता जा रहा है।" मेरा विचार है कि मार्क्सवाद और सामाजिक यथार्थ के प्रति पंत का आकर्षण एक भावावेश के समान था और उन्होंने उसके बौद्धिक दर्शन को चेतना के स्तर पर नहीं स्वीकारा था। इसलिए डॉ. नगेन्द्र का निष्कर्ष काफी सटीक मालूम पड़ता है कि जीवन के भौतिक मूल्य पंत के संस्कारी व्यक्तित्व को तृप्त नहीं कर सकते। उनका सूक्ष्म चेतन मन उन बुद्धिगृहीत भौतिक मूल्यों के विरुद्ध उस समय भी बार-बार विद्रोह कर रहा था और ऐसा स्पष्ट प्रतीत होता था कि वे शीघ्र ही फिर उसी परिचित पथ पर लौट आएँगे। कारण स्पष्ट है। पंत के व्यक्तित्व में वह काठिन्य और दृढ़ता नहीं है जो मार्क्सवादी विश्वासों के लिए अपेक्षित है।[2] मेरा यह भी विचार है कि पंत की रचनाओं में जो मोड़ तेजी से आए हैं और जिन्हें उन्होंने बार-बार छोड़कर नए रास्ते अपनाए हैं, उसका एक कारण पंत का अंतर्मुखी व्यक्तित्व भी है। आरंभ से ही कल्पना उनके काव्य में सर्वाधिक सक्रिय रही है और मेरा तो विश्वास है कि इसी ने उनको बार-बार नई दिशाओं की ओर मोड़कर, फिर स्वयं अपने ही जगत् में लौट आने के लिए बाध्य किया है। पंत की बदलती काव्य-दिशाओं और अंत में फिर अपनी दुनिया में लौट आने की कहानी को उनके व्यक्तित्व से जोड़कर देखना चाहिए। उन्होंने स्वयं लिखा है कि "चाहे मैं उत्तर में रहूँ या दक्षिण में, चाहे गाँवों में रहूँ या शहरों में। मुझे ऐसा प्रतीत होता है, रहता मैं अपने ही भीतर हूँ। बाहर की परिस्थितियों से, जिसमें लोग भी हैं, मैं इतना निःसंग एवं अपरिचित रहता हूँ कि जब तक परिस्थितियाँ ही मुझे बाध्य नहीं करतीं, मैं अपनी इच्छा से कहीं आता-जाता नहीं।"[3] यह अंतर्मुखी वृत्ति या अकेलेपन का स्वभाव पंत के काव्य को नई-नई दार्शनिकताओं में अधिक देर नहीं रुकने देता और ये जीवन-जगत् की अपनी व्याख्या करते हैं, जिसे स्वच्छंदतावादी भी कहा जा सकता है, क्योंकि यह उनका अपना विवेचन है।

किसी कवि के समस्त लेखन को खंड-खंड करके देखना बहुत उचित नहीं कहा जा सकता है और हमें उसे उसकी समग्रता में पकड़ने की चेष्टा करनी चाहिए। पर व्यक्तित्व की ठीक जानकारी के लिए आवश्यक है कि कवि की संपूर्ण यात्रा को समय-प्रवाह में देखा जाए क्योंकि कई बार ऐसा भी होता है कि कविताएँ स्वयं से बातचीत करती रह जाती हैं और इतिहास-चक्र से उनका अधिक लगाव नहीं होता। कवि की यात्रा को देखना इस दृष्टि से उपयोगी होता है कि यहाँ हम उसके व्यक्तित्व के विभिन्न मोड़ जान सकते हैं और अंत में किसी निष्कर्ष पर पहुँच सकते हैं। निश्चित ही वे कवि अधिक सार्थक प्रतीत होते हैं जो इतिहास और समय के बीच अपने व्यक्तित्व को विकसित करते चलते हैं। पर देखना यह है कि कहीं उनमें राजनीतिक दल-बदल जैसी स्थिति तो नहीं है कि रचना का मेरुदंड ही न खोजा जा सके। यदि सारे प्रभावों को आत्मसात् करता हुआ कोई कवि अपना समग्र व्यक्तित्व स्थापित करने में सफल होता है तो माना जाएगा कि संपूर्ण जीवन-सामग्री का उपयोग करते हुए वह स्वयं को संयोजित रख सका है। यदि इस क्रम में वह टूट गया और रचना का क्षरण हुआ, अथवा वह इतिहास-चक्र से अप्रभावित रहकर केवल स्वयं की परिक्रमा करता रह गया, तो दोनों ही स्थितियों में रचना को पराजित कहा जाएगा।

पंत ने अपने काव्य का आरंभ प्रकृति के निकट संपर्क में किया और प्रायः उनके आरंभिक काव्य-चरण के आधार पर उन्हें प्रकृति का कवि घोषित किया गया है। पर प्रकृति के संदर्भ में उनकी स्थिति सदैव एक जैसी नहीं रही है। आरंभ में उन्होंने कौसानी में पाए गए प्रकृति-दृश्यों के चित्र उतारे, पर धीरे-धीरे उसमें कवि की वैयक्तिक भावनाएँ भी सम्मिलित होती गईं। यही पंत के काव्य में स्वच्छंदतावादी प्रवृत्तियों का प्रवेश है। स्वयं प्रकृति के विषय में उनकी प्रतिक्रियाएँ विभिन्न भावनाओं से निर्देशित रही हैं। 'वीणा' पंत की कविताओं का प्रथम संकलन है, जिसमें एक-दो को छोड़कर अधिकांश कविताएँ 1918-19 ई. के बीच रची गईं। इसी क्रम में जनवरी, 1920 ई. में 'ग्रंथि' नामक लघुकाव्य की रचना हुई, जिसमें संक्षिप्त कथा के माध्यम से असफल प्रणयगाथा कही गई है। इस प्रकार, ये दोनों कवि के आरंभिक काव्य-प्रयत्न बनते हैं, जहाँ प्रकृति के साथ पंत की प्रेमसंबंधी कुछ वैयक्तिक भावनाएँ भी देखने को मिल जाती हैं। पर ये भावनाएँ अधिक प्रौढ़ अभिव्यक्ति पाती हुई और जीवन के कतिपय अन्य क्षेत्रों में प्रवेश करती हुई, पल्लव (प्रकाशन 1926 ई.), गुंजन (1932 ई.), ज्योत्स्ना (काव्य-नाटिका, 1934 ई.) में विकास पाती हैं। इस प्रकार, 'वीणा' से 'ज्योत्स्ना' तक को हम पंत का प्रथम काव्य-चरण मान सकते हैं। इसमें पंत ने प्रकृति के प्रति अपनी भावनाओं को अभिव्यक्ति दी, वैयक्तिक जीवनानुभूति का उपयोग किया और मनुष्य जीवन के कुछ पक्षों पर दृष्टि डाली। यह पंत की स्वच्छंदतावादी काव्ययात्रा का प्रथम चरण है जो ईसवी शती के दूसरे शतक से लेकर 1934 ई.

तक चलता है। इस समय तक हिंदी स्वच्छंदतावादी काव्य अपनी रूमानी प्रवृत्तियों को लगभग पूर्णता पर पहुँचा चुका था। और 'कामायनी' इस बीच रची जाकर 1935 ई. में प्रकाशित हुई।

बीसवीं शती के चौथे दशक में भारतीय राजनीतिक गतिविधियों में अधिक सक्रियता आई और स्वतंत्रता-आंदोलन भी तेज हुआ। अब तक जो समझौतावादी रुख लेकर कांग्रेस दल चल रहा था, उसमें भी परिवर्तन हुए और राजनीति में वामपंथी शक्तियाँ सक्रिय हुईं। साम्राज्यवाद पूरी ताकत से अपना नियंत्रण बनाए रखना चाहता था। उसने दूसरे महायुद्ध का लाभ उठाना चाहा और देसी पूँजीवाद को बढ़ावा दिया। चौथे दशक की राजनीतिक स्थिति का जिक्र करते हुए एस. जी. देसाई ने 1936 ई. के लखनऊ अधिवेशन पर वामपंथी प्रभाव की चर्चा की है और नेहरू के अध्यक्षीय भाषण से उद्धरण दिए हैं। किसानों ने राष्ट्रीय संघर्ष में पूरे जोश-खरोश के साथ हिस्सा लेना शुरू किया और मध्यवर्ग भी आंदोलित था। इस समय तक मजदूर वर्ग एक संगठित शक्ति बन गया था और घटनाक्रम पर काफी प्रभाव डाल रहा था। इस प्रकार के बदलते राजनीतिक वातावरण में 1936 ई. में भारतीय प्रगतिशील लेखक संघ का लखनऊ अधिवेशन हुआ, जिसमें अध्यक्ष पद से बोलते हुए प्रेमचंद ने साहित्य के उद्देश्य को जीवन-यथार्थ से जोड़ा।

इन्हीं परिस्थितियों में, चौथे दशक में, पंत के काव्य का द्वितीय चरण आरंभ होता है जिसमें युगांत (1936 ई.), युगवाणी (1939 ई.) तथा ग्राम्या (1940 ई.) की कविताएँ सम्मिलित हैं। इसी के आस-पास निराला का वह सामाजिक यथार्थ व्यंग्य की ओर मुड़ता है, जिसके चिह्न उनके आरंभिक काव्य में भी मौजूद हैं। 9-10-35 ई. को रचित 'सरोज स्मृति' जैसे शोकगीत में इस बदले हुए तेवर के स्पष्ट संकेत हैं। 1938 ई. में जब द्वितीय 'अनामिका' का प्रकाशन हुआ, तब लोगों को निराला के परिवर्तन की निश्चित सूचना मिली। युगांत, युगवाणी और ग्राम्या पंत की सौंदर्य-चेतना को एक यथार्थपरक मोड़ देने वाली कृतियाँ हैं। यहाँ वे जीवन की अधिक खुरदुरी भूमि का स्पर्श करते हैं और गांधी तथा मार्क्स के व्यक्तित्व से प्रभावित होते हैं। 'युगांत' के लिए 'दो शब्द' लिखते हुए उन्होंने स्वीकारा है कि 'इसमें 'पल्लव' की कोमलकांत कला का अभाव है।' 'युगवाणी' के संक्षिप्त 'विज्ञापन' में उनका कथन है कि इसमें मैंने युग के गद्य को वाणी देने का प्रयत्न किया है। 'युगवाणी' का तीसरा संस्करण प्रस्तुत करते हुए पंत ने 'दृष्टिपात' शीर्षक भूमिका में अपने दृष्टिकोण को स्पष्ट किया। उन्हीं के शब्द हैं : "मैंने मार्क्सवाद के लोक-संगठन रूपी व्यापक आदर्शवाद और भारतीय दर्शन के चेतनात्मक ऊर्ध्व आदर्शवाद दोनों का संश्लेषण करने का प्रयत्न किया है।... पदार्थ (मैटर) और चेतना (स्पिरिट) को मैंने दो किनारों की तरह माना है, जिनके भीतर जीवन का लोकोत्तर सत्य प्रवाहित एवं विकसित होता है... ।" 'ग्राम्या' के संक्षिप्त 'निवेदन' में ग्राम-जीवन को बौद्धिक

सहानुभूति देने की बात स्वीकार की गई है। इस प्रकार पंत के काव्य का दूसरा चरण जीवन की वास्तविकता को छूना चाहता है।

ग्राम्या (1940 ई.) के बाद पंत की कृतियों के प्रकाशन में एक अंतराल है क्योंकि 'स्वर्णकिरण' का प्रकाशन 1947 ई. में हुआ। इस समय उनके काव्य का तीसरा चरण शुरू होता है। उसे हम दार्शनिक मुद्राओं का काव्य कह सकते हैं। लंबी बीमारी के बाद जब पंत की 'स्वर्णकिरण' रचना आई तब पता चला कि वे अरविंद दर्शन से लगभग अभिभूत हो चुके हैं और उनका मनोजगत् बदल चुका है। गांधी-मार्क्स के प्रभाव को छोड़कर सहसा अरविंद दर्शन की ओर मुड़ते हुए पंत ने स्पष्टीकरण किया है कि मार्क्सवाद का वर्गसंघर्ष ग्राह्य नहीं हो सकता। उन्होंने द्वंद्वात्मक भौतिकवाद के स्थान पर अरविंद दर्शन की ऊर्ध्वमुखी आध्यात्मिक चेतना का आग्रह किया। पंत के काव्य का आध्यात्मिक मोड़ लगभग देश की स्वतंत्रता के साथ-साथ उदित हुआ और थोड़े बदलावों के साथ वह उनके काव्य का मुख्य स्वर बना रहा। यहाँ तक कि 'लोकायतन' (1964 ई.) जैसे प्रबंधकाव्य में भी आध्यात्मीकरण की प्रवृत्ति प्रमुखता प्राप्त करती है। प्रश्न किया जा सकता है कि स्वतंत्र देश में कवि का यह आध्यात्मिक, दार्शनिक रूप क्या संकेत करता है ? एक तो यह कि वे सामाजिक परिवेश से संतुष्ट नहीं हैं और उन्होंने इसका उल्लेख उत्तरा, चिदंबरा आदि की भूमिकाओं में किया है। पर मुख्य कारण यह है कि पंत बार-बार समन्वय की बात करते हैं। उन्हीं के शब्द हैं : "आज हमें भूत-अध्यात्म, यथार्थ-आदर्श-संबंधी अपनी पिछली धारणाओं को अधिक व्यापक बनाकर उन्हें एक-दूसरे के निकट लाना है।" 'उत्तरा' की प्रस्तावना में वे 'हृदय की क्रांति' की बात कहते हैं और 'स्वर्णकिरण' की कविताओं के संदर्भ में 'अंतर्जीवन अंतश्चेतना' का समर्थन करते हुए उसका औचित्य प्रमाणित करना चाहते हैं। इस प्रकार वे दार्शनिक मुद्राएँ अपनाते हैं। पंत के काव्य का यह तीसरा चरण मुख्यतया स्वप्न, कल्पना, दार्शनिकता और अध्यात्म से निर्मित है। स्वर्णकिरण (1947 ई.) से आरंभ होकर स्वर्णधूलि, युगपथ, उत्तरा, रजतशिखर, शिल्पी, सौवर्ण (तीन काव्य रूपक), अतिमा, वाणी, कला और बूढ़ा चाँद (1959 ई.), लोकायतन (1964 ई.) तक इसी आध्यात्मिक चेतना का प्रसार देखा जा सकता है। इसकी संभावनाएँ कम थीं कि पंत अब किसी नए काव्य-चरण की तलाश करते और वे अंतिम समय तक इसी में रमे रहे।

पंत के चार काव्य-चरण स्वीकारे जा सकते हैं। प्रथम, सौंदर्यवादी काव्य, वीणा (1918-19 ई.) से लेकर ज्योत्स्ना नाटिका तक (1934 ई.)। दूसरा काव्य-चरण युगांत (1936 ई.) से ग्राम्या (1940 ई.) तक गांधी-मार्क्स से प्रभावित होकर जीवन की वास्तविकता के साक्षात्कार का काव्य है, जिसे यथार्थपरक काव्य भी कहा जा सकता है। तीसरा काव्य-चरण स्वर्णकिरण (1947 ई.) से आरंभ होकर लोकायतन (1964 ई.) तक माना जा सकता है। इसे हम दर्शन-अध्यात्म का काव्य कह सकते हैं। चतुर्थ

काव्य-चरण में अंतिम काल की रचनाएँ हैं। इन काव्य-चरणों के विषय में आलोचकों की पृथक्-पृथक् प्रतिक्रियाएँ हुई हैं। अधिकांश उनके पल्लवकाल के मुरीद हैं और मानते हैं कि पंत काव्य के स्तर पर वहाँ सर्वोत्तम रूप में देखे जा सकते हैं। प्रगतिवादी खेमा उनके यथार्थपरक काव्य का हिमायती है, पर आध्यात्मिकता के दौर से उसे असंतोष हुआ। एक ऐसा वर्ग भी है जो पंत के आध्यात्म-काव्य को महान् घोषित करता है। पंत के काव्य के ये विभिन्न चरण स्वच्छंदतावादी काव्य की तीन मुद्राओं का संकेत करते प्रतीत होते हैं। आरंभ में पंत सौंदर्यवादी हैं, फिर यथार्थपरक और अंत में दार्शनिक-आध्यात्मिक। वे अपनी काव्य-यात्रा की शुरुआत से ही अधिक अंतर्मुखी तथा कल्पनाप्रिय रहे हैं और इसलिए उनकी दार्शनिक-आध्यात्मिक मुद्राएँ उनके काव्य की स्वाभाविक परिणति के रूप में स्वीकारी जानी चाहिए। जब पंत यथार्थ का संस्पर्श करना चाहते थे, तब भी वे आंशिक रूप से ही जीवन-यथार्थ के साथ रहे हैं। इस प्रकार, निराला और पंत, जिन्होंने काव्य की लंबी यात्रा की, सौंदर्य, यथार्थ और आध्यात्म के लोकों से गुजरते हैं। पर उनमें जो मोड़ दिखाई देते हैं, उनके आने-जाने में पर्याप्त अंतर है। निराला में आरंभ से ही सामाजिक यथार्थ और उसके साथ वेदांती प्रभाव मौजूद हैं, जो एक बार उन्हें व्यंग्य की भूमि पर उतारते हैं तो दूसरी बार प्रार्थनापरक बनाते हैं। उनके मोड़ सहज, स्वाभाविक हैं और हर क्षण निराला का व्यक्तित्व सजग विद्रोही है, अपराजेय है। उनके मोड़ बहुत आकस्मिक और अस्वाभाविक नहीं प्रतीत होते। पंत का व्यक्तित्व अपनी द्रवणशील कोमलता के कारण संभवतः शीघ्र प्रभावित हो जाता है, उनकी प्रतिक्रियाएँ अधिक भावुक कही जाएँगी, जबकि निराला की अधिक बौद्धिक। पंत का आध्यात्मीकरण दार्शनिक प्रवृत्ति को अरविंद दर्शन के प्रति अर्पित करता है और काव्य वक्तव्यबहुल हो जाता है, क्योंकि वे उस दर्शन को स्थापित करना चाहते हैं। इस प्रकार, ये दोनों कवि हिंदी स्वच्छंदतावादी काव्य को नए मोड़ देते हुए अपने व्यक्तित्व की विशेषताओं से परिचालित हैं।

कवि सुमित्रानंदन पंत ने बीसवीं शती के दूसरे दशक के उत्तरार्द्ध में अपनी काव्य-रचना आरंभ की और 'उच्छ्वास' उनकी सर्वप्रथम प्रकाशित काव्यकृति है (दिसंबर 1921 ई.)। पंत ने 1918-19 ई. के बीच जो कविताएँ लिखीं, वे 'वीणा' नामक काव्य-संकलन में आईं, जिसका प्रकाशन 1927 ई. में हुआ, जब कि 'पल्लव' इसके पूर्व 1926 ई. में प्रकाशित हो चुका था। 'ग्रंथि' नामक छोटा-सा काव्य 1920 ई. में रचा गया। इस प्रकार, 'वीणा, ग्रंथि' से उनके काव्य का आरंभ होता है, पर काव्य के प्रथम चरण के अंतर्गत हम उच्छ्वास, वीणा, ग्रंथि, पल्लव, गुंजन, ज्योत्स्ना (1934 ई.) को परिगणित करना चाहेंगे। पंत का प्रथम काव्य-चरण 'वीणा' से आरंभ होकर 'ज्योत्स्ना' (1934 ई.) नाटिका तक जाता है। यहाँ हम कवि के विभिन्न रूपों का साक्षात्कार करते हैं। सर्वप्रथम वैयक्तिक अनुभूतियाँ हैं, जिनमें प्रेम-भावना का

विशेष योग है। 'ग्रंथि' में इसकी संपूर्ण अभिव्यक्ति हुई, जिसे कवि की असफल प्रणयगाथा भी कहा जाता है। इसी प्रेम-भावना से जुड़ी हुई, पंत की सौंदर्य-चेतना है, जिससे उनकी स्वच्छंदतावादी काव्य-प्रवृत्ति को विकास मिला। काव्य के प्रथम चरण में सबसे महत्त्वपूर्ण उनकी प्रकृति-संबंधी कविताएँ हैं, जिस आधार पर उन्हें 'प्रकृति का कवि' कहकर संबोधित किया जाता है।

वीणा-ग्रंथि

वीणा का प्रकाशन यद्यपि 1927 ई. में हुआ, पर 'विज्ञापन' शीर्षक संक्षिप्त भूमिका में पंत ने स्वयं स्वीकार किया है कि इसकी अधिकांश रचनाएँ 1918-19 ई. की लिखी हुई हैं। इनका मूल व्यक्तित्व गीतात्मक है और इसमें तिरसठ गीत-रचनाएँ संकलित हैं। एक प्रार्थनाभाव इन कविताओं का मुख्य स्वर दिखाई देता है, जिनमें बार-बार 'माँ' संबोधन का प्रयोग भी हुआ है। इसमें परिवार के आस्तिक संस्कारों के साथ प्रकृति की विराटता के संबंध में पंत की प्रतिक्रियाओं का योग है। प्रकृति की असंख्य छवियों के विषय में कवि की जिज्ञासा का उदय होता है, वह उसे रहस्यमय लगती है और वह उसमें किसी अदृश्य सत्ता के दर्शन करता है। 'वीणा' के प्रार्थनाभाव पर 'गीतांजलि' के प्रभाव की बात प्रायः की जाती है, जिसे स्वयं पंत ने स्वीकारा है।

'वीणा' का प्रथम गीत 'प्रेयसि कविते' को संबोधित है, जिसमें कवि प्रार्थना करता है कि ''नव वसंत ऋतु में आओ, नव कलियों को विकसाओ...।'' यहाँ एक प्रकार का परंपरा-पालन भी दिखाई देता है सरस्वती वंदना जैसा। किंतु इसमें केवल धार्मिक पूजन भाव नहीं है, क्योंकि कवि 'शब्दों में जीवन लाओ' जैसी आधुनिक विनय भी करता है। मेरा विचार है कि पंत के सरस्वती वंदन में अपने आत्मविश्वास को पाने का प्रयत्न भी निहित है। इस संदर्भ में माँ को संबोधित कविताएँ विशेष रूप से विचारणीय हैं, जहाँ कवि का समर्पण-भाव देखा जा सकता है; प्रश्न किया जा सकता है कि पंत की इन आरंभिक कविताओं में उनकी स्वच्छंदतावादी प्रवृत्ति की कौन-सी झलक मिलती है। इसके लिए उन कविताओं पर दृष्टि डालनी होगी जहाँ कवि की वैयक्तिक जीवनानुभूति के प्रारंभिक संकेत मिलते दिखाई देते हैं। माना, यहाँ प्रसाद जैसी खुली अभिव्यक्ति या निराला जैसी निर्भयता नहीं है। उसके स्थान पर विचित्र संकोच या दुराव कवि का पीछा करते दिखाई देते हैं। पाँचवीं कविता वेदना को सर्जन रूप में संबोधित करके लिखी गई है, जिसमें कवि 'चिर वियोग दुःख की रातों' का भी उल्लेख करता है। निश्चित ही वैयक्तिक अनुभूतियों, विशेषतया रूमानी वृत्तियों को छिपाने की एक चेष्टा यहाँ दिखाई देती है।

'वीणा' की ग्यारहवीं कविता पंत के उस कवि-व्यक्तित्व का संकेत देती है, जिसका पूर्ण विकास पल्लव काल में हुआ। इस बीस पंक्तियों वाली कविता (1918

ई. में रचित) को 'छाया' नामक कविता में विकसित किया गया, जो दिसंबर, 1920 ई. में रची गई और 'पल्लव' में संकलित है। 'कौन-कौन तुम परिहत वसना, म्लानमना, भू-पतिता-सी' पंक्तियों से दोनों ही कविताएँ आरंभ होती हैं। 'वीणा' की कविता में स्वच्छंदतावादी कविता की मुख्य प्रवृत्ति मिलती है—जड़ता में चेतनता का आरोप या जड़ पदार्थ को चेतन रूप स्वीकारना। यहाँ छाया को संबोध-गीत के रूप में व्यक्त किया जाता है। पंत की स्वच्छंदतावादी वृत्ति का अधिक सक्षम प्रकाशन कविता संख्या अट्ठावन में हुआ है, जिसमें प्रथम रश्मि को रंगिणि रूप में संबोधित करके कविता का आरंभ किया गया है :

प्रथम रश्मि का आना रंगिणि
तूने कैसे पहचाना ?
कहाँ, कहाँ हे बाल विहंगिनि
पाया तूने यह गाना ?

तरुवासिनि, बहुदर्शिनि, नभचारिणि, अंतर्यामिनि आदि जिन संबोधनों का उपयोग प्रथम रश्मि के लिए किया गया है, उससे केवल युवती होने का भाव ही नहीं होता, वरन् कवि के रूमानी तेवरों का भी पता चलता है। लगता है, पंत ने प्रिया के स्मृति-चित्रों को 'प्रथम रश्मि' में समाहित कर दिया है और संपूर्ण प्रकृति-दृश्यों में वह परोक्ष रूप से उपस्थित है। यही वह बिंदु है जो हिंदी स्वच्छंदतावादी काव्य के रूमानी तेवरों को श्रृंगार-प्रेम की अन्य कविताओं से पृथक् व्यक्तित्व देता है। प्रकृति की पृष्ठभूमि में पंत ने प्रथम रश्मि के अनेक चित्र बनाए हैं, जिनसे सूर्योदय के पूर्व का सारा दृश्य उभरता है। प्रहरी से झूमते हुए जुगनू, स्नेहहीन तारों के दीपक, श्वासशून्य तरु के पात, श्रीहीन शशिबाला का मुख आदि रात्रि के डूबने के दृश्य हैं। ऐसी स्थिति में जब प्रथम रश्मि का आगमन होता है, तब जैसे एकाएक पट-परिवर्तन होता हो :

निराकार तम मानो सहसा
ज्योति पुंज में हो साकार
बदल गया द्रुत जगत् जाल में
धर कर नाम रूप नाना।

इस कविता में प्रथम रश्मि वस्तुपरक प्रकृति दृश्य मात्र नहीं है, बल्कि इसमें कवि की अपनी वैयक्तिक अनभूतियाँ भी सम्मिलित हैं। पर वे ऊपर-ऊपर रखी हुई नहीं हैं, गहरे जाकर उन्हें तलाशना पड़ता है। कविता के अंत में जब प्रथम रश्मि के आने से सहसा एक नई दुनिया जागती है, दृश्य बदल जाते हैं, तब यह संभावना प्रतीत होती है कि कवि के व्यक्तित्व को रूमानी प्रसंग में जो नई प्रेरणा मिली है, वह भी इसमें सम्मिलित होगी। प्रथम रश्मि का मानवीकरण और रूमानीकरण यहाँ एक-साथ देखे जा सकते हैं। 'वीणा' की कविताओं की ठीक समझ आवश्यक है

क्योंकि यह पंत की आरंभिक रचनाओं की बानगी है। अक्सर पंत को प्रकृति का कवि घोषित कर दिया जाता है, जैसे उन्होंने यहीं से अपनी यात्रा की शुरुआत की हो। पर जैसा कि 'वीणा' की कविताएँ बताती हैं, कवि में एक प्रार्थनाभाव भी मौजूद है। आरंभिक कविताओं की शक्ति को देखते हुए पंत कहीं प्रसाद और निराला के बीच में संस्थित हैं और रूमानी वृत्ति की अधिक खुली अभिव्यक्ति के लिए हमें प्रतीक्षा करनी पड़ती है।

'ग्रंथि' पंत की रूमानी वृत्तियों को एक प्रेमकथा के माध्यम से प्रकाश में लाती है और कुछ लोग इसे असफल प्रणयगाथा भी कहते हैं। 1920 ई. के जनवरी महीने में यह रची गई थी, पर प्रकाशन मई 1929 ई. में हुआ। 'ग्रंथि' में कथा कहने का लोभ नहीं दिखाई देता क्योंकि कथांश स्वल्प है और कथानक में उतार-चढ़ाव नगण्य। साँझ के समय एक युवक की नाव ताल में डूब जाती है और वह उसकी गहराई में चेतनाशून्य हो जाता है। जब उसकी चेतना लौटती है तो वह पाता है कि उसका सिर एक युवती की गोद में है। यहीं से उनके प्रेम की शुरुआत होती है और प्रिय-प्रिया के संबंधों का उल्लेख। 'एक प्रात' शीर्षक से कथा का दूसरा खंड आरंभ होता है, जिसमें प्रियतमा को सखियों के बीच दिखाया गया है। इनकी आपसी बातचीत में प्रेम का रंग गाढ़ा होता है और उसके कई कोण उभरते हैं। तीसरे खंड की शुरुआत से ही दृश्य बदला हुआ दिखाई देता है। प्रिया का ग्रंथिबंधन किसी अन्य से हो जाता है और प्रेमी का विषादी रूप यहाँ देखा जा सकता है। अंतिम खंड 'प्रेमवंचित' का है, जिसमें एक वियोगी का विषाद गहरा हुआ है।

कवि के जीवन-प्रसंगों के विवरण में जाए बिना अनुमान किया जा सकता है कि यहाँ वह किसी-न-किसी रूप में कथा में सम्मिलित है। प्रियतमा कविप्रिया भी हो सकती है, यद्यपि प्रसाद के 'आँसू' की तरह 'ग्रंथि' की रचना प्रथम पुरुष में नहीं हुई है। पंत की स्वच्छंदतावादी प्रवृत्ति के आरंभिक चरण में 'ग्रंथि' का महत्त्व इसलिए भी है कि यहाँ कवि एक प्रेमकथा की ट्रेजिडी के माध्यम से अपनी रूमानी वृत्तियाँ प्रकाशित करना चाहता है। पंत मैथिलीशरण गुप्त जैसे वर्णनात्मक कथाकाव्यों के निर्माता नहीं हैं कि वे केवल कथावाचक बनकर रह जाएँ और रचना में घनिष्ठ रूप से सम्मिलित न हों। प्रसाद के 'प्रेमपथिक' की तरह यहाँ कई बार प्रेम को परिभाषित करने की चेष्टा भी पंत ने की है, जिससे उनकी नई दृष्टि का पता चलता है। प्रणय की पतली अंगुलियाँ स्वयं विधाता गढ़ता है, भोला प्रेम वेदना के विकल हाथों बना है। भावना, प्रेम, सौंदर्य, वेदना आदि की व्याख्या भी 'ग्रंथि' में हुई है। जो स्वच्छंदतावादी काव्य के बहुप्रचलित शब्द हैं।

'ग्रंथि' में संक्षिप्त ही सही, पर कथा का आधार लिया गया है, इसलिए ऐसा भ्रम हो सकता है कि इसमें कवि की जीवन-घटना का कोई योग नहीं है। पर कवि की स्वच्छंदतावादी वृत्ति के लिए यह प्रश्न इतना महत्त्व नहीं रखता, क्योंकि वैयक्तिक

बातों को भी लोग अजीब तरीके से रख सकते हैं। देखना यह है कि 'ग्रंथि' में कवि की दृष्टि रूमानी है अथवा नहीं। क्योंकि अपनी अनुभूति को निर्बन्ध अभिव्यक्ति देने में पंत संकोची रहे हैं इसलिए यहाँ उनकी वैयक्तिकता लुक-छिपकर आती है। 'ग्रंथि' के दूसरे खंड 'एक प्रति' में सखियाँ जब अपनी-अपनी अनुभूतियों का प्रकाशन करती हैं तो लगता है, उनमें कवि थोड़ा-थोड़ा सम्मिलित होना तो चाहता है, पर उसका संकोच उसे कहीं भी पूरी तरह डूबने-उतराने नहीं देता। पर प्रेम वासंती के प्रसंगों में जब करुणा का तत्त्व प्रवेश कर जाता है, उस समय का विश्वसनीय संकेत पंत ने किया है, जो बिना वैयक्तिक अनुभूति के संभव नहीं :

देख इंद्रधनुष अनेकों बार मैं
भ्रू युगल मटका चुकी हूँ सेतु-से
देख केले को थिरकता केतु-सा
नृत्य भी हूँ कर चुकी एकांत में।
पकड़ उड़ते दीप वर्षा काल के
रख हथेली पर, अँधेरी रात को
मैं नियति की रेख भी हूँ पढ़ चुकी
सजनि ! उनकी खोजती लघु ज्योति में।

पल्लव

1926 ई. में प्रकाशित 'पल्लव' पंत का प्रौढ़ काव्य-चरण है और उनकी लंबी सृजनयात्रा में कई दृष्टियों से वह उनके काव्य का सर्वोत्तम प्रतिनिधि भी है। 'प्रवेश' नामक इसकी भूमिका को हिंदी स्वच्छंदतावादी काव्य के घोषणापत्र का गौरव तक दिया जाता है। इसमें पंत ने काव्य की पुरानी मान्यताओं के स्थान पर नए प्रतिमान स्थापित किए और रचना-संबंधी अपना दृष्टिकोण स्पष्ट किया। आरंभ के इस वाक्य से कवि के आत्मविश्वास का पता चलता है कि 'उस सुकुमार माँ के गर्भ से जो यह ओजस्विनी कन्या पैदा हुई है, आज सर्वत्र इसी की छटा है, इसकी वाणी में विद्युत् है...।' स्वच्छंदतावादी काव्य की नई भूमि का स्वरूप 'पल्लव' की भूमिका में स्पष्ट किया गया। पर पंत के सामने एक बड़ी चुनौती थी, रचनाओं में उसे प्रमाणित करना।

पल्लव शीर्षक पहली कविता पर दृष्टि डालने से ज्ञात होता है कि कवि एक-साथ कई स्तरों पर यात्रा करना चाहता है। यहाँ एक ओर प्रकृति का दृश्य है—नए-नए जन्मे कोंपल विश्व पर विस्मित चितवन डालते हुए, हिलाते अधर प्रवाल। यहाँ केवल वस्तुपरक प्रकृति-दृश्य नहीं है कि हमें प्रकृति की एक असंग छवि का ही साक्षात्कार हो। अगली पंक्तियाँ बताती हैं कि कवि स्वयं प्रकृति के इन दृश्यों में अपनी संवेदनाओं के साथ सम्मिलित है। हृदय के प्रणय कुंज में लीन, मूक कोकिल का मादक गान डाल को पुलकित कर देता है। कविता के अंत में पल्लवों को 'कल्पना के विह्वल

बाल' कहकर संबोधित किया गया है और उन्हें अनेक भावनाओं का प्रतीक माना गया है। समापन पंक्तियों में सदाशयता का भाव है :

आज पल्लवित हुई है डाल
झुकेगा कल गुंजित मधुमास
मुग्ध होंगे मधु-से मधु-बाल
सुरभि से अस्थिर मरुताकाश।

यहाँ कवि के व्यक्तित्व की कई दिशाओं के संकेत एकसाथ देखे जा सकते हैं, जिनके माध्यम से हम पंत की स्वच्छंदतावादी दृष्टि का विकसित रूप पहचान सकते हैं। प्रकृति के प्रति इनकी रागात्मकता के साथ निजी संवेदनों का संकेत भी यहाँ मिलता है। जिस कल्पना तत्त्व को पंत के काव्य का मूलाधार माना जाता है, उसकी ओर भी कवि ने यहाँ इशारा किया है। कविता के अंत में सदाशयता का भाव है, एक मनोवांछित कल्पना।

'पल्लव' की कविताएँ प्रायः इन्हीं तीन-चार मुख्य इंगितों को लेकर चलती हैं। सबसे पहले हम उनकी निजी दुनिया पर दृष्टि डालेंगे, जिसे प्रायः प्रणयानुभूति कहा जाता है। पंत के रूमानी तेवर आरंभ से ही चक्कर काटते हुए हम तक पहुँचते हैं। इसे कवि का संकोच, दुराव या साहस का अभाव भी कहा जा सकता है। जीवंत-से-जीवंत अनुभूति यदि ज्यादा नकाबपोशी करने लगे तो उसका ताप छूट जाता है और उसकी मार्मिकता तथा प्रभावान्विति में बाधा पड़ती है। स्वच्छंदतावादी कवि के लिए यह और भी आवश्यक है कि वह अपने भावावेग को पूरी तीक्ष्णता से काव्य में प्रस्तुत करे। जिन गद्य लेखकों ने अनुभूति की इस गहराई को पूरी शक्ति से अपनी रचनाओं में उतारा है, वे गद्य में काव्य का आस्वाद करा सके हैं। ब्रांटी के उपन्यास 'विदरिंग हाइट्स' के बारे में मार्क्सवादी समीक्षक राल्फ-फॉक्स ने कहा है कि यह 'गद्य में काव्य' है और क्रिस्टोफर कॉडवेल तक ने इसका समर्थन किया है।

पंत को इस दृष्टि से दमित मनोवेगों का स्वच्छंदतावादी कवि कहा जा सकता है कि वे प्रायः अपनी प्रणयानुभूति को दबा जाते हैं। उच्छ्वास, सावन-भादों, आँसू जैसी कविताएँ रूमानी अवसाद अथवा करुणा को काफ़ी गहरे रूप में पा सकती थीं और उसे उतनी ही शक्ति से व्यक्त भी कर सकती थीं। पर ऐसा नहीं हुआ। कविताओं के बीच-बीच में वैयक्तिक प्रसंगों की झलक मिलती है—सरलपने से हृदय सजाया गया था। पर मनोरम मित्र वह बालिका प्रकृति और प्रिया में ऐसी गड्डमगड्ड हो जाती है कि उसके दोनों रूप उभरते-उभरते रह जाते हैं, हाँ, इसके बीच हमें प्रकृति का एक सजीव दृश्य अवश्य देखने को मिल जाता है, जिसे स्वतंत्र कविता भी कहा जा सकता है :

पावस ऋतु थी पर्वत प्रदेश
पल-पल परिवर्तित प्रकृति वेश

मेखलाकार पर्वत अपार
अपने सहस्र दृग सुमन फाड़
अवलोक रहा है बार-बार
नीचे जल में निज महाकार
जिसके चरणों में पला ताल
दर्पण-सा फैला है विशाल।

'उच्छ्वास' की तुलना में 'आँसू' (भादों की भरन) में पंत अधिक साहसी होना चाहते हैं और आत्मस्वीकृति के मूड में आते हैं। इसीलिए यह कविता अधिक प्रभावी प्रतीत होती है और कवि की रूमानी वृत्तियों को अपेक्षाकृत खुले रूप में हमारे सामने रखती है। इसमें 'वियोगी होगा पहला कवि, आह से उपजा होगा गान' जैसी पंक्तियाँ हैं, जिन्हें हिंदी में बार-बार उद्धृत किया गया है। 'उच्छ्वास' में पर्वत प्रदेश की पावस ऋतु के जो दृश्य उपस्थित किए गए थे, 'आँसू' में उनके माध्यम से कवि ने अपने वैयक्तिक मनोभावों को अभिव्यक्ति दी है। निजता का यह उपयोग, वह भी प्रकृति-दृश्यों की सहायता से, पंत की स्वच्छंदतावादी वृत्ति को अन्य सामयिक कवियों से अलगाता है। प्रायः आरंभिक काव्य के आधार पर उन्हें प्रकृति का कवि कहा गया है। पर पंत ने कूर्मांचल प्रदेश की जिस प्रकृति-संपदा को निकट से देखा था, उसका भरपूर उपयोग करने के बाद जब वे स्वयं की निजी भावनाओं का प्रकाशन करने लगे और उनकी रूमानी दृष्टि एक कदम आगे बढ़ी तब इसी प्रकृति को उन्होंने अपनी अनुभूतियों के लिए बिंब के रूप में प्रयुक्त किया। यहाँ वर्षा-ऋतु कवि के जीवन में व्याप्त है :

मेरा पावस ऋतु-सा जीवन
मानस-सा उमड़ा अपार मन
गहरे, धुँधले, धुले, साँवले
मेघों से मेरे भरे नयन।

इस कविता में पंत का रूमानी अवसाद ज्यादा गहरा है और प्रकृति का सार्थक प्रयोग उन्होंने स्वच्छंदतावादी वृत्तियों को प्रकाशित करने के लिए किया है।

प्रकृति से अपनी काव्ययात्रा का आरंभ करते हुए पंत ने उसे नई दिशाओं में मोड़ा और उसका कई प्रकार से उपयोग किया। 'पल्लव' में छाया, मौन निमंत्रण, बादल कविताएँ प्रकृति-दृश्यों की दृष्टि से हिंदी स्वच्छंदतावादी काव्य की उपलब्धि हैं और इसमें संदेह नहीं कि प्रकृति को उसकी समग्रता में पा लेने और उसे एक सचित्र संभार के रूप में प्रस्तुत कर सकने में पंत बेजोड़ हैं। यदि उनकी कविता का विषयांतर न हुआ होता और वे प्रकृति-मानव के निकट संबंधों को स्थापित करते हुए अपनी राह पर चलते रहते तो वे इस क्षेत्र में और आगे जाते। बादल एक प्रकार से अपनी आत्मकथा कहता है और कई गतिमान् दृश्य हमें देखने को मिलते हैं।

सुरपति के अनुचर रूप में वह अपनी गाथा की शुरुआत करता है। फिर अनेक कल्पनाओं की सहायता से कवि उनके विभिन्न रूपों को हमारे सामने प्रस्तुत करता है—जलाशयों में दिनकर की किरणों से खिलने वाला कमल दल, आकाश में चौकड़ी भरते हुए मृग, सुभग सीप के पंख पसारे परियों के बच्चे आदि-आदि कल्पनाएँ बादलों के दृश्य उजागर करती हैं। इसी प्रकार 'मौन निमंत्रण' प्रकृति के दृश्यों से निर्मित है, यद्यपि उसमें एक जिज्ञासा-भाव भी मौजूद है, जिसे भूल से रहस्यवाद भी कह दिया जाता रहा है।

'पल्लव' की लंबी कविता 'परिवर्तन' पंत की बदलती मनोदशा बताती है। 1924 ई. में इसकी रचना हुई थी, जिसके पहले संसार प्रथम विश्वयुद्ध की विभीषिका देख चुका था। देश में भी राजनीतिक हलचलें तेज हो रही थीं। ऐसे में पंत के लिए अपनी प्रकृतिलोक वाली रूमानी दुनिया में कैद रह पाना संभव नहीं था। निराला ने जब 'परिवर्तन' को 'पूर्ण कविता' का प्रमाणपत्र दिया तब उनका आशय संभवतः यही था कि इसमें जीवन को समग्रता में पकड़ा गया है। वास्तव में 'परिवर्तन' यथार्थ के संस्पर्श की कविता है और हिंदी स्वच्छंदतावाद की एक नई भंगिमा की ओर संकेत करती है। बत्तीस छंदों की इस कविता में 'शीर्षक' से ही कवि के बदलते हुए मनोभाव का अनुमान होता है। 'परिवर्तन' अवश्यंभावी है, उसका रथचक्र नहीं रोका जा सकता। इसीलिए पंत कविता का आरंभ इतिहास की भूमिका से करते हैं : कहाँ आज वह पूर्ण पुरातन, वह सुवर्ण का काल ? पर पंत की इस कविता में इतिहास के द्वंद्व की भूमिका नहीं उभरती और न इतिहास-बोध ही उजागर होता है क्योंकि उनकी मूल दृष्टि स्वच्छंदतावादी तथा किसी सीमा तक दार्शनिक है। इसीलिए परिवर्तन के ऐतिहासिक, सामाजिक कारणों की जाँच-पड़ताल यहाँ नहीं मिलती, इसके बदले उसे एक नियतिचक्र से बाँधा गया है। उसे 'काल का अकरुण भृकुटि विलास' 'दुर्जेय विश्वजित' कहा गया है। इस प्रारब्धवादी दृष्टि में पूर्वजन्म के कर्मों के अनुसार, फल पाने की बात कही गई है—"स्वीय कर्मों के ही अनुसार, एक गुण फलता विविध प्रकार।"

इस नियतिवादी दृष्टि के बावजूद 'परिवर्तन' कविता का यह एहसास कि दुनिया बदलती है, हिंदी स्वच्छंदतावादी काव्य के इतिहास में अपना एक महत्त्व रखता है। यह इस बात का प्रमाण है कि कवि रूमानी दुनिया के बाहर भी झाँकने की कोशिश कर रहा है। इसी कारण पंत की इस कविता में, परिवर्तन को इतिहास-समाज तक सीमित नहीं रखा गया है। उन्होंने स्वीकारा है कि बदलाव का यह क्रम नितांत वैयक्तिक जीवन से लेकर विश्व इतिहास और संस्कृति के घटनाचक्रों तक चलता है। व्यक्तिगत जीवन कवि की रूमानी दृष्टि से संबद्ध है और संस्कृति के बृहत्तर संदर्भों की बात यथार्थ से उसके संस्पर्श का प्रमाण है। मधुमास में सौरभ बिखर जाता है, पर शिशिर सूनी साँस भरता है—जीवन भार हो उठता है! मिलन के पल केवल दो-चार/विरह

के कल्प अपार।

कवि जिन परिवर्तनों की बात करता है वे इतिहास के किसी क्रम-विधान से परिचालित न होकर, प्रायः आकस्मिक हैं। एक क्षण में ही किसी नियतिचक्र से दृश्य बदल जाता है। कविता के लगभग अंत में स्थिति का जो दार्शनीकरण-आध्यात्मीकरण किया गया है उससे पंत की दूसरी दिशा का पता चलता है। एक ओर वे रूमानी संवेदन के कवि हैं, दूसरी ओर यथार्थ को भी छूना चाहते हैं और उनके आरंभिक संस्कार उन्हें आध्यात्मिक भी बनाते हैं। परिवर्तन के क्रम में जो उत्थान-पतन के क्षण आते हैं उनमें पंत औचित्य खोजना चाहते हैं कि 'बिना दुःख के सब सुख निस्सार।' पर इस कविता के एक नए बोध की सूचना हमें तब मिलती है जब कवि आदर्शवादी ढंग से यह मानते हुए भी कि 'परिवर्तन' एक विधि के अधीन है, विनाश के भीतर से सृजन की कल्पना करता है।

'परिवर्तन' कवि पंत की स्वच्छंदतावादी प्रवृत्ति को प्रकृति और रोमांस के जगत् से बाहर निकालकर बृहत्तर संदर्भों की ओर बढ़ने की सूचना देने वाली कविता है। यद्यपि कवि की आदर्शवादी दृष्टि यहाँ कायम है और उसे पूरी तरह रोमांस-मुक्त नहीं कहा जा सकता। इसमें कविता का मुहावरा यथार्थ के निकट है : उल्लुओं का विहार, झिल्लियों की झनकार, भूँकते श्वान, लालची गीध, रोग-शोक अस्थिपंजर का दुकाल दैत्य आदि। नृशंस नृप के रूप में मानो आधुनिक साम्राज्यवाद की भर्त्सना की गई है :

तुम नृशंस नृप से जगती पर चढ़ अनियंत्रित
करते हो संसृति को उत्पीड़ित, पद-मर्दित
नग्न नगर कर, भग्न भवन, प्रतिमाएँ खंडित
हर लेते हो विभव, कला, कौशल चिरसंचित।
आधि, व्याधि, बहुवृष्टि, वात उत्पात, अमंगल
वह्नि, बाढ़, भूकंप, तुम्हारे विपुल सैन्य दल
अहे निरंकुश ! पदाघात से जिनके विह्वल
हिल-हिल उठता है टलमल
पद दलित धरा-तल।

'पल्लव' हिंदी स्वच्छंदतावादी काव्य की यात्रा में एक नए मोड़ का संकेत है। प्रकृति-चित्रों के साथ, गीतात्मकता की जो वृत्ति पंत में आरंभ से मौजूद रही है, उससे आगे बढ़ने का प्रयत्न 'परिवर्तन' जैसी कविताओं में दिखाई देता है। कवि केवल भावनात्मक उद्वेलनों तक सीमित नहीं रहता, उसमें बौद्धिक प्रतिक्रियाएँ भी दिखाई देती हैं। उसकी दृष्टि जीवन-यथार्थ की ओर जाती है और आरंभ का स्वप्न-जगत् अधिक कठोर भूमि का संस्पर्श करता है।

गुंजन

'पल्लव' के बाद 'गुंजन' (1932 ई.) में 1926 ई. से 1931 ई. के बीच रची गई गीतात्मक कविताएँ संकलित हैं। यहाँ आकर पंत की वैयक्तिक अनुभूतियाँ और उनके निजी जीवन-प्रसंग अपना संकोच कुछ कम कर देते हैं। उन्हें अपनी निजी बातों का अधिक उपयोग करते देखा जा सकता है, यद्यपि उनकी तुलना प्रसाद या निराला के खुलेपन से नहीं की जा सकती। इस क्षेत्र में अनुभूति की कमी के साथ पंत का संकोची स्वभाव भी इसका कारण हो सकता है। 'गुंजन' कवि की गीतात्मक प्रवृत्तियों का प्रतिनिधित्व करने वाला काव्य-संकलन है, जिसमें अपनी बातें कहने के लिए अवसर रहता है। यहाँ कवि 'भावी पत्नी' को प्रिये, प्राणों की प्राण कहकर संबोधित करता है। उसका स्वाद, स्पर्श अज्ञात है, पर वह उस छविमान मधुर मूर्ति के विषय में सुखद कल्पनाएँ करता है और उसकी सज्जा के लिए प्रकृति के उपादान काम में लाए गए हैं :

अरुण अधरों का पल्लव प्रात
मोतियों-सा हिलता हिम हास
इन्द्रधनुषी पट से ढक गात
बाल विद्युत का पावस लास।
हृदय में खिल उठता तत्काल
अधखिले अंगों का मधुमास
तुम्हारी छवि का कर अनुमान
प्रिये प्राणों की प्राण।

जाहिर है कि गहरी अनुभूति के अभाव की क्षति-पूर्ति यहाँ कल्पना की सहायता से की गयी है, पर कुल मिलाकर चित्र प्रभावी है। इस गीत में 'अज्ञात प्रथम मिलन' आदि तक की बात की गयी है, जिससे पंत की अभीप्सा या कल्पित इच्छा का पता चलता है। आगे चलकर उनकी यह इच्छा जीवन-जगत् के विषय में भी सुंदर कल्पनाएँ करने लगी, जिसका कभी-कभी वास्तविकता से अधिक नाता नहीं होता। कल्पित प्रिया को 'गुंजन' के कई गीत निवेदित हैं—उषा वातायन से आकर तुम्हें विलोकती है; प्रिया के मुस्कुराने से मानो विहान हो गया; वे आँखें नीलकमल-सी हैं। कवि कल्पना करता है कि मधुर मधुवात डोलने लगी। कलियों के अलसाये पलक खुलने लगे हैं और भौंरे चंचल हो उठे हैं। प्रिया की मंजुलि मूर्ति देखकर मानो मधु के वन में ज्वाल लग गई है, किंशुक, अनार, कचनार जैसे लालसा की लौ से लाल हो उठे हैं। यहाँ एक ओर प्रकृति का ऋतुचक्री वसंत है, दूसरी ओर प्रिय के सौंदर्य से जन्मने वाला वह मधुमास है जिसने कवि के जीवन को एक नया विन्यास दिया और प्रकृति पर जिसकी छाया देखी जा सकती है : तुम्हारी रोम-रोम छवि व्याज / छा गया मधुवन

में मधुमास !

पंत की इस रूमानी दुनिया में कल्पना का काफी अंश है, इससे इनकार नहीं किया जा सकता। कई बार इसीलिए वे हमें भुलावे में डाले रहते हैं और हम समझते हैं कि जैसे साक्षात् अनुभूति के निकट हैं, जबकि कविताएँ कल्पित संवेदनों के सहारे बढ़ी हैं। स्थिति यह है कि पंत के जीवन में निजी प्रसंगों की जो थोड़ी मात्रा है, उसी का उपयोग उन्होंने मनोवांछा के तौर पर किया है। समृद्ध कल्पना और प्रकृति से समीपी संपर्क ने इस कार्य में उनकी सहायता की। पर जब वे जीवन के विषय में तरह-तरह की सदाशयी कल्पनाएँ करने लगे तब यह सम्मिलित अनुभूति उनसे छूट गई। 'गुंजन' के बाद इसी कारण उनमें रूमानी वृत्तियाँ दब-सी गई हैं और वे चिंतक-दार्शनिक की मुद्रा में आ गए।

'गुंजन' में प्रकृति के सुंदर चित्र प्रायः प्रिया के माध्यम से आए हैं और स्वतंत्र दृश्यों की ओर कवि का ध्यान कम गया है। विहगों के लिए कई गीत हैं, जिनके माध्यम से कवि ने अपनी बात भी कहनी चाही है, जैसे गीतकार रूप में कवि और विहग में एक साम्य स्थापित किया गया हो। प्रकृति को लंबे समय तक स्वतंत्र सत्ता के रूप में चित्रित कर पाना किसी कवि के लिए सरल नहीं होता। पंत कूर्मांचल प्रदेश के प्रकृति-संभार से हटकर मैदानी इलाके में आ गए थे और भारतीय राजनीति भी तेजी से बदलने लगी थी। तीसरे-चौथे दशक में देश पर आर्थिक दबाव आए और बेरोजगारी, भुखमरी ने जनता को दुखी बनाया। गांधी का सत्याग्रह और साम्राज्यवादी शक्ति दमन ने स्थिति को और भी भयावह कर दिया। ऐसी पृष्ठभूमि में पंत ने प्रकृति का उपयोग मानवीय भावनाओं के लिए किया, दोनों को निकट लाने का प्रयत्न किया। इसके अतिरिक्त वे वैचारिक-कविताओं की ओर मुड़े। हम स्वीकार करते हैं कि 'गुंजन' में पंत की कोई वैचारिक प्रतिबद्धता नहीं है और वह प्रायः सदाशयता या मनुष्य के लिए सदिच्छाओं तक सीमित है, इसे हम उनकी स्वच्छंदतावादी प्रवृत्ति का ही एक विकास कहना चाहेंगे। पर जिस बृहत्तर जीवन-संस्पर्श का संकेत 'परिवर्तन' कविता में मिला था, उसकी पुष्टि 'गुंजन' की कुछ कविताओं में होती है।

एक तारा, चाँदनी, नौका-विहार पंत की बहुउद्धृत कविताएँ हैं। इन तीनों में यद्यपि दृश्यों को अलग कोण से पाया गया है, पर उनमें एक समानता है कि वे प्रकृति-चित्र को पूरी शक्ति से उभार कर, कविता के समापन के लिए दार्शनिक-वैचारिक पंक्तियों का सहारा लेती हैं। समीक्षकों की इस बारे में अलग-अलग राय हो सकती है। शुद्ध काव्य अथवा प्रकृति-दृश्यों के प्रेमी इसे काव्य के आस्वाद में एक बाधा कह सकते हैं और उनका तर्क होगा कि इससे दृश्य खंडित होता है। पर काव्य को केवल भावना-व्यापार तक सीमित न कर देने वाले पाठक इसे कवि की वैचारिक प्रगति कह सकते हैं। देखना यह है कि कविताओं की निष्कर्षात्मक पंक्तियाँ बाहर

से लाद दी गई हैं अथवा वे संपूर्ण कविता का एक अंग बनकर आई हैं। एक तारा, चाँदनी और नौका-विहार के दृश्य यदि बिना वैचारिक टिप्पणी के समाप्त हो जाते तो संभव था सुंदर प्राकृतिक चित्रों में उनकी गणना होती, पर तब हमें पंत की कविताओं के वे नए मोड़ न मिलते जिसे उनकी वैचारिकता पर आधारित कहा जाता है।

'एक तारा' के आरंभ में संध्या के सन्नाटे का चित्र है, फिर धीरे-धीरे उतरता अँधियारा और उस पृष्ठभूमि पर उदित होता शुक्र नक्षत्र। यह उज्ज्वल, अमंद, अकलुष, अनिंद्य नक्षत्र 'मूर्तिमान ज्योतित विवेक' का प्रतीक है। पंत कविता को रूमानी चेतना से जोड़ते हुए दुर्लभ अपनापन, निष्फल इच्छा, आकांक्षा-बंधन एकाकीपन तथा विषाद आदि की बातें करते हैं। इस विशिष्ट नक्षत्र को अनंत मुक्त मीन, असंग सुख में विलीन, निष्काम शिखा-सा निरुपम, शुद्ध प्रबुद्ध, शुक्र सम में कहा गया है। यहाँ तक, कविता की तान नहीं टूटती, क्योंकि वह सब 'एक तारा' के इर्द-गिर्द हैं। पर कविता की अंतिम चार पंक्तियाँ वेदांत-बोझिल हैं, जहाँ बिंब-प्रतिबिंब भाव वाली 'यह आत्म और वह जग दर्शन' की बात कही गई है। चाँदनी को एक सुंदरी के रूप में प्रस्तुत किया गया है और उसके कई चित्र कवि ने बनाए हैं : नभ के शतदल पर बैठी शारद-हासिनि, आभा की दुलहिन, लघु परिमल का घन आदि। पर कविता के अंत में कवि के मानस पर पड़ने वाले प्रभाव के विषय में कुछ पंक्तियाँ हैं, जिन्हें यहीं समाप्त होना था : अनुभूति मात्र-सी उर में/आभास शांत, शुचि, उज्ज्वल।

अंतिम छंद की चार पंक्तियाँ कविता में बाह्यारोपित प्रतीत होती हैं वह है, वह नहीं...। 'नौका विहार' में एक अधिक गतिशील चित्र है, जिसके आरंभ में 'सैकत-शैया पर दुग्ध धवल, ग्रीष्म विरल तन्वंगी गंगा' का वर्णन है। फिर चाँदनी रात के प्रथम प्रहर में नौका विहार है। जल में परी-सी तैरती शुक्र की झलमल छवि है। 'माँ के उर पर शिशु-से-सोए धारा में एक द्वीप' का और उस पर 'छाया की कोकी को विलोकते हुए वियोगी कोक' का मार्मिक दृश्य है। इसके बाद नौका के लौटने का वर्णन है। पर अंतिम छंद में जो दार्शनिक चिंतन कवि की चेतना में प्रवेश करता है, उससे एक प्रश्न यह भी उठता है कि नौका-विहार का सुंदर दृश्य क्या इतनी जल्दी बिसर गया कि वह आध्यात्मीकरण करने लगा।

इन तीनों कविताओं में प्रकृति के सुंदर दृश्य हैं, पर जहाँ तक इनकी निष्कर्षात्मक बनावट का सवाल है, इसे पंत की चेतना में बढ़ती हुई वैचारिकता से जोड़ना ज़्यादा सही होगा। इस क्रम में 'गुंजन' की कई कविताएँ अपने रूप-विधान में गीतात्मक होते हुए भी मानवीयता की विचारणा से संपन्न हैं। वास्तविकता तो यह है कि मानवीय सदाशयता ही 'गुंजन' का मुख्य स्वर है। कवि सुख-दुःख में मैत्री चाहता है (गीत, 4, 5, 6, 7, 8,); सुंदर विश्वासों से जीवन सुखमय बनता है; खग प्रातः उठकर गाता है—सुंदर, सुखमय जग-जीवन। एक मानवीय आशावाद 'गुंजन' की विशेषता है, जिसे रूमानी अवसाद से अलग रखकर देखा-परखा जा सकता है। यह आशावादिता पंत

को उनके वैचारिक मोड़ से मिली है, पर उसके तेवर अब भी आदर्शवादी हैं और उसमें कल्पना का निश्चित योग है। इसीलिए जहाँ निराला सामाजिक यथार्थ को अपनाते हुए व्यंग्य की ओर मुड़े और उन्होंने विषमताओं पर तीखे हमले किए, वहाँ पंत प्रायः सदाशयी ही बने रहे :

जग के उर्वर आँगन में
बरसो ज्योतिर्मय जीवन।
बरसो लघु-लघु तृण तरु पर
हे चिर अव्यय, चिर नूतन।

ज्योत्स्ना

पंत के काव्य का पहला चरण 'वीणा' से 'गुंजन' तक जाता है, पर उसका समापन वास्तव में 'ज्योत्स्ना' नाटिका से होता है। यह पाँच अंकों की प्रतीकात्मक नाटिका है, जिसमें अमूर्त भावों को पात्रों के रूप में प्रस्तुत किया गया है। दुनिया की बिगड़ी हालत देखकर इंदु अपनी पत्नी ज्योत्स्ना को पृथ्वी पर शासन के लिए भेजता है। ज्योत्स्ना स्वप्न, कल्पना, सुरभि, पवन की सहायता से पृथ्वी पर प्रेम-सौंदर्य का नया जीवन निर्मित करती है। इस नाटिका में पंत का मुख्य उद्देश्य विश्वबंधुत्व की भावना का उपदेश है, जिसमें स्वर्ग के पात्रों को पृथ्वी पर उतारा गया है। पहले अंक में संध्या का दृश्य है—सुनहरे, घुँघराले केशों वाली। वही घोषणा करती है कि इंदु की प्रिया ज्योत्स्ना धरती पर आदर्श राज्य लाएगी। सर्वत्र प्रेम, सौंदर्य, प्रसन्नता का वातावरण होगा। दूसरे अंक में इंदु का अपनी प्रिया से संवाद है। ज्योत्स्ना कहती है कि सत्ता-संपत्ति की लालसा ने मानव-जाति का पतन कर दिया है और इंदु ने मानव-जाति के कल्याण के लिए उसे पृथ्वी पर भेजा है। तीसरे अंक में ज्योत्स्ना समीर, सौरभ आदि के साथ जब पृथ्वी पर आती है तो मानव जाति पर अत्याचार के दृश्य देखकर द्रवित हो उठती है। यहाँ वर्ग-भेद का भी उल्लेख है, पर उसका समाधान आध्यात्मिक है। स्वप्न और कल्पना मानव जाति की चेतना में प्रवेश कर सुख, आस्था, स्नेह, सत्य की भावनाएँ जगाते हैं और एक नए जीवन की शुरुआत होती है। हमें कई दृश्य देखने को मिलते हैं, जिसमें कवि ने अपने समय के संदर्भ बसाए हैं, जैसे युवती का कथन कि उसकी माँ स्वतंत्रता-संग्राम में भाग लेने के कारण दण्डित की गई थी, तब वह कारागृह में जन्मी थी। देशों के लोगों से समवेत गान कहलाने के मूल में विश्वबंधुत्व की भावना है। इसमें किसान-मजदूरों के दृश्य हैं और साहित्य-कला की भी चर्चा है। तृतीय अंक के अंत में ज्योत्स्ना स्वर्ग लौट जाती है। आगे के अंक में शैतान उल्लू बताता है कि असुर सारा अमृत पी जाएँगे और पृथ्वी पर स्वर्णिम धरती प्रभात आएगा। पर उषा आती है और एक नया जीवन जन्म लेता है। बच्चे-बच्चियाँ उषा-गीत गाते हैं। गई रात, त्यागो जड़ निद्रा/खुला ज्योति का छत्र गगन पर।

प्रायः हिंदी समीक्षकों का पूरा ध्यान 'ज्योत्स्ना' नाटिका की ओर नहीं गया और उन्होंने उसे एक कल्पना की सदाशयी रचना कहकर संतोष कर लिया। पर रूसी विद्वान् ई. चेलिशेव ने उसका वैशिष्ट्य स्वीकारा है कि "इसमें बहुत ही स्पष्ट एवं निश्चित रूप से राजनीतिक, दार्शनिक, नैतिक दृष्टिकोण तथा विचारात्मक सौंदर्यात्मक आदर्श अभिव्यक्त हुए हैं और ऐसे अनेक जटिल विरोधाभास प्रकट हुए हैं जो केवल पंतजी के ही नहीं अपितु सभी भारतीय स्वच्छंदतावादी लेखकों की रचनाओं में पाए जाते हैं।"[4]

द्वितीय काव्य-चरण : युगांत

पंत के काव्य का दूसरा चरण उस वैचारिकता का विकास है जिसे हम 'परिवर्तन' जैसी कविताओं तथा 'गुंजन' में देख आए हैं। युगांत (1936 ई.), युगवाणी (1939 ई.) और ग्राम्या (1940 ई.) कविता-संकलन इस काव्य-चरण में आते हैं। प्रायः कहा जाता है कि 1936 ई. में भारतीय प्रगतिशील लेखक संघ की स्थापना ने हिंदी-रचना को प्रभावित किया। पर इस क्रम में उन सामाजिक स्थितियों से हमारा ध्यान ओझल हो जाता है, जिन्होंने सीधे-सीधे रचना को प्रेरित किया। स्वयं पंतजी ने 'साठ वर्ष : एक रेखांकन' तथा कविता-संकलनों की भूमिकाओं में यह तथ्य स्वीकारा है कि "प्रथम महायुद्ध के बाद पश्चिमी आदर्शवादी विचारधारा को आघात लगा तथा रूसी क्रांति के फलस्वरूप जिस नवीन सामाजिक यथार्थ की धारणा की ओर धीरे-धीरे ध्यान आकर्षित होने लगा और साथ ही वैज्ञानिक युग ने हमारे मध्ययुगीन निषेधात्मक दृष्टिकोण के विरोध में जिस नवीन भावनात्मक दर्शन को जन्म दिया, उन सबकी सम्मिलित प्रतिक्रिया-स्वरूप विश्व जीवन तथा मानव के प्रति युग के विचार एवं भावना-जगत् को मैंने अपने बदलते हुए दृष्टिकोण के अनुरूप, तब 'युगांत' नामक अपने काव्य-संग्रह में प्रारंभिक अभिव्यक्ति दी।"

युगांत के लिए 'दो शब्द' लिखते हुए पंत ने स्वयं स्वीकारा है कि यहाँ 'पल्लव' की कोमलकांत कला का अभाव है। 'चित्ररेखा' नामक भूमिका में उनकी इन कविताओं में काल्पनिक समाजवाद देखा गया है। पहली कविता में ही कवि कामना करता है : "द्रुत झरो, जगत् के जीर्ण पत्र।" इसी प्रकार की भावनाएँ अन्यत्र भी दुहराई गई हैं। कवि अनुभव करता है कि पुरानी व्यवस्था सड़-गल गई है और उसके स्थान पर नए समाज का निर्माण होना चाहिए। वह कोकिल से पावक कण बरसाने के लिए कहता है ताकि जाति-कुल-वर्ण-रूढ़ि-रीति सब समाप्त हो जाएँ और मनुज नव-जीवन यापन करे। ऐसी ही प्रार्थना वह विहग से करता है कि 'अनादि गान गाओ ! जो जीवन निशीथ देख चुके हैं वे जीवन का प्रभात देखें'। पहले की सदाशयता यहाँ एक कदम आगे बढ़ती है कि पंत व्यवस्था के बदलाव की बात करते हैं। यह बात दूसरी है कि उसका उपाय क्या हो। जो आशावाद 'गुंजन' में था, उसका अधिक

खुला रूप यहाँ देखने को मिलता है। रूमानी तेवर अब भी मौजूद हैं पर वैयक्तिक प्रसंगों का उपयोग करने वाली कविताएँ इनी-गिनी हैं जैसे 'मंजरित आम्र-वन छाया में हम प्रिये मिले थे प्रथम बार'।

पंत की मानववादी दृष्टि में आदर्शवादी आग्रह हैं। इसलिए उनसे संपूर्ण क्रांति की अपेक्षा करना संभव नहीं, पर उनमें यह एहसास बराबर घर करता गया है कि दुनिया बदलनी चाहिए। सामाजिक परिवर्तन के लिए जिस पद्धति की जरूरत होती है, वह कम-से-कम 'युगांत' में कवि के पास नहीं है, इसलिए वह रूमानी अंदाज में कई बार वक्तव्य देता है : भावी मानव के लिए एक नई सृष्टि रची जा रही है, क्योंकि उसे सौंदर्य, स्नेह, उल्लास की जरूरत है; मानव सबसे सुंदरतम है आदि। यद्यपि प्रकृति के कुछ दृश्य यहाँ अब भी मौजूद हैं जैसे चित्र शलभ-सी पंख खोलकर अल्मोड़े के वसंत में उड़ने वाली कुसुमित घाटी। पर पंत के काव्य में धीरे-धीरे प्रकृति का स्थान मानव को मिल रहा है, इसमें संदेह नहीं। मनुष्य के विषय में उनका सोच-विचार कल्पना से जनमने के कारण सदाशयी तो बहुत है, पर यथार्थ से उसके संपर्क गहरे नहीं हो पाते। यही कारण है कि 'युगांत' में मानववादी दृष्टि तो भरपूर है, वक्तव्यों की भी कमी नहीं, पर जीवन के यथार्थ चित्र विरल हैं। व्याख्या-विवेचन में बदलती हुई दृष्टि का पता तो चलता है, पर प्रमाणीकरण नहीं हो पाता और बात प्रायः शब्दों तक सीमित रह जाती है। मसलन, बाँसों के झुरमुट और संध्या के झुटपुटे में चिड़ियों की चहक के बीच हमें डगमग डग धरते हुए श्रमजीवी दिख जाते हैं। उनका जीवन भारी है, यह भी कह दिया गया है, पर कविता के अंत में हम केवल यही सुन पाते हैं : "गा सके खगों सा मेरा कवि।"

'युगांत' पंत की स्वच्छंदतावादी दृष्टि को इतना मोड़ अवश्य देती है कि यहाँ प्रकृति के स्थान पर मनुष्य के विषय में अधिक विचार किया गया है और दुनिया के बदलाव की बात की गई है। विहग, तितली, संध्या, छाया, शुक्र सबको मनुष्य के उपयोग में लाया गया है। पंत की परिवर्तित दृष्टि का एक प्रमाण 'ताज' कविता है जिसे प्रगतिवादियों ने भी सराहा है। प्रायः रूमानी लोगों के प्रेम का प्रतीक कहा जाने वाला ताज स्वच्छंदतावादी कवि के लिए एक अच्छा काव्य-विषय बन सकता था, पर पंत अपनी नई दृष्टि के कारण उसे 'मृत आदर्शों का ताज' कहते हैं :

> हाय, मृत्यु का ऐसा अमर, अपार्थिव पूजन
> जब विषण्ण, निर्जीव पड़ा हो जग का जीवन
> स्फटिक सौध में हो शृंगार मरण का शोभन
> नग्न, क्षुधातुर, वासविहीन रहे जीवित जन।

प्रकृति को कल्पना-लोक से बाहर निकालकर अधिक यथार्थ भूमि पर लाने में 'युगांत' की कविताएँ प्रयत्नशील हैं और यहाँ रहस्यमयता भी कम हो चली है। उनका असमंजस भी घटा है, पर संघर्ष का दौर उनमें पूरी तरह नहीं आने पाता।

एक ओर उनके आरंभिक संस्कार हैं तो दूसरी ओर गांधीवादी युग का प्रभाव, जो सत्य-अहिंसा पर जोर देता है। 'युगांत' की अंतिम कविता 'बापू के प्रति' महात्मा गांधी में उनकी आस्था को व्यक्त करती है। आरंभ में बापू को शुद्ध बुद्ध आत्मा केवल, जीवन की पूर्ण इकाई कहकर संबोधित किया गया है जिन्होंने एक नई पवित्र संस्कृति का निर्माण किया और समाज की नग्न पशुता ढक दी। सत्य, अहिंसा, सहयोग, प्रेम आदि का पाठ संसार ने बापू से सीखा। यहाँ गांधी को प्रायः विश्व का कल्याण करने वाले पैगंबर के रूप में चित्रित किया गया है और स्वतंत्रता-संघर्ष की बात केवल संकेत से कह दी गई है। बापू को महामानव के रूप में देखना पंत की नई मानववादी दृष्टि के निकट पड़ता है, यह एक प्रकार से गांधी के व्यक्तित्व को आदर्शवादी नजरिए से देखना है। 'युगांत' में हम पंत की बदली हुई जीवन-दृष्टि की शुरुआत देखते हैं, जिसे कुछ लोगों ने प्रगतिवाद से जोड़ना चाहा है। पर यह एक प्रकार से प्रकृति और रोमांस की दुनिया से बाहर निकलकर अधिक कठोर जमीन छूने की चेष्टा है।

युगवाणी

'युगवाणी' में पंत के बौद्धिक आग्रह बढ़ते हैं और 'दृष्टिपात' शीर्षक भूमिका में उन्होंने इसमें पाँच प्रकार की विचारधाराएँ स्वीकार की हैं। भूतवाद-अध्यात्मवाद का समन्वय, प्रचलित जीवन-मान्यताओं का पर्यालोचन तथा नवीन संस्कृति के उपकरणों का संग्रह, मानवता के विकास में बाधक मृत आदर्शों और जीर्ण रूढ़ि-रीतियों की तीव्र भर्त्सना, मार्क्सवाद तथा फ्रॉयड का प्रभाव तथा दलित लोकसमुदाय का जीर्णोद्धार बहिर्जीवन-अंतर्जीवन का संगठन। ये सदाशयता की दृष्टि से शुभ हो सकते हैं, पर मुख्य प्रश्न उन्हें रचना में प्रमाणित करने का है। गांधी-मार्क्स-फ्रॉयड ने पंत की भावनामयता कम करके उसे नई मानववादी दिशाओं की ओर मोड़ा, पर रचना प्रभावी हो सके, इसके लिए अनुभूति की प्रामाणिकता पर बराबर जोर दिया जाता रहा है।

'युगवाणी' को जब पंत 'युग के गद्य को वाणी देने का प्रयत्न' कहते हैं तो हम स्वीकारते हैं कि वे कल्पित सौंदर्य-लोक से बाहर निकलकर युग की सच्चाइयों से साक्षात्कर करना चाहते हैं। यह इतिहास और समय का दबाव भी हो सकता है अथवा कवि का मोहभंग भी। 'युगवाणी' में 'मार्क्स के प्रति' कविता से पता चलता है कि पंत साम्यवाद के मसीहा का व्यक्तित्व सराहते हैं। उन्होंने यहाँ तक स्वीकार किया है कि वे 'त्रिनेत्र के ज्ञान-चक्षु से प्रकट हुए प्रलयंकर हैं।' पर इससे यह सोचना कि पंत ने मार्क्सवादी दर्शन में गहरी रुचि ली या वैज्ञानिक समाजवाद को स्वीकार कर लिया, यह जल्दी में दिया गया निष्कर्ष होगा। इतिहास की दिशा बदलने वाले किसी भी व्यक्तित्व को सराहा जा सकता है, पर सबकी विचारधाराओं से गहरा परिचय और फिर उसमें आस्था रख पाना सरल नहीं। मेरा विचार है कि मार्क्स के व्यक्तित्व

ने पंत को प्रभावित किया और वे जीवन-यथार्थ की ओर भी मुड़े, पर मार्क्सवाद उनकी कोमल चेतना में प्रवेश नहीं कर सका। वे उसके सामाजिक विकास के इतिहास को नहीं स्वीकारते और वर्ग-संघर्ष का विरोध करते हैं। 'उत्तरा' की प्रस्तावना में उनका कथन है कि 'मैं मार्क्सवाद की उपयोगिता एक व्यापक समतल सिद्धांत की तरह स्वीकार कर चुका हूँ किंतु सांस्कृतिक दृष्टिकोण से उनके रक्त-क्रांति और वर्गयुद्ध के पक्ष को मार्क्स के युग की सीमाएँ मानता हूँ।' मार्क्सवाद जब शाकाहारियों द्वारा सराहा जाता है तब उसे काल्पनिक या भावात्मक समाजवाद कहा जाता है, जो वैज्ञानिक समाजवाद से भिन्न है।[5]

'युगवाणी' में पंत की दृष्टि साधारण दृश्यों पर भी जाती है और उनके अनुभव-क्षेत्र में बढ़ोतरी होती है। वे अब भी गंगा के दृश्य देखते हैं और पलाश, ओस, जलद, कुसुम आदि पर कविताएँ लिखते हैं, पर चींटी जैसी नाचीज भी उनका ध्यान आकृष्ट करती है और वे यथार्थ चित्र बनाना चाहते हैं। इस दृष्टि से उनकी 'दो लड़के' कविता विचारणीय है जहाँ 'पासी के बच्चे' सर्वहारा का प्रतिनिधित्व करते हैं। पंत इन्हें केवल अपनी सहानुभूति ही नहीं देते, बल्कि इनके दर्द-भरे यथार्थ से गुजरते हैं : नंगे तन, गदबदे, साँवले, मिट्टी के मटमैले पुतले। वे कूड़ों से निधियाँ चुन लेते हैं—सिगरेट के खाली डिब्बे, चमकीली पन्नी, फीतों के टुकड़े, नीली-पीली तस्वीरें। कविता का आरंभ यथार्थपरक है, पर धीरे-धीरे वह आदर्शवाद की ओर मुड़ जाती है, जहाँ कवि की वही सदाशयी वृत्ति है। 'युगवाणी' में श्रमजीवी, मध्यवर्ग, नारी, धनपति आदि पर भी कविताएँ हैं। धनपतियों को नृशंस, जग के जोंक, अहम्मन्य, नर-पशु, दर्पी, हठी, गतसंस्कृति के गरल कहा गया है। मध्यवर्ग को भी नहीं बख्शा गया है, क्योंकि वह 'उच्चवर्ग की सुविधा का शास्त्रोक्त प्रचारक' है। सर्वहारा वर्ग को पंत ने अपनी सहानुभूति दी है और उसके दयनीय चित्र प्रस्तुत किए हैं। कृषक युग-युग का भारवाह है। श्रमजीवी यद्यपि आज शोषित है, पर भविष्य में वह अधिक निर्णायक भूमिका अदा करेगा : चिर पवित्र वह, भय, अन्याय, घृणा से पालित/जीवन का शिल्पी, पावन श्रम से प्रक्षालित !

इसी प्रकार 'घन नाद' कविता के शीर्षक से पंत की प्रकृति कविताओं का भ्रम हो सकता है कि मानों बादल गरज रहे हों, पर इसमें घन चलाने वाले मजदूर को जगाया गया है क्योंकि वे ही भू के सच्चे अधिकारी हैं। इसी प्रकार, नारी के लिए मुक्ति की कामना की गई है ताकि वह बंदी जीवन से मुक्त हो। 'युगवाणी' समाज के उन वर्गों का साथ देती है, जिन्हें शोषित माना जाता है। 'युगवाणी' का वैचारिक जगत् एक आकार लेता दिखाई देता है क्योंकि यहाँ मार्क्स, भूतदर्शन, साम्राज्यवाद, समाजवाद, गांधीवाद, क्रांति, संकीर्ण भौतिकवादियों के प्रति ऐसी कविताएँ हैं, जिन्हें प्रायः गद्य का विषय माना जाता रहा है। हिंदी स्वच्छंदतावादी काव्य-प्रवृत्ति को देखते हुए ये काव्य-शीर्षक विचित्र लग सकते हैं और इन्हें कविता

की रूमानी वृत्ति से विपरीत दिशा में जाते हुए कहा जा सकता है। पर यही वह बिंदु है, जहाँ से स्वच्छंदतावादी काव्य के नई दिशा में मुड़ने की निश्चित सूचना मिलती है और जिसके आरंभिक संकेत 'युगांत' में मिल चुके हैं। प्रश्न किया जा सकता है कि दर्शन-विचार का क्षेत्र काव्य में किस सीमा तक और किस रूप में ग्राह्य हो सकता है ? जो लोग काव्य को केवल भावना-व्यापार तक सीमित देखते हैं, वे रचना की रीढ़ ही गायब कर देना चाहते हैं और प्रकारांतर से उसके सामाजिक दायित्व का विरोध करते हैं। इस दृष्टि से पंत कवि को राजनीतिविद, अर्थविज्ञ, दर्शनज्ञ, चित्रकार, गायक, शिल्पी आदि अनेक विशेषण देते हैं। सामाजिक दायित्व की यह पहचान पंत को जीवन-जगत् की समस्याएँ देखने के लिए प्रेरित करती है।

'युगवाणी' की स्थिति यह है कि पंत के आंदोलित मन में कई प्रश्न उठते हैं और वे उनका वैचारिक समाधान चाहते हैं। इस प्रक्रिया में वे गांधी-मार्क्स, फ्रॉयड आदि के दर्शनों की अपेक्षा उनके व्यक्तित्व से अधिक प्रभावित होते हैं और आदर्शवादी दृष्टि से प्रश्नों का उत्तर चाहते हैं। इसीलिए डॉ. नगेंद्र को लिखना पड़ा कि "मार्क्स की साम्यदृष्टि और अर्थदृष्टि तो भारत के कवि ने पकड़ ली है, पर आत्मा की सत्ता को एकदम अस्वीकृत करने का बल अभी उसमें नहीं आया। मार्क्स का देहात्मवाद अभी उसकी बुद्धि में नहीं आया। अतः इस विषय में वह अनिश्चित है।" सच्चाई तो यह है कि मार्क्सवाद और गांधीवाद का तालमेल बैठाने में पंत ने ऐसे दो दर्शनों का गड्डमगड्ड करना चाहा, जिन्हें एक-दूसरे से विपरीत दिशाओं वाली विचारणा कहा जाएगा। पंत क्रांति की बात तो करते हैं, पर भावात्मक ढंग से क्योंकि वे वर्ग-संघर्ष को अस्वीकार कर देते हैं और क्रांति अपनी पूर्णता पर नहीं पहुँच पाती। 'युगवाणी' नवयुग लाना तो चाहती है, पर वह आएगा कैसे, इसकी स्पष्ट रूपरेखा उसके पास नहीं है। वे साम्राज्यवाद को कोसते हैं और यह भी मानते हैं कि पूँजीवादी निशा का समापन होने वाला है क्योंकि अंतिम निर्णायक लड़ाई का दौर है। पर सब कुछ एक सदिच्छा बनकर रह जाता है, क्योंकि कवि नहीं जानता कि यह होगा कैसे ? :

विश्व क्षितिज में घिरे पराभव के हैं मेघ भयंकर
नवयुग का सूचक है निश्चय यह तांडव प्रलयंकर
जनयुग की स्वर्णिम किरणों से होगी भू आलोकित
नव संस्कृति के नव प्ररोह होंगे शोणित से सिंचित !

ग्राम्या

1940 ई. में 'ग्राम्या' का प्रकाशन हुआ, जिसके 'निवेदन' में पंत ने स्वयं स्वीकार किया है कि 'इसमें पाठकों को ग्रामीणों के प्रति केवल बौद्धिक सहानुभूति ही मिल सकती है। ग्राम-जीवन से मिलकर उसके भीतर से, वे अवश्य नहीं लिखी गई है।' इन्हें हम 'ग्राम्या' के ग्राम-जीवन के चित्रण की सीमा कह सकते हैं। पर 'युगांत'

और 'युगवाणी' का कवि जिस वैचारिक भूमि की तलाश कर रहा था उसका वास्तविक प्रयोग 'ग्राम्या' में देखा जा सकता है। यहाँ काव्य का अनुभूति पक्ष अधिक सक्रिय दिखाई देता है और कवि वक्तव्यों के जगत् से बाहर निकलता दिखाई देता है। वह अधिक ठोस जमीन पर आना चाहता है और जीवन की खट्टी-मीठी, बुरी-भली, चिकनी-खुरदुरी तहों से गुजरने का भी इच्छुक है। एक प्रकार से यह यथार्थ से निकट संपर्क की चेष्टा है।

'ग्राम्या' में ग्राम-चित्रों की बहुलता है, पर वह मैथिलीशरण गुप्त की तरह 'आह ग्राम्य जीवन भी क्या है' जैसी भावविह्वल प्रतिक्रिया से निर्मित नहीं है। पंत काव्य के आरंभ में प्रकृति को केवल मुग्धभाव से निहारते थे, उसके प्रति अर्पित थे और उसमें विराट् का दर्शन कराने वाली आध्यात्मिकता देखते थे। यहाँ उनकी दृष्टि केवल विस्मय-विमुग्ध होकर नहीं रह जाती, वह उसके यथार्थ का साक्षात्कार भी करती है। हिंदी स्वच्छंदतावादी काव्य को नया मोड़ देने वाली ग्राम-जीवन की ये कविताएँ ग्राम-सौंदर्य को सराहती हैं, पर वे उसकी दयनीयता को भी देखती हैं। 'ग्राम श्री' कविता में प्रकृति के दृश्यों को देखकर हमें सहसा पंत के आरंभिक प्रकृति-वर्णन का ध्यान आता है, पर एक अंतर यह है कि यहाँ वे कल्पना-लोक के बजाय यथार्थ के निकट हैं। आरंभ में खेतों में दूर तक फैली मखमल की कोमल हरियाली, गेहूँ की बाली में रोमांचित वसुधा, रजत-स्वर्ण मंजरियों से लदी आम्र-तरु की डाली और गाँव की संपूर्ण वनस्पति के दृश्य हैं पर इसी के बीच गाँव की जिंदगी के दुःख-दर्द की ओर भी कवि संकेत करता है : गंजी को मार गया पाला/अरहर के फूलों को झुलसा।

ग्राम-जीवन के प्रति पंत की दृष्टि स्वच्छंदतावादी न होकर अधिक यथार्थपरक है और इसीलिए ग्राम के अनेक चित्र बनाते हुए वे वहाँ के कष्ट-भरे जीवन को हमारे सामने लाते हैं। एक खुली यथार्थपरक दृष्टि के बिना ऐसा कर पाना संभव न था। यहाँ पंत की रूमानी, कल्पनाप्रिय, आदर्शवादी दृष्टि टूटती है और ग्राम-यथार्थ के साथ न्याय कर सकने के लिए वे एक नया मुहावरा भी तलाशना चाहते हैं। यहाँ भाषा अधिक ठेठ और देसी होती है यद्यपि वे कोमलकांत भाषा से पूर्ण मुक्त नहीं हो पाते, जैसा निराला ने अपनी व्यंग्य रचनाओं में किया। ग्राम-जीवन में पंत की रुचि का एक कारण तो यह कि उन्होंने कालाकाँकर में रहकर उसे निकट से जाना था। दूसरे, देश का गांधीवादी माहौल रचनाकारों को गाँव की ओर देखने के लिए प्रेरित कर रहा था। वास्तविकता की पहचान को, 'ग्राम्या' की कविताओं की प्रेरणा कहना अधिक सार्थक होगा। ग्राम को समग्र रूप में कथ्य का विषय बनाकर कई कविताएँ लिखी गई हैं : ग्राम, ग्राम चित्र, ग्राम श्री, भारतमाता, ग्रामदेवता, भारतग्राम आदि। 'ग्राम घर-घर के बिखरे पन्नों में नग्न, क्षुधार्त कहानी है। यह मानव दुर्गति गाथा से ओतप्रोत, मर्मांतक है। यहाँ अकथनीय क्षुद्रता और विवशता है।' 'ग्राम-चित्र'

कविता की पंक्तियाँ हैं :

यह तो मानव-लोक नहीं रे, यह है नरक अपरिचित
यह भारत की ग्राम-सभ्यता, संस्कृति से निर्वासित
झाड़-फूँस के विवर यही क्या जीवन शिल्पी के घर ?
कीड़ों से रेंगते कौन ये, बुद्धि प्राण नारी-नर ?

भारतमाता को ग्रामवासिनी कहते हुए 'ग्राम्या' में जिन विशेषणों का उपयोग किया गया है उससे ग्राम-जीवन की दयनीयता का पता चलता है : मिट्टी की प्रतिमा उदासिनी, अपने घर में प्रवासिनी, नतमस्तक तरुतल निवासिनी, राहुग्रसित शरदेन्दु-हासिनी, ज्ञानमूढ़ गीता प्रकाशिनी आदि। इस कविता पर राष्ट्रीय जीवन का गहरा प्रभाव है, क्योंकि पराजित ग्राम जीवन के माध्यम से संपूर्ण देश का दैन्य व्यंजित किया गया है। पूरा चित्र शोषित, उदास, खिन्न देश का है :

तीस कोटि संतान नग्न तन
अर्ध क्षुधित, शोषित निरस्र जन
मूढ़ असभ्य, अशिक्षित निर्धन
नतमस्तक तरुतल निवासिनी।

'ग्राम-देवता' अपेक्षाकृत एक लंबी कविता है जिसमें उसकी वंदना की गई है। कवि ग्राम-देवता को प्रणाम करता है, उसके अभिराम बाह्य रूप पर मोहित होता है। अवध के इस गाँव में तुलसी की संस्कृति का निवास है, जहाँ कभी राम विहरे थे। पर आज ग्राम-संस्कृति की क्या दुर्दशा है कि वह रूढ़ियों में फँसा है मानो विजया, महुवा, ताड़ी, गाँजा पीकर समाधिस्थ हो गया है। कविता के अंत में ग्राम-देवता के जागरण का आवाहन है। ग्राम को समग्र रूप में संबोधित करते हुए पंत को परतंत्र देश की विवशता का एहसास है, यद्यपि अपनी आदर्शवादी दृष्टि के कारण वे उसे विद्रोह के लिए ललकार नहीं पाते। पर स्वीकारना होगा कि तथाकथित राष्ट्रीय भावना के नाम पर जो ढेर सारी वक्तव्यभरी कविताएँ उस दौर में रची गई थीं उनकी तुलना में 'ग्राम्या' की कविताएँ निश्चित ही अधिक जीवंत हैं। इनमें परतंत्र भारत का यह ग्राम-जीवन उभरता है जिसे नया जीवन दिए बिना कोई भी आज़ादी अधूरी कही जाएगी। पंत ने युगांत, युगवाणी में जो ढाँचा तैयार किया था, उसे रूप, रंग, आकार देने का काम उन्होंने ग्राम-जीवन के माध्यम से 'ग्राम्या' में किया।

'ग्राम्या' में गाँव के जो दृश्य उभरे हैं उन्हें पंत ने निकट से देखा है, इसमें संदेह नहीं। इसलिए अनुभूति शक्ति से उनका निर्माण हुआ है और वे काव्यसंपत्ति का एक अंग बनकर आए हैं। गाँव के लड़के, वह बुड्ढा, नहान आदि कविताएँ यथार्थ-दृश्य प्रस्तुत करती हैं। मिट्टी से भी मटमैले तन, अधफटे, कुचैले, जीर्ण वसन, मिट्टी के बने गँवई लड़के। टहनी-सी टाँगें, कृश बाहु, रेखांकित पसलियाँ, बढ़ा पेट, विकलांग घृणित। इसी प्रकार का चित्र बुड्ढे का है—लाठी टेके द्वार पर खड़ा जीवन

का बूढ़ा पंजर : पतझर में ठूँठे तरु से ज्यों/सूनी अमरबेल हो चिपटी।

लंबे डील-डौल, हट्टी-कट्टी चौड़ी काठी को देखकर लगता है कि "इस खंडहर में बिजली-सी उन्मत्त जवानी होगी दौड़ी।" पर अब झुकी रीढ़, पिचका पेट, कंधों पर गड्ढे, फटी बिवाई एड़ी। धरती पर माथा टेककर वह सलाम करता है, जाहिर है कि कवि इस बुड्ढे को भिखारी रूप में पाता है। गर्मी के दिन; उपरनी सिर पर धरे, लुंगी से ढँपा तन, नंगी देह भरी बालों से वनमानुस-सा लगता यह जन। अंतिम पंक्तियाँ संपूर्ण कविता को एक ट्रेजिडी का-सा समापन देती हैं :

भूखा है, पैसे पा कुछ गुनुमुना
खड़ा हो, जाता वह घर
पिछले पैरों के बल उठ
जैसे कोई चल रहा जानवर।
काली नारकीय छाया निज
छोड़ गया वह मेरे भीतर
पैशाचिक-सा कुछ दुःखों से
मनुज गया शायद उसमें मर !

एक प्रकृति-प्रेमी का यथार्थ के इन दृश्यों से जुड़ने और उन्हें एक नए मुहावरे में प्रस्तुत करने की कोशिश, हिंदी स्वच्छंदतावादी काव्य के इतिहास में कम महत्त्वपूर्ण नहीं। पंत समाज के दलित, शोषित सर्वहारा वर्ग में रुचि लेते हैं तथा कहार, चमार, धोबी पर उनकी दृष्टि जाती है। कुछ लोगों का विचार है कि इसमें गांधीवादी प्रभाव भी है, क्योंकि 'चमारों का नाच' कविता में गांधी के प्रिय 'हरिजन' शब्द का प्रयोग हुआ है। 'कहारों का रुद्र नृत्य' कहकर 'ग्राम्या' का कवि विद्रोही वृत्ति का संकेत करना चाहता है और उसके लिए शिव के प्रलयंकारी प्रतीक का सहारा भी लेता है। 'ग्राम्या' में पंत ने नारी-जीवन पर भी यथार्थपरक दृष्टि डाली है और उसे कई रूपों में प्रस्तुत किया है। पति के घर जाती हुई ग्रामवधू का करुण चित्र है, जब वह माँ, ताई, मौसी, फुआ सबसे रो-रो कर विदा लेती है। यह करुण दृश्य देखकर स्टेशन पर भीड़ लग जाती है। ग्राम नारी को पंत स्नेह, शील, सेवा, ममता की मधुर मूर्ति मानते हैं पर उनका विचार है कि वह चिर दैन्य और अविद्या के तम से पीड़ित है। 'ग्राम युवती' एक प्रभावी कविता है जिसके आरंभ में 'उन्माद यौवन से उभर घटा-सी नव असाढ़-सी सुंदर' इठलाती आती उस ग्राम युवती का चित्र है जो गजगति से सर्प डगर पर चली जा रही है—निश्चिंतता का प्रतीक ! कवि उसके अनलंकृत सौंदर्य निश्छल व्यवहार को सराहता है और युवक प्रेमी का भी इसमें उल्लेख है। पनघट पर जल भरते हुए उसके रूप को नई दीप्ति मिल जाती है। वह कनेर, पाटल, हरसिंगार, सहजन, आम्रमौर, पलाश के फूलों से अपना शृंगार करती है। पंत ने ग्राम युवती को धरती की बेटी के रूप में चित्रित किया है, इसलिए कविता का पूरा विन्यास

देसी है। कविता के अंत में ग्राम युवती के सहज सौंदर्य की टकराहट जीवन-यथार्थ से होती है। पाठक को झकझोरने के लिए सौंदर्यांकन के साथ एकदम से दृश्य बदल दिया जाता है और हम कठोर भूमि से टकराते हैं, मानो स्वप्न टूट गया हो। इसे पंत का भी स्वप्नभंग कहा जा सकता है जहाँ 'सुषमाशाली यौवन' ढेर हो जाता है और जिंदगी की वास्तविकता से परिचित कराते हुए कवि कहता है :

रे दो दिन का उसका यौवन
सपना छिन का रहता न स्मरण
दुःखों से पिस, दुर्दिन में पिस
जर्जर हो जाता उसका तन।
ढह जाता असमय यौवन धन !
बह जाता तट का तिनका
जो लहरों से हँस-खेला कुछ क्षण ! !

'ग्राम्या' का कवि ग्राम-जीवन के पास अपनी भावुकता लेकर नहीं जाता, बल्कि वह बौद्धिक दृष्टि से सदियों से दबी-पिसी जन संस्कृति का जायजा लेता है। अज्ञान, दैन्य, दारिद्र्य, विषाद के करुण दृश्य वह देखता है और उन्हें हमारे सामने रखता है। यहाँ पंत की वह सतरंगी दुनिया पीछे छूट जाती है, जिसे उन्होंने कूर्मांचल में देखा-पाया था। पर युगांत, युगवाणी की तुलना में 'ग्राम्या' अधिक संवेदनशील काव्य-व्यापार है, इसीलिए पंत के द्वितीय काव्य-चरण में वह शीर्ष पर विराजमान है। जो लोग प्रगतिवादी काव्य को नीरस शुष्क मानकर उसे वक्तव्य प्रधान प्रयास कहकर उस पर टिप्पणी करना चाहते हैं, उन्हें 'ग्राम्या' की उन कविताओं से गुजरना चाहिए, जहाँ कवि ने दृश्यों-स्थितियों को पहले अपनी चेतना में स्वीकारा है, उसे संवेदन-व्यापार का एक अंग बनाया है, तब उसे मार्मिक अभिव्यक्ति दी है।

कठोर वास्तविकता से भेंट के लिए 'ग्राम्या' की एक कविता विशेष रूप से विचारणीय है । 'वे आँखें' आँखें रूमानी काव्य का प्रिय विषय हैं और उन्हें प्रेम के क्रिया-व्यापार की शुरुआत करने के कारण महत्त्व मिला है। जहाँ तक शरीर के अवयवों का प्रश्न है, काव्य का सबसे अधिक हिस्सा उन्होंने घेरा है। सूर के शब्दों में : और सकल अंगन तें ऊधौ, अँखियाँ अधिक दुखारी। कभी पंत ने भी नीली आँखों के गीत गाये थे, पर इस कविता में किसान की आँखों का जिक्र है और इसके तेवर आरंभ से ही गैर-रूमानी हैं : अंधकार की गुहार सरीखी उन आँखों से मन डरता है। इनमें दारुण दैन्य, दुःख का नीरव रोदन, गहरा आतंक, क्षोभ और शोषण भरा हुआ है, मरघट का अंधकार है। पंत यहाँ किसान की आँखों में गाँव की एक ज़िंदगी उभार देते हैं। उसकी आँखों का तारा कानकुनों की लाठी से जवानी में ही मारा गया था। घर-द्वार बिक गया, पर महाजन ने ब्याज की कौड़ी नहीं छोड़ी। बिना दवा-दारू के गृहिणी स्वर्ग चली गई और देख-रेख के बिना दुधमुँही बिटिया

दो दिन बाद मर गई। विधवा पतोहू को कोतवाल ने पकड़ मँगाया और एक दिन वह कुएँ में डूब मरी। इस कविता के माध्यम से पंत गाँव के किसान की पूरी व्यथा-कथा कहना चाहते हैं। उन्होंने एक लंबी गाथा को काव्य पंक्तियों में बाँधा है और इसे हम 'करुणा का खंड-काव्य' कह सकते हैं। निराला के 'नये पत्ते' में भी गाँव के किसानों के ऐसे ही करुण चित्र हैं, पर पंत की तुलना में वे अधिक जुझारू हैं। इसीलिए वे व्यंग्य कर सकते हैं, पर पंत हमला करना नहीं जानते, सहानुभूति देकर संतोष कर लेते हैं। 'वे आँखे' भारत के शोषित किसान की कहानी कहती हैं :

पिछले सुख की स्मृति आँखों में
क्षण भर एक चमक है लाती
तुरत शून्य में गड़ यह चितवन
तीखी नोक सदृश बन जाती।
मानव की चेतना न ममता
रहती तब आँखों में उस क्षण
हर्ष, शोक, अपमान, ग्लानि
दुःख दैन्य न जीवन का आकर्षण।

इसी तरह का ग्राम्य-दृश्य 'संध्या के बाद' कविता में देखा जा सकता है जिससे पंत की नई मनोभूमि स्पष्ट होती है। पंत संध्या के रूमानी दृश्य खींच चुके थे, पर यहाँ गाँव की धरती पर साँझ के उतरते ही जो जीवन शुरू होता है, उसका चित्रण कविता के आरंभ में डूबते सूर्य के दृश्य हैं : साँझ की लाली पंख समेटकर तरु-शिखरों पर जा बैठी है। नदी में ज्योति-स्तंभ की तरह धँसता सूर्य क्षितिज पर ओझल होता जाता है। कुछ पंक्तियों के बाद गाँव के दृश्य आते हैं। मंदिर में शंख-घंटे बजने लगते हैं। किसान, व्यापारी, मजदूर सब लौट आए हैं। सियार हुआ-हुआ करने लगे हैं। टिन की ढबरी, मिट्टी के खपरे, परचून, किराना सब गाँव की कहानी कहते हैं, यहाँ तक कि गाँव का बनिया, शहरी महाजन की तरह, रईस होना चाहता है। व्यवस्था के परिवर्तन की बात भी उठती है और वह सामूहिक जीवन की बात सोचता है। पर कविता की टिप्पणी है कि उसमें यह श्मशानबोध की तरह क्षणिक है और वह अपनी बेईमानी प्रवृत्ति नहीं छोड़ता। जैसा कि कहा जा चुका है 'ग्राम्या' पंत के उस दूसरे काव्य-चरण का सबसे सशक्त और सार्थक स्वर है, जिसे उनकी बदली हुई जीवन-दृष्टि कहा जाता है। रचना के लंबे दौर में यदि 'पल्लव' स्वच्छंदतावादी प्रवृत्तियों का सर्वोत्तम प्रकाशन है तो 'ग्राम्या' उनकी यथार्थपरक दृष्टि का सबसे जीवंत स्वर है और पंत के काव्य में उसका विशिष्ट स्थान है। पत ने जो नई विचारभूमि प्राप्त की, 'ग्राम्या' में उसे काव्य के माध्यम से अभिव्यक्ति देने में सफलता मिली और इसमें संदेह नहीं कि यदि वे इसी प्रकार सामाजिक यथार्थ से जुड़ते जाते तो उनका आकाश विस्तृत होता जाता और उन्हें आध्यात्मिक लोक की शरण न लेनी पड़ती।

तृतीय काव्य-चरण

यह कम चौंकाने वाली बात नहीं कि पंत रूमानी जगत् छोड़कर क्रमशः जीवन-यथार्थ की ओर बढ़ रहे थे, पर सहसा उन्होंने आध्यात्मिक बाना धारण कर लिया और अरविंद दर्शन में विशेष रुचि लेने लगे। स्वर्णकिरण (1947), स्वर्णधूलि, उत्तरा, रजतशिखर, शिल्पी, सौवर्ण, अतिमा (1955), वाणी (1958) आदि इस आध्यात्मिक काव्य-चरण की रचनाएँ हैं। पंत ने स्वयं अपने इस बदले मनोभाव के विषय में कई जगह सफाई दी है। वे अपनी लंबी अस्वस्थता के दौरान पांडिचेरी के अरविंद आश्रम के कुछ व्यक्तियों के संपर्क में आए और उन्होंने अरविंद की रचनाओं का विस्तृत अध्ययन किया। अपने दक्षिण-प्रवास में वे कई बार अरविंद आश्रम गए। क्या मृत्यु के साक्षात्कार ने पंत की यथार्थवादी दृष्टि को छिन्न-भिन्न कर दिया और उन्हें अरविंद के आध्यात्मिक दर्शन में शरण मिली ? स्वयं अरविंद उग्र क्रांतिकारी की भूमि से हटकर आध्यात्मिक क्षेत्र में प्रवेश करने वाले व्यक्ति हैं। जब सन् 1947 ई. के पूर्व देश अपनी आज़ादी की लड़ाई लड़ रहा था और साम्राज्यवाद का दमनचक्र देश में चालू था, तब इस प्रकार के आध्यात्मिक काव्य की प्रासंगिकता कैसे सिद्ध की जाएगी ? पंत ने 'चिदंबरा' की भूमिका में तथा अन्यत्र भी कहा है कि "हमारे साहित्य में जीवन-यथार्थ की धारणा इतनी एकांगी, खोखली तथा रुग्ण हो गई है कि हमें शोषित, जर्जर और लघु मानव के ऋण-चित्रण में ही कलात्मक परितृप्ति मिलती है।" उन्होंने मार्क्सवाद को अधूरा जीवन-दर्शन कहकर उसे नकार दिया, जिसे वे काव्य के दूसरे चरण में अपनाते हुए दीख रहे थे। उन्होंने मार्क्सवाद की भौतिकवादी दृष्टि और गांधी की नैतिक आदर्शवादी दृष्टि के गठबंधन की भी बात की। सफाई के तौर पर ये बातें अपनी जगह हैं, पर वास्तविक स्थिति दूसरी है।

सन् 42 में आज़ादी की जो लड़ाई लड़ी जा रही थी उससे एक बात स्पष्ट हो चली थी कि जनता साम्राज्यवाद के विरोध में उठ रही थी। ऐसे अवसर पर रूमानीकरण के लिए गुंजायश न थी और चौथे दशक में स्वयं पंत अपनी दृष्टि को अधिक यथार्थ-भूमियों की ओर मोड़ रहे थे। पर पाँचवें दशक में महायुद्ध की बढ़ती विभीषिका और भारतीय राजनीति के तेजी से बदलते घटनाचक्र से आँख मिला पाना सबके बूते की बात न थी। 1943 ई. में प्रकाशित 'तारसप्तक' की भूमिका 'अन्वेषण' की बात करने के बावजूद देसी परिवेश से जैसे दामन बचाकर निकल जाना चाहती है। पंत की चेतना की मूल बनावट रूमानी, आदर्शवादी और आध्यात्मिक रही है। अपने आरंभिक संस्कारों से पूर्ण मुक्ति पा लेना उन जैसे द्रवणशील व्यक्ति के लिए संभव नहीं। मार्क्सवाद का वैज्ञानिक अध्ययन और उसके भौतिकवादी दर्शन की स्वीकृति की अपेक्षा उन्होंने मार्क्स के व्यक्तित्व को भावुक दृष्टि से देखा। कुछ समय बाद ही वे उससे झटककर अलग हो गए। इतना ही नहीं, उन्होंने गद्य-लेखन में हिंदी

प्रगतिवादियों को बुरा-भला कहा, मार्क्सवाद के भौतिकवादी दर्शन को अग्राह्य बताया और इसके स्थान पर एक वायवी मानवतावादी दर्शन का बखान किया, जिसमें उन्होंने अरविंद की आध्यात्मिक चेतना का ऋण भी स्वीकारा।

पंत का नया आध्यात्मिक काव्य उनके पिछले काव्य-चरण से इतना बदला हुआ दिखाई देता है कि कभी-कभी संदेह होता है कि क्या वे एक ही व्यक्तित्व द्वारा सर्जित हैं ? जहाँ तक यथार्थपरक दृष्टि को त्यागने का प्रश्न है, हमें डॉ. नगेंद्र की टिप्पणी में औचित्य दिखाई देता है कि ''मार्क्सवाद का भौतिक संघर्ष, निरीश्वरवाद, अथवा अनात्मवाद पंत जैसे कोमल-प्राण व्यक्ति का परितोष नहीं कर सकते। उसके लिए आस्तिकता अनिवार्य हो जाती है। और आत्मा और ईश्वर में ही अंत में उसे जीवन और जगत् का समाधान मिलता है। अतएव, स्वर्णधूलि और स्वर्णकिरण का प्रकाशन और उनमें अभिव्यक्त पंत का परिवर्तित दृष्टिकोण हमारे लिए कोई आश्चर्य की बात नहीं है।''[6] मेरे विचार से पंत की अतिरिक्त ग्रहणशील चेतना ने कुछ समय के लिए मार्क्स में भावात्मक रुचि ली थी, पर वह उनका मूल भाव-क्षेत्र नहीं है।

पंत का यह नया आध्यात्मिक चरण उन्हीं के शब्दों में 'नवीन चेतना काव्य' अथवा 'नवमानवतावाद का साक्षात्कार' है। इसमें अरविंद की 'ऊर्ध्व मानस चेतना' की बराबर चर्चा हुई है। कवि मानो जीवन-यथार्थ से असंतुष्ट होकर किसी कल्पना-लोक में खो जाना चाहता है, जहाँ सब कुछ आदर्श रूप होगा। लगता है जैसे यथार्थ जगत् से उन्हें विरक्ति हो गई है, क्योंकि वह अपने वर्तमानरूप में नितांत भयावह है और इसीलिए उन्होंने एक स्वर्णिम जगत् की कल्पना कर ली। इसे किसी सीमा तक पलायन कहा जाएगा क्योंकि यह स्थितियों से आँख चुराने और यथार्थ के साक्षात्कार से बच निकलने की तरह है। बहुत समय तक किसी भी रचनाकार के लिए अपने भीतर से सामग्री लेते रहना संभव नहीं होता और बाहरी दुनिया से आँख मूँद लेने पर वह धीरे-धीरे चुकने भी लगता है। उसके पास स्वयं को दुहराने के अतिरिक्त और कोई विकल्प नहीं रह जाता। पंत के इस परवर्ती आध्यात्मिक काव्य को इसी कारण पूरी सराहना नहीं मिल सकी, क्योंकि उसमें जीवन-साक्षात्कार कम है।

इस नव-आध्यात्मिक काव्य से गुजरते हुए हम देखते हैं कि कविताओं के शीर्षक बदले हुए हैं : स्वर्णकिरण, सम्मोहन, रजतातप, हिमाद्रि, चिंतन, मत्स्य-गंधाएँ, अरुण-ज्वाल, स्वर्णनिर्झर, चिन्मयी, पूषण, जिज्ञासा, स्वर्णिम पराग, उषा, निवेदन, नीलधार, सविता, स्वर्णोदय आदि। स्वर्णधूलि : अग्नि, देव, देवकाव्य, अंतर्गमन, इंद्र, वरुण, सामंजस्य, मृत्युंजय आदि। स्वर्णकिरण अथवा स्वर्णधूलि में 'स्वर्ण' आध्यात्मिक चेतना का प्रतीक है जिसे पंत ऊर्ध्वमुखी चेतना कहना चाहते हैं। 'स्वर्णकिरण' की 'सम्मोहन' कविता में अनेक बार स्वर्ण का प्रयोग हुआ है : सोने की किरण, स्वर्णरुधिर, स्वर्ण कामना, स्वर्णज्वाल, स्वर्ण चेतना आदि। लगभग पूरे काव्य-संकलन में स्वर्ण के प्रति कवि की यह आसक्ति देखी जा सकती है : स्वर्णिम पराग, रजत स्वर्ण,

स्वर्णनीलभृंग, स्वर्णोदय, स्वर्णकिरण, सोने का चाँद, स्वर्ण रजत, स्वर्ण निर्झर, स्वर्ण पंख, स्वर्णिम पुलिन आदि। पंत प्रकृति और मानव की अपेक्षा अपने नए काव्य-चरण में आध्यात्मिक सौंदर्य को प्राथमिकता देते हैं और उसी का चित्रण उनका अभीष्ट है।

यहाँ अरविंद दर्शन के विस्तार में जाने का अवसर नहीं है, पर इतना कहा जा सकता है कि अरविंद 'ऊर्ध्व मानव' की कल्पना करते हैं। उन्होंने अतिमानस और अतिमानव की विस्तृत व्याख्या की है। उसके मूल में वेदांती चिंतन की अद्वैतवादी धारणा है जो रामकृष्ण और विवेकानंद में पहले ही प्रतिफलित हो चुकी थी। अरविंद का विचार है कि सृष्टि जड़ता से चेतना की ओर विकसित होने की कथा है। कई बार ऐसा भ्रम होता है कि असत्य विजयी हो जाएगा, पर अंत में सत्य की विजय होती है। आज समाज में जो स्थिति है, वह चिंतनीय है, पर इसमें संदेह नहीं कि मानवता का भविष्य उज्ज्वल है। अपने 'दिव्य जीवन' ग्रंथ में उन्होंने अपना आशावाद व्यक्त किया है। इसके लिए वे 'पूर्णयोग' की कल्पना करते हैं जिसमें मनुष्य को शरीर के साधारण धरातल से उठाकर ऊर्ध्वमुखी बनना पड़ता है। वह एक प्रकार से उच्चतर मानव-मूल्यों की तलाश है। वे 'सावित्री' नामक अपने महाकाव्य में यह भविष्यवाणी तक करते हैं कि 'वर्तमान मानव के बाद देव मानव ठीक उसी प्रकार आएगा, जिस प्रकार कभी पशु के अनंतर प्राचीन मानव आया था।' वे इस नए युग की संपूर्ण कल्पना भी करते हैं : धरती पर स्वर्ग।

अरविंद ने जिस 'अतिमानस' की कल्पना की, उसके विषय में उनका विचार है कि जिस प्रकार भूत से जीवन और जीवन से मानव की उत्पत्ति हुई, उसी प्रकार मानस से अतिमानस विकसित होना चाहिए। मानव अथवा बुद्धि से आगे की प्रक्रिया अतिमानस है, जो ऊर्ध्वमुखी आध्यात्मिक चेतना है। अरविंद अनुभवज्ञान, को सत्य से जोड़कर उच्चतर मानव-मूल्यों की तलाश करते हैं। वे यह भी मानते हैं कि अतिमानस से संचालित मनुष्य जाति अतिमानव होगी। पंत ने अरविंद की भावुक प्रशंसा करते हुए 'उत्तरा' की प्रस्तावना में लिखा है : ''उनसे अधिक व्यापक, ऊर्ध्व तथा अतलस्पर्शी व्यक्तित्व, जिनके जीवन-दर्शन में अध्यात्म का सूक्ष्म, बुद्धि अग्राह्य सत्य नवीन ऐश्वर्य तथा महिमा से मंडित हो उठा है, मुझे दूसरा कहीं देखने को नहीं मिलता। विश्व कल्याण के लिए मैं श्री अरविंद की देन को इतिहास की सबसे बड़ी देन मानता हूँ।''

पंत अपने नव-आध्यात्मिक काव्य में अतिरिक्त भौतिकवाद का विरोध करते हैं। संभवतः वे समझते हैं कि आज विश्व में जो खींचतान है और दो-दो महायुद्धों की विभीषिका से मनुष्यता गुजरी है, उसका कारण पार्थिव लालसाएँ हैं। पदार्थ की जड़ता मनुष्य को ऊपर नहीं उठने देती और वह धीरे-धीरे स्वयं भी जड़ होता जाता है : भावनारहित, पशुवत्। उसके अंतस् की कोमल संवेदनाएँ समाप्त हो जाती हैं। पंत एक ऐसे आध्यात्मिक लोक की कल्पना करते हैं जहाँ मनुष्य की चेतना उर्ध्वमुखी

होगी। यह बाह्य से अंतर की ओर की यात्रा है, आत्मा का प्रयाण है :

बहिर्जगत के वैभव का मद
अंतर्मानव से हो चालित
ऋत चित की आभा से चुंबित
मनुष्यत्व हो पूर्ण प्रस्फुटित।

—स्वर्णकिरण (स्वर्णोदय)

ज्योति पुरुष तुम जहाँ दिव्य मन के हो स्वामी
निखिल इंद्रियों के परिचालक अंतर्यामी
ऋत चित से है जहाँ सूक्ष्म नभ चिर आलोकित
उस प्रकाश में हमें जगाओ, इंद्र अपरिमित।

—स्वर्णधूलि (अंतर्गमन)

पंत जिस आध्यात्मिक चेतना की बात करते हैं वह सामंजस्य अथवा समन्वयवाद पर आधारित है और उन्होंने मार्क्स-गांधी में भी समन्वय की बात की थी। आगे चलकर वे व्यक्ति-समाज, जड़-चेतन, ज्ञान-विज्ञान आदि के मिलन का आग्रह करते हैं। जो आध्यात्मिक लोक, पंत की कल्पना के अनुसार, धरती पर अवतरित होगा उसमें मनुष्य का जीवन एक आंतरिक परितोष से संपन्न होगा। पंत की नवीन आध्यात्मिक चेतना अरविंद दर्शन से प्रभावित तो है पर उसमें प्राचीन भारतीय मनीषा वेद, उपनिषद्, विभिन्न अद्वैतवादी दर्शनों का भी योग है। इस रूप में उसे पूर्णतया संप्रदायगत दर्शन नहीं कहा जा सकता, क्योंकि यहाँ कवि कल्पना की भूमि पर संस्थित है। मनुष्य के प्रति जो सदाशयी भाव आरंभ से मौजूद रहा है, इसे उसका विकास कहा जा सकता है।

यह निवृत्ति वैराग्यमूलक आश्रमवासिनी आध्यात्मिकता होती तो आधुनिक युग में पूर्णतया अग्राह्य हो जाती, क्योंकि उसमें नए जीवन-तत्त्व बिल्कुल गायब होते। 'स्वर्णकिरण' और 'स्वर्णधूलि' की तुलना में 'उत्तरा' में जीवन-संस्पर्श अधिक प्रतीत होता है। आरंभ में पंत अपने नए आध्यात्मिक ज्वार में लगभग खो गए थे, पर कल्पना की भूमि पर बहुत देर तक विचरण कर पाना संभव नहीं होता। माना, पंत में अब भी आध्यात्मिक के आग्रह हैं, पर 'उत्तरा' में वे उतने वायवीय नहीं लगते। वे युग की चर्चा करते हैं; कुछ शीर्षक हैं : युगविषाद, युगछाया, युगसंघर्ष, नवमानव, प्रगति, युगमन, भू-यौवन, भू-जीवन, निर्माणकाल आदि। 'उत्तरा' शीर्षक आरंभिक कविता में ही स्वीकारा गया है कि 'चलता जन-जीवन, भू-लथपथ।' कवि जानता है कि घृणा-द्वेष की आँधियाँ उठ रही हैं, धरती पर अँधियारा है। ऐसे में वह बार-बार नए आध्यात्मिक आलोक का आवाहन करता है, जो पंत के तृतीय काव्य-चरण का मूलाधार है। 'उत्तरा' में उन्होंने मानवता के लिए नई-नई सुखद कल्पनाएँ की हैं। नभ से मंगल के स्वर बरस रहे हैं, क्षितिज वातायन खुल गए हैं (वन श्री), वसंत

की आत्मा फिर आ गई है, यह नवल युगागम है (वसंत)। पंत यहाँ प्रकृति के वस्तुवर्णन में कम रुचि लेते हैं, वे आध्यात्मिक प्रतीकों के रूप में उसका उपयोग करते हैं। 'शरद चेतना' कविता की अंतिम पंक्तियाँ हैं :

तुम खोल देह-मन के बंधन
चेतना बन गई फिर उज्ज्वल
उमगा प्राणों का मेघ, लिपट
निखरीं तुम, अब बादल ओझल।

'स्वर्णकिरण' से 'वाणी' (1957 ई.) तक लगभग दस वर्षों तक पंत का तीसरा काव्य-चरण इसी आध्यात्मिकता से ओतप्रोत है। इस बीच कई काव्यरूपक रचे गए, जिनमें कवि ने अपने नए जीवन-दर्शन को अभिव्यक्ति दी है। 'रजतशिखर' (1951 ई.) में रजतशिखर, फूलों का देश, उत्तरशती, शुभ्र पुरुष, विश्रुत वसना, शरद चेतना; 'शिल्पी' में शिल्पी, ध्वंसशेष, अप्सरा; 'सौवर्ण' में सौवर्ण, स्वप्न और सत्य काव्य-रूपक हैं। जिन्हें मुख्य रूप से चिंतनप्रधान काव्य कहना अधिक उपयुक्त होगा। इस आध्यात्मिक चरण के विषय में प्रश्न किया जा सकता है कि पंत की स्वच्छंदतावादी चेतना से इसका संबंध कैसे स्थापित किया जाए ! मेरा विचार है कि पंत आरंभ से ही अंतर्मुखी व्यक्ति रहे हैं और यह आध्यात्मिकता उसी की परिणति है।

अंतिम चरण

पंत बराबर लिखते रहे हैं और आधुनिक हिंदी काव्य में वे सबसे अधिक काव्य-ग्रंथों के निर्माता कहे जा सकते हैं। कला और बूढ़ा चाँद (1959 ई.) पौ फटने से पहले, समाधिता उनके कुछ नवीनतम काव्य-संकलन हैं। उनका दीर्घकारी काव्य 'लोकायतन' भी इसी बीच रचा गया। अपने शीर्षक से 'कला और बूढ़ा चाँद' प्रयोगी होने का भ्रम पैदा करता है और कुछ लोग इतनी दूर तक जाते हैं कि कवि को ही बूढ़ा चाँद मान लेते हैं। पर स्वयं पंत ने इसे 'रश्मिपदी काव्य' कहा है अर्थात् वे अपनी अध्यात्म-भूमि पर कायम हैं। शब्द-विन्यास में वे 'उत्तरा' की तरह कहीं-कहीं नई शब्दावली अपनाने की चेष्टा अवश्य करते दिखाई देते हैं, पर इससे कविता के मूल आशय नहीं बदलते। यहाँ छंद से बचने की कोशिश है, और कुछ प्रयोगों की ओर रुझान भी। इसीलिए यह माना जाता है कि 'कला और बूढ़ा चाँद' पंत के चौथे काव्य चरण की शुरुआत है। मुझे लगता है कि लगातार दस वर्षों तक सछंद आध्यात्मिक काव्य रचने के बाद पंत को नई जमीन तलाशने की जरूरत महसूस हुई। क्योंकि यदि किसी रचनाकार को रुक नहीं जाना है तो उसे नई-नई भूमियों में प्रवेश करना होगा। 'उत्तरा' में ही पंत ने इस प्रकार की चेष्टा आरंभ कर दी थी, पर 'कला और बूढ़ा चाँद' में वे अधिक सक्रिय दिखाई देते हैं, यद्यपि वे आध्यात्मिकता से पूर्ण मुक्त नहीं हैं।

'कला और बूढ़ा चाँद' इस दृष्टि से प्रयोगी है कि यहाँ कवि को एक नए रूप (फ़ार्म) की आवश्यकता का अनुभव होता है और वह इस दिशा में सचेष्ट है। चेतना उसकी अब भी आध्यात्मिक है, पर उसे रूपायित करने के लिए वह परंपरागत दार्शनिक शब्दावली से बाहर निकलना चाहता है। यहाँ प्रतीकों-बिंबों की एक नई दुनिया तलाशते हुए पंत को देखा जा सकता है। प्रेम को गुलाब के माध्यम से कहा गया है। हिमालय में 'रिक्तमौन' देखा गया है। शंख-ध्वनि आत्मा का स्वर है और मन सूर्य है। वन की आग अमृत क्षण है। आध्यात्मिकता का स्वर नये अंदाज में प्रस्तुत करने का यत्न 'कला और बूढ़ा चाँद' की प्रयोगशीलता है। संकलन की अंतिम कविता 'सिंधुमंथन' की पंक्तियाँ हैं, जिसमें देश को ललकारा गया है :

ओ दंतहीन बूढ़े अजगर
भय, संदेह, घृणा की
विद्वेष-भरी अँधेरी खोज से
बाहर आ,—
ओ आत्म पराजित
एक बार क्रुद्ध होकर
अपनी आरीदार पूँछ
समस्त बल से
धरती पर मार
फटकार
पुरानी केंचुल फाड़
नया यौवन
तेरी प्रतीक्षा में खड़ा है।

पंत अपने नवीनतम काव्य-चरण में छंद से आखिर मुक्त क्यों होना चाहते हैं ? जाहिर है कि वह समय का सशक्त माध्यम है और वे इस तथ्य से आँख नहीं चुरा सकते। कविताओं की प्रवृत्ति गद्य की ओर बढ़ने की है, पर खुरदुरे यथार्थ का संपर्क न होने के कारण उसमें अपने समय के तेवर नहीं आ पाते। उसका विन्यास तो कुछ-कुछ नया है, पर प्रायः बातें आध्यात्मिकता की ही हैं। कुछ स्थलों पर पंत और अज्ञेय की चिंतनशीलता में समानता दिखाई देती है, यद्यपि अंतर भी स्पष्ट है। अज्ञेय अनुभवखंड से गुजरते हुए चिंतक की मुद्रा में आते हैं, जबकि पंत का परवर्ती काव्य प्रायः दार्शनिकता और चिंतनशीलता का सीधा बखान है। इतना जरूर मानना होगा कि 'कला और बूढ़ा चाँद' का कवि अपने स्वर्णकालीन काव्य की तुलना में वक्तव्यों का सहारा कम लेता है। 'धेनुएँ' कविता की आध्यात्मिकता का संकेत करती पंक्तियाँ हैं कि ओ रँभाती नदियो ! बेसुध तुम कहाँ भागी जाती हो ? वंशीरव तुम्हारे ही भीतर है। कवि उन्हें संबोधित करते हुए कहता है : तुम्हारा सत्य तुम्हारे भीतर है।

काव्य की दृष्टि से हम कह सकते हैं कि प्रथम चरण में 'पल्लव', द्वितीय में 'ग्राम्या', तृतीय में 'उत्तरा' और अंत में 'कला और बूढ़ा चाँद' पंत के प्रतिनिधि संकलन हैं। आध्यात्मिकता से गुजरते-गुजरते पंत को एक अरसा हो गया, इसलिए अंतिम चरण में वे उसे अपनी अनुभूति का एक अंश बना सकने में किसी सीमा तक सफल होते हैं। वह इतना बाह्यारोपित नहीं प्रतीत होता, जितना कि पहले था। इसका एक कारण यह भी है कि यहाँ भाषा का मुहावरा थोड़ा बदला हुआ है और आधुनिक पाठक को उससे मिलने में कम कठिनाई होती है। लँगड़ी किरण (द्यावा पृथ्वी), अहंता के बीज, वेदना की खेती (समाधान), लहरों की पूँछ (धेनुएँ), धुंध के भुजंग (सूक्ष्म गति), इस्पात के सत्य (मूर्धन्य) आदि से पंत के नए मुहावरे का अनुमान लगता है। अंतिम काव्य-चरण में पंत की आध्यात्मिकता अधिक सहजानुभूति है, इसके पूर्व वह ओढ़ी हुई थी।

लोकायतन

कुछ कवियों की यह आकांक्षा होती है कि वे महाकाव्य के रचयिता बनें, यद्यपि आज का युग दीर्घाकारी महाकाव्यों के अनुकूल नहीं है और बिना उसका निर्माण किए रवींद्र, निराला महान् कवियों में परिगणित किए जाते हैं। अक्तूबर, 1959 ई. से अक्तूबर, 1963 ई. तक पंत 'लोकायतन' काव्य की रचना में संलग्न रहे और 1964 ई. में इसका प्रकाशन हुआ। स्वयं पंत ने इसे लोकजीवन का महाकाव्य कहा है। इसमें लगभग बीस हजार पंक्तियाँ हैं। संपूर्ण काव्य के दो भाग हैं : बाह्य परिवेश और अंतश्चैतन्य। काव्य में कुल सात अध्याय हैं, जो कई सर्गों में विभाजित हैं। प्रथम खंड में चार अध्याय हैं : पूर्व स्मृति : आस्था : जीवनद्वार, संस्कृतिद्वार, मध्यबिंदु, ज्ञान। दूसरे खंड में तीन अध्याय : कलाद्वार, ज्योतिद्वार, उत्तर स्वप्न : प्रीति। आरंभ में राम, सीता आदि की दार्शनिक व्याख्या है और शिव, पार्वती की वंदना भी। वाल्मीकि से 'कामायनी' तक का स्मरण किया गया है। कवि अपने आदर्शवादी मंतव्य का प्रकाशन भी करता है। जीवनद्वार में भारतीय सामाजिक-राजनीतिक परिस्थितियों का लेखा-जोखा है। कथा 1925-30 ई. की राजनीतिक गतिविधियों से शुरू होती है जिसमें स्वतंत्रता-संग्राम की चर्चा है। यहीं पता चलता है कि काव्य पर गांधी युग का प्रभाव है। यहाँ देश की दुर्दशा के भयावह दृश्य हैं, अंधविश्वासों में फँसी, शोषित, नंगी-भूखी जनता। तीन मुख्य पात्रों का यहाँ प्रवेश कराया गया है—कवि वंशी (नायक), उसका मित्र हरि, और हरि की बहन सिरी। ये तीनों गांधीवाद से प्रभावित हैं। कवि ने सुंदरपुर गाँव की कल्पना की है, जहाँ ये मिलकर एक 'कलाकेंद्र' चलाते हैं। वे गाँव का जीवन सुधारने के लिए प्रयत्नशील हैं। दूसरी ओर माधवगुरु नाम के व्यक्ति हैं, जिन्हें 'लोकायतन' में प्रतिगामी बताया गया है। 'मुक्तियज्ञ' सर्ग की शुरुआत गांधी के नमक सत्याग्रह, डाँडी यात्रा आदि के वर्णन से होती है। इसमें गांधी का व्यक्तित्व

उभारने की चेष्टा कवि ने की है। उन्हीं के प्रयत्नों से देश आजाद होता है। यहाँ सन् 1947 के बाद के भारत के भी दृश्य हैं और अंत में गांधी का बलिदान होता है। इसके बाद के 'आत्मदान' सर्ग में गांधी की वंदना है और देश की क्रमशः बिगड़ती हुई परिस्थितियों का वर्णन—शरणार्थी समस्या, पंचवर्षीय योजनाओं की असफलता। फिर 'मधुस्पर्श' सर्ग में 'कामायनी' पर टिप्पणियाँ हैं, जिन्हें प्रशंसात्मक नहीं कहा जा सकता। हिमालय की प्रकृतिश्री का विस्तृत वर्णन इस सर्ग की एक उपलब्धि है और यहाँ पौराणिक आख्यान भी हैं। प्रथम खंड (बाह्य परिवेश) के अंतिम अध्याय 'मध्यबिंदु' में कल्पना की गई है कि दिव्यशक्ति से एक नई दुनिया बनाई जा सकती है। इस पर मुख्य रूप से अरविंद दर्शन की छाया है और उसी का विवेचन है। एक प्रकार 'लोकायतन' के प्रथम भाग में परंपरा का स्मरण, स्वतंत्रता-आंदोलन का उदय, गांधी का व्यक्तित्व, स्वतंत्रता और उसके बाद का भारत तथा हिमालय की घाटी में इंद्र और अंत में अरविंद दर्शन की सहायता से नवमानवता की कल्पना मुख्य आशय हैं।

द्वितीय खंड 'अंतश्चैतन्य' में वंशी, हरि और सिरी द्वारा स्थापित कलाकेंद्र से कथा गति लेती है। यह केंद्र स्वयं पंत की कल्पनाओं को साकार करता देता है। यहाँ पृथ्वी पर स्वर्ग ले जाने की कल्पना है। संसार के हर भाग से विद्यार्थी यहाँ आते हैं। हरि के शब्दों में कलाकेंद्र का उद्देश्य है :

खोल आत्मा का तोरण दीप्त
शुभ्र चिद् शोभा का पा स्पर्श
वहन कर सके धरा की ओर
मनुज अंतर्जग का सित हर्ष !

कलाकेंद्र एक प्रकार से पंत की आध्यात्मिक-दार्शनिक कल्पना का साकार रूप है। इसलिए उसका इतना विस्तृत वर्णन कवि ने किया है। इसके बाद के 'द्वंद्व' सर्ग में सत्-असत् का संघर्ष है और यहीं नए मानव-धर्म का विवेचन। यहाँ आत्मानंद नामक व्यक्ति को शांति आश्रम का संचालन करते दिखाया गया है जिस पर अरविंद आश्रम का प्रभाव प्रतीत होता है। वंशी कलाकेंद्र हरि को सौंपकर विदेश यात्रा पर चले जाते हैं। 'विज्ञान' सर्ग में वंशी की यूरोप यात्रा के माध्यम से वहाँ का वर्णन है : फ्रांस, जर्मनी, स्विट्ज़रलैंड, इंग्लैंड, रूस आदि के दृश्य यहाँ देखने को मिलते हैं। 'कलाद्वार' की तरह 'ज्योतिद्वार' अध्याय में भी तीन सर्ग हैं—अंतर्विकास, अंतर्विरोध, उत्क्रांति। वंशी विदेश से लौटकर संकल्प लेते हैं कि सुंदरपुर की तरह पूरे देश को नया रूप देंगे। यहाँ प्रगतिशील और प्रतिक्रियावादी तत्त्वों की हल्की टकराहट होती है, पर वर्गसंघर्ष नहीं उभरता। सिरी और शंकर का मिलन एक प्रीतिकर घटना है। 'अंतर्विरोध' में मनुष्यता को ज्योतिपर्व मानते दिखाया गया है। वंशी चाहते हैं कि सिरी-शंकर कलाकेंद्र से बाहर जाकर मानवता का कल्याण करें, पर वे नहीं मानते।

माधवगुरु के आदमी हरि पर आक्रमण करते हैं और उसकी मृत्यु हो जाती है तथा माधवगुरु भी समाप्त हो जाते हैं। 'उत्क्रांति' सर्ग की शुरुआत प्रकृति के विस्तृत रंगमंच पर होती है जहाँ सिरी केंद्र का संचालन करती है। एक विदेशी महिला मेरी और आश्रम में पला अनाथ बालक अतुल नए पात्रों के रूप में आते हैं। इसी सर्ग में आश्रम पर वागविलास नामक एक हत्यारा हमला करता है और बड़े तिलस्मी ढंग से कवि वंशी गायब हो जाते हैं। शिष्य देखते हैं कि कुछ सफेद-पीले फूल बिखरे हैं, बस। अंतिम अध्याय 'उत्तरस्वप्न' के आरंभ में अणु-युद्ध के कारण आधी दुनिया का खात्मा हो जाता है और लोग सुंदरपुर छोड़कर हिमालय की घाटी में आ जाते हैं। यहाँ विदेशी महिला मेरी (भारतीय नाम संयुक्त।) 'लोकायतन' नामक नए आश्रम की स्थापना करती है जो नव-अध्यात्म पर आधारित हैं। यहीं कवि ने नये समाज की कल्पना की है। बीच में अतुल भी गायब हो जाता है। काव्य के अंत में संयुक्ता हिमालय की तलहटी में एक दिव्य प्रकाश के दर्शन करती है, जो सारे संसार में फैल जाता है।

'लोकायतन' का फलक पर्याप्त विस्तृत है। घटनाचक्र के रूप में तीसरे दशक से लेकर गांधी के तिरोधान तक की भारतीय राजनीति को विस्तार से कहा गया है। विश्व के प्रमुख देशों का वर्णन है और संसार की महत्त्वपूर्ण घटनाओं को भी सम्मिलित किया गया है। पर इनके अतिरिक्त 'लोकायतन' में दार्शनिक विवेचन को भी प्रमुखता मिली है। गांधीवादी विचारधारा और अरविंद दर्शन के साथ कवि ने अपने आध्यात्मिक दर्शन को भी यहाँ स्थान दिया है। पंत ने इस काव्य में प्रकृति-वर्णन की अपनी सामर्थ्य का भरपूर उपयोग किया है और वे 'लोकायतन' के सबसे प्रभावी स्थल कहे जा सकते हैं। चाहे सुंदरपुर की प्रकृति का प्रसंग हो, चाहे हिमालय या स्विट्ज़रलैंड का, जहाँ भी अवसर मिला है, पंत ने प्रकृति के सुंदर दृश्य खींचे हैं। बारहमासा और षड्ऋतु का पारंपरिक प्रयोग इसी आशय से यहाँ किया गया है। एक दृश्य है :

हरित साड़ी पहने वन भूमि
ओढ़ काँसों का श्वेत दुकूल
कुंद दर्शनों से कर मृदु हास
सुहाती सद्यस्नात निर्दूल।
कुँई सरसी वेणी में खोंस
गूँथ नव हरसिंगार हे हार !
मालती के मृदु कंकण बाँध
सजे ऋतु कुसुमों का शृंगार।

'लोकायतन' काव्य में पंत अपने आदर्शवादी जीवन-दर्शन को अधिक विस्तार से प्रस्तुत करने की आकांक्षा में सफल रहे हैं, इसमें संदेह नहीं। विश्व के व्यापक

रंगमंच पर उनकी दृष्टि गई है और भारतीय जनजीवन को भी उन्होंने अभिव्यक्ति देनी चाही है। सांस्कृतिक चेतना और विश्व-एकता उनके प्रिय विषय हैं। पर जहाँ तक 'लोकायतन' के शिल्प पक्ष का प्रश्न है, स्वीकारना होगा कि वह बहुत विवरणात्मक हो गया है और इससे संग्रंथन में बाधा पड़ी है। सारी कथा इससे कम काव्य-पंक्तियों में कही जा सकती थी और दार्शनिक विवेचन की पुनरावृत्ति भी अनावश्यक थी। वृत्तांतों की अधिकता से हर स्थल को काव्यात्मक बना पाना 'लोकायतन' के निर्माता के लिए संभव नहीं हुआ और अब भी प्रकृति-वर्णन के प्रसंग उसके सर्वोत्तम अंश कहे जा सकते हैं। समीक्षकों ने इस दीर्घाकारी काव्य के विषय में आक्षेप किया है कि इसमें अन्विति नहीं आ पाई है। चरित्रों के निर्माण में पंत ने पात्रों को प्रतीकत्व देना चाहा है। नायक वंशी में स्वयं कवि ने अपनी आध्यात्मिक चेतना बसाने की चेष्टा की है। वह गांधीवाद, अरविंदवाद से प्रभावित है और उसमें स्वतंत्र जीवन-दर्शन-नियोजना की सामर्थ्य भी है। सिरी प्रमुख स्त्री पात्र है प्रगतिशील, आस्थावान। हरि कर्मठता का प्रतीक है। इन तीनों के अतिरिक्त अन्य पात्र पूरी तरह उभर नहीं पाते। इतने दीर्घाकारी प्रयत्न में सर्वत्र अभिव्यक्ति का उच्च स्तर पा लेना कठिन है और इसे इस काव्य की सीमा मानना होगा। पर अपने विस्तृत फलक के लिए और पंत के समग्र जीवन-दर्शन को जानने के लिए 'लोकायतन' से गुजरना आवश्यक है। यहाँ पंत के चारों काव्य-चरणों की प्रवृत्तियाँ हमें एक-साथ देखने को मिलती हैं : प्रकृति-वर्णन की क्षमता और स्वच्छंदतावादी चेतना, प्रगतिशील संपर्क, आध्यात्मिक-दार्शनिक चिंतन तथा प्रयोगशील चेष्टा।

समग्र व्यक्तित्व

पंत ने सृजन की लंबी यात्रा की है और उनका काव्य समाज के कई दौर से गुजरा है। संपूर्ण सृजन से गुजरने के बाद यह प्रश्न उठता है कि उनका समग्र व्यक्तित्व क्या है ? कुछ लोग पंत के काव्य को 'पूर्ववर्ती' परवर्ती दो मुख्य भागों में बाँटकर 'पल्लव' से 'ग्राम्या' तक को प्रथम खंड में रखते हैं और 'स्वर्णकिरण' 'स्वर्णधूलि' से लेकर 'लोकायतन' तक दूसरे खंड में रखते हैं। अधिकांश का विचार है कि पंत प्रथम खंड में रचना की ऊँचाइयों पर गए हैं, पर बाद में दार्शनिक मुद्राओं के कारण उनके काव्य की सहजता में बाधा आई है। आचार्य वाजपेयी की बहुउद्धृत टिप्पणी है कि हिंदी का शेली हिंदी में आता आता ही रह गया[7]!' इस संदर्भ में उनकी तुलना टेनिसन से करते हुए कहा गया कि "टेनिसन की ही तरह, हमें लगता है पंतजी भी अपनी महत्त्वाकांक्षा की बलि हो गए। पंतजी प्रकृति-प्रेमी कवि थे। इस दिशा में उनके जैसी तल्लीनता, उनकी जैसी चौकन्नी आँख किसी हिंदी कवि को नसीब नहीं। वही उतना ही उनकी कवि-संवेदना का स्वाभाविक अधिकार-क्षेत्र था। उनकी कल्पना-शक्ति को सचमुच उत्तेजित कर सकने की सामर्थ्य केवल अनुभव के चित्रात्मक

पहलुओं तक ही सीमित थी। काश कि पंतजी अपनी ही सरस्वती के प्रति संपूर्णतः समर्पित होते और महत्त्वाकांक्षाओं को भी उसी से उसी के भीतर निर्धारित होने देते... ।"[8]

प्रश्न किया जा सकता है कि पंत की इतनी लंबी काव्य-यात्रा में जो कई मोड़ आए हैं, क्या उन्हें रचना का स्वाभाविक विकास माना जाए अथवा नहीं ? मेरा विचार है कि पंत आरंभ से ही संवेदनशील और पर्याप्त ग्रहणशील कवि रहे हैं। निराला की तरह उनमें विद्रोही चेतना के बीज सक्रिय नहीं रहे। इसी कारण पंत ने इधर-उधर के प्रभावों को ग्रहण किया और उनके सहारे बढ़ते रहे। उनकी अंतर्मुखी वृत्ति और कल्पनाप्रियता ने उन्हें एक आदर्शवादी आध्यात्मिक जीवनदृष्टि की ओर मोड़ा और किसी सीमा तक वे पैगंबरी मुद्रा में आ गए। अगर यह सब उनके व्यक्तित्व से मिलकर घटित हुआ होता और काव्य में वे उसका संयोजन कर पाते, जैसी चेष्टा 'कामायनी' में हुई है, तो रचना का विषयांतर न होता। पर मुझे लगता है पंत को भारी मूल्य चुकाना पड़ा। वे दार्शनिक बनने की धुन में काव्य से दूर होते गए। ऐसा नहीं है कि कविता केवल भावना का व्यापार है और उसमें कुछ खास चीजें ही लाई जा सकती हैं, पर इतना अवश्य है कि यहाँ जो विचार-दर्शन भी आए, उन्हें काव्य से तदाकार होना चाहिए। पंत के काव्य की विभिन्न धाराएँ इस तरह बतौर स्वच्छंदतावाद की शाखा रूप में नहीं मानी जा सकतीं, जो बात प्रायः निराला के विषय में कही जाती है। वे स्पष्ट दिशा-परिवर्तन के संकेत हैं और ये मोड़ इतने आकस्मिक हो गए हैं कि उन्हें एक-दूसरे से जोड़ सकने में कठिनाई होती है। नई धारा पूर्ववर्ती धारा से कटी हुई नजर आती है। ऐसा भी महसूस होता है कि स्वयं को दर्शनों से बाँधने की प्रक्रिया में कवि बिखर-सा गया है और उसका संयोजन नहीं हो पाया है। किंतु इस अनेक तीक्ष्ण मोड़ों वाली यात्रा में कुछ ऐसे तत्त्व तलाशे जा सकते हैं, जिनके विषय में कहा जा सकता है कि वे लगभग समान भाव से उनके काव्य में मौजूद रहे हैं। कल्पना का तत्त्व उनमें सबसे प्रमुख है और सच्चाई तो यही है, कि इसी कारण वे आदर्शवादी बने। उनमें विचारों और स्थितियों को चुनौती देने, ललकारने का माद्दा नहीं आने पाता। वे जल्दी-जल्दी समर्पित होते गए। वे मुग्धभाव से मिलते हैं—प्रकृति, गांधी, मार्क्स, अरविंद से। उनकी अंतर्मुखी वृत्तियों को कल्पना ने एक स्वप्न-जगत् का निर्माण करने की प्रेरणा दी। जहाँ तक आध्यात्मिकता का प्रश्न है, वह आरंभ से ही उनमें उपस्थित रही है और वे रचना के किसी भी दौर में उससे पूर्ण मुक्त नहीं हो सके।

हिंदी स्वच्छंदतावादी काव्य में पंत का स्थान महत्त्वपूर्ण है। उन्होंने 'पल्लव' की भूमिका में काव्य के नए स्वरूप के विषय में जो स्थापनाएँ की थीं, उन्हें कम-से-कम 'पल्लव' में तो प्रमाणित किया ही। एक प्रकृति-कवि के रूप में वे हिंदी काव्य में लगभग अप्रतिम हैं। कल्पना की एक विस्तृत भूमि उनके पास है और उन्होंने क्रमशः

अपने शब्द-सामर्थ्य में वृद्धि की है। बिंबों-प्रतीकों का उनका भांडार भी विपुल है। यदि दर्शन-चिंतन की मुद्राएँ पंत पर हावी न हो जातीं और वे जीवन-दृश्यों से अपनी संलग्नता बनाए रखते तो उन्हें अपने रचनात्मक व्यक्तित्व का संयोजन करने में कठिनाई न होती। स्वच्छंदतावाद को आध्यात्मिक समापन देने की कोशिश में वे अपनी मूलभूमि से अलग हो गए।

संदर्भ :

1. शांति जोशी : सुमित्रानंदन पंत : जीवन और साहित्य, पृ. 232
2. नगेंद्र : सुमित्रानंदन पंत, पृ. 167
3. पंत : साठ वर्ष—एक रेखांकन, पृ. 67
4. ई. चेलिशेव : सुमित्रानंदन पंत, पृ. 75-76
5. शोभाशंकर : आधुनिक भारतीय समाजवादी चिंतन, पृ. 34
6. नगेंद्र : सुमित्रानंदन पंत, पृ. 167
7. नन्द दुलारे वाजपेयी : आधुनिक साहित्य, पृ. 33
8. रमेशचंद्र शाह : छायावाद की प्रासंगिकता, पृ. 81

अध्याय सात

समापन

हिंदी स्वच्छंदतावादी काव्य दूसरे दशक के उत्तरार्द्ध से आरंभ होकर चौथे दशक के उत्तरार्द्ध तक अपने सर्वोत्तम सृजन-क्षणों से गुजरता है। इसी आधार पर समीक्षक उसे लगभग दो दशकों का काव्य कह दिया करते हैं। पर रचना की कहानी व्यक्तियों की जीवनगाथा से भिन्न हुआ करती है। किसी रचना-आंदोलन की जन्मतिथि की घोषणा सरल कार्य नहीं क्योंकि उसका उदय आकस्मिक नहीं हुआ करता। इसी प्रकार, नाटक के पटाक्षेप की तरह उनकी अवसान-तिथि को एकाएक घोषित कर देना भी कठिन है। स्थिति यह है कि समाज इतिहास के दबाव धीरे-धीरे अपना प्रभाव डालते हैं और हम प्रायः उन्हें देख नहीं पाते। उनकी सक्रियता का एहसास तब होता है जब किसी विस्फोट द्वारा उसकी सूचना मिलती है। ऐसा संभव नहीं कि सामाजिक दबावों से रचना इस सीमा तक अप्रभावित रह जाए कि समय के संदर्भों और रचना के कथ्य में रिश्ता ही न रहे। माना, रचनाकार की बनावट रचना में अपनी भूमिका अदा करती है, पर इतिहास के दबाव अधिक शक्तिशाली प्रमाणित होते हैं। इसलिए हिंदी स्वच्छंदतावादी काव्य के उदय और अस्त को किसी निश्चित वर्ष से न जोड़कर, हम किसी ऐसे समय का संकेत कर सकते हैं जिसके आस-पास यह महत्त्वपूर्ण काव्य-आंदोलन जन्मा और चला गया।

दूसरा दशक

दूसरे दशक की साहित्यिक गतिविधि पर दृष्टि डालने से पता चलता है कि 'झरना' का प्रकाशन 1918 ई. में हुआ, जिसमें प्रसाद की वे कविताएँ संकलित हैं जो 1913 ई. से लिखी जा रही थीं। निराला 1916 ई. के आस-पास कविताएँ रचने लगे थे, यद्यपि उनका पहला काव्य-संकलन 'अनामिका' 1923 ई. में प्रकाशित हुआ। पंत की 'वीणा' में 1918-19 ई. के बीच की कविताएँ हैं। इस प्रकार, दूसरे दशक के उत्तरार्द्ध को हिंदी स्वच्छंदतावादी काव्य का आरंभ मानना ठीक होगा। चौथे दशक के लगभग

मध्य भाग तक इस काव्य ने अपना सर्वोत्तम हिंदी को दिया। कुछ समीक्षक हिंदी स्वच्छंदतावादी काव्य की इन बीस वर्षों की यात्रा को भी खंड-खंड करके देखना चाहते हैं और इसके लिए देश-विदेश की बदलती हुई सामाजिक परिस्थितियों का हवाला भी देते हैं। हम मानते हैं कि इतिहास के दबाव अपना असर डालते हैं, पर रचना के मोड़ आकस्मिक नहीं हुआ करते। श्रेष्ठ रचना समय के प्रभाव को क्रमशः आत्मसात् करती हुई उसे अपने समग्र व्यक्तित्व का एक अटूट हिस्सा बनाकर प्रस्तुत करने में सचेष्ट रहती है। हिंदी स्वच्छंदतावादी काव्य ने जब दूसरे दशक में अपनी यात्रा आरंभ की, तब से लेकर चौथे दशक के मध्य तक भारतीय राजनीति ने अनेक उतार-चढ़ाव देखे और विश्व-रंगमंच पर कई नाटक हुए। 1914 ई. के प्रथम विश्वयुद्ध में जो रक्तपात, नरसंहार और विनाश हुआ, उसे आधुनिक पूँजीवाद, साम्राज्यवाद युग के अभिशाप रूप में देखना चाहिए। 1939 ई. का दूसरा महायुद्ध उसी की अगली कड़ी है। देश की राजनीतिक परिस्थितियाँ तेज़ी से बदलती रहीं और उन्होंने रचना को प्रभावित किया। मसलन, जो कांग्रेस आरंभ में एक समझौतावादी रुख लेकर चली थी, उसमें तिलक जैसे प्रखर विचारों के राजनीतिज्ञ आये और राजनीतिक मतभेदों के कारण उससे अलग भी हुए। गांधी ने धीरे-धीरे अपने व्यक्तित्व से राष्ट्र की गतिविधि का नेतृत्व किया और स्वतंत्रता-पूर्व का समय गांधी युग के नाम से संबोधित किया जाता है। आज़ादी की लड़ाई तेज होने के साथ-साथ सामाजिक बदलाव की ओर ध्यान देने वाली वामपंथी शक्तियों का उदय हुआ। 1920 ई. में ट्रेडयूनियन कांग्रेस बनी, जिसने मजदूरों-किसानों के हितों की ओर ध्यान दिया। बिना तफ़सील में जाए कहा जा सकता है कि बीस वर्षों के भीतर देश का इतिहास किसी एक ही बिंदु पर रुका ठहरा नहीं रहा, उसमें बराबर परिवर्तन होते रहे।

चौथा दशक

हिंदी स्वच्छंदतावादी काव्य ने प्रसाद, निराला और पंत में अपना सर्वोत्तम जी लिया और कहा जा सकता है कि 'कामायनी' (1936 ई.) एक प्रकार से स्वच्छंदतावाद के एक वृत्त का समापन करने वाली कृति है। इसी के कुछ समय बाद स्वयं प्रसादजी संसार से चले जाते हैं। जब हम 'कामायनी' को स्वच्छंदतावादी काव्य के सर्वोत्तम के समापन की घोषणा करने वाली कृति कहते हैं, तो हमारा आशय यह नहीं कि स्वच्छंदतावाद का हमेशा के लिए खातमा हो गया। हमारा अभिप्राय केवल यही है कि यह काव्य-आंदोलन अपना महत्त्वपूर्ण वृत्त पूरा कर लेता है और स्वयं कामायनी स्वच्छंदतावाद की अधिकांश प्रवृत्तियों को आत्मसात् करने वाली कृति है। उसे अपने समय का प्रतिनिधि काव्य कहा जाएगा। हमारा विचार है कि स्वच्छंदतावादी काव्य इतिहास की एक अनिवार्यता के तौर पर आया था और चौथे दशक के मध्य तक उसने अपना काम लगभग पूरा कर लिया। समय जिस तेजी से बदल रहा था, उसमें

नए मोड़ न लेना इस काव्य-आंदोलन के लिए भी कठिन था। यों भी रचना का एक दौर अपना वृत्त पूरा करके, दूसरे में प्रवेश करने के लिए विवश होता है।

यदि चौथे दशक के उत्तरार्द्ध की स्थितियों का संक्षेप में जायज़ा लिया जाए तो 1939 ई. के दूसरे महायुद्ध में अणुशक्ति का बर्बर प्रयोग हुआ और साम्राज्यवादी शक्तियों ने बता दिया कि वे पूँजीवादी व्यवस्था की रक्षा के लिए किसी भी सीमा तक जा सकती हैं। केवल मित्र-राष्ट्रों के गठबंधन से यह निष्कर्ष देना ठीक नहीं कि यह प्रजातांत्रिक शक्तियों और फासिस्ट अधिनायकतंत्र के बीच की लड़ाई थी। वास्तविकता तो यह है कि पूँजीवादी ताकतें अपने माल की खपत के लिए सारे संसार में बाज़ारों की तलाश करती हैं और वे ऐसे दुर्बल देशों को अपना पिछलगुआ बनाए रखना चाहती हैं, जहाँ उन्हें अच्छे बाज़ार मिल सकें। कृत्रिम तनाव पैदा किए जाते हैं ताकि हथियारों की होड़ लगी रहे और पूँजीवादी देश अपना माल खपाते रहें। कई बार तो पूँजीवादी कल-कारखानों को चालू रखने के लिए ही तनाव के क्षेत्र बनाए जाते हैं और उपनिवेशों पर साम्राज्यवादी पकड़ मज़बूत होती जाती है। पूँजीवाद की चरम अवस्था साम्राज्यवाद है और कई बार उसकी रक्षा के लिए पूँजीवादी शक्तियाँ जगह-जगह तनाव संघर्ष का वातावरण पैदा करती हैं। लेनिन ने अनेक प्रमाण देते हुए अपनी पुस्तिका 'साम्राज्यवाद : पूँजीवाद की चरम अवस्था' में पूँजीवादी साम्राज्यवादी शोषण पर प्रकाश डाला है। वे उसके अंतर्विरोधों का विवेचन करते हैं, जिसमें पूँजीवादी शक्तियाँ एक-दूसरे से टकराती हैं। उन्हीं के शब्दों में : "विश्व-साम्राज्यवाद के अंदर संघर्ष उग्रतर होता जा रहा है। वित्तीय पूँजी उपनिवेशों तथा समुद्र पार के देशों के सबसे अधिक लाभप्रद उद्यमों से जो खिराज वसूल करती है, वह बढ़ता जा रहा है... ।" दो-दो महायुद्धों ने पूँजीवाद के अंतर्विरोधों को स्पष्ट कर दिया है। स्पष्ट है कि संघर्षों का एक कारण पूँजीवादी शक्तियों के हितों की टकराहट है और वह निर्णायक लड़ाई अभी लड़ी जानी शेष है, जब शोषण व्यवस्था समाप्त हो सकेगी।

दूसरा महायुद्ध शुरू होने पर भारत एक अजीब द्वंद्व की स्थिति में आ गया। 1935 ई. में उसे तथाकथित स्वायत्त शासन मिला, कांग्रेसी सरकारें भी बनीं पर दूसरे युद्ध की राजनीतिक परिस्थितियों में उन्हें त्यागपत्र देना पड़ा। भारतीय नेता इस शर्त पर ब्रिटिश सरकार को समर्थन देना चाहते थे कि युद्ध के बाद देश को आज़ादी दे दी जाए। पर साम्राज्यवादी ब्रिटेन ने 'लड़ाओ और राज करो' का सहारा लिया। 1942 ई. की क्रांति हुई, अधिकांश नेता जेल गए और जब बाहर आए तो युद्ध समाप्त हो चुका था। 1947 ई. में आज़ादी तो मिली, पर देश के टुकड़े हो गए और साम्राज्यवादियों की अपनी चाल सफल हो गई। दूसरे विश्वयुद्ध के दौरान देश जिस अंतर्द्वंद्व से गुजरा उसका कारण था कि एक ओर कांग्रेस के नेता फ़ासिज्म-विरोध के नाम पर ब्रिटेन के साथ थे, दूसरी ओर वे उन्हीं के विरुद्ध आज़ादी की लड़ाई

लड़ रहे थे। इस असमंजस ने कुछ समय तक स्वतंत्रता-संग्राम को किसी निर्णायक दौर में नहीं पहुँचने दिया। अगस्त, 1942 ई. में 'भारत छोड़ो' का नारा देते हुए अखिल भारतीय कांग्रेस कमेटी ने बंबई में प्रस्ताव पारित किया : "आज के खतरे को देखते हुए भारत को स्वतंत्र कर देने की आवश्यकता है। भविष्य के लिए किसी भी प्रकार की प्रतिज्ञाओं और गारंटियों से वर्तमान परिस्थितियों में सुधार नहीं हो सकता और न उसका मुकाबला किया जा सकता है। इसलिए अखिल भारतीय कांग्रेस कमेटी पूरे आग्रह के साथ भारत से ब्रिटिश सत्ता को हटा लेने की माँग को दुहराती है।"[1]

देश के नेता जेलों में ठूँस दिए गए और साम्राज्यवाद का निर्मम दमनचक्र चला, जिसमें छात्रों तक को नहीं बख्शा गया। राजनीतिक स्थिति बिगड़ने के साथ-साथ, देश की आर्थिक अवस्था खराब हो रही थी। मुनाफ़ाखोर युद्ध का लाभ उठाकर पूँजी बढ़ा रहे थे और जनता तंगी, मुफ़लिसी में जिंदगी काट रही थी। 1943 ई. में बंगाल का वह भीषण अकाल आया, जिसमें करीब चालीस लाख लोगों की जानें गईं। अनाज सेठों-साहूकारों के गोदामों में बंद रहा और जनता अन्न के एक-एक दाने को तरस गई। ऐसे अवसर पर भारतीय जनता के मन में जो विक्षोभ था, वह आज़ादी की लड़ाई में भावुकता के साथ सम्मिलित हुआ। युद्ध के दौरान और उसके बाद देश की आर्थिक अवस्था का सबसे करुण पक्ष यही है कि एक ओर संपन्न वर्ग अपने को रईस बनाता गया, दूसरी ओर जनता हर तरह की कठिनाई में पिसती चली गई। निम्नवर्ग तथा मध्यवर्ग कमरतोड़ महँगाई के शिकार हुए और एक गहरी निराशा ने उन्हें घेर लिया। रचनाओं पर इसकी छाया देखी जा सकती है पर तस्वीर का दूसरा पहलू भी है। चौथे देशक में देश की राजनीतिक चेतना तेज़ होती है और हम पूर्ण आज़ादी की बात धीरे-धीरे सोचने लगते हैं। एशिया में नई जागृति आई और लेनिन ने अपनी पुस्तक 'पूर्व में राष्ट्रीय स्वतंत्रता आंदोलन' में कम्युनिस्ट इंटरनेशनल की तीसरी कांग्रेस की रिपोर्ट में कहा है : "लेकिन कुछ भी हो, आंदोलन बढ़ रहा है और मेहनतकश जनता, औपनिवेशिक देशों के किसान, इस बात के होते हुए भी कि वे अभी तक पिछड़े हुए हैं, आने वाली विश्वक्रांति में एक बहुत ही बड़ा क्रांतिकारी कार्य पूरा करेंगे।"[2]

चौथे दशक के उत्तरार्द्ध से लेकर देश के स्वतंत्र होने तक राजनीतिक गतिविधियों में जो तेज़ी आई उसका एक कारण यह भी था कि स्वतंत्रता-आंदोलन को व्यापक जनसमर्थन मिलने लगा था और उसमें मध्यवर्ग के साथ किसान, मजदूर, छात्र भी सम्मिलित हो रहे थे। सन् 1917 ई. में अक्तूबर क्रांति की सफलता और सोवियत संघ की स्थापना के बाद समाजवादी विचारधाराएँ देश में प्रवेश कर रही थीं। 1925 ई. में भारतीय कम्युनिस्ट पार्टी की स्थापना हुई और कई झटकों के बावजूद मार्क्सवादी विचारधारा देश में फैलती गई। स्वतंत्रता-आंदोलन को ठीक दिशा देने में इन समाजवादी

विचारधाराओं का काफी योग है क्योंकि नेताओं ने भावी समाज की रूपरेखा बनाने की बात सोची। उन्होंने स्वीकारा कि पूँजीवादी व्यवस्था में समाज की प्रगति संभव नहीं और समाजवादी व्यवस्था के बिना देश का ढाँचा नहीं बदला जा सकता। के. दामोदरन ने इस प्रभाव के विषय में लिखा है कि ''साम्राज्यवाद-विरोधी आंदोलन देश के एक छोर से दूसरे छोर तक फैल गया था। किसानों ने राष्ट्रीय संघर्ष में पूरे जोश के साथ हिस्सा लेना शुरू किया। मध्यवर्ग भी आंदोलित था। इस समय तक मजदूर वर्ग भी एक संगठित शक्ति बन गया था और घटना-क्रम पर काफी प्रभाव डाल रहा था। इन परिस्थितियों में मार्क्सवादी विचारधारा ने राष्ट्रीय आंदोलन में भाग लेने वाले बुद्धिजीवियों के ऊपरी स्तर को आकर्षित करना शुरू किया।''[3]

निराला-पंत का परवर्ती काव्य

इस प्रकार, भारतीय चिंतन में समाजवादी विचारधारा के प्रति एक रुचि बढ़ती दिखाई देती है। कुछ लोग जो साम्यवादी दल से संबद्ध थे, उन्होंने इसका गहरा अध्ययन किया, पर काफी बड़ा तबका ऐसा था जो यह मानने लगा था कि समाजवाद देश की समस्याओं को सुलझा सकता है। इन परिस्थितियों में हम रचना और राजनीति को एक-दूसरे के निकट आते देखते हैं। इसके पहले लेखक प्रायः सदाशयता से परिचालित होकर सुधारवादी भावनाएँ व्यक्त किया करते थे, पर चौथे दशक के बदलते माहौल में सामाजिक-राजनीतिक गतिविधियों से पलायन कर जाना रचना के लिए संभव न था। रचना पर क्रमशः सामाजिक दबावों के बढ़ने से साहित्यकार की एक नई भूमिका बनी। उसे धीरे-धीरे यह एहसास होने लगा कि उसका लेखन सामाजिक बदलाव में शिरकत कर सकता है जिसे रचना में यथार्थवादी प्रवृत्तियों की शुरुआत कहना होगा। देश की बिगड़ती हुई राजनीतिक, आर्थिक स्थितियों ने रचनाकारों को नए सिरे से सोचने पर बाध्य किया। पर यहाँ इस बदली हुई स्थिति को भी ठीक से समझ लेना चाहिए। साम्राज्यवादी अत्याचार, कमरतोड़ महँगाई, भुखमरी, गरीबी का कारण पूँजीवादी व्यवस्था है, इसे जानते हुए भी, सब लेखकों में इतनी सामर्थ्य न थी कि वे समस्याओं के मूल में जाकर उन कारणों की तलाश कर सकें जिन्होंने भारतीय समाज को तहस-नहस किया। इसीलिए चौथे दशक के उत्तरार्द्ध में हिंदी-रचना के सामने एक द्वंद्व उपस्थित है और वह चौराहे पर खड़ी अपना गंतव्य तलाशती दिखाई देती है।

प्रायः यह मान लिया जाता है कि चौथे दशक के मध्य में हिंदी स्वच्छंदतावादी काव्य का तिरोधान हो जाता है और एक उत्तर स्वच्छंदतावादी तथा छायावादोत्तर काव्य की शुरुआत होती है। हम मानते हैं कि स्वच्छंदतावाद ने प्रसाद, निराला और पंत में अपना सर्वोत्तम जी लिया और इस समय तक वे अपनी प्रमुख कृतियाँ, जिनमें स्वच्छंदतावादी तेवरों की प्रमुखता है, हिंदी को दे चुके थे। प्रसाद चले गए, पर निराला

1961 ई. तक हमारे बीच रहे और कविताएँ लिखते रहे। पंत 1977 ई. तक भी सृजनरत थे। ऐसी स्थिति में स्वयं इन स्वच्छंदतावादी कवियों के परवर्ती काव्य को हम किस प्रकार वर्गीकृत करना चाहेंगे ? इस संदर्भ में यह भी ज्ञातव्य है कि प्रायः महादेवी को स्वच्छंदतावादी काव्य में सम्मिलित करके उनके काव्य का विवेचन किया जाता है। मेरा विचार है कि चौथे दशक के मध्य तक हिंदी स्वच्छंदतावादी काव्य अपना प्रमुख वृत्त पूरा कर लेता है। उसके बाद देश का घटनाचक्र जिस तेज़ी से बदलता है और रचना पर जिस तरह के दबाव पड़ने लगते हैं, उसमें उसके रूमानी तेवरों का बदलना स्वाभाविक था। भविष्यवाणी नहीं की जा सकती, पर यदि प्रसाद स्वयं जीवित रहते तो उन जैसे एकरस कवि को भी, संभव था, इतिहास की अधिक जटिलताओं में प्रवेश करना पड़ता। अधूरा उपन्यास 'इरावती' इस ओर संकेत करता है। बृहस्पति और प्रादेशिक की बातचीत का एक अंश है : "स्वर्गीय देवप्रिय सम्राट् अशोक का धर्मानुशासन एक स्वप्न नहीं था। सम्राट् इस धर्म-विजय को सजीव रखना चाहते हैं। किंतु वह शासकों की कृपा से चलने पाए तब तो। तुम्हारी छाया के नीचे ये व्यभिचार के अड्डे, चरित्र के हत्याग्रह और पाखंड के उद्‌गम सबल हैं और तुम आँखें बंद किए सुख-निद्रा ले रहे हो। मैं किसी के धार्मिक कृत्य में बाधा नहीं देना चाहता, किंतु चारित्र्य विनाश और हिंसामूलक क्रियाओं को रोकना मेरा कर्तव्य है।" आँधी (1933 ई.) और इन्द्रजाल (1936 ई.) की कुछ कहानियाँ गीतात्मकता के स्थान पर यथार्थवादी प्रवृत्तियाँ अपनाती दिखाई देती हैं। इसके लिए मधुआ, घीसू, बेड़ी, गुंडा, विरामचिह्न आदि को प्रमाण के तौर पर पेश किया जा सकता है।

निराला और पंत के परवर्ती काव्य स्वच्छंदतावादी प्रवृत्ति को नए मोड़ देते हैं, यद्यपि उन्हें किसी पृथक् धारा के अंतर्गत परिगणित करना उचित नहीं होगा। निराला की यथार्थवादी प्रवृत्तियों का बोध कराने वाली रचनाएँ चौथे दशक के मध्य से ज़ोर पकड़ने लगती हैं। 'सरोजस्मृति' 1935 ई. में और 'दान' कविता 1936 ई. में रची गई। 1940 ई. में 'कुकुरमुत्ता' के कुछ अंश प्रकाशित हुए, बाद में 1942 ई. में वह पुस्तकाकार आया जो निराला के तीखे व्यंग्य की मिसाल है। द्वितीय अनामिका (1938 ई.), बेला (1943 ई.), नए पत्ते (1946 ई.), निराला की आक्रामक मुद्रा बताने वाले काव्य-संग्रह हैं। इसी बीच निरुपमा (1936 ई.), कुल्ली भाट (1939 ई.), बिल्लेसुर बकरिहा (1941 ई.) आदि गद्य-कृतियों में निराला की यथार्थवादी चेतना का विकास हुआ। प्रेमचंद की तरह निराला ग्राम-जीवन की विसंगतियाँ दिखाना चाहते हैं, पर उनका स्वर अधिक तीखा है। 'निरुपमा' में ब्राह्मणों की जड़ता पर व्यंग्य है : "नीम के नीचे बैठक है। गुरुदीन तीन बिस्वे वाले तिवारी हैं, सीतल पाँच बिस्वे वाले पाठक, मन्नी दो बिस्वे के सुकुल, ललई गोद लिए हुए मिसिर पहले पाँच बिस्वे के पांडे अब दो कट गए हैं—सब हल जोतते और श्रद्धापूर्वक धर्म की रक्षा करते हैं। बेनी वाजपेयी कानपुर के मिठाई वाले हैं पर धर्म की रक्षा करते हुए बीसों बिस्वे बचाए

हुए हैं। "कृष्णकुमार कनौजिया होकर भी जूते गाँठने का काम करता है। 'बिल्लेसुर बकरिहा' में बिल्लेसुर महावीर की मूर्ति पर हमला करता है—"लापरवाही से सामने खड़े हो गए और आवेश में भरकर कहने लगे—देख, मैं गरीब हूँ। तुझे सब लोग गरीबों का सहायक कहते हैं। मैं इसीलिए तेरे पास आता था और कहता था, मेरी बकरियों को और बच्चों को देखे रहना। क्या तूने रखवाली की बता, लिये थूथन-सा मुँह खड़ा है। कोई उत्तर नहीं मिला। बिल्लेसुर ने आँखों से आँखे मिलाए हुए महावीरजी के मुँह पर डंडा दिया कि मिट्‌टी की तरह बीघे भर के फासले पर जा गिरा।" यह धर्म-ईश्वर में टूटती आस्था है। ऐसे में निराला चतुरी चमार जैसे पिछड़े समाज के व्यक्तियों को नायकत्व देते हैं। काव्य में निराला जिस यथार्थ को स्वीकारते हैं, उसका विवेचन हो चुका है।

पर जब निराला यथार्थवादी चरण—द्वितीय अणिमा, अनामिका, बेला, नए पत्ते (1938-1946 ई.) के बाद एक बार फिर गीतसृष्टि की ओर लौटते हैं, तो समीक्षकों को आश्चर्य में डाल देते हैं। अर्चना (1950 ई.), आराधना (1953 ई.), गीतगुंज (1954 ई.), और सांध्यकाकली (1969 ई.) में वे प्रार्थना-परक भाव अपनाते हैं और उन्हें कई बार कबीर मुद्रा का कवि कह कर संतोष कर लिया जाता है। कबीर एक साथ विपरीत भूमियों पर यात्रा करने वाले कवि हैं। एक उनका वह विद्रोही स्वर है, जहाँ वे समाज पर तीखे आक्रमण करते हैं। दूसरी ओर उनकी उपदेश वृत्ति है, जहाँ वे नीति का प्रचार करते दिखाई देते हैं। तीसरे उनका वह प्रार्थनाभाव है, जब वे समर्पण के गीत गाते हैं और अंत में उनके काव्य का आध्यात्मिक स्वर है। इसी प्रकार निराला के काव्य के लिए जिस वैविध्य की बात कही जाती है, उसके विषय में यह जान लेना होगा कि विभिन्न दिशाओं में जाते हुए निराला इन सबका संयोजन अपने सर्जनात्मक विद्रोह की क्षमता से करते हैं। इसलिए उन्हें स्वच्छंदतावाद की ही विभिन्न दिशाएँ कहना अधिक संगत होगा। निराला में आरंभ से ही सामाजिकता के तत्त्व मौजूद रहे हैं, और उन्होंने परिमल काव्य (1929 ई.) में बादल राग, विधवा, भिक्षुक जैसी कविताएँ लिखी हैं। यही सामाजिक यथार्थ द्वितीय अनामिका, कुकुरमुत्ता, अणिमा, बेला, नए पत्ते में व्यंग्य का रूप ग्रहण करता है। आरंभ के वेदांती प्रभाव अर्चना-आराधना, गीतगुंज, सांध्य काकली में समर्पण की प्रार्थनाभूमि पर पहुँचते हैं। यह निराला की विद्रोही स्वच्छंदतावादी चेतना ही है जो स्वयं को विभिन्न दिशाओं में फेंकती हुई भी प्रायः विकेंद्रित नहीं होती। उनके व्यक्तित्व में इतनी सामर्थ्य है कि वे सबका संयोजन कर सकें। इसीलिए कई बार निराला में एक ही कविता कई छवियाँ दिखा जाती है मसलन, 'सरोज स्मृति' जैसा शोकगीत करुणा, शृंगार, सामाजिक यथार्थ, व्यंग्य, विक्षोभ की सम्मिलित भूमि से निर्मित है। काव्य-संकलनों में तो प्रायः यह स्थिति है कि निराला एक-साथ कई भूमियों का संस्पर्श दिखाई देते हैं।

पंत का परवर्ती काव्य-चरण इस मायने में ऊपरी तौर पर निराला से

मिलता-जुलता दिखाई देता है, पर वे प्रकृति और रोमांस की दुनिया से थोड़ा हटकर गांधी-मार्क्स का प्रभाव ग्रहण करते हैं। युगांत (1936 ई.), युगवाणी (1939 ई.), ग्राम्या (1940 ई.) यथार्थ को छूती हुई कविताओं के संकलन हैं, जिन्हें किसी समय प्रगतिवादी काव्य-चरण तक कहा गया था। पर जब 1947 ई. से पंत के स्वर्णकाव्य (स्वर्णकिरण, स्वर्णधूलि) की शुरुआत हुई और 'लोकायतन' (1964 ई.) काव्य तक उनकी दार्शनिक आध्यात्मिकता चलती रही, तो समीक्षकों को उनके काव्य के विभिन्न मोड़ों में क्रम स्थापित करने में और भी कठिनाई हुई। जैसा कि संकेत किया जा चुका है, पंत के ये मोड़ इतने आकस्मिक हैं कि लगता है कि उनके व्यक्तित्व का संयोजन नहीं हो सका है। हम मानते हैं कि रचना की लंबी यात्रा से गुजरने वाले लेखक सामाजिक उतार-चढ़ावों को देखते हैं और उनकी रचना उनसे प्रभावित होती है। स्वयं कवि के व्यक्तित्व में बदलाव आते हैं। पर सारे दबावों-प्रभावों का रचना में एकीकरण होना चाहिए और उन्हें इस प्रकार घुलमिल जाना चाहिए कि बाह्यारोपण न मालूम हो। निराला काव्य को विभिन्न दिशाएँ देते हुए, इस विषय में सावधान हैं कि उनका सृजनशील व्यक्तित्व विजयी होना चाहिए। इसे कुछ लोग 'अहम्' भी कह सकते हैं, पर इसे कवि का आत्मविश्वास कहना अधिक उचित होगा। वे रचना को रूमानी प्रवृत्तियों से आरंभ कर सामाजिक यथार्थ, व्यंग्य तक लाते हैं और अंत में प्रार्थनापरक भाव तक पहुँचते हैं। पर सर्वत्र निराला का स्रष्टा जागरूक है और वह रचना को भटकने से बचाता है। इसकी तुलना में पंत का विषयांतर उन्हें संयोजित नहीं होने देता और वे दार्शनिक सरणियों में उलझ जाते हैं।

हिंदी स्वच्छंदतावादी काव्य अपनी मूल रूमानी प्रवृत्ति का वृत्त चौथे दशक के मध्य तक पूरा कर लेता है, पर इससे स्वच्छंदतावादी काव्य प्रवृत्तियों के नाम पर फ़ातिहा पढ़ लेना, वास्तविकता को नकारना है। मुझे तो लगता है कि अपना मूल वृत्त पूरा करके हिंदी स्वच्छंदतावाद जब इतिहास के दबावों में दूसरी दिशाओं की तलाश करने लगा, तो उसकी मुख्य काव्य-प्रवृत्तियाँ विभिन्न शाखाओं का रूप ग्रहण करने लगीं। उन ऐतिहासिक-सामाजिक दबावों की ओर संकेत किया जा चुका है, जो चौथे दशक में सक्रिय थीं और पाँचवें दशक में जिनका लगभग विस्फोट-सा हुआ। चेलिशेव की टिप्पणी है : "जीवन के सामाजिक, आर्थिक एवं राजनीतिक क्षेत्रों की विषमता के साथ-साथ अनिवार्य रूप से वैचारिक संघर्ष तेज हो गया और बुद्धिजीवियों के बीच तीव्र वैचारिक सीमा-निर्धारण हुआ। इसके फलस्वरूप साहित्य एवं कला के क्षेत्रों में विभिन्न धाराओं एवं प्रवृत्तियों का उदय हुआ।"[4]

जब कोई रचना-आंदोलन अपना सर्वोत्तम जी लेता है और श्रेष्ठ प्रतिभाएँ उसकी संभावनाओं को दुह लेती हैं, तब एक कठिनाई यह उपस्थित होती है कि यदि नई भूमियों की तलाश न की जाए तो स्वयं को दुहराते रहने के सिवाय कोई विकल्प नहीं रह जाता। हिंदी स्वच्छंदतावादी काव्य ने कामायनी जैसी कृतियों में अपनी मूल

प्रवृत्तियों को शीर्ष पर पहुँचाने की चेष्टा की और चौथे दशक के मध्य तक आते-आते उसे नई ज़मीन की खोज करनी ही थी। इतिहास के दबाव इसके लिए बाध्य कर रहे थे। निराला और पंत ने पहले सामाजिक यथार्थ और फिर आध्यात्मिक दिशाओं में जाकर अपने व्यक्तित्व को जीवित रखने का प्रयत्न किया। पर ऐसी प्रतिभाओं की प्रतीक्षा थी, जो बदलते हुए सामाजिक परिवेश में रचना का नया संसार खोज सकें। मुझे तो लगता है कि क्रमशः हिंदी स्वच्छंदतावादी काव्य की प्रमुख प्रवृत्तियाँ विकेन्द्रित होने लगीं। निराला में जो वैविध्य उनके व्यक्तित्व से संयोजित होकर आया था, वैसा कर पाना सब प्रतिभाओं के लिए संभव न था। इसीलिए स्वच्छंदतावादी काव्य की प्रवृत्तियाँ विभिन्न दिशाओं में बिखरती दिखाई देती हैं। एक ओर इतिहास के यथार्थवादी दबाव थे, दूसरी ओर संवेदन का नया जगत् बनाने के लिए फिर से नए प्रयत्नों के लिए थोड़ा समय चाहिए था। जिसे हिंदी स्वच्छंदतावादी काव्य की समाप्ति कहा जाता है, वह वास्तव में उसका विघटन है, क्योंकि वह कई दिशाओं में जाता दिखाई देता है। ये स्वच्छंदतावादी काव्य-प्रवृत्तियाँ विभिन्न रूपों में सक्रिय रही हैं और चौथे दशक के बाद इन्हें किंचित् परिवर्तनों के साथ देखा जा सकता है, जब तक नए काव्य ने आधुनिकतावादी दबावों में स्वयं को उनसे मुक्त नहीं कर लिया।

हिंदी स्वच्छंदतावादी काव्य पूर्णता पर पहुँचकर बिखरने की जिस स्थिति में आ जाता है, उसमें इतिहास के दबाव बराबर काम कर रहे थे और चौथे दशक का भारत इसका प्रमाण है। इस काव्य-आंदोलन ने जैसे अपना काम पूरा कर लिया हो जिसे उसकी ऐतिहासिक भूमिका कहा गया। निराला ने तो किसी तरह स्वच्छंदतावादी चेतना को व्यक्तित्व की सामर्थ्य से नई दिशाएँ देकर जीवित रखा, पर पंत स्वयं बिखरने लगे। ऐसे में हिंदी स्वच्छंदतावादी प्रवृत्तियों के एक-दो पक्षों को लेकर आगामी कवियों ने अपनी यात्रा शुरू की। यदि उनमें यह माद्दा होता कि वे सामाजिक दबावों का पूरा एहसास कर पाते और रचना में नई संभावनाएँ जगाकर किसी नए आंदोलन की अगुआई कर सकते तो शायद उन्हें स्वच्छंदतावाद के शेष कण लेकर अपनी यात्रा की शुरुआत करने की आवश्यकता न पड़ती। यह भी सच है कि स्वच्छंदतावाद के बाद भी इन काव्य-धाराओं ने धीरे-धीरे अपने को पिछले प्रभाव से मुक्त किया और कुछ कवियों का स्वतंत्र व्यक्तित्व भी बना। कुछ में स्वच्छंदतावाद की प्रवृत्तियाँ मिले-जुले रूप में देखी जा सकती हैं।

स्वच्छंदतावाद से बिल्कुल जुड़े हुए हस्ताक्षर के रूप में महादेवी का नाम लिया जाता है। स्वच्छंदतावादी काव्य की दार्शनिक चेतना को उन्होंने विकसित किया और उसे अध्यात्मवाद की ओर मोड़ा। इसी संदर्भ में रामकुमार वर्मा का नाम भी लिया जाता है। काव्य की अपेक्षा, वे नाटकों, विशेषतया एकांकियों की दिशा में अधिक सक्रिय हुए और इतिहास को रूमानी-दृष्टि से देखने की प्रेरणा उन्हें प्रसाद से प्राप्त

हुई। कई स्थलों पर भाषा की वैसी ही अभिजात बनावट उनमें मिलती है, जैसी प्रसाद के नाटकों में। स्वच्छंदतावाद की मुख्य प्रवृत्ति रोमांटिक है, जिसके लिए प्रायः प्रेम, सौंदर्य, आदि शब्दों का प्रयोग किया जाता है। रूमानी दृष्टि वैयक्तिक अनुभूतियों का उपयोग करते हुए भी वहीं समाप्त नहीं हो जाती, वह अपनी चेतना में अन्य दृश्यों का प्रवेश कराती है। पर होता यह है कि रूमानी बनावट के कारण रचनाकार अपनी अनुभूतियों का प्रक्षेपण अधिक करते हैं, उनमें वस्तुपरकता नहीं आने पाती और एक अंतर्मुखी प्रवृत्ति उन पर हावी रहती है। स्वच्छंदतावादी काव्य ने वैयक्तिक अनुभूतियों के उपयोग का जो रास्ता सुझाया था, उसे उन्होंने क्रमशः गहराया। पर इसे गीतकारों की अगली पंक्ति ने रोमांस के स्तर पर स्वीकार कर, अभिव्यक्ति को सरल कर दिया जिसे कविता में एक प्रकार की सपाटबयानी भी कहा जा सकता है। बच्चन, नरेंद्र, सुमन, अंचल ने गीतों का माध्यम स्वीकार करते हुए, निजी बातों को अधिक खुले ढंग से व्यक्त किया और कथन में पूरी आज़ादी ली। यहाँ तक कि गिरिजाकुमार माथुर व धर्मवीर भारती में भी रूमानी अदाएँ हैं। प्रायः कहा जाता है कि हिंदी स्वच्छंदतावादी काव्य में रोमांटिक प्रवृत्तियों की प्रधानता है, पर ऐसा कहते हुए हमारा ध्यान इस बात से हट जाता है कि उसका एक सांस्कृतिक-राष्ट्रीय पक्ष भी है, यद्यपि अपनी स्वच्छंदतावादी वृत्ति के साथ। माखनलाल चतुर्वेदी, सियारामशरण, नवीन, दिनकर आदि में इसका विकास देखा जा सकता है। यह राष्ट्रीय चेतना कहीं भावुक है, कहीं बौद्धिक, पर इसके बीज स्वच्छंदतावादी काव्य में मौजूद हैं। इस काव्य-आंदोलन ने चौथे दशक में जिस सामाजिक यथार्थ को अपनाना शुरू किर दिया था, उसका संपूर्ण विकास निराला में और आंशिक रूप से पंत के परवर्ती काव्य में हुआ। इसीलिए प्रगतिवादी समीक्षकों ने उसे सराहा। जिसे हिंदी की प्रगतिशील काव्यधारा कहा जाता है और जिसमें रामविलास शर्मा, नागार्जुन, त्रिलोचन, शिवमंगल सिंह 'सुमन' आदि को लिया जाता है, वे कई बार रूमानी बातों से होकर, प्रगतिशील चेतना तक आते हैं। निराला प्रगतिवादी काव्य के प्रथम चरण हैं और आगे का प्रगतिवादी आंदोलन उन्हें इस दिशा में कविगुरु स्वीकारता है। इस प्रकार, स्वच्छंदतावादी काव्य-प्रवृत्तियाँ काफी समय तक बिखरे रूप में दिखाई देती हैं, जब तक कि गैररूमानी रचना का नारा ज़ोर नहीं पकड़ता।

महादेवी

हिंदी स्वच्छंदतावादी काव्य में प्रसाद, निराला और पंत को बृहत्त्रयी के रूप में संबोधित किया जाता है और यह सर्वस्वीकृत है कि वे उसके सर्वोत्तम हस्ताक्षर हैं। पर इसी क्रम में प्रायः महादेवी का नाम भी लिया जाता है और उन्हें इनके साथ जोड़ दिया जाता है। स्वच्छंदतावादी काव्य अपनी रूमानी बनावट में दार्शनीकरण का सहारा लेता रहा है। यह प्रवृत्ति कई बार आध्यात्मिक दिशाओं की ओर मुड़ती है और कविताओं

का आध्यात्मीकरण होने लगता है। महादेवी के काव्य-संकलन नीहार (1930 ई.), रश्मि (1932 ई.), नीरजा (1934 ई.), सांध्यगीत (1936 ई.) रूप में प्रकाशित हुए जब हिंदी स्वच्छंदतावादी काव्य अपने सर्वोत्तम से गुजर रहा था। उसमें जो दार्शनिक-आध्यात्मिक स्फुलिंग मौजूद थे, महादेवी ने संभवतः उन्हीं से अपनी काव्य-यात्रा का शुभारंभ किया। बृहत्त्रयी के होते हुए, अपने लिए जो पथरेखा चुनी, उसमें उन्होंने अपना संपूर्ण व्यक्तित्व ढाल दिया और इसीलिए एक वैशिष्ट्य अर्जित करने में सफल हुईं। महादेवी का काव्य प्रमाणित करता है कि अपनी सीमाओं को जानकर, उसी में अपनी प्रतिभा को नियोजित करने से रचना अपने लिए एक स्थान बना लेती है, भले ही उसे अनेक आयामों वाली विराटता का गौरव न मिले। महादेवी रहस्यवाद को छायावाद का ही दूसरा चरण मानती हैं। इसका प्रथम चरण प्रकृति का वैविध्य और उसके सौंदर्य का मानवीकरण है। जब स्वच्छंदतावादी कवि प्रकृति-सौंदर्य के प्रति समर्पित हुआ, तब रहस्यवाद की शुरुआत हुई। महादेवी के शब्दों में : "इसी से इस अनेकरूपता (प्रकृति की) के कारण पर एक मधुरतम व्यक्तित्व का आरोपण कर उसके निकट आत्मनिवेदन कर देना, इस काव्य का दूसरा सोपान बना, जिसे रहस्यमय रूप के कारण रहस्यवादी नाम दिया गया।"[5]

महादेवी ने स्वच्छंदतावादी काव्य से अपने रहस्यवाद को जोड़कर उसे आधुनिक रूप दिया और मध्ययुगीन रहस्यवादी प्रवृत्तियों से उसके पृथक् व्यक्तित्व की घोषणा की। प्राचीन रहस्यवाद योग, साधना आदि पर आधरित था, किसी सीमा तक सांप्रदायिक था। इसी कारण कबीर के रतिभाव के होते हुए, वह गूढ़ार्थों और अनबूझे प्रतीकों में चला गया। महादेवी ने आधुनिक रहस्यवाद को धर्मनिरपेक्ष प्रमाणित किया और आत्मसमर्पण को उसका प्रस्थानबिंदु घोषित किया। अलौकिक तत्त्वों के होते हुए उसमें अनुभूति की तीव्रता को एक आवश्यक उपादान के रूप में स्वीकारा गया। हृदय की कोमल भावनाओं के लिए उसमें वैसी गुंजायश हो सकी कि कई बार महादेवी के गीत असमंजस में डाल देते हैं। पाठक सोचता है कि वे प्रिया की लौकिक वियोगानुभूति से निर्मित हैं। अथवा इनमें आत्मा का परमात्मा के प्रति निवेदन-भाव है। एक वेदांती अद्वैत चेतना के बावजूद लौकिक-अलौकिक, रोमांस-रहस्यवाद को अलगा पाना कठिन हो जाता है। इसीलिए महादेवी के संपूर्ण काव्य पर रहस्यवादी लेबिल लगा देना मेरी दृष्टि में उचित नहीं, यद्यपि यह उनकी मुख्य प्रवृत्ति है। कई बार ऐसा भी होता है कि वे अपनी वैयक्तिक अनुभूति को आध्यात्मिक समापन नहीं देना चाहतीं। ऐसे अवसर पर उनकी रचना को स्वच्छंदतावादी कवियों की गीत-प्रगीत सृष्टि के रूप में स्वीकारना चाहिए। प्रायः उनके गीत दुहरी ध्वनियों के वाहक हैं—एक में उनके रूमानी संकेत हैं प्रिया-प्रिय के और दूसरे में आध्यात्मिक संकेत हैं—आत्मा परमात्मा के। 'नीहार' का गीत 'जो तुम आ जाते एक बार' प्रिय के प्रति निवेदित है और उसे अलौकिक सत्ता के लिए संबोधित बताए बिना भी काम चल सकता

है। प्रिया कहती है—मेरे प्रिय, यदि तुम एक बार आ जाते, तो मेरे प्राणों का तार-तार अनुराग-भरा उन्माद राग गाने लगता। ओठों का विषाद धुल जाता और :

छा जाता जीवन में वसंत
लुट जाता चिर संचित विराग
आँखें देतीं सर्वस्व वार
जो तुम आ जाते एक बार !

महादेवी के गीतों की लंबी सूची बनाई जा सकती है जहाँ दुहरी ध्वनियाँ सुनाई देती हैं, लौकिक अनुभूति की और किसी अदृश्य सत्ता के प्रति संकेत की। इसीलिए उनका रहस्यवाद अपने सामाजिक परिवेश को नकार कर नहीं चलता। अतीत के चलचित्र, स्मृति की रेखाएँ, शृंखला की कड़ियाँ आदि गद्य रचनाओं में उन्होंने समाज के पिछड़े वर्ग को अपनी सहानुभूति दी है और नारी-मुक्ति की तो वे सबसे बड़ी समर्थक कही जा सकती हैं। प्रायः महादेवी के पीड़ा-वेदना जगत् की चर्चा की जाती है। यह स्वच्छंदतावादी कवियों का रूमानी अवसाद है, जिसे वे अपनी गीतों में करुणा-दर्शन के रूप में प्रस्तुत करती हैं और स्थिति का दार्शनीकरण कर उसे आध्यात्मिक इंगितों की ओर मोड़ती हैं, वे इसे रहस्यवाद का नया रूप स्वीकरते हुए कहती हैं कि "प्राचीन काल के दर्शन में इसका अंकुर मिलता अवश्य है, परंतु इसके रागात्मक रूप के लिए उसमें स्थान कहाँ ? वेदांत के द्वैत, अद्वैत, विशिष्टाद्वैत आदि आत्मा की लौकिक तथा पारलौकिक सत्ता-विषयक मत-मतान्तर मस्तिष्क से अधिक संबंध रखते हैं, हृदय से नहीं, क्योंकि वही तो शुद्ध-बुद्ध चेतन को विकारों में लपेट रखने का एकमात्र साधन है। योग का रहस्यवाद इंद्रियों को पूर्णतः वश में करके आत्मा का कुछ विशेष साधनाओं और अभ्यासों के द्वारा इतना ऊपर उठ जाना है, जहाँ वह शुद्ध चेतन से एकाकार हो जाता है। सूफ़ीमत के रहस्यवाद में अवश्य ही प्रेमजनित आत्मानुभूति और निरन्तर प्रियतम का विरह समाविष्ट है, परंतु साधनाओं, अभ्यासों में वह भी योग के समकक्ष रखा जा सकता है और हमारे यहाँ कबीर का रहस्यवाद यौगिक क्रियाओं से युक्त होने के कारण योग, परंतु आत्मा और परमात्मा के मानवीय प्रेम-संबंध के कारण वैष्णव युग के उच्चतम कोटि तक पहुँचे हुए प्रणय-निवेदन से भिन्न नहीं।"[6] अर्थात् महादेवी के रहस्यवाद की मूल बनावट असांप्रदायिक है और उसमें जिस रागात्मकता का आग्रह है, वह स्वच्छंदतावाद की रूमानी प्रवृत्ति से आई है तथा परोक्ष के प्रति संकेत आध्यात्मिक चेतना से उपजे हैं।

महादेवी का काव्य हिंदी स्वच्छंदतावादी काव्य की दार्शनिक चेतना को आध्यात्मिक समापन देने की चेष्टा है और इसमें कवयित्री की वैयक्तिक अनुभूतियाँ किसी रोमांटिक की तरह मौजूद हैं। मानवीय संवेदना, करुण-वेदना का भाव, प्रकृति के प्रति जिज्ञासा भाव, सौंदर्यदृष्टि, दार्शनिक चेष्टा आदि महादेवी के काव्य में

स्वच्छंदतावादी काव्य के तत्त्व रूप में देखे जा सकते हैं। यद्यपि उन्होंने आध्यात्म की विशेष पथरेखा का वरण किया, पर केवल इतना कह देने से उनके व्यक्तित्व के साथ पूरा न्याय नहीं हो पाता। 'शृंखला की कड़ियाँ' जैसी रचनाओं में वे नारी की मुक्ति का स्वप्न देखती हैं और अपनी कविताओं में कई बार निजी लौकिक अनुभूति का प्रकाशन करते हुए रहस्य का भ्रम पैदा कर जाती हैं। उनमें कई बार द्वंद्व की स्थिति उत्पन्न होती है और वे संभवतः प्रत्यक्ष-परोक्ष के बीच डोलती रह जाती हैं। ऐसे में अभिव्यक्ति स्पष्ट नहीं हो पाती और उसमें एक उलझाव आ जाता है। पर महादेवी जहाँ इस द्वंद्व से मुक्त होकर अपनी अनुभूति का प्रकाशन करती हैं वहाँ वे स्वच्छंदतावादी गीत-सृष्टि को ललकारती दिखाई देती हैं। उन्होंने गीत-प्रगीत का जो माध्यम चुना, उससे भी उनके स्वच्छंदतावादी काव्य के समीपी होने का प्रमाण मिलता है।

मनोवैज्ञानिक धरातल पर विचार करने से ज्ञात होता है कि महादेवी ने काव्ययात्रा के आरंभ में अपने आध्यात्मिक गंतव्य के विषय में नहीं सोचा होगा। उनमें जो वैयक्तिक अनुभूतियाँ थीं, उनका विषादी स्वर धीरे-धीरे उन्हें एक वेदना-दर्शन की ओर खींचता गया, जिसका उन्होंने आध्यात्मीकरण करके, उसे रहस्यवादी विन्यास दिया। महादेवी को अपनी पीड़ा का राज्य प्रिय है और वे 'तुझको पीड़ा में ढूँढ़ा, तुझमें ढूँढ़ूँगी पीड़ा' की बात कहती हैं। स्वयं को 'नीर भरी दुःख की बदली' बताती हैं। इस वेदना के माध्यम से वे प्रिय को प्राप्त करना चाहती हैं। उनके लिए वियोग के क्षण वरेण्य हैं, क्योंकि वे कहती हैं : ''जान लो यह मिलन एकाकी, विरह में है दुकेला।'' अर्थात् वियोग के क्षणों में तो पृथक् सत्ता रहती है, पर मिलन में पार्थक्य समाप्त हो जाता है। इसी कारण वे कहती हैं : ''मिलन का मत नाम ले, मैं विरह में चिर हूँ।'' वे प्रिय को प्राप्त करने के लिए अपने अहम् का विलीनीकरण एक सीमा तक ही करना चाहती हैं : ''मोम-सा तन घुल चुका, अब, दीप-सा मन जल चुका है''। वियोग के क्षण सार्थक हैं, क्योंकि उन्हीं के माध्यम से मिलन द्वार तक जाना है : 'हुए शूल अक्षत मुझे धूलि चंदन'।

गीतों के माध्यम से अभिव्यक्ति पाने वाली महादेवी की आध्यात्मिक चेतना उनकी रागात्मकता से तो निर्मित है, पर उसे भक्तिमार्गी भावनामयता से पृथक् व्यक्तित्व मिला है। कई बार उनकी प्रतिक्रियाएँ बौद्धिक होती हैं, इसीलिए हमें काव्य के सज्जित उपादान पर्याप्त मात्रा में मिलते हैं। संस्कृत-प्रधान-समास-बहुला भाषा, सुंदर प्रतीक-योजना, संग्रथित अभिव्यक्ति तथा रचना के अन्य अलंकरण। कला के प्रति एक सचेत सावधानी बराबर उनके काव्य में दिखाई देती है, इतना जरूर है कि जहाँ वे अपने मानसिक द्वंद्व से बाहर नहीं निकल पाई हैं, वहाँ अभिव्यक्ति उलझी हुई दिखाई देती है। महादेवी को अपने होने का एहसास है और दार्शनिक स्तर पर कभी-कभी अहम् के विलीनीकरण की बात करते हुए भी वे कई बार चुनौती देती

हैं। उन्हें अपनी राह पर भरोसा है, जिससे उनकी आधुनिक रहस्यवादी दृष्टि का पता चलता है, ''पंथ होने दो, अपरिचित प्राण रहने दो अकेला।'' चारों ओर अंधकार छा जाने दो, आँखों में बदली भर जाए। ये चरण कभी पराजित नहीं होंगे। वे और हैं, जो काँटों को अपने संकल्प देकर लौट आते हैं :

दूसरी होगी कहानी
शून्य में जिसके मिटे स्वर, धूलि में खोई निशानी
आज जिस पर प्रलय विस्मित
मैं लगाती चल रही नित
मोतियों की हाट औ
चिनगारियों का एक मेला।

व्यक्तित्व का एहसास महादेवी की आध्यात्मिकता को हिंदी स्वच्छंदतावादी काव्य के परवर्ती चरण से सहज जोड़ता है। निराला ने 'तुम तुंग हिमालय शृंग और मैं चंचल गति सुर-सरिता' के प्रतीकों में दो आत्माओं का होना स्वीकार किया है। महादेवी में विलयन की यह सूफ़ी स्थिति उस सीमा तक नहीं स्वीकारी गई है कि व्यक्ति की सत्ता ही समाप्त हो जाए। जीव को अपना गंतव्य मालूम है। उसका संकल्प है : ''पर तुझे है नाश पथ पर, चिन्ह अपने छोड़ जाना''। अपने होने का एहसास महादेवी को गीतों में बराबर मौजूद रखता है, यहाँ तक कि वहाँ भी जहाँ वे कहती हैं : ''तुम मुझमें प्रिय फिर परिचय क्या।'' उनके संपूर्ण काव्य को केवल रहस्यवादी कहकर उस पर विचार करना उचित नहीं क्योंकि कई बार ऐसा भी है कि उसका भ्रमभर उत्पन्न होता है। यदि अर्थ को बहुत दूरी तक न खींचा जाए तो उसका लौकिक रूमानी पक्ष भी है।

प्रकृति महादेवी के काव्य में मुख्य भूमिका अदा करती है। प्रायः वे अपनी बातें इसी के माध्यम से कहना चाहती हैं और उसके कुछ सघन चित्र हमें देखने को मिलते हैं : 'धीरे-धीरे उतर क्षितिज से, आ वसंत रजनी' या 'रूपसि तेरा घन केश-पाश।' पर उनके बिंब-प्रतीक-जगत् का निर्माण प्रकृति के सहारे हुआ है; यद्यपि यहाँ हम स्वीकार करते हैं कि उनके प्रतीकों का संसार सीमित है। वे अपना एक मनोवांछित वातावरण निर्मित करना चाहती हैं और इसके लिए उन्हीं प्रतीकों को चुनती हैं, जो उस लक्ष्य तक ले जाने में उनकी सहायता करें। एक प्रकार से महादेवी के काव्य को प्रतीक-बहुल काव्य कहा जा सकता है, जिसमें प्रतीक ही मूल अर्थ के वाहक हैं। वे अपनी मुख्य काव्य-यात्रा को चतुर्यात्रा मानकर नीहार, रश्मि, नीरजा, सांध्यगीत को 'यामा' नाम देती हैं। नीहार से हल्की निराशा, रश्मि से किंचित् आशा, नीरजा से साधना और सांध्यगीत से धुँधलके में गाए गए स्वरों का संकेत मिल सकता है। 'दीपशिखा' के विषय में उन्होंने स्वयं कहा है कि इसमें अविश्वास का कोई कंपन नहीं है। साधना और काव्य दोनों के प्रति इसे कवयित्री का आत्मविश्वास कहा जाएगा।

क्योंकि उनकी चेतना की बनावट अंतर्मुखी है, इसलिए उनके प्रतीक मनोवांछित अर्थ के वाहक बनते हैं और कई बार एक ही प्रतीक विभिन्न संदर्भों में अपना अर्थ बदल देता है। दीपक साधना का प्रतीक है : 'दीप मेरे जल अकंपित धुल अचंचल' या 'मधुर-मधुर मेरे दीपक जल'। रात के सघन अंधकार में दीपक आलोकदाता है। जब चारों ओर नैराश्य का जड़ अँधियारा छाया हो तो दीप ही प्रियतम का पथ आलोकित करता है। महादेवी का एक गीत दीपक की सार्थकता का बखान करते हुए कहता है : "यह मंदिर का दीप इसे नीरव जलने दो।" साधना का यह दीपक इस दृष्टि से असाधारण है कि जब मंदिर का पूजन-अर्चन समाप्त हो गया तब भी इसे जागृत रहना है (या निशा सर्वभूतानाम् तस्यां जागर्ति संयमी—गीता) :

झंझा है दिग्भ्रांत रात की मूर्च्छा गहरी
आज पुजारी बने ज्योति का यह लघु प्रहरी
जब तक लौटे दिन की हलचल
तब तक जागेगा यह प्रतिपल
रेखाओं में भर आभा जल
दूत साँझ का इसे प्रभाती तक जलने दो !

महादेवी के प्रतीकों से एक ऐकांतिक अवसाद का वातावरण बनता है, जिससे कवयित्री की जीवनानुभूति तथा रहस्यसाधना का बोध होता है। बादल, गोधूली, शून्य निःश्वास, रात, निर्झर, कुहू का तम, तम का परदा, सांध्यगीत, दीपकराग आदि प्रतीक आध्यात्मिक अवसाद की दुनिया बनाते हैं। स्वच्छंदतावादी काव्य की शब्द-संपदा का उपयोग महादेवी ने किया है। पर अपने आशय तक जाने के लिए प्रतीकों का नया समूह बनाने में वे सचेष्ट रही हैं।

उत्तर स्वच्छंदतावादी काव्य में महादेवी प्रसाद, निराला और पंत के कृतित्व से प्रेरणा लेती हुई, अपने लिए कुछ प्रवृत्तियाँ चुन लेती हैं। और उसमें अपनी संपूर्ण चेतना लगा देती हैं। भाव के क्षेत्र में उन्होंने आध्यात्मिकता को चुना और माध्यम के रूप में गीत को अपनाया। आध्यात्मिकता से उन्होंने रहस्यवादी संकेत भी दिए और गीतों को इस सीमा तक तराशा-माँजा कि उनका गद्य भी लयात्मक हो गया। रूमानी अवसाद को उन्होंने आध्यात्मिक अवसाद के रूप में प्रयुक्त किया। इसमें संदेह नहीं कि आगे चलकर बच्चन, नरेंद्र, सुमन, अंचल आदि गीतकारों की जो पीढ़ी आई और जहाँ तक माध्यम का प्रश्न है उसमें महादेवी की प्रेरणा मौजूद है।

माखनलाल चतुर्वेदी

स्वच्छंदतावाद को कई समीक्षकों ने भारतीय नवजागरण की पृष्ठभूमि पर आया हुआ रचना-आंदोलन कहा है। ऐसी स्थिति में उसमें अपने समय की राष्ट्रीय-सांस्कृतिक चेतना न हो, ऐसा संभव नहीं। इतना अवश्य है कि यह चेतना रूमानी दृष्टि से

बनी है, इसलिए उसकी पहचान आसान नहीं। मसलन, कार्नेलिया के 'अरुण यह मधुमय देश हमारा' जैसे गीत के अंत में 'हेम कुंभ तो उषा सवेरे' जैसी पंक्तियाँ स्वच्छंदतावादी काव्य के राष्ट्रीय-सांस्कृतिक बोध से इतनी घुलीमिली हैं कि दोनों को अलगा पाना सरल नहीं। इससे अच्छाई यह हुई कि देश-प्रेम केवल भावोच्छ्वास या कुछ वक्तव्यों तक सीमित नहीं रह गया, उसे एक अधिक गहरे स्तर पर पाया गया।

माखनलाल चतुर्वेदी 'एक भारतीय आत्मा' का विवेचन करते हुए प्रायः उन्हें राष्ट्रीय काव्यधारा का कवि घोषित करके संतोष कर लिया जाता है। इससे उनका पूरा व्यक्तित्व सामने नहीं आ पाता और उनकी रचना के कई पक्ष अनदिखे रह जाते हैं। राष्ट्रीयता को यदि हम सामयिक संदर्भों में देशप्रेम संबंधी रचनाओं तक सीमित कर दें, तो हमारे सामने प्रश्न उठता है कि विभिन्न कवियों की इस विषय में होने वाली अलग-अलग प्रतिक्रियाओं को क्या हम एक ही शिविर में रखकर देखना चाहेंगे ? मेरे विचार से इस प्रकार से कवियों का अपना वैशिष्ट्य हमारी पकड़ में नहीं आ सकता और हमारा साक्षात्कार अधूरा कहा जाएगा। स्वच्छंदतावादी काव्य का जो राष्ट्रीय सांस्कृतिक पक्ष है, उसमें कवियों की वैयक्तिक प्रतिक्रियाएँ सम्मिलित हैं, इसमें संदेह नहीं। प्रसाद इतिहास और कल्पना का मिश्रण करते हैं। पंत एक ओर भारत की आत्मा को पकड़ना चाहते हैं, तो दूसरी ओर अपने परवर्ती काव्य में ग्राम-जीवन को उरेहते हैं। पंत 'ग्राम्या' में तो गाँवों की ज़िंदगी में रुचि लेते हैं, पर बाद में उनका आध्यात्मीकरण हो जाता है। स्वच्छंदतावादी राष्ट्रीय चेतना में रूमानी अंश उसे कल्पनाशील बनाता है और कवि उसके सांस्कृतिक पक्ष पर अधिक जोर देते हैं। उनकी राष्ट्रीयता में बौद्धिक प्रतिक्रियाएँ अधिक हैं, इसलिए वे इस क्षेत्र में व्यर्थ की भावुकता से अपने को बचा सके हैं। माखनलालजी के कृतित्व का आरंभ स्वच्छंदतावाद के उत्कर्ष-भरे क्षणों में हुआ पर उन्होंने यह अनुभव किया कि इस रचना-आंदोलन में नई संभावनाएँ जगाए बिना काम नहीं चल सकता और उन्होंने उसे एक नया मुहावरा देने का प्रयत्न किया, जिसे हम सहज काव्यभाषा कह सकते हैं।

माखनलालजी ने जीवन की लंबी यात्रा की 1888 से 1968 जनवरी तक। उन्होंने अपेक्षाकृत छोटी अवस्था में लिखना आरंभ कर दिया था, यद्यपि उनकी रचनाओं का प्रकाशन विलंब से हुआ। जब 1913 ई. में खंडवा से 'प्रभा', कानपुर से 'प्रताप' और बाद में 'कर्मवीर' पत्र (जबलपुर से 1919 ई. से, खंडवा से 1925 ई. से) आरंभ हुए तब माखनलालजी की रचनाएँ प्रायः 'एक भारतीय आत्मा' के नाम से प्रकाशित होने लगीं। पुस्तक प्रकाशन के क्रम में सर्वप्रथम 'कृष्णार्जुन युद्ध' नाटक का नाम आता है, उसके अनन्तर हिमकिरीटिनी (1942 ई.), हिमतरंगिनी (1949 ई.), युगचरण, समर्पण, वेणु लो गूँजे धरा, बीजुरी काजल आँज रही आदि काव्य-संग्रह आए। गद्य-लेखन के नाम पर कला का अनुवाद (कहानियाँ), अमीर

इरादे-गरीब इरादे, समय के पाँव, चिंतक की लाचारी संकलन हैं। 1942 ई. में प्रकाशित 'साहित्य-देवता' उनकी विशिष्ट कृति है, जिसका व्यक्तित्व काव्य का समीपी है और इसीलिए उसे गद्यकाव्य कहा गया है।

'एक भारतीय आत्मा' का व्यक्तित्व कई रेखाओं से मिलकर बना है और उन्हें किसी एक धारा का कवि कहने से हमारा साक्षात्कार अधूरा रह जाएगा। आरंभ में वे रचना और राजनीति को साथ लेकर चले, पर बाद में उन्होंने साहित्य से ही अपना रिश्ता रखा। पहले वे क्रांतिकारी दल के सदस्य थे, पर धीरे-धीरे गांधीजी के प्रभाव में आए। इसीलिए 'हिमकिरीटनी' की कविताओं में बलिदान की भावनाएँ प्रमुखता प्राप्त करती हैं। इसमें विद्रोही, सिपाही, नाश का त्योहार, बलिपंथी, तिलक, मरण त्योहार आदि कविताएँ हैं। माखनलालजी के परिवार का वैष्णव परिवेश, पिता और स्वयं के शिक्षक संस्कार क्रांतिकारियों का उग्रपंथ, गांधीवादी दृष्टि और इन सबके ऊपर उनकी रूमानी बनावट। इनके सम्मिलित योग से उनकी रचनाएँ बनी हैं और यदि इन सबका संयोजन होकर एक संघटित व्यक्तित्व सामने आ सकता तो अधिक विराट् कवि-व्यक्तित्व उभर सकता था। कई बार वे इन अनेक भूमियों पर जाते हुए स्वयं को संयोजित नहीं कर पाते, उलझाव आता है और चित्र स्पष्ट नहीं हो पाते। जैसे वे कई बार एक साथ कई स्तरों पर चलना चाहते हैं और सारे तत्त्वों का समीकरण होना शेष रह जाता है। पर जहाँ वे ऐसा कर सके हैं, वहाँ वे हिंदी स्वच्छंदतावादी काव्य को नए तेवर दे सकने का महत्त्वपूर्ण रोल अदा करते हैं। इसलिए गद्य से गुज़रे बिना उनके व्यक्तित्व की पूरी पहचान नहीं हो सकती। कविता में कई बार उनके सामने असमंजस या द्वंद्व है, पर गद्य में वे अधिक निर्णायक स्थिति में हैं। 'साहित्य देवता' (अँगुलियों की गिनती) में वे कला के विषय में कहते हैं : 'कलाकार का जीवन द्वैत में अद्वैत और अद्वैत में द्वैत की अनुभूति होती है। कलाकार राहगीर की समय काटने की वस्तु मात्र नहीं होता। वह समय का पथ-प्रदर्शन राहगीर होता है। कलाकार के स्वरों में रंग होते हैं, उसके रंगों में स्वर होते हैं। उसके चित्रण की आत्मा सजीव होती है।'

स्वच्छंदतावाद के कई कोण माखनलालजी की रचनाओं में उभरते हैं : आत्मानुभूति, आध्यात्मिक चेतना, राष्ट्रप्रेम, प्रकृति-सौंदर्य आदि। गद्य और काव्य को साथ लेकर चलने पर यह बिंब पूरा होता है। उनकी राष्ट्रीय चेतना की बात की जाती है, उसकी बनावट में एक भारतीय आत्मा की रूमानी प्रकृति की भूमिका है, कई बार वह प्रतीकों के माध्यम से कही-सुनी जाती है। 1922 ई. में रचित उनकी बहुउद्धृत कविता है 'पुष्प की अभिलाषा' जिसमें छः पंक्तियों में बलिदान भावना सँजोयी गई है। फूल न सुरबाला के गहनों में गुँथना चाहता है, न प्रेमीमाला में बिंधने की कामना उसमें है। सम्राट् का शव अथवा देवों के सिर पर चढ़ने की इच्छा भी उसमें नहीं है। वह तो यही निवेदन करता है :

मुझे तोड़ लेना वनमाली, उस पथ पर तुम देना फेंक
मातृभूमि पर शीश चढ़ाने, जिस पथ जावें वीर अनेक।

'समय के पाँव' में तिलक, गांधी, सुभाष, गणेशशंकर के माध्यम से राष्ट्रीय भावनाएँ प्रकाशित हुई हैं, जिनमें पता चलता है कि माखनलालजी की आक्रोशी मुद्रा गांधी के प्रभाव में अधिक संयत हुई। पर इससे उसकी मूल बनावट में अधिक अंतर नहीं आया। तिलक के विषय में उनका कथन है : "लोकमान्य तिलक प्रत्येक क्षण भारतीय स्वतंत्रता को और भारतीय संस्कृति को एक दूसरे की पूरक समझते रहे। यह उनके स्वराज्य आंदोलन और उनके सांस्कृतिक ग्रंथों की रचना से स्पष्ट दिखाई देता है।" गांधी के लिए उन्होंने विश्व का अनहोना काव्य, महान् मानव-काव्य अथवा काव्य-मानव आदि संबंधों का प्रयोग किया है जिससे उनकी राष्ट्रीय भावना का सांस्कृतिक पक्ष प्रकट होता है। उनकी सांस्कृतिक दृष्टि उन्हें देश के इतिहास और प्रकृति-सौंदर्य से जोड़ती है। वे अपने देश की कल्पना करते हुए उसकी प्रकृतिश्री पर मुग्ध होते हैं, 'युगपुरुष' नामक कविता में हिमालय भारत-युगपुरुष का रजतमुकुट है, सिंधु इरावती सुहावन वैभव-घट, गंगा-यमुना उरमाला, नर्मदा कमरबंद, कृष्णा-कावेरी खड्ग।

'एक भारतीय आत्मा' की राष्ट्रीय चेतना में सांस्कृतिक, रूमानी और यहाँ तक कि आध्यात्मिक पक्ष ऐसे घुलमिल गए हैं कि उनकी कविताओं में उसे खोज पाने का कार्य सरल नहीं होता और कई बार कविता की शुरुआत रूमानी होती है, पर उसमें राष्ट्रीय चेतना बसी रहती है। इसी तरह राष्ट्रीय संदर्भों की बात करते-करते कविताएँ आध्यात्मिक संकेत देने लगती हैं। लोग कहते पाए जाते हैं कि कई बार 'एक भारतीय आत्मा' की चेतना परोक्ष होती है, पर इसके लिए शासन से बचाव की जो दलील वे देना चाहते हैं, उसमें कोई दम नहीं। उनकी कविताएँ केवल देशप्रेम भावोच्छ्वासों से संतुष्ट नहीं होतीं, वहाँ राष्ट्रीय चेतना का एक संपूर्ण बिंब मौजूद है। कवि राष्ट्र को उसकी समग्रता में देखता है और उसके सघन चित्र बनाता है। वह अपने व्यक्तित्व के साथ वहाँ उपस्थित है, केवल वक्तव्यों के साथ नहीं। प्रायः उनकी कविता 'कैदी और कोकिल' को उद्धृत किया जाता है, जिसकी रचना 1930 ई. में जेल में हुई। इसमें एक कैदी कोकिला को संबोधित करके अपनी राष्ट्रीय भावना का प्रकाशन करता है। क्या यह स्वयं में एक रूमानी कल्पना नहीं है कि एक पक्षी, जिसे वसंत का प्रतीक माना जाता है और जिसे आम्रवन में विहार करते दिखाया गया है, उसे राष्ट्रीय ज्वार में सम्मिलित किया जाए। पहले कवि कारागृह की एक तस्वीर बनाता है—ऊँची काली दीवारों का घेरा, डाकू-चोरों का साथ, पेट भर खाने का सिलसिला नहीं, जीवन पर दिन-रात कड़ा पहरा। ऐसे परिवेश में रात के गहरे अँधियारे में कैदी कोकिला को संबोधित करता है कि सुबह-सुबह दुनिया को जगाने वाली कोयल क्या रात के आधे पहर में विश्व जगाने आई है ? संपूर्ण कविता से

गुजरने पर रूमानी प्रवृत्तियों के भीतर से झाँकती हुई राष्ट्रीय भावना दिखई देती है। प्रकृति के दृश्य, जीवन-यथार्थ साथ-साथ मौजूद हैं :

क्या देख न सकतीं जंजीरों का गहना ?
हथकड़ियाँ क्यों ? यह ब्रिटिश राज का गहना
कोल्हू का चरक चूँ ? जीवन का तान
मिट्टी पर अँगुलियों ने लिक्खे गान।
हूँ मोट खींचता लगा पेट पर जूआ
खाली करता हूँ ब्रिटिश अकड़ का कूआ
दिन में करुणा क्यों जगे, रुलाने वाली
इसलिए रात में गजब ढा रही आली।
इस शांत समय में
अंधकार को बेध-सी रही क्यों हो ?
कोकिल बोलो तो !
चुपचाप मधुर विद्रोह बीज
इस भाँति बो रही क्यो हो ?
कोकिल बोलो तो !

'एक भारतीय आत्मा' की राष्ट्रीय चेतना की चर्चा करते हुए उसके कई आयामों पर हमारी दृष्टि जानी चाहिए और केवल जोश-खरोश वाली कविताओं के उदाहरण देकर संतुष्ट नहीं हो जाना चाहिए, क्योंकि समय के साथ उसमें नए तत्त्व सम्मिलित होते रहे हैं। सामयिक संदर्भों और जीवन-यथार्थ को देशप्रेम की कविताओं से अलग नहीं किया जा सकता। रचनाकार यदि सामाजिक-सांस्कृतिक दायित्व का पालन करना चाहता है, तो उसे आस-पास की ज़िंदगी पर नज़र रखनी होगी और वह केवल सदाशयता पर नहीं जी सकता। उन्हीं के शब्द हैं : ''आसमान के से विचार हों परंतु हम ज़मीन पर हैं, यह न भूलें। हमें जो बोलना होगा, ज़मीन की बोली में बोलना होगा। हम ज़मीन पर रहते हैं जिस पर हम जन्मे हैं, हम जमीन पर पैदा हुए हैं और ज़मीन के उथल-पुथल के संदेशवाहक होकर ही हमें रहना है।'' आरंभ में 'एक भारतीय आत्मा' की राष्ट्रीय भावना में विद्रोह, बलिदान के स्वरों की प्रमुखता थी, पर आगे चलकर उनकी राष्ट्रीय चेतना अधिक गहरी हुई। उन्होंने उसे व्यापक मानवीय चेतना से जोड़ा। देश के आज़ाद हो जाने पर शायद कुछ लोगों ने सोच लिया कि फिलहाल राष्ट्रीयता की आवश्यकता नहीं, अगर कभी बाहरी आक्रमण हों तो देशप्रेम के गीत फिर गाए जा सकते हैं। पर माखनलालजी ने सामयिक संदर्भों की पहचान की और अपनी रचनाओं में उसे दो-टूक शब्दों में कहा। 'समय के पाँव' में तिलक के जीवन की एक घटना का जिक्र करते हुए वे लिखते हैं : ''एक बार उनके किसी मित्र ने पूछा कि भारत में स्वराज्य मिल जाए तो आप अपने लिए कौन-सा विभाग

चुनेंगे ? उस समय शील मानो लोकमान्य के हर शब्द पर भारतीय संस्कृति का अमृत-भांड लेकर खड़ा हो गया। बोले, मैं तो स्वराज्य सरकार के किसी कॉलेज में गणित का अध्यापक हो जाऊँगा। क्या महत्त्वाकांक्षा के जीर्ण-ज्वर से पीड़ित आज के अधिकांश राजनीतिज्ञों में इस शील को कहीं ढूँढ़ा जा सकता है।"[7]

माखनलाल चतुर्वेदी ने हिंदी स्वच्छंदतावादी काव्य के लगभग समानांतर यात्रा की, इसलिए उनकी चेतना में रूमानी तत्त्व सहज भाव से आ गए। थोड़ा वे राष्ट्रीय चेतना की ओर मुड़े, थोड़ा आध्यात्मिकता की ओर पर उनमें रूमानी प्रवृत्तियाँ बनी रहीं। संयोग से वे इतिहास के उस मोड़ पर अपनी रचना लेकर उपस्थित हुए जब स्वच्छंदतावादी काव्य अपने सर्वोत्तम से गुजर रहा था, इसलिए उसकी ताज़गी से उनका परिचय हुआ। उन्होंने गीतों का माध्यम स्वीकार किया पर कोशिश यह की कि वे एक नया मुहावरा अपनाएँ। उन्होंने प्रतीकों की एक नई दुनिया तलाशने में श्रम किया और भाषा की सहजता को पकड़ा। उन्हें शब्द-शिल्पी कहा जाता है, पर यह कलाबाजी या शब्दजाल नहीं है। उन्हें एहसास है कि अपनी बात अगर अधिकाधिक लोगों तक पहुँचानी है तो भाषा के आभिजात्य से मुक्त होना होगा। उत्तर-स्वच्छंदतावादी काव्य के दो मुख्य हस्ताक्षर—महादेवी और माखनलाल चतुर्वेदी इस क्षेत्र में विपरीत दिशाओं में जाते दिखाई देते हैं। माखनलाल ने इस विषय में संत कवियों का उदाहरण देते हुए कहा है कि वे लोकवाणी बोलते थे, लोकवाणी लिखते थे, लोकवाणी गाते थे, और लोक-हृदय में वाणी को पहुँचाते थे। उन्होंने अभिजात भाषा पर कटाक्ष करते हुए कहा : 'जब ऋषित्व और संतत्व गया, तब हम शहराती जबान लिखने लगे।' 'अमीर इरादे, गरीब इरादे' में उनका वक्तव्य है : "ऐसा न हो कि हम लिखें और वस्तु मुहाफ़िज़खानों के बस्तों में बाँधकर रख दी जाए। हम कभी अपने गर्व को भी तो देख लिया करें। हमारे गाँव-गँवई के लोग हमें जानते नहीं और दावा है कि राष्ट्र जानता है। यह दूरी नहीं है। यह जीवन के प्रति हमारे ईमान का अभाव है। इस अभाव की पूर्ति हमारा उत्तरदायित्व है।"

एक कवि जिसे लंबी यात्रा करनी पड़े और समाज की कई क्रमावस्थाओं से गुजरना हो, उसे यदि अपने को दुहराकर समाप्त नहीं हो जाना है, तो उसे रचना का नया मुहावरा तलाशना होगा। माखनलाल जी को यह एहसास है कि स्वच्छंदतावाद में नई संभावनाएँ जगाए बिना काम नहीं चल सकता। हम मानते हैं कि रूमानी प्रवृत्तियों से विद्रोह करके, गैररूमानी भूमियों पर जाने का सीमांती प्रयत्न उन्होंने नहीं किया। पर भाषा के स्तर पर उन्हें सजग देखा जा सकता है और बात कहने की कला उनकी अपनी है। यहाँ वे अपने व्यक्तित्व के साथ उपस्थित हैं और उन्हें अलग से टटोला जा सकता है। जब वे 'तुम्हारे बोल' जैसी कविताएँ लिखते हुए प्यार, चुंबन, स्नेह की बात करते हैं तब भी वे सहज मुहावरा काम में लाते हैं। पत्नी की याद में लिखा गीत है :

तरुणाई के प्रथम चरण में जोड़ी टूट गई।
फूली हुई रात की रानी प्रातः रूठ गई।
गंध बनी साँसों भर आई
छंद बनी फूलों पर छाई
बन आनंद धूलि पर बिखरी
यौवन के तुतलाते वैभव संध्या लूट गई।
फूलों भरी रात की रानी, सहसा रूठ गई।

भाषा का नया मुहावरा, कहने की नई तर्ज के लिए प्रायः माखनलाल जी के गद्य को सराहा गया है और उनकी वक्तृता का भी उदाहरण प्रस्तुत किया जाता है। सहज भाषा को तलाशते हुए उन्होंने तद्भव शब्दों और उर्दू की शब्द-संपदा का सहारा लिया। यही कारण है कि स्वच्छंदतावाद के साथ-साथ यात्रा करने वाले माखनलालजी को कवियों की नई पीढ़ी ने अपना 'काव्यगुरु' स्वीकारा और जहाँ तक अभिव्यक्ति का प्रश्न है, उनसे प्रेरणा ली। कुछ लोग माखनलालजी के काव्य से अनगढ़ता की शिकायत करते हैं। संभवतः ऐसे समीक्षकों में अलंकृत काव्य के प्रति जो आसक्ति का भाव है, उसे वे अन्यत्र भी पाना चाहते हैं। पर भाषा का नया मुहावरा पाकर माखनलालजी ने हिंदी स्वच्छंदतावादी काव्य के कुछ तत्त्व अकालकवलित हो जाने से बचा लिए। उनका काव्य स्वच्छंदतावाद से अपनी यात्रा आरंभ करके, उसके भीतर नई संभावनाएँ जगाता है और यदि वे सब कुछ अपने व्यक्तित्व से संयोजित कर सके होते तो भी महत्तम ऊँचाइयों पर जाते। उन्हें स्वतंत्र देश के रचनाकार के दायित्व का बराबर एहसास था और वे जानते थे कि रचना के सामने कई संकट हैं। उन्हें मालूम था कि मौजूदा सामाजिक व्यवस्था बुद्धिजीवी को खरीदना चाहती है। उन्हीं के शब्द हैं—"भयंकर परिणाम यह होगा कि कलम और ईमान बेचने से इनकार करने पर साधन वालों द्वारा उसे भूखा मार डालने के खुले षड्यंत्र का सामना करना होगा।"

माखनलालजी की रचनाएँ स्वच्छंदतावाद को नई ध्वनियाँ देने में प्रयत्नशील रहीं, उसके उदाहरण 'हिमकिरीटनी' तक में खोजे जा सकते हैं, जिसमें प्रायः 1920-35 ई. के बीच की रचनाएँ संकलित हैं। इससे प्रमाणित होता है कि समानधर्मा प्रतिभाशाली कवियों—प्रसाद, निराला, पंत के साथ यात्रा करते हुए भी वे उनसे अभिभूत नहीं थे और अपने स्वतंत्र व्यक्तित्व के निर्माण के प्रति सचेष्ट थे। यही वैशिष्ट्य उनकी राष्ट्रीय चेतना को नई दीप्ति देता है और वे प्रयोगों की भूमिका तक आते हैं। सबसे बड़ी बात यह कि कहने का ढंग उनका अपना है, जिससे वे वैशिष्ट्य पाते हैं और दूसरों के लिए प्रेरणा बनते हैं। 'सजना जवानी चढ़ आई है फसलों तक, खेतों तक' की पंक्तियाँ किसी ताजे-टटके गीत जैसी प्रतीत होती हैं और स्वच्छंदतावादी गीत-सृष्टि से भिन्न हैं :

दृश्य बिगड़ते थे, बनते थे, गगन झूम कर गाता था
काँधे लिये कुल्हाड़ी जब मस्ताना बालम आता था।
रखवाला सूरज धीरज धर, चक्कर काट रहा था
वसुधा की गोदें भरने से सोना बाँट रहा था।
कविता, कला, कल्पना, कोशिश बिखरी स्वेदकणों तक
सजना जवानी चढ़ आई है फसलों तक, खेतों तक।

माखनलालजी की रचनाएँ हिंदी स्वच्छंदतावाद से शुरू होकर, उसके कलेवर से बाहर निकलने की चेष्टा करती हैं और इस प्रकार रचना की नई भूमि के लिए द्वार खोलती हैं। उन्हें हम नए लेखकों, कवियों के लिए नई संभावनाओं की तलाश करते हुए देख सकते हैं। उनमें स्वच्छंदतावाद की रूमानी वृत्ति, नई आध्यात्मिकता, सांस्कृतिक चेतना मौजूद है पर माखनलालजी छाप अपनी लगाना चाहते हैं। जैसा कहा जा चुका है कि उनका व्यक्तित्व अनेक प्रकार से द्वंद्वों के कारण पूर्ण संयोजित नहीं हो पाता और हम उन्हें बिखरा-बिखरा-सा देखते हैं। रचना की सहजता पाने की उन्होंने जो चेष्टा की, उसी में कवि भवानी मिश्र का नाम लिया जा सकता है।

शेषकण

हिंदी स्वच्छंदतावादी काव्य चौथे दशक के मध्य तक अपनी पूर्णता पर पहुँचकर नई भूमियाँ तलाशने लगा। जो सामाजिक दबाव काम कर रहे थे, उनमें पिछली रूमानी ज़मीन पर बने रहना, आत्मघात के अतिरिक्त और कुछ न होता। रूमानी काव्य के कथ्य शिल्प लगभग रूढ़ हो चले थे और नई बात कह पाना आसान न था। स्वच्छंदतावाद जब अपनी उठान पर था तब महादेवी और माखनलाल चतुर्वेदी उससे जुड़े। महादेवी ने अपने लिए एक सीमित निजी संसार चुना, जिसे उन्होंने नई आध्यात्मिक-रहस्य-चेतना दी। माखनलालजी ने राष्ट्रीय-सांस्कृतिक दिशाएँ पकड़ीं और उसे नई सरणियों की ओर मोड़ना चाहा। इन कवियों को यह लाभ था कि वे रचना के उस क्षण में आए जब स्वच्छंदतावादी काव्य निश्शेष नहीं हुआ था, और वह अपने सर्वोत्तम के अंतिम दौर से गुज़र रहा था। इसलिए इनमें इस आंदोलन का ताप-ऊष्मा मौजूद है। पर आगे चलकर जब सामाजिक दबावों में स्वच्छंदतावादी काव्य दूसरी दिशाओं की ओर जाने लगा और एक प्रकार से उसके बिखरने की प्रक्रिया आरंभ हुई तब जो कुछ अगली पीढ़ी के हाथ लगा, उन्हें शेष कण ही कहा जाएगा, बचा-खुचा अंश !

जब रचना का नया दौर शुरू होता है तब उसके सामने एक विचित्र द्वंद्व उपस्थित होता है। यदि पूर्ववर्ती रचना-आंदोलन में प्रतिभावान् हस्ताक्षर हो चुके हों, तो उनके व्यक्तित्व के प्रभाव से स्वयं को पूरी तरह मुक्त कर पाना, नए रचनाकारों के लिए आसान नहीं। होता यह है कि बड़ी प्रतिभाएँ अपना एक अजीब तरह का आतंक

छोड़ती हैं और उन्हें चुनौती देने के लिए साहस की अपेक्षा होती है। इसके अतिरिक्त एक रचना-आंदोलन संवेदन और शिल्प की संभावनाएँ दुह लेता है, तब नई रचना को नई भूमि बनाने में कुछ समय लगता ही है। इस प्रकार, अंतराल का एक ऐसा युग भी आ सकता है जब लेखन थोड़ी देर के लिए ठहरा हुआ दिखाई दे, या अधिक-से-अधिक पूर्वजों की आवाज़ें दुहराता रहे। इतिहास के नए दबाव रचना को प्रभावित तो करते हैं, पर एकाएक उन्हें आत्मसात् करके लेखन की नई दुनिया बसाने का काम सरल नहीं। इसके लिए एक ऐसी पीढ़ी की आवश्यकता होती है जो समाज-इतिहास की जटिलताओं को बखूबी समझ सके। अपनी सामाजिकता का भी उसे गहरा एहसास हो और उसे अभिव्यक्ति देने के लिए वह नया मुहावरा तलाश सके। मुक्तिबोध ने अभिव्यक्ति के सारे ख़तरे उठाने की बात कही है, जिसके बिना कोई भी रचना अपनी सार्थकता नहीं प्राप्त करती। पर अभिव्यक्ति का जोखिम केवल अंदाज़े-बयाँ नहीं है, वह नए संवेदन जगत् के अनुरूप नए मुहावरे की तलाश है ताकि बात पूरी शक्ति से कही जा सके और वह माहौल उभर सके जो लेखक का अभीष्ट है।

इस प्रकार, हिंदी स्वच्छंदतावादी काव्य के सर्वोत्तम के लगभग अंतिम दौर में कवियों की जो नई पीढ़ी आ रही थी, उसके सामने कई संकट थे। दुनिया और देश का बदलता माहौल, आशा-निराशा के बीच उठती-गिरती भारत की आज़ादी की लड़ाई, दबी-पिसी जनता का आक्रोश, मध्यवर्ग का अंतःसंघर्ष। इस प्रकार एक द्वंद्व भरे सामाजिक परिवेश के बीच से उठती हुई स्वच्छंदतावाद के बाद की रचना। काव्य के क्षेत्र में नई भूमि तोड़ने के लिए जिस नए प्रस्थान की आवश्यकता होती है, वैसा नहीं किया जा सका। निराला ने ऐसा कर दिखाया था, तभी वे स्वयं से भी लड़ने की क्षमता रखते हैं। कई बार ऐसा होता है कि उन्हें अपने विरुद्ध खड़े होते देखा जा सकता है क्योंकि गतिरोध आने के पहले वे दूसरे संवेदन-क्षेत्र में पहुँच जाना चाहते हैं, ताकि ठहर न जाएँ या अपने को दुहराने न लगें। स्वच्छंदतावाद के बाद आने वाले कवियों की पीढ़ी जिस माहौल में काम कर रही थी और देश की जो डाँवाडोल राजनीतिक-सामाजिक स्थितियाँ थीं, उनमें पूर्ण विद्रोह का अवसर कम था। समाज को नेतृत्व दे सकने वाला मध्यवर्ग कमरतोड़ महँगाई, बेरोजगारी, साम्राज्यवादी दमन से पीड़ित तो था, पर वह किसी वैचारिक क्रांति की अगुआई करने का जोखिम उठाने के लिए तैयार न था। किसान-मजदूर, सर्वहारा वर्ग नेतृत्वविहीन होकर भटक रहे थे और असंगठित लड़ाई के जो दृश्य होते हैं, उसे स्वतंत्रता आंदोलन में देखा जा सकता है। स्वच्छंदतावाद के बाद रचनाकारों की जो पीढ़ी उठी उसमें मध्यवर्ग ने मुख्य भूमिका निभाई और सच्चाई तो यह है कि नई कविता के दौर तक उसकी यह शिरकत जारी है। भारतीय मध्यवर्ग की मनोवृत्ति के विस्तार में जाए बिना कहा जा सकता है कि परतंत्र देश में वह भीतर-भीतर उद्वेलित तो है, पर जहाँ तक रचना

का प्रश्न है वह विद्रोह नहीं कर सका। कई बार उसने अपनी एक निजी दुनिया बनाई और उसे ही जैसे अपना रक्षा-कवच मान लिया। उसने सोचा कि नींद में डूबे हुए योद्धा हम सुरक्षित हैं। इस निजी दुनिया को व्यक्त करने में उसे स्वच्छंदतावाद के शेष कण ही नसीब हुए क्योंकि शंख, सीपियाँ तजकर ज्वार जा चुका था (नरेश मेहता)।

गीतसृष्टि

स्वच्छंदतावाद के बाद की पीढ़ी ने अपने कवि-अग्रजों से रूमानी संवेदन-संसार लिया और अभिव्यक्ति के लिए गीत का माध्यम अपनाया। रूमानी संवेदन की बात करते हुए स्वच्छंदतावादियों ने उस पर कई परतें चढ़ाईं, उसे सुंदर आवरण दिए, संकेतों से बातें कहीं, उसमें सांस्कृतिक-आध्यात्मिक चेतना तक भरी। पर उतरते ज्वार में इस नई गीतसृष्टि ने लाज के सारे आवरण उठाकर फेंक दिए, किसी सीमा तक कवि लगभग प्रकृतवाद की भूमि पर उतर आए और उसके आरंभिक चरण को दिगंबरी काव्य तक की संज्ञा दी जा सकती है। प्रायः इसे व्यक्तिपरक काव्य कहा जाता है। स्वच्छंदतावादियों ने मानव-व्यक्तित्व को प्रतिष्ठित किया और निजी अनुभूतियों का उपयोग किया। नया काव्य भी अपने अहं का पूरा एहसास रखता है, पर इनकी प्रतिक्रियाओं में अंतर है। रूमानी कवि बाहरी दुनिया को अपने भीतर समेटते हैं और इस प्रकार अपना संवेदन-संसार बढ़ाते हैं। उनमें वस्तुपरकता के स्थान पर एक ऐसी आत्मपरकता होती है जहाँ वे अपनी भावना का प्रक्षेपण करते हुए चलते हैं। व्यक्तिपरक गीत-सृष्टि भोगी हुई ज़िंदगी पर भरोसा करते हुए चली और शुरू में उसने अपने को बाहरी दुनिया से जोड़ने की अधिक चेष्टा भी नहीं की। उसमें एक प्रकार का अभिव्यक्ति-मोह है और वह शरीर केंद्रित ऐन्द्रियाकर्षण से भी लिप्त है। नया काव्य विशेषतया प्रयोगवाद अहम्-परिचालित होने के कारण अपने व्यक्तित्व के प्रति सजग है और उसकी अभिव्यक्ति के लिए उसे नए प्रतीकों का सहारा लेना पड़ा।

जिसे स्वच्छंदतावाद के बाद की गीतसृष्टि कहा जाता है, उसमें कई नाम लिए जाते हैं : दिनकर, बच्चन, नरेंद्र, अंचल, सुमन आदि। इन्होंने अपनी यात्रा का आरंभ रोमांस की अभिव्यक्ति से किया और अपनी बातें गीत के माध्यम से कहीं, पर यहाँ बतौर संकेत कहा जा सकता है कि प्रायः इनमें बदलाव आए। दिनकर को राष्ट्रीय-सांस्कृतिक काव्य से जोड़ा गया और सुमन प्रगतिशील काव्यधारा के प्रमुख हस्ताक्षरों में गिने जाते हैं। बच्चन ने हालावाद से अपना विशिष्ट स्थान बनाया। नरेंद्र और अंचल ने भी बीच में कुछ सामाजिक रुख अपनाया, पर जल्दी ही एक आध्यात्मिकता की ओर गया और दूसरा पिछली रोमांस की दुनिया में लौट गया। इस गीतसृष्टि ने अभिव्यक्ति की खुली छूट ली और कहनी-अनकहनी सबको गीतों में अभिव्यक्ति मिली। इसका एक कारण भारतीय राजनीति, समाज का वह असमंजस

है जिसकी दिशा उस समय पूरी तरह स्पष्ट न थी। पर मध्यवर्ग की कुंठाएँ भी काम कर रही थीं, जो सामाजिक बंधनों में अपनी तृप्ति नहीं खोज पा रही थीं। एक प्रकार का वैयक्तिक असंतोष इन गीतों के माध्यम से प्रकाश में आ गया। जीवन-यथार्थ से घबड़ाकर वह प्रिया के अंचल में मुँह छिपाने लगा और रूपासक्ति में उसे एक क्षणिक आश्रय मिला। बच्चन कहते हैं कि जब मैं प्यार करूँ तो मुझ पर कोई बंधन, सीमा, नियंत्रण न हो (एकांत संगीत)। नरेंद्र 'आज न सोने दूँगी बालम' की बात करते हैं : अर्द्धनिशा, घिरी अँधेरी, चंचल तारे, यौवन की उमड़ी सरिता, फूलों से भरी सेज, व्याकुल माला की कलियाँ, प्यारे सूखे अधर...आदि। अंचल की विवशता है कि किसी की मदभरी चितवन कलेजे से नहीं जाती...। यद्यपि दिनकर, सुमन ने भी गीतों से अपनी यात्रा का आरंभ किया, पर एक ने राष्ट्रीय-सांस्कृतिक दिशा ली और आख्यान-काव्य का माध्यम भी अपनाया, दूसरा प्रगतिशीलता से जुड़ गया। जहाँ तक स्वच्छंदतावाद के तत्काल बाद की दिगंबरी गीतसृष्टि का सवाल है बच्चन, नरेंद्र, अंचल उस गीतत्रयी में आते हैं। इन लोगों ने चौथे दशक के मध्य के आस-पास लिखना-छपना शुरू किया था। बच्चन की 'मधुशाला' 1935 ई., नरेंद्र के 'प्रवासी के गीत' 1939 ई. और अंचल की 'मधूलिका' 1938 ई. के प्रकाशन हैं। इन तीनों गीतकारों को अन्य कवियों से इसलिए भी अलगाना पड़ता है क्योंकि ये अपने आरंभिक काव्य में खुली अभिव्यक्ति का प्रतिनिधित्व करते हैं। बच्चन ने भाषा की सरलता का जिस रवानी के साथ उपयोग किया, उससे आगे आने वाले सामाजिक यथार्थ को भी अभिव्यक्ति की सुविधा हुई।

निजी अनुभव संसार को व्यक्त करने में स्वच्छंदतावाद एक संकोच-दुराव का अनुभव करता है और कई बार संकेतों की भाषा अपनाता है। प्रकृति के प्रतीक उसकी सहायता करते हैं और कवि बिंब-निर्माण में रुचि लेते हैं। स्वच्छंदतावादी कवि अपनी वैयक्तिकता को व्यक्तित्व में परिणत करने के लिए सचेष्ट दिखाई देते हैं और अपनी एक दृष्टि विकसित करना चाहते हैं। वे इस वैयक्तिकता को राष्ट्रीयता, सांस्कृतिक परिवेश, मानवीयता से जोड़ते हैं और इस प्रकार, स्वच्छंद कल्पना उनके अनुभव-संसार को गहरा करती है। प्रसाद की 'कामायनी' पर स्वच्छंदतावादी दबाव की बात कही जा चुकी है। प्रलय के बाद धीरे-धीरे जलमुक्त होती पृथ्वी का बिंब बनाते हुए उनके अवचेतन में प्रिय-प्रिया के घनिष्ठ मिलन-दृश्य मौजूद है, इसमें संदेह नहीं, पर उसका भान हमें विलंब से होता है :

सिंधु सेज पर धरा वधू अब
तनिक संकुचित बैठी-सी
प्रलय निशा की हलचल स्मृति में
मान किए-सी, ऐंठी-सी।

यहाँ कवि के अवचेतन में मिलन-शैया का दृश्य मौजूद है, पर बिंब निर्मित

करते समय वह एक बाहरी दृश्य से उसे जोड़ता है। इस प्रकार, अर्थ-विस्तार में सहायता मिलती है। प्रसाद ने अध्ययन से पाए गए पुराने बिंबों का प्रयोग नए संदर्भों में किया है, जिससे वे ऐन्द्रिय बोध से आगे निकलते हैं। कई बार स्वच्छंदतावादी कवि इसीलिए आध्यात्मिकता आदि का भ्रम तक उत्पन्न करने में सफल हो जाते हैं। उत्तर-स्वच्छंदतावादी काव्य में महादेवी और माखनलाल चतुर्वेदी दोनों प्रणयानुभूति का उपयोग करते हुए उसमें आध्यात्मिक संकेत भरते हैं। वास्तव में स्वच्छंदतावाद अपने निजी अनुभव-संसार की शारीरिकता कम करके प्रायः मानसिकता के स्तर पर प्रेम-चर्चा अधिक करता है, जिसके लिए सूक्ष्म अनुभूति का प्रयोग किया जाता है। पर स्वच्छंदतावाद के बाद आनेवाली गीतकारों की पीढ़ी के बच्चन, नरेंद्र, अंचल इस दिशा में संकोचरहित हैं और आध्यात्मिकता, आदर्शवाद के लिए कोई गुंजायश नहीं। पूछा जा सकता है कि देश की विषम राजनीतिक-सामाजिक स्थितियों को नकारते हुए ये कवि अपना दिगंबरी काव्य क्यों रचते रहे ? समाज में व्याप्त अनिर्णय की स्थिति स्वयं इसका कारण है। अपनी बात अधिक-से-अधिक लोगों तक पहुँचाने के लिए इस गीतसृष्टि ने सरल अभिव्यक्ति का सहारा लिया और रचनाएँ कवि सम्मेलनीय हुईं। स्वच्छंदतावाद के निगति क्षण ही इस काव्य को मिल सके और इसे जल्दी ही सामाजिक दबावों के कारण सामाजिक यथार्थ की प्रगतिशील दिशाओं में जाना पड़ा।

रामधारी सिंह दिनकर

स्वच्छंदतावाद की राष्ट्रीय-सांस्कृतिक चेतना किस प्रकार माखनलाल चतुर्वेदी में प्रतिफलित हुई, इसका विवेचन किया जा चुका है। चौथे दशक से उसमें कई नए तत्त्व आकर मिल जाते हैं कि उसका स्वरूप व्यापक होता है। इसके पूर्व मैथिलीशरण आदि की दृष्टि भावुक अधिक थी। स्वच्छंदतावादियों ने राष्ट्रीयता में सांस्कृतिक चेतना का मेल कराया और उनकी प्रतिक्रियाएँ कई बार काफी बौद्धिक प्रकार की थीं। आगे चलकर जब समाजवादी विचारधाराएँ देश में प्रवेश करने लगीं तो समाजवादी यथार्थ का तत्त्व भी सम्मिलित हो गया। मार्क्सवादी दर्शन में राष्ट्रीयता और समाजवाद को विरोधी शब्दों के रूप में भी देखा जाता है। वहाँ आशय यही है कि जो संकुचित राष्ट्रवादी भावनाएँ तानाशाही को बढ़ावा देती हैं और व्यापक मानवीय हितों को ठुकराती हैं, वे समाजवादी लक्ष्य के विरुद्ध हैं। लेनिन 'पूर्व में राष्ट्रीय स्वतंत्रता-आंदोलन' में अंतर्राष्ट्रीय जनवादी संस्कृति का समर्थन करते हैं और कहते हैं कि संकुचित राष्ट्रवादी नारों से सावधान रहना चाहिए। आचार्य नरेंद्र देव की पुस्तक का शीर्षक है—राष्ट्रीयता और समाजवाद।

स्वच्छंदतावाद को राष्ट्रीय-सांस्कृतिक चेतना को यथार्थ से जोड़ने की दिशा में कवियों को बौद्धिकता का और अधिक सहारा लेना पड़ा। वे जानते थे कि आज भारतीय समाज की परतंत्रता केवल राजनीतिक न होकर सामाजिक-आर्थिक भी है

और यदि नया समाज बना तो उसकी आधारशिला में समानता प्राथमिक आवश्यकता है। इनके भी दो वर्ग बने—एक वे जो सदाशयता का भाव लेकर चले जैसे दिनकर और दूसरे वे जिन्हें मार्क्सवादी चिंतन की प्रगतिवादिता ने आकृष्ट किया जैसे सुमन। दिनकर की सांस्कृतिक चेतना की वैचारिक अभिव्यक्ति 'संस्कृति के चार अध्याय' जैसे उनके परवर्ती ग्रंथों में हुई है। उनके कवि-जीवन की शुरुआत यों तो चौथे दशक के आरंभ से होती है, पर प्रथम संकलन 'रेणुका' का प्रकाशन 1935 ई. में हुआ।

दिनकर में रोमांस और राष्ट्रीय चेतना की सम्मिलित प्रवृत्तियाँ मिलती हैं और सच्चाई तो यह है कि एक को स्वस्थ भूमि देकर तथा दूसरे को सांस्कृतिक दिशा देकर, दोनों के सम्मिलन से उन्होंने अपनी यात्रा पूरी की। 'उर्वशी' में उनकी स्वच्छंदतावादी वृत्ति आदर्शीकृत होती है और 'कुरुक्षेत्र' में सांस्कृतिक-राष्ट्रीय चेतना मौजूद है। दिनकर कभी 'रेशमी नगर' जैसी कविताएँ लिखते हैं, जिसमें दिल्ली के नये भोगविलास का जिक्र है और कभी आक्रोशी मुद्रा में आने पर 'परशुराम की प्रतीक्षा'। आरंभिक काव्य में शृंगार और हुंकार की सम्मिलित भूमि देखी जा सकती है। 'रेणुका' का कवि अपने को अधिक वास्तविक भूमि पर लाना चाहता है :

व्योम कुंजों की परी अयि कल्पने !
भूमि को निज स्वर्ग पर ललचा नहीं
उड़ न सकते हम धुमैले स्वप्न तक
शक्ति हो तो आ, बसा अलका यहीं !

काव्य-संकलन के आरंभ में 'युगधर्म' और 'जागृति हुंकार' की बात कही गई। 'हिमालय के प्रति' कविता में राष्ट्रीय-सांस्कृतिक चेतना की खुली अभिव्यक्ति हुई है। कहा गया है कि पुण्यभूमि पर कराल संकट आन पड़ा है और व्याकुल सुत तड़प रहे हैं...। आवाहन है : पर फिरा हमें गांडीव, गदा, लौटा दे अर्जुन, भीम वीर...। 'पाटलिपुत्र' अथवा 'मिथिला' में नगरियाँ अपना पिछला वैभव तलाशती हैं, यह स्थिति के प्रति रूमानी दृष्टि है। मिथिला नगरी का दर्द है : खंडहर में खोज रही अपने/उजड़े सुहाग की हूँ लाली।

'रेणुका' में रूमानी भावनाएँ राष्ट्रीय चेतना को साथ लेकर चलीं पर 'हुंकार' में कवि अधिक आक्रोशी मुद्रा अपनाता है, क्रांति की बात करता है और हर प्रकार के अत्याचार का विरोध यहाँ देखा जा सकता है। यहाँ श्वानों को दूध-वस्त्र मिलते हैं, भूखे बालक अकुलाते हैं और माँ की हड्डी से चिपक ठिठुर जाड़ों में रात बिताते हैं। 'हिमालय' कविता में फिर देश के पुराने वैभव को पाने की इच्छा है। तीसरे काव्य-संकलन 'रसवंती' में रूमानी भावनाओं की प्रधानता है, पर इस क्षेत्र में दिनकर आरंभ से ही अधिक स्वस्थ भूमि पर खड़े दिखाई देते हैं तभी वे 'उर्वशी' में 'कामाध्यात्म' का प्रक्षेपण कर सके।

दिनकर के आरंभिक काव्य-चरण में स्वच्छंदतावादी काव्य के दो तत्त्व—

रूमानी-प्रवृत्तियाँ और राष्ट्रीय-सांस्कृतिक चेतना मुख्य रूप से देखी जा सकती हैं। पर आरंभ से ही वे अपने स्वतंत्र व्यक्तित्व के निर्माण के प्रति सचेत हैं और इसलिए वे अधिक उदात्त भूमियों पर जाने में सफल हुए। कुरुक्षेत्र, रश्मिरथी, उर्वशी आख्यान-काव्य इसके प्रमाण हैं, जहाँ दिनकर ने अपनी गीतात्मक प्रवृत्तियों को जीवन के कतिपय बृहत्तर संदर्भों की ओर मोड़ा। यहाँ उनका विचारपक्ष काव्य के अनुभूति पक्ष से एकाकार होकर आया है। 'कुरुक्षेत्र' में युद्ध-शांति का प्रश्न है पर संघर्ष से बचने का समर्थन नहीं। काव्य में इन जटिल समस्याओं पर विचार करते हुए दिनकर वास्तविकता से पलायन नहीं करते। माना, युद्ध एक तूफान है जो भीषण विनाश करता है, पर आखिर इसका दायित्व किस पर है ? जब तक समाज में शोषण, दमन, अन्याय मौजूद है, तब तक संघर्ष अनिवार्य है और 'कुरुक्षेत्र' इससे बच जाने को कायरता मानता है। तीसरे सर्ग में कवि ने इस विषय में विस्तृत विचार किया है। उनका कहना है कि कृत्रिम शांति का कोई अर्थ नहीं होता। शांति तभी शोभा पाती है जब सबको जीने के समान अवसर हों। युद्ध का विरोध करते हुए कई बार शोषक यह कहते हुए पाये जाते हैं कि 'हृदय रक्त पीने दो' और वे इस प्रकार अपना साम्राज्य बनाए रखना चाहते हैं। दिनकर ऐसे में वीरत्व का समर्थन करते हैं और कहते हैं कि न्याय के बिना शांति नहीं। 'कुरुक्षेत्र' में युद्ध-शांति के प्रश्न पर विचार करते हुए दिनकर अपना वैचारिक दर्शन सामने लाते हैं कि अन्याय का विरोध होना चाहिए। पौरुष और कर्म जीवन-संग्राम के लिए आवश्यक हैं। 'रश्मिरथी' में कवि ने अपनी सहानुभूति कर्ण को दी है और नस्लवाद पर आधारित बड़प्पन का विरोध किया है। माना जाता है कि इस काव्य पर गांधीवादी प्रभाव भी है। 'उर्वशी' में पुरुरवा-उर्वशी की पौराणिक कथा के माध्यम से चिरंतन पुरुष, चिरंतन नारी के प्रश्नों पर विचार किया गया है। इस प्रकार, दिनकर क्रमशः अपने व्यक्तित्व को विकसित करते हैं, पर उनमें रूमानी वृत्ति, सांस्कृतिक चेतना के तत्त्व बराबर मौजूद रहते हैं। अध्यात्म में भी उनकी रुचि बढ़ी जिसे उनके चिंतक की दार्शनिक परिणति कहा जा सकता है।

दिनकर कई आयामों के कृती हैं। उन्होंने 'संस्कृति के चार अध्याय' जैसा बृहद् ग्रंथ लिखा है, जिसमें भारतीय संस्कृति का धारावाहिक चित्र है। व्यावहारिक समीक्षा में उनकी रुचि है और हिंदी स्वच्छंदतावादी काव्य का उन्होंने अपना विवेचन प्रस्तुत किया है। इसी प्रकार, उनके काव्य में भावनामयता और वैचारिकता की एक सम्मिलित भूमि देखी जा सकती है। स्वच्छंदतावाद के दौर से उन्होंने काव्य का आरंभ किया, पर क्रमशः अपना स्वतंत्र व्यक्तित्व निर्मित किया। इससे प्रमाणित होता है कि यदि रचनाकार स्वयं को विकास देता चले तो वह रचना के किसी भी दौर में आए, पर आगे निकल जाता है। 'नीलकुसुम' में दिनकर ने नए-नए प्रयोग किए हैं और नए माध्यम पाने चाहे हैं। उन्होंने स्वयं को बाहरी दुनिया से बराबर जोड़ने की

कोशिश की इसलिए उनमें जीवन के कड़ुए-तीखे चित्र भी मिलते हैं। 'हुंकार' (1938 ई.) में उन्होंने दिल्ली के पिछले इतिहास पर दृष्टि डाली जिसमें पराधीन राष्ट्र अपने ऐश्वर्य की याद करता है–पाण्डवों से लेकर बहादुरशाह ज़फर तक। पर करुण स्थिति यह है कि "उठा कसक दिल में लहराता है यमुना का पानी, पलकें जोग रहीं बीते वैभव की एक निशानी।" आज़ादी के दो साल पहले, 1945 ई. में उन्होंने दिल्ली को 'देश का कलंक, ग्लानि की भाषा, पौरुष का मरण' आदि कहकर गुलाम देश की विवशता बतायी और इसकी तुलना में रूस का नया समाज प्रस्तुत किया। इसी दिल्ली के विषय में 1954 ई. में लिखी कविता में दिनकर ने आज़ाद देश की महाराजधानी को 'भारत का रेशमी नगर' कहकर चुटकी ली। दिल्ली में जिधर नज़र जाती है रेशम-ही-रेशम है। रेशमी महल में खादी के गीत गाए जाते हैं। यह वेतनभोगिनी विलासमयी देवपुरी है। नेताओं पर फबती है कि सिद्धार्थ रोज रम्यता देखकर लौट आते हैं और कवि की तीखी टिप्पणी है :

> चल रहे ग्राम कुंजों में पछिया के झंकोर
> दिल्ली, लेकिन ले रही लहर पुरवाई में।
> है विकल देश सारा अभाव के तापों में
> दिल्ली सुख से सोई है नरम रजाई में।
> कुटिल व्यंग्य ! दीनता वेदना से अधीर
> आशा से जिनका नाम रात-दिन जपती है।
> दिल्ली के वे देवता रोज कहते जाते 'कुछ
> और धरो धीरज, किस्मत अब छपती है।'

दिल्ली के विषय में ये कविताएँ बताती हैं कि दिनकर वास्तविकता को देखते-सुनते हैं और उन्होंने राष्ट्रीय-सांस्कृतिक चेतना को नए तेवर दिए।

प्रगतिशील चेतना

प्रायः यह मान लिया जाता है कि रूमानी चेतना और प्रगतिशील चेतना एक-दूसरे का विरोध करती हैं। जहाँ रचना की रूमानी दृष्टि इस सीमा तक काल्पनिक हो जाए कि उसके जीवन-संपर्क टूट जाएँ वहाँ प्रगतिशील चेतना उसका विरोध करती है। पर लेनिन तक ने स्वीकारा है कि क्रांतिकारी एक प्रकार का रोमांटिक होता है क्योंकि वह भावी समाज के सपने देखता है। मैक्सिम गोर्की समाजवादी यथार्थवाद के साथ क्रांतिकारी स्वच्छंदतावाद की बात करते हैं। उनके अनुसार स्वच्छंदतावाद के सक्रिय, निष्क्रिय दो पक्ष हैं। निष्क्रिय स्वच्छंदतावाद में इंसान बाहरी दुनिया से कटकर अपने भीतर सिकुड़ जाता है। इसके विपरीत सक्रिय स्वच्छंदतावाद इंसान को जीवन की अदम्य इच्छाशक्ति देता है, ताकि वह किसी भी गुलामी का विरोध कर सके। वे इसी क्रम में कहते हैं कि तुर्गनेव तथा गोगोल से चेखव तक सभी

लेखकों में रूमानी तेवर हैं। गोर्की के शब्द हैं "स्वच्छंदतावाद और यथार्थवाद का यह संयोजन सभी महान् लेखकों की प्रवृत्ति है।"[8] वेलिंसकी ने भी स्वीकारा है कि स्वच्छंदतावाद ने विचारों की नई दुनिया तलाशी। इस प्रकार, प्रगतिशीलता का समर्थन करनेवाले विचारक भी स्वच्छंदतावाद को एकदम नकार नहीं देते। इसीलिए प्रगतिवादी समीक्षकों ने स्वच्छंदतावादी काव्य को खारिज नहीं किया और निराला को हिंदी प्रगतिवाद के प्रस्थान-बिंदु रूप में स्वीकार किया।

चौथे दशक के मध्य में बदलता हुआ राजनीतिक-सामाजिक परिवेश रचना में सामाजिक यथार्थ के प्रवेश के लिए अवसर बना रहा था। 1925 ई. में साम्यवादी दल बना और कांग्रेस में ही 1934 ई. में आचार्य नरेंद्रदेव के नेतृत्व में समाजवादी दल की स्थापना हुई। 1936 ई. में प्रेमचंद की अध्यक्षता में प्रगतिशील लेखक सम्मेलन हुआ और बाद को उसके और भी अधिवेशन होते रहे। आधुनिक हिंदी कविता में स्वच्छंदतावादी धारा के विकास पर विचार करते हुए प्रगतिवादियों ने स्वीकार किया है कि अग्रगामी भारतीय बुद्धिजीवी श्रेणी के विचारों एवं भावनाओं ने स्वच्छंदतावाद में प्रगतिशील प्रवृत्तियों के उदय के लिए आधार-भूमि का काम किया। और भारतीय साहित्य में प्रगतिशील स्वच्छंदतावाद उस युग के भारतीय अग्रगामी सामाजिक आंदोलन से दृढ़तापूर्वक संबद्ध रहा। इस प्रकार, हिंदी स्वच्छंदतावादी काव्य और प्रगतिशील चेतना में सीधी टक्कर होती नहीं दिखाई देती, बल्कि स्थिति तो यह है कि हिंदी प्रगतिवादी काव्य अपनी शुरुआत स्वच्छंदतावाद के भीतर से करता है। लोग कह सकते हैं, यदि प्रगतिशीलता को व्यापक अर्थ में ग्रहण किया जाए तो शायद वैचारिक संघर्ष की भी कम गुंजायश हो, पर कभी-कभी होता यह है कि अतिरिक्त अर्थ-विस्तार में शब्द अपना मूल आशय ही खो देता है।

हिंदी प्रगतिशील काव्य आरंभ में रूमानी चेतना के भीतर से होकर आया और सच्चाई तो यह है कि निराला और पंत स्वयं इसकी शुरुआत करते हैं। राष्ट्रीय चेतना को लेकर चलने वाली कविताओं में जब सामाजिक चेतना का प्रवेश हुआ तब उसमें प्रगतिशील तत्त्व आए। प्रगतिशीलता के पहले दौर में सामाजिक चेतना के परिणामस्वरूप कवियों ने समाज के पिछड़े वर्ग पर दृष्टि दौड़ाई और उसे अपनी सहानुभूति दी। चौथे दशक के अंत तक प्रगतिशीलता का दबाव धीरे-धीरे बढ़ने लगा और प्रगतिशील खेमे में कुछ ऐसे नक्काल घुस आए जो अपने पिछले पाप का प्रायश्चित्त जैसा करना चाहते थे। वे शारीरिक रोमांस की बातें करते-करते गरीबों के नाम पर भी घड़ियाली आँसू बहाने की मुद्रा अपनाने लगे। पर यह सर्वहारा के प्रति केवल मौखिक सहानुभूति है और रचना में इस प्रकार की आडंबरी प्रगतिशीलता की कोई सार्थकता नहीं होती। प्रगतिशीलता उनकी अनुभूति का सच्चा अंग नहीं है, किसी सीमा तक फैशन रूप में है, समय की बयार देखकर। पर ऐसे भी कवि हैं जिन्होंने स्वच्छंदतावादी काव्य के लगभग अंतिम दौर में प्रवेश किया और रूमानी भावनाओं

के बीच से प्रगतिशील चेतना को विकसित किया। जब प्रगतिशील आंदोलन में मार्क्सवाद का रंग गाढ़ा होने लगा और सामाजिक यथार्थ, समाजवादी यथार्थ के साथ रचनाकार की प्रतिबद्धता पर जोर दिया जाने लगा तब भी ये कवि अपनी प्रगतिशील भूमि पर कायम रहे, शिवमंगल सिंह सुमन जैसे कवि अपने रूमानी तेवरों के साथ और नागार्जुन जैसे कवि अपनी प्रतिबद्धता के साथ। रामविलास शर्मा, केदारनाथ अग्रवाल, त्रिलोचन, मुक्तिबोध आदि अन्य कवि प्रगतिशील आंदोलन की उपज हैं। आरंभ की प्रगतिशीलता स्वच्छंदतावाद के भीतर से उपजी पर धीरे-धीरे उसमें मार्क्सवादी चेतना गहरी होती गई।

शिवमंगलसिंह सुमन

हिंदी स्वच्छंदतावादी काव्य के अंतिम दौर में जो लोग आए और जिन्होंने रूमानी प्रवृत्तियों से अपनी रचना की शुरुआत करके उसमें राष्ट्रीयता तथा प्रगतिशील चेतना का प्रवेश कराया, उनमें शिवमंगलसिंह सुमन का प्रमुख स्थान है। हिल्लोल (1939 ई.), जीवन के गान (1941 ई.), प्रलयसृजन (1943 ई.), विश्वास बढ़ता ही गया (1955 ई.), पर आँखें नही भरीं (1966 ई.), विन्ध्यहिमालय, मिट्टी की बारात (1972 ई.) आदि उनके काव्य संकलन हैं। सुमनजी ने स्वयं स्वीकारा है कि यदि प्रवृत्ति की दृष्टि से देखा जाए तो मैं मूलतः रोमांटिक हूँ अपने संपूर्ण विद्रोही, स्वतंत्र और रागात्मक अर्थों में। उन्होंने अपने आरंभिक चरण में स्वच्छंदतावादी प्रेरणा स्वीकारी है। प्रसादी मादकता, पंत की शब्दयोजना के अतिरिक्त उन्होंने सर्वाधिक प्रेरणा पाई निराला से, जिन्हें एक प्रकार से उनका काव्यगुरु भी कहा जा सकता है। निराला के काव्य में रूमानी प्रवृत्ति, राष्ट्रीय चेतना, सामाजिक यथार्थ और प्रगतिशील दृष्टि के जो मिले-जुले तेवर हैं, उन्होंने कवियों की अगली पीढ़ी को प्रभावित किया, इसमें संदेह नहीं। महाकवि निराला की स्वर्ण जयंती के अवसर पर निवेदित 'युगांतरकारी कवि निराला के प्रति' लंबी कविता में सुमन ने निराला के संपूर्ण व्यक्तित्व को बाँधा है। वे कहते हैं, सारे संघर्षों के बावजूद मेरे कवि तुम्हें बढ़ना ही होगा, नहीं तो जो तुम्हारी चरण-रेख देखते हुए पीछे-पीछे आ रहे हैं, वे क्या सोचेंगे ?

आगे समाप्त सब चिह्न
नहीं दिखलाई दोगे दीप्ति वरण
तो नव उत्साही नाविक भी
हिचकेंगे शायद खेने में
डगमग नौकाएँ सिंधु तरण।[9]

सुमन के काव्य में रूमानी प्रवृत्ति, राष्ट्रीयता और प्रगतिशील चेतना की सम्मिलित भूमि देखी जा सकती है। सच्चाई तो यह है कि रूमानी संवेदन के भीतर से वे अन्य क्षेत्रों में प्रवेश करते हैं, इसीलिए भारतीय सशस्त्र क्रांतिकारी दल के प्रति उनका

आकर्षण रहा है। इसी प्रकार, उन्होंने प्रगतिशीलता को राष्ट्रीय संदर्भों से जोड़ा, जिससे उसे विस्तार मिलता है। देश के सामाजिक ढाँचे को बदलकर नई समाज-व्यवस्था बनाने के लिए जो भी कदम उठाए जाएँ, वे अराष्ट्रीय नहीं कहे जा सकते, बशर्ते वे व्यापक मानवीय हित से न टकराते हों। सुमनजी के शब्द हैं : "मैं प्रगतिवादी रचनाओं को सच्चे अर्थ में राष्ट्रीय मानता हूँ क्योंकि ये भी जन-कल्याण की भावना से ही आंदोलित थीं। मार्क्सवादी परिवेश में उनका अंतर्राष्ट्रीयता से विरोध हो ही नहीं सकता, अंतर केवल इतना था कि जहाँ एक ओर राष्ट्रीय कविताएँ वर्ग-भेद, ऊँच-नीच आदि को भूलकर आज़ादी के प्रति अस्पष्ट विद्रोही की व्यंजना करती थीं, वहीं प्रगतिवाद, साम्राज्यवाद के साथ-साथ पूँजीवाद के विरुद्ध जिहाद बोलने का दम भरता था।"

सुमन की रूमानी चेतना स्वच्छंदतावाद युग के बाद के गीतकारों की तुलना में अधिक अकुंठित भूमि पर स्थित है। इसका कारण यह भी है कि वे आरंभ से ही राष्ट्रीयता और प्रगतिशीलता के प्रति आकृष्ट रहे हैं, जबकि अन्य कवि काफी समय तक शारीरिक स्तर के रोमांस से उलझे रहे और बाद में समय के दबावों में उन्हें कुछ देर के लिए दल-बदल भी करना पड़ा। सुमन में आज भी प्रगतिशील चेतना मौजूद है, पर उनके रूमानी तेवर अपनी जगह कायम हैं। इस रूमानी बनावट को वे बराबर विकसाने की कोशिश में रहे, नहीं तो उनके सामने भी खतरा आ सकता था कि वे अन्य गीतकारों की तरह आत्मकेंद्रित हो जाएँ या बीच-बीच में एकाध ऐसे नारे लगा दें कि प्रगतिशीलता का भ्रम पैदा हो। पर सुमन ने अपने को अधिक खुली भूमि पर रखा और उनकी रूमानी प्रतिक्रियाएँ अन्य सामयिक गीतकारों से भिन्न हैं। वे शरीर चर्चा, ऐंद्रियता की अपेक्षा, सौंदर्यवादी प्रसन्नता (ऐस्थेटिक प्लेजर) को अपने अनुभूतिजगत् में अधिक स्थान देते हैं, इसलिए उनमें स्थूल ऐंद्रियाकर्षण कम है। वे प्रिया के नखशिख से ज्यादा नहीं उलझते, बल्कि उसे चेतना का एक अंश बनाकर प्रेरणा की भूमि पर उतारते हैं। इससे आसक्ति भाव का उन्नयन होता है और कवि को छूट रहती है कि वह स्वयं को अन्य भूमियों पर ले जा सके। आरंभिक काव्य-चरण 'हिल्लोल' में कवि स्वीकारता है कि जिस पनिहारिन की गगरी पर ललचाया था वह ढुलक गई, पर वह प्रिया को भी व्यापक संवेदनों में सम्मिलित करना चाहता है 'देखो, वे नंगे-भिखमंगे आए हैं, उनका स्वागत करना होगा।'

कई बार सुमन की रूमानी बनावट और उनकी प्रगतिशील चेतना में टकराहट का खतरा उपस्थित होता है, पर वे अपनी व्यापक सहानुभूति और खुले व्यक्तित्व से ऐसी स्थिति को बरा जाते हैं। इनमें ऐसा अंतर्द्वंद्व भी अधिक देर तक नहीं टिकता जो उनकी अभिव्यक्ति को उलझन में डाल जाए और पाठक उस संवेदन से जुड़ न सकें। नए काव्य के संदर्भ में जिसे हम उलझी हुई संवेदना कहते हैं, वह यहाँ गायब है, कारण सुमन को अपनी राह मालूम है। मानता हूँ कि उनकी मूल बनावट रूमानी

है जो कहीं संवेदनशीलता और भावुकता के बीच संस्थित है, जिसे हम भावनात्मकता कह सकते हैं। मसलन, वे प्रगतिशील चेतना के कवि हैं पर उनकी मुद्रा आक्रामक नहीं हो पाती, वे इतना तेज़ हमला नहीं करते जितना सामाजिक परिवर्तन के लिए अपेक्षित है। इसलिए वे व्यंग्य के उस पैने हथियार का इस्तेमाल नहीं करते, जो मारक प्रहार करता है और जिसे मार्क्सवादियों ने 'जुझारू समाजवाद' के लिए आवश्यक माना है। सुमन सर्वहारा को अपनी सहानुभूति देते हैं, नई व्यवस्था बनाने की बात करते हैं, यहाँ तक कि प्रलय को आमंत्रित करते हैं; पर वे कहते हैं : "यह न समझो, मैं किसी के रक्त का प्यासा बना हूँ। सत्य कहता हूँ पराए पैर का काँटा कसकता है।" उनकी प्रगतिशील चेतना, द्वंद्वात्मक भौतिकवाद या इतिहास की भौतिकवादी व्याख्या का भाष्य, अपनी कविताओं में पेश करने का दावा नहीं करती। हम उन्हें मूलतः एक संवेदनशील कवि कह सकते हैं, जो जिस तन्मय भावना से रूमानी गीत लिखते हैं उसी से सर्वहारा को अपना समर्थन देते हैं। एक प्रकार की सहज द्रवणशीलता उन्हें दूसरों से जोड़ती है। इसीलिए जब नुस्खों पर चलकर चीखने-चिल्लाने वाले और प्रगतिवाद का दम भरने वाले कई लेखक चुक गए, तब भी कई बार सुमन की कविताओं की ताजगी हमें छूती है। कवि वनखंडी से गुजरता है, राशि-राशि फूल खिले हैं, पर कम्बख्त ज़िंदगी की कैसी उलझनें हैं कि वह उन्हें अँकोर भी नहीं सकता—'अब चाहूँ भी तो क्या रुककर रस में भिन सकता हूँ ?' यह उनके नए काव्य संकलन 'मिट्टी की बारात' की कविता 'अंगारे और धुआँ' की ध्वनि है। इसी में जवाहरलाल नेहरू के निधन पर रची गई कविता संकलित है, जिसमें जवाहर-कमला के संबंधों का रूमानी उपयोग किया गया है।

सुमन का काव्य अपनी स्वस्थ रूमानी चेतना के कारण सहज भाव से प्रगतिशील चेतना से मिलता है और दोनों का संयोजन वे अपने व्यक्तित्व की संवेदनशीलता से करना चाहते हैं। यहाँ तक कि उनमें जो यथार्थ के चित्र उभरते हैं, वे भी इसी संवेदनशीलता से मिलकर आए हैं। उनकी दृष्टि जाती है कि 'भूख में इंसान बीन सड़ा-मैला नाली का मुँह में लेता डाल'। वे समाजवादी क्रांति का स्वागत करते हैं, नई आग की बात करते हैं और कहते हैं : 'चली जा रही है बढ़ी लाल सेना'। विश्वयुद्ध के बारे में उनमें प्रतिक्रियाएँ जागती हैं और वे जानते हैं कि इसी भीषण विनाश का कारण साम्राज्यवादी व्यवस्था है। 'प्रलय सृजन' में कवि के आक्रोश को देखा जा सकता है, जहाँ उसकी प्रगतिवादी दृष्टि प्रमाणीकरण की चेष्टा करती है। 'कलकत्ते का अकाल' की पंक्ति है : 'पैदा होने से मरने तक, एक भूख की बात...।' सुमन के काव्य से गुजरने पर लगता है कि कभी-कभी वे रोष की मुद्रा में आ जाते हैं, उनका स्वर ऊँचा उठ जाता है, वे ललकारने लगते हैं और तब हम कहते हैं कि वह उनका ओज है। पर भावावेग के ये क्षण जिस आक्रोश से उपजे हैं, उसके पीछे कवि की वही संवेदनशीलता है, जिसका उल्लेख किया जा चुका है। इसीलिए वे

चीख-चिल्लाकर चुप्पी नहीं साध लेते, आगे बढ़कर पिछड़े वर्ग को अपनी सहानुभूति देते हैं। उनकी कविताओं में आक्रोश-भरे वक्तव्यों के साथ भावनामय पंक्तियों का संयोजन भी हुआ है।

सुमन स्वच्छंदतावाद के बाद की गीतसृष्टि में एक आशावान गीतस्रष्टा कहे जाएँगे। वे कहते हैं : 'मैं मनुष्य के भविष्य से नहीं निराश।' वे रूमानी अवसाद में डूबते-उतराते हुए भी उससे उबर जाते हैं, बहुत देर तक वह उनकी चेतना पर हावी नहीं हो पाता। कवि की प्रगतिशील चेतना, जीवन के प्रति आस्था उनकी सहायता करती है और मरण के बजाय जीवन के गीत गाने में उनकी अधिक रुचि है। सुमन में मानसिक द्वंद्व के क्षण लगभग गायब हैं, इसलिए उनकी कविता दूसरों को जल्दी आत्मीय बनाती है और उसमें एक साफगोई है। वह लोकप्रियता पा सकी है, इसमें शक नहीं। डॉ. भगवतशरण उपाध्याय ने सुमन के व्यक्तित्व की दो मुख्य दिशाओं का संकेत करते हुए कहा है कि "चिंतन और शपथ यद्यपि मार्क्सवाद की थी, सिहरन और थिरकन रोमांटिक उल्लास की थी" (धर्मयुग, 9 अप्रैल, 1967 ई.)। रूमानी चेतना उन्हें प्रगतिशीलता की ओर ले जाती है और इसे उनकी रचनाओं से काव्य-विकास में भी खोजा जा सकता है। रूमानी प्रवृत्तियों के कारण वे केवल गीत-प्रगीत का माध्यम नहीं अपनाते, वरन् उनका व्यक्तित्व ही गीतात्मक या लिरिकल दिखाई देता है और कई बार गीतों में वे अपने आक्रोश तक को व्यक्त करते हैं। 'विश्वास बढ़ता ही गया' की कविता 'इन गीतों के लिए तुम्हारा ऋणी रहूँगा जीवन भर' वैयक्तिक जीवन-प्रसंगों के रूमानी परिवेश से शुरू होती है। कवि को याद आता है कि दो नयनों को देखकर मन उन्मन हो उठा था। मिलन के इन क्षणों के बाद दृश्य-परिवर्तन है : आँधी आई, पानी बरसा, राख धूल ढक-ढक कर हारी। कविता में प्रिय से पाई गई ज्योति अथवा आग के सहारे कवि की यात्रा बताई गई है अर्थात् प्रिय चेतना में प्रेरणा बनकर उतर गया। कविता के यही रूमानी तेवर धीरे-धीरे मुड़ते हैं, सहज भाव से, जब कवि वाल्मीकि, कालिदास, तुलसी, सूर, कबीर के विषय में कहता है कि वे भी इसी आग के सहारे चलते रहे। फिर कविता में प्रगतिशील तेवर आते हैं और कवि आस-पास की दुनिया से जुड़ता है। भवन बनाने वालों का अपना कोई परिवार नहीं, अन्न उगाने वालों के बेटे दानों को तरसते हैं...। सुमन रोमांस को कठोर ज़मीन पर लाकर एक झटका देते हैं :

> वह प्रिय देखा, जिसकी प्रेयसि
> हाड़-मांस की ठठरी भर थी
> कली वृंत पर खिलने के
> पहले ही लगती झरी-झरी थी !

कविता अपने समय का दस्तावेज़ बनती है : 'खुलेआम सड़कों पर कुत्तों की मौत मरती मानवता।' ध्यान देने की बात यह कि कवि की रूमानी चेतना में कोई ऐसा

मोह-भंग नहीं होता कि वह सहसा किसी प्रायश्चित्त की स्थिति में आ जाए और रचना आकस्मिक मोड़ ले ले, सब कुछ रचना के भीतर से सहज भाव से होता है। जिस संवेदन से उसने रूमानी प्रसंग में अपनी यात्रा आरंभ की थी, वही उसे सर्वहारा से जोड़ती है। वे स्वयं इसी कविता में स्वीकारते हैं कि 'आग न होती तो दुर्बल, शोषित के प्रति आसक्ति न होती' और कविता की अंतिम दो पंक्तियों में रूमानी चेतना, प्रगतिशीलता के साथ अपनी जगह पर मौजूद है : ''अतः मूल में निहित स्नेहमय उसी प्रज्वलित लौ की कंपन।'' मार्क्सवादी चिंतन में जिस प्रगतिशील अथवा क्रांतिकारी स्वच्छंदतावाद का उल्लेख किया गया है, उसका सर्वोत्तम प्रतिफल निराला में हुआ और रामविलास शर्मा, सुमन, त्रिलोचन, केदार, नागार्जुन आदि इसी परंपरा के जानदार हस्ताक्षर हैं। जब तक प्रगतिवाद प्रतिबद्धता से पूरी तरह जुड़कर जुझारू साहित्य की माँग नहीं करने लगा, तब तक सुमन आदि प्रगतिशील चेतना के पहले दौर में प्रतिनिधि कवि के रूप में स्वीकारे गए। मुक्तिबोध आदि प्रतिबद्ध रचनाकारों की पीढ़ी ने रूमानी चेतना से मुक्ति की माँग की।

स्वच्छंदतावाद का प्रदेय

स्वच्छंदतावादी काव्य अपना मुख्य वृत्त चौथे दशक में पूरा कर लेता है, पर रूमानी प्रवृत्तियाँ सक्रिय रहीं। गैररूमानी काव्य की संभावनाएँ जगाने वाले अज्ञेय की प्रारंभिक रचनाएँ रूमानी छाया में चलीं। 'चिंता' की पंक्तियाँ हैं : ''हम सभी एक ऐसे बंधु, ऐसे प्रेयस् के भूखे हैं जो हमारी त्रुटियाँ पूरी कर देगा, हम सभी अनुराग और स्नेह और प्रेम के प्यासे हैं...यह है मेरी कहानी का अंकुर...।'' गिरिजाकुमार माथुर, भारतभूषण अग्रवाल अथवा धर्मवीर भारती में रूमानी प्रवृत्तियाँ देखी जा सकती हैं। पर इतिहास के दबावों में स्वच्छंदतावाद को बिखरना ही था और ऐसा हुआ भी। प्रश्न यह है कि हिंदी स्वच्छंदतावाद का प्रदेय और उसके व्यक्तित्व का वैशिष्ट्य क्या है ? हम पहले ही कह आए हैं कि यूरोप के रोमांटिक आंदोलन की तरह हिंदी का स्वच्छंदतावादी युग वैचारिक आंदोलन की स्पष्ट रेखाओं की पृष्ठभूमि पर नहीं आया, यद्यपि भारतीय नवजागरण ने उसे प्रभावित किया और उसके निर्माण में देश की परिस्थितियों का अंश है। इसीलिए हिंदी स्वच्छंदतावादी काव्य की सीमाएँ अपने समय की सीमाएँ कही जा सकती हैं और एक सीमित क्षेत्र में काम करने के कारण गहरे तो वह उतर गया, पर विस्तार में जाने के लिए उसे स्वयं नए मोड़ देने पड़े। सीमित संसार के कारण हिंदी में स्वच्छंदतावाद काव्य में ही अपना संपूर्ण वैभव दिखा सका, यद्यपि प्रसाद के नाटक और कहानियों की बनावट में रूमानी प्रवृत्तियों का हिस्सा है। हिंदी स्वच्छंदतावादी काव्य ने अपने समय की जिन सीमाओं में कार्य किया, उनमें वह रचना की जिन ऊँचाइयों पर गया, उनका महत्त्व असंदिग्ध है। उसने वैयक्तिक व्रिद्रोह का नारा दिया और निजी अनुभव की जो दुनिया प्रायः खो जाती थी, उसके

उपयोग का रास्ता सुझाया। जीवन का चित्र पूरा करने के लिए उसने इतिवृत्तात्मक सूखी ठठरियों पर मांस चढ़ाया और उसमें रंग भरे। व्यक्तित्व के प्रकाशन की जिस परंपरा का आरंभ स्वच्छंदतावादी कवियों ने किया, वह दूसरे तेवर लेकर नए काव्य तक में देखा जा सकता है। स्वच्छंदतावादियों ने एक रूमानी दुनिया बनाने में अपनी अनुभूति को भावप्रवण बनाया और इसे रचना में शिरकत की आधुनिक शुरुआत कहा जा सकता है। यहाँ कवि रचना में उपस्थित है, अपने अनुभव-संसार और अपने व्यक्तित्व के साथ। इसलिए कवि का जैसा व्यक्तित्व है, कविता उसी तरह ढल गई।

स्वच्छंदतावादी काव्य ने रूमानी दृष्टि से राष्ट्रीय-सांस्कृतिक परिवेश को समझना चाहा और यद्यपि उसमें वस्तुपरक इतिहास-दृष्टि का अभाव है, फिर भी वह अपने समय की चेतना से जुड़ा। यदि ऐसा न होता तो शायद यह काव्य-आंदोलन और जल्दी बिखर जाता। व्यक्तिवादी चेतना को पूर्णतया सामाजिक दिशाएँ दे पाना संभव नहीं हो पाता, पर स्वच्छंदतावाद को भावुकता-प्रधान कल्पनामूलक आदर्शवादी दृष्टि का काव्य कहते हुए, मुक्तिबोध ने लिखा है कि "नई कविता का जन्म छायावादी व्यक्तिवाद के विरुद्ध यथार्थोन्मुख व्यक्तिवाद की ही बगावत थी।"[10] अर्थात् यह तो स्वीकारना ही होगा कि रचना में व्यक्तिवाद की अभिव्यक्ति की पहली महत्त्वपूर्ण चेष्टा हिंदी स्वच्छंदतावादी काव्य ने की। बीसवीं सदी के आरंभ में भारतीय मध्यवर्ग की जो मनोवृत्ति थी उसी से यह काव्य उपजा और यही उसकी सीमारेखा है। जिस कल्पना ने उन्हें जीवन-यथार्थ से काफी समय तक नहीं जुड़ने दिया, उसी तत्त्व ने स्वच्छंदतावाद को नए आकाश दिए और इसी कल्पना-विधान के सहारे कवि महत्तर ऊँचाइयों पर गए, खासतौर से अभिव्यक्ति के क्षेत्र में। स्वच्छंदतावादियों ने अपना एक नया बिंब-विधान और प्रतीक-जगत् निर्मित किया जिससे इस काव्य का एक पृथक् व्यक्तित्व बना। जहाँ तक बिंबों-प्रतीकों का प्रश्न है इन कवियों ने एक पूरा जगत् ही जन्मा दिया और कलात्मक उत्कर्ष के नये स्तर प्राप्त किए। उन्होंने शब्दों से बहुत कम कहा, अधिकांश दृश्यों और चित्रों से व्यंजित किया। स्वच्छंदतावादी काव्य का अपना सौंदर्यजगत् है जिसमें प्रेम का क्रिया-व्यापार, नारी-सौंदर्य, प्रकृति-दृश्य अपनी सक्रिय भूमिका निभाते हैं। इन कवियों में मानसिक उल्लास की वृत्ति उनसे सूक्ष्म अशरीरी रेखाचित्र बनवाती है और कई बार वे दार्शनीकरण करते हैं। पर मध्ययुगीन विलासी परिवेश को छिन्न-भिन्न करके आधुनिक रूमानी जगत् बनाने का महत्त्वपूर्ण कार्य हिंदी स्वच्छंदतावादी काव्य ने संपन्न किया, इसमें संदेह नहीं। स्वच्छंदतावादी कवि ने समाज में जो स्वतंत्रता प्राप्त करनी चाही उसे रचना में प्रमाणित किया और आगे की रचनाओं के लिए पथ प्रशस्त किया। समीक्षकों ने छायावाद की विस्तृत संवेदना और उर्वर कल्पना-शक्ति का विशेष उल्लेख किया है।[11]

हिंदी स्वच्छंदतावादी काव्य जिस अनुभव-संसार को अभिव्यक्ति देना चाहता है उसके लिए उसे अपना एक मुहावरा भी तलाशना पड़ा और यह काम सरल नहीं।

नई ज़मीन खोदने वाला जानता है कि बिना पूर्ण साहस और संकल्प के ऐसा नहीं हो पाता। स्वच्छंदतावादियों ने खड़ी बोली को नई अर्थदीप्ति दी, जिसे उसके आरंभिक कार्यकर्त्ताओं ने सुधार-परक शब्दावली बनाकर छोड़ दिया था। प्रसाद, निराला, पंत, महादेवी की शब्द-सामर्थ्य स्वयं में एक स्वतंत्र अध्ययन का विषय है कि कवियों ने किस प्रकार एक अभिजात भाषा को माँजा-तराशा। उसे अनुभवों की अपनी मनोवांछित दुनिया को व्यक्त करने योग्य बनाया और उसे अभिधामुक्त करके लक्षणा और व्यंजना-काव्य के रूप में प्रतिष्ठित किया। कई बार स्वच्छंदतावादी काव्य का विन्यास हमें चमत्कृत करता है, हम सम्मोहित होते हैं और अनजाने ही उसमें डूबते-उतराते हैं; वही 'आँसू' वाली स्थिति कि "उस माया की छाया में, कुछ सच्चा स्वयं बना था।" स्वच्छंदतावादियों की दुनिया इतनी एब्सट्रेक्ट अथवा वायवी न होती और वे जीवन के विस्तार में जा पाते तो उन्हें अपना ही शब्द-संसार तोड़ना पड़ता। स्वच्छंदतावादी कवि ने जल्दी ही यह जान लिया कि जिस अनुभव-संसार को वह व्यंजित करना चाहता है उसके लिए उसे नया मुहावरा तलाशना होगा, नए माध्यम खोजने होंगे। निराला का मुक्तछंद इस दिशा में एक क्रांति है क्योंकि स्वच्छंद वृत्तियों का प्रकाशन इसके बिना संभव न था। स्वतंत्र भावना ने व्यर्थ के तुकांत छंद का बंधन नहीं स्वीकारा यद्यपि मुक्तछंद में लय-गति मौजूद हैं। कम आश्चर्यजनक नहीं कि एक ओर छंद से मुक्ति का आग्रह किया गया, दूसरी ओर हिंदी को सर्वोत्तम गीत-प्रगीत मिले। रूमानी चेतना की अभिव्यक्ति के लिए प्रगीत का माध्यम अपनाया गया क्योंकि वहाँ वैयक्तिक अनुभूति का सक्षम प्रकाशन हो सकता था। परंपरागत गीतों को अपने व्यक्तित्व का संपर्क देकर इन कवियों ने उसे नयी रागात्मकता दी और वह विभिन्न प्रकार की अनुभूतियों का वाहक बन सका। प्रसाद, निराला ने दीर्घ प्रगीतों का माध्यम बड़ी गंभीरता से लिया और उनमें जीवन के संश्लिष्ट चित्र उभरे। गीतात्मक प्रवृत्ति के होते हुए भी हमें 'कामायनी' जैसा काव्य और निराला के बृहत्तर प्रयोग मिले—राम की शक्तिपूजा, तुलसीदास आदि।

सामाजिक परिस्थितियों के कारण हिंदी स्वच्छंदतावादी काव्य में अंतर्विरोध मौजूद हैं, इससे इनकार नहीं किया जा सकता। उसमें मानव-प्रकृति की निकटता स्थापित करके स्वयं को विस्तार देने की जो चेष्टा है, उससे समग्र जीवन को पकड़ने का उद्देश्य पूरा नहीं पड़ता। पर भावनामय ढंग से इस काव्य ने एक मानवीय दर्शन जन्माने का प्रयत्न अवश्य किया जिसमें कतिपय उच्चतर मानव-मूल्य उभरे हैं। यहाँ स्नेह, करुणा आदि मानवीय सदाशयता की भावनाएँ व्यक्त की गई हैं। माना कि यथार्थ की खुरदुरी जमीन से टकराने की क्षमता उसमें कम है, पर कवियों की सदिच्छा से इनकार नहीं किया जा सकता। रचना का केंद्र मनुष्य है और जिसमें कवि स्वयं भी उपस्थित है। स्वीकारना होगा कि स्वच्छंदतावादी कवि को कई स्तरों पर लड़ाई लड़नी पड़ी और प्रायः संघर्ष के दौर में वह अकेला रहा। अंतर्मुखी प्रवृत्ति के कारण उसे

स्वयं के विरुद्ध भी खड़े होना था, नहीं तो उसकी नितांत वैयक्तिक अनुभूतियाँ उसके रचनात्मक व्यक्तित्व को अभिभूत कर देतीं और स्रष्टा ऊपर न उठ पाता। स्वच्छंदतावादी कवि का रचनाकार अपने निजी अनुभव-संसार से लड़कर आगे बढ़ सका, यह उसकी एक बड़ी विजय है, तभी वह रचना के ऊँचे धरातल पा सका। अपने अंतर्विरोधों और सीमाओं के बावजूद स्वच्छंदतावादी कवि रचनाधर्म को गंभीरता से लेता है, यही कारण है कि उसमें रचना के स्थायी तत्त्व मौजूद हैं और हर युग में उसके कुछ पाठक अवश्य होंगे। इन कवियों ने मानव-व्यक्तित्व को प्रतिष्ठित करने की ईमानदार कोशिश की और वह भी गुलामी की परिस्थितियों में। उन्हें संकेतों का अधिक सहारा लेना पड़ा और रचना का मुहावरा सामान्यजन के लिए बे-पहचान-सा लगता है। पर यह आक्षेप तो नए हिंदी काव्य तक पर किया जाता है कि उसका पाठकवर्ग सीमित है। संश्लिष्ट जीवन की गहराइयों में जाने वाली रचनाएँ जब व्यंजनाशक्ति के बूते आगे बढ़ती हैं, तब उनकी पहचान सरल नहीं रह जाती। हिंदी स्वच्छंदतावादी काव्य अपने संवेदनों पर भरोसा करके चला, उसने परंपरा की पुनर्व्याख्या की, सौंदर्य का एक नया संसार बनाया और रचना का मानवीय जगत् निर्मित किया। उसकी कुछ कृतियाँ हर समय पाठक को ललकारेंगी और रचना के इतिहास में उसके हस्ताक्षर सुरक्षित हैं। यदि कहा जाता है कि स्वच्छंदतावादी काव्य अपने सामयिक संघर्ष से किनाराकशी कर गया और इसमें बाहरी दुनिया का हिस्सा कम है तो मैं प्रश्न करना चाहूँगा कि भारतीय समाज ने ही समय से जूझने का कितना जोखिम उठाया ?

संदर्भ :

1. पट्टाभि सीतारमैया; कांग्रेस का इतिहास, भाग 2, पृ. 400
2. लेनिन : पूर्व में राष्ट्रीय स्वतंत्रता आंदोलन, पृ. 347
3. के. दामोदरन : भारतीय चिंतन परंपरा, पृ. 478
4. ई. चेलिशेव : सुमित्रानंदन पंत, पृ. 186
5. महादेवी : साहित्यकार की आस्था, पृ. 94
6. महादेवी : सांध्यगीत, पृ. 7
7. माखनलाल चतुर्वेदी : समय के पाँव, पृ. 9
8. गोर्की : ऑन लिटरेचर, पृ. 32
9. सुमन : विश्वास बढ़ता ही गया, पृ. 68
10. मुक्तिबोध : नए साहित्य का सौंदर्यशास्त्र, पृ. 33
11. केदारनाथ सिंह : आधुनिक हिंदी कविता में बिंब-विधान, पृ. 197